Das große Märchenbuch

Das große Märchenbuch

Die hundert schönsten Märchen aus ganz Europa

Herausgegeben von Christian Strich
mit Illustrationen von Tatjana Hauptmann

Weltbild

Für
Anna
von Ch. St.
und für David
von T. H.

Genehmigte Lizenzausgabe für Verlagsgruppe Weltbild GmbH,
Steinerne Furt, 86167 Augsburg
Copyright © 1987 by Diogenes AG Zürich
Schuber- und Umschlaggestaltung: Studio Höpfner-Thoma, Gräfelfing
Schuber- und Umschlagmotiv: Tatjana Hauptmann
Gesamtherstellung: aprinta Druck GmbH & Co. KG,
Senefelderstraße 3–11, 86650 Wemding
Printed in Germany
ISBN 3-8289-6030-8

2008   2007   2006   2005

Die letzte Jahreszahl gibt die aktuelle Lizenzausgabe an.

Einkaufen im Internet: *www.weltbild.de*

»Alles ist ein Märchen.«

Novalis

*»Das Märchen ist einfach, klar, durchsichtig und ein
Labsal wie die Luft.«*

Adalbert Stifter

*»Märchen kann man in seinem Leben zweimal und
zwiefach lesen. Zuerst einfältig, als Kind, mit dem naiven
Glauben, daß die belebt-bunte Welt ihrer Geschehnisse
eine wahrhaftige sei, und dann, viel, viel später,
mit dem vollen Bewußtsein ihrer Erfindung.«*

Stefan Zweig

Des Kaisers neue Kleider

Hans Christian Andersen

Vor vielen Jahren lebte ein Kaiser, der so ungeheuer viel auf neue Kleider hielt, daß er all sein Geld dafür ausgab, um recht geputzt einherzugehen. Er kümmerte sich nicht um seine Soldaten, er kümmerte sich nicht um das Theater und liebte es nur, spazieren zu fahren, um seine neuen Kleider zu zeigen. Er hatte einen Rock für jede Stunde des Tages, und wie man von einem Könige sonst sagt, er sei im Rat, sagte man hier immer: »Der Kaiser ist in der Garderobe!«

In der großen Stadt, in welcher er wohnte, ging es sehr munter zu; an jedem Tag trafen viele Fremde ein. Eines Tages kamen auch zwei Betrüger; sie gaben sich für Weber aus und sagten, daß sie das schönste Zeug, das man sich denken könne, zu weben verständen. Die Farben und das Muster wären nicht allein schön, sondern die Kleider, die von dem Zeuge genäht würden, besäßen die wunderbare Eigenschaft, daß sie für jeden Menschen unsichtbar wären, der für sein Amt nicht tauge oder der unverzeihlich dumm sei.

7

»Das wären ja prächtige Kleider«, dachte der Kaiser; »wenn ich die hätte, könnte ich ja dahinter kommen, welche Männer in meinem Reiche zu dem Amte, das sie haben, nicht taugen; ich könnte die Klugen von den Dummen unterscheiden! Ja, das Zeug muß sogleich für mich gewebt werden!« Und er gab den beiden Betrügern viel Geld, damit sie ihre Arbeit beginnen möchten.

Sie stellten auch zwei Webstühle auf und taten, als ob sie arbeiteten; aber sie hatten nicht das Geringste auf dem Stuhle. Frischweg verlangten sie die feinste Seide und das prächtigste Gold, das steckten sie in ihre eigenen Taschen und arbeiteten an den leeren Stühlen bis spät in die Nacht hinein.

»Ich möchte doch wohl wissen, wie weit sie mit dem Zeuge sind!« dachte der Kaiser. Aber es war ihm ordentlich beklommen zumute, wenn er daran dachte, daß derjenige, welcher dumm sei oder nicht zu seinem Amte tauge, es nicht sehen könne. Nun glaubte er zwar, daß er für sich nichts zu fürchten habe, aber er wollte doch erst einen andern senden, um zu sehen, wie es damit stände. Alle Menschen in der ganzen Stadt wußten, welche besondere Kraft das Zeug habe, und alle waren begierig zu sehen, wie schlecht oder dumm ihre Nachbarn seien.

»Ich will meinen alten, ehrlichen Minister zu den Webern senden!« dachte der Kaiser. »Er kann am besten beurteilen, wie das Zeug sich ausnimmt, denn er hat Verstand, und keiner versteht sein Amt besser als er!«

Nun ging der alte, gute Minister in den Saal hinein, wo die zwei Betrüger saßen und an den leeren Webstühlen arbeiteten. »Gott behüte uns!« dachte der alte Minister und riß die Augen auf. »Ich kann ja nichts erblicken!« Aber das sagte er nicht.

Beide Betrüger baten ihn, gefälligst näher zu treten, und fragten, ob es nicht ein hübsches Muster und schöne Farben seien. Dann zeigten sie auf den leeren Webstuhl, und der arme alte Minister fuhr fort, die Augen aufzureißen; aber er konnte nichts sehen, denn es war nichts da. »Herr Gott!« dachte er. »Sollte ich dumm sein? Das habe ich nie geglaubt, und das darf kein Mensch wissen! Sollte ich nicht zu meinem Amte taugen? Nein, es geht nicht an, daß ich erzähle, ich könne das Zeug nicht sehen!«

»Nun, Sie sagen nichts?« fragte der eine, der da webte.

»Oh, es ist niedlich, ganz allerliebst!« antwortete der alte Minister und sah durch seine Brille. »Dieses Muster und diese Farben! Ja, ich werde dem Kaiser sagen, daß es mir sehr gefällt.«

»Nun, das freut uns!« sagten die Weber, und darauf nannten sie die Farben mit Namen und erklärten das seltsame Muster. Der alte Minister paßte gut auf, damit er dasselbe sagen könne, wenn er zum Kaiser zurückkäme. Und das tat er.

Jetzt verlangten die Betrüger mehr Geld sowie mehr Seide und mehr Gold zum Weben. Sie steckten alles in ihre eigenen Taschen, auf den Webstuhl kam kein Faden, aber sie fuhren fort, an dem leeren Webstuhle zu arbeiten.

Der Kaiser schickte bald einen andern ehrlichen Staatsmann hin, um zu sehen, wie es mit den Webern stände und ob das Zeug bald fertig sei; es ging ihm gerade wie dem ersten; er sah und sah, weil aber außer dem leeren Webstuhl nichts da war, so konnte er nichts sehen.

»Ist das nicht ein hübsches Stück Zeug?« fragten die beiden Betrüger und zeigten und erklärten das prächtige Muster, welches gar nicht da war.

»Dumm bin ich nicht!« dachte der Mann. »Es ist also mein gutes Amt, zu dem ich nicht tauge. Es ist komisch genug, aber man muß sich das nicht anmerken lassen!« Und so lobte er das Zeug, welches er nicht sah, und versicherte ihnen seine Freude über die schönen Farben und das herrliche Muster. »Ja, es ist ganz allerliebst!« sagte er zum Kaiser.

Alle Menschen in der Stadt sprachen von dem prächtigen Zeug.

Nun wollte der Kaiser es selbst sehen, während es noch auf dem Webstuhl sei. Mit einer ganzen Schar auserwählter Männer, unter denen auch die beiden ehrlichen Staatsmänner waren, die schon früher dort gewesen, ging er zu den beiden lustigen Betrügern hin, die nun aus allen Kräften webten, aber ohne Faser und Faden.

»Ist das nicht prächtig?« sagten die beiden alten Staatsmänner, die schon einmal dagewesen waren. »Sehen Eure Majestät, welches Muster, welche Farben!« Und dann zeigten sie auf den leeren Webstuhl, denn sie glaubten, daß die andern das Zeug wohl sehen könnten.

»Was!« dachte der Kaiser, »ich sehe gar nichts! Das ist ja schrecklich! Bin ich dumm? Tauge ich nicht dazu, Kaiser zu sein? Das wäre das Schrecklichste, was mir begegnen könnte.«

»Oh, es ist sehr hübsch!« sagte er. »Es hat meinen allerhöchsten Beifall!« Und er nickte zufrieden und betrachtete den leeren Webstuhl, denn er wollte nicht sagen, daß er nichts sehen könne. Das ganze Gefolge, das er bei sich hatte, sah und sah und bekam nicht mehr heraus als die andern; aber sie sagten, wie der Kaiser: »Oh, das ist hübsch!« Und sie rieten ihm, diese neuen, prächtigen Kleider das erste Mal bei der großen Prozession, die bevorstand, zu tragen. »Es ist herrlich, niedlich, exzellent!« ging es von Mund zu Mund; man schien allseits innig erfreut darüber, und der Kaiser verlieh den Betrügern den Titel: Kaiserliche Hofweber.

Die ganze Nacht vor dem Morgen, an dem die Prozession stattfinden sollte, waren die Betrüger auf und hatten über sechzehn Lichter angezündet. Die Leute konnten sehen, daß sie stark beschäftigt waren, des Kaisers neue Kleider fertigzumachen. Sie taten, als ob sie das Zeug von dem Webstuhl nähmen, sie schnitten mit großen Scheren in die Luft, sie nähten mit Nähnadeln ohne Faden und sagten zuletzt: »Nun sind die Kleider fertig!«

Der Kaiser kam mit seinen vornehmsten Kavalieren selbst dahin, und beide Betrüger hoben den einen Arm in die Höhe, gerade als ob sie etwas hielten, und sagten: »Seht, hier sind die Beinkleider! Hier ist der Rock! Hier der Mantel!« und so weiter. »Es ist so leicht wie Spinngewebe; man sollte glauben, man habe nichts auf dem Leibe; aber das ist gerade das Schöne daran!«

»Ja!« sagten alle Kavaliere; aber sie konnten nichts sehen; denn es war nichts da.

»Belieben Eure kaiserliche Majestät, jetzt Ihre Kleider allergnädigst auszuziehen«, sagten die Betrüger, »so wollen wir Ihnen die neuen anziehen, hier vor dem großen Spiegel!«

Der Kaiser legte alle seine Kleider ab, und die Betrüger stellten sich, als ob sie ihm jedes Stück der neuen Kleider anzögen; und der Kaiser wendete und drehte sich vor dem Spiegel.

»Ei, wie gut sie kleiden! Wie herrlich sie sitzen!« sagten alle. »Welches Muster, welche Farben! Das ist eine köstliche Tracht!«

»Draußen stehen sie mit dem Thronhimmel, welcher über Euer Majestät in der Prozession getragen werden soll«, meldete der Oberzeremonienmeister.

»Seht, ich bin fertig!« sagte der Kaiser. »Sitzt es nicht gut?« Und dann wendete er sich nochmals zu dem Spiegel, denn es sollte scheinen, als ob er seine Kleider recht betrachte.

Die Kammerherren, welche die Schleppe tragen sollten, griffen mit den Händen nach dem Fußboden, gerade als ob sie die Schleppe aufhöben; sie gingen und taten, wie wenn sie etwas in der Luft hielten; sie wagten nicht, es sich merken zu lassen, daß sie nichts sehen konnten.

So ging der Kaiser in Prozession unter dem prächtigen Thronhimmel, und alle Menschen auf der Straße und in den Fenstern sprachen: »Gott, wie sind des Kaisers neue Kleider unvergleichlich; welche Schleppe er am Kleide hat, wie schön das sitzt!« Keiner wollte es sich merken lassen, daß er nichts sehe, denn dann hätte er ja nicht zu seinem Amte getaugt oder wäre sehr dumm gewesen. Keine Kleider des Kaisers hatten solches Glück gemacht wie diese.

»Aber er hat ja gar nichts an!« sagte plötzlich ein kleines Kind. »Herr Gott, hört die Stimme der Unschuld!« sagte der Vater; und einer zischelte dem andern zu, was das Kind gesagt hatte.

»Aber er hat ja gar nichts an!« rief zuletzt das ganze Volk. Das ergriff den Kaiser, denn es schien ihm, als hätten sie recht; aber er dachte bei sich: »Nun muß ich die Prozession aushalten.« Und die Kammerherren gingen noch steifer und trugen die Schleppe, die gar nicht da war.

Der kleine Sackpfeifer

Irisches Volksmärchen

Vor noch nicht langer Zeit lebte an den Grenzen der Grafschaft Tipperary ein rechtschaffenes Ehepaar, Michael Flanigan und Judy Muldun, denn dort herrscht die Sitte, daß die Frau den Namen ihrer Familie fortführt. Diese armen Leute hatten vier Kinder, alle Knaben. Drei davon waren so schöne, wohlgewachsene, gesunde, frisch aussehende Kinder, als die Sonne je beschienen hat, und es war genug, einen Irländer auf das Geschlecht seiner Heimat stolz zu machen, daß er an einem hellen Sommertag zur Mittagszeit diese drei Knaben erblickte, wie sie vor der Haustüre ihres Vaters standen mit dem prächtigen Flachshaar, das gelockt von dem Kopf herabhing, und eine dicke lachende Kartoffel einem jeden in der Hand dampfte. Stolz war Michael auf diese schönen Kinder, und Judy war auch stolz darauf, und beide hatten Recht genug dazu. Aber ganz anders verhielt es sich mit dem noch übrigen, welcher der dritte von oben war. Das war der erbärmlichste, häßlichste und mißgestaltetste Wicht, dem Gott je Leben verliehen hatte, so ungestalt, daß er nicht fähig war, allein zu stehen oder seine Wiege zu verlassen. Er hatte langes struppiges, verfitztes, rabenschwarzes Haar, eine grüngelbe Gesichtsfarbe, Augen wie feurige Kohlen, die immer hin und her blickten und in beständiger Bewegung waren. Ehe er zwölf Monate alt war, stand ihm der Mund schon voll großer Zähne, seine Hände glichen Katzenkrallen, seine Beine waren nicht dicker als ein Peitschenstiel und nicht gerader als eine Sichel. Und was die

Sache noch schlimmer machte, er hatte den Magen von einem Vielfraß, und sein Mund hörte nicht auf zu bellen, zu kreischen und zu heulen. Die Nachbarn schöpften Argwohn, es möchte nicht ganz richtig mit ihm sein, besonders als sie beobachteten, wie er sich betrug, sobald von Gott oder andern frommen Dingen die Rede war. Wenn dies, nach der Sitte des Landes, abends beim Feuer geschah, in dessen Nähe die Mutter gewöhnlich seine Wiege gestellt hatte, damit der Balg recht warm liege, so pflegte er mitten in diesem Gespräch sich aufzusetzen und zu heulen, nicht anders, als ob der Teufel selbst in ihm steckte. Sie ratschlagten deshalb einmal gemeinschaftlich, was mit ihm anzufangen sei. Einige meinten, man solle ihn auf eine Schaufel setzen, aber das litt Judys Stolz nicht. »Das wäre schön!« dachte sie. »Mein leibliches Kind auf eine Schaufel legen und hinaus auf den Mist werfen wie eine tote Katze oder eine vergiftete Ratte! Nein, davon will

ich nichts hören!« Ein altes Weib, von dem bekannt war, daß es sich auf das Hexenwesen wohl verstand, sprach: »Ich will Euch einen sicheren Rat geben: Legt die Zange ins Feuer, bis sie glutrot ist, und packt seine Nase damit; dann ist er gezwungen zu sagen, wer er ist und woher er kommt, darauf könnt Ihr Euch verlassen.« Denn sie glaubten alle, der Balg sei von dem stillen Volk vertauscht worden.

Aber Judy hatte ein zu gutes Herz und liebte das Teufelchen zu sehr, als daß sie hätte einwilligen können, obgleich ein jeder sagte, daß sie nicht recht handle. Nachdem der eine dies, der andere jenes vorgeschlagen hatte, sagte zuletzt einer, man solle nach dem Geistlichen, einem frommen und gelehrten Mann, senden, daß er das Kind besähe. Dagegen hatte zwar Judy nichts einzuwenden, aber immer wenn sie im Begriff war, es zu tun, kam etwas dazwischen, und das Ende war, daß der Geistliche das Kind niemals sah.

Eine Zeitlang blieb es daher in dem alten Gleis. Der Balg, kreischend und heulend, aß mehr als seine drei Brüder zusammen. Streiche aller Art führte er aus, und die boshaftesten waren ihm die liebsten. Endlich trug es sich zu, daß ein im Lande umziehender blinder Sackpfeifer, Tim Carrol genannt, hereingerufen wurde und sich zu der Hausfrau beim Feuer niedersetzte, ein wenig zu schwätzen. Nach einiger Zeit holte Tim, der mit seiner Musik gerade nicht zurückhaltend war, die Pfeifen hervor und begann gewaltig zu lärmen. In dem Augenblick richtete sich das kleine Ding, das bisher in seiner Wiege mäuschenstill gelegen hatte, in die Höhe, grinste und verdrehte sein garstiges Gesicht, focht mit seinen langen braungelben Armen in der Luft umher, streckte seine krummen Beine heraus, kurz, gab alle Zeichen der größten Freude über die Musik von sich. Es hatte auch nicht eher Ruhe, als bis es die Pfeifen in seine eigenen Hände bekam, und um ihm den Spaß zu machen, sagte die Mutter zu Tim: »Gib sie ihm auf einen Augenblick.« Tim, der die Kinder gern hatte, war sogleich bereit dazu; weil er aber des Gesichts beraubt war, so nahm Judy selbst das Instrument, brachte es dem Kind zu der Wiege und wollte es ihm vorhalten; aber das war nicht nötig, der Kleine schien sich schon vollkommen darauf zu verstehen. Er setzte die Pfeife an, nahm Balg und Säcke unter die Arme und handhabte beides, als wäre er schon zwanzig Jahre dabei gewesen, und blies ein wohlbekanntes Lied, daß es eine Art hatte. Jedermann war im größten Erstaunen, und die arme Mutter bekreuzigte sich, aber Tim, der seiner Blindheit wegen nicht recht wußte, wer blies, geriet außer sich vor Freude, und als er vernahm, daß der kleine Duckmäuser noch nicht fünf Jahre alt war und sein Lebtag keine Pfeifen gesehen hatte, wünschte er der Mutter Glück zu ihrem Sohn. »Könnt Ihr Euch von ihm trennen, so will ich ihn aus Euern Händen zu mir nehmen, das ist ein geborener Pfeifer, ein Musikus von Natur, noch ein bißchen guter Unterricht bei mir, so gibt's seinesgleichen in der ganzen Grafschaft nicht mehr.« Die arme Frau, in der größten Freude über alles, was sie da hörte, besonders was Tim von natürlichen Gaben sagte, beschwichtigte einige Besorgnisse, die sich in ihren Gedanken erhoben. »So ist doch nicht wahr«, dachte sie, »was die Nachbarn zu verstehen gaben, und es freut mich, daß mein liebes Kind einmal nicht nötig hat, herumzuziehen und zu betteln, sondern ehrlich sein Brot verdienen kann.«

Als abends Michael von der Arbeit heimkam, erzählte sie ihm alles, was sich zugetragen und Tim Carrol gesagt hatte. Michael war natürlich sehr erfreut über das, was er zu hören bekam, denn der hilflose Zustand des armen Geschöpfs war ihm ein großer Kummer. Den folgenden Tag trieb er ein Schweinchen auf den

Markt, und mit dem Erlös ging er nach Clommel und bestellte funkelneue Pfeifen von passender Größe für das Kind. Nach vierzehn Tagen kamen sie an; in demselben Augenblick richtete auch das kleine Ungeheuer seine Blicke darauf, schrie vor Vergnügen, zappelte mit seinen erbärmlichen Gliedmaßen, tobte in der Wiege und wackelte auf eine lächerliche Art herum, bis sie ihm, damit er nur ruhig wurde, die Pfeifen gaben. Alsbald setzte er sie an und spielte ein Lied zur Verwunderung aller, die es anhörten. Der Ruf von seiner Geschicklichkeit verbreitete sich nah und fern, denn in den sechs nächsten Grafschaften war niemand imstande, es ihm nachzutun, wenn er die alten beliebten Lieder und Reigen wie »Der Has im Korn« oder »Der Fuchsjäger« oder jene artigen irischen Tänze aufspielte, bei welchen jedermann tanzen muß, er mag wollen oder nicht. Man staunte, wenn er »Die Fuchsjagd« vorschnarrte; es war nicht anders, als hörte man die Rüden anschlagen, die Hetzhunde hinterdrein bellen, die Jäger und die Peitscher loben oder strafen; kurz, es war fast ebenso gut, als sähe man die Jagd selbst. Dabei kargte er gar nicht mit seiner Musik, und die Burschen und Mädchen pflegten oft in seines Vaters Hütte zu tanzen. »Wenn er Musik macht«, sagten sie, »ist's, als ob wir Quecksilber in die Füße bekämen, und bei keinem andern läßt es sich so leicht und lustig tanzen.«

Außer dieser artigen irischen Musik hatte er noch eine ganz wunderliche, ihm allein eigene Weise, die seltsamste, die man je mit Ohren gehört hat. In dem Augenblick, wo er sie zu spielen begann, schien jedes Ding im Haus Lust zum Tanz zu bekommen. Teller und Schüsseln klapperten auf dem Küchentisch, Töpfe und Deckel rasselten an dem Herd, und wer auf dem Stuhl saß, wurde von derselben Neigung getrieben, welche der Stuhl unter ihm empfand. Wie sich das nun auch mit den Stühlen verhalten mochte, soviel ist gewiß, niemand konnte sich lange auf dem Sitz behaupten, denn beides, alt und jung, fiel in tollen Sprüngen zur Erde nieder. Die Mädchen klagten, daß, wie er nur diese Weise anfange, sie zum Tanz getrieben würden und, ohne ihre Füße länger in der Gewalt zu haben, auf den Boden niederfielen, als tanzten sie auf glattem Eis, und jeden Augenblick in Gefahr wären, auf ihrem Rücken oder ihrem Angesicht herumzuzappeln. Und die jungen Burschen, die ihre Geschicklichkeit zeigen wollten, ihre neuen Tanzschuhe, ihre glänzenden roten, grünen oder gelben Strumpfbänder, schwuren, daß sie nicht imstande wären, ihre kunstreichen Tänze und Wendungen herauszubringen, sondern sich alsbald ganz betäubt und verwirrt fühlten. Alt und jung stießen und prallten aneinander, daß es zum Erbarmen war, und wenn dann alles auf dem Boden durcheinanderwirbelte, so grinste der unselige Wechselbalg, kicherte und ächzte gerade wie ein Affe, wenn er ein Schelmenstück ausgeführt hat.

Je älter, je schlimmer ward er, und als er erst sechs Jahre alt war, war das ganze Haus auf der Flucht vor ihm; er stellte es immer an, daß seine Brüder sich am Feuer verbrannten oder mit siedendem Wasser begossen oder ihre Beine über Töpfen und Stühlen brachen. Im Herbst, wenn er allein daheim gelassen wurde und seine Mutter nach Hause kam, so fand sie die Katze auf dem Rücken des Hundes sitzen mit dem Gesicht nach dem Schwanz, und die Beine waren ihr fest angebunden. Dazu blies das Alräunchen seine tolle Weise, so daß der Hund heulend umhersprang und Miezekätzchen um sein liebes Leben miaute und sein Schwänzchen auf und nieder schlug; und berührte es damit des Hundes Schnauze, so schnappte dieser darnach und biß hinein, und das war dem Balg eine Herzenslust.

Ein andermal, als Michael bei der Arbeit war, trug es sich zu, daß ein ehrbarer Mann eintrat. Judy wischte einen Stuhl mit ihrer Schürze ab und sagte: »Setzt Euch nieder und ruht Euch von Euerm Weg aus.« Der Mann setzte sich mit dem Rücken gegen die Wiege, hinter ihm stand eine Pfanne mit Blut, da Judy Würste machen wollte; das kleine Scheusal lag still in seinem Nest und wartete die Gelegenheit ab, bis es einen an dem Ende einer Schnur befestigten Haken behend und geschickt in die Zöpfe der zart gekräuselten Perücke, welche der Mann trug, werfen konnte, und dann zog es sie daran herab in die Pfanne mit Blut.

Ein andermal hatte seine Mutter die Kuh gemolken und kam mit dem Eimer Milch auf dem Kopf; sowie er sie sah, hob er seine teuflische Musik an, und in demselben Augenblick ließ die arme Frau den Eimer los, klatschte die Hände zusammen, fing an zu tanzen und goß die ganze Milch ihrem Mann auf den Kopf, der eben Torf herbeibrachte, das Essen daran zu kochen. Es würde kein Ende nehmen, wenn man alle seine boshaften Streiche erzählen wollte.

Bald darauf ereignete sich an dem Vieh des Pächters ein Unfall nach dem andern. Das Pferd bekam den Schwindel, ein hübsches Kälbchen konnte sich nicht mehr auf den Beinen halten, die Kuh ward bösartig und trat den Milcheimer um, und die Decke von einem Ende der Scheune fiel herab. Der Pächter setzte sich in den Kopf, daß das unglückliche Kind des Michael schuld an allem diesem Unheil sei. Eines Tages rief er Michael zu sich und sprach: »Ihr seht selbst, es geht nicht so zu, wie es sollte, und, um es geradeheraus zu sagen, ich glaube, Euer Kind ist die Ursache davon. Ich komme immer weiter herunter und lege mich keinen Abend in mein Bett, ohne zu denken, was wird dir nun morgen wieder begegnen.

Es wäre mir daher lieb, wenn Ihr Euch nach einer andern Arbeit umschauen wolltet, Ihr seid ein Mann, so brav als einer im Land, und Ihr braucht um Arbeit nicht verlegen zu sein.« Michael antwortete, er sei selbst voll Kummer über die Unglücksfälle, er habe sich auch schon Gedanken über das Kind gemacht, das doch einmal sein Kind sei und für das er also auch Sorge tragen müsse. Er versprach auch, sich alsbald nach einer andern Stelle umzusehen.

Demnach machte Michael den nächsten Sonntag in der Kirche bekannt, daß er willens sei, die Arbeit des John Riordans aufzugeben, und sogleich kam ein Pächter, der in einer Entfernung von einigen Meilen wohnte und gerade einen Ackermann suchte, zu Michael und bot ihm Haus und Garten an und Arbeit für das ganze Jahr. Michael, der wußte, daß dies eine gute Stelle war, schloß ohne weiteres seinen Vertrag mit ihm, und es ward verabredet, daß der Pächter einen Karren senden sollte, sein bißchen Hausrat darauf zu laden, und dann wollte er künftigen Donnerstag dort einziehen. An dem bestimmten Tag kam der versprochene Wagen; Michael belud ihn mit dem Hausgerät und stellte die Wiege, worin das Kind mit seinen Pfeifen lag, zuletzt obenauf; Judy setzte sich daneben, um acht zu haben, daß es nicht herausrolle und sich totstürze. Die Kuh trieben sie vor sich her, der Hund folgte nach, die Katze aber mußte zurückbleiben. Die drei andern Kinder liefen nebenher und suchten sich Hagebutten und Brombeeren; denn es war ein schöner Tag im Spätherbst.

Sie mußten über einen Fluß, den sie, weil er zwischen hohen Ufern in der Tiefe sein Bett hatte, nicht eher sehen konnten, als bis sie nahe dabei waren. Ein paar Tage vorher war ein anhaltender Regen gefallen, der Fluß war angeschwollen, und das Wasser rauschte stark. Als sie die Brücke betraten, richtete sich der Wechselbalg, der bisher ganz ruhig in seiner Wiege gelegen hatte, bei dem Rauschen der Wellen in die Höhe und schaute sich um; und als er das Wasser sah

20

und bemerkte, daß sie im Begriff waren, darüber zu gehen, so fing er an aufzukreischen und zu ächzen. »Stille, mein Söhnchen«, sagte Judy, »du brauchst dich nicht zu fürchten, ich sage dir, wir gehen über eine steinerne Brücke.« – »Daß du versauern möchtest, altes Gerippe!« rief er. »Da habt ihr einen sauberen Streich gemacht, mich hierherzubringen!« Dabei fuhr er fort zu heulen, und je weiter sie auf der Brücke kamen, desto lauter ward seine Stimme. Endlich gab ihm Michael, der es nicht länger aushalten konnte, einen tüchtigen Streich mit der Peitsche, die er in der Hand hielt und rief: »Der Teufel stopfe dir das Maul, du Klotzkopf, willst du dein Geschrei lassen! Kein Mensch kann ja sein eigenes Wort vor dir hören.«

In dem Augenblick, wo der Junge den Peitschenriemen fühlte, erhob er sich in der Wiege, nahm die Pfeifen in den Arm, grinste den Michael boshaft an und sprang behend über das Geländer der Brücke in den Fluß hinab. »O mein Kind, mein Kind!« schrie Judy. »Es ist verloren auf immer!« Michael und die andern Kinder liefen auf die andere Seite der Brücke und schauten und sahen ihn unter dem Brückenbogen hervorkommen, wie er mit kreuzweis geschlagenen Beinen oben auf einer weißhauptigen Welle saß und seine Pfeifen so lustig blies, als wenn nichts vorgefallen wäre. Das Wasser strömte heftig, er wurde gewaltsam fortgewirbelt, doch er spielte so schnell, ja noch schneller, als der Strom rann. Sie liefen zwar so geschwind sie konnten am Ufer mit, aber da sich der Fluß ein paar hundert Schritte unter der Brücke plötzlich um den Berg drehte, verloren sie ihn aus dem Gesicht, und keiner hat ihn je wieder mit Augen erblickt. Jeder glaubte nicht anders, als daß er zu den seinigen, dem stillen Volke, heimgegangen sei, um ihnen Musik zu machen.

Rapunzel

Brüder Grimm

Es war einmal ein Mann und eine Frau, die wünschten sich schon lange vergeblich ein Kind, endlich machte sich die Frau Hoffnung, der liebe Gott werde ihren Wunsch erfüllen. Die Leute hatten in ihrem Hinterhaus ein kleines Fenster, daraus konnte man in einen prächtigen Garten sehen, der voll der schönsten Blumen und Kräuter stand; er war aber von einer hohen Mauer umgeben, und niemand wagte hineinzugehen, weil er einer Zauberin gehörte, die große Macht hatte und von aller Welt gefürchtet ward. Eines Tages stand die Frau an diesem Fenster und sah in den Garten hinab, da erblickte sie ein Beet, das mit den schönsten Rapunzeln bepflanzt war; und sie sahen so frisch und grün aus, daß sie lüstern ward und das größte Verlangen empfand, von den Rapunzeln zu essen. Das Verlangen nahm jeden Tag zu, und da sie wußte, daß sie keine davon bekommen konnte, so fiel sie ganz ab, sah blaß und elend aus. Da erschrak der Mann und fragte »was fehlt dir,

22

liebe Frau?« – »Ach«, antwortete sie, »wenn ich keine Rapunzeln aus dem Garten hinter unserm Hause zu essen kriege, so sterbe ich.« Der Mann, der sie lieb hatte, dachte »eh du deine Frau sterben lässest, holst du ihr von den Rapunzeln, es mag kosten, was es will.«

In der Abenddämmerung stieg er also über die Mauer in den Garten der Zauberin, stach in aller Eile eine Handvoll Rapunzeln und brachte sie seiner Frau. Sie machte sich sogleich Salat daraus und aß sie in voller Begierde auf. Sie hatten ihr aber so gut, so gut geschmeckt, daß sie den andern Tag noch dreimal soviel Lust bekam. Sollte sie Ruhe haben, so mußte der Mann noch einmal in den Garten steigen. Er machte sich also in der Abenddämmerung wieder hinab, als er aber die Mauer herabgeklettert war, erschrak er gewaltig, denn er sah die Zauberin vor sich stehen. »Wie kannst du es wagen«, sprach sie mit zornigem Blick, »in meinen Garten zu steigen und wie ein Dieb mir meine Rapunzeln zu stehlen? Das soll dir schlecht bekommen.« – »Ach«, antwortete er, »laßt Gnade für Recht ergehen, ich habe mich nur aus Not dazu entschlossen; meine Frau hat Eure

Rapunzeln aus dem Fenster erblickt und empfindet ein so großes Gelüsten, daß sie sterben würde, wenn sie nicht davon zu essen bekäme.« Da ließ die Zauberin in ihrem Zorne nach und sprach zu ihm »verhält es sich so, wie du sagst, so will ich dir gestatten, Rapunzeln mitzunehmen, soviel du willst, allein ich mache eine Bedingung: du mußt mir das Kind geben, das deine Frau zur Welt bringen wird. Es soll ihm gut gehen, und ich will für es sorgen wie eine Mutter.« Der Mann sagte in der Angst alles zu, und als die Frau in Wochen kam, so erschien sogleich die Zauberin, gab dem Kinde den Namen Rapunzel und nahm es mit sich fort.

Rapunzel ward das schönste Kind unter der Sonne. Als es zwölf Jahre alt war, schloß es die Zauberin in einen Turm, der in einem Walde lag und weder Treppe noch Türe hatte, nur ganz oben war ein kleines Fensterchen. Wenn die Zauberin hinein wollte, so stellte sie sich unten hin und rief

>Rapunzel, Rapunzel,
laß mir dein Haar herunter.«

Rapunzel hatte lange prächtige Haare, fein wie gesponnen Gold. Wenn sie nun die Stimme der Zauberin vernahm, so band sie ihre Zöpfe los, wickelte sie oben um einen Fensterhaken, und dann fielen die Haare zwanzig Ellen tief herunter, und die Zauberin stieg daran hinauf.

Nach ein paar Jahren trug es sich zu, daß der Sohn des Königs durch den Wald ritt und an dem Turm vorüberkam. Da hörte er einen Gesang, der war so lieblich, daß er still hielt und horchte. Das war Rapunzel, die in ihrer Einsamkeit sich die Zeit damit vertrieb, ihre süße Stimme erschallen zu lassen. Der Königssohn wollte zu ihr hinaufsteigen und suchte nach einer Türe des Turms, aber es war keine zu finden. Er ritt heim, doch der Gesang hatte ihm so sehr das Herz gerührt, daß er jeden Tag hinaus in den Wald ging und zuhörte. Als er einmal so hinter einem Baum stand, sah er, daß eine Zauberin herankam und er hörte, wie sie hinaufrief

>Rapunzel, Rapunzel,
laß dein Haar herunter.«

Da ließ Rapunzel die Haarflechten herab, und die Zauberin stieg zu ihr hinauf. »Ist das die Leiter, auf welcher man hinaufkommt, so will ich auch einmal mein Glück versuchen.« Und den folgenden Tag, als es anfing dunkel zu werden, ging er zu dem Turme und rief

>Rapunzel, Rapunzel,
laß dein Haar herunter.«

Alsbald fielen die Haare herab, und der Königssohn stieg hinauf.

Anfangs erschrak Rapunzel gewaltig, als ein Mann zu ihr hereinkam, wie ihre Augen noch nie einen erblickt hatten, doch der Königssohn fing an ganz freundlich mit ihr zu reden und erzählte ihr, daß von ihrem Gesang sein Herz so sehr sei bewegt worden, daß es ihm keine Ruhe gelassen und er sie selbst habe sehen müssen. Da verlor Rapunzel ihre Angst, und als er sie fragte, ob sie ihn zum Mann nehmen wollte, und sie sah, daß er jung und schön war, so dachte sie »der wird mich lieber haben als die alte Frau Gotel«, und sagte ja und legte ihre Hand in seine Hand. Sie sprach »ich will gerne mit dir gehen, aber ich weiß nicht, wie ich herabkommen kann. Wenn du kommst, so bringe jedesmal einen Strang Seide mit, daraus will ich eine Leiter flechten, und wenn die fertig ist, so steige ich herunter und du nimmst mich auf dein Pferd.« Sie verabredeten, daß er bis dahin alle Abend zu ihr kommen sollte, denn bei Tag kam die Alte. Die Zauberin merkte auch nichts davon, bis einmal Rapunzel anfing und zu ihr sagte »sag sie mir doch, Frau Gotel, wie kommt es nur, sie wird mir viel schwerer heraufzuziehen als der junge Königssohn, der ist in einem Augenblick bei mir.« – »Ach du gottloses Kind«, rief die Zauberin, »was muß ich von dir hören, ich dachte, ich hätte dich von aller Welt geschieden, und du hast mich doch betrogen!« In ihrem

Zorne packte sie die schönen Haare der Rapunzel, schlug sie ein paarmal um ihre linke Hand, griff eine Schere mit der rechten, und ritsch, ratsch waren sie abgeschnitten, und die schönen Flechten lagen auf der Erde. Und sie war so unbarmherzig, daß sie die arme Rapunzel in eine Wüstenei brachte, wo sie in großem Jammer und Elend leben mußte.

Denselben Tag aber, wo sie Rapunzel verstoßen hatte, machte abends die Zauberin die abgeschnittenen Flechten oben am Fensterhaken fest, und als der Königssohn kam und rief

>>Rapunzel, Rapunzel,
laß dein Haar herunter<<

so ließ sie die Haare hinab. Der Königssohn stieg hinauf, aber er fand oben nicht seine liebste Rapunzel, sondern die Zauberin, die ihn mit bösen und giftigen Blicken ansah. »Aha«, rief sie höhnisch, »du willst die Frau Liebste holen, aber der schöne Vogel sitzt nicht mehr im Nest und singt nicht mehr, die Katze hat ihn geholt und wird dir auch noch die Augen auskratzen. Für dich ist Rapunzel verloren, du wirst sie nie wieder erblicken.« Der Königssohn geriet außer sich vor Schmerzen, und in der Verzweiflung sprang er den Turm herab; das Leben brachte er davon, aber die Dornen, in die er fiel, zerstachen ihm die Augen. Da irrte er blind im Walde umher, aß nichts als Wurzeln und Beeren und tat nichts als jammern und weinen über den Verlust seiner liebsten Frau. So wanderte er einige Jahre im Elend umher und geriet endlich in die Wüstenei, wo Rapunzel mit den Zwillingen, die sie geboren hatte, einem Knaben und Mädchen, kümmerlich lebte. Er vernahm eine Stimme, und sie deuchte ihn so bekannt; da ging er darauf zu, und wie er herankam, erkannte ihn Rapunzel und fiel ihm um den Hals und weinte. Zwei von ihren Tränen aber benetzten seine Augen, da wurden sie wieder klar, und er konnte damit sehen wie sonst. Er führte sie in sein Reich, wo er mit Freude empfangen ward, und sie lebten noch lange glücklich und vergnügt.

Der kleine Vogel
Richard von Volkmann-Leander

Ein Mann und eine Frau wohnten in einem hübschen kleinen Hause, und es fehlte ihnen nichts zu ihrer vollen Glückseligkeit. Hinter dem Hause war ein Garten mit schönen alten Bäumen, in dem die Frau die seltensten Pflanzen und Blumen zog. Eines Tages ging der Mann im Garten spazieren, freute sich über die herrlichen Gerüche, welche die Blumen ausströmten, und dachte bei sich selbst: »Was du doch für ein glücklicher Mensch bist und für eine gute, hübsche, geschickte Frau hast!« Wie er das so bei sich dachte, da bewegte sich etwas zu seinen Füßen.

Der Mann, der sehr kurzsichtig war, bückte sich und entdeckte einen kleinen Vogel, der wahrscheinlich aus dem Neste gefallen war und noch nicht fliegen konnte.

Er hob ihn auf, besah ihn sich und trug ihn zu seiner Frau.

»Herzensfrau«, rief er ihr zu, »ich habe einen kleinen Vogel gefangen; ich glaube, es wird eine Nachtigall!«

»Lieber gar!« antwortete die Frau, ohne den Vogel auch nur anzusehen; »wie soll eine junge Nachtigall in unseren Garten kommen? Es nisten ja keine alten drin.«

»Du kannst dich darauf verlassen, es ist eine Nachtigall! Übrigens habe ich schon einmal eine in unserem Garten schlagen hören. Das wird herrlich, wenn sie groß wird und zu singen beginnt! Ich höre die Nachtigallen so gern!«

»Es ist doch keine!« wiederholte die Frau, indem sie immer noch nicht aufsah; denn sie war gerade mit ihrem Strickstrumpfe beschäftigt, und es war ihr eine Masche heruntergefallen.

»Doch, doch!« sagte der Mann, »ich sehe es jetzt ganz genau!« und hielt sich den Vogel dicht an die Nase.

Da trat die Frau heran, lachte laut und rief: »Männchen, es ist ja bloß ein Spatz!«

»Frau«, entgegnete hierauf der Mann und wurde schon etwas heftig, »wie kannst du denken, daß ich eine Nachtigall gerade mit dem Allergemeinsten verwechseln werde, was es gibt! Du verstehst gar nichts von Naturgeschichte, und ich habe als Knabe eine Schmetterlings- und eine Käfersammlung gehabt.«

»Aber, Mann, ich bitte dich, hat denn wohl eine Nachtigall einen so breiten Schnabel und einen so dicken Kopf?«

»Jawohl, das hat sie; und es ist eine Nachtigall!«

»Ich sage dir aber, es ist keine; höre doch, wie er piepst!«

»Kleine Nachtigallen piepsen auch.«

Und so ging es fort, bis sie sich ganz ernstlich zankten. Zuletzt ging der Mann ärgerlich aus der Stube und holte einen kleinen Käfig.

»Daß du mir das eklige Tier nicht in die Stube setzt!« rief ihm die Frau entgegen, als er noch in der Türe stand. »Ich will es nicht haben!«

»Ich werde doch sehen, ob ich noch Herr im Hause bin!« antwortete der Mann, tat den Vogel in den Käfig, ließ Ameiseneier holen und fütterte ihn – und der kleine Vogel ließ sich's gut schmecken.

Beim Abendessen aber saßen der Mann und die Frau jeder an einer Tischecke und sprachen kein Wort miteinander.

Am nächsten Morgen trat die Frau schon ganz früh an das Bett ihres Mannes und sagte ernsthaft: »Lieber Mann, du bist gestern recht unvernünftig und gegen mich sehr unfreundlich gewesen. Ich habe mir eben den kleinen Vogel noch einmal besehen. Es ist ganz sicher ein junger Spatz; erlaube, daß ich ihn fortlasse.«

»Daß du mir die Nachtigall nicht anrührst!« rief der Mann wütend und würdigte seine Frau keines Blickes.

So vergingen vierzehn Tage. Aus dem kleinen Häuschen schienen Glück und Friede auf immer gewichen zu sein. Der Mann brummte, und wenn die Frau nicht brummte, weinte sie. Nur der kleine Vogel wurde bei seinen Ameiseneiern immer größer, und seine Federn wuchsen zusehends, als wenn er bald flügge werden wollte. Er hüpfte im Käfig umher, setzte sich in den Sand auf dem Boden des Käfigs, zog den Kopf ein und plusterte die Federn auf, indem er sich schüttelte, und piepste und piepste – wie ein richtiger junger Spatz. Und jedesmal, wenn er piepste, fuhr es der Frau wie ein Dolchstich durchs Herz.

Eines Tages war der Mann ausgegangen, und die Frau saß weinend allein im Zimmer und dachte darüber nach, wie glücklich sie doch mit ihrem Manne gelebt habe; wie vergnügt sie von früh bis zum Abend gewesen seien und wie ihr Mann sie geliebt – und wie nun alles, alles aus sei, seit der verwünschte Vogel ins Haus gekommen.

Plötzlich sprang sie auf, wie jemand, der einen raschen Entschluß faßt, nahm den Vogel aus dem Käfig und ließ ihn zum Fenster in den Garten hinaushüpfen.

Gleich darauf kam der Mann.

»Lieber Mann«, sagte die Frau, indem sie nicht wagte, ihn anzusehen, »es ist ein Unglück passiert; den kleinen Vogel hat die Katze gefressen.«

»Die Katze gefressen?« wiederholte der Mann, indem er starr vor Entsetzen wurde; »die Katze gefressen? Du lügst! Du hast die Nachtigall absichtlich fortgelassen! Das hätte ich dir nie zugetraut. Du bist eine schlechte Frau. Nun ist es für ewig mit unserer Freundschaft aus!« Dabei wurde er ganz blaß, und es traten ihm die Tränen in die Augen.

Wie dies die Frau sah, wurde sie auf einmal inne, daß sie doch ein recht großes Unrecht getan habe, den Vogel fortzulassen, und laut weinend eilte sie in den Garten, um zu sehen, ob sie ihn vielleicht dort noch fände und haschen könnte. Und richtig, mitten auf dem Wege hüpfte und flatterte das Vögelchen; denn es konnte immer noch nicht ordentlich fliegen.

Da stürzte die Frau auf dasselbe zu, um es zu fangen, aber das Vögelchen huschte ins Beet und vom Beet in einen Busch und von diesem wieder unter einen anderen, und die Frau stürzte in ihrer Herzensangst hinter ihm her. Sie zertrat die Beete und Blumen, ohne im geringsten darauf zu achten, und jagte sich wohl eine halbe Stunde lang mit dem Vogel im Garten herum. Endlich erhaschte sie ihn, und purpurrot im Gesicht und mit ganz verwildertem Haar kam sie in die Stube zurück. Ihre Augen funkelten vor Freude, und ihr Herz klopfte heftig.

»Goldner Mann«, sagte sie, »ich habe die Nachtigall wieder gefangen. Sei nicht mehr böse; es war recht häßlich von mir!«

Da sah der Mann seine Frau zum erstenmal wieder freundlich an, und wie er sie ansah, meinte er, daß sie noch nie so hübsch gewesen wäre wie in diesem Augenblicke. Er nahm ihr den kleinen Vogel aus der Hand, hielt ihn sich wieder dicht vor die Nase, besah ihn sich von allen Seiten, schüttelte den Kopf und sagte dann: »Kindchen, du hattest doch recht! Jetzt sehe ich's erst; es ist wirklich nur ein Spatz. Es ist doch merkwürdig, wie sehr man sich täuschen kann.«

»Männchen«, erwiderte die Frau, du sagst mir das bloß zuliebe. Heute sieht mir der Vogel wirklich selbst ganz wie eine Nachtigall aus.«

»Nein, nein!« fiel ihr der Mann ins Wort, indem er den Vogel noch einmal besah und laut lachte, »es ist ein ganz gewöhnlicher – Gelbschnabel.« Dann gab er seiner Frau einen herzhaften Kuß und fuhr fort: »Trag ihn wieder in den Garten und laß den dummen Spatz, der uns vierzehn Tage lang so unglücklich gemacht hat, fliegen.«

»Nein«, entgegnete die Frau, »das wäre grausam! Er ist noch nicht recht flügge, und die Katze könnte ihn wirklich kriegen. Wir wollen ihn noch einige Tage füttern, bis ihm die Federn noch mehr gewachsen sind, und dann – dann wollen wir ihn fliegen lassen!«

Die Moral von der Geschichte aber ist: wenn jemand einen Spatz gefangen hat und denkt, es sei eine Nachtigall – sag's ihm beileibe nicht; denn er nimmt's sonst übel, und später wird er's gewiß von selbst merken.

Dieser Kerl

Englisches Volksmärchen

Wie ich eines Tages die Straße entlangging, sah ich diesen Kerl mir entgegenkommen, und weißt du, ich hätte schwören können, er war's, und weißt du, er hätte schwören können, ich war's.

Wir kamen einander näher, und ich war ganz sicher, er war's, und er war ganz sicher, ich war's.

Wir kamen noch näher, und ich war verdammt sicher, er war's, und er war verdammt sicher, ich war's.

Wie wir nur noch ein paar Meter auseinander waren, war ich vollkommen überzeugt, er war's, und er war vollkommen überzeugt, ich war's. Und weißt du was, wie wir nebeneinander stehen, da war's keiner von uns!

Stojscha und Mladen

Serbokroatisches Volksmärchen

Es war einmal ein Zar, der hatte drei Töchter, die hielt er ständig verborgen, so daß sie niemals ins Freie gekommen waren. Erst als sie ins heiratsfähige Alter gekommen waren, ließ der Vater sie zum erstenmal zum Reigentanz. Aber kaum waren sie zum Tanz angetreten, als sich ein Wirbelwind erhob und alle drei davontrug. Der Zar war tief betrübt über ihr Verschwinden und schickte Diener nach allen Richtungen, sie zu suchen, aber die Diener kamen zurück und meldeten, sie hätten sie nirgends finden können; da wurde der Zar krank und starb vor Gram.

Seine Witwe, die Zarin, war in Hoffnung, und als die Zeit kam, gebar sie einen Knaben und nannte ihn Stojscha. Als der ein wenig herangewachsen war, wurde er ein starker Held, wie es wenige gibt. Als er achtzehn geworden war, fragte er seine Mutter: »Bei Gott, Mutter, wie kommt es, daß du keine andern Kinder hast außer mir?« Da fing sie an zu seufzen und zu weinen, wagte aber nicht, ihm zu sagen, daß sie drei Töchter gehabt hatte, die verschwunden waren, da sie fürchtete, Stojscha könnte sofort in die weite Welt laufen, die Schwestern zu suchen und sie so auch ihn verlieren. Als er nun die Mutter weinen sah, drang er noch mehr in sie und beschwor sie, ihm zu sagen, was ihr fehle. Da erzählte sie ihm alles der Reihe nach, wie sie drei Töchter gehabt habe wie drei Rosen, wie sie verschwunden seien und wie man sie vergeblich nach allen Richtungen gesucht habe.

Nachdem Stojscha das von der Mutter gehört hatte, sagte er zu ihr: »Weine nicht, Mutter; ich will sie suchen gehen.« Da schlug sich die Mutter an die Brust und rief: »Weh mir! So soll ich arme Mutter auch meinen Sohn verlieren!« Dann suchte sie ihn davon abzubringen und bat ihn, nicht zu gehen, stellte ihm auch vor, wie lange es schon her sei, und Gott weiß, ob sie noch am Leben wären. Aber er ließ sich nicht davon abbringen, sondern sagte: »Sage mir, wo sind die Waffen, mit denen sich mein Vater als Zar gürtete, und wo ist das Pferd, das er ritt?«

Da nun die Mutter sah, daß Stojscha auf seinem Willen bestand, sagte sie ihm, daß sein Vater, als er so viel Kummer erlebte, das Pferd in das Gestüt geschickt und die Waffen auf den Dachboden geworfen habe. Stojscha fand auch gleich die Waffen auf dem Boden, ganz staubig und verrostet, aber er putzte sie schön und richtete sie her, daß sie glänzten wie neu geschmiedet. Dann ging er zu dem Gestüt, fand des Vaters Pferd, brachte es nach Hause in den Stall, fütterte und striegelte es, und nach einem Monat war es munter wie ein Vogel; es war ohnehin auch geflügelt und drachenhaft. Als Stojscha nun fertig war zur Reise, sagte er zu seiner Mutter: »Mutter, hast du nicht von meinen Schwestern irgendein Zeichen, das ich mitnehmen kann, damit sie mir glauben, daß ich ihr Bruder bin, falls Gott sie mich finden läßt?« Die Mutter antwortete ihm mit Tränen: »Es sind drei Tücher da, meine Wonne, die sie eigenhändig gestickt haben.« Sie brachte sie ihm. Da küßte er der Mutter die Hand, stieg zu Pferd und zog in die Welt, seine Schwestern zu suchen.

Auf seiner langen Wanderung kam er einmal an eine große Stadt, davor war eine Quelle, aus der die ganze Stadt Wasser holte. Dort legte er sich in den Schatten, um etwas auszuruhen, und deckte sich das Gesicht mit einem der drei Tücher zu, damit ihn die Fliegen nicht stächen. Währenddessen kam eine Frau Wasser zu holen und bemerkte Stojscha neben der Quelle im Schatten; auch beachtete sie das Tuch und mußte seufzen, und während sie Wasser schöpfte, sah

sie immer auf ihn. Auch als sie fertig war, konnte sie sich nicht losreißen, sondern sah immer auf ihn. Stojscha merkte das und fragte sie: »Was hast du, liebe Frau, daß du mich so ansiehst? Hast du lange keinen Mann gesehen oder glaubst du, irgend etwas wiederzuerkennen?« Sie aber antwortete: »Bruder, ich erkenne an dir das Tuch, das ich mit eigner Hand gestickt habe.« Da stand Stojscha auf und fragte sie, woher sie sei und aus welchem Geschlecht, und sie sagte ihm, sie sei eine Zarentochter aus der und der Stadt, sie seien drei Schwestern gewesen, und ein Wirbelwind habe sie alle drei davongetragen.

Als Stojscha das hörte, gab er sich ihr gleich zu erkennen: »Ich bin dein Bruder; kannst du dich erinnern, daß die Mutter in Hoffnung war, als der Wirbelwind euch entführte?« Sie erinnerte sich auch sogleich, brach in Tränen aus und fiel ihm um den Hals: »Süßer Bruder, wir sind alle drei in Drachenhänden. Es gibt drei Drachenbrüder, sie haben uns entführt und halten uns, jeder eine in seinem Palast, gefangen.« Darauf nahm sie ihn bei der Hand und führte ihn in den Palast ihres Drachen; dort bewirtete sie ihn prächtig, aber als es Abend wurde, sagte sie zu ihm: »Bruder, jetzt kommt der grimmige Drache, sein Mund speit

immerfort Feuer, ich möchte dich davor beschützen; geh und verstecke dich.«
Aber Stojscha antwortete ihr: »Meine Schwester, zeige mir, was seine Portion ist.«

Da führte sie ihn in ein andres Zimmer, da stand ein gebratener Ochs, Brot,
so viel man in einem ganzen Backofen backen kann, und ein Eimer Wein. »Das
ist seine Portion«, sagte die Schwester; und Stojscha sah das an, kreuzte die Beine
und verschlang alles bis auf den letzten Bissen, dann rief er aus: »Ach Schwester,
wenn's doch noch was gäbe!« Nachdem er so zu Abend gegessen hatte, sagte die
Schwester: »Jetzt wird der Drache gleich seine Keule vor das Haus schleudern zum
Zeichen, daß er nach Hause kommt.« Kaum hatte sie das gesagt, als die Keule hoch
über dem Hause schwirrte, aber Stojscha lief schnell vor das Haus, fing sie mit den
Händen auf und wirbelte sie über den Drachen weg zurück bis zur nächsten
Grenze.

Als der Drache das sah, wunderte er sich. Er ging zurück, holte die Keule und
brachte sie mit nach Hause. Als er vor den Palast kam, trat die Zarentochter heraus
und vor ihn hin, er aber fuhr auf sie los: »Wer ist da im Palast?« Sie antwortete:
»Mein Bruder.« Der Drache fragte weiter: »Und warum ist er gekommen?« Sie
antwortete: »Um mich zu sehen.« Darauf sagte der Drache zornig: »Ach was! Er
ist nicht gekommen, dich zu sehen, sondern dich wegzuholen.« Stojscha hatte
vom Palast aus das Gespräch gehört und trat ebenfalls vor den Drachen hin, der
aber stürzte sich auf ihn. Stojscha ließ ihn herankommen, sie packten sich und
fingen an zu ringen. Mit einem Griff warf Stojscha den Drachen zu Boden,
drückte ihn nieder und sagte zu ihm: »Nun, was willst du jetzt machen?« Der
Drache antwortete: »Hätte ich dich unter meinen Knien wie du mich, da wüßte
ich schon, was ich täte.« Stojscha aber sagte ihm: »Ich tu dir nichts«, und ließ ihn
los. Darauf nahm ihn der Drache bei der Hand, führte ihn in den Palast und
bereitete ihm ein Fest, eine ganze Woche lang.

Als die Woche um war, fragte Stojscha den Drachen nach seinen beiden
Schwägern, und der Drache zeigte ihm den Weg zu der Stadt, wo der Palast des
zweiten Drachen war; dort würde er auch über den dritten hören. Danach rüstete
sich Stojscha zur Reise und nahm Abschied von Schwester und Schwager. Auf
seiner Wanderung kam er an eine Stadt, vor der traf er auf eine Quelle, aus der die
ganze Stadt Wasser holte. Stojscha trank dort, legte sich in den Schatten, um
etwas auszuruhen und deckte sich das Gesicht mit einem der drei Tücher, daß
die Fliegen ihn nicht stächen. Nach kurzer Zeit kam eine Frau, Wasser zu holen;
sowie sie Stojscha und das Tuch erblickte, seufzte sie. Während sie nun Wasser
schöpfte, sah sie ihn in einem fort an, und als sie fertig war, konnte sie sich nicht

von ihm losreißen. Das merkte Stojscha und fragte sie: »Was ist dir, liebe Frau, daß du mich so ansiehst? Hast du lange keinen Mann gesehen oder meinst du irgend etwas wiederzuerkennen?« Da antwortete sie: »Bruder, ich erkenne mein Tuch an dir, das ich eigenhändig gestickt habe.«

Darauf sprang Stojscha auf, gab sich ihr gleich als ihr Bruder zu erkennen und erzählte ihr, wie er auch bei der andern Schwester gewesen sei. Als sie so ihren Bruder sah, brach sie in Tränen aus und fiel ihm um den Hals. Dann nahm sie ihn bei der Hand, führte ihn in den Palast des Drachen und bewirtete ihn prächtig. Aber als es Abend ward, sagte sie zu ihm: »Bruder, jetzt wird der grimmige Drache kommen, sein Mund speit immerfort Feuer, ich möchte dich gern davor beschützen; geh und verstecke dich.« Aber Stojscha antwortete ihr: »Meine Schwester, zeige du mir, was seine Portion ist.«

Sie führte ihn in ein andres Zimmer, und dort fand er zwei gebratene Ochsen, Brot aus zwei vollen Backöfen und zwei Eimer Wein. »Das da ist seine Portion«, sagte die Schwester. Stojscha sah das an, kreuzte die Beine und verschlang alles bis auf den letzten Bissen, sprang dann auf und sagte: »Ach Schwester, wenn es doch noch was gäbe!« Als er so zu Abend gegessen hatte, sagte die Schwester: »Gleich wird die Keule vors Haus fallen, zum Zeichen, daß der Drache kommt.« Kaum hatte sie das gesagt, als die Keule hoch übers Haus schwirrte, aber Stojscha lief vors Haus, fing sie mit den Händen auf und wirbelte sie zurück bis zur dritten Grenze.

Als der Drache das sah, wunderte er sich, kehrte um, holte die Keule und ging mit ihr nach Hause. Als er vors Haus kam, trat die Zarentochter heraus vor ihn hin, und er fuhr auf sie los: »Wer ist bei dir im Haus?« Sie antwortete: »Mein Bruder.« Der Drache fragte weiter: »Und warum ist er gekommen?« Sie antwortete: »Mich zu sehen.« Darauf sagte er zornig: »Er ist nicht gekommen, dich zu sehen, sondern dich wegzuholen.« Stojscha, der das Gespräch vom Palast aus gehört hatte, trat nun auch vor den Drachen hin, und der, sowie er ihn sah, stürzte auf ihn los. Stojscha aber ließ ihn herankommen, sie packten sich und fingen an zu ringen. Zuletzt warf Stojscha den Drachen zu Boden, drückte ihn nieder und sagte: »Was willst du jetzt machen?« Der Drache antwortete: »Hätte ich dich unter den Knien wie du mich, wüßte ich schon, was ich täte.« Stojscha aber sagte: »Ich tu dir nichts«, und ließ ihn los. Darauf faßte der Drache ihn bei der Hand, nahm ihn mit sich in den Palast, und nun vergnügten sie sich eine ganze Woche hindurch. Als die Woche um war, fragte Stojscha den Drachen nach seinem dritten Schwager, und der Drache zeigte ihm den Weg nach der Stadt des dritten.

Nun rüstete Stojscha sich zur Reise, nahm Abschied von Schwester und Schwager und machte sich auf, den dritten Drachen zu suchen. Auf langer Wanderung kam er wieder an eine Stadt, davor traf er auf eine Quelle, aus der die ganze Stadt Wasser holte; dort trank er, legte sich in den Schatten, um etwas auszuruhen, und deckte sein Gesicht mit einem der Tücher zu, daß ihn die Fliegen nicht stächen. Kurze Zeit verging, da kam eine Frau Wasser zu holen. Als sie Stojscha und das Tuch bemerkte, mußte sie seufzen, und während sie Wasser schöpfte, sah sie ihn beständig an. Auch als sie fertig war, konnte sie sich nicht von ihm losreißen. Das merkte Stojscha und fragte sie: »Was hast du, liebe Frau, daß du mich so ansiehst? Hast du lange keinen Mann gesehen, oder meinst du irgend etwas wiederzuerkennen?« Sie antwortete: »Bruder, ich erkenne an dir das Tuch, das ich eigenhändig gestickt habe.«

Als Stojscha das hörte, sprang er auf, gab sich ihr gleich als Bruder zu erkennen und erzählte ihr, wie er schon bei den andern Schwestern gewesen sei. Sie aber brach bei seinem Anblick in Tränen aus und fiel ihm um den Hals. Dann faßten sie sich an der Hand und gingen in den Palast; dort bewirtete sie ihn prächtig, aber als es Abend wurde, sagte sie zu ihm: »Bruder, jetzt wird der grimmige Drache kommen, sein Mund speit immerfort Feuer und ich möchte dich gern davor bewahren; geh und verstecke dich.« Stojscha aber antwortete: »Meine Schwester, zeige du mir, was seine Portion ist.«

Da brachte sie ihn in ein andres Zimmer, sieh da: drei gebratene Ochsen, Brot aus drei vollen Backöfen und drei Eimer Wein. »Das da ist seine Portion«,

sagte die Schwester. Stojscha aber sah das an, kreuzte die Beine, verschlang alles bis auf den letzten Bissen und sagte: »Ach Schwester, wenn es doch noch was gäbe!« Als er nun so zu Abend gegessen hatte, sagte die Schwester zu ihm: »Gleich wird die Keule vors Haus fallen, das ist das Zeichen, daß der Drache kommt.« Kaum hatte sie das gesagt, da schwirrte schon die Keule hoch über dem Haus, aber Stojscha lief schnell vors Haus und fing sie mit den Händen auf und wirbelte sie zurück bis zur vierten Grenze. Als das der Drache sah, wunderte er sich, kehrte um, holte die Keule und ging damit nach Hause. Als er vor den Palast kam, trat die Zarentochter heraus vor ihn hin, und er fuhr auf sie los: »Wer ist bei dir im Palast?« Sie antwortete: »Mein Bruder.« Der Drache fragte weiter: »Und warum ist er gekommen?« Sie antwortete: »Um mich zu sehen.« Darauf sagte der Drache zornig: »Er ist nicht gekommen, dich zu sehen, sondern dich wegzuholen.« Stojscha hörte das Gespräch vom Palast aus und trat auch vor den Drachen hin, und der, sowie er ihn bemerkte, stürzte auf ihn ein, Stojscha aber ließ ihn herankommen, sie packten sich und begannen zu ringen. Mit einem Griff warf Stojscha den Drachen zu Boden, drückte ihn nieder und sagte zu ihm: »Was wirst du jetzt machen?« Der antwortete: »Hätte ich dich unter meinen Knien wie du mich unter deinen, ich wüßte schon, was ich täte.« Darauf sagte Stojscha: »Ich tu dir nichts«, und ließ ihn los. Da nahm ihn der Drache bei der Hand und führte ihn in den Palast, und nun vergnügten sie sich eine ganze Woche hindurch.

Einmal machten sie einen Spaziergang, dabei bemerkte Stojscha im Hof ein großes Erdloch wie einen Dachsbau, das unter der Erde fortlief, und sagte: »Was ist denn das, Schwager? Wie kannst du in deinem Hof ein solches Loch dulden? Warum schüttest du es nicht zu?« Darauf antwortete der Drache: »Ach Schwager, ich kann dir's fast nicht sagen, so schäme ich mich. Es gibt hier einen Drachenzaren, der führt oft mit uns Krieg, und jetzt kommt bald die Zeit, da wir uns wieder schlagen müssen; und jedesmal besiegt er uns alle drei, und nur wer in diese Höhle flüchtet bleibt übrig.« Darauf sagte Stojscha zu ihm: »Komm, Schwager, laß uns ihn schlagen, solange ich hier bin und euch helfen kann, vielleicht können wir ihn vernichten.« Aber der Drache antwortete: »Das getraue ich mich um keinen Preis.«

Als Stojscha sah, daß sie nicht wagten loszuschlagen, brach er allein auf, um den Drachenzaren zu suchen. Nach langem Fragen kam er vor dessen Palast und bemerkte auf dem Dach einen Hasen. Da fragte er die Hofleute, was der Hase da oben solle. Die antworteten ihm: »Wenn sich einer fände, der den Hasen herabholt, so würde der Hase sich selber schlachten, abhäuten, zerhacken und braten;

aber bei der Gefahr für sein Leben wagt keiner das zu tun.« Als Stojscha das hörte, flog er auf seinem Pferde hinauf und holte den Hasen herunter; sofort schlachtete sich der Hase selbst, häutete sich ab, zerhackte sich und setzte sich ans Feuer. Darauf ging Stojscha auf den Söller des Drachen und legte sich in den Schatten, die Hofleute aber, als sie sahen, was er ausgeführt hatte, redeten auf ihn ein, er solle fliehen: »Flieh, Held, so weit dich die Füße tragen, ehe der Drache kommt, denn es geht dir schlecht, wenn er dich trifft.« Aber Stojscha antwortete ihnen: »Was geht mich euer Drache an, er mag kommen und sich an dem Hasen satt essen.«

Bald darauf kam der Drache, und gleich bei seiner Ankunft bemerkte er, daß der Hase nicht mehr da war, und rief die Hofleute: »Wer hat das getan?« Sie sagten ihm: »Es kam ein tapfrer Held und holte den Hasen herab, jetzt ist er oben auf dem Söller.« Da befahl ihnen der Drache: »Geht und sagt ihm, er soll aus dem Palast gehen, denn wenn ich erst zu ihm komme, lasse ich keinen Knochen an ihm ganz.« Die Hofleute gingen nun auf den Söller zu Stojscha und meldeten ihm, was der Drache befohlen hatte, aber Stojscha fuhr sie an: »Geht und sagt dem Drachen, wenn es ihm um den Hasen leid ist, soll er zum Zweikampf mit mir heraufkommen.«

Als sie das dem Drachen gemeldet hatten, zischte der auf, Feuer fuhr aus seinem Mund, und er flog auf den Söller. Stojscha aber ließ ihn herankommen, und sie fingen an zu ringen, doch weder ließ sich Stojscha niederwerfen, noch konnte er den Drachen niederwerfen, und endlich sagte Stojscha zu ihm: »Wie heißt du?« Der Drache antwortete: »Ich heiße Mladen.« Darauf erwiderte Stojscha: »Auch ich bin der jüngste meiner Eltern.« Daraufhin ließen sie sich los, verbrüderten sich und gaben einander das feste Treugelöbnis, daß sie brüderlich miteinander leben wollten. Nach einiger Zeit sagte Stojscha zu dem Drachen: »Was wartest du auf die Drachen da, die in ihre Höhle flüchten. Laß uns auf sie losschlagen schon vor der Zeit.« Der Drachenzar willigte ein, und so zogen sie beide aus zum Kampf gegen die Drachen.

Als die drei Drachenbrüder hörten, daß Stojscha sich mit dem Drachenzar befreundet und verbrüdert hatte und jetzt beide gegen sie zogen, erschraken sie, sammelten ein gewaltiges Heer und zogen den beiden entgegen; diese aber griffen das Heer an, schlugen und zerstreuten es ganz und gar, nur die drei Drachen entkamen in jene Höhle. Da schleppten die beiden schnell Stroh herbei, stopften es in die Höhle und zündeten es an; so kamen die drei Drachen um. Danach hieß er die drei Schwestern sich fertigmachen, ließ den ganzen Schatz der drei Drachen fortbringen, und dem Drachenzaren, seinem Bundesbruder, überließ er deren Paläste und ihr Reich. Dann brach er mit seinen drei Schwestern auf und zog zurück in sein Reich; sie kamen glücklich bei der Mutter an, die übergab ihm die Herrschaft, und er herrschte bis an sein Lebensende.

Das Kätzchen auf Dovre

Norwegisches Volksmärchen

Es war einmal ein Mann oben in Finmarken, der hatte einen großen weißen Bären gefangen, den wollte er dem König von Dänemark bringen. Nun traf es sich, daß er grade am Weihnachtsabend zum Dovrefjeld kam, und da ging er in ein Haus, wo ein Mann wohnte, der Halvor hieß; den bat er um Nachtquartier für sich und seinen Bären.

»Ach, Gott helf mir!« sagte der Mann. »Wie sollt ich jemandem Nachtquartier geben können! Jeden Weihnachtsabend kommen hier so viele Trolle, daß ich mit den Meinigen ausziehen muß und selber nicht einmal ein Dach über dem Kopf habe.«

»Oh, Ihr könnt mich trotzdem beherbergen«, sagte der Mann, »denn mein Bär kann hier hinter dem Ofen liegen, und ich lege mich unter das Bett.«

46

Halvor hatte nichts dagegen, zog aber selbst mit seinen Leuten aus, nachdem er zuvor gehörig für die Trolle hatte zurichten lassen: die Tische waren besetzt mit Reisbrei, Stockfischen, Wurst und was sonst zu einem herrlichen Gastschmaus gehört.

Bald darauf kamen die Trolle an; einige waren groß, andre klein; einige langgeschwänzt, andre ohne Schwanz; und einige hatten ungeheuer lange Nasen, und alle aßen und tranken und waren guter Dinge. Da erblickte einer von den jungen Trollen den Bären, der hinter dem Ofen lag, steckte ein Stückchen Wurst an die Gabel und hielt es dem Bären vor die Nase. »Kätzchen, magst auch ein Stück Wurst?« sagte er. Da fuhr der Bär auf, fing fürchterlich an zu brummen und jagte sie alle, groß und klein, aus dem Haus.

Das Jahr darauf war Halvor eines Nachmittags im Wald und hackte Holz; denn bald war Weihnachten, und er erwartete wieder die Trolle. Da hörte er es plötzlich im Wald rufen: »Halvor! Halvor!« – »Ja!« sagte Halvor. »Hast du die große Katze noch?« – »Ja«, sagte Halvor, »sie hat jetzt sieben Junge, die sind noch viel größer und böser als sie.« – »Dann kommen wir niemals wieder zu dir!« rief der Troll im Walde. Und von der Zeit an haben die Trolle nie wieder den Weihnachtsbrei bei Halvor auf Dovre gegessen.

Die Schöne und das Tier

Madame Leprince de Beaumont

Es war einmal ein Kaufmann, der war außerordentlich reich. Er hatte drei Töchter, und da er ein verständiger Mann war, sparte er nicht an ihrer Erziehung und gab ihnen gute Lehrer. Seine Töchter waren sehr schön; besonders bewundert wurde die jüngste, und man nannte sie, solange sie klein war, nur die Schöne, und der Name blieb ihr und erweckte die Eifersucht ihrer Schwestern. Die Jüngste war aber nicht nur schöner als ihre Schwestern, sie war auch gütig.

Die beiden älteren waren sehr stolz, weil sie reich waren; sie spielten die Damen und wollten sich nicht mit den andern Kaufmannstöchtern abgeben, es fehlte ihnen an Leuten, die sie ihrer Gesellschaft für würdig erachtet hätten. Alle Tage gingen sie auf Bälle, ins Theater, machten Spaziergänge und verspotteten ihre jüngere Schwester, die den größten Teil ihrer Zeit darauf verwandte, gute Bücher zu lesen. Da man wußte, daß diese Mädchen sehr reich waren, baten mehrere wohlhabende Kaufleute um ihre Hand, aber die beiden älteren antworteten, daß sie nur einen Herzog oder doch wenigstens einen Grafen heiraten wollten. Die Schöne dankte denen, die um sie anhielten, freundlich, aber sie sagte ihnen, daß sie noch zu jung sei und daß sie lieber ihrem Vater noch einige Jahre Gesellschaft leisten wolle.

Mit einem Schlag verlor der Kaufmann seine ganze Habe und nichts blieb ihm als ein kleines Landhaus weit von der Stadt. Unter Tränen eröffnete er seinen Kindern, sie müßten künftig dieses Haus bewohnen und mit Bauernarbeit ihren Lebensunterhalt verdienen. Seine beiden älteren Töchter erwiderten, sie wollten die Stadt nicht verlassen und sie hätten mehrere Verehrer, welche glücklich wären, sie heiraten zu können, auch ohne Vermögen. Die jungen Damen täuschten sich indes, ihre Liebhaber schauten sie nicht mehr an, als sie arm waren. Da sie ihres Hochmuts wegen niemand leiden mochte, sagte man: »Sie verdienen nicht, daß man sie beklagt, es geschieht ihnen recht, daß ihr Stolz gedemütigt worden ist, mögen sie die großen Damen spielen, wenn sie ihre Schafe hüten! Was aber die Schöne betrifft, so tut uns ihr Mißgeschick sehr leid, sie ist ein gutes, sanftes Mädchen.«

Die arme Schöne war zuerst sehr niedergeschlagen gewesen, als sie ihr Vermögen verlor, aber dann hatte sie sich gesagt: »Das Weinen bringt mir mein Geld nicht wieder, man muß versuchen, auch ohne Vermögen glücklich zu sein.«

Als sie in ihrem Landhaus angekommen waren, begann der Kaufmann mit seinen drei Töchtern das Feld zu bestellen. Die Schöne stand um vier Uhr morgens auf, säuberte zuerst das Haus und bereitete dann das Frühstück für ihre Familie. Zuerst kam es sie sehr hart an, denn sie war die Mägdearbeit nicht gewohnt, aber nach zwei Monaten war sie kräftiger geworden, und die viele Arbeit war ihrer Gesundheit zuträglich; nach der Arbeit pflegte sie zu lesen, Klavier zu spielen oder beim Spinnen zu singen. Ihre Schwestern dagegen langweilten sich zu Tode, sie trauerten um ihre schönen Kleider und ihre Gesellschaft und sagten: »Seht unsere Jüngste, sie hat ein niedriges und dummes Gemüt; sie ist so stumpfsinnig, daß sie mit unserer unseligen Lage zufrieden ist.« Der gute Kaufmann freilich bewunderte die Tüchtigkeit des jungen Mädchens und besonders ihre Geduld, denn die Schwestern, nicht damit zufrieden, ihr die ganze Hausarbeit zu überlassen, beschimpften sie noch obendrein bei jeder Gelegenheit.

Schon ein Jahr lebte die Familie in ihrer Einsamkeit, als der Kaufmann eines Tages einen Brief erhielt, in welchem man ihm mitteilte, daß ein Schiff, auf dem er Waren hatte, glücklich angekommen sei. Diese Nachricht verdrehte den

beiden Älteren, welche schon glaubten, nun das langweilige Landleben aufgeben zu können, den Kopf, und als sie ihren Vater reisefertig sahen, baten sie ihn, ihnen schöne Kleider, Pelerinen, Kopfputz und alle möglichen Kleinigkeiten mitzubringen. Die Schöne bat ihn um gar nichts, denn sie dachte bei sich, daß all das für die Waren gelöste Geld nicht hinreichen würde, um die Wünsche ihrer Schwestern zu befriedigen. »Du bittest mich nicht, dir etwas zu kaufen?« sagte der Vater zu ihr. »Da Ihr so gut seid, an mich zu denken«, entgegnete sie, »so bitte ich Euch, mir eine Rose mitzubringen, denn es gibt hier keine.« Der gute Mann reiste ab, aber als er angekommen war, mußte er um seine Waren einen Prozeß führen, und nach vieler Mühe kam er ebenso arm zurück, wie er abgereist war.

Er hatte nur noch dreißig Meilen bis zu seinem Haus, und schon freute er sich darauf, seine Kinder wiederzusehen, als er einen großen Wald durchqueren mußte und sich darin verirrte. Es schneite unaufhörlich, der Wind blies so heftig, daß er ihn zweimal vom Pferde riß, und als es Nacht wurde, glaubte er vor Hunger und Kälte sterben zu müssen oder von den Wölfen gefressen zu werden, die er ringsum heulen hörte. Plötzlich, als er sich am Ende einer langen Allee umsah, bemerkte er ein helles Licht, das aber noch weit entfernt zu sein schien. Er ging in dieser Richtung weiter und merkte, daß das Licht von einem großen Schloß ausging, das hell erleuchtet war. Der Kaufmann dankte Gott für seine Hilfe und trat eilends in das Schloß; aber wie groß war seine Überraschung, als er in den Höfen keinen Menschen fand. Das Pferd, das er hinter sich herzog, sah einen großen Stall offenstehen, es ging hinein und fand eine Menge Heu und Hafer vor. Das arme ausgehungerte Tier stürzte sich gierig darauf. Der Kaufmann band es fest und wandte sich zum Hause, wo er gleichfalls keinen Menschen antraf, aber im Saal flackerte ein warmes Feuer, und eine speisenbeladene Tafel, auf der indes nur ein Besteck lag, lud zum Essen ein. Da ihn Schnee und Regen bis auf die Haut durchnäßt hatten, setzte er sich an den Kamin und wartete eine beträchtliche Zeit, daß der Hausherr oder ein Diener eintreten würde; als es aber elf Uhr schlug, ohne daß er jemanden erblickt hatte, konnte er seinen Hunger nicht mehr bändigen und nahm ein Hähnchen, das er mit zwei Bissen und unter Zittern verzehrte. Er trank einige Schluck Wein, und als er kühner geworden war, verließ er den Saal und durchschritt mehrere große und prächtig eingerichtete Räume. Schließlich fand er ein Zimmer, in welchem ein Bett stand, und da Mitternacht vorüber und er selbst sehr müde war, sperrte er die Türe ab und legte sich zur Ruhe.

Es war schon zehn Uhr morgens, als er sich am folgenden Tag erhob, und er war nicht wenig erstaunt, als er ein kostbares Gewand an Stelle des seinigen vorfand, welches ganz schmutzig geworden war. »Gewiß«, sagte er zu sich, »gehört dies Schloß irgendeiner guten Fee, die meine Lage bedauert.« Er blickte durch das Fenster und sah keinen Schnee mehr, sondern Lauben und Blumengewinde, die das Auge bezauberten. Er trat wieder in den großen Saal, wo er abends zuvor gespeist hatte, und bemerkte einen kleinen Tisch, auf welchem eine Schokolade dampfte. »Ich danke Euch, Frau Fee«, sagte er ganz laut, »daß Ihr so gütig seid, an mein Frühstück zu denken.« Der gute Mann nahm seine Schokolade und ging dann, sein Pferd zu holen, und als er an einem schönen Rosenbeet vorbeiging, fiel ihm ein, daß ihn die Schöne um eine Rose gebeten hatte; er brach also einen Zweig mit mehreren Blüten ab. In diesem Augenblick hörte er ein heftiges Geräusch und sah ein so schreckliches Ungeheuer auf sich zukommen, daß er fast ohnmächtig geworden wäre. »Ihr seid sehr undankbar!« redete ihn das Ungeheuer mit furchtbarer Stimme an, »ich habe Euch das Leben gerettet, indem ich Euch in meinem Schloß Unterkunft gewährte, und zum Dank dafür stehlt Ihr mir meine Rosen, die ich über alles in der Welt liebe. Diese Verfehlung kann nur durch den Tod gesühnt werden; ich gebe Euch eine Viertelstunde Zeit, um Eure Rechnung mit Gott abzuschließen.« Der Kaufmann warf sich auf die Knie und sagte zu dem Monster, indem er die Hände faltete: »Gnädiger Herr, verzeiht mir,

ich glaubte Euch nicht zu beleidigen, als ich eine Rose für eine meiner Töchter pflückte, die mich um eine solche gebeten hat.«

»Ich bin kein ›gnädiger Herr‹«, sagte das Ungeheuer, »ich bin ein Tier! Ich mag keine Höflichkeiten und will, daß man sagt, was man denkt. Also glaubt nicht, mich mit Euren Schmeicheleien zu rühren. Ihr habt Töchter, wie Ihr sagt? Ich will Euch verzeihen, doch unter der Bedingung, daß eine Eurer Töchter freiwillig herkommt, um an Eurer Stelle zu sterben. Macht keine Einwände, geht, und wenn Eure Töchter sich weigern, für ihren Vater zu sterben, so schwört mir, daß Ihr in drei Monaten wiederkommt!« Der gute Mann hatte nicht die Absicht, eine seiner Töchter diesem häßlichen Monster zu opfern, aber er dachte, wenigstens würde er das Vergnügen haben, sie noch einmal zu umarmen. Er schwur also, er werde wiederkommen, und das Tier sagte, er könne abreisen, wann er wolle. »Aber«, fügte es hinzu, »ich will nicht, daß Ihr mit leeren Händen geht. In Eurem Schlafzimmer findet Ihr einen großen Koffer; ihr könnt hineintun, was Euch gefällt; ich werde ihn in Euer Haus bringen lassen.« Mit diesen Worten zog sich das Ungeheuer zurück, und der gute Mann sagte zu sich: »Wenn ich sterben muß, so werde ich wenigstens meinen armen Kindern etwas hinterlassen, wovon sie leben können.« Er füllte also den Koffer mit Goldstücken und verschloß ihn, dann holte er sein Pferd aus dem Stall und verließ das Schloß ebenso traurig, wie er es freudig betreten hatte. Das Pferd schlug von selbst einen der Waldwege ein, und nach wenigen Stunden gelangte der gute Mann zu seinem Häuschen.

Seine Kinder umringten ihn, aber anstatt sich ihrer Liebkosungen zu freuen, weinte der Vater bei ihrem Anblick. Er hielt die Rosen, die er seiner Tochter mitbringen wollte, in der Hand und gab sie der Schönen, indem er sagte: »Nimm diese Rosen, Schöne, sie kommen deinen unglücklichen Vater teuer zu stehen«; und er erzählte von dem unheilvollen Abenteuer, das ihm zugestoßen war. Bei dieser Erzählung stießen die zwei älteren Schwestern laute Schreie aus und schmähten die Schöne, welche nicht weinte: »Da seht, wie stolz diese kleine Kreatur ist«, sagten sie, »durch ihren außergewöhnlichen Wunsch verursacht sie den Tod ihres Vaters und weint nicht einmal darüber!«

»Warum sollte ich den Tod meines Vaters beweinen?« entgegnete die Schöne. »Er wird nicht sterben; da das Ungeheuer eine seiner Töchter als Ersatz nehmen will, so werde ich mich seiner Wut ausliefern, und ich bin sehr glücklich, daß ich meinem Vater hierdurch meine Liebe beweisen kann.« Trotz des Einspruchs des Vaters, er sei älter und könne eher mit dem Leben abschließen, bestand sie auf ihrem Opfer.

Der Vater ging mit ihr in das Waldschloß, und die beiden bösen Mädchen rieben sich die Augen mit Zwiebeln ein, um einige Tränen beim Abschied von ihrer Schwester vergießen zu können. Das Pferd schlug den Weg zum Schlosse ein, und gegen Abend sahen sie es vor sich, erleuchtet wie das erstemal. Das Pferd wurde im Stall untergebracht, und der gute Mann trat mit seiner Tochter in den großen Saal, wo sie eine prächtig gedeckte Tafel mit zwei Bestecken vorfanden. Der Kaufmann verspürte keine Lust zu essen, aber die Schöne bemühte sich, ruhig zu erscheinen, sie setzte sich zu Tisch und bediente ihren Vater. Nach dem Essen hörten sie einen furchtbaren Lärm, und der Kaufmann verabschiedete sich unter Tränen von seiner Tochter, da er glaubte, das Ungeheuer komme, um sie zu fressen. Auch die Schöne konnte sich nicht eines Schauders erwehren, als sie diese schreckliche Gestalt sah, doch sie nahm sich so gut es ging zusammen, und als das Monster sie fragte, ob sie freiwillig gekommen sei, sagte sie zitternd: »Ja!« – »Ihr seid ein liebes Kind«, sagte das Tier, »und ich bin Euch sehr zu Dank verpflichtet. Guter Mann, reist morgen ab und laßt es Euch nicht einfallen, je wiederzukommen.« Und sogleich zog sich das Ungeheuer zurück. »Oh, meine Tochter!« sagte der Kaufmann, indem er die Schöne umarmte, »ich bin halb tot vor Angst, glaub es mir. Laß mich hierbleiben!« – »Nein, Vater«, sagte die Schöne bestimmt, »Ihr reist morgen früh ab und überlaßt mich der Gnade des Himmels. Vielleicht hat er Mitleid mit mir.«

Als der Vater abgereist war, setzte sich die Schöne in den großen Saal und begann zu weinen; aber da sie sehr mutig war, empfahl sie sich Gott und beschloß, das bißchen Leben, das ihr noch geschenkt war, nicht zu vertrauern, denn sie glaubte fest, daß das Ungeheuer sie am Abend fressen würde. Sie beschloß indessen, das schöne Schloß zu besichtigen. Sie konnte es nicht unterlassen, die

Pracht desselben zu bewundern und war sehr überrascht, als sie auf eine Tür traf, über welcher die Worte zu lesen waren: Wohnung der Schönen. Sie öffnete hurtig die Tür und war geblendet von dem Prunk, der hier herrschte; was ihr aber am meisten in die Augen fiel, war ein Bücherschrank, ein Klavier und Noten. »Wenn ich heute abend gefressen werden sollte«, dachte sie, »so hätte man mich nicht so gut versorgt ... Ach«, seufzte sie, »ich möchte nichts, als meinen armen Vater wiedersehen und wissen, was er gerade treibt.« Wie groß war ihr Erstaunen, als ihre Augen auf einen großen Spiegel fielen, in welchem sie ihr Haus erblickte, wo ihr Vater eben mit äußerst bekümmerter Miene ankam. Ihre Schwestern kamen heraus, und trotz der Grimassen, die sie schnitten, um betrübt zu erscheinen, konnte man ihnen die Freude über den Verlust ihrer Schwester ansehen. Einen Augenblick später verschwand alles, und die Schöne dachte, daß das Tier sehr gefällig sein müsse und daß sie von ihm nichts zu befürchten habe. Zu Mittag fand sie die Tafel gedeckt und hörte, ohne indes jemanden zu sehen, eine herrliche Musik. Abends, als sie sich zu Tisch setzte, vernahm sie das Geräusch, welches das Ungeheuer verursachte und erzitterte. »Schöne«, sagte das Tier zu ihr, »erlaubt Ihr, daß ich Euch beim Essen zuschaue?« – »Ihr seid hier der Herr!« erwiderte die Schöne zitternd. »Nein«, sagte das Tier, »Ihr seid die Herrin, Ihr braucht nur zu wünschen, daß ich gehe, wenn ich Euch lästig bin, und sogleich werde ich Euch verlassen ... Sagt mir, findet Ihr mich nicht sehr häßlich?« – »Das ist wahr«, entgegnete die Schöne, »denn ich mag nicht lügen; aber ich glaube, daß Ihr sehr gütig seid.« – »Ihr habt recht«, sagte das Tier, »aber abgesehen von meiner Häßlichkeit, bin ich auch nicht klug; ich weiß wohl, daß ich nur ein Tier bin.« – »Man ist nicht dumm, wenn man glaubt, nicht klug zu sein«, erwiderte die Schöne.

Sie aß mit gutem Appetit; sie fürchtete das Tier fast gar nicht mehr, aber fast wäre sie vor Schreck gestorben, als dieses plötzlich zu ihr sagte: »Schöne, wollt Ihr meine Frau werden?« Sie blieb einige Zeit stumm, denn sie fürchtete, den Zorn des Monsters zu erwecken, wenn sie es ihm abschlug; dann sagte sie zitternd: »Nein!« Hierüber wollte das arme Ungeheuer seufzen, aber es ließ nur ein so schreckliches Geheul hören, daß der ganze Palast davon dröhnte. Aber die Schöne war wieder beruhigt, als das Tier betrübt zu ihr sprach: »Also behüt dich Gott, Schöne!« und das Gemach verließ, nicht ohne sich von Zeit zu Zeit umzudrehen, um sie nochmals zu betrachten. Als die Schöne allein war, fühlte sie starkes Mitleid mit dem Tier: »Ach!« sagte sie, »es ist schade, daß es so häßlich ist, es ist so gut zu mir!«

Die Schöne verbrachte drei Monate in aller Ruhe im Schloß; jeden Abend stattete ihr das Ungeheuer einen Besuch ab und unterhielt sie während des Essens mit gesundem Verstand, jedoch ohne das zu zeigen, was man in der Gesellschaft »Geist« nennt. Jeden Tag entdeckte die Schöne neue gute Eigenschaften an ihm. Die Gewohnheit, es zu sehen, hatte sie mit seiner Häßlichkeit vertraut gemacht, und weit entfernt, die Stunde seines Besuches zu fürchten, schaute sie häufig nach der Uhr, um zu sehen, ob es noch nicht bald neun sei. Nur ein Umstand quälte die Schöne: daß das Monster sie jedesmal vor dem Schlafengehen fragte, ob sie seine Frau werden wolle, wobei es jedesmal schmerzlich berührt war, wenn sie verneinte. Eines Tages sagte sie: »Du tust mir leid, Tier, ich möchte, ich könnte dich heiraten, aber ich bin zu aufrichtig, um dir Hoffnung zu machen, daß dies jemals der Fall sein könnte.«

Die Schöne hatte in ihrem Spiegel gesehen, daß ihr Vater vor Kummer über ihren Verlust erkrankt war, und sie wünschte, ihn wiederzusehen. »Ich würde dir gern versprechen«, sagte sie zum Ungeheuer, »dich nie gänzlich zu verlassen, aber ich habe solche Sehnsucht, meinen Vater wiederzusehen, daß ich vor Schmerz sterben würde, wenn du mir das Vergnügen verwehren wolltest.« – »Ich will lieber selbst sterben«, sagte das Ungeheuer, »als Euch Kummer bereiten. Ich werde Euch zu Eurem Vater schicken, Ihr könnt dort bleiben, und Euer armes Tier wird vor Sehnsucht sterben!« – »Nein«, sagte die Schöne weinend, »ich liebe dich zu sehr, um deinen Tod veranlassen zu wollen; ich verspreche dir, in acht Tagen zurückzukommen. Du hast mich wissen lassen, daß meine Schwestern verheiratet sind und daß mein Vater allein steht; erlaube, daß ich ihm eine Woche Gesellschaft leiste!« – »Morgen früh werdet Ihr bei ihm sein, aber gedenkt Eures Versprechens! Ihr braucht nur Euren Ring beim Schlafengehen auf den Tisch zu legen, wenn Ihr heimkehren wollt. Behüt dich Gott, Schöne!« Das Ungeheuer seufzte wie gewöhnlich bei diesen Worten, und die Schöne legte sich zu Bett, betrübt darüber, ihr liebes Tier in Sorgen zu sehen. Als sie am andern Morgen erwachte, befand sie sich im Hause ihres Vaters und läutete eine Glocke, die neben ihrem Bett stand; sogleich kam eine Magd, die bei ihrem Anblick einen lauten Schrei ausstieß. Im Nebenzimmer fand sich ein Koffer voll goldgestickter Kleider, die das Ungeheuer hergeschickt hatte. Auf die Nachricht von der Heimkehr der Schönen hin erschienen die Schwestern mit ihren Gatten auf Besuch; beide waren sehr unglücklich verheiratet, und ihre Eifersucht auf die jüngste, deren Kleider sie beneideten, erwachte von neuem, zumal da sie erfuhren, wie gut es ihr gehe. »Schwester«, sagte die Älteste, »mir kommt ein Gedanke. Versuchen wir, sie

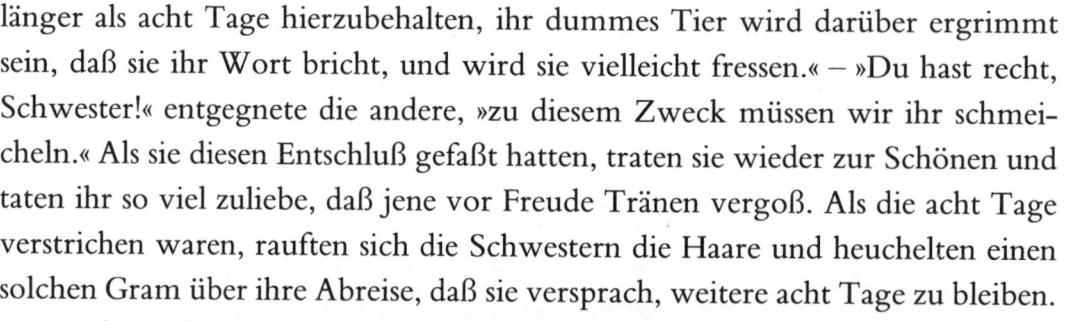

länger als acht Tage hierzubehalten, ihr dummes Tier wird darüber ergrimmt sein, daß sie ihr Wort bricht, und wird sie vielleicht fressen.« – »Du hast recht, Schwester!« entgegnete die andere, »zu diesem Zweck müssen wir ihr schmeicheln.« Als sie diesen Entschluß gefaßt hatten, traten sie wieder zur Schönen und taten ihr so viel zuliebe, daß jene vor Freude Tränen vergoß. Als die acht Tage verstrichen waren, rauften sich die Schwestern die Haare und heuchelten einen solchen Gram über ihre Abreise, daß sie versprach, weitere acht Tage zu bleiben.

Indessen hielt sich die Schöne den Kummer vor, den sie ihrem armen Tier bereiten würde, das sie so von Herzen liebte, und sie sehnte sich danach, es zu sehen. In der zehnten Nacht, die sie bei ihrem Vater verbrachte, träumte ihr, sie sei im Garten des Palastes und erblicke das Tier halbtot im Grase liegen. Die Schöne erwachte plötzlich und vergoß Tränen. »Ich bin ein schlechter Mensch«, sagte sie, »das Tier zu betrüben, das stets so gut zu mir war. Auf! Ich will es nicht unglücklich machen.« Bei diesen Worten erhob sich die Schöne, legte den Ring auf den Tisch und ging dann wieder schlafen. Als sie am andern Morgen erwachte, sah sie mit Freuden, daß sie im Palast des Tieres war. Sie kleidete sich prächtig, um ihm zu gefallen und sehnte sich den ganzen Tag über fast zu Tode, während sie auf die neunte Stunde wartete. Aber umsonst schlug die Uhr, das Tier zeigte sich nicht. Die Schöne fürchtete schon, seinen Tod auf dem Gewissen zu haben. Sie lief durch das ganze Schloß und schrie laut, sie war ganz verzweifelt. Nachdem sie überall gesucht hatte, erinnerte sie sich ihres Traumes, lief in den Garten und fand dort das arme Tier besinnungslos ausgestreckt, so daß sie glaubte, es sei tot. Sie warf sich über es, ohne vor seiner Gestalt zu erschrecken und fühlte, daß sein Herz noch schlug; sie schöpfte Wasser aus dem Kanal und goß es ihm über den Kopf. Das Tier öffnete die Augen und sagte zur Schönen: »Ihr hattet Euer Versprechen vergessen, und der Gram, Euch verloren zu haben, hat mir den Entschluß eingegeben, den Hungertod zu leiden. Aber ich sterbe beruhigt, da ich das Glück habe, Euch noch einmal zu sehen.« – »Nein, mein teures Tier«, sagte die Schöne, »du sollst nicht sterben, du sollst leben, um mein Gatte zu werden; ich gebe dir meine Hand und schwöre, daß ich nur dir angehören will!« Kaum hatte die Schöne dies gesagt, als sie das Schloß in hellstem Lichte erstrahlen sah, ein Feuerwerk wurde abgebrannt und sie hörte Musik; alles schien auf ein Fest hinzudeuten. Aber all diese Pracht konnte sie nicht fesseln: sie wandte sich zu ihrem lieben Tier, denn die Gefahr, in der es schwebte, ließ sie erzittern. Doch wie groß war ihre Überraschung! Das Tier war verschwunden, zu ihren Füßen sah sie einen Prinzen, der schön war wie Amor selbst und der ihr dafür dankte, daß sie seinen Zauber gebrochen habe. »Eine böse Fee hatte mich verflucht, in Tiergestalt zu leben, bis eine schöne Jungfrau einwilligte, mich zu heiraten. Ihr wart der einzige Mensch auf der Welt, der sich von meiner Güte rühren ließ, und ich erfülle nur eine Dankespflicht, wenn ich Euch meine Krone anbiete.«

Sie begaben sich in das Reich des Prinzen, dessen Untertanen ihn mit Freuden wiederkehren sahen. In seinem Schloß erwartete sie eine gute Fee, welche die Schöne mit den Worten begrüßte: »Ihr habt der Schönheit und dem Wissen die Tugend vorgezogen. Ihr verdient, all diese Eigenschaften in einer Person vereint zu finden. Ihr werdet eine große Königin sein.« Der gute Prinz heiratete die Schöne, welche viele Jahre mit ihm lebte, und ihr Glück war vollkommen.

Die Geschichte von den drei kleinen Schweinchen

Joseph Jacobs

Es war einmal eine alte Sau, die hatte drei kleine Schweinchen. Sie hatte aber nicht genug zum Leben, deshalb schickte sie ihre Kinder fort, ihr Glück zu suchen. Das erste ging und traf einen Mann mit einem Bündel Stroh und sprach zu ihm:

»Bitte, lieber Mann, gib mir das Stroh, ich möchte mir daraus ein Haus bauen.«

Das tat der Mann, und das Schweinchen baute sich ein Haus. Da kam der Wolf des Wegs, klopfte an die Tür und sagte: »Schweinchen, Schweinchen, laß mich hinein!«

Da antwortete das Schweinchen: »Nein, nein, das fällt mir gar nicht ein.«

Da antwortete der Wolf: »Dann hust ich und pust ich dein Haus kurz und klein.«

Nun hustete er und pustete, bis das Haus zusammenfiel, und fraß das Schweinchen auf.

Das zweite Schweinchen traf einen Mann mit einem Bündel Ginster und sagte: »Bitte, lieber Mann, gib mir den Ginster, ich möchte mir daraus ein Haus bauen.«

Das tat der Mann, und das Schweinchen baute sich ein Haus. Da kam der Wolf des Wegs und sagte: »Schweinchen, Schweinchen, laß mich hinein.«

»Nein, nein, das fällt mir gar nicht ein.«

»Dann hust ich und pust ich dein Haus kurz und klein.«

Nun hustete er und pustete und pustete und hustete, und schließlich fiel das Haus zusammen, und er fraß das Schweinchen auf.

Das dritte Schweinchen traf einen Mann mit einer Ladung Ziegel und sagte:

»Bitte, lieber Mann, gib mir die Ziegel, ich möchte mir daraus ein Haus bauen.«

Da gab ihm der Mann die Ziegel, und das Schweinchen baute sich daraus ein Haus. Da kam der Wolf und sagte: »Schweinchen, Schweinchen, laß mich hinein.«

»Nein, nein, das fällt mir gar nicht ein.«

»Dann hust ich und pust ich dein Haus kurz und klein.«

Nun hustete er und pustete und hustete und pustete und pustete und hustete;
aber das Haus fiel nicht zusammen. Als er sah, daß er mit all seinem Pusten und
Husten das Haus nicht umblasen konnte, sagte er: »Schweinchen, ich weiß ein
schönes Rübenfeld.«

»Wo denn?« sagte das Schweinchen.

»Oh, drüben bei Mister Miller. Wenn du morgen früh mitgehen willst, hol
ich dich ab und wir gehen zusammen und rupfen uns Rüben zum Mittagbrot.«

»Gut«, sagte das Schweinchen, »ich will gern mitgehen. Wann wollen wir
gehen?«

»Um sechs.«

Da stand am nächsten Morgen das Schweinchen um fünf Uhr auf und holte
sich die Rüben, ehe der Wolf kam; der kam um sechs und sagte: »Schweinchen,
bist du bereit?«

Da sagte das Schweinchen: »Bereit? Ich war schon da und bin schon wieder
zurück und habe mir einen hübschen Topf voll Rüben zu Mittag geholt.«

Da war der Wolf sehr böse, aber er dachte, er würde das Schweinchen schon
überlisten, und sagte: »Schweinchen, ich weiß einen schönen Apfelbaum.«

»Wo denn«, sagte das Schweinchen.

»Unten am Pächterhaus«, antwortete der Wolf, »und wenn du mich nicht
betrügen willst, gehe ich morgen um fünf dahin und hole dir ein paar Äpfel.«

Nun stand das Schweinchen am nächsten Morgen um vier Uhr auf und ging zu dem Apfelbaum und wollte zurück sein, ehe der Wolf kam; aber diesmal hatte es einen weiteren Weg und mußte auf den Baum klettern, und grade, als es heruntersteigen wollte, sah es den Wolf ankommen und bekam einen großen Schreck, das könnt ihr euch denken. Der Wolf kam heran und sagte: »Hallo, Schweinchen! Du bist eher da als ich? Sind die Äpfel da oben gut?«

»Sehr gut«, sagte das Schweinchen, »ich will dir einen hinunterwerfen.«

Und es warf den Apfel so weit, daß der Wolf ein ganzes Stück laufen mußte, um ihn aufzuheben; und derweil sprang das Schweinchen vom Baum und rannte spornstreichs nach Hause. Am nächsten Tag kam der Wolf wieder und sagte zu dem Schweinchen: »Schweinchen, heut nachmittag ist Markt in Shanklin, möchtest du nicht hingehen?«

»Ja«, sagte das Schweinchen, »ich will gerne hingehen. Um welche Zeit willst du kommen und mich holen?«

»Um drei«, sagte der Wolf. Da machte sich das Schweinchen wie gewöhnlich früher auf den Weg und kam zum Markt und kaufte sich ein Butterfaß. Damit ging es grade nach Hause, als es den Wolf ankommen sah. Nun wußte es gar nicht, wie es sich helfen sollte. Deshalb kroch es in das Butterfaß und versteckte sich darin, aber dabei kam das Faß ins Rollen und rollte mit dem

Schweinchen den Hügel hinunter. Da bekam der Wolf einen solchen Schreck, daß er nach Hause lief und gar nicht auf den Markt ging. Dann aber ging er zu dem Haus des Schweinchens und erzählte ihm, was er für einen Schreck bekommen hätte über ein großes rundes Ding, das hinter ihm den Hügel hinunterrollte. Da sagte das Schweinchen: »Ach, das war ich, was dich so erschreckte. Ich war auf dem Markt und habe ein Butterfaß gekauft, und als ich dich sah, kroch ich hinein und rollte den Hügel hinunter.«

Da war der Wolf furchtbar böse und sagte, er würde doch das Schweinchen fressen, und er würde den Schornstein hinunterrutschen, um in sein Haus einzudringen und es zu fangen. Als das Schweinchen aber sah, was er vorhatte, stellte es einen großen Kessel voll Wasser auf den Herd und machte darunter ein großes Feuer an, und grade als der Wolf heruntergerutscht kam, nahm es den Deckel ab, und der Wolf fiel kopfüber hinein; da legte das Schweinchen schleunigst den Deckel wieder auf den Kessel und kochte den Wolf und aß ihn zum Abendbrot und lebte nun ungestört und glücklich sein Leben lang.

Señora Fortuna und Señor Dinero

Spanisches Volksmärchen

Also, meine Herren, ihr müßt wissen, daß Señora Fortuna und Señor Dinero ineinander so verliebt waren, daß man nie die eine ohne den andern sah. Natürlich fingen die Leute mit der Zeit an, dieses Verhältnis zu tadeln, und so beschlossen beide, sich endlich ehrlich zu heiraten.

Señor Dinero war ein kleiner, dicker Mann mit einem runden Kopf von peruanischem Gold, einem runden Bauch von mexikanischem Silber und runden Beinen von segovianischem Kupfer, mit Schuhen aus der großen Papierfabrik von Madrid. Señora Fortuna dagegen war eine kapriziöse, hirnlose, unbeständige und unverschämte, eigensinnige Frau und blind wie ein Maulwurf.

Kaum hatte das neue Ehepaar die Flitterwochen verlebt, als es auch mit dem Hausfrieden vorbei war. Die Frau wollte befehlen und der stolze und aufgeblasene Señor Dinero sich nicht befehlen lassen.

Meine Herren, mein Vater (Gott habe ihn selig) sagte, wenn sich der Ozean verheiraten würde, würde er schon fein demütig werden: aber Señor Dinero war hochmütiger als der Ozean und verlor seinen Hochmut nicht.

Weil nun beide die Oberhand haben wollten und keiner dem andern nachgeben mochte, so kamen sie endlich überein, daß eine Wette über die strittige Herrschaft entscheiden sollte. »Schau«, sagte die Frau zu ihrem Mann, »siehst du dort am Fuße des Olivenbaumes jenen armen Mann, der so elend und betrübt dasitzt? Wir wollen sehen, wer ihm eine bessere Lage verschafft, du oder ich.«

Señor Dinero ging darauf ein, und sie machten sich auf den Weg, er rollend, sie mit einem Sprung.

Der Mann, der immer unglücklich gewesen war und nie den einen noch den andern erlebt hatte, machte Augen wie Oliven, als er die vornehme Herrschaft vor sich sah.

»Gott grüß Euch«, sagte Señor Dinero.

»Gott grüß Euch«, sagte der arme Mann.

»Kennt Ihr mich nicht?«

»Ich kenne Euer Gnaden nur, um Euch zu dienen.«

»Nie hast du mein Gesicht gesehen?«

»In meinem ganzen Leben nicht.«

»Wieso? Hast du denn gar nichts?«

»O ja, Herr, sechs Kinder, nackt wie Riegel, mit Kehlen weit wie alte Strümpfe, und was die Einnahme betrifft, so habe ich nur grad einen Bissen, wenn ich arbeite.«

»Und warum arbeitest du nicht?«

»Nun, weil ich keine Arbeit finde, das Glück ist derart gegen mich, daß sich alles zu meinem Schaden wendet. Seitdem ich mich verheiratet habe, scheint mein Weg gefroren zu sein, alles steif und trocken.«

»Ich will dir zu Hilfe kommen«, sagte Señor Dinero, indem er pompös einen Duro aus seiner Tasche zog und ihm den gab.

Dem armen Mann schien das wie ein Traum, und er lief schneller als der Wind geradewegs zu einem Bäckerladen, um Brot zu kaufen. Als er aber das Geldstück aus der Tasche ziehen wollte – fand er nichts, nichts als ein Loch, durch welches sich der Duro, ohne Abschied zu nehmen, davongemacht hatte.

Der arme Mann war ganz außer sich und fing an zu suchen; fand aber nichts. »Das Lamm, das bestimmt ist, im Rachen des Wolfes zu sterben, kann kein Hirt davor behüten.« Nach dem Duro verlor er die Zeit, nach der Zeit die Geduld, und er fing an, sein Schicksal zu verwünschen.

Señora Fortuna wollte sich indes darüber fast totlachen, und dem Señor Dinero, dessen Gesicht vor Ärger noch gelber ward, als es schon war, blieb nichts übrig, als die Hand noch einmal in die Tasche zu stecken und dem armen Mann eine Unze zu geben, worüber sich dieser so freute, daß ihm die Freude vom Herzen zu den Augen herausstrahlte.

Er ging nun in einen Kaufladen, um Zeug für seine Frau und Kinder zu kaufen. Als er aber mit seiner Unze bezahlen wollte, sagte der Kaufmann, die Unze sei gefälscht, er sei wohl gar selbst ein Falschmünzer, und man werde ihn bei Gerichte verklagen. Der arme Mann wurde darüber so feuerrot vor Scham und Verlegenheit, daß man auf seinem Gesicht hätte Bohnen rösten können. Er ging fort und erzählte Señor Dinero, was ihm begegnet war, dabei liefen ihm immer die Tränen herunter.

Señora Fortuna lachte immer lauter, und Señor Dinero wurde immer ärgerlicher. »Ihr habt wahrlich rechtes Unglück«, sagte er zu dem armen Mann, indem er ihm zweitausend Realen gab, »aber ich werde Euch vorwärtsbringen oder meine Macht für verloren geben.«

Der arme Mann entfernte sich und war so außer sich vor Freude, daß er ein paar Räuber, die ihm nachstellten, erst bemerkte, als er sie vor der Nase hatte. Sie zogen ihn aus, nahmen ihm alles weg, was er hatte, und ließen ihn stehen, nackt wie ihn seine Mutter zur Welt gebracht hatte.

Jetzt machte Señora Fortuna ihrem Mann eine lange Nase, und dieser konnte vor Zorn keinen Laut herausbringen. »Nun ist die Reihe an mir«, sagte sie, »und wir werden sehen, wer mehr kann, der Rock oder die Hose.«

Mit diesen Worten näherte sie sich dem armen Mann, der sich auf die Erde geworfen hatte und sich die Haare raufte. Sie pustete ihn bloß an, und in demselben Augenblick sah er neben seinem Fuß den verlorenen Duro. »Etwas ist mehr als nichts«, sagte er zu sich selbst; »kann ich doch meinen Kindern Brot kaufen.«

Als er an dem Kaufladen vorbeikam, rief ihn der Kaufmann und sagte, er möchte ihm doch verzeihen; er habe gemeint, die Unze sei gefälscht; als er sie aber auf der Bank habe prüfen lassen, habe man ihm gesagt, das Gold sei ganz echt und das Gewicht vollkommen; er gebe sie ihm hiermit wieder und schenke ihm obendrein das gekaufte Zeug. Der arme Mann wars zufrieden und zog mit der Unze und dem Zeug weiter. Als er über den Markt ging, begegnete er einer Abteilung Gendarmen, welche die Räuber eingefangen hatten. Der Richter, der ein Richter war, wie es wenige gibt, befahl, daß man dem armen Mann sein Geld zurückgebe, ohne Kosten und Abzug. Der arme Mann wollte darauf das Geld in einer Mine anlegen, und kaum hatte er drei Ellen tief gegraben, als er eine Goldader, eine Silberader und eine Eisenader fand. Bald nannte man ihn Don, darauf Euer Gnaden und schließlich Exzellenz. Seitdem hat Señora Fortuna ihren Mann unter dem Pantoffel und ist ausgelassener, unbeugsamer und kapriziöser als je, und sie fährt fort, ihre Gunst wie der Blinde seine Prügel auszuteilen.

Väterchen Frost

Alexander N. Afanasjew

Es war einmal ein alter Mann und eine alte Frau, die hatten drei Töchter. Die Frau konnte die älteste nicht leiden, denn sie war ihre Stieftochter. Sie zankte mit ihr, weckte sie früh und lastete ihr alle Arbeit auf. Das Mädchen mußte das Vieh tränken und füttern, Holz und Wasser tragen, den Ofen heizen und Kleider nähen. Sie mußte die Hütte stets vor Tagesanbruch fegen und in Ordnung bringen. Aber was sie auch tat, nichts war recht, alles war schlecht. Die Alte war immer unzufrieden und brummte: »Wie faul und unordentlich, der Besen steht nicht an seinem Platz, dies fehlt und jenes, und die Hütte ist schmutzig.«

Das Mädchen weinte und schwieg dazu, sie versuchte alles, um die Stiefmutter zufriedenzustellen und ihren Töchtern behilflich zu sein. Die Töchter machten es aber wie die Mutter, sie kränkten Marfuschka, stritten mit ihr, und wenn sie darüber weinte, so war es ihnen recht. Sie selbst standen spät auf, wuschen sich in dem vorbereiteten Wasser, trockneten sich mit reinen Handtüchern ab und machten sich erst an die Arbeit, wenn es zum Essen ging.

So wuchsen die Mädchen heran und wurden reif zur Ehe. – Rasch erzählt man, langsam erlebt man. – Dem Alten tat seine Tochter leid; er liebte sie, weil sie gehorsam war und arbeitsam: niemals war sie eigensinnig, immer tat sie, was man ihr auftrug, ohne ein Wort der Widerrede. Der Alte konnte aber dem Jammer nicht abhelfen, er war schwächlich, die Alte zänkisch und die Töchter faul und störrisch.

Die Alten überlegten: er, wie die Töchter zu verheiraten seien; und sie, wie man die älteste loswerden könnte. Eines Tages sagte die Alte zu ihm: »Alter! Verheiraten wir Marfuschka!«

»Gut!« sagte er und stieg auf den Herd.

Die Alte folgte ihm nach und sprach: »Steh morgen früh auf, spanne das Pferd vor den Holzschlitten und fahre mit Marfuschka fort. Du, Marfuschka, sammle dein Hab und Gut in ein Körbchen, ziehe ein reines Hemd an, morgen fährst du auf Besuch.«

Die gute Marfuschka war froh über das Glück und schlief die ganze Nacht ruhig und tief. Frühmorgens stand sie auf, wusch sich, betete, packte alles ordentlich ein und schmückte sich. Das Mädchen war so schön, wie man noch kein Bräutchen gesehen.

Es war Winter, und es herrschte ein grimmiger Frost. Vor Morgengrauen stand der Alte auf, spannte das Pferd vor den Schlitten und führte es vor das Haus. Er selbst ging hinein, setzte sich auf die Bank und sagte: »Nun habe ich alles vorbereitet.«

»Setzt euch an den Tisch und eßt«, sagte die Alte.

Der Brotkorb stand auf dem Tisch, und er nahm ein Brot heraus, das er mit seiner Tochter teilte. Die Stiefmutter brachte mittlerweile alte Suppe und sagte: »Nun, Liebchen, iß und fort mit dir, ich mußte dich lange genug ansehen! Alter, führe Marfuschka zu ihrem Bräutigam, aber gib auf den Weg acht, alter Narr, fahre erst die gerade Straße hinunter und dann biege rechts in den Wald ein – weißt du, gerade bei der großen Fichte, die auf dem Hügel steht, dort übergib Marfuschka Väterchen Frost.«

Der Alte riß die Augen auf, sperrte den Mund auf, hörte auf zu kauen, und das Mädchen heulte.

»Was gibt es da zu jammern! Der Bräutigam ist ja schön und reich! Seht nur wieviel Gut er hat: alle Tannen und Fichten glitzern, und die Birken sind voll Flaum. Ein herrlicheres Leben gibt es kaum, und er selber ist ein starker Held.«

Der Alte sammelte schweigend alle Habseligkeiten zusammen, befahl der Tochter ihr Schafpelzchen anzuziehen und machte sich auf den Weg. Ob die Reise kurz war oder lang, ist mir wirklich nicht bekannt. – Rasch erzählt man, langsam erlebt man. – Endlich erreichten sie die Fichte und bogen vom Weg ab. Da begann es zu schneien und zu stürmen, und mitten in der weißen Einöde machte der Alte halt, befahl der Tochter auszusteigen, setzte ihr Körbchen unter eine riesige Fichte und sagte: »Setz dich hierher, warte auf den Bräutigam und empfange ihn ja recht freundlich.«

Daraufhin wandte er sein Pferd um und fuhr nach Hause.

Das Mädchen saß da und zitterte, Kälte durchschauerte sie. Sie wollte weinen, doch ihr fehlte die Kraft, nur die Zähne schlugen zusammen. Plötzlich hörte sie den Frost knistern, er kam näher, sprang von Tanne zu Tanne und knackste mit den Fingern. Und plötzlich war er oben auf der Fichte, unter der das Mädchen saß, und er fragte: »Mädchen, ist dir warm?«

»Ach ja, Väterchen Frost!«

Der Frost ließ sich tiefer herab, knisterte und knackste noch mehr als vorher: »Mädchen, sag, schönes Mädchen, ist dir warm?«

Dem Mädchen verging fast der Atem, aber sie sagte noch: »Mir ist warm, Väterchen Frost.«

Da knirschte der Frost und pfiff: »Ist dir warm, Mädchen, ist dir warm, schönes Kind, ist dir warm, mein Herzchen?«

Das Mädchen war fast erstarrt und sagte kaum hörbar: »Ganz warm, Väterchen.«

Da hatte der Frost Erbarmen und hüllte das Mädchen in Pelze und warme Decken.

Am nächsten Morgen sagte die Alte zu ihrem Mann: »Geh, alter Narr, und weck das junge Paar.«

Der Alte spannte sein Pferd vor den Schlitten und fuhr zu seiner Tochter. Er fand sie am Leben, eingehüllt in schöne Pelze und Decken, und schöne Geschenke lagen in ihrem Körbchen. Ohne ein Wort zu sagen, legte der Alte alles in seinen Schlitten, stieg mit der Tochter ein und fuhr nach Hause. Dort fiel das Mädchen der Stiefmutter zu Füßen.

Die Alte wunderte sich sehr, als sie das Mädchen am Leben sah und den neuen Pelz und den Korb. »Oh, mich betrügst du nicht!« sagte sie.

Nach einigen Tagen sagte die Alte. »Führe meine Töchter zum Bräutigam, er wird sie noch ganz anders beschenken.« – Langsam erlebt man, schnell erzählt man! – Am Morgen weckte die Alte ihre Töchter, schmückte sie, wie es sich zur Hochzeit schickt, und ließ sie ziehen.

Der Alte fuhr denselben Weg und ließ die Mädchen bei derselben Fichte zurück.

Die Mädchen saßen und lachten. »Was fällt Mütterchen ein, uns plötzlich beide zu verheiraten? Als gäb es bei uns im Dorf nicht Burschen genug! Wer weiß, was hier für ein Teufel kommt!«

Die Mädchen hatten große Pelze an, trotzdem nagte die Kälte an ihnen.

»Paracha, mir läuft der Frost über die Haut, wenn die Erwählten nicht bald kommen, erfrieren wir.«

»Unsinn, Mascha, seit wann kommt ein Bräutigam so früh, jetzt ist erst Essenszeit.«

»Paracha, und wenn nur einer kommt, wen wird er da nehmen?«

»Dich nicht, du Gans.«

»Dich etwa?«

»Gewiß.«

»Laß dich nicht auslachen!«

Der Frost nagte an den Händen der Mädchen. Sie versteckten ihre Hände im Pelz und begannen von neuem: »Du verschlafener Fratz, du böse Pest, du Lästermaul. Spinnen kannst du nicht, und ans Beten denkst du auch nicht.«

»O du Prahlerin, was kannst denn du? In den Spinnstuben herumlaufen und tratschen. Warten wir es ab, wen er nimmt.«

So stritten die Mädchen und froren ernstlich. »Ei, bist du blau geworden!« sagten sie wie aus einem Mund.

Weit weg knisterte der Frost, sprang von Tanne zu Tanne und pfiff. Den Mädchen schien, als käme jemand gefahren.

»Hui, Paracha, er kommt mit Glöckchen gefahren!«

»Geh weg, du Närrin, mich schüttelt der Frost.«

»Aber heiraten willst du doch?«

Sie bliesen auf ihre Finger. Der Frost kam näher und näher, endlich ließ er sich auf der Fichte über den Mädchen nieder. »Ist euch warm, Mädchen, ist euch warm, schöne Täubchen?«

»Ach, Frost, uns ist so kalt, wir sind fast erfroren. Wir erwarten den Bräutigam, und der Teufel kommt nicht!«

Der Frost ließ sich tiefer herab und knirschte und pfiff: »Ist euch warm, Mädchen, ist euch warm, meine Schönen?«

»Geh zum Teufel! Bist du blind, Hände und Füße sind uns schon abgefroren.«

Da ließ sich der Frost noch tiefer herab, schlug fest zu und fragte: »Mädchen, ist euch warm?«

»Geh zu allen Teufeln ins Wasser und verfaule, Verfluchter!«

Da waren die Mädchen erstarrt.

Am Morgen sagte die Alte zu ihrem Mann: »Spann ein, nimm Heu in den Schlitten und warme Decken, den Mädchen wird kalt sein. Draußen ist ein starker Wind! Mach flink, alter Narr!«

Der Alte ließ sich kaum Zeit zum Frühstück und fuhr fort. Als er zu den Töchtern kam, waren sie tot. Er lud sie auf den Schlitten, schlug sie in die Decken ein, legte das Heu darüber und kehrte zurück.

Die Alte sah ihn von weitem kommen und lief ihm entgegen: »Wo sind die Kinder?«

»Im Schlitten.«

Die Alte stieß das Heu beiseite, hob die Decken auf und fand die Kinder tot. Da ging sie wie ein Gewitter über den Alten nieder und schimpfte: »Was hast du, alter Hund, getan? Mit meinen Töchterchen, meinen eigenen, süßen Sprößlingen, meinen roten Beerchen? Ich erschlage dich mit dem Besenstiel, mit dem Feuerhaken erschlage ich dich!«

»Ruhig, alte Hexe, dich lockte der Reichtum, aber deine Töchter waren widerspenstig. Ich bin nicht schuld, du hast es selbst gewollt!«

Die Alte war zornig und zankte noch lange, versöhnte sich aber später mit der Stieftochter, und so lebten sie gut und mit Bedacht, an das Böse wurde nicht mehr gedacht. Ein Nachbar kam und freite und hielt mit Marfuschka Hochzeit. Es ging ihr gut. Der Alte nahm die Enkel in seine Hut, schüchterte mit dem Frost sie ein und hieß sie willig und fleißig sein. Ich war bei der Hochzeit, trank Honigbier. Es kam mir nicht in den Mund, nur über den Schnurrbart floß es mir.

Die Prinzessin auf der Erbse

Hans Christian Andersen

Es war einmal ein Prinz, der wollte eine Prinzessin heiraten, aber es sollte eine wirkliche Prinzessin sein. Nun reiste er in der ganzen Welt umher, um eine solche zu finden, aber überall war etwas im Wege. Prinzessinnen waren schon genug da, aber ob es auch wirkliche Prinzessinnen waren, dahinter konnte er durchaus nicht kommen: immer war da etwas, was nicht stimmte. So kam er denn wieder nach Hause und war ganz betrübt, denn er wollte so gern eine wirkliche Prinzessin haben. Eines Abends gab es ein furchtbares Unwetter; es blitzte und donnerte, der Regen strömte hernieder, es war geradezu entsetzlich. Da klopfte es an das Stadttor, und der alte König ging hin, um zu öffnen. Es war eine Prinzessin, die draußen stand. Aber, mein Gott, wie sah sie von dem Regen und dem bösen Wetter aus! Das Wasser triefte ihr von den Haaren und Kleidern herunter und lief in die Schuhspitzen hinein und aus den Hacken wieder heraus, und sie sagte, sie

sei eine wirkliche Prinzessin. »Nun, das wollen wir bald genug herausbekommen!« dachte die alte Königin, sagte aber nichts, ging in das Schlafzimmer, nahm alles Bettzeug ab und legte eine Erbse auf den Boden der Bettstelle. Darauf nahm sie zwanzig Matratzen, legte sie auf die Erbse und dann noch zwanzig Eiderdaunenbetten oben auf die Matratzen. Da sollte die Prinzessin nun des Nachts liegen. Am Morgen fragte man sie, wie sie geschlafen habe. »Oh, entsetzlich schlecht!« sagte die Prinzessin, »ich habe fast die ganze Nacht kein Auge zutun können! Gott weiß, was in meinem Bett gewesen ist? Ich habe auf etwas Hartem gelegen, so daß ich am ganzen Körper braun und blau bin! Es ist wahrhaft entsetzlich!« Daran konnte man denn sehen, daß sie eine wirkliche Prinzessin war, da sie durch die zwanzig Matratzen und die zwanzig Eiderdaunenbetten die Erbse gespürt hatte. So feinfühlig konnte nur eine wirkliche Prinzessin sein! Da nahm der Prinz sie zur Frau, denn nun wußte er, daß er eine wirkliche Prinzessin hatte, und die Erbse kam in das Kunstkabinett, wo sie noch zu sehen ist, wenn niemand sie gestohlen hat. Seht, das war eine wahre Geschichte.

Caoilte Langfuß

Irisches Volksmärchen

In alten Zeiten lebte einmal ein Ehepaar, und zwar in Gráin-leathan in der irischen Grafschaft Roscommon. Sie waren schon über zwanzig Jahre verheiratet und hatten keine Kinder.

Eines Morgens ging Diarmuid – so hieß der Mann – aufs Feld, um einen Hasen zu erwischen. Es war eine Menge Schnee gefallen, und der Nebel hing so dick, daß man auf eine halbe Rute nichts erkennen konnte. Diarmuid kannte sich auf jedem Zollbreit Boden gut aus, eine Meile ringsum. Aber trotzdem verirrte er sich. Er wollte zur Heide gehen, die am Rand eines Torfstichs lag. Dort gab es immer Hasen. Er wanderte und wanderte, stundenlang, und konnte den Rand des Moores nicht finden. Schließlich wollte er zurück. Aber er fand auch den Heimweg nicht. Er ging, bis er ganz müde war, und setzte sich dann hin. Da sah er einen alten Hasen heranhoppeln. Er hob die Hand, um ihn zu erschlagen. Doch der Hase sprang beiseite und sagte: »Halte deine Hand zurück, Diarmuid! Erschlag nicht deinen Freund!«

Diarmuid wäre bald umgefallen, so schwach wurde er vor Schreck. Als er zu sich kam, stand der schwarze Hase vor ihm und sprach: »Hab keine Angst vor mir! Ich kam nicht, um dir zu schaden, sondern um dir zu helfen. Du hast den Weg verloren; denn du bist auf den Irrhügel geraten. Du würdest im Schnee umkommen, wenn ich mich nicht deiner erbarmte. Du weißt ganz gut, daß du viele meines Stammes umgebracht hast, und sie haben keine Rache an dir geübt.

Ich werde dir sogar Gutes tun, nach allem, was du an uns verübt hast! Sage mir deinen größten Herzenswunsch. Ich will dir verschaffen, was du dir wünschst, ausgenommen das Himmelreich.«

Diarmuid besann sich und sagte: »Über zwanzig Jahre bin ich schon verheiratet und habe keine Kinder. Ich und meine Frau werden niemanden haben, der uns im Alter beisteht, der uns aufs Totenbett legt und uns betrauert. Es ist mein größter Herzenswunsch – und auch der meiner Frau –, einen Sohn zu haben. Doch fürchte ich, jetzt sind wir schon zu alt.« – »Aber nein«, sagte der Hase. »Deine Frau soll von heut in neun Monaten einen Sohn haben, und auf dem ganzen Erdenkreis wird nichts seinesgleichen zu finden sein. Jetzt folge meiner Schneespur, ich will dich heimführen. Aber was dir auch begegnet – erzähle keiner lebenden Seele, daß du mich gesehen hast. Und dann versprich mir, von jetzt ab keinen Hasen mehr zu töten!« – »Ich verspreche es dir!« sagte Diarmuid.

Als Diarmuid nach Hause kam, sagte Roise, sein Weib: »Wo bist du nur den ganzen langen Tag gewesen? Du bist ja starr vor Kälte und halbtot vor Hunger.«

»Ich bin auf den Irrhügel geraten und fand den Weg nicht mehr. Aber verlaß dich drauf: So lange ich lebe, jage ich keinen Hasen mehr.« Das war gut und war nicht schlecht.

Diarmuid dachte an nichts weiter als an seinen Erben. Als er merkte, daß Roise ihm wirklich ein Kind schenken würde, war er der glücklichste Mann der Welt. Er ließ eine Wiege bauen und alles herrichten, und als die Nachbarn sahen, daß Roise schwanger war, fanden sie es wunderbar; denn sie war schon über fünfzig Jahre alt und ihr Körper war so ausgetrocknet wie bei einer Siebzigjährigen. Alle Leute redeten von Roise und Diarmuid.

Als neun Monate vergangen waren, bekam Roise einen kleinen Sohn. Er war vier Fuß lang, dünn wie ein Stock und hatte besonders lange Füße. Die Weiber staunten, alt und jung: So ein Neugeborenes wie dieses hatten sie noch nie gesehen! Diarmuid gab ihnen Schnaps, und sie lobten das Kind, bis alles ausgetrunken war. Danach begannen sie, es schlecht zu machen.

»Heißt es nicht Diarmuid?« fragte eine betrunkene Alte. »Nun«, meinte ein anderes altes Weib, »es wäre recht verkehrt, ihn Diarmuid zu nennen. Caoilte Cosfhada (dünner Langfuß) sollte er vielmehr heißen!« – »Wir wollen ihm diesen Namen geben«, sagte das erste Weib darauf.

Roise hörte die Reden mit an und wurde zornig. Sie rief Diarmuid und sagte ihm leise ins Ohr, daß die Weiber heimlich über den jungen Diarmuid spotteten. Er solle sie aus dem Haus jagen.

Diarmuid ging auf die Frau los und wollte sie hinauswerfen. Noch nie hat es in Gráin-leathan eine solches Gekeife gegeben wie das zwischen Diarmuid und den alten Weibern. Aber der Name »Caoilte Langfuß« blieb an dem jungen Diarmuid haften, solange er lebte.

Als der Junge zehn Jahre alt war, war er mehr als sechs Fuß lang. Dabei war er dünn wie eine Angelrute, und seine Füße maßen von den Knöcheln an anderthalb Fuß und waren schmal wie Daumen. Und kein Jagdhund oder Windspiel in ganz Irland konnte schneller laufen als er. Er ging selten aus dem Haus, denn die Leute machten sich über ihn lustig. Mit einundzwanzig Jahren hatte er eine Länge von mehr als siebeneinhalb Fuß und war aber nicht viel dicker geworden, als er mit zehn Jahren gewesen war. Dabei bekam er genug zu essen und zu trinken. Die Leute meinten, es wäre gar kein richtiger Mensch. Und Eingeweide hätte er auch nicht. Jedoch Diarmuid und Roise fanden, es gäbe im ganzen Land keinen halb so ansehnlichen jungen Mann wie ihn, und sie meinten, er würde schon dicker und fetter werden, wenn er nur erst mit Wachsen aufhörte; das Fleisch würde dann schon kommen. Indessen, es kam nicht.

Eines Tages nun war Caoilte mit seinem Vater im Torfstich, um dort Torf zu stapeln. Da sahen sie einen Hasen laufen, und zwar aus Leibeskräften. Ein Wiesel verfolgte ihn und war ihm schon dicht auf dem Pelz. Da schrie der Hase so laut er konnte. Caoilte lief ihm nach und erwischte ihn, ehe ihn das Wiesel einholte. Nun war dies erbost und griff Caoilte an. Es kratzte ihn und spie ihm Schaum ins rechte Auge, daß es davon erblindete. Dann verschwand das Wiesel in einem Torfhaufen.

Während der ganzen Zeit hatte sich der Hase an Caoiltes Brust verkrochen. Als das Wiesel fort war, sagte er: »Ich danke dir diesmal mein Leben, Caoilte, aber du selbst bist auch in Gefahr. Das Wiesel ist eine Hexe. Du hast nur noch ein Auge. Aber stecke deine Hand in mein rechtes Ohr, und du wirst darin ein Fläschchen mit Öl finden. Reibe damit dein Auge ein und du wirst dein Augenlicht wieder haben, und es wird so gut sein, wie es war.«

Caoilte tat das und erlangte das Augenlicht wieder. Dann fuhr der Hase fort: »Nun laß mich wieder meiner Wege gehen. Immer wenn du für die Jäger einen Hasen aufspüren willst, komm hin zum Binsensumpf am Seeufer. Ich werde dort sein. Kein Jagdhund und kein Windspiel der Welt kann mich einholen. Nur du kannst mich einholen, wenn du Lust hast. Aber liefere mich nicht den Hunden oder Jägern aus! Und nun sei auf der Hut heute nacht! Das Wiesel wird dich aufsuchen und dir die Kehle durchbeißen, wenn du nicht den Kater der Brigid Nî Mathgamhna bei dir im Bett hast. Du wirst seine Stimme vernehmen, die sagt:

›Es ist der Kater von Brigid Nî Math'úin,
der den Speck fraß.‹

Sobald du dies dreimal hintereinander gehört hast, laß den Kater los, und du bist außer Gefahr!«

Caoilte ließ den Hasen laufen und ging zu seinem Vater zurück. Er erzählte ihm alles. »Aha!« sagte der Vater. »Der Hase ist dein bester Freund! Befolge seinen Rat! Aber sieh dich vor und erzähle nichts den Nachbarn! Gib ihnen keinen Anlaß zu Gerede!« – »Ich bin nicht so dumm«, sagte Caoilte, »von Geburt an war ich kein Schwätzer. Aber ich bitte dich, daß du davon auch meiner Mutter nichts erzählst.«

Am Abend ging er zum Haus der Brigid Nî Mathghamhain und wollte sie um ihren Kater bitten. Als er nahe am Haus war, bemerkte er einen Fuchs, der hatte Brigids Gänserich gestohlen. Caoilte verfolgte ihn, und als er ihm dicht auf dem Pelz war, ließ der Fuchs den Gänserich fahren und entwischte selbst in einen kleinen Wald. Caoilte brachte Brigid den Gänserich und sagte: »Der Fuchs hatte ihn schon gepackt, doch ich habe ihm seine Beute entrissen.«

»Ich bin dir sehr dankbar«, antwortete sie ihm. »Wünschest du irgend etwas? Oft kommst du nicht auf Besuch!« – »Ich wollte dich bitten, mir deinen Kater zu leihen. Unser Mehlsack ist von Mäusen zerbissen.« – »Nimm ihn mit«, sagte sie, »und behalte ihn, bis er alle Mäuse im Haus getötet hat.«

Caoilte trug den Kater heim und ging ins Bett. Aber kein Schlaf kam in seine Augen. Kurz vor Mitternacht hörte er das Lied:

»Es ist der Kater von Brigid Nî Math'úin,
der den Speck fraß.
Und es ist der Kater von Brigid Nî Math'úin,
der den Speck fraß.
Und es ist der Kater von Brigid Nî Math'úin,
der den Speck fraß.«

Beim drittenmal war die Stimme ganz dicht bei ihm. Da sprang der Kater auf und sagte: »Du Lügenhexe! Nicht ich, du hast den Speck gestohlen!« Und er packte das Wiesel. Und so etwas von Beißen und Kratzen und Kreischen hat noch nie ein Mensch gehört!

Der Kampf dauerte, bis der Tag dämmerte. Dann verließ das Wiesel das Schlachtfeld und verschwand in einem Loch. Der arme Kater war ohne Haut und Haare. Als Caoilte ihn anfassen wollte, sprach er: »Reibe mich mit dem Öl ein, das du im Ohr des Hasen gefunden hast.« Das tat Caoilte und heilte ihn. Da sagte der Kater zu ihm: »Jetzt ist dein Feind tot.« Caoilte gab dem Kater Milch. Der ging dann heim, während Caoilte einen Besen nahm und Haut und Haare wegkehrte. Aber die Blutspuren blieben. Alles Wasser vom See hätte sie nicht fortwischen können!

Eines Tages gab es in der Grafschaft Roscommon eine große Jagd, und der Hirsch wandte sich Gráin-leathan zu. Caoilte fand sich gerade auf dem Feld, als er sah, wie er kam, verfolgt von Hunden und Reitern. Caoilte setzte dem Hirsch nach, und einer der Jäger sagte zu ihm: »Gelingt es dir, ihn zurückzutreiben, ehe er über den Fluß setzt, gebe ich dir ein Goldstück.« Bald hatte Caoilte den Hirsch eingeholt, und er trieb ihn zurück. Der Jäger kam und gab ihm ein Goldstück.

Der Hirsch lief dem See zu. Als die Hunde ihn einholten, sprang er ins Wasser und schwamm auf die andere Seite. Als die Jäger das Seeufer erreichten, sagten sie: »Der Hirsch ist fort. Es gelingt uns nicht mehr, ihn heute noch aufzuspüren. Er entkam in den Wald von Loch Glinn.«

Caoilte hörte ihr Gespräch mit an und sprach: »Ich wette meinen Kopf für zehn Penny, daß ich den Hirsch noch einhole und ihn zu euch zurücktreibe, noch ehe er Loch Glinn erreicht. Wenn es euch recht ist, wartet hier eine halbe Stunde.« – »Gut«, sagten sie, »wir werden eine halbe Stunde warten.«

Nun lief Caoilte aus Leibeskräften und holte den Hirsch ein, trieb ihn zurück und hatte ihn bald wieder zum Seeufer gejagt. Als die Jäger sahen, wie der Hirsch ankam und Caoilte hinterdrein jagte, staunten sie und sagten, Caoilte sei ein Elf und man müsse ihn aus der Gegend vertreiben. Doch jetzt hatten sie keine Zeit, etwas gegen ihn zu unternehmen. Die Hunde jagten dem Hirsch nach, und sie selbst mußten ihnen folgen. Der Hirsch lief immer vor ihnen her und wandte sich Caislean Riabhach zu. Dann bog er ab in ein kleines Gehölz. Dort verloren sie ihn. Die Jäger gingen nach Caislean Riabhach. Damit war die Jagd für diesen Tag zu Ende. Caoilte ging nach Hause und war sehr zufrieden mit seinem Tagwerk und dem Goldstück. Er gab es seinem Vater und erzählte ihm, was er erlebt hatte.

Etwa eine Woche später war Caoilte im Moor, um Heidekraut zu holen für die Kuh. Da kamen dieselben Jäger wieder des Wegs. Sie fragten ihn, ob er einen Hasen gesehen habe. »Nein«, sagte er. »Aber ich weiß, wo ein Hase steckt.« – »Spüre ihn für uns auf!« sagte einer, »wir werden dir dafür ein Paar Schuhe geben.« – »Das ist etwas, was ich nicht brauche«, sagte Caoilte, »aber gebt mir ein Paar Hosen.« – »Einverstanden«, sagten sie. »Gebt sie mir vorher«, sprach Caoilte. »Letzte Woche versprachen mir die Jäger zehn Penny und sie haben sie mir nicht gegeben. Bin ich auch wunderlich anzusehen, so bin ich doch kein Narr!«

Sie gaben ihm das Geld für die Hosen. Da ging er zum Binsenloch am Seeufer und spürte seinen Freund, den Hasen, auf. Hunde und Jäger hetzten hinter ihm her, aber holten ihn nicht ein. Fünf Tage hintereinander kamen die Jäger, und jedesmal trieb Caoilte den Hasen für sie auf. Aber sie konnten ihn nie fassen. Am sechsten Tag sagten sie zu Caoilte, er sei ein Zauberer und habe ihnen einen verhexten Hasen zugetrieben. »Wenn ihr das glaubt, so treibt euch selbst einen Hasen zu!« sagte Caoilte.

Da wollten sie ihn packen. Doch er war zu flink für sie. Sie verfolgten ihn bis zu seinem Haus und forderten seine Eltern auf, ihn herauszugeben. »Was tat euch Caoilte?« fragte der Vater die Jäger. »Er ist ein verhexter Elf«, erwiderten sie.

Als Roise das vernahm, kam sie herangelaufen, und seid versichert, sie setzte ihre Zunge in Bewegung! Aber ihr Reden half nichts. Die Männer riefen, wenn Caoilte nicht herauskäme, wollten sie das Haus anzünden. Als Caoilte das hörte, griff er nach dem Spaten, Diarmuid nach der Feuerzange und Roise nach dem Kesselhaken. Caoilte lief hinaus und schlug sie mit seinem Spaten nieder. Und alle bekamen von seinem Vater und seiner Mutter mit Zange und Haken noch eins obendrauf. Schließlich lagen alle Männer am Boden, unfähig, sich zu wehren. Allmählich kamen sie zu sich und verliefen sich nach und nach, bis auch der letzte fort war.

Da gingen sie zum Priester und beklagten sich heftig über Caoilte und seine Eltern.

Am Morgen darauf ging der Priester zu Diarmuids Haus und bekam dort die

Ursache des ganzen Streites zu hören. Er ging heim und schickte zu den Leuten, die die Klage vorgebracht hatten. »Weder Diarmuid ist zu tadeln, noch seine Frau, noch der Sohn«, sagte er. »Hättet ihr nicht angefangen, so hätten sie euch kein Unrecht zugefügt. Und ich rate euch, sie in Ruhe zu lassen.« Mit diesem Rat des Priesters waren sie nicht zufrieden. Sie verschworen sich, nachts heimlich das Haus von Diarmuid anzuzünden, sobald er und seine Familie schliefen.

An demselben Tag ging Caoilte zum Torfstich, um einen Korb Torf zu holen. Da traf er den Hasen, und der sagte: »Höre, Caoilte, heute nacht will eine Schar Leute euer Haus samt dir, deinem Vater und deiner Mutter verbrennen. Aber ich werde einen Nebel über ihre Augen breiten, daß sie sich verirren. Sie werden den Weg zu eurem Haus nicht finden und auch nicht den zu ihrem eigenen, bis der Morgen graut.«

An jenem Abend wurde von Haus zu Haus die Losung gegeben: Alle diejenigen, welche zu Diarmuids Haus wollten, um es anzuzünden, sollten sich vor Mitternacht am Kreuzweg treffen. Etwa zwanzig Mann versammelten sich an Ort und Stelle. Sie gingen auf Diarmuids Haus zu. Aber sie fanden es nicht. Da wollten sie heimkehren. Aber sie konnten auch ihr Haus nicht mehr finden. Als die Morgenröte am Himmelsrand sichtbar wurde, sahen sie sich nach einer langen Nachtwanderung am selben Kreuzweg wieder, von dem sie ausgegangen waren. Von jener Nacht an belästigten sie weder Caoilte, noch seinen Vater, noch die Mutter. Aber sie mieden ihn, als wäre er ein Spion oder ein Dieb.

Eines Tages nun war Diarmuid wieder beim Torfstich, als der alte schwarze Hase erschien, der zu ihm gekommen war vor zweiundzwanzig Jahren, als er sich verirrt hatte. »Nun«, begann er, »ich komme, um dir mitzuteilen, daß deine Lebenszeit und die deiner Frau nur noch kurz bemessen sind. Wenn ihr also etwas zu ordnen habt, macht das bald. Ihr habt nur noch eine Woche zu leben!« – »Und was wird aus Caoilte«, fragte Diarmuid, »wenn er niemand hat, der ihn beschützt?« – »Sorge dich nicht um Caoilte«, sprach der Hase. »Er ist von meinem Stamm, und ich werde ihn zu mir nehmen. Und, nimm mein Wort darauf – er wird glücklicher sein als unter seinen Nachbarn! Nun brauchst du das Geheimnis nicht mehr zu bewahren.«

Diarmuid war auf dem Heimweg und tief betrübt, als er seinen Neffen traf. Er erzählte ihm die Geschichte von Anfang bis zu Ende. »In der Tat, wenn du diese Geschichte irgend jemand erzählst, ist deine Familie entehrt, und wir finden keinen Menschen, euch zu begraben.« – »Ich will sie keinem weitererzählen, nur Roise und dem Priester«, sagte Diarmuid.

Er ging nach Hause und erzählte Roise die Geschichte. Als er zu Ende war, bekam sie einen Hustenanfall, und daran erstickte sie. Diarmuid und Caoilte begruben sie. Am Ende derselben Woche starb auch Diarmuid. In der Nacht, nachdem er begraben war, ging Caoilte fort. Seitdem hat keiner mehr von ihm gehört.

Diarmuids Neffe konnte das Geheimnis nicht für sich behalten, und nach kurzer Zeit lief die Geschichte von Mund zu Mund durch das Land, so wie ich sie eben erzählt habe.

Viele Leute behaupteten, sie hätten Caoilte oft am See gesehen. Mag dem sein, wie es will – wir aber wollen hoffen, daß sie alle im himmlischen Reiche sind.

Der Mann ohne Herz

Ludwig Bechstein

Es sind einmal sieben Brüder gewesen, waren arme Waisen, hatten keine Schwester, mußten alles im Hause selbst tun, das gefiel ihnen nicht, wurden Rates
untereinander, sie wollten heiraten. Nun gab es aber da, wo sie wohnten keine
Bräute für sie, da sagten die älteren, sie wollten in die Fremde ziehen, sich Bräute
suchen, und ihr Jüngster sollte das Haus hüten, und dem wollten sie eine recht
schöne Braut mitbringen. Das war der Jüngste gar wohl zufrieden, und die sechse
machten sich fröhlich und wohlgemut auf den Weg. Unterwegs kamen sie an ein
kleines Häuschen, das stand ganz einsam in einem Walde, und vor dem Häuschen
stand ein alter alter Mann, der rief die Brüder an und fragte: »Heda! Ihr jungen
Gieke in die Welt! Wohin denn so lustig und so geschwind?« – »Ei, wir wollen uns
jeder eine hübsche Braut holen, und unserm jüngsten Bruder daheim auch eine!«
antworteten die Brüder.

»O liebe Jungen!« sprach da der Alte, »ich lebe hier so mutterseelensternallein,
bringt mir doch auch eine Braut mit, aber eine junge hübsche muß es sein!«

Die Brüder gingen von dannen und dachten: Hm, was will so ein alter
eisgrauer Hozelmann mit einer jungen hübschen Braut anfangen?

Da nun die Brüder in eine Stadt gekommen waren, so fanden sie dort sieben
Schwestern, so jung und so hübsch als sie sie nur wünschen konnten, die nahmen
sie, und die jüngste nahmen sie für ihren Bruder mit. Der Weg führte sie wieder
durch den Wald, und der Alte stand wieder vor seinem Häuschen, als wartete er

auf sie, und sagte: »Ei ihr braven Jungen! Das lob ich, daß ihr mir so eine junge hübsche Braut mitgebracht habt!« – »Nein!« sagten die Brüder, »die ist nicht für dich, die ist für unsern Bruder zu Hause, dem haben wir sie versprochen!«

»So?« sagte der Alte, »versprochen? Ei daß dich! Ich will euch auch versprechen!« und nahm ein weißes Stäbchen und murmelte ein paar Zauberworte, und rührte die Brüder und die Bräute mit dem Stäbchen an – bis auf die jüngste –, da wurden sie alle in graue Steine verwandelt. Die jüngste aber von den Schwestern führte der Mann in das Haus, und das mußte sie nun beschicken und in Ordnung halten, tat das auch gern, aber sie hatte immer Angst, der Alte könne bald sterben, und dann werde sie in dem einsamen Häuschen im wilden öden Walde auch so mutterseelensternallein sein, wie der Alte zuvor gewesen war. Das sagte sie ihm, und er antwortete: »Hab kein Bangen, fürchte nicht und hoffe nicht, daß ich sterbe. Sieh, ich habe kein Herz in der Brust! Stürbe ich aber dennoch, so findest du über der Türe mein weißes Zauberstäbchen, und rührst du damit an die grauen Steine, so sind deine Schwestern und ihre Freier befreit und du hast Gesellschaft genug.«

»Wo aber in aller Welt hast du denn dein Herz, wenn du es nicht in der Brust hast?« fragte die junge Braut. »Mußt du alles wissen?« fragte der Alte. »Nun wenn du es denn wissen mußt, in der Bettdecke steckt mein Herz.«

Da nähte und stickte die junge Braut, wenn der Alte fort und seinen Geschäften nachging, in ihrer Einsamkeit gar schöne Blumen auf seine Bettdecke, damit sein Herz eine Freude haben sollte. Der Alte aber lächelte darüber und sagte: »Du gutes Kind, es war ja nur ein Scherz; mein Herz das steckt – das steckt . . .« – »Nun wo steckt es denn, lieber Vater?« – »Das steckt in der – Stubentür!«

Da hat die junge Frau am andern Tage, als der Alte fort war, die Stubentüre gar schön geschmückt mit bunten Federn und frischen Blumen und hat Kränze daran gehangen. Fragte der Alte, als er heimkam, was das bedeuten solle, sagte sie: »Das tat ich, deinem Herzen was zu Liebe zu tun.« Da lächelte wieder der Alte, und sagte: »Gutes Kind, ganz woanders als in der Stubentüre ist mein Herz.«

Da wurde die junge Braut sehr betrübt und sprach: »Ach Vater, so hast du doch ein Herz und kannst sterben, und ich werde dann so allein sein.« Da wiederholte der Alte alles, was er ihr schon zweimal gesagt, und sie drang aufs neue in ihn, ihr zu sagen, wo doch eigentlich sein Herz sei. Da sprach der Alte: »Weit weit von hier liegt in tiefer Einsamkeit eine große uralte Kirche, die ist fest verwahrt mit eisernen Türen, um sie ist ein tiefer Wallgraben gezogen, über den führt keine Brücke, und in der Kirche da fliegt ein Vogel wohl ab und auf, der ißt nicht und trinkt nicht und stirbt nicht, und niemand vermag ihn zu fangen, und so lange der Vogel lebt, so lange lebe auch ich, denn in dem Vogel ist mein Herz.«

Da wurde die Braut traurig, daß sie dem Herzen ihres Alten nichts zu Liebe tun konnte, und die Zeit wurde ihr lang, wenn sie so allein saß, denn der Alte war fast den ganzen Tag auswärts.

Da kam einmal ein junger Wandergesell am Häuschen vorüber, der grüßte sie, und sie grüßte ihn, und sie gefiel ihm, und er kam näher, und sie fragte ihn, wohin er reise, woher er komme? »Ach!« seufzte der junge Gesell, »ich bin gar traurig. Ich hatte noch sechs Brüder, die sind von dannen gezogen, sich Bräute zu holen und mir, dem Jüngsten, wollten sie auch eine mitbringen, sind aber nimmer wiedergekommen, und da bin ich nun auch fort vom Hause und will meine Brüder suchen.«

»Ach lieber Gesell!« rief die Braut, »da brauchst du nicht weiterzugehen! Erst setze dich und iß und trink etwas, und dann laß dir erzählen!« Und gab ihm zu essen und zu trinken, und erzählte ihm, wie seine Brüder in die Stadt gekommen, und wie sie ihre Schwestern und sie selbst als Bräute mit sich nach Hause hätten führen wollen, und daß sie für ihn, ihren Gast, bestimmt gewesen, und wie der Alte sie bei sich behalten und die andern in graue Steine verwandelt habe. Das alles erzählte sie ihm aufrichtig und weinte dazu, und auch, daß der Alte kein Herz in der Brust habe, und daß es weit weit weg sei in einer festen Kirche und in einem unsterblichen Vogel. Da sagte der Bräutigam: »Ich will fort, ich will den Vogel suchen, vielleicht hilft mir Gott, daß ich ihn fange.« – »Ja das tue, daran wirst du wohl tun, dann werden deine Brüder und meine Schwestern wieder Menschen werden!« und versteckte den Bräutigam, denn es wurde schon Abend, und als am andern Morgen der Alte wieder fort war, da packte sie dem Wandergesellen viel zu essen und zu trinken ein und gab es ihm mit und wünschte ihm alles Glück und Gottes Segen auf seine Fahrt.

Als nun der Gesell eine tüchtige Strecke gegangen war, deuchte ihm, es sei wohl Zeit zu frühstücken, packte seine Reisetasche aus, freute sich der vielen Gaben und rief: »Holla! Nun wollen wir schmausen! Herbei, wer mein Gast sein will!«

Da rief es hinter dem Gesellen: »Muh!« und wie er sich umsah, stand ein großer roter Ochse da und sprach: »Du hast eingeladen, ich möchte wohl dein Gast sein!« – »Sei willkommen und lange zu, so gut ich's habe!« Da legte sich der Ochse gemächlich auf den Boden und ließ sich's schmecken und leckte sich dann mit der Zunge sein Maul recht schön ab, und als er satt war, sagte er: »Habe du großen Dank und wenn du einmal jemand brauchst, dir in Not und Gefahr zu helfen, so rufe nur in Gedanken nach mir, deinem Gast.« Und erhob sich und verschwand im Gebüsch. Der Gesell packte seine Tafelreste zusammen und pilgerte weiter; wieder eine tüchtige Strecke, da deuchte ihm nach dem kurzen Schatten, den er warf, es müsse Mittag sein, und seinem Magen deuchte das nämliche. Da setzte er sich auf den Boden hin, breitete sein Tafeltuch aus, setzte seine Speisen und Getränke darauf, und rief: »Wohlan! Mittagmahlzeit! Jetzt melde sich, was mittafeln will!« Da rauschte es ganz stark in den Büschen, und es brach ein wildes Schwein heraus, das grunzte: »Oink, Oink«, und sagte: »Es hat hier jemand zum Essen gerufen! Ich weiß nicht, ob du es warst, und ob ich gemeint bin?«

»Immerhin, lange nur zu, was da ist!« sprach der Wandersmann, und da aßen sie beide wohlgemut miteinander und es schmeckte beiden gut. Darauf erhob sich das wilde Schwein und sagte: »Habe Dank, bedarfst du mein, so rufe dem Schwein!« und damit trollte es sich in die Büsche. Nun wanderte der Gesell eine

lange Strecke und war schon gar weit gewandert, da wurde es gegen Abend, und er fühlte wieder Hunger und hatte auch noch Vorrat, und da dachte er: Wie wär es mit dem Vespern? Zeit wär es, dächt ich; und breitete wieder sein Tuch aus und legte seine Speisen darauf, hatte auch noch etwas zu trinken und rief: »Wer Lust hat, mit mir zu essen, der soll eingeladen sein. Es ist nicht, als wenn nichts da wäre!« Da rauschte über ihm ein schwerer Flügelschlag und wurde dunkel auf dem Boden, wie vom Schatten einer Wolke, und es ließ sich ein großer Vogel Greif sehen, der rief: »Ich hörte jemand hier unten zur Tafel einladen! Für mich wird wohl nichts abfallen?«

»Warum denn nicht? Laß dich nieder und nimm vorlieb, viel wird's nicht mehr sein!« rief der Jüngling, und da ließ sich der Vogel Greif nieder und aß zur Genüge und dann sagte er: »Brauchst du mich, so rufe mich!« hob sich in die Lüfte und verschwand. Ei, dachte der Geselle, der hat's recht eilig; er hätte mir wohl den Weg nach der Kirche zeigen können, denn so finde ich sie wohl nimmer, und raffte seine Sachen zusammen und wollte vor dem Schlafengehen noch ein Stückchen wandern. Und wie er gar nicht lange gegangen war, so sah er mit einem Male die Kirche vor sich liegen und war bald bei ihr, das heißt, am breiten

und tiefen Graben, der sie rings ohne Brücke umzog. Da suchte er sich ein hübsches Ruheplätzchen, denn er war müde von dem weiten Weg und schlief, und am andern Morgen, da wünschte er sich über den Graben und dachte: Schau, wenn der rote Ochse da wär und hätte rechten Durst, so könnte der den Graben aussaufen und ich käme trocken hinüber. Kaum war dieser Wunsch getan, so stand der Ochse schon da und begann den Graben auszusaufen. Nun stand der Gesell an der Kirchenmauer, die war gar dick, und die Türme waren von Eisen, da dachte er so in seinen Gedanken: Ach, wer doch einen Mauerbrecher hätte! Das starke wilde Schwein könnte vielleicht hier eher etwas ausrichten als ich. Und siehe, gleich kam das wilde Schwein dahergerannt und stieß heftig an die Mauer und wühlte mit seinen Hauern einen Stein los, und wie erst einer los war, so wühlte es immer mehr und immer mehr Steine aus der Mauer, bis ein großes tiefes Loch gewühlt war, durch das man in die Kirche einsteigen konnte. Da stieg nun der Jüngling hinein und sah den Vogel darin herumfliegen, vermochte aber nicht, ihn zu ergreifen. Da sprach er: »Wenn jetzt der Vogel Greif da wäre, der würde dich schon greifen, dafür ist er ja der Vogel Greif!« Und gleich war der Greif da, und gleich griff er den Vogel, in dem des alten Mannes Herz war, und der junge Gesell verwahrte selbigen Vogel sehr gut, der Vogel Greif aber flog davon.

Nun eilte der Jüngling so sehr er konnte zur jungen Braut, kam noch vor dem Abend an und erzählte ihr alles, und sie gab ihm wieder zu essen und zu trinken und hieß ihn unter die Bettstelle kriechen mitsamt seinem Vogel, damit ihn der Alte nicht sähe. Dies tat er alsbald, nachdem er gegessen und getrunken hatte; der Alte kam nach Hause und klagte, daß er sich krank fühle, daß es nicht mehr mit ihm fortwolle – das machte, weil sein Herzvogel gefangen war. Das hörte der Bräutigam unter dem Bette und dachte: Der Alte hat dir zwar nichts Böses getan, aber er hat deine Brüder und ihre Bräute verzaubert, und deine Braut hat er für sich behalten, das ist des Bösen nicht zuwenig, und da kneipte er den Vogel, und da wimmerte der Alte: »Ach, es kneipt mich! Ach, der Tod kneipt mich, Kind – ich sterbe!« Und fiel vom Stuhl und war ohnmächtig, und ehe sich's der Jüngling versah, hatte er den Vogel totgekneipt, und da war es aus mit dem Alten.

Nun kroch er hervor, und die Braut nahm den weißen Stab, wie ihr der Alte gesagt hatte, und schlug damit an die zwölf grauen Steine, siehe, da wurden sie wieder die sechs Brüder und die sechs Schwestern, das war eine Freude und ein Umarmen und Herzen und Küssen, und der alte Mann war tot und blieb tot, konnt ihn keine Meisterwurz wieder lebendig machen, wenn sie ihn auch hätten wieder lebendig haben wollen. Da zogen sie alle miteinander fort und hielten Hochzeit miteinander und lebten gut und glücklich miteinander lange Jahre.

Scarpafico

Giovanni Francesco Straparola

In dem Flecken Postema, bei der Stadt Imola, lebte einmal ein reicher, aber sehr geiziger Mann, namens Scarpafico. Er hatte eine Haushälterin, Nina genannt, ein so listiges, kluges Weib, daß sie es mit jedem Mann aufnehmen konnte. Überdies war sie treu und verwaltete sein Hauswesen verständig, so daß er sie sehr in Ehren hielt.

Scarpafico war in frühern Jahren zwar einer der rüstigsten im Lande gewesen, doch jetzt war er alt geworden und konnte die Anstrengung, zu Fuß zu gehen, nicht mehr recht vertragen. Deshalb redete ihm die vorsorgliche Frau oft zu, ein Pferd zu kaufen, denn das zu viele Gehen könne seiner Gesundheit schaden. Er fand, daß seine treue Nina recht habe, und ging eines Tages zu Markte, um ihren Rat zu befolgen. Dort sah er ein Maultier, das seinem Bedürfnis angemessen schien, und kaufte es für sieben Goldgulden.

Es waren gerade drei wackre Gesellen auf dem Markt, die lieber von fremdem Eigentum als von eignem lebten, wie es auch wohl noch zu unsern Zeiten Brauch ist. Diesen entging es nicht, daß Scarpafico das Maultier kaufte, und der eine sagte: »Kameraden, dies Maultier muß unser sein.« — »Und wie?« fragten die andern. — »Laßt uns auf der Straße, wo dieser durchkommen muß, auf ihn warten, einer von dem andern ein tüchtig Stück Weges entfernt, dann sage

93

ihm ein jeder von uns insbesondre, sein Maultier sei ein Esel, und wenn wir fest bei dieser Rede beharren, wird es bald unser werden.« Dieser Vorschlag gefiel, und sie verteilten sich auf der Straße.

Sobald Scarpafico dem einen der Spitzbuben nahe war, stellte sich dieser, als käme er einen andern Weg als vom Markt her, und begrüßte ihn mit einem: »Gott behüte Euch, mein Herr!« – »Ich danke Euch, mein Freund«, erwiderte jener. »Wo kommt Ihr her«, sagte der Dieb weiter. »Vom Markt«, war die Antwort. »Und was habt Ihr dort Gutes gekauft?« – »Dieses Maultier.« – »Welches Maultier?« – »Das, auf dem ich jetzt reite.« – »Sprecht Ihr im Ernst, oder spaßt Ihr mit mir?« – »Warum?« – »Weil mir dies kein Maultier, sondern ein Esel scheint.« – »Was?« schrie Scarpafico; und ohne ein Wort weiter zu verlieren, setzte er eiligst seinen Weg fort. Er war aber kaum zwei Bogenschüsse weiter getrabt, da kam ihm der zweite Bursche entgegen und sagte: »Guten Tag, Herr, woher kommt Ihr?« – »Vom Markt«, erwiderte Scarpafico. »Hat man dort billig gekauft?« – »O ja, ich habe das Maultier gekauft, welches Ihr hier seht.« – »Sprecht Ihr im Ernst«, sagte der Schelm, »glaubt Ihr, ein Maultier gekauft zu haben?« – »Freilich.« – »Aber mein Gott, es ist ja ein Esel.« – »Sagt mir das noch einer«, rief Scarpafico, »so schenk ich ihm das Tier!«

Und so setzte er seinen Weg fort und traf den dritten, der ihn ebenfalls anredete: »Gott grüß Euch, mein Herr, solltet Ihr etwa vom Markt kommen?« – »Ja«, sprach Scarpafico. – »Und was habt Ihr dort Gutes gekauft?« – »Ich habe mein Geld für dies Maultier ausgegeben.« – »Wie, ein Maultier? Ihr treibt wohl Euren

Spaß mit mir?« – »Ich spreche in vollem Ernst und spaße ganz und gar nicht.« – »Und seht Ihr denn nicht, armer Mann«, sagte der Betrüger, »daß es ein Esel ist? O die Spitzbuben, wie sie Euch angeführt haben.« – »Zwei andre haben mir eben dasselbe gesagt, und ich habe es ihnen nicht glauben wollen«, rief Scarpafico, als er dies hörte. »Nehmt, ich mache Euch ein Geschenk damit.« Bei diesen Worten stieg er ab, der andre nahm das Tier, dankte ihm für seine Großmut, ritt zu seinen Gefährten zurück und ließ Scarpafico zu Fuß weitergehn.

Scarpafico kam nach Hause und erzählte der Nina, er habe ein Tier gekauft, das er für ein Maultier gehalten, da es aber ein Esel gewesen, wie ihm unterwegs von vielen gesagt worden, habe er es zuletzt verschenkt. »O Einfalt«, rief Nina, »merkt Ihr denn nicht, daß man Euch einen Streich gespielt hat? Ich hätte Euch für schlauer gehalten. Bei meiner Treu, mich sollten sie nicht angeführt haben.« – »Beruhige dich«, sagte Scarpafico, »haben sie mir einen Streich gespielt, so will ich ihnen zwei spielen. Denn gewiß werden jene Betrüger an dem Esel nicht genug haben und versuchen, ob sie nicht mit einer neuen List mir noch etwas aus den Händen locken können.«

Nicht weit von Scarpaficos Haus wohnte ein Bauer, der hatte zwei Ziegen, eine der andern so ähnlich, daß man sie nicht leicht unterscheiden konnte. Um diese suchte er mit ihm einig zu werden und kaufte sie für bares Geld. Am folgenden Tage trug er der Nina auf, ein gutes Mittagsmahl zu bereiten, weil er einige Freunde zu Gast bitten wolle, und befahl ihr, Kalbfleisch zu kochen und die Hühner und das Nierstück zu braten; auch gab er ihr Gewürze, ein Ragout

und eine Torte nach ihrer Art zu machen. Dann nahm er eine von den Ziegen und band sie an einen Zaun im Hof, der andern legte er einen Strick um und führte sie mit sich auf den Markt.

Kaum war er dort angekommen, als die drei Herren vom Esel ihn schon gesehn hatten und sich an ihn machten. »Willkommen, Herr Scarpafico. Was habt Ihr hier für Geschäfte? Wollt Ihr etwas kaufen?« – »Ich bin hier, um einzukaufen«, gab er zur Antwort, »weil einige meiner Freunde heut Mittag bei mir essen, und es soll mir sehr angenehm sein, wenn Ihr ebenfalls bei mir vorlieb nehmen wollt.« Jene nahmen die Einladung sehr bereitwillig an. Als nun Scarpafico eingekauft hatte, was er brauchte, band er den ganzen Vorrat auf den Rücken der Ziege und sagte in Gegenwart der drei Gäste zu ihr: »Geh nach Hause und bestelle der Nina, daß sie dies Kalbfleisch koche und das Nierstück und die Hühner brate, auch daß sie von diesen Gewürzen ein Ragout und eine Torte nach ihrer Art mache. Hast du wohl verstanden? Nun, geh mit Gott.« Die mit den Lebensmitteln beladene Ziege sah sich nicht sobald in Freiheit, als sie fortlief, und man weiß bis auf diesen Tag nicht, in wessen Hände sie geraten ist. Scarpafico aber, die drei und einige andre von seinen Freunden gingen eine Zeitlang auf dem Markt umher und begaben sich dann nach Scarpaficos Haus.

In dem Hof wurden die drei Gesellen die Ziege gewahr, die, an den Zaun gebunden, ruhig das verzehrte Gras widerkäute. Sie waren sehr erstaunt darüber, denn sie meinten, dieselbe Ziege zu sehen, die Scarpafico mit dem Vorrat nach Hause geschickt hatte. Sie gingen dann zusammen in das Haus, und Scarpafico sagte zu seiner Haushälterin: »Nina, hast du getan, was ich dir durch die Ziege bestellen ließ?« Sie, die auf einen Wink verstand, was man wollte, antwortete: »Ja, Herr, das Nierstück und die Hühner sind gebraten und das Kalbfleisch gekocht; dann habe ich auch die Torte und das Ragout mit den Gewürzen gemacht, gerade, wie es mir die Ziege bestellt hat.« – »Es ist ganz gut so«, sagte Scarpafico. Die drei Gesellen waren außer sich vor Verwunderung, als sie die Worte der Nina hörten und das Gebratne, Gekochte und die Torte wirklich beim Feuer sahen. Sie überlegten, wie sie die Ziege wohl haben könnten, und sannen während der Mahlzeit auf allerlei, den Scarpafico darum zu betrügen. Es wollte ihnen aber nichts einfallen, da sagten sie zu ihm: »Hättet Ihr wohl Lust, uns diese Ziege zu verkaufen?« – »Gern tu ichs nicht«, erwiderte er, »doch wenn Ihr darauf besteht, will ich sie Euch für fünfzig Goldgulden ablassen.« Die Gesellen glaubten einen herrlichen Handel gemacht zu haben und zählten ihm unverzüglich die fünfzig Goldgulden hin. »Daß Ihr Euch aber nur nicht über mich beklagt«, sagte Scarpa-

fico, »wenn die Ziege anfangs ihre Schuldigkeit nicht tut, denn in den ersten Tagen wird sie Euch noch nicht kennen.« Aber jene gaben ihm gar keine Antwort darauf und führten voller Freuden die Ziege nach Hause. Hier sagten sie zu ihren Weibern: »Morgen braucht Ihr nicht eher Mittagbrot zu kochen, bis wir Euch etwas dazu nach Hause schicken.«

Am andern Tage gingen sie auf den Markt, kauften Hühner und andre Eßwaren, banden sie auf den Rücken der Ziege und unterrichteten diese in allem, was sie getan haben wollten und was sie ihren Frauen bestellen sollte. Als die mit dem Vorrat beladne Ziege sich in Freiheit sah, empfahl sie sich und ging so weit, daß sie niemals wieder etwas von ihr zu Gesicht bekamen.

Gegen die Stunde der Mahlzeit kehrten sie nach Hause zurück und fragten ihre Frauen, ob die Ziege mit den Lebensmitteln angekommen sei und ob sie ihre Bestellungen ausgerichtet habe.

»Oh, Ihr Narren«, riefen die Weiber. »Ihr Dummköpfe! Könnt Ihr Euch denn einbilden, ein Tier werde Eure Dienste verrichten? Gewiß haben sie Euch einen Streich gespielt; weil Ihr jeden Tag andre betrügt, seid Ihr am Ende selber die Betrogenen.« Da unsre Herren sahen, daß Scarpafico sie zum besten gehalten und um fünfzig Goldgulden geprellt habe, wurden sie so wütend, daß sie ihn in Stücke hauen wollten; sie nahmen sogleich ihre Waffen, ihn aufzusuchen. Aber Scarpafico, dem das Kleeblatt immer drohend vor Augen schwebte, hatte sich vorgesehn. »Nina«, sprach er, »nimm diese Blase mit Blut, stecke sie unter deinen Mantel, und wenn jene Räuber kommen, will ich die Schuld von allem auf dich schieben. Ich werde mich sehr aufgebracht gegen dich stellen, mit diesem Messer nach dir stoßen und die Blase durchstechen, dann falle du, als ob du tot wärst, zur Erde, und für das übrige laß mich sorgen.«

Kaum hatte Scarpafico diese Worte gesagt, da kamen die drei an und liefen auf ihn zu, um ihn zu töten. »Freunde«, rief er ihnen zu, »ich sehe nicht ein, warum Ihr mir etwas anhaben wollt. Sollte vielleicht diese, meine Magd, Euch eine Beleidigung zugefügt haben, von der ich nichts weiß?« Und damit wendete er sich zu ihr, nahm das Messer, stieß nach ihr und durchstach die mit Blut gefüllte Blase, worauf sie sich tot stellte und niederfiel, während das Blut in Strömen über den Boden floß. Scarpafico tat, als ob er beim Anblick dieses traurigen Vorfalls in sich ginge und schrie überlaut: »O ich Unglücklicher, o ich Elender, was habe ich getan! Wie ein Rasender habe ich meine Nina, die Stütze meines Alters, getötet. Wie werde ich ohne sie leben können!« Und so jammernd nahm er eine Pfeife und blies so lange, bis die Nina gesund und frisch in die Höhe sprang. Vor

großer Verwunderung vergaßen die Gesellen allen Zorn, kauften die Pfeife für zweihundert Gulden und gingen vergnügt nach Hause.

Bald darauf zankte sich der eine mit seiner Frau; in der Wut stieß er ihr das Messer in die Brust, und sie war tot. Der Mann nahm die Pfeife und blies, wie Scarpafico getan, in der Hoffnung, sie werde wieder lebendig. Er bemühte sich aber vergebens, denn ihre arme Seele war bereits in jene Welt hinübergegangen. Als der eine von seinen Gefährten dies vernahm, sagte er: »Dummkopf, du hast es nur nicht recht gemacht, laß mich es einmal versuchen.« Und sogleich faßte er seine Frau bei den Haaren und schnitt ihr mit einem Schermesser die Kehle durch, dann nahm er die Pfeife und blies nach Leibeskräften; allein die Unglückliche lebte dadurch nicht wieder auf. Eben dasselbe tat auch der dritte, so daß sie alle um ihre Weiber kamen.

Voller Wut rannten sie zu Scarpaficos Haus. Sie wollten nichts mehr von seinen Torheiten wissen, ergriffen ihn und banden ihn in einen Sack, um ihn in dem nahen Fluß zu ertränken. Auf dem Weg dahin wurden sie plötzlich durch ein Geräusch in Schrecken versetzt, eiligst warfen sie den Sack fort, in dem Scarpafico eingesperrt war, und liefen davon.

Da kam ein Schäfer mit seiner Herde daher, und während er langsam hinter seinen Schafen ging und sie das Gras abfressen ließ, hörte er eine klägliche Stimme: »Sie wollen sie mir durchaus geben, und ich will sie nicht, denn ich bin zu alt und kann sie nicht nehmen.« Der Schäfer war ganz verwundert, er konnte nicht begreifen, woher die Stimme kam, und wandte sich bald hierhin, bald dorthin. Endlich ward er den Sack gewahr und ging näher hinzu, indes Scarpafico immerfort laut jammerte. Der Schäfer erlöste ihn aus seinem Gefängnis und fragte, warum man ihn in den Sack gebunden habe. Immer noch stöhnend antwortete er: »Der Herr des Landes wollte mir durchaus seine Tochter zur Frau geben, ich schlug sie aber aus, weil ich alt und schwach bin.« Der Hirt schenkte seinen erdichteten Worten vollen Glauben und fragte ihn: »Glaubt Ihr wohl, daß der Herr mir sie geben würde?« – »Ich glaube, er würde es«, sagte Scarpafico, »wenn du in diesen Sack gebunden wärst, wie ich.« Damit steckte er den einfältigen Hirten in den Sack, band diesen fest zu und entfernte sich mit den Schafen.

Es war noch nicht eine Stunde vergangen, da kamen die drei Schelme zu dem Ort zurück, wo sie Scarpafico in dem Sack gelassen hatten. Ohne weiter hineinzusehn, nahmen sie den Sack auf und warfen ihn in den Fluß, und so endete der Schäfer jämmerlich sein Leben an Scarpaficos Stelle.

Sie machten sich nun auf, um nach Hause zu gehn, und auf dem Wege sahen sie die Schafe, die nicht weit von ihnen weideten. Sie wollten gern ein Paar Lämmer davon stehlen und näherten sich der Herde. Wie erstaunten sie aber, Scarpafico, den sie ertrunken glaubten, als Hirt derselben zu finden. Sie fragten ihn, wie er denn aus dem Fluß gekommen sei. »O Ihr Einfältigen«, gab er ihnen zur Antwort: »Ihr wißt auch gar nichts! Hättet Ihr mich noch viel tiefer hineingeworfen, so wäre ich mit zehnmal soviel Schafen wieder heraufgekommen.« – »O Scarpafico«, riefen sie begierig, »wolltet Ihr uns wohl den Gefallen tun, uns in die Säcke zu stecken und in den Fluß zu werfen, damit wir aus Beutelschneidern Herdenbesitzer werden?« – »Ich bin bereit zu tun, was Euch gefällt«, sagte Scarpafico, »es gibt nichts auf der Welt, was ich nicht gern für Euch täte.« Und damit nahm er drei tüchtige Säcke, band sie fest hinein, daß sie sich nicht wieder losmachen konnten, und warf sie in den Fluß. Und so gingen die drei Schelme jämmerlich zugrunde, und Scarpafico kehrte reich an Geld und Schafen nach Hause zurück, wo er noch manches Jahr vergnügt mit seiner treuen Nina lebte.

Drei Wünsche

Johann Peter Hebel

Ein junges Ehepaar lebte recht vergnügt und glücklich beisammen und hatte den einzigen Fehler, der in jeder menschlichen Brust daheim ist: Wenn man's gut hat, hätt man's gerne besser. Aus diesem Fehler entstehen so viele törichte Wünsche, woran es unserm Hans und seiner Lise auch nicht fehlte. Bald wünschten sie des Schulzen Acker, bald des Löwenwirts Geld, bald des Meiers Haus und Hof und Vieh, bald einmal hunderttausend Millionen bayerische Taler kurzweg. Eines Abends aber, als sie friedlich am Ofen saßen und Nüsse aufklopften und schon ein tiefes Loch in den Stein hineingeklopft hatten, kam durch die Kammertür ein weißes Weiblein herein, nicht mehr als eine Elle lang, aber wunderschön von Gestalt und Angesicht, und die ganze Stube war voll Rosenduft. Das Licht löschte aus, aber ein Schimmer wie Morgenrot, wenn die Sonne nicht mehr fern ist, strahlte von dem Weiblein aus und überzog alle Wände. Über so etwas kann man nun doch ein wenig erschrecken, so schön es aussehen mag. Aber unser gutes Ehepaar erholte sich doch bald wieder, als das Fräulein mit wundersüßer silber- reiner Stimme sprach: »Ich bin Eure Freundin, die Bergfei, Anna Fritze, die im kristallenen Schloß mitten in den Bergen wohnt, mit unsichtbarer Hand Gold in den Rheinsand streut und über siebenhundert dienstbare Geister gebietet. Drei Wünsche dürft Ihr tun; drei Wünsche sollen erfüllt werden.« Hans drückte den Ellenbogen an den Arm seiner Frau, als ob er sagen wollte: Das lautet nicht übel. Die Frau aber war schon im Begriff, den Mund zu öffnen, und etwas von ein paar Dutzend goldgestickten Hauben, seidenen Halstüchern und dergleichen zur Sprache zu bringen, als die Bergfei sie mit aufgehobenem Zeigefinger warnte: »Acht Tage lang«, sagte sie, »habt Ihr Zeit. Bedenkt Euch wohl, und übereilt Euch nicht.« – »Das ist kein Fehler«, dachte der Mann, und legte seiner Frau die Hand auf den Mund. Das Bergfräulein aber verschwand. Die Lampe brannte wie vorher, und statt des Rosendufts zog wieder wie eine Wolke am Himmel der Öldampf durch die Stube.

So glücklich nun unsere guten Leute in der Hoffnung schon zum voraus waren und keinen Stern mehr am Himmel sahen, sondern lauter Baßgeigen; so waren sie jetzt doch recht übel dran, weil sie vor lauter Wunsch nicht wußten, was sie wünschen wollten und nicht einmal das Herz hatten, recht daran zu denken oder davon zu sprechen, aus Furcht, es möchte für gewünscht passieren, ehe sie es genug überlegt hätten. Nun sagte die Frau: »Wir haben ja noch Zeit bis am Freitag.«

Des andern Abends, während die Kartoffeln zum Nachtessen in der Pfanne prasselten, standen beide, Mann und Frau, vergnügt an dem Feuer beisammen, sahen zu, wie die kleinen Feuerfünklein an der rußigen Pfanne hin und her züngelten, bald angingen, bald auslöschten, und waren, ohne ein Wort zu reden, vertieft in ihrem künftigen Glück. Als sie aber die gerösteten Kartoffeln aus der Pfanne auf das Plättlein anrichteten und ihr der Geruch lieblich in die Nase stieg, sagte sie in aller Unschuld und ohne an etwas anderes zu denken: »Wenn wir jetzt nur ein gebratenes Würstlein dazu hätten«, und – o weh, da war der erste Wunsch getan. Schnell wie ein Blitz kommt und vergeht, kam es wieder wie Morgenrot und Rosenduft untereinander durch das Kamin herab, und auf den Kartoffeln lag die schönste Bratwurst. – Wie gewünscht so geschehen. – Wer sollte sich über einen solchen Wunsch und seine Erfüllung nicht ärgern? Welcher Mann über solche Unvorsichtigkeit seiner Frau nicht unwillig werden?

»Wenn dir doch nur die Wurst an der Nase *angewachsen wäre*«, sprach er in der ersten Überraschung, auch in aller Unschuld und ohne an etwas anderes zu denken – und wie gewünscht, so geschehen. Kaum war das letzte Wort gesprochen, so saß die Wurst auf der Nase des guten Weibes fest, wie angewachsen im Mutterleib, und hing zu beiden Seiten hinab wie ein Husarenschnauzbart.

Nun war die Not der armen Eheleute erst recht groß. Zwei Wünsche waren getan und vorüber, und noch waren sie um keinen Heller und um kein Weizenkorn, sondern nur um eine böse Bratwurst reicher. Noch war ein Wunsch zwar übrig. Aber was half nun aller Reichtum und alles Glück zu einer solchen Nasenzierat der Hausfrau? Wollten sie wohl oder übel, so mußten sie die Bergfei bitten, mit unsichtbarer Hand Barbiersdienste zu leisten und Frau Lise wieder von der vermaledeiten Wurst zu befreien. Wie gebeten, so geschehen, und so war der dritte Wunsch auch vorüber, und die armen Eheleute sahen einander an, waren der nämliche Hans und die nämliche Lise nachher wie vorher, und die schöne Bergfei kam niemals wieder.

Merke: Wenn dir einmal die Bergfei also kommen sollte, so sei nicht geizig, sondern wünsche:

Numero eins: Verstand, daß du wissen mögest, was du

Numero zwei: wünschen solltest, um glücklich zu werden. Und weil es leicht möglich wäre, daß du alsdann etwas wähltest, was ein törichter Mensch nicht hoch anschlägt, so bitte noch

Numero drei: um beständige Zufriedenheit und keine Reue.

Oder so:

Alle Gelegenheit, glücklich zu werden, hilft nichts, wer den Verstand nicht hat, sie zu benutzen.

Das tapfere Schneiderlein

Brüder Grimm

An einem Sommermorgen saß ein Schneiderlein auf seinem Tisch am Fenstcr, war guter Dinge und nähte aus Leibeskräften. Da kam eine Bauersfrau die Straße herab und rief »gut Mus feil! gut Mus feil!« Das klang dem Schneiderlein lieblich in die Ohren, es steckte sein zartes Haupt zum Fenster hinaus und rief »hier herauf, liebe Frau, hier wird sie ihre Ware los.« Die Frau stieg die drei Treppen mit ihrem schweren Korbe zu dem Schneider herauf und mußte die Töpfe sämtlich vor ihm auspacken. Er besah sie alle, hob sie in die Höhe, hielt die Nase dran und sagte endlich »das Mus scheint mir gut, wieg sie mir doch vier Lot ab, liebe Frau, wenns auch ein Viertelpfund ist, kommt es mir nicht darauf an.« Die Frau, welche gehofft hatte, einen guten Absatz zu finden, gab ihm, was er verlangte, ging aber ganz ärgerlich und brummig fort. »Nun, das Mus soll mir Gott gesegnen«, rief das Schneiderlein, »und soll mir Kraft und Stärke geben«, holte das Brot aus dem Schrank, schnitt sich ein Stück über den ganzen Laib und strich das Mus darüber. »Das wird nicht bitter schmecken«, sprach er, »aber erst will ich den Wams fertig machen, eh ich anbeiße.« Er legte das Brot neben sich, nähte weiter und machte vor Freude immer größere Stiche. Indes stieg der Geruch von dem süßen Mus hinauf an die Wand, wo die Fliegen in großer Menge saßen, so daß sie herange- lockt wurden und sich scharenweis darauf niederließen. »Ei, wer hat euch einge- laden?« sprach das Schneiderlein und jagte die ungebetenen Gäste fort. Die Fliegen aber, die kein Deutsch verstanden, ließen sich nicht abweisen, sondern kamen in immer größerer Gesellschaft wieder. Da lief dem Schneiderlein endlich, wie man sagt, die Laus über die Leber, es langte aus seiner Hölle nach einem Tuchlappen, und »wart, ich will es euch geben!« schlug es unbarmherzig drauf. Als es abzog und zählte, so lagen nicht weniger als sieben vor ihm tot und streckten die Beine. »Bist du so ein Kerl?« sprach es und mußte selbst seine Tapferkeit bewundern, »das soll die ganze Stadt erfahren.« Und in der Hast schnitt sich das Schneiderlein einen Gürtel, nähte ihn und stickte mit großen Buchstaben darauf »Siebene auf einen Streich!« – »Ei was Stadt!« sprach es weiter, »die ganze Welt solls erfahren!« und sein Herz wackelte ihm vor Freude wie ein Lämmerschwänzchen.

Der Schneider band sich den Gürtel um den Leib und wollte in die Welt hinaus, weil er meinte, die Werkstätte sei zu klein für seine Tapferkeit. Eh er abzog, suchte er im Haus herum, ob nichts da wäre, was er mitnehmen könnte, er fand aber nichts als einen alten Käs, den steckte er ein. Vor dem Tore bemerkte er einen Vogel, der sich im Gesträuch verfangen hatte, der mußte zu dem Käse in die Tasche. Nun nahm er den Weg tapfer zwischen die Beine, und weil er leicht und behend war, fühlte er keine Müdigkeit. Der Weg führte ihn auf einen Berg, und als er den höchsten Gipfel erreicht hatte, so saß da ein gewaltiger Riese und schaute sich ganz gemächlich um. Das Schneiderlein ging beherzt auf ihn zu, redete ihn an und sprach »guten Tag, Kamerad, gelt, du sitzest da und besiehst dir die weitläufige Welt? Ich bin eben auf dem Wege dahin und will mich versuchen. Hast du Lust mitzugehen?« Der Riese sah den Schneider verächtlich an und sprach »du Lump! Du miserabler Kerl!« – »Das wäre!« antwortete das Schneiderlein, knöpfte den Rock auf und zeigte dem Riesen den Gürtel, »da kannst du lesen, was ich für ein Mann bin.« Der Riese las »Siebene auf einen Streich«, meinte, das wären Menschen gewesen, die der Schneider erschlagen hätte, und kriegte ein wenig Respekt vor dem kleinen Kerl. Doch wollte er ihn erst prüfen, nahm einen Stein in die Hand und drückte ihn zusammen, daß das Wasser heraustropfte. »Das mach mir nach«, sprach der Riese, »wenn du Stärke hast.« – »Ists weiter nichts?« sagte das Schneiderlein, »das ist bei unsereinem Spielwerk«, griff in die Tasche, holte den weichen Käs und drückte ihn, daß der Saft herauslief. »Gelt«, sprach er, »das war ein wenig besser?« Der Riese wußte nicht, was er sagen sollte, und konnte es von dem Männlein nicht glauben. Da hob der Riese einen Stein auf und warf ihn so hoch, daß man ihn mit Augen kaum noch sehen konnte. »Nun, du Erpelmännchen, das tu mir nach.« – »Gut geworfen«, sagte der Schneider, »aber der Stein hat doch wieder zur Erde herabfallen müssen, ich will dir einen werfen, der soll gar nicht wiederkommen«; griff in die

Tasche, nahm den Vogel und warf ihn in die Luft. Der Vogel, froh über seine Freiheit, stieg auf, flog fort und kam nicht wieder. »Wie gefällt dir das Stückchen, Kamerad?« fragte der Schneider. »Werfen kannst du wohl« sagte der Riese, »aber nun wollen wir sehen, ob du imstande bist, etwas Ordentliches zu tragen.« Er führte das Schneiderlein zu einem mächtigen Eichbaum, der da gefällt auf dem Boden lag, und sagte »wenn du stark genug bist, so hilf mir den Baum aus dem Walde heraustragen.« – »Gerne«, antwortete der kleine Mann, »nimm du nur den Stamm auf deine Schulter, ich will die Äste mit dem Gezweig aufheben und tragen, das ist doch das Schwerste.« Der Riese nahm den Stamm auf die Schulter, der Schneider aber setzte sich auf einen Ast, und der Riese, der sich nicht umsehen konnte, mußte den ganzen Baum und das Schneiderlein noch obendrein forttragen. Es war da hinten ganz lustig und guter Dinge, pfiff das Liedchen »Es ritten drei Schneider zum Tore hinaus«, als wär das Baumtragen ein Kinderspiel. Der Riese, nachdem er ein Stück Wegs die schwere Last fortgeschleppt hatte, konnte nicht weiter und rief »hör, ich muß den Baum fallen lassen.« Der Schneider sprang behendiglich herab, faßte den Baum mit beiden Armen, als wenn er ihn getragen hätte, und sprach zum Riesen, »du bist ein so großer Kerl und kannst den Baum nicht einmal tragen.«

Sie gingen zusammen weiter, und als sie an einem Kirschbaum vorbeikamen, faßte der Riese die Krone des Baums, wo die zeitigsten Früchte hingen, bog sie herab, gab sie dem Schneider in die Hand und hieß ihn essen. Das Schneiderlein aber war viel zu schwach, um den Baum zu halten, und als der Riese losließ, fuhr der Baum in die Höhe, und der Schneider ward mit in die Luft geschnellt. Als er wieder ohne Schaden herabgefallen war, sprach der Riese »was ist das, hast du nicht die Kraft, die schwache Gerte zu halten?« – »An der Kraft fehlt es nicht«, antwortete das Schneiderlein, »meinst du, das wäre etwas für einen, der siebene mit einem Streich getroffen hat? Ich bin über den Baum gesprungen, weil die Jäger da unten in das Gebüsch schießen. Spring nach, wenn dus vermagst.« Der Riese machte den Versuch, konnte aber nicht über den Baum kommen, sondern blieb in den Ästen hängen, also daß das Schneiderlein auch hier die Oberhand behielt.

Der Riese sprach »wenn du ein so tapferer Kerl bist, so komm mit in unsere Höhle und übernachte bei uns.« Das Schneiderlein war bereit und folgte ihm. Als sie in der Höhle anlangten, saßen da noch andere Riesen beim Feuer, und jeder hatte ein gebratenes Schaf in der Hand und aß davon. Das Schneiderlein sah sich um und dachte »es ist doch hier viel weitläufiger als in meiner Werkstatt.« Der

Riese wies ihm ein Bett an und sagte, es sollte sich hineinlegen und ausschlafen. Dem Schneiderlein war aber das Bett zu groß, es legte sich nicht hinein, sondern kroch in eine Ecke. Als es Mitternacht war und der Riese meinte, das Schneiderlein läge in tiefem Schlafe, so stand er auf, nahm eine große Eisenstange und schlug das Bett mit einem Schlag durch und meinte, er hätte dem Grashüpfer den Garaus gemacht. Mit dem frühsten Morgen gingen die Riesen in den Wald und hatten das Schneiderlein ganz vergessen, da kam es auf einmal ganz lustig und verwegen dahergeschritten. Die Riesen erschraken, fürchteten, es schlüge sie alle tot, und liefen in einer Hast fort.

Das Schneiderlein zog weiter, immer seiner spitzen Nase nach. Nachdem es lange gewandert war, kam es in den Hof des königlichen Palastes, und da es Müdigkeit empfand, so legte es sich ins Gras und schlief ein. Während es da lag, kamen die Leute, betrachteten es von allen Seiten und lasen auf dem Gürtel »Siebene auf einen Streich.« – »Ach«, sprachen sie, »was will der große Kriegsheld hier mitten im Frieden? Das muß ein mächtiger Herr sein.« Sie gingen und meldeten es dem König und meinten, wenn Krieg ausbrechen sollte, wäre das ein wichtiger und nützlicher Mann, den man um keinen Preis fortlassen dürfte. Dem König gefiel der Rat, und er schickte einen von seinen Hofleuten an das Schneiderlein ab, der sollte ihm, wenn es aufgewacht wäre, Kriegsdienste anbieten. Der

Abgesandte blieb bei dem Schläfer stehen, wartete, bis er seine Glieder streckte und die Augen aufschlug, und brachte dann seinen Antrag vor. »Eben deshalb bin ich hierher gekommen«, antwortete er, »ich bin bereit, in des Königs Dienste zu treten.« Also ward er ehrenvoll empfangen und ihm eine besondere Wohnung angewiesen.

Die Kriegsleute aber waren dem Schneiderlein aufgesessen und wünschten, es wäre tausend Meilen weit weg. »Was soll daraus werden?« sprachen sie untereinander. »Wenn wir Zank mit ihm kriegen und er haut zu, so fallen auf jeden Streich siebene. Da kann unsereiner nicht bestehen.« Also faßten sie einen Entschluß, begaben sich allesamt zum König und baten um ihren Abschied. »Wir sind nicht gemacht«, sprachen sie, »neben einem Mann auszuhalten, der siebene auf einen Streich schlägt.« Der König war traurig, daß er um des einen willen alle seine treuen Diener verlieren sollte, wünschte, daß seine Augen ihn nie gesehen hätten, und wäre ihn gerne wieder los gewesen. Aber er getrauete sich nicht, ihm den Abschied zu geben, weil er fürchtete, er möchte ihn samt seinem Volke totschlagen und sich auf den königlichen Thron setzen. Er sann lange hin und her, endlich fand er einen Rat. Er schickte zu dem Schneiderlein und ließ ihm sagen, weil er ein so großer Kriegsheld wäre, so wollte er ihm ein Anerbieten machen. In einem Walde seines Landes hausten zwei Riesen, die mit Rauben, Morden, Sengen und Brennen großen Schaden stifteten, niemand dürfte sich ihnen nahen, ohne sich in Lebensgefahr zu setzen. Wenn er diese beiden Riesen überwände und tötete, so wollte er ihm seine einzige Tochter zur Gemahlin geben und das halbe Königreich zur Ehesteuer; auch sollten hundert Reiter mitziehen und ihm Beistand leisten. »Das wäre so etwas für einen Mann, wie du bist«, dachte das Schneiderlein, »eine schöne Königstochter und ein halbes Königreich wird einem nicht alle Tage angeboten.« – »O ja«, gab es zur Antwort, »die Riesen will ich schon bändigen und habe die hundert Reiter dabei nicht nötig: wer siebene auf einen Streich trifft, braucht sich vor zweien nicht zu fürchten.«

Das Schneiderlein zog aus, und die hundert Reiter folgten ihm. Als es zu dem Rand des Waldes kam, sprach es zu seinen Begleitern »bleibt hier nur halten, ich will schon allein mit den Riesen fertig werden.« Dann sprang es in den Wald hinein und schaute sich rechts und links um. Über ein Weilchen erblickte es beide Riesen: sie lagen unter einem Baume und schliefen und schnarchten dabei, daß sich die Äste auf- und niederbogen. Das Schneiderlein, nicht faul, las beide Taschen voll Steine und stieg damit auf den Baum. Als es in der Mitte war, rutschte es auf einen Ast, bis es gerade über die Schläfer zu sitzen kam, und ließ

dem einen Riesen einen Stein nach dem andern auf die Brust fallen. Der Riese spürte lange nichts, doch endlich wachte er auf, stieß seinen Gesellen an und sprach »was schlägst du mich?« – »Du träumst«, sagte der andere, »ich schlage dich nicht.« Sie legten sich wieder zum Schlaf, da warf der Schneider auf den zweiten einen Stein herab. »Was soll das?« rief der andere, »warum wirfst du mich?« – »Ich werfe dich nicht«, antwortete der erste und brummte. Sie zankten sich eine Weile herum, doch weil sie müde waren, ließen sie es gut sein, und die Augen fielen ihnen wieder zu. Das Schneiderlein fing sein Spiel von neuem an, suchte den dicksten Stein aus und warf ihn dem ersten Riesen mit aller Gewalt auf die Brust. »Das ist zu arg!« schrie er, sprang wie ein Unsinniger auf und stieß seinen Gesellen wider den Baum, daß dieser zitterte. Der andere zahlte mit gleicher Münze, und sie gerieten in solche Wut, daß sie Bäume ausrissen, aufeinander losschlugen, so lang, bis sie endlich beide zugleich tot auf die Erde fielen. Nun sprang das Schneiderlein herab. »Ein Glück nur«, sprach es, »daß sie den Baum, auf dem ich saß, nicht ausgerissen haben, sonst hätte ich wie ein Eichhörnchen auf einen andern springen müssen: doch unsereiner ist flüchtig!« Es zog sein Schwert und versetzte jedem ein paar tüchtige Hiebe in die Brust, dann ging es hinaus zu den Reitern und sprach »die Arbeit ist getan, ich habe beiden den Garaus gemacht; aber hart ist es hergegangen, sie haben in der Not Bäume ausgerissen und sich gewehrt, doch das hilft alles nichts, wenn einer kommt wie ich, der siebene auf einen Streich schlägt.« – »Seid Ihr denn nicht verwundet?« fragten die Reiter. »Das hat gute Wege«, antwortete der Schneider, »kein Haar haben sie mir gekrümmt.« Die Reiter wollten ihm keinen Glauben beimessen und ritten in den Wald hinein: da fanden sie die Riesen in ihrem Blute schwimmend, und ringsherum lagen die ausgerissenen Bäume.

Das Schneiderlein verlangte von dem König die versprochene Belohnung, den aber reute sein Versprechen und er sann aufs neue, wie er sich den Helden vom Hals schaffen könnte. »Ehe du meine Tochter und das halbe Reich erhältst«, sprach er zu ihm, »mußt du noch eine Heldentat vollbringen. In dem Walde läuft ein Einhorn, das großen Schaden anrichtet, das mußt du erst einfangen.« – »Vor einem Einhorne fürchte ich mich noch weniger als vor zwei Riesen; siebene auf einen Streich, das ist meine Sache.« Er nahm sich einen Strick und eine Axt mit, ging hinaus in den Wald und hieß abermals die, welche ihm zugeordnet waren, außen warten. Er brauchte nicht lange zu suchen, das Einhorn kam bald daher und sprang geradezu auf den Schneider los, als wollte es ihn ohne Umstände aufspießen. »Sachte, sachte«, sprach er, »so geschwind geht das nicht«, blieb stehen, und

wartete, bis das Tier ganz nahe war, dann sprang er behendiglich hinter den Baum. Das Einhorn rannte mit aller Kraft gegen den Baum und spießte sein Horn so fest in den Stamm, daß es nicht Kraft genug hatte, es wieder herauszuziehen, und so war es gefangen. »Jetzt hab ich das Vöglein«, sagte der Schneider, kam hinter dem Baum hervor, legte dem Einhorn den Strick erst um den Hals, dann hieb er mit der Axt das Horn aus dem Baum, und als alles in Ordnung war, führte er das Tier ab und brachte es dem König.

Der König wollte ihm den verheißenen Lohn noch nicht gewähren und machte eine dritte Forderung. Der Schneider sollte ihm vor der Hochzeit erst ein Wildschwein fangen, das in dem Wald großen Schaden tat; die Jäger sollten ihm Beistand leisten. »Gerne«, sprach der Schneider, »das ist ein Kinderspiel.« Die Jäger nahm er nicht mit in den Wald, und sie warens wohl zufrieden, denn das Wildschwein hatte sie schon mehrmals so empfangen, daß sie keine Lust hatten, ihm nachzustellen. Als das Schwein den Schneider erblickte, lief es mit schäumendem Munde und wetzenden Zähnen auf ihn zu und wollte ihn zur Erde werfen; der flüchtige Held aber sprang in eine Kapelle, die in der Nähe war, und gleich oben zum Fenster in einem Satze wieder hinaus. Das Schwein war hinter ihm hergelaufen, er aber hüpfte außen herum und schlug die Türe hinter ihm zu; da war das wütende Tier gefangen, das viel zu schwer und unbehilflich war, um zu dem Fenster hinauszuspringen. Das Schneiderlein rief die Jäger herbei, die mußten den Gefangenen mit eigenen Augen sehen; der Held aber begab sich zum Könige, der nun, er mochte wollen oder nicht, sein Versprechen halten mußte und ihm seine Tochter und das halbe Königreich übergab. Hätte er gewußt, daß kein Kriegsheld, sondern ein Schneiderlein vor ihm stand, es wäre ihm noch mehr zu Herzen gegangen. Die Hochzeit ward also mit großer Pracht und kleiner Freude gehalten und aus einem Schneider ein König gemacht.

Nach einiger Zeit hörte die junge Königin in der Nacht, wie ihr Gemahl im Traume sprach »Junge, mach mir den Wams und flick mir die Hosen, oder ich will dir die Elle über die Ohren schlagen.« Da merkte sie, in welcher Gasse der junge Herr geboren war, klagte am andern Morgen ihrem Vater ihr Leid und bat, er möchte ihr von dem Manne helfen, der nichts anderes als ein Schneider wäre. Der König sprach ihr Trost zu und sagte »laß in der nächsten Nacht deine Schlafkammer offen, meine Diener sollen außen stehen und, wenn er eingeschlafen ist, hineingehen, ihn binden und auf ein Schiff tragen, das ihn in die weite Welt führt.« Die Frau war damit zufrieden, des Königs Waffenträger aber, der alles mit angehört hatte, war dem jungen Herrn gewogen und hinterbrachte ihm den ganzen Anschlag. »Dem Ding will ich einen Riegel vorschieben«, sagte das Schneiderlein. Abends legte es sich zu gewöhnlicher Zeit mit seiner Frau zu Bett: als sie glaubte, es sei eingeschlafen, stand sie auf, öffnete die Türe und legte sich wieder. Das Schneiderlein, das sich nur stellte, als wenn es schliefe, fing an mit heller Stimme zu rufen »Junge, mach den Wams und flick mir die Hosen, oder ich will dir die Elle über die Ohren schlagen! Ich habe siebene mit einem Streiche getroffen, zwei Riesen getötet, ein Einhorn fortgeführt und ein Wildschwein gefangen und sollte mich vor denen fürchten, die draußen vor der Kammer stehen!« Als diese den Schneider so sprechen hörten, überkam sie eine große Furcht, sie liefen, als wenn das wilde Heer hinter ihnen wäre, und keiner wollte sich mehr an ihn wagen. Also war und blieb das Schneiderlein sein Lebtag König.

Jelena die Weise

Alexander N. Afanasjew

In der ganz alten Zeit, in einem fremden Land, mußte einmal ein Soldat vor einem steinernen Turm Wache stehen. Der Turm war mit einem Schloß verschlossen und einem Siegel versiegelt, und es war Nacht. Gerade um Mitternacht hörte der Soldat jemanden aus dem Turm rufen: »He, Soldat!«

»Wer ruft da?« fragte der Soldat.

»Ich bin es – der böse Geist!« antwortete eine Stimme hinter einem vergitterten Fenster. »Dreißig Jahre sitze ich hier, ohne zu essen und zu trinken.«

»Was willst du?«

»Laß mich heraus; wenn du in Not bist, will ich dir helfen. Denk nur an mich, dann komme ich dir zu Hilfe.«

Da riß der Soldat das Siegel ab, zerbrach das Schloß und öffnete die Tür. Der Böse flog aus dem Turm heraus, schwang sich in die Höhe und verschwand schneller als ein Blitz.

»Nun«, dachte der Soldat, »da habe ich eine schöne Sache angefangen. Mein ganzer Dienst ist verdorben. Jetzt werde ich eingesperrt, vor das Kriegsgericht gestellt und muß Spießruten laufen – besser, ich gehe davon, solang es noch Zeit ist.«

Er warf Büchse und Ranzen auf die Erde und ging fort, immer der Nase nach. Er ging einen Tag um den andern, da packte ihn der Hunger. Zu essen und zu trinken hatte er nichts; er setzte sich am Wege nieder, weinte bittere Tränen und dachte: »Bin ich nicht dumm? Zehn Jahre diente ich dem Zaren, war immer satt und zufrieden, jeden Tag bekam ich drei Pfund Brot – und jetzt! Ich lief davon, nur um vor Hunger zu sterben. Ach, böser Geist, an all dem bist du schuld!«

Plötzlich, der Soldat wußte nicht woher, stand der Böse vor ihm und sagte: »Guten Tag, Soldat, weshalb jammerst du?«

»Wie sollte ich anders, wenn ich schon den dritten Tag vor Hunger vergehe.«

»Gräm dich nicht, dem kann man abhelfen«, sagte der Böse. Er sprang hierhin und dorthin und brachte Wein und allerhand Speisen herbei, sättigte den Soldaten damit und schlug ihm dann vor: »Komm mit in mein Haus, dort wirst du ein sehr freies Leben haben. Essen, trinken und faul sein kannst du, soviel dein Herz begehrt; nur mußt du auf meine Töchter aufpassen, mehr verlange ich nicht von dir.«

Der Soldat war einverstanden. Der Böse nahm ihn beim Arm, erhob sich mit ihm hoch in die Luft und trug ihn über dreimal neun Lande ins dreimal zehnte Reich in seinen Palast aus weißen Steinen. Der Böse hatte drei Töchter, die waren wunderschön. Er befahl ihnen, dem Soldaten zu gehorchen und ihm genügend zu essen und zu trinken zu geben. Er selbst flog wieder fort, Böses zu tun, denn er war eben der Böse. Er kann nicht an einem Ort bleiben, er streift immer durch die Welt, verführt die Menschen und verleitet sie zur Sünde. Der Soldat blieb bei den schönen Mädchen und führte ein Leben, bei dem man das Sterben vergessen konnte. Nur eines bekümmerte ihn: jede Nacht gingen die Mädchen aus dem Haus, und er wußte nicht wohin. Wenn er sie danach fragte, so sagten sie es ihm nicht und leugneten alles ab.

»Schon gut«, dachte der Soldat, »ich werde die ganze Nacht wachen, dann werde ich sehen, wohin ihr geht.«

Am Abend ging der Soldat zu Bett und tat, als schliefe er ganz fest; aber heimlich wartete er nur auf das, was geschehen würde. Als es Zeit war, schlich er leise zur Schlafkammer der Mädchen und sah durch das Schlüsselloch an der Türe. Die schönen Mädchen nahmen gerade einen Zauberteppich, breiteten ihn auf dem Fußboden aus, schlugen darauf und verwandelten sich in Tauben, flatterten auf und flogen zum Fenster hinaus.

»Was für ein Wunder!« dachte der Soldat. »Das will ich auch probieren.«

Er sprang in das Zimmer, schlug auf den Teppich und verwandelte sich in eine kleine Grasmücke; so flog er zum Fenster hinaus und den Mädchen nach. Die Tauben ließen sich auf einer grünen Wiese nieder und die Grasmücke auch. Der Soldat verbarg sich hinter den Blättern eines Johannisbeerstrauches und von dort schaute er hervor. Es kamen noch viele, viele Tauben geflogen und füllten die ganze Wiese, und in der Mitte von der Wiese stand ein goldener Thron. Nach kurzer Weile erstrahlten Himmel und Erde, und durch die Luft kam ein goldener Wagen geflogen, der war mit sechs feurigen Drachen bespannt; darin saß Jelena die Weise. Die war von so unbeschreiblicher Schönheit, daß man sie sich weder vorstellen, noch erfinden, noch im Märchen schildern kann. Sie stieg aus dem Wagen, setzte sich auf den Thron, rief dann die Tauben der Reihe nach auf und lehrte sie verschiedene Weisheiten. Als der Unterricht zu Ende war, sprang sie in ihren Wagen und fort war sie.

Jetzt erhoben alle Tauben ihre Flügel und flogen davon, jede nach ihrer Seite. Die Grasmücke folgte den drei Schwestern und war zu gleicher Zeit mit ihnen wieder in der Schlafkammer. Die Tauben verwandelten sich auf dem Teppich in Mädchen, die Grasmücke in den Soldaten.

»Woher kommst du?« fragten ihn die Mädchen.

»Ich war mit euch auf der Wiese, sah die schöne Königstochter auf dem goldenen Thron und hörte, wie sie euch mancherlei Künste lehrte.«

»Nun, es ist dein Glück, daß du heil wieder hier bist, denn diese Königstochter, Jelena die Weise, ist unsere mächtige Gebieterin. Hätte sie ihr Zauberbuch bei sich gehabt, so hätte sie dich sofort erspäht und mit einem harten Tode bedroht. Hüte dich, Soldat! Flieg nicht mehr auf die grüne Wiese! Bewundere nicht mehr die schöne Königstochter, sonst verlierst du deinen stürmischen Kopf.«

Den Soldaten bekümmerte das nicht. Er ließ die Reden an seinen Ohren vorübergleiten und erwartete die nächste Nacht.

Durch den Teppich verwandelte er sich wieder in eine Grasmücke und flog auf die grüne Wiese.

Unter dem Johannisbeerstrauch verborgen, betrachtete er Jelena die Weise. Er freute sich über ihre unsagbare Schönheit und dachte: »Könnte ich ein solches Weib erlangen, so bliebe mir auf dieser Welt nichts zu wünschen übrig. Ich fliege ihr nach und erfahre, wo sie lebt.«

Als Jelena die Weise ihren goldenen Thron verließ, ihren Wagen bestieg und durch die Luft in ihren schönen Palast fuhr, flog die Grasmücke hinter ihr drein.

Die Königstochter fuhr in ihr Schloß, und Wärterinnen und Ammen eilten ihr entgegen, ergriffen ihre Hände und führten sie ins Schloß.

Die Grasmücke flog in den Garten, wählte einen schönen Baum, der unter dem Fenster des königlichen Schlafzimmers lag, setzte sich auf ein Zweiglein und begann zu singen, so schön und so schmerzlich, daß die Königstochter die ganze Nacht kein Auge zutat, sondern immer nur zuhörte.

Kaum war die rote Sonne aufgegangen, so rief Jelena die Weise mit lauter Stimme: »Dienerinnen und Ammen, lauft in den Garten, das Vöglein zu fangen.«

Wärterinnen und Ammen eilten in den Garten, den Singvogel zu fangen, aber wie hätte den Alten das gelingen können? Die Grasmücke hüpfte von Strauch zu Strauch, von Ast zu Ast, flog nicht weit fort, aber greifen ließ sie sich nicht.

Die Königstochter hielt es nicht aus, lief selbst in den grünen Garten hinaus, um die Grasmücke zu fangen. Sie trat an den Strauch, da rührte sich das Vöglein auf seinem Ästchen nicht, ließ die Flüglein hängen, als hätte es Jelena erwartet. Das freute die Königstochter. Sie nahm das Vöglein in ihre Hand, trug es ins Schloß, setzte es in einen goldenen Käfig und hängte den in ihrem Schlafzimmer auf. Der Tag verging, die Sonne sank, Jelena flog auf die grüne Wiese, kehrte wieder zurück in ihr Zimmer und legte ihren Schmuck ab. Sie zog sich aus und legte sich schlafen.

Die Grasmücke sah ihren weißen Leib, ihre unbeschreibliche Schönheit und bebte. Sobald die Königstochter eingeschlafen war, verwandelte sich die Grasmücke in eine Fliege, flog aus dem goldenen Käfig heraus, schlug auf den Fußboden und wurde zum wackeren jungen Mann.

Er trat an das Bett der Königstochter, sah fort und fort ihre Schönheit an. Er ertrug es nicht länger, sie nur anzusehen, und küßte ihren süßen Mund. Als er merkte, daß sie erwachte, verwandelte er sich schnell wieder in eine Fliege, flog in den Käfig und war wieder eine Grasmücke.

Jelena die Weise machte die Augen auf und sah sich um, es war aber niemand da.

»Gewiß träumte ich nur«, dachte sie, drehte sich auf die andere Seite um und schlief wieder ein.

Der Soldat hielt es nicht aus und versuchte es ein zweites und ein drittes Mal.

Die Königstochter hatte aber einen leichten Schlaf und erwachte nach jedem Kuß.

Das dritte Mal verließ sie ihr Bett und sprach: »Sicherlich ist jemand hier. Ich muß in meinem Zauberbuche nachsehen.«

Sie tat es und wußte sofort, daß in dem goldenen Käfig kein einfacher Vogel, sondern ein junger Soldat saß.

»Ach, du Lümmel!« schrie Jelena die Weise. »Komm aus dem Käfig heraus. Für deine Unaufrichtigkeit zahlst du mit deinem Leben!«

Es war nichts zu machen. Die Grasmücke mußte aus dem Käfig herausfliegen, schlug auf dem Fußboden auf und verwandelte sich in einen wackeren Jüngling.

Der Soldat fiel vor der Königstochter auf die Knie und flehte um Vergebung.

»Nein, Bösewicht, für dich gibt es keine Gnade!« schrie Jelena die Weise und rief nach dem Henker mit seinem Richtblock, damit er dem Soldaten den Kopf abschlage.

Sogleich stand ein Riese mit Beil und Richtblock vor ihr, warf den Soldaten zu Boden, drückte sein stürmisches Haupt auf den Block und hob das Richtbeil. Die Königstochter mußte nur winken, so rollte sein junges Haupt davon.

»Hab Erbarmen, wunderschöne Königstochter«, bat der Soldat mit Tränen, »laß mich ein letztes Lied singen.«

»Sing, aber eile dich.«

Der Soldat stimmte ein Lied an, so traurig und wehmutsvoll, daß Jelena die Weise zu weinen begann. Ihr wurde es leid um den jungen Mann, und sie sagte zu ihm: »Ich gebe dir zehn Stunden Zeit; kannst du dich so geschickt verstecken, daß ich dich nicht finden kann, werde ich dein Weib. Gelingt es dir nicht, laß ich dir den Kopf abschlagen.«

Der Soldat ging in den dichten Wald, setzte sich unter einen Strauch, dachte nach und war sehr traurig.

»Ach böser Geist, deinethalben sterbe ich!«

Sofort stand der Böse vor ihm.

»Soldat, was willst du?«

»Ach«, sagte er, »ich muß sterben, denn wie sollte ich mich vor Jelena der Weisen verstecken?«

Der Böse schlug auf die Erde auf und verwandelte sich in einen schillernden Adler.

»Soldat, setz dich auf meinen Rücken, ich trage dich in die Luft.«

Der Soldat tat es, und der Adler flog hinauf in die Luft, bis hinter einen schwarzen Wolkenberg.

Fünf Stunden waren vergangen, da nahm Jelena die Weise ihr Zauberbuch, schaute nach, sah alles wie auf der flachen Hand und sprach laut: »Adler, du bist hoch genug geflogen, vor mir verbirgst du dich doch nicht.«

Der Adler ließ sich herab, und der Soldat trauerte noch mehr als vorher.

»Was soll ich jetzt tun, wo soll ich mich verstecken?«

»Warte, ich helfe dir«, sagte der Böse, sprang zu dem Soldaten und schlug ihn auf die Wange. Da wurde er zu einer Stecknadel. Sich selbst verwandelte er in eine Maus, packte die Nadel mit den Zähnen und schlich ins Schloß. Er fand das Zauberbuch und steckte die Nadel hinein.

Als die zweiten fünf Stunden um waren, schlug Jelena die Weise ihr Zauberbuch auf. Sie schaute und schaute, aber das Buch zeigte ihr nichts, da wurde die Königstochter sehr zornig und warf das Buch in den Ofen. Dabei fiel die Nadel aus dem Buche, schlug auf dem Fußboden auf und verwandelte sich in einen wackeren Jüngling.

Jelena die Weise nahm ihn bei der Hand und sagte: »Ich bin klug, aber du bist noch klüger.«

Sie überlegten nicht lange, sondern heirateten und lebten vergnügt miteinander.

Der kleine Däumling

Charles Perrault

Es war einmal ein Holzfäller und seine Frau, die hatten sieben Kinder, lauter Buben. Der älteste war erst zehn Jahre alt und der jüngste gerade sieben. Man könnte sich wundern, daß der Holzfäller in so kurzer Zeit so viele Kinder hatte, aber seine Frau war flink bei diesem Geschäft und bekam immer gleich zwei auf einmal. Sie waren arm, und ihre sieben Kinder waren ihnen lästig, weil noch keines von ihnen sein Brot selber verdienen konnte. Obendrein bekümmerte es sie, daß der jüngste überaus zart war und kaum ein Wort sprach; sie hielten das für Dummheit, was doch nur ein Zeichen für seinen Verstand war. Er war winzig, ja als er zur Welt kam, war er nicht länger als ein Daumen, weshalb man ihn den kleinen Däumling nannte. Dies arme Kind war der Prügelknabe des ganzen Hauses, und man gab ihm stets Unrecht. Gleichwohl war er der schlauste und gescheiteste von allen seinen Brüdern, und wenn er auch wenig redete, so hörte er um so mehr zu.

Es kam ein sehr schlimmes Jahr, und die Hungersnot war so groß, daß die armen Leute beschlossen, sich ihre Kinder vom Halse zu schaffen. Eines Abends, als diese schon schlafen gegangen waren und der Holzfäller mit seiner Frau beim Feuer saß, sprach er schweren Herzens zu ihr: »Siehst du nicht, daß wir unsere Kinder nicht mehr ernähren können? Ich könnte sie nicht vor meinen Augen verhungern sehen, und ich will sie morgen mit in den Wald nehmen, um sie dort auszusetzen, was sich sehr leicht machen läßt, denn während sie sich tummeln und Reisig sammeln, brauchen wir nur davonzulaufen, ohne daß sie es merken.« – »Ach«, rief seine Frau, »könntest du wirklich deine Kinder im Stiche lassen?« Ihr Mann hielt ihr umsonst ihre große Armut vor, sie brachte es nicht über sich, einzuwilligen; sie war arm, aber sie war doch die Mutter. Indes, nachdem sie bedacht hatte, welchen Schmerz es ihr bereiten würde, dieselben verhungern zu lassen, willigte sie ein und legte sich unter Tränen schlafen. Der kleine Däumling hörte alles, was sie sprachen, denn, nachdem er von seinem Bett aus vernommen hatte, daß sie von wichtigen Dingen redeten, war er leise aufgestanden und unter den Schemel seines Vaters gekrochen, um ihnen zuzuhören, ohne selbst gesehen zu werden. Dann legte er sich wieder ins Bett, fand aber während der ganzen übrigen Nacht keinen Schlaf mehr, da er darüber nachdachte, was er tun solle. Er stand früh am Morgen auf und ging zum Bach, wo er seine Taschen mit weißen Kieselsteinchen füllte, dann kam er wieder nach Haus. Sie machten sich alle auf den Weg, und der kleine Däumling verriet seinen Brüdern nichts von allem, was er wußte. Sie gingen in einen dichten Wald, wo keiner den andern auf zehn Schritte Entfernung sehen konnte. Der Holzfäller machte sich daran, Holz zu schlagen und seine Kinder, das Reisig zu sammeln und zu bündeln. Wie nun Vater und Mutter sie so eifrig bei der Arbeit sahen, entfernten sie sich behutsam und liefen dann plötzlich auf einem Seitenpfad davon. Als die Kinder sich allein sahen, fingen sie aus Leibeskräften an zu schreien und zu weinen. Der kleine Däumling ließ sie ruhig schreien, da er wohl wußte, wie sie wieder heimkommen würden; denn im Gehen hatte er längs des Weges die weißen Kieselsteinchen fallen lassen, die er in seinen Taschen trug. Er sagte also zu ihnen: »Fürchtet euch

nicht, liebe Brüder, Vater und Mutter haben uns hier allein gelassen, aber ich werde euch wohlbehalten nach Hause bringen, folgt mir nur!« Sie gingen hinter ihm drein, und er geleitete sie bis zu ihrem Haus auf demselben Wege, wie sie in den Wald gekommen waren. Sie getrauten sich zuerst nicht einzutreten, sondern stellten sich alle an die Tür, um zu horchen, was Vater und Mutter redeten. In dem Augenblick, da der Holzfäller und seine Frau nach Hause kamen, schickte ihnen der Gutsherr zehn Taler, die er ihnen schon lange schuldete und auf die sie gar nicht mehr gerechnet hatten. Dies gab ihnen wieder neues Leben, denn die armen Leute starben fast vor Hunger. Der Holzfäller schickte sein Weib sogleich in die Metzgerei. Da sie seit langer Zeit nichts mehr gegessen hatte, kaufte sie dreimal soviel Fleisch, als für zwei Personen zum Abendessen nötig war. Als sie satt waren, sagte die Frau: »Ach, wo mögen jetzt meine armen Kinder sein? Sie könnten sich das, was uns übrigbleibt, schmecken lassen! Aber du warst es ja, der sie hat umbringen wollen, ich habe es im voraus gesagt, daß wir es bereuen würden. Was wird jetzt im Wald aus ihnen werden? Ach, du mein Gott, die Wölfe haben sie vielleicht schon gefressen, es ist unmenschlich von dir, deine Kinder so im Stich zu lassen.« Der Holzfäller verlor schließlich die Geduld, denn sie sagte mehr als zwanzigmal, daß sie es bereuen würden und daß sie es im voraus gesagt habe. Er drohte, sie zu prügeln, wenn sie nicht den Mund halte. Nicht daß der Holzfäller nicht noch weit mehr bekümmert gewesen wäre als sein Weib, aber sie machte ihm den Kopf ganz heiß, und er war vom Schlage jener Leute, die derlei Weiber besonders gern haben, die alles schon im voraus sagen, dagegen solche höchst unbequem finden, die immer alles schon im voraus gesagt haben wollen. Die Frau weinte und weinte. »Ach, wo werden jetzt meine Kinder sein, meine armen Kinder?« Einmal sagte sie dies so laut, daß die Kinder, die draußen vor der Tür waren, es hörten und allesamt anfingen zu schreien: »Da sind wir, da sind wir!« Sie lief geschwind hin und machte ihnen die Tür auf und sagte unter Herzen und Küssen zu ihnen: »Wie froh bin ich, euch wiederzusehen, ihr lieben Kinder, ihr seid recht müde und habt argen Hunger. Und du, Peterlein, wie schmutzig du bist, komm laß dich abwaschen.« Dieses Peterlein war ihr Ältester, und den hatte sie lieber als alle anderen, weil er ein kleiner Rotschopf war und sie selbst auch. Sie setzten sich um den Tisch herum und aßen mit solcher Lust, daß Vater und Mutter ihre Freude daran hatten; sie erzählten von der Angst, die sie im Walde ausstehen mußten und redeten fast immer alle auf einmal. Unsere guten Leute waren überglücklich, ihre Kinder daheim zu sehen, und ihr Glück währte genau solange wie die zehn Taler; als aber das Geld verbraucht war, verfielen sie in ihren alten

Kummer und entschlossen sich, sie abermals im Stich zu lassen, und, damit ihr Anschlag nicht mißlinge, sie noch viel tiefer in den Wald zu führen als das erste Mal. Sie konnten darüber noch so heimlich reden, der kleine Däumling hatte sie doch gehört; der rechnete sicher damit, sich aus der Sache herauszuziehen, wie er es schon einmal getan, aber obwohl er am frühen Morgen aufgestanden war, um Kieselsteinchen zu sammeln, konnte er dies doch nicht ausführen, denn er fand die Tür des Hauses doppelt verschlossen. Er wußte nicht, was er tun sollte; als aber die Frau des Holzfällers zum Frühstück jedem eine Scheibe Brot gegeben hatte, glaubte er, er könne an Stelle der Kieselsteine sein Brot nehmen und es brockenweise längs des Weges ausstreuen, und so schob er es in seine Tasche. Vater und Mutter führten sie an den dichtesten und dunkelsten Fleck im Walde, und sobald sie dort waren, machten sie sich auf einem Schleichweg davon und ließen sie zurück. Der kleine Däumling grämte sich darüber nicht sonderlich, weil er meinte, seinen Weg leicht wiederzufinden mittels des Brotes, das er überall ausgestreut hatte, wo er gegangen war; aber er war sehr überrascht, als er nicht ein einziges Krümchen mehr davon wiederfinden konnte; die Vögel hatten alles aufgepickt. Da waren sie denn recht betrübt, denn je weiter sie liefen, desto weiter verirrten sie sich und kamen immer tiefer in den Wald. Die Nacht brach herein, und es erhob sich ein heftiger Wind, der ihnen schreckliche Angst einjagte. Es war ihnen, als ob sie von allen Seiten nichts als das Heulen der Wölfe hörten, die kamen, um sie zu fressen. Sie getrauten sich kaum, miteinander zu reden oder auch nur sich umzudrehen. Plötzlich kam ein heftiger Regen, der ihnen bis auf die Haut drang, bei jedem Schritt glitten sie aus und purzelten in den Schmutz, aus dem sie sich ganz besudelt wieder erhoben, und sie wußten nicht, was sie anfangen sollten. Der kleine Däumling kletterte auf einen Baum, um zu sehen, ob er nichts entdecken könne. Wie er nun nach allen Seiten spähte, gewahrte er einen schwachen Schimmer wie von einem Kerzenlicht, aber das war weit weg hinter dem Wald. Er kletterte vom Baum herab, und als er wieder unten war, sah er gar nichts mehr; das machte ihn mutlos. Doch nachdem er eine Weile mit seinen Brüdern in die Richtung gegangen war, wo er das Licht gesehen hatte, erblickte er es von neuem, als sie aus dem Wald herauskamen. Sie gelangten endlich an das Haus, wo das Kerzenlicht war, nicht ohne mancherlei Schrecken, denn häufig verloren sie es aus den Augen, was jedesmal der Fall war, wenn sie der Weg durch eine Mulde führte. Sie klopften an die Tür, und eine biedere Frau machte ihnen auf. Sie fragte, was sie begehrten, und der kleine Däumling gab zur Antwort, sie wären arme Kinder und hätten sich im Walde verirrt, und sie bäten, ihnen aus

Barmherzigkeit ein Nachtlager zu geben. Als nun die Frau sah, wie herzig sie alle waren, fing sie zu weinen an und sagte: »Ach, ihr armen Kinder, wo seid ihr hingeraten? Wißt ihr nicht, daß dies hier das Haus eines Ogers ist, der die kleinen Kinder frißt?« – »Ach, liebe Frau«, antwortete der kleine Däumling, der wie seine Brüder am ganzen Leib zitterte, »was sollen wir anfangen? Ganz sicher werden die Wölfe des Waldes uns heute nacht ohne Erbarmen fressen, wenn Ihr uns nicht bei Euch aufnehmt. Und da ist es uns doch lieber, wenn der gnädige Herr uns frißt; vielleicht hat er Mitleid mit uns, wenn Ihr so gut seid, ihn darum zu bitten.« Das Weib des Ogers dachte, sie könne sie bis zum nächsten Morgen vor ihrem Mann verstecken, ließ sie eintreten und führte sie zu einem tüchtigen Feuer. Dort hing ein ganzer Hammel am Bratspieß für das Abendessen des Ogers. Als sie anfingen, sich zu wärmen, hörten sie drei- bis viermal an die Tür poltern, das war der Oger, der heimkam. Unverzüglich hieß sein Weib sie unter das Bett zu kriechen und ging, die Türe aufzumachen. Der Oger fragte gleich, ob das Abendessen fertig sei und der Wein abgefüllt und setzte sich dann ohne weiteres zu Tisch. Der Hammelbraten war noch ganz blutig, aber er dünkte ihn darum nur um so besser. Er schnupperte nach rechts und nach links und sagte: »Ich rieche frisches Fleisch.« – »Es muß dies«, sagte sein Weib zu ihm, »das Kalb sein, das ich vorhin geschlachtet habe, was du riechst.« – »Ich rieche frisches Fleisch, ich sag's dir noch einmal!« sagte der Oger und sah sein Weib von der Seite an, »und etwas ist hier, von dem ich nichts weiß!« Bei diesen Worten stand er vom Tisch auf und ging schnurstracks zum Bett. »Ha!« sagte er, »schau her, du willst mich betrügen, verfluchtes Weib? Ich weiß nicht, warum ich nicht dich längst aufgefressen habe; du kannst von Glück reden, daß du so eine alte Ziege bist! Dies junge Wild kommt mir gerade recht, ich werde es meinen Freunden, den Ogern, auftischen, die mich dieser Tage besuchen kommen.« Er zog die Kinder, eines nach dem andern, unter dem Bett hervor. Die armen Kinder fielen auf die Knie und flehten um Gnade, aber sie hatten es mit dem grausamsten aller Oger zu tun, der, weit entfernt, Mitleid zu haben, sie schon mit den Augen verschlang und zu seinem Weibe sagte, das seien leckere Bissen, wenn sie noch eine gute Soße daran machen würde. Er holte ein großes Messer, und während er auf die armen Kinder losging, wetzte er es an einem langen Stein, den er in seiner linken Hand hielt. Schon hatte er eines von ihnen gepackt, da sagte sein Weib zu ihm: »Was willst du jetzt so spät noch machen, hat das nicht Zeit bis morgen früh?« – »Halt's Maul!« erwiderte der Oger, »sie werden nur um so mürber sein!« – »Aber es ist ja noch soviel Fleisch da«, warf sein Weib ein, »das Kalb, die zwei Hammel und das halbe Schwein!« – »Du hast recht«, sagte der Oger, »gib ihnen ein tüchtiges Nachtessen, damit sie nicht abmagern und bring sie zu Bett!« Die gute Frau war überglücklich und brachte ihnen ein reichliches Abendbrot, aber sie konnten nichts herunterkriegen, sie waren so voller Angst. Der Oger setzte sich wieder vor seinen Wein, ganz glücklich darüber, etwas gefunden zu haben, womit er seine Freunde ordentlich bewirten könne. Er trank ein Dutzend Gläser mehr als gewöhnlich, was ihm ein wenig zu Kopfe stieg und ihn nötigte, sich schlafen zu legen.

Der Oger hatte sieben Töchter, die noch Kinder waren. Diese kleinen Menschenfresserinnen hatten samt und sonders eine schöne Gesichtsfarbe, weil sie wie ihr Vater von rohem Fleisch lebten, aber sie hatten graue, kugelrunde Äuglein, eine krumme Nase und einen mächtig großen Mund mit langen, spitzen, weit auseinanderstehenden Zähnen. Noch waren sie nicht sehr böse, doch sie versprachen, es zu werden, denn sie bissen bereits kleine Kinder, um ihnen das Blut auszusaugen. Man hatte sie frühzeitig zu Bett geschickt, und nun lagen sie alle sieben in einem großen Bett, und jede von ihnen hatte eine goldene Krone auf dem Kopf. Im gleichen Zimmer stand ein zweites Bett von derselben Größe, in dieses Bett packte das Weib des Ogers die sieben kleinen Buben, worauf sie selber sich zu ihrem Manne legte.

Der kleine Däumling, der wohl bemerkt hatte, daß die Töchter des Ogers goldene Kronen auf den Köpfen trugen und fürchtete, der Oger könnte bereuen, sie nicht noch am selben Abend umgebracht zu haben, stand gegen Mitternacht auf, nahm die Mützen seiner Brüder und die seinige und ging ganz leise hin, um sie den sieben Töchtern des Ogers auf die Köpfe zu setzen, nachdem er ihnen ihre goldenen Kronen abgenommen hatte; diese setzte er nun seinen Brüdern und sich selber auf, damit der Oger sie für seine Töchter und seine Töchter für die Buben halte, die er umbringen wollte.

Die Sache glückte, so wie er es sich gedacht hatte; denn als der Oger um Mitternacht aufwachte, gereute es ihn, auf den nächsten Morgen verschoben zu haben, was er am Abend zuvor hätte ausführen können. Er sprang also rasch aus dem Bett und packte sein großes Messer. »Ich will nachschauen«, sagte er, »wie es den kleinen Schlingeln geht, ich will keine Zeit verlieren!« Er tastete sich also ins Zimmer seiner Töchter und kam an das Bett der kleinen Buben, die allesamt schliefen mit Ausnahme des kleinen Däumlings, der mit Grausen die Hand des Ogers seinen Kopf betasten fühlte, wie er vorher allen seinen Brüdern selbigen betastet hatte. Wie nun der Oger die goldenen Kronen berührte, sagte er: »Da hätte ich beinahe etwas Schönes angerichtet, ich habe wohl gestern abend zuviel getrunken!« Er ging dann zum Bett seiner Töchter, und als er dort die Mützen der Buben spürte, sagte er: »Ah, da sind sie, unsere lustigen Vögel! Also frisch ans Werk!« Mit diesen Worten schnitt er ohne Zaudern seinen sieben Töchtern den Hals ab. Höchst zufrieden ging er wieder ins Bett.

Sobald der kleine Däumling den Oger schnarchen hörte, weckte er seine Brüder und hieß sie, sich flink anzuziehen und ihm zu folgen. Sie schlichen leise in den Garten und sprangen über die Mauer. Sie liefen schier die ganze Nacht, immer noch zitternd und ohne zu wissen, wohin sie gingen.

Als der Oger aufwachte, sagte er zu seinem Weib: »Geh hinauf und richte unsere kleinen Schlingel her, die von gestern abend.« Die Frau war höchst erstaunt über die Gutmütigkeit ihres Mannes, denn sie ahnte nicht, was er unter Herrichten meinte, und glaubte, er befehle ihr, sie anzukleiden. So stieg sie hinauf und war so entsetzt, als sie ihre sieben Töchter mit abgeschnittenen Köpfen in ihrem Blute liegen sah, daß sie in Ohnmacht fiel. Da der Oger fürchtete, sein Weib brauche zu dem Geschäft, das er ihr aufgetragen, zuviel Zeit, begab er sich nach oben, um ihr zu helfen. Er war nicht weniger bestürzt als sein Weib, da er das grausige Schauspiel erblickte. »Ha! Was habe ich da gemacht!« rief er, »sie sollen es mir büßen, die Unglückseligen, und zwar sofort.« Er goß seinem Weib einen

Topf Wasser ins Gesicht, und als sie zu sich gekommen war, sagte er: »Geschwind, gib mir die Siebenmeilenstiefel, damit ich sie noch erwische!«

Er stürzte hinaus und gelangte, nachdem er in allen Richtungen umhergelaufen war, endlich auf den Weg, den unsere armen Kinder einhertrotteten, die nur noch zehn Schritte von der Behausung ihres Vaters entfernt waren. Sie sahen den Oger, der von Berg zu Berg sprang und über Flüsse setzte, so leicht, als überschreite er den kleinsten Bach. Der kleine Däumling entdeckte da, wo sie gerade waren, eine Felsenhöhle, hieß seine sechs Brüder sich darin verstecken und schlüpfte dann selbst hinein, indem er immerzu ausspähte, was aus dem Oger würde. Dieser, erschöpft von dem weiten Weg, den er vergeblich gemacht hatte (denn Siebenmeilenstiefel machen sehr müde), wollte rasten und setzte sich zufällig auf den Felsen, unter dem die Buben sich versteckt hatten. Da er vor Müdigkeit sich nicht mehr halten konnte, schlief er ein, nachdem er eine Zeitlang gerastet hatte, und begann so fürchterlich zu schnarchen, daß die armen Kinder sich davor nicht weniger fürchteten, als da er sein großes Messer geschwungen hatte, um ihnen den Kopf abzuschneiden. Der kleine Däumling hatte weniger Angst und sagte zu seinen Brüdern, sie sollten schleunigst heimlaufen, während der Oger noch fest schlafe, und sollten seinetwegen nicht in Sorge sein. Sie folgten seinem Rat und erreichten eilends das Haus. Der kleine Däumling aber trat zum

Oger heran, zog ihm sachte seine Stiefel aus und legte sie sich unverzüglich selber an. Die Stiefel waren sehr groß und sehr weit, aber da sie verzaubert waren, hatten sie die Eigenschaft, sich je nach dem Beine dessen, der sie anzog, zu vergrößern oder zu verkleinern, derart, daß sie so genau zu seinen Füßen und zu seinen Beinen paßten, als ob sie für ihn gemacht wären. Er ging schnurstracks zur Behausung des Ogers, wo er dessen Weib traf, wie sie bei ihren ermordeten Töchtern weinte. »Euer Mann«, sagte der kleine Däumling zu ihr, »ist in großer Gefahr, denn er ist einer Räuberbande in die Hände gefallen, und sie haben geschworen, ihn umzubringen, wenn er ihnen nicht all sein Gold und all sein Silber gäbe. Gerade als sie ihm den Dolch an die Kehle setzten, bemerkte er mich und bat mich, Euch zu benachrichtigen und Euch zu sagen, daß Ihr mir alles geben sollt, was er an Vermögen besitzt, ohne das geringste zurückzubehalten, weil sie ihn sonst erbarmungslos umbringen würden. Da die Sache sehr eilt, wollte er, daß ich seine Siebenmeilenstiefel, die Ihr da seht, anziehe, damit ich schleunigst herkäme und auch, damit Ihr nicht etwa glaubt, ich sei ein Betrüger.« Die gute Frau war sehr erschrocken, denn dieser Oger war der beste Ehemann, wenn er auch kleine Kinder fraß. Als nun der kleine Däumling solcherweise mit allen Schätzen des Ogers beladen in sein Vaterhaus zurückkehrte, wurde er mit tausend Freuden aufgenommen.

Der Schmetterling

Hans Christian Andersen

Der Schmetterling wollte eine Braut haben und sich unter den Blumen natürlich eine recht hübsche aussuchen. Er warf einen musternden Blick über den ganzen Blumenflor und fand, daß jede Blume recht still und ehrsam auf ihrem Stengel saß, gerade wie es einer Jungfrau geziemt, wenn sie noch nicht verlobt ist; allein es waren gar viele da, und die Wahl drohte mühsam zu werden. Diese Mühe gefiel dem Schmetterling nicht, deshalb flog er auf Besuch zu dem Gänseblüm-chen. Dieses Blümlein nennen die Franzosen »Margerite«; sie wissen auch, daß Margerite wahrsagen kann, und das tut sie, wenn die Verliebten, wie es oft geschieht, ein Blättchen nach dem andern von ihr zupfen, während sie an jedes eine Frage über den Geliebten stellen: »Von Herzen? – Mit Schmerzen? – Liebt mich sehr? – Ein klein wenig? – Ganz und gar nicht?« und dergleichen mehr. Jeder fragt in seiner Sprache. Der Schmetterling kam auch zur Margerite, um zu fragen; er zupfte ihr aber nicht die Blättchen aus, sondern er drückte jedem Blättchen einen Kuß auf, denn er meinte, mit Güte käme man weiter.

»Beste Margerite Gänseblümlein!« sprach er zu ihr. »Sie sind die klügste Frau unter den Blumen, Sie können wahrsagen – bitte, bitte, mir zu sagen, bekomme ich die oder die? Welche wird meine Braut sein? – Wenn ich das weiß, werde ich geraden Weges zu ihr hinfliegen und um sie anhalten.«

Allein die Margerite antwortete ihm nicht; sie ärgerte sich, daß er sie »Frau« nannte, wo sie doch noch eine Jungfrau war – das ist ein Unterschied! Er fragte zum zweiten- und drittenmal; als sie aber stumm blieb und ihm kein Wort entgegnete, mochte er zuletzt auch nicht länger fragen, sondern flog davon und zwar direkt auf Brautwerbung.

Es war in den ersten Tagen des Frühlings, ringsum blühten Schneeglöckchen und Krokus. »Die sind sehr niedlich«, dachte der Schmetterling, »allerliebste kleine Konfirmandinnen, aber ein wenig zu sehr ›Backfisch!‹« – Er spähte, wie alle jungen Burschen, nach älteren Mädchen aus.

Darauf flog er zu den Anemonen; die waren ihm ein wenig zu bitter; die Veilchen ein wenig zu schwärmerisch; die Tulpen zu üppig; die Narzissen zu bürgerlich; die Lindenblüten zu klein und hatten eine zu große Verwandtschaft; die Apfelblüten – ja, die sahen zwar aus wie Rosen, aber sie blühten heute, um morgen schon abzufallen, je nachdem wie der Wind bläst; die Ehe würde doch von zu kurzer Dauer sein, meinte er. Die Erbsenblüte war die, welche ihm am besten gefiel, rot und weiß war sie, auch zart und fein und gehörte zu den häuslichen Mädchen, die gut aussehen und doch für die Küche taugen; er stand eben im Begriffe, seinen Heiratsantrag zu machen – da erblickte er dicht neben ihr eine Schote, an deren Spitze eine welke Blüte hing. »Wer ist die da?« fragte er. »Es ist meine Schwester«, antwortete die Erbsenblüte.

»Ah, so! Später werden auch Sie so aussehen?« fragte er und flog davon, denn er hatte sich darob entsetzt.

Das Geißblatt hing blühend über den Zaun hinaus, da gab's die Hülle und Fülle von diesen Fräuleins, lange Gesichter, gelber Teint, nein, die Art gefiel ihm nicht. Aber welche liebte er denn?

Der Frühling verstrich, der Sommer ging zu Ende; es war Herbst; er aber war noch immer unschlüssig.

Die Blumen erschienen nun in den prachtvollsten Gewändern – doch vergeblich! Es fehlte ihnen der frische, duftende Jugendsinn. Duft begehrt das Herz, wenn es selbst nicht mehr jung ist, und gerade hiervon ist bei den Georgien und Klatschrosen wenig zu finden. So ließ sich denn der Schmetterling zur Krauseminze herab.

»Diese hat nun keine Blüte, ist aber selbst ganz und gar Blüte, duftet von unten bis oben, hat Blumenduft in jedem Blatt. Die werde ich nehmen!« sagte der Schmetterling.

Und er hielt um sie an.

Aber die Krauseminze stand steif und still da und hörte ihn an; endlich sagte sie: »Freundschaft, ja! Aber weiter nichts! Ich bin alt und Sie sind alt; wir können zwar sehr wohl füreinander leben, aber heiraten, – nein! Machen wir uns nicht zu Narren in unserm Alter!«

So kam es denn, daß der Schmetterling keine Frau bekam. Er hatte zu lange gewählt, und das soll man nicht! Der Schmetterling blieb ein Hagestolz, wie man das nennt.

Es war im Spätherbst, Regen und trübes Wetter. Der Wind blies kalt über den Rücken der alten Weidenbäume hin, so daß es in ihnen knackte. Es war kein Wetter, um im Sommeranzug umherzufliegen; aber der Schmetterling flog auch nicht draußen umher: er war zufällig unter Dach und Fach geraten, wo Feuer im Ofen und es so recht sommerwarm war; er konnte schon leben; doch – »Leben ist nicht genug!« sprach er. »Sonnenschein, Freiheit und ein kleines Blümchen muß man haben!«

Und er flog gegen die Fensterscheibe, wurde gesehen, bewundert, auf eine Nadel gesteckt und im Raritätenschränkchen ausgestellt; mehr konnte man nicht für ihn tun.

»Jetzt sitze ich auch auf einem Stengel wie die Blumen!« sagte der Schmetterling. »So recht angenehm ist das freilich nicht! So ungefähr wird es wohl sein, wenn man verheiratet ist, man sitzt fest!« – Damit tröstete er sich denn einigermaßen.

»Das ist ein schlechter Trost!« sagten die Topfpflanzen im Zimmer.

»Aber«, meinte der Schmetterling, »diesen Topfpflanzen ist nicht recht zu trauen, sie haben zu viel Umgang mit Menschen!«

Bruder Lustig

Brüder Grimm

Es war einmal ein großer Krieg, und als der Krieg zu Ende war, bekamen viele Soldaten ihren Abschied. Nun bekam der Bruder Lustig auch seinen Abschied und sonst nichts als ein kleines Laibchen Kommißbrot und vier Kreuzer an Geld; damit zog er fort. Der heilige Petrus aber hatte sich als ein armer Bettler an den Weg gesetzt, und wie der Bruder Lustig daherkam, bat er ihn um ein Almosen. Er antwortete »lieber Bettelmann was soll ich dir geben? Ich bin Soldat gewesen und habe meinen Abschied bekommen und habe sonst nichts als das kleine Kommißbrot und vier Kreuzer Geld, wenn das all ist, muß ich betteln, so gut wie du. Doch geben will ich dir was.« Darauf teilte er den Laib in vier Teile und gab davon dem Apostel einen und auch einen Kreuzer. Der heilige Petrus bedankte sich, ging weiter und setzte sich in einer andern Gestalt wieder als Bettelmann dem Soldaten an den Weg, und als er zu ihm kam, bat er ihn, wie das vorigemal, um eine Gabe. Der Bruder Lustig sprach wie vorher und gab ihm wieder ein Viertel von dem Brot und einen Kreuzer. Der heilige Petrus bedankte sich und ging weiter, setzte sich aber zum drittenmal in einer andern Gestalt als ein Bettler an den Weg und sprach den Bruder Lustig an. Der Bruder Lustig gab ihm auch das dritte Viertel Brot und den dritten Kreuzer. Der heilige Petrus bedankte sich, und der Bruder Lustig ging weiter und hatte nicht mehr als ein Viertel Brot und einen Kreuzer. Damit ging er in ein Wirtshaus, aß das Brot und ließ sich für den Kreuzer Bier dazu geben. Als er fertig war, zog er weiter, und da ging ihm der heilige Petrus gleichfalls in der Gestalt eines verabschiedeten Soldaten entgegen und redete ihn an »guten Tag, Kamerad, kannst du mir nicht ein Stück Brot geben und einen Kreuzer zu einem Trunk?« – »Wo soll ich's hernehmen«, antwortete der Bruder Lustig, »ich habe meinen Abschied und sonst nichts als einen Laib Kommißbrot und vier Kreuzer an Geld bekommen. Drei Bettler sind mir auf der Landstraße begegnet, davon hab ich jedem ein Viertel von meinem Brot und einen Kreuzer Geld gegeben. Das letzte Viertel habe ich im Wirtshaus gegessen und für den letzten Kreuzer dazu getrunken. Jetzt bin ich leer, und wenn du auch nichts mehr hast, so können wir miteinander betteln gehen.« – »Nein«, antwortete der heilige Petrus, »das wird just nicht nötig sein; ich verstehe mich ein wenig auf die Doktorei, und damit will ich mir schon so viel verdienen, als ich brauche.« – »Ja«, sagte der Bruder Lustig, »davon verstehe ich nichts, also muß ich allein betteln gehen.« – »Nun komm nur mit«, sprach der heilige Petrus, »wenn ich was verdiene, sollst du die Hälfte davon haben.« – »Das ist mir wohl recht«, sagte der Bruder Lustig. Also zogen sie miteinander fort.

Nun kamen sie an ein Bauernhaus und hörten darin gewaltig jammern und schreien, da gingen sie hinein, so lag der Mann darin auf den Tod krank und war nah am Verscheiden, und die Frau heulte und weinte ganz laut. »Laßt Euer Heulen und Weinen«, sprach der heilige Petrus, »ich will den Mann wieder gesund machen«, nahm eine Salbe aus der Tasche und heilte den Kranken augenblicklich, so daß er aufstehen konnte und ganz gesund war. Sprachen Mann und Frau in großer Freude »wie können wir Euch lohnen? Was sollen wir Euch geben?« Der heilige Petrus aber wollte nichts nehmen, und je mehr ihn die Bauersleute baten, desto mehr weigerte er sich. Der Bruder Lustig aber stieß den heiligen Petrus und sagte »so nimm doch was, wir brauchen's ja.« Endlich brachte die Bäuerin ein Lamm und sprach zu dem heiligen Petrus, das müßte er annehmen, aber er wollte es nicht. Da stieß ihn der Bruder Lustig in die Seite und sprach »nimm's doch, dummer Teufel, wir brauchen es ja.« Da sagte der heilige Petrus endlich »ja, das Lamm will ich nehmen, aber ich trag es nicht: wenn du es willst, so mußt du es tragen.« – »Das hat keine Not«, sprach der Bruder Lustig, »das will ich schon tragen«, und nahm es auf die Schulter. Nun gingen sie fort und kamen in einen Wald, da war das Lamm dem Bruder Lustig schwer geworden, er aber war hungrig, also sprach er zu dem heiligen Petrus »schau, da ist ein schöner Platz, da könnten wir das Lamm kochen und verzehren.« – »Mir ist's recht«, antwortete der heilige Petrus, »doch kann ich mit der Kocherei nicht umgehen; willst du kochen, so hast du da einen Kessel, ich will derweil auf und ab gehen, bis es gar ist. Du mußt aber nicht eher zu essen anfangen, als bis ich wieder zurück bin; ich will schon zu rechter Zeit kommen.« – »Geh nur«, sagte Bruder Lustig, »ich verstehe mich auf's Kochen, ich will's schon machen.« Da ging der heilige Petrus fort, und der Bruder Lustig schlachtete das Lamm, machte Feuer an, warf das Fleisch in den Kessel und kochte. Das Lamm war aber schon gar und der Apostel immer noch nicht zurück, da nahm es der Bruder Lustig aus dem Kessel, zerschnitt es und fand das Herz. »Das soll das Beste sein«, sprach er und versuchte es, zuletzt aber aß er es ganz auf. Endlich kam der heilige Petrus zurück und sprach »du kannst das ganze Lamm allein essen, ich will nur das Herz davon, das gib mir.« Da nahm Bruder Lustig Messer und Gabel, tat, als suchte er eifrig in dem Lammfleisch herum, konnte aber das Herz nicht finden; endlich sagte er kurzweg »es ist keins da.« – »Nun, wo soll es denn sein?« sagte der Apostel. »Das weiß ich nicht«, antwortete der Bruder Lustig, »aber schau, was sind wir alle beide für Narren, suchen das Herz vom Lamm, und fällt keinem von uns ein, ein Lamm hat ja kein Herz!« – »Ei«, sprach der heilige Petrus, »das ist was ganz Neues, jedes Tier hat ja ein Herz, warum sollt ein Lamm kein Herz haben?« – »Nein, gewißlich, Bruder, ein Lamm hat kein Herz, denk nur recht nach, so wird dir's einfallen, es hat im Ernst keins.« – »Nun, es ist schon gut«, sagte der heilige Petrus, »ist kein Herz da, so brauch ich auch nichts vom Lamm, du kannst es allein essen.« – »Was ich halt nicht aufessen kann, das nehm ich mit in meinem Ranzen«, sprach der Bruder Lustig, aß das halbe Lamm und steckte das übrige in seinen Ranzen.

Sie gingen weiter, da machte der heilige Petrus, daß ein großes Wasser quer über den Weg floß und sie hindurch mußten. Sprach der heilige Petrus »geh du nur voran.« – »Nein«, antwortete der Bruder Lustig, »geh du voran«, und dachte, »wenn dem das Wasser zu tief ist, so bleib ich zurück.« Da schritt der heilige Petrus hindurch, und das Wasser ging ihm nur bis ans Knie. Nun wollte Bruder Lustig auch hindurch, aber das Wasser wurde größer und stieg ihm an den Hals. Da rief er »Bruder, hilf mir.« Sagte der heilige Petrus »willst du auch gestehen, daß du das Herz von dem Lamm gegessen hast?« – »Nein«, antwortete er, »ich hab es nicht gegessen.« Da ward das Wasser noch größer und stieg ihm bis an den Mund, »hilf mir, Bruder«, rief der Soldat. Sprach der heilige Petrus noch einmal »willst du auch gestehen, daß du das Herz vom Lamm gegessen hast?« – »Nein«, antwortete er, »ich hab es nicht gegessen.« Der heilige Petrus wollte ihn doch nicht ertrinken lassen, ließ das Wasser wieder fallen und half ihm hinüber.

Nun zogen sie weiter und kamen in ein Reich, da hörten sie, daß die Königstochter todkrank läge. »Holla, Bruder«, sprach der Soldat zum heiligen Petrus, »da ist ein Fang für uns, wenn wir die gesund machen, so ist uns auf ewige Zeiten geholfen.« Da war ihm der heilige Petrus nicht geschwind genug, »nun, heb die Beine auf, Bruderherz«, sprach er zu ihm, »daß wir noch zu rechter Zeit hinkommen.« Der heilige Petrus ging aber immer langsamer, wie auch der Bruder Lustig ihn trieb und schob, bis sie endlich hörten, die Königstochter wäre gestorben. »Da haben wir's«, sprach der Bruder Lustig, »das kommt von deinem schläfrigen Gang.« – »Sei nur still«, antwortete der heilige Petrus, »ich kann noch mehr als Kranke gesund machen, ich kann auch Tote wieder ins Leben erwecken.« – »Nun, wenn das ist«, sagte der Bruder Lustig, »so laß ich mir's gefallen, das halbe Königreich mußt du uns aber zum wenigsten damit verdienen.« Darauf gingen sie in das königliche Schloß, wo alles in großer Trauer war. Der heilige Petrus aber sagte zu dem König, er wolle die Tochter wieder lebendig machen. Da ward er zu ihr geführt, und dann sprach er »bringt mir einen Kessel mit Wasser«, und wie der gebracht war, hieß er jedermann hinausgehen, und nur der

Bruder Lustig durfte bei ihm bleiben. Darauf schnitt er alle Glieder der Toten los und warf sie ins Wasser, machte Feuer unter den Kessel und ließ sie kochen. Und wie alles Fleisch von den Knochen herabgefallen war, nahm er das schöne weiße Gebein heraus und legte es auf eine Tafel und reihte und legte es nach seiner natürlichen Ordnung zusammen. Als das geschehen war, trat er davor und sprach dreimal »im Namen der allerheiligsten Dreifaltigkeit, Tote, steh auf.« Und beim drittenmal erhob sich die Königstochter lebendig, gesund und schön. Nun war der König darüber in großer Freude und sprach zum heiligen Petrus »begehre deinen Lohn, und wenn es mein halbes Königreich wäre, so will ich es dir geben.« Der heilige Petrus aber antwortete »ich verlange nichts dafür.« – »Oh, du Hans Narr!« dachte der Bruder Lustig bei sich, stieß seinen Kameraden in die Seite und sprach »sei doch nicht so dumm, wenn du nichts willst, so brauch ich doch was.« Der heilige Petrus aber wollte nichts; doch weil der König sah, daß der andere gerne was wollte, ließ er ihm vom Schatzmeister seinen Ranzen mit Gold anfüllen.

Sie zogen darauf weiter, und wie sie in einen Wald kamen, sprach der heilige Petrus zum Bruder Lustig »jetzt wollen wir das Gold teilen.« – »Ja«, antwortete er, »das wollen wir tun.« Da teilte der heilige Petrus das Gold und teilte es in drei Teile. Dachte der Bruder Lustig »was er wieder für einen Sparren im Kopf hat! Macht drei Teile, und unser sind zwei.« Der heilige Petrus aber sprach »nun habe ich genau geteilt, ein Teil für mich, ein Teil für dich, und ein Teil für den, der das Herz vom Lamm gegessen hat.« – »Oh, das hab ich gegessen«, antwortete der Bruder Lustig und strich geschwind das Gold ein, »das kannst du mir glauben.« – »Wie kann das wahr sein«, sprach der heilige Petrus, »ein Lamm hat ja kein Herz.« – »Ei, was, Bruder, wo denkst du hin! Ein Lamm hat ja ein Herz, so gut wie jedes Tier, warum sollte das allein keins haben?« – »Nun, es ist schon gut«, sagte der heilige Petrus, »behalt das Gold allein, aber ich bleibe nicht mehr bei dir und will meinen Weg allein gehen.« – »Wie du willst, Bruderherz«, antwortete der Soldat, »leb wohl.«

Da ging der heilige Petrus eine andere Straße, Bruder Lustig aber dachte »es ist gut, daß er abtrabt, es ist doch ein wunderlicher Heiliger.« Nun hatte er zwar Geld genug, wußte aber nicht mit umzugehen, vertat's, verschenkt's, und wie eine Zeit herum war, hatte er wieder nichts. Da kam er in ein Land, wo er hörte, daß die Königstochter gestorben wäre. »Holla!« dachte er, »das kann gut werden, die will ich wieder lebendig machen und mir's bezahlen lassen, daß es eine Art hat.« Ging also zum König und bot ihm an, die Tote wieder zu erwecken.

Nun hatte der König gehört, daß ein abgedankter Soldat herumziehe und die Gestorbenen wieder lebendig mache, und dachte, der Bruder Lustig wäre dieser Mann, doch weil er kein Vertrauen zu ihm hatte, fragte er erst seine Räte, die sagten aber, er könnte es wagen, da seine Tochter doch tot wäre. Nun ließ sich der Bruder Lustig Wasser im Kessel bringen, hieß jedermann hinausgehen, schnitt die Glieder ab, warf sie ins Wasser und machte Feuer darunter, gerade wie er es beim heiligen Petrus gesehen hatte. Das Wasser fing an zu kochen, und das Fleisch fiel herab, da nahm er das Gebein heraus und tat es auf die Tafel; er wußte aber nicht, in welcher Ordnung es liegen mußte, und legte alles verkehrt durcheinander. Dann stellte er sich davor und sprach »im Namen der allerheiligsten Dreifaltigkeit, Tote, steh auf«, und sprach es dreimal, aber die Gebeine rührten sich nicht. Da sprach er es noch dreimal, aber gleichfalls umsonst. »Du Blitzmädel, steh auf«, rief er, »steh auf, oder es geht dir nicht gut.«

Wie er das gesprochen, kam der heilige Petrus auf einmal in seiner vorigen Gestalt, als verabschiedeter Soldat, durchs Fenster herein und sprach »du gottloser

Mensch, was treibst du da, wie kann die Tote auferstehen, da du ihr Gebein so untereinander geworfen hast?« – »Bruderherz, ich hab's gemacht, so gut ich konnte«, antwortete er. »Diesmal will ich dir aus der Not helfen, aber das sag ich dir, wo du noch einmal so etwas unternimmst, so bist du unglücklich, auch darfst du von dem König nicht das Geringste dafür begehren oder annehmen.« Darauf legte der heilige Petrus die Gebeine in ihre rechte Ordnung, sprach dreimal zu ihr »im Namen der allerheiligsten Dreifaltigkeit, Tote, steh auf«, und die Königstochter stand auf, war gesund und schön wie vorher. Nun ging der heilige Petrus wieder durchs Fenster hinaus; der Bruder Lustig war froh, daß es so gut abgelaufen war, ärgerte sich aber doch, daß er nichts dafür nehmen sollte. »Ich möchte nur wissen«, dachte er, »was der für Mucken im Kopf hat, denn was er mit der einen Hand gibt, das nimmt er mit der andern: da ist kein Verstand drin.« Nun bot der König dem Bruder Lustig an, was er haben wollte, er durfte aber nichts nehmen, doch brachte er es durch Anspielung und Listigkeit dahin, daß ihm der König seinen Ranzen mit Gold füllen ließ, und damit zog er ab. Als er hinauskam, stand vor dem Tor der heilige Petrus und sprach »schau, was du für ein Mensch bist, habe ich dir nicht verboten, etwas zu nehmen, und nun hast du den Ranzen doch voll Gold.« – »Was kann ich dafür«, antwortete Bruder Lustig, »wenn mir's hineingesteckt wird.« – »Das sag ich dir, daß du nicht zum zweitenmal solche Dinge unternimmst, sonst soll es dir schlimm ergehen.« – »Ei, Bruder, sorg doch nicht, jetzt hab ich Gold, was soll ich mich da mit dem Knochenwaschen abgeben.« – »Ja«, sprach der heilige Petrus, »das Gold wird lang dauern! Damit du aber hernach nicht wieder auf unerlaubten Wegen gehst, so will ich deinem Ranzen die Kraft geben, daß alles, was du dir hineinwünschest, auch darin sein soll. Leb wohl, du siehst mich nun nicht wieder.« – »Gott befohlen«, sprach der Bruder Lustig und dachte »ich bin froh, daß du fortgehst, du wunderlicher Kauz, ich will dir wohl nicht nachgehen.« An die Wunderkraft aber, die seinem Ranzen verliehen war, dachte er nicht weiter.

Bruder Lustig zog mit seinem Gold umher, und vertat's und verjubelte es wie das erstemal. Als er nun nichts mehr als vier Kreuzer hatte, kam er an einem Wirtshaus vorbei und dachte »das Geld muß fort«, und ließ sich für drei Kreuzer Wein und einen Kreuzer Brot geben. Wie er da saß und trank, kam ihm der Geruch von gebratenen Gänsen in die Nase. Bruder Lustig schaute und guckte und sah, daß der Wirt zwei Gänse in der Ofenröhre stehen hatte. Da fiel ihm ein, daß ihm sein Kamerad gesagt hatte, was er sich in seinen Ranzen wünschte, das sollte darin sein. »Holla, das mußt du mit den Gänsen versuchen!« Also ging er hinaus, und vor der Türe sprach er »so wünsch ich die zwei gebratenen Gänse aus der Ofenröhre in meinen Ranzen.« Wie er das gesagt hatte, schnallte er ihn auf und schaute hinein, da lagen sie beide darin. »Ach, so ist's recht«, sprach er, »nun bin ich ein gemachter Kerl«, ging fort auf eine Wiese und holte den Braten hervor. Wie er so im besten Essen war, kamen zwei Handwerksburschen daher und sahen die eine Gans, die noch nicht angerührt war, mit hungrigen Augen an. Dachte der Bruder Lustig »mit einer hast du genug«, rief die zwei Burschen herbei und sprach »da nehmt die Gans und verzehrt sie auf meine Gesundheit.« Sie bedankten sich, gingen damit ins Wirtshaus, ließen sich eine Halbe Wein und ein Brot geben, packten die geschenkte Gans aus und fingen an zu essen. Die Wirtin sah zu und sprach zu ihrem Mann »die zwei essen eine Gans, sieh doch nach, ob es nicht eine von unsern aus der Ofenröhre ist.« Der Wirt lief hin, da war die Ofenröhre leer »was, ihr Diebsgesindel, so wohlfeil wollt ihr Gänse essen! Gleich bezahlt, oder ich will euch mit grünem Haselsaft waschen.« Die zwei sprachen »wir sind keine Diebe, ein abgedankter Soldat hat uns die Gans draußen auf der Wiese geschenkt.« – »Ihr sollt mir keine Nase drehen, der Soldat ist hier gewesen, aber als ein ehrlicher Kerl zur Tür hinausgegangen, auf den hab ich acht gehabt; ihr seid die Diebe und sollt bezahlen.« Da sie aber nicht bezahlen konnten, nahm er den Stock und prügelte sie zur Türe hinaus.

Bruder Lustig ging seiner Wege und kam an einen Ort, da stand ein prächtiges Schloß und nicht weit davon ein schlechtes Wirtshaus. Er ging in das Wirtshaus und bat um ein Nachtlager, aber der Wirt wies ihn ab und sprach »es ist kein Platz mehr da, das Haus ist voll vornehmer Gäste.« – »Das nimmt mich wunder«, sprach der Bruder Lustig, »daß sie zu Euch kommen und nicht in das prächtige Schloß gehen.« – »Ja«, antwortete der Wirt, »es hat was an sich, dort eine Nacht zu liegen, wer's noch versucht hat, ist nicht lebendig wieder herausgekommen.« – »Wenn's andere versucht haben«, sagte der Bruder Lustig, »will ich es auch versuchen.« – »Das laßt nur bleiben«, sprach der Wirt, »es geht Euch an den Hals.« – »Es wird nicht gleich an den Hals gehen«, sagte der Bruder Lustig, »gebt mir nur die Schlüssel und brav Essen und Trinken mit.« Nun gab ihm der Wirt die Schlüssel und Essen und Trinken, und damit ging der Bruder Lustig ins Schloß, ließ es sich gut schmecken, und als er endlich schläfrig wurde, legte er sich auf die Erde, denn es war kein Bett da. Er schlief auch bald ein, in der Nacht aber wurde er von einem großen Lärm aufgeweckt, und wie er sich ermunterte, sah er neun

häßliche Teufel in dem Zimmer, die hatten einen Kreis um ihn gemacht und tanzten um ihn herum. Sprach der Bruder Lustig »nun tanzt, solang ihr wollt, aber komm mir keiner zu nah.« Die Teufel aber drangen immer näher auf ihn ein und traten ihm mit ihren garstigen Füßen fast ins Gesicht. »Habt Ruh, ihr Teufelsgespenster«, sprach er, aber sie trieben es immer ärger. Da ward der Bruder Lustig bös und rief »holla, ich will bald Ruhe stiften«, kriegte ein Stuhlbein und schlug mitten hinein. Aber neun Teufel gegen einen Soldaten war doch zuviel, und wenn er auf den vordern zuschlug, so packten ihn die andern hinten bei den Haaren und rissen ihn erbärmlich. »Teufelspack«, rief er, »jetzt wird mir's zu arg, wartet aber! Alle neune in meinen Ranzen hinein!« Husch, steckten sie darin, und nun schnallte er ihn zu und warf ihn in eine Ecke. Da war es auf einmal still, und Bruder Lustig legte sich wieder hin und schlief bis an den hellen Morgen. Nun kamen der Wirt und der Edelmann, dem das Schloß gehörte, und wollten sehen, wie es ihm ergangen wäre; als sie ihn gesund und munter erblickten, erstaunten sie und fragten »haben Euch denn die Geister nichts getan?« – »Warum nicht gar«, antwortete Bruder Lustig, »ich habe sie alle neune in meinem Ranzen. Ihr könnt Euer Schloß wieder ganz ruhig bewohnen, es wird von nun an keiner mehr darin umgehen!« Da dankte ihm der Edelmann, beschenkte ihn reichlich und bat ihn, in seinen Diensten zu bleiben, er wollte ihn auf sein Lebtag versorgen. »Nein«, antwortete er, »ich bin an das Herumwandern gewöhnt, ich will weiterziehen.« Da ging der Bruder Lustig fort, trat in eine Schmiede und legte den Ranzen, worin die neun Teufel waren, auf den Amboß und bat den Schmied und seine Gesellen zuzuschlagen. Die schlugen mit ihren großen Hämmern aus allen Kräften zu, daß die Teufel ein erbärmliches Gekreisch erhoben. Wie er danach den Ranzen aufmachte, waren achte tot, einer aber, der in einer Falte gesessen hatte, war noch lebendig, schlüpfte heraus und fuhr wieder in die Hölle.

Darauf zog der Bruder Lustig noch lange in der Welt herum, und wer es wüßte, könnte viel davon erzählen. Endlich aber wurde er alt und dachte an sein Ende, da ging er zu einem Einsiedler, der als ein frommer Mann bekannt war, und sprach zu ihm »ich bin das Wandern müde und will nun trachten, in das Himmelreich zu kommen.« Der Einsiedler antwortete »es gibt zwei Wege, der eine ist breit und angenehm und führt zur Hölle, der andere ist eng und rauh und führt zum Himmel.« – »Da müßt ich ein Narr sein«, dachte der Bruder Lustig, »wenn ich den engen und rauhen Weg gehen sollte.« Machte sich auf und ging den breiten und angenehmen Weg und kam endlich zu einem großen schwarzen Tor, und das war das Tor der Hölle. Bruder Lustig klopfte an, und der Torwächter guckte, wer da wäre. Wie er aber den Bruder Lustig sah, erschrak er, denn er war gerade der neunte Teufel, der mit in dem Ranzen gesteckt hatte und mit einem blauen Auge davongekommen war. Darum schob er den Riegel geschwind wieder vor, lief zum obersten der Teufel und sprach »draußen ist ein Kerl mit einem Ranzen und will herein, aber laßt ihn beileibe nicht herein, er wünscht sonst die ganze Hölle in seinen Ranzen. Er hat mich einmal garstig darin hämmern lassen.« Also ward dem Bruder Lustig hinausgerufen, er sollte wieder abgehen, er käme nicht herein. »Wenn sie mich da nicht wollen«, dachte er, »will ich sehen, ob ich im Himmel ein Unterkommen finde, irgendwo muß ich doch bleiben.« Kehrte also um und zog weiter, bis er vor das Himmelstor kam, wo er auch anklopfte. Der heilige Petrus saß gerade dabei als Torwächter. Der Bruder Lustig erkannte ihn gleich und dachte »hier findest du einen alten Freund, da wird's besser gehen.« Aber der heilige Petrus sprach »ich glaube gar, du willst in den Himmel?« – »Laß mich doch ein, Bruder, ich muß doch wo einkehren; hätten sie mich in der Hölle aufgenommen, so wär ich nicht hierher gegangen.« – »Nein«, sagte der heilige Petrus, »du kommst nicht herein.« – »Nun, willst du mich nicht einlassen, so nimm auch deinen Ranzen wieder; dann will ich gar nichts von dir haben«, sprach der Bruder Lustig. »So gib ihn her«, sagte der heilige Petrus. Da reichte er den Ranzen durchs Gitter in den Himmel hinein, und der heilige Petrus nahm ihn und hing ihn neben seinen Sessel auf. Da sprach der Bruder Lustig »nun wünsch ich mich selbst in meinen Ranzen hinein.« Husch, war er darin und saß nun im Himmel, und der heilige Petrus mußte ihn darin lassen.

Der standhafte Zinnsoldat

Hans Christian Andersen

Es waren einmal fünfundzwanzig Zinnsoldaten, sie waren alle Brüder, denn sie waren von einem alten Zinnlöffel geboren worden. Das Gewehr hielten sie im Arm und das Gesicht schaute geradeaus; ihre Uniform war rot und blau. Das erste, was sie in dieser Welt hörten, als der Deckel von der Schachtel genommen wurde, in der sie lagen, war das Wort: »Zinnsoldaten!« Das rief ein kleiner Knabe und klatschte in die Hände; er hatte sie bekommen, denn es war sein Geburtstag, und stellte sie nun auf dem Tische auf. Der eine Soldat glich dem andern leibhaftig, nur ein einziger war ein wenig anders als die andern, er hatte nur ein Bein, denn er war zuletzt gegossen worden und da hatte das Zinn nicht ausgereicht; doch stand er ebenso fest auf dem einen Bein als die andern auf ihren zweien, und gerade er wurde etwas Besonderes.

Auf dem Tisch, auf welchem sie aufgestellt wurden, stand viel anderes Spielzeug; aber was am meisten in die Augen fiel, war ein schönes Schloß aus Papier. Durch die kleinen Fenster konnte man in die Säle hineinsehen. Vor dem Schlosse standen kleine Bäume rings um einen kleinen Spiegel, der wie ein klarer See aussah. Schwäne aus Wachs schwammen darauf und spiegelten sich. Das war alles reizend, aber das Reizendste war eine kleine Dame, die mitten in der offenen Schloßtüre stand; auch sie war aus Papier geschnitten, aber sie hatte einen Rock aus feinstem Linnen und ein kleines, schmales, blaues Band über die Schultern, ähnlich einem Gewand; mitten darin saß eine glänzende Flitterrose, so groß wie ihr ganzes Gesicht. Die kleine Dame streckte ihre beiden Arme aus, denn sie war eine Tänzerin; und dann hob sie das eine Bein so hoch empor, daß der Zinnsoldat es gar nicht sehen konnte und glaubte, sie habe nur ein Bein, so wie er.

»Das wäre eine Frau für mich!« dachte er; »aber sie ist sehr vornehm; sie wohnt in einem Schloß; ich habe nur eine Schachtel, und da sind wir fünfundzwanzig drin; das ist kein Ort für sie! Doch ich muß mit ihr Bekanntschaft machen!« Dann legte er sich, so lang er war, hinter eine Schnupftabaksdose, welche auf dem Tische stand; da konnte er die kleine, feine Dame recht betrachten, die fortfuhr, auf einem Bein zu stehen, ohne aus dem Gleichgewicht zu kommen.

Als es Abend wurde, kamen alle andern Zinnsoldaten in ihre Schachtel, und die Leute im Hause gingen zu Bett. Nun fing das Spielzeug an zu spielen, sowohl »Es kommt Besuch« als auch »Krieg führen« und »Ball geben«. Die Zinnsoldaten rasselten in der Schachtel, denn sie wollten mit dabeisein, aber sie konnten den Deckel nicht abheben. Der Nußknacker machte Purzelbäume, und der Griffel belustigte sich auf der Tafel; es war ein Lärm, daß der Kanarienvogel davon erwachte und anfing mitzureden, und zwar in Versen. Die beiden einzigen, die sich nicht von der Stelle bewegten, waren der Zinnsoldat und die kleine Tänzerin; *sie* hielt sich ganz gerade auf der Zehenspitze und hatte beide Arme ausgestreckt; *er* war ebenso standhaft auf seinem Bein; seine Augen wandte er keinen Augenblick von ihr.

Jetzt schlug die Uhr zwölf, und klatsch! sprang der Deckel von der Schnupftabaksdose; aber es war kein Tabak drin, sondern ein kleiner schwarzer Troll; das war so ein Kunststück.

»Zinnsoldat!« sagte der Troll; »willst du wohl deine Augen im Zaum halten!«
Aber der Zinnsoldat tat, als ob er es nicht hörte.
»Warte nur bis morgen!« sagte der Troll.

Als es nun Morgen wurde und die Kinder aufstanden, wurde der Zinnsoldat in das Fenster gestellt, und, war es nun der Kobold oder der Zugwind, auf einmal flog das Fenster auf, und der Soldat fiel Hals über Kopf aus dem dritten Stockwerk hinunter. Das war eine schreckliche Fahrt! Er streckte das Bein in die Luft und blieb auf dem Tschako stehen, das Bajonett zwischen die Pflastersteine gerammt.

Das Dienstmädchen und der kleine Junge kamen sogleich herunter, ihn zu suchen; obgleich sie nun nahe daran waren, auf ihn zu treten, sahen sie ihn doch nicht. Hätte der Zinnsoldat gerufen: »Hier bin ich!«, so hätten sie ihn wohl gefunden; aber er fand es nicht für passend, laut zu rufen, weil er in Uniform war.

Nun fing es an zu regnen; bald fielen die Tropfen dichter; endlich wurde es ein Platzregen. Als dieser vorüber war, kamen zwei Gassenjungen.

»Guck mal!« sagte der eine. »Da liegt ein Zinnsoldat! Der muß hinaus und auf dem Schiffchen fahren!«

Da machten sie aus einer Zeitung ein Schiffchen, setzten den Soldaten hinein, und nun segelte er den Rinnstein hinunter; die beiden Knaben liefen nebenher und klatschten in die Hände. Lieber Gott! Was für Wellen sich da überschlugen in dem Rinnstein, welch ein Strom sich da bildete; ja, der Regen hatte aber auch gegossen! Das Papierboot schaukelte auf und nieder, und mitunter drehte es sich so geschwind, daß der Zinnsoldat erbebte; aber er blieb standhaft, verzog keine Miene, sah geradeaus und hielt das Gewehr im Arm. Mit einemmal trieb das Schiffchen unter eine lange Rinnsteinbrücke, da wurde es so dunkel, als wäre er in seiner Schachtel.

»Wohin mag ich nun kommen?« dachte er. »Ja, ja, daran ist der Troll schuld! Ach, säße doch die kleine Dame hier im Boot, dann dürfte es meinetwegen noch einmal so dunkel sein!«

Da kam plötzlich eine große Wasserratte, welche unter der Rinnsteinbrücke wohnte.

»Hast du einen Paß?« fragte die Ratte. »Her mit dem Paß!«

Aber der Zinnsoldat schwieg und hielt das Gewehr noch fester.

Das Boot trieb dahin und die Ratte hinterher. Hu! Wie fletschte sie die Zähne und rief den Holzspänen und dem Stroh zu: »Haltet ihn! Er hat keinen Zoll bezahlt! Er hat den Paß nicht gezeigt!«

Aber die Strömung wurde stärker und stärker; der Zinnsoldat konnte schon da, wo die Brücke aufhörte, den hellen Tag erblicken; allein er hörte auch einen brausenden Ton, der selbst einen tapfern Mann erschrecken konnte. Man denke nur; der Rinnstein mündete da, wo die Brücke endete, in einen großen Kanal; das wäre für ihn ebenso gefährlich gewesen, als für uns, einen großen Wasserfall hinunterzufahren.

Nur war er schon so nahe daran, daß er nicht mehr anhalten konnte. Das Schiffchen fuhr hinaus, der arme Zinnsoldat hielt sich so steif, wie er konnte. Niemand sollte ihm nachsagen, daß er mit den Augen gezwinkert habe. Das Boot schnurrte drei-, viermal herum und war bis zum Rande mit Wasser gefüllt; es mußte sinken! Der Zinnsoldat stand bis an den Hals im Wasser, und tiefer und tiefer sank das Boot, mehr und mehr löste das Papier sich auf; nun ging das Wasser über den Kopf des Soldaten hinweg – da dachte er an die reizende kleine Tänzerin, die er nie mehr zu Gesicht bekommen sollte; und es klang in seinen Ohren:

> »Fahre hin, o tapferer Krieger!
> Den Tod mußt Du erleiden!«

Nun löste sich das Papier ganz auf, und der Zinnsoldat sank in die Tiefe – wurde aber im selben Augenblick von einem großen Fisch verschlungen.

Nein, wie dunkel war es im Bauch dieses Fisches! Da war es noch dunkler als unter der Rinnsteinbrücke; und dann war es da sehr eng. Aber der Zinnsoldat blieb standhaft und lag, so lang er war, mit dem Gewehr im Arm.

Der Fisch schwamm hin und her, er machte die schrecklichsten Bewegungen; endlich ward er ganz still; es durchfuhr ihn wie ein Blitzstrahl; das Licht schien klar, und eine Stimme rief laut: »Der Zinnsoldat!« Der Fisch war gefangen, auf den Markt gebracht, verkauft worden und in die Küche hinaufgekommen, wo die Köchin ihn mit einem großen Messer aufschnitt. Sie faßte mit ihren beiden Fingern den Soldaten mitten um den Leib und trug ihn in die Stube hinein, wo alle diesen merkwürdigen Mann sehen wollten, der im Bauch eines Fisches herumgereist war; aber der Zinnsoldat war nicht stolz. Sie stellten ihn auf den

Tisch, und da – nein, wie sonderbar kann es doch in der Welt zugehen! Der Zinnsoldat war in derselben Stube, in der er früher gewesen war; er sah dieselben Kinder, und dasselbe Spielzeug stand auf dem Tisch: das herrliche Schloß mit der reizenden, kleinen Tänzerin. Sie hielt sich noch auf dem einen Bein und das andere hoch in der Luft: auch sie war standhaft gewesen. Das rührte den Zinnsoldaten; er war nahe daran, Zinn zu weinen, aber es schickte sich nicht. Er sah sie an, und sie sah ihn an, aber sie sagten nichts.

Da nahm der eine der kleinen Jungen den Soldaten, warf ihn in den Ofen und gab keinen Grund dafür an; sicherlich war der Troll in der Dose schuld daran.

Der Zinnsoldat stand hellbeleuchtet da und fühlte eine Hitze, die schrecklich war; aber ob sie von dem wirklichen Feuer oder von der Liebe herrührte, wußte er nicht. Die Farben waren von ihm abgegangen; ob das auf der Reise geschehen oder ob der Kummer daran schuld war, konnte niemand sagen. Er sah die kleine Dame an, sie blickte ihn an, und er fühlte, daß er schmolz; aber noch stand er standhaft mit dem Gewehr im Arm. Da ging plötzlich eine Tür auf, der Wind ergriff die Tänzerin, und sie flog, einer Sylphide gleich, in den Ofen zum Zinnsoldaten, loderte auf in Flammen, und fort war sie. Da schmolz der Zinnsoldat zu einem Klumpen, und als das Mädchen am folgenden Tag die Asche herausnahm, fand sie ihn als kleines Herz aus Zinn. Von der Tänzerin hingegen war nur die Flitterrose da, und die war kohlschwarz gebrannt.

Das kluge Gretel

Brüder Grimm

Es war eine Köchin, die hieß Gretel, die trug Schuhe mit roten Absätzen, und wenn sie damit ausging, so drehte sie sich hin und her, war ganz fröhlich und dachte »du bist doch ein schönes Mädel.« Und wenn sie nach Haus kam, so trank sie aus Fröhlichkeit einen Schluck Wein, und weil der Wein auch Lust zum Essen machte, so versuchte sie das Beste, was sie kochte, so lang, bis sie satt war, und sprach »die Köchin muß wissen, wie das Essen schmeckt.«

Es trug sich zu, daß der Herr einmal zu ihr sagte »Gretel, heut abend kommt ein Gast, richte mir zwei Hühner fein wohl zu.« – »Will's schon machen, Herr«, antwortete Gretel. Nun stach es die Hühner ab, brühte sie, rupfte sie, steckte sie an den Spieß und brachte sie, wie es gegen Abend ging, zum Feuer, damit sie braten sollten. Die Hühner fingen an braun und gar zu werden, aber der Gast war noch nicht gekommen. Da rief Gretel dem Herrn »kommt der Gast nicht, so muß

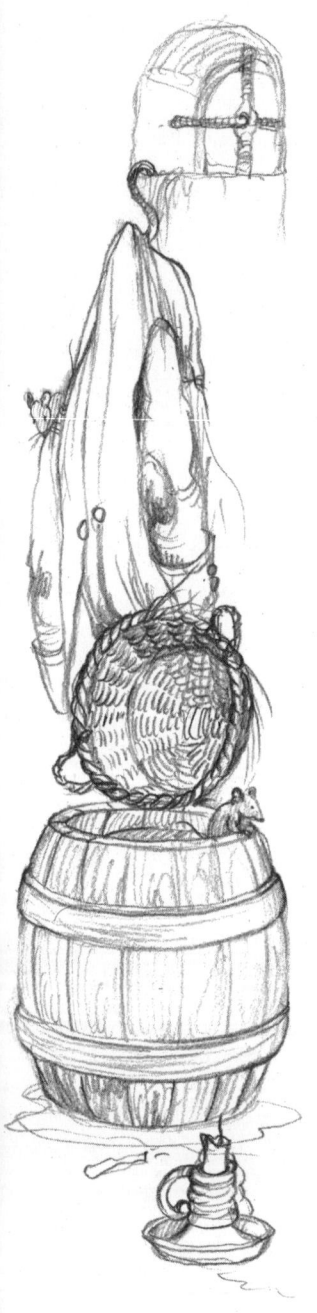

ich die Hühner vom Feuer tun, ist aber Jammer und Schade, wenn sie nicht bald gegessen werden, wo sie am besten im Saft sind.« Sprach der Herr »so will ich nur selbst laufen und den Gast holen.« Als der Herr den Rücken gekehrt hatte, legte Gretel den Spieß mit den Hühnern beiseite und dachte »so lange da beim Feuer stehen macht schwitzen und durstig, wer weiß, wann die kommen! derweil spring ich in den Keller und tue einen Schluck.« Lief hinab, setzte einen Krug an, sprach »Gott gesegne es dir, Gretel«, und tat einen guten Zug. »Der Wein hängt aneinander«, sprach es weiter, »und ist nicht gut abbrechen«, und tat noch einen ernsthaften Zug. Nun ging es und stellte die Hühner wieder übers Feuer, strich sie mit Butter und trieb den Spieß lustig herum. Weil aber der Braten so gut roch, dachte Gretel, »es könnte etwas fehlen, versucht muß er werden!« schleckte mit dem Finger und sprach »ei, was sind die Hühner so gut! Ist ja Sünd und Schand, daß man sie nicht gleich ißt!« Lief zum Fenster, ob der Herr mit dem Gast noch nicht käm, aber es sah niemand, stellte sich wieder zu den Hühnern, dachte »der eine Flügel verbrennt, besser ist's, ich eß ihn weg.« Also schnitt es ihn ab und aß ihn auf, und er schmeckte ihm, und wie es damit fertig war, dachte es »der andere muß auch herab, sonst merkt der Herr, daß etwas fehlt.« Wie die zwei Flügel verzehrt waren, ging es wieder und schaute nach dem Herrn und sah ihn nicht. »Wer weiß«, fiel ihm ein, »sie kommen wohl gar nicht und sind wo eingekehrt.« Da sprach's »hei, Gretel, sei guter Dinge, das eine ist doch angegriffen, tu noch einen frischen Trunk und iß es vollends auf, wenn es all ist, hast du Ruhe; warum soll die gute Gottesgabe umkommen?« Also lief es noch einmal in den Keller, tat einen ehrbaren Trunk und aß das eine Huhn in aller Freudigkeit auf. Wie das eine Huhn hinunter war und der Herr noch immer nicht kam, sah Gretel das andere an und sprach »wo das eine ist, muß das andere auch sein, die zwei gehören zusammen: was dem einen recht ist, das ist dem andern billig; ich glaube, wenn ich noch einen Trunk tue, so sollte mir's nicht schaden.« Also tat es noch einen herzhaften Trunk und ließ das zweite Huhn wieder zum andern laufen.

Wie es so im besten Essen war, kam der Herr dahergegangen und rief »eil dich, Gretel, der Gast kommt gleich nach.« – »Ja, Herr, will's schon zurichten«, antwortete Gretel. Der Herr sah indessen, ob der Tisch wohl gedeckt war, nahm das große Messer, womit er die Hühner zerschneiden wollte, und wetzte es auf dem Gang. Indem kam der Gast, klopfte sittig und höflich an der Haustüre. Gretel lief und schaute, wer da war, und als es den Gast sah, hielt es den Finger an den Mund und sprach »still! still! Macht geschwind, daß Ihr wieder fortkommt, wenn Euch mein Herr erwischt, so seid Ihr unglücklich; er hat Euch zwar zum Nachtessen eingeladen, aber er hat nichts anderes im Sinn, als Euch die beiden Ohren abzuschneiden. Hört nur, wie er das Messer dazu wetzt.« Der Gast hörte das Wetzen und eilte, was er konnte, die Stiegen wieder hinab. Gretel war nicht faul, lief schreiend zu dem Herrn und rief »da habt Ihr einen schönen Gast eingeladen!« – »Ei, warum, Gretel? Was meinst du damit?« – »Ja«, sagte es, »der hat mir beide Hühner, die ich eben auftragen wollte, von der Schüssel genommen und ist damit fortgelaufen.« – »Das ist feine Weise!« sprach der Herr, und ward ihm leid um die schönen Hühner, »wenn er mir dann wenigstens das eine gelassen hätte, damit mir was zu essen geblieben wäre.« Er rief ihm nach, er sollte bleiben, aber der Gast tat, als hörte er es nicht. Da lief er hinter ihm her, das Messer noch immer in der Hand, und schrie »nur eins! nur eins!« und meinte, der Gast sollte ihm nur ein Huhn lassen und nicht alle beide nehmen. Der Gast aber meinte nicht anders, als er sollte eins von seinen Ohren hergeben, und lief, als wenn Feuer unter ihm brennte, damit er sie beide heimbrächte.

Jack und die Bohnenranke

Joseph Jacobs

Es war einmal eine arme Witwe, die hatte einen einzigen Sohn, der hieß Jack und eine Kuh, die hieß Milchweiß. Die Milch, die die Kuh jeden Morgen gab, war ihr ganzes Vermögen; die trugen sie zum Markt und verkauften sie. Aber eines Morgens gab Milchweiß keine Milch mehr, und sie wußten nicht, was sie anfangen sollten.

»Was fangen wir nun an, was fangen wir nun an?« jammerte die arme Witwe und rang die Hände.

»Sei nicht so traurig, Mutter, ich gehe und suche mir irgendwo Arbeit«, sagte Jack.

»Ach, das haben wir ja schon früher versucht, und niemand wollte dich nehmen«, sagte seine Mutter; »wir müssen Milchweiß verkaufen und mit dem Geld einen Laden aufmachen oder sonst etwas.«

»Gut, Mutter«, sagte Jack. »Heut ist Markttag, da werde ich Milchweiß bald los und dann werden wir schon sehen, was wir anfangen.«

So nahm er denn die Kuh am Strick und ging fort. Er war noch nicht weit gegangen, da traf er einen seltsam aussehenden alten Mann, der sagte zu ihm: »Guten Morgen, Jack.«

»Guten Morgen«, sagte Jack und wunderte sich, woher der Mann seinen Namen kannte.

»Nun, Jack, wohin geht's?« fragte der Mann.

»Ich gehe zum Markt und will unsere Kuh verkaufen.«

»Na, du siehst grade so aus, als ob du eine Kuh verkaufen könntest«, sagte der Mann. »Ich glaube, du weißt nicht einmal, wieviel fünf Bohnen sind.«

»Zwei in jeder Hand und eine im Mund«, antwortete Jack spitz.

»Richtig«, sagte der Mann. »Und hier sind auch die Bohnen«, fuhr er fort. Er zog aus seiner Tasche ein paar sonderbar aussehende Bohnen. »Weil du so klug bist, will ich gern mit dir tauschen. Gib mir deine Kuh, dann kriegst du die Bohnen.«

»Macht, daß Ihr fortkommt«, rief Jack, »das könnte Euch so passen.«

»Ach, du weißt wohl nicht, was das für Bohnen sind«, sagte der Mann. »Wenn du sie am Abend einpflanzt, sind sie über Nacht bis zum Himmel gewachsen.«

»Wahrhaftig?« wunderte sich Jack. »Ihr macht wohl nur Spaß.«

»Nein, so ist's, und wenn es nicht stimmt, kannst du deine Kuh zurückhaben.«

»Abgemacht«, sagte Jack, gab ihm den Strick, an dem Milchweiß angebunden war, und steckte die Bohnen in die Tasche.

So ging Jack denn nach Hause, und da er sich nicht sehr weit entfernt hatte, war es noch nicht dunkel, als er vor seine Tür kam.

»Schon zurück, Jack?«, fragte seine Mutter. »Du hast ja Milchweiß nicht mehr; also hast du sie verkauft. Was hast du dafür bekommen?«

»Wenn du das erraten könntest, Mutter«, sagte Jack.

»Nein, wirklich? Du guter Junge! Fünfzig Pfund, hundert, hundertfünfzig – zweihundert können's doch nicht sein.«

»Ich sagte ja schon, du kannst es nicht erraten. Aber was sagst du zu diesen Bohnen? Es sind Zauberbohnen! Wenn du sie am Abend einpflanzt, sind . . .«

»Was!« rief Jacks Mutter, »so ein Narr, so ein Tölpel, so ein Dummkopf! Meine Milchweiß, die beste Kuh im Dorf, und bestes Fleisch obendrein, gibt er weg für ein paar lumpige Bohnen. Da hast du eine Ohrfeige dafür! Und noch eine! Und noch eine! Und deine kostbaren Bohnen werf ich zum Fenster hinaus. Und nun marsch mit dir ins Bett. Heut abend kriegst du keinen Schluck zu trinken und keinen Bissen zu essen.«

Da ging Jack die Treppe hinauf zu seiner Kammer unter dem Dach und war sehr traurig, teils wegen seiner Mutter, teils weil er kein Abendbrot bekommen hatte.

Endlich schlief er ein.

Als er erwachte, sah seine Kammer so sonderbar aus. Die Sonne schien an einer Seite herein, aber der ganze übrige Teil lag in tiefem Schatten. Da sprang Jack auf, zog sich an und ging ans Fenster. Was denkt ihr wohl, was er da sah? Die Bohnen, die seine Mutter aus dem Fenster in den Garten geworfen hatte, waren zu einer großen Bohnenranke geworden, die hoch und höher und höher reichte, bis in den Himmel. Der Mann hatte also die Wahrheit gesagt.

Die Bohnenranke wuchs ganz nah an Jacks Fenster vorbei, so brauchte er es nur zu öffnen und einen Sprung zu tun auf die Ranke, die wie eine große Leiter in die Höhe führte. Jack kletterte und kletterte und kletterte und kletterte und kletterte und kletterte, und zuletzt erreichte er den Himmel. Als er da angekommen war, sah er eine lange und breite schnurgerade Straße. Da ging er weiter und weiter und weiter, bis er zu einem riesengroßen Haus kam, und auf der Türschwelle saß eine riesengroße Frau.

»Guten Morgen, liebe Frau«, grüßte Jack höflich. »Wollt ihr nicht so freundlich sein und mir ein Frühstück geben?« – Ihr wißt ja, er hatte am Abend vorher nichts gegessen und war so hungrig wie ein Bär.

»Frühstück willst du haben, was?« sagte die riesengroße Frau. »Du wirst gleich selbst ein Frühstück sein, wenn du nicht schnell machst, daß du fortkommst. Mein Mann ist ein Oger, ein Menschenfresser, und er ißt nichts lieber als geröstete kleine Jungen auf Toast. Du tätest besser, dich schnell davonzumachen, denn er wird gleich kommen.«

»Ach, bitte, Mütterchen, gebt mir doch was zu essen. Ich habe seit gestern früh nichts zu essen gehabt, wahr und wahrhaftig, Mütterchen«, sagte Jack, »und ich finde geröstet werden auch nicht schlimmer als vor Hunger sterben.«

Nun war aber die Frau des Menschenfressers nicht halb so böse wie sie tat. Sie nahm Jack mit in die Küche und gab ihm ein dickes Stück Brot, Käse und einen Becher Milch. Aber Jack war noch nicht halb fertig, da ging es: bum bum bum! Das ganze Haus fing an zu zittern von den Schritten, die näher kamen.

»Ach du meine Güte! Das ist mein Alter«, sagte die Frau des Menschenfressers. »Was in aller Welt soll ich nun anfangen? Komm schnell und spring hier hinein.« Und sie schob Jack in den Ofen, gerade als der Menschenfresser hereinkam.

Er war riesengroß, wahrhaftig. An seinem Gürtel baumelten drei Kälber, mit zusammengebundenen Hinterfüßen. Er machte sie los und warf sie auf den Tisch und sagte: »Hier, Frau, röste mir zwei davon zum Frühstück. Ah! Was riecht denn hier so?

> Fi Fei Fo Fann,
> Ich wittre das Blut von 'nem kleinen Mann,
> Sei er lebend oder tot,
> Ich eß ihn heute zum Mittagbrot.«

»Unsinn, Mann«, sagte seine Frau, »du träumst. Vielleicht riechst du noch die Knochen von dem kleinen Jungen, der dir gestern mittag so gut schmeckte. Geh und wasch dich, mach dich ein bißchen ordentlich, und wenn du zurückkommst, ist dein Frühstück fertig.«

Da ging der Oger hinaus, und Jack wollte gerade aus dem Ofen springen und fortlaufen, da sagte die Frau zu ihm: »Noch nicht. Warte, bis er eingeschlafen ist, nach dem Frühstück hält er immer ein Schläfchen.«

Der Oger aß nun also sein Frühstück. Danach ging er zu einem großen Schrank, nahm zwei Säcke mit Gold heraus, setzte sich hin und fing an, das Gold zu zählen. Schließlich sank ihm der Kopf auf die Brust, und er schnarchte, daß das ganze Haus wieder wackelte.

Da kroch Jack auf Zehenspitzen aus seinem Ofen heraus, und als er bei dem Menschenfresser vorbeikam, nahm er einen von den Säcken mit Gold unter den Arm, und fort stürmte er, bis er zu der Bohnenranke kam. Da warf er den Sack mit dem Gold hinunter, und der fiel natürlich in den Garten seiner Mutter. Dann kletterte er hinunter und kletterte und kletterte, bis er unten ankam. Er erzählte alles seiner Mutter, zeigte ihr das Gold und sagte: »Na, Mutter, hatte ich nicht recht mit den Bohnen? Es sind wirklich Zauberbohnen, das siehst du wohl.«

Nun lebten sie eine Zeitlang von dem Gold, das in dem Sack war, aber schließlich ging es zu Ende, und Jack beschloß, noch einmal sein Glück dort oben an der Spitze der Bohnenranke zu versuchen. Er stand also eines schönen Morgens früh auf, stieg aus dem Fenster, klammerte sich an der Bohnenranke fest und kletterte und kletterte und kletterte und kletterte und kletterte, bis er schließlich wieder auf jenen Weg kam und zu dem riesengroßen Haus, wo er schon einmal gewesen war.

»Guten Morgen, Mütterchen«, sagte Jack, keck wie ein Spatz, »wollt ihr nicht so freundlich sein und mir etwas zu essen geben?«

»Lauf weg, mein Junge«, sagte die riesengroße Frau, »oder mein Mann ißt dich zum Frühstück. Aber bist du nicht der Bursche, der schon einmal hier war? Weißt du, gerade seit jenem Tag vermißt mein Mann einen seiner Goldsäcke.«

»Das ist sonderbar, Mütterchen«, sagte Jack. »Ich glaube beinahe, ich könnte Euch davon etwas erzählen. Aber ich bin so hungrig, ich bringe kein Wort mehr heraus, ehe ich nicht etwas zu essen bekommen habe.«

Nun war aber die riesengroße Frau so neugierig, daß sie ihn mit hineinnahm und ihm etwas zu essen gab. Aber kaum hatte er angefangen, so langsam wie er nur konnte zu kauen, als sie bum bum bum die Schritte des Ogers hörten, und seine Frau versteckte Jack im Ofen.

Alles geschah so wie das erste Mal. Der Oger kam herein, sagte sein ›Fi Fei Fo Fann‹ und aß zum Frühstück drei gebratene Ochsen. Dann sagte er: »Frau, bring mir die Henne her, die die goldenen Eier legt.« Sie brachte die Henne herein,

und der Oger sagte: »Lege!«, und sie legte ein goldenes Ei. Dann sank dem Oger der Kopf auf die Brust, und er schnarchte, daß das ganze Haus wackelte.

Schnell kroch Jack auf Zehenspitzen aus dem Ofen, nahm die Henne unter den Arm und war zur Tür hinaus, ehe man bis drei zählen konnte. Aber da gackerte die Henne, und der Oger erwachte, und gerade als Jack aus dem Haus schlüpfte, hörte er ihn rufen: »Frau, Frau, wo hast du meine goldene Henne hingetan?«

Und die Frau antwortete: »Was sagst du, Mann?«

Aber mehr hörte Jack nicht, denn er rannte zu der Bohnenranke und kletterte hinunter und kletterte und kletterte, als ob es hinter ihm brannte. Und als er nach Hause kam, zeigte er seiner Mutter die wunderbare Henne und sagte: »Lege!« Und jedesmal, wenn er es ihr befahl, legte die Henne ein goldenes Ei.

Jack war aber noch nicht zufrieden, und nach kurzer Zeit beschloß er, noch einmal dort oben an der Spitze der Bohnenranke sein Glück zu versuchen. Er stand daher eines schönen Morgens früh auf, stieg auf die Ranke und kletterte und kletterte und kletterte und kletterte, bis er zur Spitze kam. Aber diesmal wußte er etwas Besseres als geradewegs auf das Haus des Ogers zuzugehen. Als er ganz nahe herangekommen war, versteckte er sich hinter einem Busch, bis er sah, daß die Frau des Menschenfressers mit einem Eimer herauskam, um Wasser zu holen. Da schlüpfte er schnell ins Haus und versteckte sich in einem Kupferkessel. Er saß da noch nicht lange, schon ging es bum bum bum, und herein kam der Oger mit seiner Frau.

rief der Menschenfresser. »Wahrhaftig, Frau, ich rieche ihn.«

»Wirklich, lieber Mann?« sagte seine Frau. »Wenn es aber der Schlingel ist, der dein Gold und deine Henne gestohlen hat, dann steckt er bestimmt im Ofen.« Und beide liefen eilig zum Ofen. Aber glücklicherweise war Jack nicht drin, und des Menschenfressers Frau sagte: »Was du auch immer mit deinem ›Fi Fei Fo Fan‹ hast! Aber natürlich, du riechst den Jungen, den du gestern gefangen hast, den ich dir gerade zum Frühstück gebraten habe. Wie konnte ich das nur vergessen, und wie dumm von dir, daß du nach all den langen Jahren noch nicht einmal einen gebratenen von einem lebendigen Jungen unterscheiden kannst.«

Da setzte sich der Menschenfresser zum Frühstück hin und aß, und alle paar Augenblicke murmelte er vor sich hin: »Aber ich hätte schwören können . . .« Und er stand auf und suchte in der Speisekammer und in allen Schränken und überall, nur dachte er glücklicherweise nicht an den Kupferkessel.

Als er mit dem Frühstück fertig war, rief er: »Frau, bring mir meine goldene Harfe.« Sie brachte sie und stellte sie vor ihm auf den Tisch. Da sagte er: »Sing!«, und die Harfe sang ganz wunderschön. Und sie sang und sang, bis der Oger einschlief und schnarchte, als ob es donnerte.

Da öffnete Jack den Deckel des Kessels ganz leise und schlüpfte hinaus wie ein Mäuschen und kroch auf allen vieren zum Tisch. Dort stand er auf, ergriff die Harfe und stürzte damit zur Tür. Aber die Harfe rief ganz laut: »Herr, Herr!«, und der Oger erwachte und sah gerade noch Jack zur Tür hinauslaufen. Jack rannte, so schnell er nur konnte, und der Menschenfresser lief hinter ihm her und hätte ihn sicher bald eingeholt, wenn Jack nicht einen Vorsprung gehabt und den Weg gewußt hätte. Als er bei der Bohnenranke ankam, war der Oger keine zwanzig Schritte hinter ihm. Da, auf einmal war Jack verschwunden, und als er an das Ende des Weges kam, sah er Jack hinunterklettern, als gelte es sein Leben. Der Oger hatte kein Zutrauen zu solch einer Leiter und blieb stehen. So gewann Jack einen noch größeren Vorsprung. Aber da rief gerade die Harfe wieder »Herr, Herr!«, und der Menschenfresser schwang sich auf die Bohnenranke, die unter seinem Gewicht schwankte. Jack kletterte hinunter, und hinter ihm kletterte der Oger. Aber Jack war nun fast schon unten, er kletterte und kletterte und kletterte. Da rief er: »Mutter, Mutter, bring mir eine Axt!« Und seine Mutter lief mit der Axt heraus, aber als sie zur Bohnenranke kam, blieb sie stocksteif vor Schreck

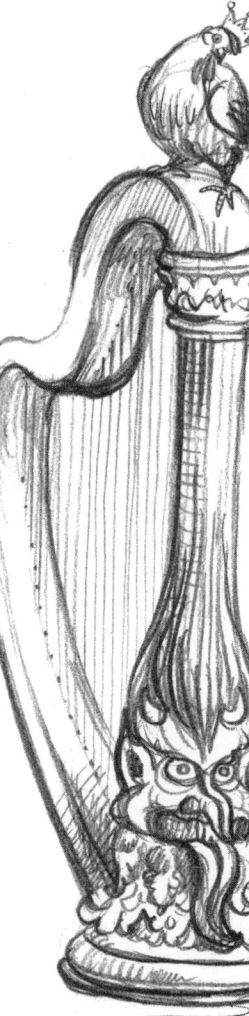

stehen, denn da sah sie die Beine des Ogers gerade aus den Wolken herunterkommen.

Jack sprang zu Boden, ergriff die Axt und versetzte der Bohnenranke einen gewaltigen Hieb. Der Oger fühlte, wie die Bohnenranke bebte und zitterte, und hielt inne, um zu sehen, was da los sei. Da schlug Jack noch einmal zu, und die Bohnenranke war entzwei und stürzte zusammen. Der Oger stürzte herunter und brach sich das Genick, und hinter ihm drein fiel die Bohnenranke.

Jack zeigte seiner Mutter die goldene Harfe, und mit dem Geld, das er für ihren Gesang und aus dem Verkauf der goldenen Eier bekam, wurden Jack und seine Mutter sehr reich, und er heiratete eine schöne Prinzessin, und sie lebten glücklich ihr Leben lang.

Die verwandelten Elfen

Irisches Volksmärchen

John Mulligan war ein so ehrlicher alter Bursche, als je einer in Carlow seinem Pferd Sporen in die Seiten gesetzt hat. Außerdem war er der lustigste und munterste Geselle bei einem Punschnapf, den man weit und breit im Lande finden konnte. Er pflegte aber ein gutes Pferd zu reiten, und ein besserer Punsch als der seinige wurde bei neunzehn Edelleuten nicht getrunken.

Mulligan glaubte steif und fest an Geister und ward bös, wenn jemand daran zweifelte. Er wußte mehr Geschichten davon, als in zwei Quartanten könnten gedruckt werden, und er versäumte nicht, sie zu erzählen, sobald er einen Zuhörer finden konnte. Einige glaubten ihm diese Geschichten, die meisten glaubten sie nicht; doch niemand pflegte zuletzt mehr dem alten Manne zu widersprechen, weil es unbarmherzig gewesen wäre, ihn damit zu quälen. Doch in seiner Nachbarschaft befanden sich ein paar junge Leute, welche eben zum erstenmal während der Ferienzeit von der hohen Schule gekommen waren und die Sommermonate bei ihrem Oheim, Herrn Whaley, zubrachten, einem alten Anhänger von Cromwell, der zu Ballybegmullinahone wohnt. Sie waren von ihrer Schulweisheit zu sehr angefüllt, als daß es ihnen möglich gewesen wäre, den alten Mann unangefochten seiner Wege gehen zu lassen.

Sie belachten jede Geschichte, die er vorbrachte und riefen: »Das ist unmöglich! Das ist alter Weiber Geschwätz!« oder dergleichen. Wenn er behauptete, seine Geschichten wären aus der reinsten Quelle geflossen, ja einige ihm von seiner eigenen Großmutter, einer achtungswürdigen alten Dame, wenn auch leicht beweglichen Geistes, als Dinge erzählt worden, die sie selbst erlebt hätte, so schnitten sie das Gespräch damit ab, daß sie behaupteten, die Großmutter wäre schon damals kindisch gewesen und hätte ohnehin in ihrer besten Zeit große Neigung gehabt, bei ihren Erzählungen ein langes Seil zu drehen.

»Aber«, sagten sie, »Mulligan, habt Ihr denn selbst jemals Elfen gesehen?« – »Niemals«, antwortete er.

»Wohlan«, riefen sie, »bis dahin narrt uns nicht mit solchen Erzählungen von Eurer Großmutter.«

An diesem Fleck war Mulligan besonders empfindlich, und er wollte für seine Großmutter in die Schranken treten, aber die jungen Leute waren ihm zu scharf, und zuletzt geriet er in Hitze, wie gewöhnlich der, welcher bei einem Streit im Nachteil ist. Diesen Abend (da er bei ihrem Oheim, der sein alter Freund war, zu Mittag gegessen) hatte er ziemlich reichlich getrunken und war ganz aufgeregt. Endlich ward er ganz leidenschaftlich, ließ die Pferde vorführen, und ungeachtet aller Bitten des Hausherrn jagte er fort, obgleich er willens gewesen war, da zu schlafen.

»Ich mag nichts mehr mit diesen beiden Maulaffen und Gelbschnäbeln zu tun haben«, rief er, »die, weil sie gelernt haben, unnützes, in Drudenfüßen gedrucktes Zeug zu lesen und von einigen rotnasigen, geschwätzigen alten Perückenstöcken unterrichtet worden sind (nicht daß ich sagen wollte, es könnte einer, der eine rote Nase hat, kein ehrlicher Mann sein), sich einbilden, sie wüßten mehr, als ein rechtschaffener Kerl, der sich's sauer auf der Welt hat werden und ein paar Schock Jahre lang sich den Wind ins Gesicht wehen lassen.«

In ärgerlicher Hast ritt er fort und jagte so gewaltig, als sein Roß über die Kalksteine dahinsprengen konnte. »Verdammt!« stammelte er. »Gott verzeihe mir meine Sünde! Die Schurken hatten in einem Stücke recht, daß ich niemals Elfen gesehen! So wollte ich doch fünf Acker Land so gut als eins, auf dem je Kartoffeln wuchsen, darum geben, könnte ich nur einen Schimmer – aber, gerechter Himmel, was ist das?«

Er blickte auf, vor seinen Augen zeigte sich das artigste Schauspiel von der Welt. Der Weg führte an einer anmutigen Ebene vorüber, hier und da standen Bäume, nicht dicht wie in einem Wald, sondern fünf oder sechs beisammen oder auch einer ganz allein, und erhoben sich über dem grünen Grund, wie ein Vorgebirg aus der See aufsteigt. Er war gerade der Krone des Gehölzes gegenüber gekommen, einer Eiche, welche in den ältesten Urkunden der Grafschaft (und die waren wenigstens fünfhundert Jahre alt) die alte Eiche von Ballinhassig genannt wurde. Die Zeit hatte den Stamm ausgehöhlt, während noch immer mächtige Äste mit ihrem dunkeln, gezackten Laubwerk hin und her sich bewegten. Der Mond schien eben in vollem Glanz, und bei diesem Licht bemerkte Mulligan eine allerliebste Gesellschaft kleiner, artiger Gestalten, die unter der Eiche in immerwährender, behender Bewegung tanzten. Es waren viele beisammen, einige breiteten sich fern noch über den fernsten Schatten der Eichenäste aus, andere zeigten sich glänzend in den fliegenden Lichtern, die zwischen den Blättern durchdrangen, andere konnte man ungehindert sehen, wie sie sich am Stamme unten niedergelassen hatten, andere endlich waren ohne Zweifel vor seinen

Augen noch verborgen. Niemals hat man etwas Lieblicheres gesehen. Sie waren kaum drei Daumen hoch, aber weiß wie der gefallene Schnee und von unzähliger Menge. Mulligan hing dem Pferd den Zügel über den Hals und ritt bis zu der niedrigen Mauer, welche die Anlage umgab, und daraufgelehnt beobachtete er mit unaussprechlichem Vergnügen ihre Tänze und Sprünge. Bei diesem längern Anschauen bemerkte er bald manches, was ihm anfangs nicht in die Augen gefallen war. Besonders zeigte sich in der Mitte der König in größerer Gestalt, um welchen sich die Gruppe zu bewegen schien. Er starrte so lange, bis er endlich vor Freude sich nicht mehr zurückhalten konnte und laut rief: »Recht so, kleiner Geselle! Wohl gesprungen und tüchtig!« Aber in demselben Augenblick, wo er diese Worte ausgesprochen hatte, verfinsterte sich die Nacht, und die Elfen verschwanden mit Blitzesschnelle.

»Ich wünschte«, sagte Mulligan, »ich hätte meine Zunge im Zaum gehalten, doch es macht nichts aus. Jetzt will ich sogleich umkehren und nach der Burg Ballybegmullinahone zurückgehn und die eingebildeten, überklugen jungen Herrn auf diesen Platz heraustreiben.«

Mulligan eilte mit Windesschnelligkeit zurück. Er rasselte heftig an der Türe und rief laut nach den beiden Jünglingen.

»Heda«, sagte er, »ihr jungen Plattköpfe, kommt herunter, wenn ihr euch getraut. Ihr sollt euch mit eigenen Augen überzeugen, daß ich wahr gesprochen habe.«

Der alte Whaley steckte seinen Kopf aus dem Fenster und sprach: »John Mulligan, was bringt Euch so spät wieder zurück?«

»Die Elfen!« schrie er. »Die Elfen!«

»Ich fürchte«, murmelte der Herr von Ballybegmullinahone, »Ihr habt in das letzte Glas, das Ihr trankt, zuwenig Wasser gegossen; doch es hat nichts zu sagen, kommt herein und kühlt Euch bei einem Becher Punsch ab.«

Er kam herein und setzte sich wieder an den Tisch. In großer Begeisterung erzählte er seine Geschichte. Tausend und abermal tausend Elfen hatte er gesehen, tanzend unter der alten Eiche von Ballinhassig. Er beschrieb ihre prächtigen Kleider von glänzendem Silber, ihre runden flachen Hüte in dem Mondschein schimmernd und die fürstliche Gestalt und Haltung des Oberhaupts. Er fügte hinzu, daß er ihren Gesang gehört und die entzückende Musik, die sie gemacht hätten. Doch das war bloße Einbildung. Die jungen Leute lachten, Mulligan ließ sich nicht irren.

»Wenn wir nun«, sagte einer von ihnen, »mit Euch gemeinschaftlich zu dem Platz hinausritten, wo Ihr die prächtige Gesellschaft von Elfen gesehen habt?«

»Gut«, rief Mulligan, »nur kann ich Euch nicht versprechen, daß Ihr sie dort finden werdet, denn ich sah sie in die Höhe rauschen wie einen Schwarm Bienen und hörte ihre Flügel in der Luft sausen.« Das war aber eine Prahlerei, denn Mulligan hatte nichts dergleichen gehört.

Sie ritten alle drei fort und kamen zu dem Gehölz. Sie langten bei der Mauer an, dem großen Baum gegenüber, und der Mond war aus den Wolken wieder aufgetaucht und schien so hell, als wie Mulligan zuerst vorbeikam. »Schaut dort«, rief er frohlockend, denn dasselbe Schauspiel begann wieder vor seinen Augen, und deutete mit seiner Reitgerte hin, »schaut und leugnet, wenn Ihr imstande seid.«

»Wahrhaftig«, sagte einer von den Jünglingen mit einigem Nachsinnen, »dort sehen wir eine Gesellschaft weißer Gestalten, aber wären das Geister noch zehnmal mehr, ich gehe doch unter sie.« Damit stieg er ab, um über die Mauer zu klettern.

»Ach, Thomas, Thomas!« rief Mulligan. »Halt, halt! Was wollt Ihr tun? Die Geister, das stille Volk mein ich, haben es nicht gern, wenn sich jemand unter sie mischt. Ihr werdet gezwickt oder geblendet, oder Euer Pferd verliert die Eisen, oder – nun seht! Einen Eigensinnigen muß man gewähren lassen. Ach! Oh! Oh! Jetzt ist er bald bei der Eiche. Gott stehe ihm bei, denn kein Mensch kann ihm mehr helfen!«

In diesem Augenblick war Thomas bei der Eiche angelangt und wollte bersten vor Lachen. »Mulligan«, rief er, »behaltet Eure Gebete für Euch, Eure Geister sind nicht so bösartig. Ich glaube, sie geben eine leidlich gute Brühe.«

»Brühe?« sagte Mulligan, welcher, als er fand, daß die beiden Jünglinge (denn der zweite war seinem Bruder gefolgt) mitten unter den Geistern lachend standen, abgestiegen und langsam vorgegangen war. »Was meint Ihr mit Brühe?«

»Nichts«, antwortete Thomas, »als daß es Schwämme sind, denn das sind sie in Wirklichkeit, und Euer Oberon ist nur ein übergroß gewachsener Pilz.«

Der arme Mulligan gab sein Erstaunen in einem langen Ausruf zu erkennen, schwankte, ohne noch ein Wort zu sprechen, zu seinem Pferd und ritt in starkem Galopp nach Haus, ohne einmal hinter sich zu schauen. Es dauerte lang, ehe er es wagte, den beiden Lachern in Ballybegmullinahone vor die Augen zu treten, und bis zu seinem Tod nannte ihn das Volk den Pilzenhans in diesem und fünf andern Kirchsprengeln.

Frau Holle

Brüder Grimm

Eine Witwe hatte zwei Töchter, davon war die eine schön und fleißig, die andere häßlich und faul. Sie hatte aber die häßliche und faule, weil sie ihre rechte Tochter war, viel lieber, und die andere mußte alle Arbeit tun und der Aschenputtel im Hause sein. Das arme Mädchen mußte sich täglich auf die große Straße bei einem Brunnen setzen, und mußte so viel spinnen, daß ihm das Blut aus den Fingern sprang. Nun trug es sich zu, daß die Spule einmal ganz blutig war, da bückte es sich damit in den Brunnen und wollte sie abwaschen; sie sprang ihm aber aus der Hand und fiel hinab. Es weinte, lief zur Stiefmutter und erzählte ihr das Unglück. Sie schalt es aber so heftig und war so unbarmherzig, daß sie sprach »hast du die Spule hinunterfallen lassen, so hol sie auch wieder herauf.« Da ging das Mädchen zu dem Brunnen zurück und wußte nicht, was es anfangen sollte; und in seiner Herzensangst sprang es in den Brunnen hinein, um die Spule zu holen. Es verlor die Besinnung, und als es erwachte und wieder zu sich selber kam, war es auf einer schönen Wiese, wo die Sonne schien und viel tausend Blumen standen. Auf dieser Wiese ging es fort und kam zu einem Backofen, der war voller Brot; das Brot aber rief »ach, zieh mich raus, zieh mich raus, sonst verbrenn ich; ich bin schon längst ausgebacken.« Da trat es herzu, und holte mit dem Brotschieber alles nacheinander heraus. Danach ging es weiter und kam zu einem Baum, der hing voll Äpfel

171

und rief ihm zu »ach schüttel mich, schüttel mich, wir Äpfel sind alle miteinander reif.« Da schüttelte es den Baum, daß die Äpfel fielen, als regneten sie, und schüttelte, bis keiner mehr oben war; und als es alle in einen Haufen zusammengelegt hatte, ging es wieder weiter. Endlich kam es zu einem kleinen Haus, daraus guckte eine alte Frau, weil sie aber so große Zähne hatte, ward ihm angst, und es wollte fortlaufen. Die alte Frau aber rief ihm nach »was fürchtest du dich, liebes Kind? Bleib bei mir, wenn du alle Arbeit im Hause ordentlich tun willst, so soll dirs gut gehn. Du mußt nur acht geben, daß du mein Bett gut machst und es fleißig aufschüttelst, daß die Federn fliegen, dann schneit es in der Welt; ich bin die Frau Holle.« Weil die Alte ihm so gut zusprach, so faßte sich das Mädchen ein Herz, willigte ein und begab sich in ihren Dienst. Es besorgte auch alles nach ihrer Zufriedenheit, und schüttelte ihr das Bett immer gewaltig auf, daß die Federn wie Schneeflocken umherflogen; dafür hatte es auch ein gut Leben bei ihr, kein böses Wort, und alle Tage Gesottenes und Gebratenes. Nun war es eine Zeitlang bei der Frau Holle, da ward es traurig und wußte anfangs selbst nicht, was ihm fehlte, endlich merkte es, daß es Heimweh war; ob es ihm hier gleich viel tausendmal besser ging als zu Hause, so hatte es doch ein Verlangen dahin. Endlich sagte es zu ihr »ich habe den Jammer nach Haus kriegt, und wenn es mir auch noch so gut hier unten geht, so kann ich doch nicht länger bleiben, ich muß wieder hinauf zu den Meinigen.« Die Frau Holle sagte »es gefällt mir, daß du wieder nach Hause verlangst, und weil du mir so treu gedient hast, so will ich dich selbst wieder hinaufbringen.« Sie nahm es darauf bei der Hand und führte es vor ein großes Tor. Das Tor ward aufgetan, und wie das Mädchen gerade darunter stand, fiel ein gewaltiger Goldregen, und alles Gold blieb an ihm hängen, so daß es über und über davon bedeckt war. »Das sollst du haben, weil du so fleißig gewesen bist«, sprach die Frau Holle und gab ihm auch die Spule wieder, die ihm in den Brunnen gefallen war. Darauf ward das Tor verschlossen, und das Mädchen befand sich oben auf der Welt, nicht weit von seiner Mutter Haus; und als es in den Hof kam, saß der Hahn auf dem Brunnen und rief

> »Kikeriki,
> unsere goldene Jungfrau ist wieder hie.«

Da ging es hinein zu seiner Mutter, und weil es so mit Gold bedeckt ankam, ward es von ihr und der Schwester gut aufgenommen.

Das Mädchen erzählte alles, was ihm begegnet war, und als die Mutter hörte, wie es zu dem großen Reichtum gekommen war, wollte sie der andern häßlichen und faulen Tochter gerne dasselbe Glück verschaffen. Sie mußte sich an den Brunnen setzen und spinnen; und damit ihre Spule blutig ward, stach sie sich in die Finger und stieß sich die Hand in die Dornhecke. Dann warf sie die Spule in den Brunnen und sprang selber hinein. Sie kam, wie die andere, auf die schöne Wiese und ging auf demselben Pfade weiter. Als sie zu dem Backofen gelangte, schrie das Brot wieder »ach zieh mich raus, zieh mich raus, sonst verbrenn ich, ich bin schon längst ausgebacken.« Die Faule aber antwortete »da hätt ich Lust, mich schmutzig zu machen«, und ging fort. Bald kam sie zu dem Apfelbaum, der rief »ach schüttel mich, schüttel mich, wir Äpfel sind alle miteinander reif.« Sie antwortete aber »du kommst mir recht, es könnte mir einer auf den Kopf fallen«, und ging damit weiter. Als sie vor der Frau Holle Haus kam, fürchtete sie sich nicht, weil sie von ihren großen Zähnen schon gehört hatte, und verdingte sich gleich zu ihr. Am ersten Tag tat sie sich Gewalt an, war fleißig und folgte der Frau Holle, wenn sie ihr etwas sagte, denn sie dachte an das viele Gold, das sie ihr schenken würde; am zweiten Tag aber fing sie schon an zu faulenzen, am dritten noch mehr, da wollte sie morgens gar nicht aufstehen. Sie machte auch der Frau Holle das Bett nicht, wie sichs gebührte, und schüttelte es nicht, daß die Federn aufflogen. Das ward die Frau Holle bald müde und sagte ihr den Dienst auf. Die Faule war das wohl zufrieden und meinte, nun würde der Goldregen kommen; die Frau Holle führte sie auch zu dem Tor, als sie aber darunter stand, ward statt des Goldes ein großer Kessel voll Pech ausgeschüttet. »Das ist zur Belohnung deiner Dienste«, sagte die Frau Holle und schloß das Tor zu. Da kam die Faule heim, aber sie war ganz mit Pech bedeckt, und der Hahn auf dem Brunnen, als er sie sah, rief

»Kikeriki,
unsere schmutzige Jungfrau ist wieder hie.«

Das Pech aber blieb fest an ihr hängen und wollte, solange sie lebte, nicht abgehen.

Der faule Jack

Joseph Jacobs

Es war einmal ein Knabe, der hieß Jack und lebte zusammen mit seiner Mutter. Sie waren sehr arm, und die alte Frau mußte ihr Leben durch Spinnen verdienen, während Jack so faul war, daß er nichts tat. Im Sommer lag er in der Sonne, im Winter auf der Ofenbank. Darum wurde er der faule Jack genannt. Seine Mutter konnte ihn nicht dazu bringen, etwas für sie zu tun, aber schließlich riß ihr die Geduld, und eines Montags sagte sie ihm, sie würde ihn fortjagen, sich sein Brot zu verdienen, wenn er nicht anfinge, für seinen Lebensunterhalt zu arbeiten.

Das rüttelte Jack auf, und er ging aus und verdingte sich für den nächsten Tag bei einem benachbarten Bauern für einen Penny; da er aber niemals zuvor Geld gehabt hatte, verlor er den Penny auf dem Heimweg, als er über eine Brücke ging. »Du dummer Junge«, sagte seine Mutter. »Hättest du ihn doch in deine Tasche gesteckt.« – »Nächstes Mal werde ich es so machen«, antwortete Jack.

Am Mittwoch ging Jack wieder weg und verdingte sich bei einem Kuhhirten, der gab ihm für seine Arbeit einen Krug Milch. Jack nahm den Krug und steckte ihn in seine große Jackentasche, wo er alles verschüttete, ehe er heim kam. »Lieber Gott!« sagte die alte Frau. »Du hättest ihn auf dem Kopf tragen sollen.« – »Nächstes Mal werde ich es so machen«, sagte Jack.

Am Donnerstag verdingte Jack sich wieder bei einem Bauern, der gab ihm für seine Dienste einen Sahnekäse. Am Abend also nahm Jack den Käse und trug ihn auf dem Kopf heim. Bis er nach Hause kam, war der Käse vollständig verdorben. »Du dummer Kerl«, sagte seine Mutter, »du hättest ihn sorgfältig in der Hand tragen sollen.« – »Nächstes Mal werde ich es so machen«, antwortete Jack.

Am Freitag ging der faule Jack wieder aus und verdingte sich bei einem Bäcker. Der wollte ihm für seine Dienste nichts geben als einen großen Kater. Jack nahm den Kater und trug ihn sorgsam in den Händen fort, aber es dauerte nicht lange, so kratzte ihn der Kater so sehr, daß er ihn laufen lassen mußte. Als er heim kam, sagte seine Mutter zu ihm: »Du Tölpel, du hättest ihn an einen Strick binden sollen und hinter dir herziehen.« – »Nächstes Mal werde ich es so machen«, sagte Jack.

Am Sonnabend nun verdingte sich Jack bei einem Metzger, der gab ihm zum Lohne eine schöne Hammelkeule. Jack nahm die Keule, band sie an einen Strick und zog sie hinter sich her durch den Schmutz, so daß das Fleisch vollständig verdorben war, bis er heimkam. Dieses Mal riß der Mutter die Geduld, denn der nächste Tag war ein Sonntag und statt des schönen Bratens blieb ihr nichts anderes übrig, als Kohl zu kochen. »Du vernagelter Trottel«, sagte sie zu ihrem Sohn, »du hättest das Fleisch auf deiner Schulter tragen müssen.« – »Nächstes Mal werde ich es so machen«, erwiderte Jack.

Am nächsten Montag ging der faule Jack wieder aus und verdingte sich bei einem Viehhändler, der ihm für seine Mühe einen Esel gab. Jack fand es sehr beschwerlich, den Esel auf seine Schultern zu heben, aber zuletzt gelang es ihm doch, und er ging langsam heim mit seinem Lohn. Nun begab es sich, daß an dem Weg, den er einschlug, ein reicher Mann wohnte; der hatte eine einzige Tochter, ein schönes Mädchen, das aber taub und stumm war. Sie hatte noch niemals in ihrem Leben gelacht, und die Ärzte sagten, daß sie nicht eher sprechen würde, bis es jemand gelänge, sie zum Lachen zu bringen. Nun sah das junge Mädchen gerade zum Fenster hinaus, als Jack vorüberging mit dem Esel auf der Schulter, der die Beine in die Luft streckte. Und dieser Anblick war so komisch und sonderbar, daß sie in ein großes Gelächter ausbrach und augenblicklich Sprache und Gehör wiederfand. Ihr Vater war überglücklich und erfüllte sein Versprechen, indem er sie dem faulen Jack zur Frau gab; so wurde der ein reicher Mann. Sie lebten in einem großen Haus, und Jacks Mutter mit ihnen, glücklich und zufrieden, bis sie starben.

Das Feuerzeug

Hans Christian Andersen

Auf der Landstraße kam ein Soldat dahermarschiert: Eins, zwei! Eins, zwei! Er hatte seinen Tornister auf dem Rücken und einen Säbel an der Seite, denn er war im Krieg gewesen und wollte nun nach Hause.

Da begegnete er einer alten Hexe, die war sehr häßlich. Ihre Unterlippe hing ihr bis auf die Brust hinab. Sie sagte: »Guten Abend, Soldat! Was hast du doch für einen schönen Säbel und großen Tornister! Du bist ein richtiger Soldat! Nun sollst du soviel Geld haben, wie du besitzen magst!«

»Ich danke dir, du alte Hexe!« sagte der Soldat. »Siehst du den großen Baum da?« sagte die Hexe und zeigte auf einen Baum, der neben ihnen stand. »Er ist inwendig hohl. Du mußt dessen Gipfel erklettern, dann erblickst du ein Loch, durch welches du dich hinablassen und tief in den Baum gelangen kannst! Ich werde dir einen Strick um den Leib binden, damit ich dich wieder heraufziehen kann, wenn du mich rufst.«

»Was soll ich denn da unten im Baum?« fragte der Soldat.

»Geld holen!« sagte die Hexe. »Wisse, wenn du auf dem Boden unter dem Baum ankommst, so bist du in einer großen Halle; da ist es hell, denn da brennen

178

über dreihundert Lampen. Dann erblickst du drei Türen; du kannst sie öffnen, die Schlüssel stecken daran. Gehst du in die erste Kammer hinein, so siehst du mitten auf dem Fußboden eine große Kiste; auf derselben sitzt ein Hund; er hat Augen so groß wie ein Paar Teetassen. Doch daran brauchst du dich nicht zu kehren! Ich gebe dir eine blaukarierte Schürze, die kannst du auf dem Fußboden ausbreiten; geh dann rasch hin und nimm den Hund, setze ihn auf meine Schürze, öffne die Kiste, und nimm so viele Münzen, als du willst. Sie sind von Kupfer. Willst du lieber Silber haben, so mußt du in das nächste Zimmer hineingehen. Aber da sitzt ein Hund, der hat Augen so groß wie Mühlräder. Doch das laß dich nicht kümmern! Setze ihn auf meine Schürze und nimm von dem Geld! Willst du aber Gold haben, so kannst du es auch bekommen, und zwar soviel als du tragen kannst, wenn du in die dritte Kammer hineingehst. Aber der Hund, welcher dort auf dem Goldkasten sitzt, hat zwei Augen, jedes so groß wie der »Runde Turm«. Glaube mir, es ist ein böser Hund! Aber fürchte dich nur nicht! Setze ihn nur auf meine Schürze, so tut er dir nichts, und nimm aus der Kiste so viel Gold als du willst!«

»Das ist so übel nicht!« sagte der Soldat. »Aber was soll ich dir geben, du alte Hexe, denn umsonst wirst du es wohl nicht tun?«

»Doch!« sagte die Hexe. »Nicht einen einzigen Pfennig will ich haben! Für mich sollst du nur ein altes Feuerzeug holen, welches meine Großmutter vergaß, als sie das letzte Mal unten war.«

»Gut, so binde mir den Strick um den Leib!« sagte der Soldat.

»Hier ist er«, sagte die Hexe, »und hier ist meine blaukarierte Schürze.«

Da kletterte der Soldat auf den Baum, ließ sich in das Loch hinuntergleiten und stand dann, wie die Hexe gesagt hatte, unten in der großen Halle, wo die vielen hundert Lampen brannten.

Nun öffnete er die erste Tür. Uh! Da saß der Hund mit den Augen so groß wie Teetassen und glotzte ihn an.

»Du bist ein netter Kerl!« sagte der Soldat, setzte ihn auf die Schürze der Hexe und nahm so viele Kupfermünzen als seine Taschen fassen konnten, schloß dann die Kiste, setzte den Hund wieder darauf und ging in das andere Zimmer. Richtig! Da saß der Hund mit den Augen so groß wie Mühlräder.

»Du solltest mich lieber nicht so anstarren!« sagte der Soldat. »Deine Augen könnten dir übergehen!« Und dann setzte er den Hund auf die Schürze der Hexe. Aber als er all das Silbergeld in der Kiste erblickte, warf er all das Kupfergeld, das er hatte, fort und füllte sich die Taschen und den Tornister nur mit Silber. Dann ging er in die dritte Kammer. – Nein, das war zu häßlich! Der Hund darin hatte wirklich zwei Augen, jedes so groß wie der »Runde Turm«, sie drehten sich im Kopfe gerade wie Räder.

»Guten Abend!« sagte der Soldat und griff an die Mütze, denn einen solchen Hund hatte er noch nie gesehen. Als er ihn aber etwas genauer betrachtet hatte, dachte er, nun ist es genug, hob ihn auf die Diele herunter und machte die Kiste auf. Gott! Was war da für eine Menge Gold! Er konnte dafür die ganze Stadt und die Zuckerschweinchen der Marktweiber, alle Zinnsoldaten, Peitschen und Schaukelpferde der ganzen Welt kaufen. Ja, so viel Gold! Nun warf der Soldat alles Silbergeld, womit er Taschen und Tornister gefüllt hatte, fort und nahm dafür Gold; ja, alle Taschen, der Tornister, die Mütze und die Stiefel wurden

gefüllt, so daß er kaum gehen konnte. Nun hatte er Geld! Den Hund setzte er auf die Kiste, schlug die Tür zu und rief dann durch den Baum hinauf:

»Zieh mich jetzt in die Höhe, du alte Hexe!«

»Hast du auch das Feuerzeug?« fragte die Hexe.

»Donnerwetter!« sagte der Soldat, »das hätte ich ganz vergessen!« Und dann ging er und holte es. Die Hexe zog ihn herauf, und da stand er wieder auf der Landstraße mit Taschen, Stiefeln, Tornister und Mütze voll Gold.

»Was willst du mit dem Feuerzeug machen?« fragte der Soldat.

»Das geht dich nichts an!« sagte die Hexe. »Du hast ja Geld bekommen! Gib mir nur das Feuerzeug!«

»Ach was!« sagte der Soldat. »Willst du mir gleich sagen, was du damit machen willst, oder ich ziehe meinen Säbel und schlag dir den Kopf ab!«

»Nein!« sagte die Hexe.

Da schlug der Soldat ihr den Kopf ab. Da lag sie! Er aber band all sein Gold in ihre Schürze, nahm es wie ein Bündel auf seinen Rücken, steckte das Feuerzeug in die Tasche und ging geraden Wegs nach der Stadt.

Das war eine prächtige Stadt! Und in dem prachtvollsten Wirtshaus kehrte er ein, verlangte die allerbesten Zimmer und seine Lieblingsspeisen; denn nun war er ja reich, da er so viel Geld hatte.

Dem Diener, welcher seine Stiefel putzen sollte, kam es freilich vor, als wären es recht sonderbare alte Stiefel für einen so reichen Herrn. Aber er hatte sich noch keine neuen gekauft; am nächsten Tage bekam er anständige Stiefel und schöne Kleider. Nun war aus einem Soldaten ein vornehmer Herr geworden, und die Leute erzählten ihm von all den Herrlichkeiten in ihrer Stadt und von ihrem König, und was für eine niedliche Prinzessin seine Tochter sei.

»Wo kann man sie zu sehen bekommen?« fragte der Soldat.

»Sie ist gar nicht zu Gesicht zu bekommen!« sagten sie alle. »Sie wohnt in einem großen kupfernen Schlosse, von vielen Mauern und Türmen umgeben! Niemand außer dem König darf bei ihr ein und aus gehen, denn es ist prophezeit worden, daß sie an einen gemeinen Soldaten verheiratet wird, und das kann der König nicht zugeben!«

»Die möchte ich wohl sehen!« dachte der Soldat; aber dazu konnte er ja keine Erlaubnis erhalten.

Nun lebte er recht lustig, besuchte das Theater, fuhr in des Königs Garten und gab den Armen viel Geld; und das war schön von ihm; er wußte noch von früheren Zeiten her, wie schlimm es ist, nicht einen Pfennig zu besitzen! Er war nun reich, hatte schöne Kleider und bekam viele Freunde, die alle sagten, er sei ein vortrefflicher Mensch, ein wahrer Kavalier. Und das hatte der Soldat gern. Aber da er jeden Tag Geld ausgab und nie etwas einnahm, so blieben ihm zuletzt nicht mehr als zwei Pfennige übrig, und er mußte die schönen Zimmer verlassen, worin er gewohnt hatte, und oben in einer kleinen Kammer unter dem Dach wohnen, sich seine Stiefel selbst putzen und sie schließlich mit einer Stopfnadel zusammenflicken. Keiner seiner Freunde kam zu ihm, denn es waren zu viele Treppen hinaufzusteigen.

Es war ein dunkler Abend, und er konnte sich nicht einmal ein Licht kaufen. Aber es fiel ihm ein, daß ein kleines Endchen in dem Feuerzeug liege, welches er aus dem hohlen Baum geholt, in den die Hexe ihm hinuntergeholfen hatte. Er suchte das Feuerzeug mit dem Lichtendchen hervor; aber gerade als er Feuer machte und die Flamme aus dem Feuerzeug schlug, sprang die Tür auf, und der Hund, welcher Augen so groß wie ein Paar Teetassen hatte, stand vor ihm und fragte: »Was befiehlt mein Herr?«

»Was ist denn das?« fragte der Soldat. »Das ist ja ein lustiges Feuerzeug, wenn ich so bekommen kann, was ich haben will! – Beschaffe mir etwas Geld!« sagte er zu dem Hund, und wipps! war der Hund fort, wipps! war er wieder da und hielt einen großen Beutel voller Münzen in seiner Schnauze.

Nun wußte der Soldat, was für ein prächtiges Feuerzeug das war! Strich er einmal daran, so kam der Hund, der auf der Kiste mit Kupfergeld saß; strich er zweimal, so kam der, welcher das Silbergeld hatte, und strich er dreimal, so kam der, welcher das Gold bewachte. Jetzt zog der Soldat wieder in die schönen Zimmer hinunter und erschien von neuem in schönen Kleidern. Da erkannten ihn gleich alle seine Freunde wieder und hielten sehr viel auf ihn.

Da dachte er: »Es ist doch sonderbar, daß man die Prinzessin nicht zu sehen bekommen kann. Sie soll sehr schön sein, sagen alle; aber was hilft das, wenn sie immer in dem großen Kupferschlosse mit den vielen Türmen sitzen muß! Kann ich sie denn gar nicht zu sehen bekommen? – Wo ist nur mein Feuerzeug?« Er strich Feuer an und wipps! kam der Hund mit den Augen so groß wie Teetassen.

»Es ist freilich mitten in der Nacht«, sagte der Soldat, »aber ich möchte gern die Prinzessin auf einen Augenblick sehen!«

Der Hund war gleich aus der Tür, und ehe der Soldat sich's versah, kam er mit der Prinzessin wieder. Sie saß und schlief auf dem Rücken des Hundes und war so lieblich, daß ein jeder sehen konnte, daß sie wirklich eine Prinzessin war. Der Soldat konnte es durchaus nicht unterlassen, sie zu küssen, denn er war ganz und gar Soldat.

Darauf lief der Hund mit der Prinzessin wieder zurück. Doch als es Morgen wurde und der König und die Königin Tee tranken, erzählte die Prinzessin, sie hätte in der vorigen Nacht einen sonderbaren Traum von einem Hund und einem Soldaten gehabt; sie wäre auf dem Hund geritten, und der Soldat hätte sie geküßt.

»Das wäre wahrlich eine schöne Geschichte!« sagte die Königin.

Nun sollte in der nächsten Nacht eine der alten Hofdamen am Bett der Prinzessin wachen, um zu sehen, ob es wirklich ein Traum sei, oder was es sonst sein möchte.

Der Soldat hatte eine außerordentliche Sehnsucht, die Prinzessin wiederzusehen, und so kam denn der Hund in der Nacht, holte sie und lief so schnell wie er konnte. Aber die alte Hofdame zog Wasserstiefel an und lief ebenso schnell hinterher. Als sie nun sah, daß sie in einem großen Hause verschwanden, dachte sie, nun weiß ich, wo es ist, und machte mit einem Stück Kreide ein großes Kreuz an die Türe. Dann ging sie nach Hause und legte sich nieder, und der Hund kam

auch mit der Prinzessin wieder. Aber als er sah, daß ein Kreuz an die Türe des Hauses gemacht war, wo der Soldat wohnte, nahm auch er ein Stück Kreide und machte Kreuze an alle Haustüren der Stadt, und das war klug getan, denn nun konnte ja die Hofdame die richtige Türe nicht mehr finden, da an allen Türen Kreuze waren.

Frühmorgens kamen der König und die Königin, die alte Hofdame und alle Offiziere, um zu sehen, wo die Prinzessin gewesen war.

»Da ist es!« sagte der König, als er die erste Tür mit einem Kreuz daran erblickte.

»Nein, dort ist es, mein lieber Mann!« sagte die Königin, als sie die zweite Tür ebenfalls mit einem Kreuze sah.

»Aber da ist eins und dort ist eins!« sagten alle; wohin sie blickten waren Kreuze an den Türen. Da begriffen sie denn wohl, daß ihnen das Suchen nichts helfen würde.

Doch die Königin war eine äußerst kluge Frau, die mehr konnte, als in einer Kutsche fahren. Sie nahm ihre große goldene Schere, schnitt ein Stück Seidenzeug in Stücke und nähte daraus einen kleinen niedlichen Beutel; den füllte sie mit feiner Buchweizengrütze, band ihn der Prinzessin auf den Rücken, und als das getan war, schnitt sie ein kleines Loch in den Beutel, so daß die Grütze den ganzen Weg berieseln mußte, den die Prinzessin nahm.

In der Nacht kam nun der Hund wieder, nahm die Prinzessin auf den Rücken und lief mit ihr zum Soldaten hin, der sie sehr lieb hatte und gern ein Prinz hätte sein mögen, um sie zur Frau bekommen zu können.

Der Hund merkte durchaus nicht, wie die Grütze den Weg berieselte, vom Schloß bis zu dem Fenster des Soldaten, wo er mit der Prinzessin die Mauer hinauflief. Am Morgen sahen der König und die Königin nun wohl, wo ihre Tochter gewesen war; sie ließen den Soldaten ergreifen und ins Gefängnis werfen.

Da saß er nun. Hu, wie dunkel und langweilig war es da! Und man sagte ihm: »Morgen wirst du gehängt werden.« Das zu hören war nicht belustigend, und sein Feuerzeug hatte er im Gasthof gelassen. Am Morgen konnte er durch das Eisengitter vor dem kleinen Fenster sehen, wie sich das Volk beeilte, aus der Stadt zu kommen, um ihn hängen zu sehen. Er hörte die Trommeln und sah die Soldaten marschieren. Alle liefen hinaus; darunter war auch ein Schusterjunge mit Schurzfell und Pantoffeln; der lief so im Galopp, daß ihm ein Pantoffel vom Fuße ab- und gerade gegen die Mauer flog, hinter der der Soldat saß und durch das Eisengitter hinausguckte.

»Ei, du Schusterjunge! Du brauchst nicht solche Eile haben!« sagte der Soldat zu ihm. »Es geht doch nicht los, bevor ich da bin! Aber willst du hinlaufen, wo ich gewohnt habe und mir mein Feuerzeug holen, so will ich dir vier Pfennige geben. Aber du mußt die Beine in die Hand nehmen!« Der Schusterjunge wollte gern die vier Pfennige verdienen; er holte das Feuerzeug, gab es dem Soldaten und – ja, nun wir werden hören!

Außerhalb der Stadt war ein großer Galgen errichtet worden, ringsherum standen die Soldaten und viele tausend Menschen. Der König und die Königin saßen auf einem prächtigen Thron, den Richtern und dem ganzen Rate gegenüber.

Der Soldat stand schon oben auf der Leiter; aber als sie ihm den Strick um den Hals legen wollten, sagte er, daß man ja einem armen Sünder immer, bevor er seine Strafe erleide, die Erfüllung eines unschuldigen Wunsches gewähre. Er möchte so gern eine Pfeife Tabak rauchen; es wäre ja seine letzte Pfeife auf dieser Welt.

Das wollte der König ihm denn auch nicht verwehren, und so nahm der Soldat sein Feuerzeug und schlug Feuer, eins, zwei, drei. Und siehe! Da standen plötzlich alle drei Hunde; der mit den Augen so groß wie Teetassen, der mit den

187

Augen so groß wie Mühlräder und der, dessen Augen so groß waren wie der »Runde Turm«.

»Helft mir nun, daß ich nicht gehängt werde!« sagte der Soldat. Und da fielen die Hunde über den Richter und den ganzen Rat her, nahmen den einen bei den Beinen und den andern bei der Nase und warfen sie viele Klafter hoch in die Luft, so daß sie niederfielen und in lauter Stücke zersprangen.

»Ich will nicht!« sagte der König, aber der größte Hund nahm sowohl ihn wie die Königin und warf sie den anderen nach; da erschraken die Soldaten, und alles Volk rief: »Guter Soldat, du sollst unser König sein und die schöne Prinzessin haben!«

Dann setzten sie den Soldaten in des Königs Kutsche, und die drei Hunde tanzten voran und riefen: »Hurra!« Und Knaben pfiffen auf den Fingern, und die Soldaten präsentierten das Gewehr. Die Prinzessin kam aus dem kupfernen Schlosse und wurde Königin, und das gefiel ihr wohl! Die Hochzeit währte acht Tage, und die drei Hunde saßen mit bei Tische und machten große Augen.

Der Kaufmann, der Wirt und
der Kapuziner

Maltesisches Volksmärchen

Es war einmal ein sehr reicher, aber sehr geiziger Kaufmann. In seinem Hause ging es so sparsam zu, daß er jeden Tag eine Sardelle an die Decke nagelte, nach welcher die ganze Familie die Brötchen warf, um auf diese Weise wenigstens den Geschmack der Sardelle genießen zu können – aber die Sardelle essen durfte niemand, das wäre zu teuer gewesen! Zum Nachbarn hatte der Geizige einen Wirt, der reichlich und gut kochte, das konnte die Kaufmannsfamilie wahrnehmen, da oft ein gar köstlicher Geruch aus der Küche des Gastwirts strömte! So oft es aber beim Wirt gut roch, so oft unterließ der Geizige, die Sardelle zu kaufen. Einst sagte er zu einem Bekannten, er sei völlig satt, wenn er jenen guten Geruch genießen und dazu sein trockenes Brot verzehren könne. Dieser Bekannte aber war ein Spaßvogel, und schon suchte er den Wirt auf und erzählte ihm von seinem Vorhaben. Neujahr kam, und der Wirt sandte dem Kaufmann eine üppige

Rechnung! Der Geizhals aber kam zu ihm und rief: »Ich habe nie einen Bissen von dir gehabt!« – »Aber durch den Geruch meines Essens hast du dich ständig gesättigt!« – »Aber dadurch erlittest du keinen Schaden!« – »Trotzdem will ich meine Rechnung bezahlt haben!« Da ging ein jeder hin und klagte.

Der Richter war ein vernünftiger Mann, und sein Urteil lautete: »Du bist durch den Geruch satt geworden, und der Wirt wird durch das Klimpern einiger Goldstücke bezahlt!« Da ließ der Geizhals ein paar Goldstücke klimpern, und jeder ging seiner Arbeit nach.

Nun liebte aber der Wirt die Tochter des Kaufmanns; doch der Vater hatte ihm seine Bitte kurzweg abgeschlagen und ihn hinausgejagt, denn er fürchtete sich, eine Mitgift zahlen zu müssen. Die Mutter aber hätte ihre schöne Tochter gern verheiratet, da sie das arme Mädchen aus der Hungersnot befreien wollte, die im Hause herrschte.

Eines Tages sprach der Alte: »Ich werde zwei Tage wegfahren, da ich wichtige Besorgungen zu erledigen habe. Gebt der Verschwendung während meiner Abwesenheit keinen Raum und begnügt euch wie immer mit einfacher Kost!« Dann nagelte er die Sardelle an die Decke und ging.

Kaum hatte er die Haustür hinter sich geschlossen, als die Mutter sich mit der Tochter beriet und sagte: »Wie wär es, wenn wir ein Mahl zubereiten und deinen Bewerber einladen würden? Wär es nicht schön, wenn wir uns einmal nach Herzenslust satt essen könnten?« Die Tochter war damit einverstanden, und nun begannen sie die Vorbereitungen für ein reiches Mahl. Es gab Makkaroni, Reis und Lendenbraten und viele andere gute Sachen, die man sonst nur an Festtagen genießt. Als die Kocherei fertig war, holten sie den Wirt und setzten sich zu Tisch. Kaum aber griffen sie zu den Bestecken, als es an der Haustür kräftig klopfte. Sie erschraken und dachten, der Geizhals sei zurückgekommen. Es war jedoch nur ein

Kapuziner, der aber in Wirklichkeit gar keiner war, sondern ein verkleideter Räuber, der die Absicht hatte, den als ungemein reich bekannten Kaufmann auszurauben. Flehentlich rief er: »Ach, Herrschaften, die Nacht wird mich bald überraschen, und ich habe keine Stelle, wo ich mich hinlegen und ruhen könnte! Nehmt mich doch im Namen Gottes und seiner Heiligen für diese Nacht auf! Es soll euch allen Segen bringen!« Da sagte die Mutter: »Guter, armer Pater, natürlich verbringt Ihr diese Nacht bei uns; auch am Mahl sollt Ihr teilnehmen und Euch sättigen!« Also setzten sie sich wieder an den Tisch. Aber jetzt pochte es unten so heftig und ungestüm, daß die Frau erblaßte und rief: »Mein Mann! Oh weh! Wie fang ich es an, all die Teller und Schüsseln zu verstecken! Er wird mich töten! Und was machen wir mit dem Wirt? Herrgott, hilf!«

Da begann der Mönch: »Wollt Ihr, daß ich für Euch handle? Ich bin wohlerfahren und sehe, daß Ihr eine gutherzige Frau seid! Geht und öffnet! Habt keine Sorge!« Da ging sie hinunter, um zu öffnen, und der Kaufmann lief die Treppe hinauf. Unterdessen hatte der Mönch die vollen Platten schnell versteckt, eine unter den Kleiderschrank, die andere unter eine Bank, die dritte unter das Sofa und die vierte unter das Bett. Als nun der Kaufmann die Tür öffnete, sagte der Mönch zum Wirt, dem er eine alte Kutte übergeworfen: »Bruder, bring mir den Bettelsack ins Kloster und sage dem Provinzial, ich sei unfähig gewesen, die ganze Strecke zurückzugehen, und habe mir deshalb von einer frommen Familie Nachtquartier erbeten und es erhalten. Nun geh, und der heilige Franziskus möge deine Schritte begleiten!« Der Wirt war froh, hinausschlüpfen zu können.

Der Geizige zürnte seiner Frau nicht, dem Pater Nachtquartier gewährt zu haben, da sich dadurch eine Gabe ersparen ließ, aber dann begann er zu schnüffeln und sagte: »Was ist das für ein feiner Duft? Wie von gebackenem Reis! Nein, wie Makkaroni und Lendenbraten!« Dabei schaute er den Mönch an; dieser aber rief salbungsvoll: »Der Segen des heiligen Franziskus macht sich bemerkbar! Seine Gnade ist groß und ebenso seine Macht! Mann, hast du einen Wunsch? Sieh, ich bin ein begnadeter Mensch, und dieses Büchlein hier erfüllt alle meine Wünsche, besonders was das Essen betrifft! Wähle!« Da freute sich der Geizige und rief: »Ich wünsche mir eine Platte Reis!« Der Mönch sprach allerlei, es klang wie arabischer Hokuspokus; dabei blätterte er die mit seltsamen Schriftzügen bedeckten Blätter um und begann seinen Spruch von vorn. Zuletzt rief er: »Deine Bitte ist dir gewährt! Strecke deine Hand unter die Bank und ziehe – der Reis wird sogar heiß sein!« Ungläubig folgte der Mann, faßte aber wirklich einen heißen Gegenstand und siehe: es war eine Platte mit schönem, knusprig gebackenem Reis! Seine

Freude war groß und wurde noch größer, als ihm der Mönch bedeutete, er dürfe sich noch mehr wünschen! Und er fragte ihn sogar, ob er zum Beispiel Makkaroni oder Lendenbraten wünsche; ja, er drängte ihn, sich diese Leckerbissen zu wünschen! Der Geizhals war einverstanden, und so begann der Mönch erneut, seine Zauberformeln aus dem Büchlein vorzulesen, und gleich darauf konnte der Kaufmann all diese duftenden Sachen herbeiholen! Er lobte und pries den heiligen Franziskus und das Werkzeug seiner Gnade, den Kapuziner. Sie labten sich nun an den seltenen Bissen, und als der Mönch aufbrach, fragte der Kaufmann, ob es ihm nicht möglich wäre, ihm das wertvolle, wundertätige Büchlein zu überlassen. Der Kapuziner sträubte sich anfangs, dann sagte er: »Ich kann das Büchlein hergeben – doch nur dann, wenn ich dem Kloster einen annehmbaren Ersatz dafür bringe!« – »Worin soll dieser bestehen?« – »Ach, die Truhe hier wäre für diese Sache ganz gut geeignet!« – »Diese Truhe? Samt dem Inhalt?« – »Ja!« – »Gut! Nimm die Truhe und gib mir das Büchlein und unterweise mich, wie es anzuwenden ist!«

Da zeigte ihm der Kapuziner, wie man die fremden Zeichen lesen müsse und wie die Blätter umzuwenden seien; dann segnete er die ganze Familie, ließ die Truhe von zwei Männern hinunterbringen – und niemand hat ihn wieder gesehen!

Am nächsten Tag frohlockte der Kaufmann und sprach: »Es ist wahr, daß der Mönch mir samt der Truhe auch das darin verwahrte Gold abgenommen hat, aber wenn ich bedenke, daß ich von nun an keine Sardellen und überhaupt nichts mehr zu kaufen brauche, so segne ich die Truhe und den Mönch! Jetzt werde ich schnell meinen Hokuspokus aufsagen!« Damit stellte er sich in die Mitte des Zimmers und fing mit seinem Zauber an; dabei wendete er fleißig die Blätter um, und als es ihn genug dünkte, rief er: »Nun möchte ich ein gebratenes Lamm!« Dann ging er auf den Kleiderschrank zu und langte unter seinen Boden. Wirklich fanden die tastenden Hände etwas; als er es aber ans Licht zog, waren es zwei alte zerrissene Strümpfe, die seine Frau einmal versteckt hatte, um sich Prügel zu ersparen! Da ärgerte er sich ein klein wenig, murmelte aber vor sich hin, daß er wahrscheinlich den richtigen Platz verfehlt habe; und wieder begann er mit seinem Zauber, und jetzt griff er unter das Bett. Diesmal aber erwischte er etwas, woran ein Henkel war – es mußte eine mit Ragout gefüllte Terrine sein; aber es war auch nur ein Topf, alt und zerbrochen und nicht mit Ragout gefüllt.

Frau und Tochter warteten das Ergebnis des Zaubers nicht ab, sondern gingen ins Nebenzimmer und schlossen sich ein. Nun merkte der Alte, daß man ihm einen Streich gespielt hatte, und er begann laut zu jammern, zu fluchen und sich die Haare zu raufen. Aber die Truhe war weg!

Da der Alte sich so unglücklich gebärdete, kam der Wirt öfters herüber, und der Kaufmann mochte ihn schon ein bißchen besser leiden; und da jener ihm zuweilen einen guten Bissen mitbrachte, war er schon weniger abgeneigt, ihn als Schwiegersohn anzunehmen. Nur der Gedanke störte ihn, daß der Wirt vielleicht ein verschwenderischer, nicht an Sparsamkeit gewöhnter Mensch sein könnte. Aber der Wirt nahm ihm alle Zweifel: der Kaufmann hatte nämlich statt einer Lampe nur ein irdenes, kleines Töpfchen, und darin brannte ein winziger Docht. Eines Abends besuchte der Wirt die Familie, und als er das trübe Lichtchen sah, sagte er: »Jetzt glaube ich, daß du auf keinen grünen Zweig kommst! Du bist ein

Verschwender!« Der Alte staunte und fragte nach der Berechtigung dieser Behauptung. Der Wirt versetzte trocken: »Ja, du läßt abends ein Licht brennen und schonst deine Kleider nicht!« Da rief der Alte: »Hast du denn abends kein Licht? Ich dachte übrigens immer, ich hätte ein sehr sparsames Licht. Und warum soll ich diese Kleider hier schonen? Alt sind sie und schadhaft, aber ohne Kleider kann ich mich doch nicht sehen lassen!« Da sagte der Wirt: »Alt sind deine Kleider und schäbig – das ist wahr; aber sparen könntest du trotzdem! Siehst du, ich mache das so: das Licht darf bei mir nie und nimmer brennen, es leuchtete sonst zu hell, und dann könnte ich meine Kleider nicht sparen; ich streife sie nämlich ab – wenn wir im Dunkeln sitzen – und setze mich drauf, und auf diese Weise werden die Hosen geschont! Aber du bist ein Verschwender!« Der Alte fand den Vorwurf gerecht, löschte sein Glühwürmchen aus und machte sogleich Gebrauch von der neuen Idee zu sparen. Dann versprach er dem Wirt seine Tochter, da er unmöglich einen weiseren Schwiegersohn finden könne! Er übergab ihm auch sein Hab und Gut, und zwar unter der Bedingung, daß er für dessen Anwachsen sorge. Der Wirt versprach alles, und die Hochzeit wurde auf einen bestimmten Tag festgesetzt.

Unterdessen kaufte der Bräutigam ein prächtiges Haus und veranstaltete ein kostspieliges Gelage, zu dem er natürlich auch den Schwiegervater einlud. Als dieser kam und die Pracht sah, krampfte sich sein Herz vor Enttäuschung zusammen, und es traf ihn der Schlag. Die Mutter verblieb bei den jungen Leuten, und alle hatten ein glückliches Leben.

Dornröschen

Brüder Grimm

Vor Zeiten war ein König und eine Königin, die sprachen jeden Tag »ach, wenn wir doch ein Kind hätten!« und kriegten immer keins. Da trug sich zu, als die Königin einmal im Bade saß, daß ein Frosch aus dem Wasser ans Land kroch und zu ihr sprach »dein Wunsch wird erfüllt werden, ehe ein Jahr vergeht, wirst du eine Tochter zur Welt bringen.« Was der Frosch gesagt hatte, das geschah, und die Königin gebar ein Mädchen, das war so schön, daß der König vor Freude sich nicht zu lassen wußte und ein großes Fest anstellte. Er lud nicht bloß seine Verwandten, Freunde und Bekannten, sondern auch die weisen Frauen dazu ein, damit sie dem Kind hold und gewogen wären. Es waren ihrer dreizehn in seinem Reiche, weil er aber nur zwölf goldene Teller hatte, von welchen sie essen sollten, so mußte eine von ihnen daheim bleiben. Das Fest ward mit aller Pracht gefeiert, und als es zu Ende war, beschenkten die weisen Frauen das Kind mit ihren Wundergaben: die eine mit Tugend, die andere mit Schönheit, die dritte mit Reichtum, und so mit allem, was auf der Welt zu wünschen ist. Als elfe ihre

Sprüche eben getan hatten, trat plötzlich die dreizehnte herein. Sie wollte sich dafür rächen, daß sie nicht eingeladen war, und ohne jemand zu grüßen oder nur anzusehen, rief sie mit lauter Stimme »die Königstochter soll sich in ihrem fünfzehnten Jahr an einer Spindel stechen und tot hinfallen.« Und ohne ein Wort weiter zu sprechen, kehrte sie sich um und verließ den Saal. Alle waren erschrocken, da trat die zwölfte hervor, die ihren Wunsch noch übrig hatte, und weil sie den bösen Spruch nicht aufheben, sondern nur ihn mildern konnte, so sagte sie »es soll aber kein Tod sein, sondern ein hundertjähriger tiefer Schlaf, in welchen die Königstochter fällt.«

Der König, der sein liebes Kind vor dem Unglück gern bewahren wollte, ließ den Befehl ausgehen, daß alle Spindeln im ganzen Königreiche sollten verbrannt werden. An dem Mädchen aber wurden die Gaben der weisen Frauen sämtlich erfüllt, denn es war so schön, sittsam, freundlich und verständig, daß es jedermann, der es ansah, liebhaben mußte. Es geschah, daß an dem Tage, wo es gerade fünfzehn Jahr alt ward, der König und die Königin nicht zu Haus waren, und das Mädchen ganz allein im Schloß zurückblieb. Da ging es allerorten herum, besah Stuben und Kammern, wie es Lust hatte, und kam endlich auch an einen alten Turm. Es stieg die enge Wendeltreppe hinauf und gelangte zu einer kleinen Türe. In dem Schloß steckte ein verrosteter Schlüssel, und als es umdrehte, sprang die Türe auf, und saß da in einem kleinen Stübchen eine alte Frau mit einer Spindel und spann emsig ihren Flachs. »Guten Tag, du altes Mütterchen«, sprach die Königstochter, »was machst du da?« – »Ich spinne«, sagte die Alte und nickte mit dem Kopf. »Was ist das für ein Ding, das so lustig herumspringt?« sprach das Mädchen, nahm die Spindel und wollte auch spinnen. Kaum hatte sie aber die Spindel angerührt, so ging der Zauberspruch in Erfüllung, und sie stach sich damit in den Finger.

In dem Augenblick aber, wo sie den Stich empfand, fiel sie auf das Bett nieder, das da stand, und lag in einem tiefen Schlaf. Und dieser Schlaf verbreitete sich über das ganze Schloß: der König und die Königin, die eben heimgekommen waren und in den Saal getreten waren, fingen an einzuschlafen und der ganze Hofstaat mit ihnen. Da schliefen auch die Pferde im Stall, die Hunde im Hofe, die Tauben auf dem Dache, die Fliegen an der Wand, ja, das Feuer, das auf dem Herde flackerte, ward still und schlief ein, und der Braten hörte auf zu brutzeln, und der Koch, der den Küchenjungen, weil er etwas versehen hatte, in den Haaren ziehen wollte, ließ ihn los und schlief. Und der Wind legte sich, und auf den Bäumen vor dem Schloß regte sich kein Blättchen mehr.

Rings um das Schloß aber begann eine Dornenhecke zu wachsen, die jedes Jahr höher ward und endlich das ganze Schloß umzog und darüber hinauswuchs, daß gar nichts mehr davon zu sehen war, selbst nicht die Fahne auf dem Dach. Es ging aber die Sage in dem Land von dem schönen schlafenden Dornröschen, denn so ward die Königstochter genannt, also daß von Zeit zu Zeit Königssöhne kamen und durch die Hecke in das Schloß dringen wollten. Es war ihnen aber nicht möglich, denn die Dornen, als hätten sie Hände, hielten fest zusammen, und die Jünglinge blieben darin hängen, konnten sich nicht wieder losmachen und starben eines jämmerlichen Todes. Nach langen Jahren kam wieder einmal ein Königssohn in das Land und hörte, wie ein alter Mann von der Dornhecke erzählte, es sollte ein Schloß dahinter stehen, in welchem eine wunderschöne Königstochter, Dornröschen genannt, schon seit hundert Jahren schliefe, und mit ihr schliefe der König und die Königin und der ganze Hofstaat. Er wußte auch von seinem Großvater, daß schon viele Königssöhne gekommen wären und versucht hätten, durch die Dornenhecke zu dringen, aber sie wären darin hängen-geblieben und eines traurigen Todes gestorben. Da sprach der Jüngling »ich fürchte mich nicht, ich will hinaus und das schöne Dornröschen sehen.« Der gute Alte mochte ihm abraten, wie er wollte, er hörte nicht auf seine Worte.

Nun waren aber gerade die hundert Jahre verflossen, und der Tag war gekommen, wo Dornröschen wieder erwachen sollte. Als der Königssohn sich der Dornenhecke näherte, waren es lauter große schöne Blumen, die taten sich von selbst auseinander und ließen ihn unbeschädigt hindurch, und hinter ihm taten sie sich wieder als eine Hecke zusammen. Im Schloßhof sah er die Pferde und scheckigen Jagdhunde liegen und schlafen, auf dem Dache saßen die Tauben und hatten das Köpfchen unter den Flügel gesteckt. Und als er ins Haus kam, schliefen die Fliegen an der Wand, der Koch in der Küche hielt noch die Hand, als wollte er den Jungen anpacken, und die Magd saß vor dem schwarzen Huhn, das sollte gerupft werden. Da ging er weiter und sah im Saale den ganzen Hofstaat liegen und schlafen, und oben bei dem Throne lag der König und die Königin. Da ging er noch weiter, und alles war so still, daß einer seinen Atem hören konnte, und endlich kam er zu dem Turm und öffnete die Türe zu der kleinen Stube, in welcher Dornröschen schlief. Da lag es und war so schön, daß er die Augen nicht abwenden konnte, und er bückte sich und gab ihm einen Kuß. Wie er es mit dem Kuß berührt hatte, schlug Dornröschen die Augen auf, erwachte und blickte ihn ganz freundlich an. Da gingen sie zusammen herab, und der König erwachte und die Königin und der ganze Hofstaat und sahen einander mit großen Augen an. Und die Pferde im Hof standen auf und rüttelten sich; die Jagdhunde sprangen und wedelten; die Tauben auf dem Dache zogen das Köpfchen unterm Flügel hervor, sahen umher und flogen ins Feld; die Fliegen an den Wänden krochen weiter; das Feuer in der Küche erhob sich, flackerte und kochte das Essen; der Braten fing wieder an zu brutzeln; und der Koch gab dem Jungen eine Ohrfeige, daß er schrie; und die Magd rupfte das Huhn fertig. Und da wurde die Hochzeit des Königssohns mit dem Dornröschen in aller Pracht gefeiert, und sie lebten vergnügt bis an ihr Ende.

Das Märchen von Iwan Zarewitsch, vom Feuervogel und vom grauen Wolf

Alexander N. Afanasjew

Vor Zeiten herrschte in einem fernen Reich, in einem Zarenreich, der Zar Wysslaw Andronowitsch. Er hatte drei Söhne: der älteste hieß Dimitrij, der zweite Wassilij, und der jüngste hieß Iwan.

Es besaß aber der Zar einen so prächtigen Garten, wie es weit und breit keinen prächtigeren gab. Allerlei seltene Bäume und Pflanzen wuchsen darin; am liebsten aber war dem Zar ein Apfelbaum, der trug Äpfelchen aus reinem Gold. Die goldenen Äpfelchen jedoch lockten den Feuervogel in den Garten des Zaren. Der Feuervogel hatte goldene Federn, die glänzten wie Feuer, und Augen, die leuchteten wie Diamanten. Jede Nacht kam der Feuervogel in den Garten geflogen, ließ sich auf dem Apfelbaum nieder, pflückte sich zwei goldene Äpfelchen und flog davon.

Zar Wysslaw aber tat es sehr leid um seine goldenen Äpfelchen, deren immer weniger und weniger blieben. Er wußte sich bald keinen Rat mehr. Niemandem wollte es gelingen, den Feuervogel zu fangen. Endlich rief er seine drei Söhne zu sich und sprach:

»Meine lieben Söhne, wer von euch kann mir den Feuervogel fangen? Wer ihn mir lebendig bringt, dem gebe ich noch zu meinen Lebzeiten das halbe Reich, und nach meinem Tode soll er über das ganze Reich herrschen.«

Da riefen die drei Zarensöhne wie aus einem Mund: »Gnädiger Herr Vater und Kaiserliche Majestät! Freudig wollen wir den Feuervogel lebendig fangen.«

In der ersten Nacht ging also der älteste, Dimitrij Zarewitsch, den Garten bewachen. Er setzte sich unter den goldenen Apfelbaum, wartete und wachte. Lange saß er da, eine gute Stunde lang; dann fielen ihm die Augen zu. Er schlief ein ... Husch kam der Feuervogel geflogen, ließ sich auf dem goldenen Apfelbaum nieder, pflückte sich zwei goldene Äpfelchen und flog davon.

Am Morgen rief der Zar Dimitrij Zarewitsch zu sich und fragte ihn: »Sag mir, lieber Sohn, hast du den Feuervogel gesehen?«

»Nein, gnädiger Herr Vater, in dieser Nacht ist der Feuervogel nicht gekommen.«

In der nächsten Nacht ging Wassilij Zarewitsch den Garten bewachen. Er setzte sich unter den goldenen Apfelbaum und wartete und wachte. Lange saß er da, eine Stunde und noch eine Stunde. Dann fielen ihm die Augen zu. Er schlief ein ... Husch kam der Feuervogel geflogen, setzte sich auf den goldenen Apfelbaum, pflückte sich zwei goldene Äpfelchen und flog davon.

Am Morgen rief der Zar Wassilij Zarewitsch zu sich und fragte ihn: »Sag mir, lieber Sohn, hast du den Feuervogel gesehen?«

»Nein, gnädiger Herr Vater, in dieser Nacht ist der Feuervogel nicht gekommen.«

In der dritten Nacht aber ging der jüngste, Iwan Zarewitsch, den Garten bewachen. Er setzte sich unter den goldenen Apfelbaum und wartete und wachte. Lange saß er da, eine Stunde, eine zweite und schon die dritte Stunde. Plötzlich ward der Garten hell wie von einem Feuerschein: der Feuervogel kam geflogen, setzte sich auf den goldenen Apfelbaum und fing an, die goldenen Äpfelchen abzupflücken. Der Iwan Zarewitsch aber schlich sich so geschickt heran, daß er den Feuervogel am Schwanz erwischte, doch der Feuervogel riß sich los und flog davon. Bloß eine Feder blieb in Iwan Zarewitschs Hand.

Als der Zar erwachte, ging der Iwan Zarewitsch zu ihm und brachte ihm die Feder des Feuervogels. Da freute sich der Zar, denn die Feder war so wunderbar, ihr Glanz erhellte das dunkle Zimmer wie die liebe Sonne. Der Zar legte die kostbare Feder in sein Kabinett, weil er sie für immer aufbewahren wollte. Seit diesem Tag aber kam der Feuervogel nicht mehr in den Garten.

Zar Wysslaw berief abermals seine Söhne zu sich und sprach: »Meine lieben Söhne, ich will euch meinen väterlichen Segen geben: ziehet aus, den Feuervogel zu suchen. Wer ihn mir lebendig bringt, dem gebe ich noch zu meinen Lebzeiten das halbe Reich, und wenn ich einmal sterbe, soll er über das ganze Reich herrschen.«

Die Zarensöhne Dimitrij und Wassilij aber hatten Haß und Neid in ihren Herzen gegen ihren Bruder Iwan, weil es ihm geglückt war, dem Feuervogel die Feder auszureißen. Sie baten den Vater um seinen Segen und machten sich ohne den Jüngsten auf, den Feuervogel zu suchen.

Auch Iwan Zarewitsch bat den Vater, er möge ihm seinen Segen geben und ihn ziehen lassen. So sehr der Zar sich auch bemühte, den jüngsten Sohn zurückzuhalten, er vermochte nicht, ihn von seinem Wunsche abzubringen. Und so erhielt auch er den väterlichen Segen, wählte sich ein gutes Roß und machte sich auf den Weg. Er ritt geradeaus, ohne zu wissen, wohin der Weg führte.

Er ritt tapfer drauf los, bald in die Ferne, bald in der Nähe, mal bergauf, mal bergab – im Märchen hört's geschwind sich an, zu Pferd ist's nicht so schnell getan. Endlich kam er auf freies Feld, zu einer grünen Wiese. Mitten im Feld stand eine Säule, und auf der Säule stand geschrieben:

»Wer von dieser Säule geradeaus reitet, verhungert und erfriert.

202

Wer zur rechten Hand reitet, bleibt selbst heil und gesund, sein Roß aber geht zugrund.

Wer zur linken Hand reitet, des Roß bleibt heil und gesund, er selbst aber stirbt und verdirbt.«

Iwan der Zarensohn ritt nach rechts. Es tat ihm leid um sein gutes Roß, aber es blieb ihm nichts anderes übrig. Einen Tag, den anderen Tag und den dritten Tag ritt er dahin, da lief ihm plötzlich ein großer grauer Wolf entgegen.

»Hei, junger Bursch, Iwan Zarewitsch! Hast doch gelesen, daß dein Roß zugrund geht – warum reitest du diesen Weg?«

Sprach der Wolf, zerriß des Zarensohns Roß mitten entzwei und verschwand im Walde.

Iwan Zarewitsch aber weinte bitterlich um sein gutes Roß und ging zu Fuß weiter. Den ganzen Tag ging er und ging er und wurde unsäglich müde. Als er sich aber auf einen Stein niedersetzen und rasten wollte, holte ihn plötzlich der graue Wolf ein und sprach zu ihm:

»Du tust mir leid, Iwan Zarewitsch! Setz dich auf mich, den grauen Wolf, und sag mir, wohin ich dich bringen soll!«

Der Zarensohn sagte dem grauen Wolf, daß er den Feuervogel suchen müsse, und der graue Wolf flog mit ihm dahin, schneller als das schnellste Pferd, und brachte ihn mitten in der Nacht zu einer Mauer. Vor der Mauer hielt der graue Wolf und sprach: »Nun, Iwan Zarewitsch, steig ab von mir, dem grauen Wolf, und klettere über die steile Mauer. Hinter der Mauer liegt ein Garten, in dem Garten steht ein goldener Käfig, in dem Käfig sitzt der Feuervogel. Nimm den Feuervogel aus dem Käfig, aber rühre mir den Käfig ja nicht an!«

Der Zarensohn kletterte über die steile Mauer in den Garten, erblickte den goldenen Käfig mit dem Feuervogel, schlich sich sacht heran und nahm den Feuervogel heraus. Er wollte schon zurückgehen – da fiel ihm ein, daß er noch einen weiten Weg bis nach Hause reiten müsse, da wäre es doch unbequem, die ganze Zeit den Feuervogel in der Hand zu halten. Er wandte sich um und griff nach dem Käfig. Kaum aber hatte er den Käfig berührt, da ertönte und erdröhnte es im ganzen Garten, denn an dem Käfig waren Saiten angebracht: von allen

Seiten eilten Wächter herbei, ergriffen Iwan Zarewitsch und führten ihn vor
ihren Herrn, den Zaren Dalmat.

Zar Dalmat aber war fürchterlich böse und schrie mit drohender Stimme:
»Schämst du dich nicht, junger Bursche, zu stehlen? Wer bist du? Wo kommst du
her? Wie heißest du?«

Iwan der Zarensohn antwortete: »Ich bin der jüngste Sohn des Zaren
Wysslaw Andronowitsch. Man heißt mich Iwan Zarewitsch. Dein Feuervogel
kam jede Nacht in meines Vaters Garten geflogen und pflückte von meines Vaters
Lieblingsbaum die goldenen Äpfelchen ab. Darum hat mich mein Vater ausgeschickt, daß ich ihm den Feuervogel suche und bringe.«

»Oho, junger Bursche, Iwan Zarewitsch!« rief Zar Dalmat. »War denn das
recht, was du getan hast? Wärest du zu mir gekommen und hättest mich darum
gebeten, dann hätte ich dir in Ehren den Feuervogel samt dem goldenen Käfig
gegeben. Es wird gar nicht schön sein, wenn ich im ganzen Reich verkünden

lasse, wie unehrlich du in meinem Reich gehandelt hast. Doch höre, Iwan Zarewitsch: wenn du mir den Dienst leistest und jenseits des dreimal neunten Reiches in das dreimal zehnte Reich reitest und mir das goldmähnige Roß vom Zaren Aphron verschaffst, dann will ich dir verzeihen und dir in Ehren den Feuervogel samt dem goldenen Käfig geben!«

Iwan Zarewitsch versprach's.

Tief bekümmert kam er vom Zaren Dalmat zum grauen Wolf und erzählte ihm alles, was der Zar gesagt hatte.

»Ach, junger Bursche, Iwan Zarewitsch«, sagte der graue Wolf, »warum hast du nicht auf meine Worte gehört und den goldenen Käfig genommen?«

»Verzeih mir, bitte«, bat Iwan Zarewitsch.

»Geschehen ist geschehen«, sagte der graue Wolf. »So setz dich auf mich, den grauen Wolf, ich bringe dich zum Zaren Aphron. Sieh zu, daß du das goldmähnige Roß bekommst.«

Iwan Zarewitsch setzte sich auf den grauen Wolf, der schoß wie ein Pfeil davon, und über kurz und lang kamen sie mitten in der Nacht ins Reich des Zaren Aphron.

Vor dem marmorschimmernden Pferdestall des Zaren hielt der graue Wolf und sprach: »Steig ab von mir, dem grauen Wolf, geh in den marmorschimmernden Pferdestall und nimm das goldmähnige Roß. Den goldenen Zaum an der Wand aber rühre mir ja nicht an!«

Iwan Zarewitsch schlich leise in den marmorschimmernden Pferdestall, nahm das goldmähnige Roß und führte es heraus. Da erblickte er den goldenen Zaum an der Wand: er gefiel ihm zu sehr   und er griff danach.

Doch kaum hatte er ihn ergriffen, da ertönte und erdröhnte es im ganzen Stall, denn an den goldenen Zügeln waren Saiten angebracht; die Knechte liefen herbei, nahmen Iwan Zarewitsch gefangen und führten ihn vor ihren Herrn, den Zaren Aphron.

Der Zar war schrecklich zornig und fing an, ihn zu fragen: »He, junger Bursche, aus welchem Land und welches Vaters Sohn bist du, wie heißest du?«

Iwan Zarewitsch antwortete: »Des Zaren Wysslaw Andronowitschs jüngster Sohn bin ich; Iwan Zarewitsch heißt man mich.«

»Oho, mein Junge, Iwan Zarewitsch«, sprach Zar Aphron, »ziemt das einem jungen Ritter? Du hättest zu mir kommen sollen, dann hätte ich dir in Ehren das goldmähnige Roß mit dem goldenen Zaum gegeben. Wird das denn gut sein, wenn ich in allen Ländern verkünden lasse, wie du dich in meinem Reich aufgeführt hast? Doch höre, Iwan Zarewitsch: wenn du mir den Dienst leistest und über das dreimal neunte Reich in das dreimal zehnte Zarenreich reitest und mir die Zarin Jelena die Wunderschöne bringst, der ich schon lange von Herz und Seele zugetan bin, von der ich nicht lassen kann, so will ich dir verzeihen und dir in Ehren das goldmähnige Roß mit dem goldenen Zaum geben. Leistest du mir aber den Dienst nicht, so lasse ich in allen Reichen verkünden, daß du ein ehrloser Dieb bist!«

Iwan Zarewitsch verließ den Palast des Zaren Aphron und weinte bitterlich. Als er zum grauen Wolf kam, erzählte er ihm alles, was ihm widerfahren war.

»Ach, mein Junge, Iwan Zarewitsch«, sprach der graue Wolf, »warum hast du mir nicht gefolgt und hast doch den goldenen Zaum genommen?«

»Verzeih mir, lieber grauer Wolf«, bat Iwan Zarewitsch.

»Geschehen ist geschehen«, sagte der graue Wolf, »ich will dich zu Jelena der Wunderschönen bringen.«

Iwan der Zarensohn setzte sich auf des Wolfes Rücken, und der graue Wolf lief, schneller als der Wind, drei Tage und drei Nächte, bis sie in das Reich der Zarin Jelena der Wunderschönen kamen. Endlich hielt der graue Wolf vor einem goldenen Gitter. Hinter dem goldenen Gitter lag ein herrlicher Garten. Da sprach der graue Wolf: »Nun, Iwan Zarewitsch, steig ab von mir, dem grauen Wolf, geh auf dem Wege zurück bis zu der Eiche auf dem freien Feld und warte dort auf mich.«

Iwan Zarewitsch ging, wie ihn der graue Wolf geheißen, der graue Wolf aber setzte sich dicht an das goldene Gitter, bis Jelena die Wunderschöne in den Garten käme.

Als die goldene Sonne gegen Abend sich neigte, trat Jelena die Wunderschöne in den Garten, um sich in der lieblichen Abendkühle zu ergehen. Als sie, von ihren Hofherren und Hofdamen, Zofen und Lakaien begleitet, durch den Garten wandelte und an der Stelle vorüberkam, wo der graue Wolf lauerte, sprang dieser plötzlich über das Gitter, ergriff Jelena die Wunderschöne, sprang in einem Satz zurück und rannte mit ihr auf und davon. Ohne aufzuhalten rannte er zu der Eiche, wo Iwan Zarewitsch auf ihn wartete, nahm ihn auf seinen Rücken und lief mit beiden zu dem Reich des Zaren Aphron. Die Hofleute Jelenas der Wunderschönen aber eilten in ihre Stadt und schickten die schnellsten Reiter aus, um den grauen Wolf einzuholen.

Aus allen Kräften ließen die ihre Renner ausholen, den grauen Wolf aber konnten sie doch nicht einholen. Und also kehrten sie wieder um.

Iwan Zarewitsch und Jelena die Wunderschöne aber saßen auf des grauen Wolfes Rücken und gewannen einander von Herzen lieb. Als der graue Wolf in das Reich des Zaren Aphron kam, ward der Zarensohn tief betrübt und weinte bitterlich.

Der graue Wolf fragte ihn: »Warum weinst du, Iwan Zarewitsch?«

Da klagte ihm der Zarensohn sein Leid.

»Ach, lieber grauer Wolf!« seufzte er. »Wie sollte ich armer Junge nicht weinen und traurig sein? Habe ich doch Jelena die Wunderschöne von Herzen lieb und soll sie nun dem Zaren Aphron für das goldmähnige Roß geben. Und gebe ich sie ihm nicht, dann macht er mich in allen Reichen ehrlos . . .«

»Weine nicht, Iwan Zarewitsch«, sprach der graue Wolf. »Habe ich dir bis jetzt geholfen, will ich dir auch dieses Mal helfen!«

Sprach der graue Wolf, warf sich auf die kühle Mutter Erde – und stand mit einem Male da als Jelena die Wunderschöne!

Da nahm Iwan der Zarensohn die falsche Jelena bei der Hand, um sie zum Zaren Aphron zu führen. Jelena die Wunderschöne hieß er vor der Stadt auf sich warten.

Zar Aphron war hocherfreut, als er Iwan Zarewitsch mit der vermeintlichen Jelena der Wunderschönen kommen sah. Er befahl sogleich, das goldmähnige Roß vorzuführen. Iwan Zarewitsch bestieg das goldmähnige Roß, ritt vor die Stadt, wo Jelena die Wunderschöne auf ihn wartete, nahm sie vor sich auf's Pferd und jagte mit ihr davon, zum Reich des Zaren Dalmat.

Der graue Wolf aber lebte als Jelena die Wunderschöne beim Zaren Aphron. Am dritten Tag jedoch bat sie den Zaren um Erlaubnis, im Freien spazieren zu dürfen: in der Kammer sei es so schwül und dumpf.

Der Zar erlaubte es mit Freuden und hieß die Hofdamen und Kammerzofen, die Zarin ins Freie zu geleiten.

Iwan Zarewitsch aber zog indessen mit Jelena der Wunderschönen über Weg und Steg und hatte schon den grauen Wolf vergessen.

Doch auf einmal erinnerte er sich seiner und seufzte:

»Ach, wo ist mein lieber grauer Wolf?«

Kaum aber hatte er das Wort gesprochen, stand der graue Wolf leibhaftig neben ihm.

»Iwan Zarewitsch«, sagte er, »setz dich auf mich, den grauen Wolf, und Jelena die Wunderschöne soll auf dem goldmähnigen Roß reiten.«

Also ritten sie zum Reich des Zaren Dalmat.

Über kurz oder lang waren sie bis auf drei Meilen vor der Stadt des Zaren Dalmat angelangt. Da begann Iwan Zarewitsch den grauen Wolf zu bitten: »Ach, lieber grauer Wolf! Du hast mir schon so oft beigestanden, willst du mir dazu verhelfen, daß ich das goldmähnige Roß behalten kann?«

Der graue Wolf sagte nichts, legte sich auf die kühle Mutter Erde und stand plötzlich als goldmähniges Roß da.

Iwan Zarewitsch ließ Jelena die Wunderschöne mit dem goldmähnigen Roß auf der grünen Wiese warten, setzte sich auf das andere goldmähnige Roß, in das sich der graue Wolf verwandelt hatte, und ritt zum Palast des Zaren Dalmat.

Zar Dalmat war hocherfreut, als er Iwan Zarewitsch mit dem goldmähnigen Roß kommen sah. Er ging ihm entgegen, begrüßte ihn feierlich und ließ ihm zu Ehren ein prächtiges Fest feiern. Zum Abschied gab er dem Zarensohn den Feuervogel im goldenen Käfig.

Der Zarensohn ging vor die Stadt, wo Jelena die Wunderschöne auf ihn wartete, bestieg das goldmähnige Roß, nahm Jelena vor sich und den goldenen Käfig hinter sich aufs Roß und ritt davon, der Heimat zu.

Der graue Wolf aber blieb als goldmähniges Roß beim Zaren Dalmat. Am nächsten Tag schon wollte der Zar auf dem goldmähnigen Roß ausreiten, er ließ es satteln, bestieg es und ritt ins freie Feld.

Kaum aber war das Roß im freien Feld, warf es den Zaren ab, verwandelte sich wieder in den grauen Wolf und holte Iwan Zarewitsch ein.

»Iwan Zarewitsch, setz dich auf mich, den grauen Wolf, die Zarin Jelena die Wunderschöne aber soll auf dem goldmähnigen Roß reiten.«

Sprach der graue Wolf, und also ritten sie weiter, der Heimat zu.

Als der graue Wolf Iwan Zarewitsch an die Stelle brachte, wo er dessen gutes Pferd mitten entzwei gerissen hatte, blieb er stehen und sprach: »Nun, lieber Iwan Zarewitsch, ich hab dir treu und ehrlich gedient. Sieh, an dieser Stelle hab ich dein gutes Pferd zerrissen, an diese Stelle hab ich dich auch wieder zurückgebracht. So steige ab von mir, dem grauen Wolf, setze dich auf dein goldmähniges Roß und reite mit Jelena der Wunderschönen und dem Feuervogel glücklich nach Hause.«

Sprach's und verschwand in dem dichten Wald.

Da war Iwan Zarewitsch tief betrübt und weinte bitterlich um seinen lieben grauen Wolf. Aber was half's? Er zog also mit Jelena der Wunderschönen weiter seines Weges.

Bald kurz, bald lang ritt Iwan Zarewitsch auf seinem goldmähnigen Roß, mit Jelena der Wunderschönen vor sich und dem Feuervogel in dem goldenen Käfig hinter sich, bis er auf zwanzig Werst vor dem Reich seines Vaters angelangt war. Da hielt er das Roß an, stieg ab und setzte sich mit Jelena der Wunderschönen unter einen Baum, um zu rasten. Das goldmähnige Roß hatte er an einen Baum angebunden, den Käfig mit dem Feuervogel neben sich gestellt. Todmüde streckten sie sich im weichen Grase aus und sanken alsbald in tiefen Schlummer.

Zur selben Zeit aber kamen Iwan Zarewitschs beide Brüder, die Zarensöhne Wassilij und Dimitrij, vorbei, die vor ihrem jüngsten Bruder ausgezogen waren, um den Feuervogel zu suchen, und jetzt mit leeren Händen heimkehrten. Unverhofft fanden sie da den schlafenden Bruder und Jelena die Wunderschöne. Als sie das goldmähnige Roß und den Feuervogel im goldenen Käfig erblickten, waren sie freudig überrascht, und gleich beschlossen sie, ihren jüngsten Bruder umzubringen.

Der Zarensohn Dimitrij zog sein Schwert aus der Scheide, erschlug Iwan Zarewitsch, zerschlug ihn in Stücke.

Dann weckte er Jelena die Wunderschöne: »Schöne Jungfrau«, fragte er, »aus welchem Land und welches Vaters Tochter bist du und wie heißest du?«

Als Jelena die Wunderschöne den Zarensohn tot daliegen sah, erschrak sie sehr und begann bitterlich zu weinen. Sie sprach unter Tränen: »Ich bin die Zarin Jelena die Wunderschöne. Mich erwarb sich Iwan Zarewitsch, den ihr dem schlimmen Tod überliefert habt. Wäret ihr ehrliche Leute, wäret ihr mit ihm ins Feld geritten und hättet ihn lebend und wach überwunden. Ihr habt ihn aber im Schlafe getötet und euch also schlechten Ruhm erworben. Ein schlafender Mensch – und nun tot!«

Da richtete Dimitrij Zarewitsch sein Schwert gegen Jelenas der Wunderschönen Herz und sagte zu ihr: »Höre, Jelena, du Wunderschöne! Du bist jetzt in unseren Händen. Wir wollen dich zu unserem Vater, dem Zaren Wysslaw Andronowitsch bringen, du aber sage ihm, daß wir dich und den Feuervogel und das goldmähnige Roß erworben haben. Wenn du es nicht sagen willst, bringen wir dich sogleich um!«

Jelena die Wunderschöne erschrak zu Tode; sie versprach's und beschwor's bei einem heiligen Eid, daß sie es so sagen würde, wie sie es verlangten.

Darauf warfen Dimitrij und Wassilij das Los, wem von ihnen Jelena die Wunderschöne und wem das goldmähnige Roß gehören sollte.

Jelena die Wunderschöne fiel Wassilij zu, das goldmähnige Roß Dimitrij.

Iwan Zarewitsch aber lag schon volle dreißig Tage tot, als der graue Wolf gerade vorbeilief und ihn fand. Zu gern hätte der graue Wolf Iwan Zarewitsch wieder geholfen und ihn lebendig gemacht, aber er wußte nicht, wie er es anfangen sollte. Als er so tiefbekümmert neben dem Toten saß, sah er auf einmal eine Krähe mit ihren beiden Jungen über dem Toten kreisen.

Er lauerte, bis sie sich auf den Leichnam setzten, sprang hinzu und fing ein Krähenjunges.

»Tu meinem Jüngsten nichts zuleide«, bat die Krähenmutter. »Es hat dir doch nichts getan!«

»Hör mich an, Krähenmutter!« sprach der graue Wolf zur Krähe. »Ich will deinem Jüngsten nichts zuleide tun, wenn du mir einen Dienst erweist. Flieg über das dreimal neunte Reich in das dreimal zehnte Zarenreich und bringe mir von dem Wasser des Lebens und von dem Wasser des Todes!«

»Ich will es gern tun, doch tu meinem Jüngsten nichts zuleide!« bat die Krähe und flog fort. Am dritten Tage erst kam die Krähe wieder geflogen und brachte zwei Bläschen mit – in dem einen das Wasser des Lebens und in dem anderen das Wasser des Todes – und gab sie dem grauen Wolf.

Der graue Wolf nahm die beiden Bläschen, packte dann die Krähe, riß sie mitten entzwei und besprengte sie erst mit dem Wasser des Todes: da wuchs die Krähe wieder zusammen; er besprengte sie mit dem Wasser des Lebens – die Krähe schüttelte ihr Gefieder und flog auf und davon.

Der graue Wolf aber besprengte sogleich den Zarensohn mit dem Wasser des Todes: da wuchs sein Körper wieder zusammen. Dann besprengte er ihn mit dem Wasser des Lebens, und Iwan Zarewitsch schlug die Augen auf und sagte: »Ach, was habe ich so lange geschlafen!«

Da sagte der graue Wolf zu ihm: »Gewiß, Iwan Zarewitsch! Du würdest auf ewig schlafen, wenn ich nicht da wäre. Haben dich doch deine Brüder erschlagen und Jelena die Wunderschöne und das goldmähnige Roß und den Feuervogel mitgenommen. Auf, eile so schnell wie möglich in deine Heimat! Dein Bruder Wassilij heiratet noch heute Jelena die Wunderschöne, deine Braut. Setz dich auf mich, den grauen Wolf, ich will dich hinbringen.«

Iwan Zarewitsch setzte sich auf des grauen Wolfes Rücken: der graue Wolf lief mit ihm, schneller als der Wind, in das Reich des Zaren Wysslaw und kam über kurz und lang in des Zaren Hauptstadt.

Iwan Zarewitsch stieg ab, eilte zum Palast des Zaren und sah, wie sein Bruder eben mit Jelena der Wunderschönen von der Trauung zurückkam und sich an die Hochzeitstafel setzte.

Da erblickte Jelena die Wunderschöne Iwan Zarewitsch.

Sie sprang vom Tisch auf, umarmte und küßte ihn auf seinen schönen Mund und rief: »Dieser hier ist mein lieber Bräutigam, Iwan Zarewitsch! Und nicht der Bösewicht dort!«

Nun erhob sich Zar Wysslaw Andronowitsch von seinem Stuhl und begann Jelena die Wunderschöne zu fragen, was denn das alles zu bedeuten habe.

Jelena die Wunderschöne erzählte ihm die ganze Wahrheit, was und wie alles geschehen sei. Zar Wysslaw Andronowitsch erzürnte gewaltig über die Zarensöhne Wassilij und Dimitrij und ließ sie in den Kerker werfen.

Iwan Zarewitsch aber heiratete Jelena die Wunderschöne und lebte mit ihr in Liebe und Eintracht, daß sie nicht einen einzigen Augenblick ohne einander sein mochten.

Die Diebe
in der Schatzkammer des Dogen
von Venedig

Italienisches Volksmärchen

In der sehr, sehr alten Stadt Venedig lebte einst ein Doge, ein weiser und reicher Mann, vorsichtig und klug in allen Dingen. Er hieß Messere Valeriano und war der Sohn des Messere Vannozzo Accettani. Am Dom von Sankt Markus stand ein Glockenturm, der schönste und prächtigste, den es damals gab, und die größte Zierde, die Venedig zu jener Zeit besaß. Dieser Turm war nun aber in Gefahr, einzustürzen, wegen gewisser Fehler in den Fundamenten. Daher ließ der Doge von Venedig in ganz Italien nachforschen und verkünden: Wer es unternehmen wolle, besagten Turm auszubessern, der möge zu ihm kommen, er solle Geld erhalten, so viel er zu verlangen nötig habe. Das hörte ein wackerer florentinischer Meister namens Bindo, und als er vernahm, wie es mit dem Turm stehe, beschloß er, das Unternehmen zu wagen.

Als er den Turm besichtigt hatte, ging er zum Dogen und sprach: »Gnädiger Herr, ich bin gekommen, um Euren Glockenturm wieder instand zu setzen.« Der Doge erwies ihm große Ehre und sagte: »Lieber Meister, ich bitte Euch, diese Arbeit so rasch als möglich anzufangen.« – »Gnädiger Herr, das soll geschehen«, versetzte dieser. Und sogleich ließ er die Arbeit beginnen und brachte mit großer Sorgfalt und in kürzester Zeit den Glockenturm derart in Ordnung, daß er schöner war als zuvor. Der Doge war begeistert und zahlte dem Meister die verlangte Summe, machte ihn zum Bürger von Venedig und gab ihm reiches Einkommen. Dann sagte er zu ihm: »Nun sollt Ihr mir einen Palast bauen und darin eine Kammer, in der man den ganzen Schatz der Stadt Venedig aufbewahren kann.« Der Baumeister traf sogleich alle Maßnahmen, den gewünschten Palast zu errichten, samt der Kammer, worin der besagte Schatz untergebracht werden sollte. Aber listig und kunstreich fügte er einen Stein so ein, daß man ihn herausnehmen und wieder hineinstoßen konnte. Auf diese Weise würde er nach seinem Belieben in die Kammer eindringen können. Und von diesem geheimen Eingang wußte kein Mensch in der Welt etwas als er allein.

Sobald nun der Palast fertig war, ließ der Doge alle möglichen Kostbarkeiten in diesen Raum bringen, darunter Stoffe aus Damast, durchwirkt mit Gold, prachtvolle Vorhänge und Decken, wertvolle Schmuckstücke, dazu Gold und Silber in Menge. Man nannte diese Schatzkammer die Turpea des Dogen und der

Gemeinde von Venedig; sie war mit fünf Schlüsseln abgeschlossen. Vier davon verwahrten die vier vornehmsten Bürger Venedigs; man nannte sie Kämmerer des Schatzes von Venedig. Den fünften Schlüssel hatte der Doge selbst. So konnte also diese Schatzkammer nur dann geöffnet werden, wenn alle fünf, welche die Schlüssel in ihrer Obhut hatten, zusammenkamen.

Als nun Meister Bindo mit seiner Familie in Venedig lebte, nachdem er Bürger der Stadt geworden war, fing er an, viel Geld auszugeben und wie ein reicher Mann zu leben, und auch sein Sohn, der Ricciardo hieß, machte verschwenderische Ausgaben, so daß es ihnen in kurzer Zeit an den nötigen Mitteln fehlte. Daher rief der Vater einst bei Nacht seinen Sohn, nahm eine kleine Leiter und ein passendes Hebeeisen sowie ein wenig Mörtel mit. So gingen sie zu der Öffnung in der Mauer der Schatzkammer. Dort legte er die Leiter an, hob den Stein heraus, kroch in die Kammer hinein und nahm aus einem Schrank einen schönen goldenen Becher, ging hinaus und fügte den Stein wieder an seinen richtigen Platz. Nach Hause zurückgekehrt, zerschlugen sie den Becher und schickten ihn stückweise zum Verkauf in einige lombardische Städte. So konnten sie ihr ungeordnetes Leben weiterführen.

Nun geschah es, daß ein Kardinal zum Dogen nach Venedig kam, und da ihm der Doge die Ehre erweisen wollte, beschloß er, jene Kammer öffnen zu lassen, Schmuck und Gobelins herauszuholen für den Empfang des Kirchenfürsten. Als die Kammer geöffnet wurde, fehlte der Becher. Da entstand unter den Kämmerern der größte Lärm. Sie gingen zum Dogen und meldeten ihm, daß man den Becher nicht mehr finde. Und nach vielem Hin und Her befahl er ihnen, von der Sache nicht zu reden und nichts zu unternehmen, bis der Kardinal wieder abgereist sei. Und so geschah es auch.

Dann schickte der Doge nach den vier Schatzmeistern und wollte wissen, wo der Becher hingekommen sei. Und er befahl ihnen, den Palast nicht zu verlassen, bis der Becher gefunden sei, und fügte hinzu: »Ihr allein habt die Verantwortung zu tragen.«

Die vier Männer traten zusammen und dachten darüber nach, konnten sich jedoch in keiner Weise klarwerden über das Verschwinden des Bechers. Da meinte einer von ihnen: »Wir wollen doch einmal nachsehen, ob man auf einem andern Weg als durch die Tür in diese Kammer gelangen kann.« Sie schauten nach, konnten aber keinen Eingang entdecken. Da ließen sie die Kammer mit Stroh füllen, zündeten es an und verschlossen Tür und Fenster, damit der Rauch nicht hinauskönne. Es entstand so starker Rauch, daß er durch die Ritzen jener geheimen Öffnung einen Weg fand. Sie gingen zum Dogen und berichteten ihm ihre Entdeckung. »Verratet keine Silbe davon«, sagte der Doge, »damit wir den Schelm bei der Tat erwischen.« Dann ließ er in der Kammer gerade unter dem Loch einen Kessel voll Pech aufstellen und befahl, daß man Tag und Nacht darunter ein Feuer unterhalte, damit das Pech immer siedend bleibe.

Inzwischen war das aus dem Becher gelöste Geld aufgebraucht. Deshalb gingen der Meister und sein Sohn eines Nachts wieder zur Öffnung und nahmen den Stein heraus. Der Meister stieg hinein und fiel in den Kessel mit siedendem Pech. Und weil er bis zum Gürtel im Kessel stand und nicht heraus konnte, gab er sich für verloren. Er faßte daher einen schnellen Entschluß, rief seinen Sohn und sprach: »Mein Sohn, ich bin des Todes. Schneide mir den Kopf ab, damit der Rumpf nicht erkannt werde. Und nimm ihn mit und begrabe ihn an einem Ort, wo er nicht gefunden wird. Und tröste deine Mutter und mach dich behutsam von dannen, und wenn dich jemand nach mir fragen sollte, so sage, ich sei in Geschäften nach Florenz gereist.«

Der Sohn fing an zu weinen und zu klagen, schlug die Hände zusammen und rief: »O weh mir, mein Vater!« Dieser erwiderte: »Mein lieber Sohn, es ist besser,

216

einer stirbt als zwei. Darum tu, was ich dir sage, und beeile dich.« Da mußte der Sohn dem Vater den Kopf abschneiden. Der Rumpf jedoch blieb im Kessel und sott so lange, bis fast nur das Skelett übrig war. Der Sohn kehrte nach Hause zurück und begrub das Haupt seines Vaters, so gut er konnte, und dann erzählte er das Ganze seiner Mutter. Sie wollte darob in laute Wehklage ausbrechen, der

Sohn aber sagte: »Wenn Ihr Lärm macht, laufen wir beide Gefahr, ums Leben zu kommen; daher, liebe Mutter, seid verständig.«

Am folgenden Morgen wurde der Leichnam gefunden und zum Dogen gebracht, der sich höchlich darob verwunderte, und weil er sich nicht denken konnte, wer es sei, sprach er: »Es sind sicher zwei Diebe, den einen haben wir, nun müssen wir den zweiten suchen.« Darauf sagte einer der vier Schatzmeister: »Ich habe gefunden, wie das geschehen kann: Es ist kaum anzunehmen, daß dieser nicht Weib und Kind hat in dieser Stadt, darum lassen wir diesen Körper durch die ganze Stadt schleifen und schicken Wachen aus, die aufpassen müssen, ob jemand weint oder jammert. Und wenn sich jemand findet, soll man ihn verhaften und verhören. Auf diese Weise werden wir wohl den Mitschuldigen finden.«

Und so wurde es beschlossen. Sie ließen den Rumpf in der ganzen Stadt herumschleifen. Wie sie nun auch am Haus des Toten vorüberkamen, trat seine Frau ans Fenster, und als sie den Leib ihres Gatten derart mißhandelt sah, stieß sie einen lauten Schrei aus. Da sagte der Sohn: »O weh, Mutter, was tut Ihr?« Er nahm ein Messer und schnitt sich in die Hand. Die Wachen hatten den Schrei vernommen, liefen ins Haus und fragten die Frau, was sie habe. Ihr Sohn antwortete: »Ich hantierte mit diesem Messer und schnitt mich dabei in die Hand. Deswegen hat meine Mutter einen lauten Schrei ausgestoßen.« Die Wachen zogen weiter durch die ganze Stadt, ohne jemand zu finden.

So wurde der Leichnam an den Füßen auf dem Markt aufgehängt und Wachen aufgestellt. Die Nachricht verbreitete sich durch die ganze Stadt, der Dieb sei auf dem Platz aufgehängt, und viele Leute liefen hin, um ihn zu sehen. Als nun die Frau das hörte, sagte sie zu ihrem Sohn, es sei dies eine große Schande,

daß sein Vater auf diese Weise am Galgen hänge. Der Sohn erwiderte: »Liebe Mutter, seid um Gottes willen ruhig, denn sie tun das nur deshalb, um mich zu erwischen. Habt um Himmels willen Geduld.«

Die Mutter aber konnte es nicht ertragen und sagte immer wieder: »Wäre ich ein Mann, so hätte ich ihn schon längst abgenommen; wenn du ihn nicht herabholst, so gehe ich einmal bei Nacht und hole ihn selber.«

Als der Jüngling den festen Entschluß seiner Mutter sah, kaufte er zwölf schwarze Mönchskutten, ging eines Abends an den Hafen, nahm zwölf Lastträger mit und führte sie durch eine Hintertür in eine kleine Stube seines Hauses, wo er ihnen zu essen und zu trinken gab, so viel sie wollten. Und als er sie in die rechte Laune versetzt hatte, zog er ihnen die Mönchskutten über und fratzenhafte Masken, drückte jedem eine angezündete Fackel in die Hand, so daß sie aussahen wie Teufel aus der Hölle. Dann stieg er auf ein Pferd, das ganz in schwarze Tücher gehüllt war, und die Pferdedecke war voller Haken, und an jedem Haken steckte eine angezündete Kerze; und nachdem er sich selbst eine greuliche Maske vors Gesicht gebunden hatte, stellte er sich an die Spitze und sagte zu ihnen: »Tut, was ich tun werde.« So zogen sie nach dem Platz, wo der Leichnam am Galgen hing, und fingen an, kreuz und quer über den Platz zu rennen. Mitternacht war vorüber und die Finsternis vollkommen. Als nun die Wachen diese Neuigkeit sahen, bekamen sie Angst und bildeten sich ein, es seien richtige Teufel, und der zu Pferd mit der gräßlichen Gestalt sei Luzifer in Person. Und wie sie ihn auf den Galgen losgaloppieren sahen, ergriffen sie vor Entsetzen die Flucht. Unterdessen nahm er den Leichnam ab, legte ihn auf den Sattelbogen seines Pferdes und jagte seinen zwölf Gefährten voraus seinem Hause zu. Dort gab er ihnen Geld, zog ihnen die Mäntel aus und schickte sie weg. Danach begrub er den Leichnam heimlich, so gut es ging.

Am Morgen wurde dem Dogen berichtet, der Leichnam sei gestohlen worden; und der Doge sandte nach den Wächtern und wollte wissen, wo der Tote hingekommen sei. Die Wachen antworteten: »Gnädiger Herr, denkt Euch, diese Nacht – Mitternacht war schon vorüber –, da kam eine große Schar von Teufeln, und unter ihnen sahen wir deutlich den Oberteufel Luzifer, der gewiß den Leichnam verschlungen hat.«

Der Doge sah, daß eine List dahintersteckte, und nahm sich vor, erst recht in Erfahrung zu bringen, wer es sei. Er hielt einen geheimen Rat und beschloß, es dürfe in Venedig zwanzig Tage lang kein frisches Fleisch verkauft werden. Es geschah, und jedermann wunderte sich über diesen Erlaß. Dann ließ er ein sehr schönes Milchkalb schlachten und setzte den Preis eines Pfundes auf einen florentinischen Goldgulden fest und sagte zu dem Verkäufer, er solle sich diejenigen merken, die davon kauften, denn er dachte bei sich: »Gewöhnlich sind die Diebe besonders leckermäulig; dieser wird sich auch nicht enthalten können.« Er ließ also bekanntmachen, wer Fleisch wolle, solle auf den Marktplatz kommen. Alle Kaufleute und Vornehmen kamen herbei; als sie jedoch hörten, das Pfund koste einen Gulden, kauften sie nichts. Das Gerücht verbreitete sich durch die Stadt und kam auch der Witwe des Baumeisters zu Ohren. Da sprach sie zu ihrem Sohn: »Es gelüstet mich nach einem Stücklein von diesem Kalbfleisch.« Ricciardo erwiderte: »Liebe Mutter, eilt nicht so sehr. Laßt lieber andere zuerst hingehen. Ich möchte nicht gern der erste sein, der davon nimmt.«

Die Mutter jedoch, eine unverständige Frau, plagte ihn immer mit ihren Wünschen, und der Sohn, aus Angst, sie könnte am Ende einen andern hin-

schicken, ließ eine Torte backen und verschaffte sich eine Flasche Wein, in den Opium gemischt war. Dann nahm er einige Brote, die Torte und den Wein, und als es dunkel war, legte er sich einen Bart und eine Kapuze an und ging an den Ort, wo das Kalbfleisch verkauft wurde, das noch nicht einmal angeschnitten war. Nachdem er am Laden geklopft hatte, fragte einer der Wächter: »Wer bist du?« Ricciardo antwortete: »Könntet ihr mir vielleicht sagen, wo ein gewisser Glück wohnt?« Einer von ihnen fragte: »Was für ein Glück?« Ricciardo antwortete: »Verflucht sei ich, daß ich seinen Nachnamen nicht weiß; denn ich bin noch nie bei ihm gewesen.« – »Wer schickt dich denn?« fragte einer von ihnen. »Seine Frau«, gab Ricciardo zur Antwort; »sie übergab mir die Sachen da, ich solle sie ihm bringen, damit er zu Nacht essen könne. Tut mir doch den Gefallen und hebt mir die Sachen auf, damit ich nochmals nach Hause gehe, um seinen genauen Namen

zu erfahren. Und wundert euch nicht, daß ich ihn nicht weiß, denn ich bin erst seit kurzem in dieser Stadt.« Und er ließ die Torte, das Brot und den Wein stehen und tat, als ginge er weg, indem er sagte: »Ich komme sogleich wieder.«

Sie nahmen die Sachen, und einer von ihnen sagte: »Schaut her, das Glück ist diesmal bei uns eingekehrt.« Damit setzte er die Flasche an den Mund und trank, reichte sie seinem Kameraden und sprach: »Trink! Du hast noch nie besseren Wein getrunken.« Und während sie plauderten, schliefen sie ein.

Ricciardo, der an der Tür lauschte, trat ein, nahm das Kalb, trug es nach Hause und sagte zu seiner Mutter: »Nun könnt Ihr davon abschneiden, so viel Euch gelüstet.«

Sobald der Doge erfuhr, daß das Kalb gestohlen und auf welche Weise man dabei vorgegangen sei, wunderte er sich sehr und nahm sich noch fester vor, herauszufinden, wer der Täter sei. Er ließ hundert arme Leute kommen, schrieb alle ihre Namen auf und sprach zu ihnen: »Geht in alle Häuser Venedigs und tut, als bettelt ihr Almosen, gebt aber acht, ob ihr nicht in einem Hause Fleisch kochen oder eine große Pfanne überm Feuer seht; und seid so zudringlich, bis man euch Fleisch oder Fleischbrühe gibt; und wer mir nur ein bißchen davon bringt, soll zwanzig Goldstücke von mir kriegen.«

So zogen denn diese hundert Landstreicher in allen Richtungen durch die Stadt und bettelten, und einer von ihnen kam richtig auch in das Haus des Ricciardo, und als er hinaufstieg, sah er deutlich das Fleisch, das seine Mutter kochte, und erbat um Gottes willen ein Stücklein davon, worauf die Frau, als sie sah, daß sie Fleisch in Hülle und Fülle hatte, unvorsichtig genug war, ihm ein Schnitzel zu geben. Der Bettler dankte und sprach: »Ich will zu Gott für Euch beten«, und eilte die Treppe hinunter.

Ricciardo aber begegnete diesem Armen auf der Treppe, und als er sah, daß er Fleisch in der Hand trug, sagte er: »Komm wieder hinauf, ich geb dir noch mehr.« Der Bettler stieg mit ihm hinauf, Ricciardo aber führte ihn in eine Kammer, schlug ihm mit einer Axt auf den Kopf, und nachdem er ihn getötet hatte, warf er ihn hinunter in den Abort und verriegelte die Haustür. Am Abend kamen alle die Armen zu dem Herzog zurück, wie sie versprochen hatten, und jeder von ihnen sagte, er habe nichts finden können. Der Doge ließ sie zählen und ihre Namen notieren, da stellte sich heraus, daß einer fehlte, und er merkte gleich, woran er war, und sagte: »Der ist gewiß umgebracht worden.«

Er versammelte den Rat und sprach: »Ich muß wahrhaftig wissen, wer das ist.« Da meinte einer der Ratsherren: »Gnädiger Herr, Ihr habt es mit dem Laster der Freßgier versucht; probiert es einmal mit dem der Wollust.« Da sprach der Doge: »Wer mehr weiß, der tue auch mehr.« Es wurden also fünfundzwanzig Jünglinge, die schlauesten der Stadt und diejenigen, welche der Doge am meisten in Verdacht hatte, aufgefordert zu ihm zu kommen, und darunter befand sich auch dieser Ricciardo. Als man sie nun im Palast zurückhielt, sagte einer zum andern: »Warum behält uns denn der Doge hier?« Bald danach ließ der Doge in einem seiner Säle fünfundzwanzig Betten aufschlagen, für jeden dieser jungen Leute eines. Mitten im Saal aber ließ er ein prächtiges Himmelbett errichten, wo seine Tochter schlief, die über alle Maßen schön war. Und jeden Abend, sobald die Jünglinge sich schlafen legten, erschienen die Kammerfrauen und brachten auch die Tochter des Dogen zu Bett. Ihr Vater hatte ihr ein Gefäß mit schwarzer Tinte gegeben und zu ihr gesagt: »Wer zu dir ans Bett kommt, dem bestreiche das

Gesicht, damit man ihn erkennen kann.« Doch keiner wagte, zu ihr zu gehen, denn jeder dachte: »Da steckt sicher eine List dahinter.«

In der nächsten Nacht jedoch, sobald das Licht ausgelöscht war, erhob sich Ricciardo leise, schlich zu ihrem Bett und begann sie zu umarmen und zu küssen. Das Mädchen erwachte, tauchte sofort den Finger in das Tintenfaß und bestrich Ricciardo das Gesicht, ohne daß er es merkte. Und nachdem er sein Vergnügen gehabt hatte, kehrte er in sein Bett zurück und begann darüber nachzudenken: »Was soll das alles bedeuten? Was für eine Falle steckt da dahinter?«

Nach einer Weile kam ihn die Lust an, zu dem Mädchen zurückzukehren. Und während er bei diesem Engel war, betupfte sie ihn wiederum mit Tinte. Diesmal aber merkte es Ricciardo, nahm das Gefäß, ging damit herum und bestrich alle andern, die in den Betten schliefen, ganz sachte, so daß keiner es merkte. Dem einen gab er zwei Striche, dem andern sechs, dem dritten zehn und sich selber vier weitere außer den zweien, die ihm das Mädchen gemacht hatte. Dann stellte er das Tintenfaß wieder an das Kopfende des Himmelbetts, nahm liebevoll Abschied von ihr und kehrte in sein Bett zurück.

Am Morgen früh kamen die Kammerzofen an das Bett des Mädchens, um ihr beim Ankleiden zu helfen, und geleiteten sie dann zum Dogen, welcher sie fragte, wie es gegangen sei. »Gut«, sagte sie, »denn ich habe getan, was Ihr mir aufgetragen habt. Es ist allerdings einer dreimal zu mir gekommen, und jedesmal habe ich ihn mit Tinte bestrichen.« Der Doge ließ sogleich die Ratsherren zu sich kommen und sprach: »Jetzt hab ich den guten Freund erwischt. Wir wollen miteinander hingehn und nachsehen.«

Sie gingen also in den Saal und beschauten bald diesen, bald jenen; und da sie sahen, wie alle beschmiert waren, brachen sie in lautes Gelächter aus. »Fürwahr«, sagten sie, »das ist der größte Schlaumeier, den man je gesehen hat.« Und wie sich nun die Jünglinge alle beschmiert sahen, hatten sie untereinander das größte Gaudium. Darauf fragte der Doge jeden einzeln aus, konnte aber nicht herausbringen, wer es gewesen sei. Da er es unbedingt erfahren wollte, versprach er dem, der es gewesen sei, seine Tochter zur Frau. Er war auch bereit, ihm zu verzeihen, da es nur ein Mann von großem Verstand sein könne.

Als nun Ricciardo den Entschluß des Dogen vernahm, ging er insgeheim zu ihm und erzählte ihm alles von Anfang bis zu Ende. Der Doge umarmte ihn, und unter großen Festlichkeiten gab er ihm seine Tochter zur Gemahlin.

Ricciardo faßte wieder Mut und wurde ein so wackerer und tüchtiger Mann, daß fast die ganzen Staatsgeschäfte durch seine Hände gingen. Er lebte noch lange Zeit in Frieden und geliebt von der ganzen Bürgerschaft der Stadt Venedig.

Der Bauer als Arzt

Französisches Volksmärchen

Es war einmal ein reicher Bauer, doch von niedrigem und habgierigem Wesen. Er besaß Wein, Brot und Fleisch und alles, was man zum Leben braucht, doch tadelten seine Freunde, daß er unbeweibt sei. Er beschloß also, die erstbeste zu heiraten, und jene versprachen, ihm eine gute Partie zu verschaffen.

Es lebte in diesem Lande ein Ritter, ein alter, verwitweter Mann, der hatte eine schöne Tochter, die aber ihrer Armut wegen niemanden fand, der um ihre Hand gebeten hätte. Zu diesem Ritter gingen die Freunde des Bauern und baten ihn für jenen, der an Hab und Gut reich sei, um seine Tochter. Der alte Mann war mit der Heirat einverstanden, und die verständige Jungfrau wagte ihrem Vater nicht zu widersprechen. Die Hochzeit fand also bald darauf statt.

Aber bald merkte der Bauer, daß er schlecht gefahren war; eine Ritterstochter paßte nun einmal nicht zu seinem Handwerk. Wenn er aus dem Hause gehe, so dachte er bei sich, würde der Kaplan kommen und ihm seine Frau abspenstig machen wollen; wenn er auf dem Acker sei, würde irgendein junger Laffe auf der

Straße warten, und die beiden würden sich verlustieren. Kurz, er wußte sich keinen Rat mehr und bereute die schnelle Heirat. Schließlich fiel ihm etwas ein, das ihn vor Schaden bewahren könne: »Ich werde sie prügeln, sobald ich mich am Morgen erhebe«, sagte er bei sich, »dann wird sie den ganzen Tag weinen, aber das stört mich nicht, weil ich an meine Arbeit gehe. Solange sie aber weint, wird sich niemand um ihre Gunst bewerben. Abends, wenn ich heimkomme, werde ich sie um Verzeihung bitten und wieder froh machen.«

Am anderen Morgen ließ er sich also von seiner Frau Brot, Eier und Käse auftragen, und als das Essen abgeräumt war, schlug er sie so jämmerlich ins Gesicht, daß man die Spuren seiner Finger auf ihren Wangen sah. Dann ging er geschwind aufs Feld, und die Arme blieb in Tränen zurück.

»Ach, was soll ich tun«, klagte sie, »mein Vater hat mich verraten, als er mich diesem Flegel gab. Ach, warum starb meine Mutter so früh?« Den ganzen Tag über blieb sie untröstlich und weinte, und alle Leute, die kommen wollten, sie zu besuchen, kehrten wieder um. Ihre Tränen flossen, bis die Sonne unterging. Da kam der Bauer heim, fiel vor seiner Frau auf die Knie und bat sie um Vergebung. »Ich versichere Euch, daß ich Euch nie wieder schlagen werde. Der böse Feind verführte mich dazu!« Die Dame verzieh ihm schließlich und gab ihm sein Abendessen, darauf gingen sie friedlich zu Bett.

Am nächsten Morgen ging der Bauer wieder auf den Acker, nachdem er zuvor seine Frau geschlagen und an den Haaren gezogen hatte. »Ach, er weiß nicht, wie Schläge weh tun«, klagte sie, »sonst würde er mich nicht so prügeln!«

Während sie so jammerte, siehe, da kamen auf weißen Pferden zwei Boten des Königs geritten und baten die Frau um Essen. Sie gab ihnen gern, was sie hatte, und fragte sodann: »Woher, ihr Herren, und wohin? Sagt mir, wen sucht ihr?« – »Frau, wir sind Boten des Königs, ausgesandt, um einen Arzt zu suchen!« – »Warum?« – »Fräulein Ada, die Königstochter, ist krank, schon seit acht Tagen hat

sie nichts gegessen noch getrunken, denn eine Fischgräte blieb ihr in der Kehle stecken. Der König ist außer sich über ihr zu befürchtendes Ableben.« – »Wenn ihr einen Arzt sucht, so braucht ihr nicht weit zu gehen, denn mein Gatte versteht von der Heilkunst mehr als der selige Hippokrates.« – »Frau, Ihr spottet?« – »Durchaus nicht! Aber es ist seine Gewohnheit, daß er nichts tut, wenn man ihn nicht zuvor durchbläut.«

Die Boten spornten ihre Rosse und suchten den Bauer auf. »Kommt sogleich zum König!« sagten sie. – »Warum?« – »Um Eure Kunst auszuüben. Es gibt auf der weiten Erde keinen so guten Arzt wie Ihr seid, und wir kommen weither, Euch zu suchen.«

Als der Bauer diese Worte vernahm, zweifelte er am Verstand dieser Leute und stammelte, er verstehe davon nicht das geringste. »Worauf warten wir noch?« sagte der eine Bote zum anderen, »du hast gehört, daß er geprügelt sein will, ehe er seine Kunst ausübt.« Der eine schlug ihn also ins Gesicht und der andere mit einem dicken Stock über den Rücken. Sie taten ihm allen möglichen Schimpf an und schleppten ihn dann vor den König.

»Habt ihr nichts gefunden?« fragte dieser. »Doch, Herr!« sprachen beide zugleich, und der Bauer zitterte vor Angst. Sie erzählten dem König die guten Eigenschaften, die der Bauer habe, doch sei er sehr eigensinnig und täte nichts, um was man ihn bitte, außer man bläue ihn zuvor. »Meister«, sagte der König zu unserem Helden, »ich werde meine Tochter holen lassen, damit du an ihr deine Kunst ausübst, deren sie dringend bedarf.« Der Bauer bat um Gnade: »Herr, beim wahren Gott, ich verstehe nichts von der Heilkunst!« – »Das wundert mich«, sprach der König, »prügelt ihn!« Die Diener sprangen auf den Armen zu und erfüllten mit Wollust den Befehl ihres Herrn.

Als der Bauer die Schläge spürte, winselte er: »Ich will sie augenblicklich heilen!« Die bleiche Jungfrau wurde in den Saal geführt, und der Bauer dachte nach, wie er es anstellen solle, sie zu kurieren, denn er wußte wohl, daß man ihn töten würde, wenn ihm die Heilung nicht gelänge. Er sprach also zum König: »Macht mir ein Feuer an einem abgelegenen Ort, dann sollt Ihr sehen, was ich tue, und wenn es Gott gefällt, werde ich sie heilen.« Der König ließ sogleich ein Feuer anzünden, und die Jungfrau setzte sich neben die Glut auf einen Sessel. Der Bauer aber setzte sich auf den Boden neben die Flammen, zog sich nackt aus und begann mit seinen langen Nägeln allerorts seine lederne Haut zu kratzen. Dabei fuchtelte er so spaßig mit seinen dürren Armen herum und verzog so drollig sein Gesicht, daß die Prinzessin lachen mußte, so daß ihr die Gräte aus dem Munde flog.

Der Bauer zog sich sogleich wieder an, ergriff die Gräte und zeigte sie dem König: »Herr, mit Gottes Hilfe habe ich Eure Tochter geheilt! Seht hier die Gräte!« Der König freute sich gewaltig darüber und sprach: »Du bist mir über alles wertvoll! Du sollst Gold und Kleider haben!« – »Danke, Herr, davon will ich nichts, ich will nur schleunigst heim!« – »Das sollst du nicht, du sollst mein Leibmedikus werden.« – »Gnade, Herr, in meinem Hause war kein Brot, als ich heute früh fortging; ich muß Mehl zur Mühle bringen!« Der König rief zwei Burschen: »Haut ihn, damit er bleibt!« Als der Bauer die Schläge an Armen, Beinen und Schultern fühlte, bettelte er um Erbarmen: »Ich bleibe ja schon, laßt mich nur in Frieden!« Der Bauer mußte also am Hofe bleiben, wurde geschoren und rasiert und bekam ein Scharlachgewand.

Zur Genesung der Tochter veranstaltete der König ein großes Fest, zu welchem alle Kranken des Landes erschienen. Jeder erzählte von seinen Leiden, und der König rief den Bauer: »Meister, höre! Nimm dich dieser Leute an und heile sie mir!« – »Gnade, Herr, es sind ihrer zu viele; ich kann sie nicht alle auf einmal heilen!« Der König winkte den zwei Burschen, welche sogleich ihre Stöcke ergriffen, denn sie wußten schon, was sie sollten. Als der Bauer sie kommen sah, zitterte er: »Gnade, ich werde sie unverzüglich heilen!«

Der Bauer ließ wieder Brennholz bringen und ein großes Feuer im Saal entzünden. Um den Brand versammelte er die Kranken und sprach zum König: »Herr, Ihr geht hinunter, und ebenso alle, denen nichts fehlt.« Nachdem der König mit seinem Gefolge den Saal verlassen hatte, sprach der Bauer zu den Kranken: »Bei Gott, ihr Herren, es ist eine große Kunst, euch alle zu heilen. Ich werde nun denjenigen von euch, der am ärgsten krank ist, aussuchen und in diesem Feuer zu Asche verbrennen. Davon werden alle andern Kranken Nutzen haben, denn wer von seiner Asche genießt, wird auf der Stelle gesund.« Da schaute der eine den andern an, und es gab keinen Buckligen und keinen Wassersüchtigen, der zugegeben hätte, er habe die schlimmere Krankheit. Der Bauer sagte zum ersten besten: »Ich sehe, daß du sehr schwach bist, zweifellos bist du der Kränkste von allen!« – »Gnade, Herr, ich bin ganz gesund, ich fühle mich von langem Leiden vollkommen geheilt!« – »Dann geh hinunter, was suchst du hier noch?« Der nahm die Türe in die Hand und verschwand. »Bist du geheilt?« fragte ihn der König. »Ja, Herr, Gott sei Dank und dank Eurem Meister bin ich so gesund wie ein roter Apfel am Baum.«

Was soll ich weiter erzählen? Keiner wollte ins Feuer geworfen werden, und alle machten sich davon, als ob sie geheilt seien. Der König freute sich gar sehr und sagte zu seinem Arzt: »Lieber Meister, ich wundere mich, daß du die Kranken so schnell kuriert hast.« – »Herr, ich habe sie behext. Ich kenne ein Zaubermittel, stärker als Ingwer und Zitruan.« Der König sprach: »Geh nun heim, wenn du willst, und nimm von meinem Gold, meinen Rossen und Hunden, was dir beliebt, und wenn ich dich wieder holen lasse, so wirst du meinen Willen tun und mir ein guter Berater bleiben, den ich am meisten wert halte von allen Leuten dieses Landes.« – »Danke, Herr«, erwiderte der Bauer, »ich bin früh und spät Euer Knecht und will es immer bleiben.«

Er verabschiedete sich vom König und kam vergnügt nach Hause. Und auf seinen Acker brauchte er nicht mehr zu gehen, denn er hatte Geld genug, und seine Frau schlug er auch nicht mehr, sondern liebte und achtete sie.

Tischchen deck dich,
Goldesel und Knüppel aus dem Sack

Brüder Grimm

Vor Zeiten war ein Schneider, der drei Söhne hatte und nur eine einzige Ziege. Aber die Ziege, weil sie alle zusammen mit ihrer Milch ernährte, mußte ihr gutes Futter haben und täglich hinaus auf die Weide geführt werden. Die Söhne taten das auch nach der Reihe. Einmal brachte sie der älteste auf den Kirchhof, wo die schönsten Kräuter standen, ließ sie da fressen und herumspringen. Abends, als es Zeit war heimzugehen, fragte er »Ziege, bist du satt?« Die Ziege antwortete

> »Ich bin so satt,
> ich mag kein Blatt: meh! meh!«

»So komm nach Haus« sprach der Junge, faßte sie am Strickchen, führte sie in den Stall und band sie fest. »Nun«, sagte der alte Schneider, »hat die Ziege ihr gehöriges Futter?« – »O«, antwortete der Sohn, »die ist so satt, sie mag kein Blatt.« Der Vater aber wollte sich selbst überzeugen, ging hinab in den Stall, streichelte das liebe Tier und fragte »Ziege, bist du auch satt?« Die Ziege antwortete

> »Wovon sollt ich satt sein?
> ich sprang nur über Gräbelein,
> und fand kein einzig Blättelein: meh! meh!«

»Was muß ich hören!« rief der Schneider, lief hinauf und sprach zu dem Jungen »ei, du Lügner, sagst, die Ziege wäre satt, und hast sie hungern lassen?« und in seinem Zorne nahm er die Elle von der Wand und jagte ihn mit Schlägen hinaus.

Am andern Tag war die Reihe am zweiten Sohn, der suchte an der Gartenhecke einen Platz aus, wo lauter gute Kräuter standen, und die Ziege fraß sie rein ab. Abends, als er heim wollte, fragte er »Ziege, bist du satt?« Die Ziege antwortete

> »Ich bin so satt,
> ich mag kein Blatt: meh! meh!«

»So komm nach Haus«, sprach der Junge, zog sie heim und band sie im Stall fest. »Nun«, sagte der alte Schneider, »hat die Ziege ihr gehöriges Futter?« – »O«, antwortete der Sohn, »die ist so satt, sie mag kein Blatt.« Der Schneider wollte sich darauf nicht verlassen, ging hinab in den Stall und fragte »Ziege, bist du auch satt?« Die Ziege antwortete

> »Wovon sollt ich satt sein?
> ich sprang nur über Gräbelein,
> und fand kein einzig Blättelein: meh!«

»Der gottlose Bösewicht!« schrie der Schneider, »so ein frommes Tier hungern zu lassen !« lief hinauf und schlug mit der Elle den Jungen zur Haustüre hinaus.

Die Reihe kam jetzt an den dritten Sohn, der wollte seine Sache gut machen, suchte Buschwerk mit dem schönsten Laube aus, und ließ die Ziege daran fressen. Abends, als er heim wollte, fragte er »Ziege, bist du auch satt?« Die Ziege antwortete

> »Ich bin so satt,
> ich mag kein Blatt: meh! meh!«

»So komm nach Haus«, sagte der Junge, führte sie in den Stall und band sie fest. »Nun«, sagte der alte Schneider, »hat die Ziege ihr gehöriges Futter?« – »O«, antwortete der Sohn, »die ist so satt, sie mag kein Blatt.« Der Schneider traute ihm nicht, ging hinab und fragte »Ziege, bist du auch satt?« Das boshafte Tier antwortete

>   »Wovon sollt ich satt sein?
>   ich sprang nur über Gräbelein,
>   und fand kein einzig Blättelein: meh! meh!«

»O die Lügenbrut!« rief der Schneider, »einer so gottlos und pflichtvergessen wie der andere! Ihr sollt mich nicht länger zum Narren halten!« und vor Zorn ganz außer sich sprang er hinauf und gerbte dem armen Jungen mit der Elle den Rücken so gewaltig, daß er zum Haus hinaussprang.

Der alte Schneider war nun mit seiner Ziege allein. Am andern Morgen ging er hinab in den Stall, liebkoste die Ziege und sprach »komm, mein liebes Tierlein, ich will dich selbst zur Weide führen.« Er nahm sie am Strick und brachte sie zu grünen Hecken und unter Schafrippe, und was sonst die Ziegen gerne fressen. »Da kannst du dich einmal nach Herzenslust sättigen«, sprach er zu ihr, und ließ sie weiden bis zum Abend. Da fragte er »Ziege, bist du satt?« Sie antwortete

>   »Ich bin so satt,
>   ich mag kein Blatt: meh! meh!«

»So komm nach Haus«, sagte der Schneider, führte sie in den Stall und band sie fest. Als er wegging, kehrte er sich noch einmal um und sagte »nun bist du doch einmal satt!« Aber die Ziege machte es ihm nicht besser und rief

>   »Wie sollt ich satt sein?
>   ich sprang nur über Gräbelein,
>   und fand kein einzig Blättelein: meh! meh!«

Als der Schneider das hörte, stutzte er und sah wohl, daß er seine drei Söhne ohne Ursache verstoßen hatte. »Wart«, rief er, »du undankbares Geschöpf, dich fortzujagen ist noch zu wenig, ich will dich zeichnen, daß du dich unter ehrbaren Schneidern nicht mehr darfst sehen lassen.« In einer Hast sprang er hinauf, holte sein Bartmesser, seifte der Ziege den Kopf ein, und schor sie so glatt wie seine flache Hand. Und weil die Elle zu ehrenvoll gewesen wäre, holte er die Peitsche und versetzte ihr solche Hiebe, daß sie in gewaltigen Sprüngen davonlief.

Der Schneider, als er so ganz einsam in seinem Hause saß, verfiel in große Traurigkeit und hätte seine Söhne gerne wiedergehabt, aber niemand wußte, wo sie hingeraten waren. Der älteste war zu einem Schreiner in die Lehre gegangen,

da lernte er fleißig und unverdrossen, und als seine Zeit herum war, daß er wandern sollte, schenkte ihm der Meister ein Tischchen, das gar kein besonderes Ansehen hatte und von gewöhnlichem Holz war; aber es hatte eine gute Eigenschaft. Wenn man es hinstellte und sprach »Tischchen, deck dich«, so war das gute Tischchen auf einmal mit einem saubern Tüchlein bedeckt, und stand da ein Teller, und Messer und Gabel daneben, und Schüsseln mit Gesottenem und Gebratenem, soviel Platz hatten, und ein großes Glas mit rotem Wein leuchtete, daß einem das Herz lachte. Der junge Gesell dachte »damit hast du genug für dein Lebtag«, zog guter Dinge in der Welt umher und bekümmerte sich gar nicht darum, ob ein Wirtshaus gut oder schlecht und ob etwas darin zu finden war oder nicht. Wenn es ihm gefiel, so kehrte er gar nicht ein, sondern im Felde, im Wald, auf einer Wiese, wo er Lust hatte, nahm er sein Tischchen vom Rücken, stellte es vor sich und sprach »deck dich«, so war alles da, was sein Herz begehrte. Endlich kam es ihm in den Sinn, er wollte zu seinem Vater zurückkehren, sein Zorn würde sich gelegt haben, und mit dem Tischchen deck dich würde er ihn gerne wieder aufnehmen.

Es trug sich zu, daß er auf dem Heimweg abends in ein Wirtshaus kam, das mit Gästen angefüllt war; sie hießen ihn willkommen und luden ihn ein, sich zu ihnen zu setzen und mit ihnen zu essen, sonst würde er schwerlich noch etwas bekommen. »Nein«, antwortete der Schreiner, »die paar Bissen will ich euch nicht von dem Munde nehmen, lieber sollt ihr meine Gäste sein.« Sie lachten und meinten, er triebe seinen Spaß mit ihnen. Er aber stellte sein hölzernes Tischchen mitten in die Stube und sprach »Tischchen, deck dich.« Augenblicklich war es mit Speisen besetzt, so gut, wie sie der Wirt nicht hätte herbeischaffen können, und wovon der Geruch den Gästen lieblich in die Nase stieg. »Zugegriffen, liebe Freunde«, sprach der Schreiner, und die Gäste, als sie sahen, wie es gemeint war, ließen sich nicht zweimal bitten, rückten heran, zogen ihre Messer und griffen tapfer zu. Und was sie am meisten verwunderte, wenn eine Schüssel leer geworden war, so stellte sich gleich von selbst eine volle an ihren Platz. Der Wirt stand in einer Ecke und sah dem Dinge zu; er wußte gar nicht, was er sagen sollte, dachte aber »einen solchen Koch könntest du in deiner Wirtschaft wohl brauchen.« Der Schreiner und seine Gesellschaft waren lustig bis in die späte Nacht, endlich legten sie sich schlafen, und der junge Geselle ging auch zu Bett und stellte sein Wünschtischchen an die Wand. Dem Wirte aber ließen seine Gedanken keine Ruhe, es fiel ihm ein, daß in seiner Rumpelkammer ein altes Tischchen stände, das gerade so aussähe; das holte er ganz sachte herbei und vertauschte es mit dem Wünschtischchen.

Am andern Morgen zahlte der Schreiner sein Schlafgeld, packte sein Tischchen auf, dachte gar nicht daran, daß er ein falsches hätte, und ging seiner Wege. Zu Mittag kam er bei seinem Vater an, der ihn mit großer Freude empfing. »Nun, mein lieber Sohn, was hast du gelernt?« sagte er zu ihm. »Vater, ich bin ein Schreiner geworden.« — »Ein gutes Handwerk«, erwiderte der Alte, »aber was hast du von deiner Wanderschaft mitgebracht?« — »Vater, das Beste, was ich mitge-

bracht habe, ist das Tischchen.« Der Schneider betrachtete es von allen Seiten und sagte »daran hast du kein Meisterstück gemacht, das ist ein altes und schlechtes Tischchen.« – »Aber es ist ein Tischchen deck dich«, antwortete der Sohn, »wenn ich es hinstelle, und sage ihm, es solle sich decken, so stehen gleich die schönsten Gerichte darauf und ein Wein dabei, der das Herz erfreut. Ladet nur alle Verwandte und Freunde ein, die sollen sich einmal laben und erquicken, denn das Tischchen macht sie alle satt.«

Als die Gesellschaft beisammen war, stellte er sein Tischchen mitten in die Stube und sprach »Tischchen, deck dich.« Aber das Tischchen regte sich nicht und blieb so leer wie ein anderer Tisch, der die Sprache nicht versteht. Da merkte der arme Geselle, daß ihm das Tischchen vertauscht war, und schämte sich, daß er wie ein Lügner dastand. Die Verwandten aber lachten ihn aus und mußten, ohne getrunken und gegessen zu haben, wieder heimwandern. Der Vater holte seine Lappen wieder herbei und schneiderte fort, der Sohn aber ging bei einem Meister in die Arbeit.

Der zweite Sohn war zu einem Müller gekommen und bei ihm in die Lehre gegangen. Als er seine Jahre herum hatte, sprach der Meister »weil du dich so wohl gehalten hast, so schenke ich dir einen Esel von einer besondern Art, er zieht nicht am Wagen und trägt auch keine Säcke.« – »Wozu ist er denn nütze?« fragte der junge Geselle. »Er speit Gold«, antwortete der Müller, »wenn du ihn auf ein Tuch stellst und sprichst ›Bricklebrit‹, so speit dir das gute Tier Goldstücke aus, hinten und vorn.« – »Das ist eine schöne Sache«, sprach der Geselle, dankte dem Meister und zog in die Welt. Wenn er Gold nötig hatte, brauchte er nur zu seinem Esel »Bricklebrit« zu sagen, so regnete es Goldstücke, und er hatte weiter keine Mühe, als sie von der Erde aufzuheben. Wo er hinkam, war ihm das Beste gut genug, und je teurer je lieber, denn er hatte immer einen vollen Beutel. Als er sich eine Zeitlang in der Welt umgesehen hatte, dachte er »du mußt deinen Vater aufsuchen, wenn du mit dem Goldesel kommst, so wird er seinen Zorn vergessen und dich gut aufnehmen.«

Es trug sich zu, daß er in dasselbe Wirtshaus geriet, in welchem seinem Bruder das Tischchen vertauscht war. Er führte seinen Esel an der Hand, und der Wirt wollte ihm das Tier abnehmen und anbinden, der junge Geselle aber sprach »gebt Euch keine Mühe, meinen Grauschimmel führe ich selbst in den Stall und binde ihn auch selbst an, denn ich muß wissen, wo er steht.« Dem Wirt kam es wunderlich vor und er meinte, einer, der seinen Esel selbst besorgen müßte, hätte nicht viel zu verzehren. Als aber der Fremde in die Tasche griff, zwei Goldstücke herausholte und sagte, er sollte nur etwas Gutes für ihn einkaufen, so machte er

große Augen, lief und suchte das Beste, das er auftreiben konnte. Nach der Mahlzeit fragte der Gast, was er schuldig wäre, der Wirt wollte die doppelte Kreide nicht sparen und sagte, noch ein paar Goldstücke müßte er zulegen. Der Geselle griff in die Tasche, aber sein Gold war eben zu Ende. »Wartet einen Augenblick, Herr Wirt« sprach er, »ich will nur gehen und Gold holen«, nahm aber das Tischtuch mit. Der Wirt wußte nicht, was das heißen sollte, war neugierig, schlich ihm nach, und da der Gast die Stalltüre zuriegelte, so guckte er durch ein Astloch. Der Fremde breitete unter dem Esel das Tuch aus, rief »Bricklebrit«, und augenblicklich fing das Tier an, Gold zu speien von hinten und vorn, daß es ordentlich auf die Erde herabregnete. »Ei der Tausend«, sagte der Wirt, »da sind die Dukaten bald geprägt! So ein Geldbeutel ist nicht übel!« Der Gast bezahlte seine Zeche und legte sich schlafen, der Wirt aber schlich in der Nacht herab in den Stall, führte den Münzmeister weg und band einen andern Esel an seine Stelle.

Den folgenden Morgen in der Frühe zog der Geselle mit seinem Esel ab und meinte, er hätte seinen Goldesel. Mittags kam er bei seinem Vater an, der sich freute, als er ihn wiedersah, und ihn gerne aufnahm. »Was ist aus dir geworden, mein Sohn?« fragte der Alte. »Ein Müller, lieber Vater«, antwortete er. »Was hast du von deiner Wanderschaft mitgebracht?« – »Weiter nichts als einen Esel.« – »Esel gibt's hier genug«, sagte der Vater, »da wäre mir doch eine gute Ziege lieber gewesen.« – »Ja«, antwortete der Sohn, »aber es ist kein gemeiner Esel, sondern ein Goldesel: wenn ich sage ›Bricklebrit‹, so speit Euch das gute Tier ein ganzes Tuch voll Goldstücke. Laßt nur alle Verwandte herbeirufen, ich mache sie alle zu reichen Leuten.« – »Das laß ich mir gefallen«, sagte der Schneider, »dann brauch ich mich mit der Nadel nicht weiter zu quälen«, sprang selbst fort und rief die Verwandten herbei.

Sobald sie beisammen waren, hieß sie der Müller Platz machen, breitete sein Tuch aus, und brachte den Esel in die Stube. »Jetzt gebt acht«, sagte er und rief »Bricklebrit«, aber es waren keine Goldstücke, was herabfiel, und es zeigte sich, daß das Tier nichts von der Kunst verstand, denn es bringts nicht jeder Esel so weit. Da machte der arme Müller ein langes Gesicht, sah, daß er betrogen war, und bat die Verwandten um Verzeihung, die so arm heimgingen, als sie gekommen waren. Es blieb nichts anderes übrig, der Alte mußte wieder nach der Nadel greifen, und der Junge sich bei einem Müller verdingen.

Der dritte Bruder war zu einem Drechsler in die Lehre gegangen, und weil es ein kunstreiches Handwerk ist, mußte er am längsten lernen. Seine Brüder aber meldeten ihm in einem Briefe, wie schlimm es ihnen ergangen wäre, und wie sie der Wirt noch am letzten Abend um ihre schönen Wünschdinge gebracht hätte. Als der Drechsler nun ausgelernt hatte und wandern sollte, so schenkte ihm sein Meister, weil er sich so wohl gehalten, einen Sack und sagte »es liegt ein Knüppel darin.« – »Den Sack kann ich umhängen, und er kann mir gute Dienste leisten, aber was soll der Knüppel darin? Der macht ihn nur schwer.« – »Das will ich dir sagen«, antwortete der Meister, »hat dir jemand etwas zuleid getan, so sprich nur ›Knüppel, aus dem Sack‹, so springt dir der Knüppel heraus unter die Leute und tanzt ihnen so lustig auf dem Rücken herum, daß sie sich acht Tage lang nicht regen und bewegen können; und eher läßt er nicht ab, als bis du sagst ›Knüppel, in den Sack‹. Der Gesell dankte ihm, hing den Sack um, und wenn ihm jemand zu nahe kam und auf den Leib wollte, so sprach er »Knüppel, aus dem Sack«, alsbald sprang der Knüppel heraus und klopfte einem nach dem andern den Rock oder Wams gleich auf dem Rücken aus, und wartete nicht erst, bis er ihn ausgezogen hatte; und das ging so geschwind, daß, eh sich's einer versah, die Reihe schon an ihm war.

Der junge Drechsler langte zur Abendzeit in dem Wirtshaus an, wo seine Brüder waren betrogen worden. Er legte seinen Ranzen vor sich auf den Tisch und fing an zu erzählen, was er alles Merkwürdiges in der Welt gesehen habe. »Ja«, sagte er, »man findet wohl ein Tischchen deck dich, einen Goldesel und dergleichen: lauter gute Dinge, die ich nicht verachte, aber das ist alles nichts gegen den Schatz, den ich mir erworben habe und mit mir da in meinem Sack führe.« Der Wirt spitzte die Ohren. »Was in aller Welt mag das sein?« dachte er, »der Sack ist wohl mit lauter Edelsteinen angefüllt; den sollte ich billig auch noch haben, denn aller guten Dinge sind drei.« Als Schlafenszeit war, streckte sich der Gast auf die Bank und legte seinen Sack als Kopfkissen unter. Der Wirt, als er meinte, der Gast läge in tiefem Schlaf, ging herbei, rückte und zog ganz sachte und vorsichtig an dem Sack, ob er ihn vielleicht wegziehen und einen andern unterlegen könnte. Der Drechsler aber hatte schon lange darauf gewartet, wie nun der Wirt eben einen herzhaften Ruck tun wollte, rief er »Knüppel, aus dem Sack.« Alsbald fuhr das Knüppelchen heraus, dem Wirt auf den Leib, und rieb ihm die Nähte, daß es eine Art hatte. Der Wirt schrie zum Erbarmen, aber je lauter er schrie, desto kräftiger schlug der Knüppel ihm den Takt dazu auf dem Rücken, bis er endlich erschöpft zur Erde fiel. Da sprach der Drechsler »wenn du das Tischchen deck dich und den Goldesel nicht wieder herausgibst, so soll der Tanz von neuem angehen.« – »Ach nein«, rief der Wirt ganz kleinlaut, »ich gebe alles gerne wieder heraus, laßt nur den verwünschten Kobold wieder in den Sack kriechen.« Da sprach der Geselle »ich will Gnade für Recht ergehen lassen, aber hüte dich vor Schaden!« dann rief er »Knüppel, in den Sack!« und ließ ihn ruhen.

Der Drechsler zog am andern Morgen mit dem Tischchen deck dich und dem Goldesel heim zu seinem Vater. Der Schneider freute sich, als er ihn wiedersah, und fragte auch ihn, was er in der Fremde gelernt hätte. »Lieber Vater«, antwortete er, »ich bin ein Drechsler geworden.« – »Ein kunstreiches Handwerk«, sagte der Vater, »was hast du von der Wanderschaft mitgebracht?« – »Ein kostbares Stück, lieber Vater«, antwortete der Sohn, einen Knüppel in dem Sack.« – »Was!« rief der Vater, »einen Knüppel! Das ist der Mühe wert! Den kannst du dir von jedem Baume abhauen.« – »Aber einen solchen nicht, lieber Vater: sage ich ›Knüppel, aus dem Sack‹, so springt der Knüppel heraus und macht mit dem, der es nicht gut mit mir meint, einen schlimmen Tanz, und läßt nicht eher nach, als bis er auf der Erde liegt und um gut Wetter bittet. Seht Ihr, mit diesem Knüppel habe ich das Tischchen deck dich und den Goldesel wieder herbeigeschafft, die der diebische Wirt meinen Brüdern abgenommen hatte. Jetzt laßt sie beide rufen

und ladet alle Verwandten ein, ich will sie speisen und tränken und will ihnen die Taschen noch mit Gold füllen.«

Der alte Schneider wollte ihm nicht recht trauen, brachte aber doch die Verwandten zusammen. Da deckte der Drechsler ein Tuch in die Stube, führte den Goldesel herein und sagte zu seinem Bruder »nun, lieber Bruder, sprich mit ihm.« Der Müller sagte »Bricklebrit«, und augenblicklich sprangen die Goldstücke auf das Tuch herab, als käme ein Platzregen, und der Esel hörte nicht eher auf, als bis alle so viel hatten, daß sie nicht mehr tragen konnten. (Ich sehe dir's an, du wärst auch gerne dabei gewesen.) Dann holte der Drechsler das Tischchen und sagte »lieber Bruder, nun sprich mit ihm.« Und kaum hatte der Schreiner »Tisch-chen, deck dich« gesagt, so war es gedeckt und mit den schönsten Schüsseln reichlich besetzt. Da ward eine Mahlzeit gehalten, wie der gute Schneider noch keine in seinem Hause erlebt hatte, und die ganze Verwandtschaft blieb beisammen bis in die Nacht, und waren alle lustig und vergnügt. Der Schneider verschloß Nadel und Zwirn, Elle und Bügeleisen in einen Schrank, und lebte mit seinen drei Söhnen in Freude und Herrlichkeit.

Wo ist aber die Ziege hingekommen, die schuld war, daß der Schneider seine drei Söhne fortjagte? Das will ich dir sagen. Sie schämte sich, daß sie einen kahlen Kopf hatte, lief in eine Fuchshöhle und verkroch sich hinein. Als der Fuchs nach Haus kam, funkelten ihm ein Paar große Augen aus der Dunkelheit entge-gen, daß er erschrak und wieder zurücklief. Der Bär begegnete ihm, und da der Fuchs ganz verstört aussah, so sprach er »was ist dir, Bruder Fuchs, was machst du für ein Gesicht?« – »Ach«, antwortete der Rote, »ein grimmig Tier sitzt in meiner Höhle und hat mich mit feurigen Augen angeglotzt.« – »Das wollen wir bald austreiben«, sprach der Bär, ging mit zu der Höhle und schaute hinein; als er aber die feurigen Augen erblickte, wandelte ihn ebenfalls Furcht an; er wollte mit dem grimmigen Tiere nichts zu tun haben und nahm Reißaus. Die Biene begegnete ihm, und da sie merkte, daß es ihm in seiner Haut nicht wohl zumute war, sprach sie »Bär, du machst ja ein gewaltig verdrießlich Gesicht, wo ist deine Lustigkeit geblieben?« – »Du hast gut reden«, antwortete der Bär, »es sitzt ein grimmiges Tier mit Glotzaugen in dem Hause des Roten, und wir können es nicht herausjagen.« Die Biene sprach »du dauerst mich, Bär, ich bin ein armes schwaches Geschöpf, das ihr im Wege nicht anguckt, aber ich glaube doch, daß ich euch helfen kann.« Sie flog in die Fuchshöhle, setzte sich der Ziege auf den glatten geschorenen Kopf und stach sie so gewaltig, daß sie aufsprang, »meh! meh!« schrie, und wie toll in die Welt hineinlief; und weiß niemand auf diese Stunde, wo sie hingelaufen ist.

Wahres Verdienst
bleibt nicht verborgen

Serbokroatisches Volksmärchen

Es war einmal ein Armer, der trat bei einem reichen Mann in Dienst, ohne
Vertrag. So diente er ein volles Jahr, und als es um war, ging er zu seinem Herrn
und forderte den Lohn, den dieser glaube, ihm für seine Dienste schuldig zu sein.
Der Herr zog einen Pfennig heraus und sagte: »Hier, das ist dein Lohn.«

Der Knecht nahm den Pfennig, dankte dem Herrn und ging an einen Bach.
Dort sprach er zu sich: »Barmherziger Gott, was bedeutet das, daß ich für ein
volles Jahr nur einen Pfennig Lohn bekommen habe? Aber Gott weiß, ob ich auch
nur so viel verdient habe. Ich will das jetzt einmal probieren. Ich werfe den
Pfennig ins Wasser, und wenn er nicht untergeht, habe ich ihn verdient; wenn er
aber untergeht, habe ich ihn nicht verdient.« Darauf bekreuzigte er sich und
sprach: »Barmherziger Gott, barmherziger Gott, wenn ich diesen Pfennig verdient habe, laß ihn auf dem Wasser schwimmen; wenn nicht, laß ihn auf den
Grund sinken.«

Damit warf er den Pfennig in den Bach, und der sank sogleich auf den Grund. Darauf bückte er sich, holte den Pfennig aus dem Wasser und brachte ihn seinem Herrn zurück mit den Worten: »Herr! Hier hast du deinen Pfennig wieder, ich habe ihn noch nicht verdient, ich will dir noch ein Jahr dienen.«

So trat er wieder in Dienst, und als wieder ein Jahr um war, kam er zu dem Herrn und forderte den Lohn, den dieser glaube, ihm schuldig zu sein. Der Herr zog wieder einen Pfennig hervor und sagte: »Hier, das ist dein Lohn.«

Der Arme nahm den Pfennig, bedankte sich bei dem Herrn, ging dann wieder an den Bach, bekreuzigte sich und sprach: »Barmherziger Gott, wenn ich diesen Pfennig redlich verdient habe, so laß ihn auf dem Wasser schwimmen; wenn aber nicht, laß ihn auf den Grund sinken.«

Damit warf er den Pfennig ins Wasser, und der ging sogleich unter. Darauf bückte er sich, holte ihn heraus und brachte ihn dem Herrn wieder mit den Worten: »Hier, Herr, hast du deinen Pfennig wieder, ich habe ihn noch nicht verdient, ich will dir noch ein Jahr dienen.«

So trat er wieder in Dienst, und als auch das dritte Jahr um war, kam er zu dem Herrn und forderte den Lohn, den dieser glaube, ihm schuldig zu sein. Wieder gab ihm der Herr einen Pfennig, er nahm ihn, bedankte sich und ging wieder an den Bach, um zu sehen, ob er jetzt den Pfennig verdient habe, bekreuzigte sich und sprach: »Barmherziger Gott, wenn ich diesen Pfennig verdient habe, laß ihn auf dem Wasser schwimmen; wenn aber nicht, laß ihn untergehen.« Der Pfennig schwamm obenauf; da nahm er ihn vergnügt aus dem Wasser, steckte ihn in die Tasche, ging dann in einen Wald, baute sich eine kleine Hütte und lebte fortan dort.

Nach einiger Zeit hörte er, daß sein alter Herr sich zu einer Seereise rüste, weit weg in ein anderes Land, ging mit seinem Pfennig zu ihm und bat ihn, er möge ihm in dem anderen Land für den Pfennig etwas kaufen. Der Herr versprach es, nahm den Pfennig und reiste ab. Unterwegs traf er auf einige Kinder, die einen Kater im Meer ertränken wollten. Als er das sah, lief er zu ihnen hin und sprach: »Was macht ihr da, Kinder?« Sie sagten: »Er stiftet nur Schaden an, darum wollen wir ihn ertränken.« Da zog er den Pfennig seines früheren Knechts heraus und bot ihn den Kindern für den Kater. Die nahmen den Pfennig gern und gaben dem Kaufmann den Kater; der nahm ihn mit aufs Schiff und reiste weiter.

Einmal aber erhob sich ein Sturm und verschlug das Schiff Gott weiß wohin, so daß es drei Monate lang den richtigen Kurs nicht mehr fand, und als der Sturm sich gelegt hatte, wußte der Schiffsherr nicht, wo er war, doch nach einer kurzen

weiteren Fahrt fanden sie einen Hafen. Als dort bekannt wurde, daß ein Schiff aus einem fremden Land angekommen sei, strömten die Leute herbei, es zu sehen, und einer von ihnen, ein sehr reicher Mann, lud den Schiffsherrn zum Abendessen ein.

Doch was muß der Schiffsherr dort sehen: Hunderte von Ratten rennen herum, und Diener mit Stöcken versuchen die Tiere von den Tischen fernzuhalten. Da sagte er zu dem Hausherrn: »Um Gottes willen, was ist denn das?« Der antwortete: »So ist das immer bei uns, wir können weder mittags noch abends in Ruhe essen. Sogar zum Schlafen hat jeder von uns einen Kasten, in den schließen wir uns ein, daß sie uns nicht die Ohren abfressen.«

Da erinnerte sich der Schiffsherr des Katers, den er den Kindern abgekauft hatte, und sagte zu dem Hausherrn: »Ich habe im Schiff ein Tier, das würde in zwei, drei Tagen all die Biester vertilgen.« Der Hausherr antwortete: »Wenn du so ein Tier hast, gib es her, ich fülle dir dein Schiff mit Silber und Gold, falls es wirklich wahr ist, was du sagst.«

Der Schiffsherr holte seinen Kater und sagte zu dem Hausherr, sie möchten sich ruhig ohne Kasten schlafen legen. Dann ließ er den Kater los, und als der die vielen Ratten sah, machte er sich daran, sie zu fangen, zu erwürgen und alle auf einen Haufen zu schleppen. Die letzten Ratten aber suchten das Weite.

Als es Tag wurde, sahen die Leute mitten im Zimmer einen großen Haufen toter Ratten. Da füllte der Hausherr dem Reisenden das Schiff mit Silber und Gold, und der fuhr mit dem Schiff nach Hause. Dort kam sein alter Knecht zu ihm und fragte ihn, was er ihm für den Pfennig mitgebracht habe. Der Herr ließ einen Marmorstein bringen, an allen vier Seiten schön behauen und gab ihm den mit den Worten: »Hier, das habe ich dir für deinen Pfennig gekauft.« Der Knecht freute sich sehr, trug den Stein in seine Hütte und machte daraus einen Tisch.

Am andern Morgen ging er ins Holz, und als er zurückkam, fand er den Stein in Gold verwandelt, er glänzte wie die Sonne und erhellte die ganze Hütte. Darüber erschrak er, eilte zu seinem alten Herrn und sagte: »Herr, was hast du mir da gegeben; das gehört mir nicht, komm und sieh!« Der Herr ging hin, und als er sah, daß Gott ein Wunder getan hatte, sagte er: »Es ist schon so, mein Sohn, wem Gott gnädig ist, dem helfen auch alle Heiligen; komm mit, ich zeige dir, was dir gehört.« Darauf gab er ihm alle Schätze, die er in dem Schiffe mitgebracht hatte, und gab ihm obendrein seine Tochter zur Frau.

Jack der Riesentöter

Joseph Jacobs

Als der gute König Arthur noch regierte, lebte in England, nahe dem Kap Landsend, in der Grafschaft Cornwall, ein Bauer, der hatte nur einen einzigen Sohn, der hieß Jack. Er war tapfer und hatte einen flinken Verstand, und kein Mensch und kein Unhold konnte ihm etwas anhaben.

In dieser Zeit saß auf dem Berg von Cornwall ein mächtiger Riese, der hieß Cormoran. Er war achtzehn Fuß groß, und der Gürtel, den er um den Leib trug, maß sechs Ellen; er sah kühn und grimmig aus und war der Schrecken aller benachbarter Städte und Dörfer. Er lebte in einer Höhle tief unten im Berg, und wenn er Nahrung brauchte, watete er hinüber nach dem Festland und nahm alles mit, was ihm in den Weg kam. Wenn er nahte, rannte jeder auf und davon, und der Riese nahm sich so viel Vieh, wie er wollte. Es war ihm ein Kinderspiel, ein halbes Dutzend Ochsen auf einmal auf seinem Rücken fortzutragen; und Schafe und Schweine band er einfach an seinen Gürtel, als wäre es ein Bund Talglichter. So hauste er da seit vielen Jahren, und das ganze Land Cornwall war in Verzweiflung.

Eines schönen Tages war Jack grade im Rathaus, als die Ratsherren berieten, wie man den Riesen loswerden könne. Da fragte Jack: »Was gebt ihr dem Mann zum Lohn, der Cormoran totschlägt?« – »Wir geben ihm des Riesen Schatz zum Lohn.« – »Dann will ich's versuchen.«

Da nahm er ein Horn, eine Schaufel und eine Spitzhacke mit und ging an einem dunklen Winterabend hinüber zum Berg. Er begann zu arbeiten, und ehe der Morgen graute, hatte er eine Grube gegraben, zweiundzwanzig Fuß tief und fast ebenso breit, und sie mit langen Zweigen und Stroh zugedeckt. Dann streute er etwas Erde darüber, daß es aussah wie ebener Boden; nun stellte Jack sich so auf, daß die Grube zwischen ihm und der Wohnung des Riesen lag, und bei Tagesanbruch setzte er das Horn an den Mund und blies trara trara! Der Lärm weckte den Riesen, er stürzte aus seiner Höhle und schrie: »Du unverschämter Lümmel, bist du hierher gekommen, um meine Ruhe zu stören? Das sollst du teuer bezahlen! Zur Strafe brat ich dich jetzt und eß dich zum Frühstück.« Kaum hatte er das gesagt, fiel er in die Grube mit solchem Krach, daß der Berg in seinen Grundfesten erzitterte. »O du dummer Riese«, sagte Jack, »wo bist du hingeraten! Siehst du, jetzt sitzt du im Loch und sollst mir für dein Prahlen büßen; willst du mich noch zum Frühstück braten?« Nachdem er so den Riesen eine Weile gequält hatte, gab er ihm mit seiner Spitzhacke einen mächtigen Schlag mitten auf den Kopf und schlug ihn mausetot.

Dann schüttete er die Grube mit Erde zu und begab sich auf die Suche nach der Höhle, in der er einen großen Schatz fand. Als die Ratsherren von seiner Tat erfuhren, verkündeten sie, daß Jack von nun an Jack der Riesentöter heißen solle und schenkten ihm ein Schwert und einen kostbaren Gürtel, darauf standen mit Goldbuchstaben gestickt die Worte:

> Dies ist der tapfere cornische Mann,
> Der schlug den Riesen Cormoran.

Die Nachricht von Jacks Sieg ward bald überall im Westen von England bekannt, und ein anderer Riese, der Blunderbor hieß, hörte auch davon und schwor, sich an Jack zu rächen, wenn er ihm je begegnen sollte. Dieser Riese war der Herr eines verzauberten Schlosses, das mitten in einem einsamen Wald lag. Nun ging Jack ein paar Monate später auf seiner Wanderung nach Wales an diesem Wald vorbei; da er müde war, setzte er sich an eine hübsche Quelle und fiel in einen tiefen Schlaf. Während er aber schlief, kam der Riese, um Wasser zu holen, und erkannte an der Aufschrift an seinem Gürtel, daß es der berühmte Riesentöter

war. Ohne Zaudern nahm er Jack auf den Rücken und trug ihn nach seinem Schloß. Als sie nun durch ein Dickicht kamen, weckte das Rauschen der Zweige Jack auf, und er war sehr erstaunt, sich in den Klauen des Riesen zu finden. Aber sein Schrecken wurde noch größer, als sie in das Schloß kamen, wo überall auf dem Boden Menschenknochen lagen, und der Riese sagte, da würden seine auch bald liegen. Danach schloß der Riese den armen Jack in einem großen Saal ein und ging seinen Bruder holen, der in demselben Wald wohnte und mit dem zusammen er Jack verschlingen wollte.

Jack wartete eine Weile, und als er ans Fenster trat, sah er von fern die beiden Riesen ankommen. »Nun«, sprach Jack zu sich, »ist mein Tod nahe oder meine Befreiung.« In einer Ecke des Saales lagen starke Stricke, und Jack nahm zwei davon und machte Schlingen daraus. Und während die Riesen das eiserne Schloßtor öffneten, warf er ihnen die Schlingen über den Kopf. Dann schlang er das andere Ende der Stricke um einen Balken und zog so fest zu, daß die Riesen erdrosselt wurden. Als er sah, daß sie tot waren, kletterte er am Seil hinunter und schlug ihnen die Köpfe ab. Dann nahm er den Riesen die Schlüssel ab, schloß alle Kammern auf und fand drei schöne junge Damen, die an ihren Haaren aufgehängt und fast verhungert waren. »Schöne Damen«, sagte Jack, »ich habe das Ungeheuer und seinen grausamen Bruder getötet, nun seid ihr frei!« Dann gab er ihnen die Schlüssel und setzte seine Reise nach Wales fort.

Jack ging, so schnell er konnte, aber er verirrte sich, und die Nacht brach herein, und er konnte nirgends Unterkunft finden; endlich kam er in ein enges Tal und sah da ein großes Haus; er faßte sich ein Herz und klopfte, um Obdach für die Nacht zu erbitten. Aber wie groß war sein Schreck, als ein fürchterlicher Riese mit zwei Köpfen aus der Tür kam; aber er schien nicht so gewalttätig zu sein wie die andern, denn er war ein welscher Riese und verübte am liebsten heimliche und hinterlistige Bosheiten unter dem falschen Schein von Freundschaft. Jack erzählte ihm, daß er sich verirrt habe, und der Riese wies ihm bereitwillig ein Schlafzimmer an; aber um Mitternacht hörte Jack, wie sein Wirt nebenan die Worte murmelte:

> »Schläfst du heut nacht auch hier, du Wicht,
> siehst niemals du das Morgenlicht,
> mein Hammer dir das Hirn zerbricht!«

»Weht der Wind von der Seite!« dachte Jack. »Das ist so eine rechte welsche List, aber ich denke, ich bin schlau genug, um dir Widerpart zu halten.« Dann stand er leise auf, legte einen Holzblock an seiner Statt ins Bett und verbarg sich in einer

Ecke des Zimmers. Mitten in der Nacht kam der Riese herein, schlug mit seinem Hammer mehrmals mit aller Wucht auf das Bett und glaubte, er habe Jack alle Knochen entzweigeschlagen. Am nächsten Morgen lachte sich Jack ins Fäustchen und bedankte sich herzlich für das Nachtquartier. »Wie hast du geschlafen?« sagte der Riese. »Hast du des Nachts gar nichts gespürt?« – »Nein«, sagte Jack, »gar nichts. Nur eine Ratte, die mir mit ihrem Schwanz zwei, drei Schläge versetzte.« Da wunderte sich der Riese sehr und lud Jack zum Frühstück ein und brachte ihm vier Gallonen Hirsebrei. Jack wollte aber dem Riesen um keinen Preis eingestehen, daß er solch eine Menge nicht essen könne, er band sich heimlich einen großen Ledersack unter seinen Kittel und schüttete den Brei hinein, ohne daß man es merkte. Dann sagte er dem Riesen, er wolle ihm ein Kunststück vormachen, nahm sein Messer, schnitt den Sack auf, und all der Hirsebrei rann wieder heraus. Da sagte der dumme Riese: »Papperlapapp, kann ich auch«, nahm das Messer, schlitzte sich den Bauch auf, fiel um und war tot.

In dieser Zeit geschah es, daß König Arthurs einziger Sohn seinen Vater bat, ihm ein gut Stück Geld zu geben. Er wollte wandern und im Lande Wales sein Glück versuchen, denn dort wohnte eine schöne Dame, die von sieben bösen Geistern besessen war. Der König tat sein Bestes, seinen Sohn davon abzubringen, aber vergebens. So gab er endlich seine Erlaubnis, und der Königssohn zog fort mit zwei Pferden, eins war ganz mit Geld beladen, und auf dem andern saß er. Als er einige Tage gereist war, kam er in einen Marktflecken in Wales, wo eine große Menge Volk versammelt war. Der Prinz fragte, was denn los sei, und erfuhr, daß die Leute einen Leichnam nicht begraben wollten, weil der tote Mann ihnen im Leben viel Geld schuldig geblieben war. Da schalt der Prinz die Gläubiger wegen

ihrer Grausamkeit und sagte: »Geht und begrabt den Toten; dann kommt zu mir, ich will euch die Schuld bezahlen.« Es kamen so viele, daß der Prinz am Abend nur noch einen Penny übrig hatte.

Da kam Jack der Riesentöter des Weges, hörte von der Großherzigkeit des Prinzen und bewunderte ihn so sehr, daß er nichts sehnlicher wünschte, als sein Diener zu sein. Der Prinz erlaubte es ihm gern, und am nächsten Morgen setzten sie zusammen ihre Reise fort. Als sie aus der Stadt ritten, rief eine alte Frau den Prinzen an und sagte: »Er ist mir seit sieben Jahren einen Penny schuldig. Bitte, gib ihn mir wieder, du hast ja alle andern auch bezahlt.« Der Prinz griff in die Tasche und gab der Frau seinen letzten Penny; als sie in ein Wirtshaus kamen, bezahlte Jack das Essen mit der kleinen Barschaft, die er bei sich hatte, und am Abend hatten sie beide keinen Penny mehr.

Als die Sonne unterging, sagte der Königssohn: »Wo sollen wir die Nacht zubringen, Jack, da wir ja kein Geld haben?«

Aber Jack antwortete: »Herr, wir werden schon gut unterkommen, denn zwei Meilen von hier wohnt mein Onkel; der ist ein fürchterlich großer Riese und hat drei Köpfe. Er nimmt es mit fünfhundert bewaffneten Männern auf und schlägt sie in die Flucht.«

»O weh!« sagte der Prinz. »Was sollen wir dort? Der frißt uns ja in einem Bissen auf! Es sei denn, wir bleiben in einem seiner hohlen Zähne hängen.«

»Das laßt Euch nicht kümmern«, sagte Jack. »Ich will vorangehen und alles zu Eurer Ankunft vorbereiten. Bleibt nur hier und wartet, bis ich zurückkomme.« Jack ritt in aller Eile davon, und als er an das Schloßtor kam, klopfte er so laut, daß es in den nahen Hügeln widerhallte. Da brüllte der Riese wie Donner: »Wer ist da?« – »Nur dein armer Vetter Jack.« – »Was bringt mein armer Vetter Jack für Kunde?« – »Ach, lieber Onkel, schlimme Kunde, weiß Gott!«

»Ich bitte dich«, sagte der Riese, »was kann mir denn für schlimme Kunde kommen? Ich bin ein Riese und hab drei Köpfe, und außerdem weißt du, daß ich es mit fünfhundert bewaffneten Männern aufnehme, sie fliehen vor mir wie Spreu vor dem Wind.«

»Das wohl«, sagte Jack, »aber der Königssohn kommt hierher mit tausend bewaffneten Männern, um dich zu töten und all dein Hab und Gut zu zerstören.«

»Ach, Vetter Jack«, sagte der Riese, »das ist wahrlich schlimme Kunde! Da will ich geschwind laufen und mich verstecken, und du verschließe und verriegle mein Versteck recht gut und bewahre die Schlüssel, bis der Prinz wieder fort ist.« Jack schloß den Riesen ein, holte seinen Herrn, und die beiden machten sich

einen guten Tag, während der arme Riese zitternd in einem unterirdischen Gewölbe lag.

Früh am nächsten Morgen gab Jack dem Prinzen einen tüchtigen Vorrat Gold und Silber mit auf den Weg und sandte ihn drei Meilen voraus, so daß der Riese ihn nicht so geschwind einholen konnte. Dann kehrte Jack zurück und ließ den Riesen aus dem Gewölbe heraus; der fragte, was er ihm zum Lohn geben solle, weil er das Schloß vor Zerstörung bewahrt hatte. »Ach«, sagte Jack, »ich wünsche mir nur den alten Rock und die Kappe, das rostige Schwert und die Pantoffeln, die da über deinem Bett hängen.«

Sagt der Riese: »Du weißt nicht, was du da verlangst. Das sind die kostbarsten Dinge, die ich habe. Der Rock macht dich unsichtbar, die Kappe sagt dir alles, was du wissen willst, das Schwert schneidet alles durch, worauf du losschlägst und die Pantoffeln sind Siebenmeilenstiefel. Aber weil du mir einen so großen Dienst erwiesen hast, will ich dir gern das alles geben.«

Jack bedankte sich bei seinem Onkel und machte, daß er fortkam. Bald holte er seinen Herrn ein, und sie kamen geschwind zum Haus der Dame, die der Prinz suchte. Als sie hörte, daß der Prinz um sie werben wolle, ließ sie für ihn ein glänzendes Gastmahl bereiten. Nach der Mahlzeit sagte sie, sie wolle ihm eine Aufgabe stellen. Sie wischte ihm mit einem Taschentuch den Mund ab und sagte: »Morgen früh mußt du mir das Taschentuch zeigen, oder du verlierst deinen Kopf«, und mit diesen Worten steckte sie das Taschentuch in ihre Tasche. Der Prinz ging in großer Sorge schlafen, aber Jack setzte seine Weisheitskappe auf und erfuhr, wie er das Tuch erlangen könne. Tief in der Nacht rief die Dame den Geist, der ihr untertan war, und ließ sich von ihm zum Geisterkönig Luzifer tragen. Aber Jack zog seinen unsichtbar machenden Rock und seine Siebenmeilenstiefel an und war ebenso geschwind dort wie sie. Sie trat in den Palast Luzifers und gab ihm das Taschentuch, das legte er auf einen Tisch. Von dort nahm Jack es fort und brachte es seinem Herrn, und der zeigte es am nächsten Morgen der Dame und rettete so sein Leben. Da gab sie dem Prinzen einen Kuß und befahl ihm, er müsse ihr am nächsten Morgen die Lippen zeigen, die sie in der Nacht vorher küssen würde, oder er verlöre seinen Kopf.

»Oh«, antwortete der Prinz, »wenn Ihr nur meine Lippen küssen wollt, will ich das gerne tun.«

»Danach habt Ihr nicht zu fragen«, sagte sie. »Wenn Ihr meinen Willen nicht erfüllt, müßt Ihr sterben.«

Um Mitternacht ging sie zu Luzifer wie die Nacht vorher und schalt ihn, daß

er nicht besser auf das Taschentuch achtgegeben hätte. »Aber diesmal«, sagte sie, »wird es dem Königssohn nicht gelingen, denn ich küsse dich jetzt, und er soll mir deine Lippen zeigen.« Da küßte sie ihn, und Jack schlug nachher Luzifer den Kopf ab und brachte ihn unter seinem unsichtbarmachenden Mantel verborgen zu seinem Herrn. Am nächsten Morgen zog der Prinz den Kopf an den Hörnern hervor und zeigte ihn der Dame. Da war der Zauber gebrochen, und die bösen Geister verließen sie, und sie stand da in all ihrer Schönheit. Am nächsten Morgen wurde sie dem Prinzen vermählt, und sie kehrten an König Arthurs Hof zurück. Jack aber wurde zum Lohn für seine großen Taten als Ritter in die Tafelrunde aufgenommen.

Nach einiger Zeit zog Jack wieder auf Abenteuer aus; er war noch nicht weit geritten, als er eine Höhle erblickte, und vor dem Eingang saß ein Riese auf einem Holzblock mit einer mächtigen Eisenkeule neben sich. Seine Glotzaugen waren wie Feuerflammen, sein Aussehen grimmig und scheußlich, seine Backen sahen aus wie zwei dicke rote Schinken, sein Bart wie struppige Besen und seine Locken, die auf seine braunen Schultern herabhingen, wie sich windende Schlangen oder zischende Nattern. Jack sprang vom Pferd, zog seinen unsichtbarmachenden Rock an, schlich sich dicht zu dem Riesen hin und sagte leise: »Da bist du ja! Gleich werd ich dir fest deinen Bart zausen.« Der Riese konnte ihn nicht sehen, weil Jack ja unsichtbar war, und der kam ganz dicht an ihn heran und tat einen Schlag mit dem Schwert nach seinem Kopf; aber er hatte nicht recht gezielt und schlug ihm nur die Nase ab. Da brüllte der Riese wie Donner und schlug mit der Keule wie rasend um sich. Aber Jack lief um ihn herum und stieß ihm das Schwert bis ans Heft in den Rücken, daß er tot zu Boden fiel. Dann schlug er ihm und dem Bruder des Riesen, der ihm zu Hilfe geeilt war, das Haupt ab und schickte sie mit einem Fuhrmann, der gerade des Weges kam, zu König Arthur.

Nun ging Jack in die Höhle des Riesen hinein, um nach seinem Schatz zu suchen. Er ging durch einen langen Gang mit vielen Biegungen und Wendungen und kam schließlich in eine große Halle, die mit Quadersteinen bepflastert war. An der einen Seite stand ein mächtiger Kessel, unter dem ein Feuer brannte, an der andern ein großer Tisch, an dem der Riese zu speisen pflegte. Dann kam er an ein Fenster mit eisernem Gitter, und dahinter erblickte er eine Menge armer Gefangener. Als sie ihn sahen, riefen sie: »Ach du Armer, mußt du auch in dieser schrecklichen Höhle unser Schicksal teilen?« — »Mag sein«, sprach Jack, »aber sagt mir doch, warum seid ihr hier gefangen?«

»Wir sind hier gefangen«, antwortete einer, »bis die Riesen Lust auf ein recht gutes Mahl haben, dann wird der fetteste von uns geschlachtet! Und oft schon haben die beiden Menschen ermordet und verzehrt!«

»So steht die Sache!« sprach Jack, und schloß gleich das Gitter auf und ließ sie frei, und sie waren glückselig. Dann suchte Jack die Schätze des Riesen und verteilte Gold und Silber gleichmäßig unter den Gefangenen und nahm sie alle mit auf ein benachbartes Schloß, und dort feierten sie große Feste und waren fröhlich über ihre Befreiung.

Aber mitten in ihre Fröhlichkeit brachte ein Bote die Nachricht, daß Donnerschlag, ein Riese mit zwei Köpfen, vom Tode seiner Verwandten erfahren habe und aus dem Norden gekommen sei, um sich an Jack zu rächen; er sei nur wenige Meilen vom Schloß entfernt, und das Landvolk flöhe vor ihm her wie Spreu vor dem Wind. Aber Jack war nicht ein bißchen bange und sagte: »Laßt ihn nur kommen! Ich werd ihn schon kriegen! Und ihr, meine Herren und Damen, geht inzwischen in den Garten, und ihr sollt zusehen bei des Riesen Donnerschlag Untergang und Tod!«

Das Schloß lag mitten auf einer kleinen Insel, die von einem Graben umgeben war, der war dreißig Fuß tief und zwanzig Fuß breit, und darüber führte eine Zugbrücke. Da ließ Jack die Brücke von beiden Seiten durchsägen, fast bis zur Mitte; dann zog er seinen unsichtbarmachenden Rock an und ging dem Feind entgegen mit seinem rostigen Schwert. Der Riese konnte Jack zwar nicht sehen, aber er witterte seine Nähe und rief:

> »Fi, Fei, Fo, Fann,
> ich wittre das Blut von 'nem englischen Mann,
> sei er lebend oder tot,
> ich zermahl' seine Knochen und mach mir draus Brot!«

»Was du nicht alles sagst«, sprach Jack, »dann bist du ja wahrhaftig ein grausiger Müller.«

Da rief der Riese wieder: »Bist du der Bösewicht, der meine Verwandten getötet hat? Dann zerreiß ich dich mit meinen Zähnen, trinke dein Blut und zermalme deine Knochen zu Staub.«

»Erst mußt du mich ja wohl fangen«, sprach Jack, warf seinen unsichtbarmachenden Rock ab, daß der Riese ihn sehen konnte, zog die Siebenmeilenstiefel an und rannte dem Riesen davon; der folgte ihm, dick und breit wie ein wanderndes Schloß, und die Erde schien bis ins Innerste zu zittern bei jedem seiner Schritte. Jack ließ ihn tüchtig laufen, damit die Herren und Damen ihn sehen sollten. Dann endlich lief er geschwind über die Zugbrücke; der Riese folgte ihm in höchster Eile mit seiner Keule. Aber als er zur Mitte der Brücke kam, brach sie von seinem gewaltigen Gewicht ein, und er fiel kopfüber ins Wasser und rollte und wälzte sich wie ein Wal darin herum. Jack stand auf dem Wall und lachte aus vollem Halse. Aber wie der Riese auch schäumte, als er ihn spotten hörte und immerfort am Wall in die Höhe zu klettern versuchte, er konnte nicht heraus und Rache nehmen. Jack warf ihm schließlich ein Seil über seine beiden Köpfe und ließ ihn von einem starken Gespann Pferde ans Ufer ziehen, schlug ihm mit seinem Schwert die beiden Köpfe ab und sandte sie als Beutestücke zu König Arthur.

Danach lebte er einige Zeit in Lust und Zeitvertreib; dann aber nahm er Abschied von den Herren und Damen und zog auf neue Abenteuer aus. Er zog durch viele dichte Wälder und kam endlich an den Fuß eines hohen Berges. Hier fand er spät am Abend ein einsames Haus und pochte ans Tor; ein alter Mann mit silberweißem Haar tat ihm auf. »Vater«, sprach Jack, »könnt Ihr einem Wanderer Unterkunft gewähren, den die Nacht überrascht und der den Weg verloren hat?«

»Gern«, sprach der alte Mann, »du bist in meiner armen Hütte willkommen.«

Jack trat ein, und sie setzten sich an den Herd, und der Greis sprach: »Mein

Sohn, ich sehe an deinem Gürtel, daß du der berühmte Riesentöter bist. Nun höre meine Worte: auf dem Gipfel dieses Berges steht ein verzaubertes Schloß, das gehört dem Riesen Galligantua; der lockt mit Hilfe eines alten Zauberers viele Ritter und Jungfrauen in sein Schloß, und mit Zauberkünsten verwandelt er sie in seltsame Gestalten. Vor allem aber trauere ich um eines Herzogs Tochter, die man aus ihres Vaters Garten in einem feurigen Wagen, der von zwei feuerspeienden Drachen gezogen wurde, durch die Lüfte entführte; man brachte sie ins Schloß und verwandelte sie in eine weiße Hirschkuh. Und wie viele Ritter auch schon versucht haben, den Zauber zu brechen, keinem ist es bisher gelungen. Denn zwei schreckliche Greife sitzen vor dem Schloßtor und töten jeden, der in ihre Nähe kommt. Aber du, mein Sohn, kannst unentdeckt zwischen ihnen hindurch zum Schloßtor schreiten; dort findest du in großen Buchstaben eingegraben eine Schrift, die dich lehrt, wie du den Zauber brechen kannst.«

Jack gab dem alten Mann die Hand und versprach, am nächsten Tag sein Leben zu wagen, um die Jungfrau zu befreien.

Am Morgen stand Jack auf, legte seinen unsichtbarmachenden Rock um, zog die Siebenmeilenstiefel an, setzte seine Weisheitskappe auf und machte sich zum Kampf bereit. Als er auf den Gipfel des Berges kam, sah er bald die beiden feurigen Greife, aber ohne Furcht schritt er unsichtbar zwischen ihnen hindurch.

Am Schloßtor fand er ein goldenes Horn, unter dem die Worte eingegraben waren:

> »Wer wecket dieses Hornes Schall,
> der bringt den Riesen schnell zu Fall
> und bricht den schwarzen Zauberbann,
> daß jeder glücklich leben kann!«

Kaum hatte Jack das gelesen, da stieß er laut ins Horn; bei diesem Ton erzitterte das Schloß, und der Riese und der Zauberer gerieten in Verzweiflung, rangen die Hände und rauften sich die Haare, denn sie wußten, nun hatte ihre üble Herrschaft ein Ende. Der Riese bückte sich nach seiner Keule, um sich zu verteidigen, aber mit einem Hieb schlug Jack ihm den Kopf ab. Da stieg der Zauberer in die Lüfte und wurde von einem Wirbelwind fortgetragen. Nun war der Zauber gebrochen, und alle die Ritter und Jungfrauen, die so lange in Vögel und wilde Tiere verwandelt gewesen waren, erhielten ihre frühere Gestalt wieder, und das Schloß verschwand in einer Rauchwolke. Dann wurde das Haupt des Galligantua, wie all die andern, an den Hof zu König Arthur geschickt. Am nächsten Tage kam Jack selbst mit den befreiten Jungfrauen und Rittern. Als Belohnung für seine guten Dienste gab der Herzog, auf des Königs Geheiß, seine Tochter dem tapferen Jack zur Frau. So wurden die beiden vermählt, und das ganze Königreich war voller Freude bei ihrer Hochzeit. Außerdem verlieh der König Jack ein stolzes Schloß und eine schöne Grafschaft dazu, und dort lebten er und seine Frau in Glück und Freude für den Rest ihrer Tage.

Gevatter Tod

Brüder Grimm

Es hatte ein armer Mann zwölf Kinder und mußte Tag und Nacht arbeiten, damit er ihnen nur Brot geben konnte. Als nun das dreizehnte zur Welt kam, wußte er sich seiner Not nicht zu helfen, lief hinaus auf die große Landstraße und wollte den ersten, der ihm begegnete, zu Gevatter bitten. Der erste, der ihm begegnete, das war der liebe Gott, der wußte schon, was er auf dem Herzen hatte, und sprach zu ihm »armer Mann, du dauerst mich, ich will dein Kind aus der Taufe heben, will für es sorgen und es glücklich machen auf Erden.« Der Mann sprach »wer bist du?« – »Ich bin der liebe Gott.« – »So begehr ich dich nicht zu Gevatter«, sagte der Mann, »du gibst dem Reichen und lässest den Armen hungern.« Das sprach der Mann, weil er nicht wußte, wie weislich Gott Reichtum und Armut verteilt. Also wendete er sich von dem Herrn und ging weiter. Da trat der Teufel zu ihm und sprach »was suchst du? Willst du mich zum Paten deines Kindes nehmen, so will ich ihm Gold die Hülle und Fülle und alle Lust der Welt dazu geben.« Der Mann fragte »wer bist du?« – »Ich bin der Teufel.« – »So begehr ich dich nicht zum Gevatter«, sprach der Mann, »du betrügst und verführst die Menschen.« Er ging weiter, da kam der dürrbeinige Tod auf ihn zugeschritten und sprach »nimm mich zu Gevatter.« Der Mann fragte »wer bist du?« – »Ich bin der Tod, der alle gleich macht.« Da sprach der Mann »du bist der rechte, du holst den Reichen wie den Armen ohne Unterschied, du sollst mein Gevattersmann sein.« Der Tod antwortete »ich will dein Kind reich und berühmt machen, denn wer mich zum Freunde hat, dem kann's nicht fehlen.« Der Mann sprach »künftigen Sonntag ist die Taufe, da stelle dich zu rechter Zeit ein.« Der Tod erschien, wie er versprochen hatte, und stand ganz ordentlich Gevatter.

Als der Knabe zu Jahren gekommen war, trat zu einer Zeit der Pate ein und hieß ihn mitgchen. Er führte ihn hinaus in den Wald, zeigte ihm ein Kraut, das da wuchs, und sprach »jetzt sollst du dein Patengeschenk empfangen. Ich mache dich zu einem berühmten Arzt. Wenn du zu einem Kranken gerufen wirst, so will ich dir jedesmal erscheinen: steh ich zu Häupten des Kranken, so kannst du keck sprechen, du wolltest ihn wieder gesund machen, und gibst du ihm dann von jenem Kraut ein, so wird er genesen; steh ich aber zu Füßen des Kranken, so ist er mein, und du mußt sagen, alle Hilfe sei umsonst, und kein Arzt in der Welt könne ihn retten. Aber hüte dich, daß du das Kraut nicht gegen meinen Willen gebrauchst, es könnte dir schlimm ergehen.«

Es dauerte nicht lange, so war der Jüngling der berühmteste Arzt auf der ganzen Welt. »Er braucht nur den Kranken anzusehen, so weiß er schon, wie es steht, ob er wieder gesund wird, oder ob er sterben muß«, so hieß es von ihm, und weit und breit kamen die Leute herbei, holten ihn zu den Kranken und gaben ihm so viel Gold, daß er bald ein reicher Mann war. Nun trug es sich zu, daß der König erkrankte; der Arzt ward berufen und sollte sagen, ob Genesung möglich wäre. Wie er aber zu dem Bette trat, so stand der Tod zu den Füßen des Kranken, und da war für ihn kein Kraut mehr gewachsen. »Wenn ich doch einmal den Tod überlisten könnte«, dachte der Arzt, »er wird's freilich übelnehmen, aber da er mein Pate ist, so drückt er wohl ein Auge zu; ich will's wagen.« Er faßtc also den Kranken und legte ihn verkehrt, so daß der Tod zu Häupten desselben zu stehen kam. Dann gab er ihm von dem Kraute ein, und der König erholte sich und ward wieder gesund. Der Tod aber kam zu dem Arzte, machte ein böses und finsteres Gesicht, drohte mit dem Finger und sagte »du hast mich hinter das Licht geführt. Diesmal will ich dir's nachsehen, weil ich dein Pate bin, aber wagst du das noch einmal, so geht's dir an den Kragen, und ich nehme dich selbst mit fort.«

Bald hernach verfiel die Tochter des Königs in eine schwere Krankheit. Sie war sein einziges Kind, er weinte Tag und Nacht, daß ihm die Augen erblindeten, und ließ bekanntmachen, wer sie vom Tode errettete, der sollte ihr Gemahl werden und die Krone erben. Der Arzt, als er zu dem Bette der Kranken kam, erblickte den Tod zu ihren Füßen. Er hätte sich der Warnung seines Paten erinnern sollen, aber die große Schönheit der Königstochter und das Glück, ihr

Gemahl zu werden, betörten ihn so, daß er alle Gedanken in den Wind schlug. Er sah nicht, daß der Tod ihm zornige Blicke zuwarf, die Hand in die Höhe hob und mit der dürren Faust drohte; er hob die Kranke auf, und legte ihr Haupt dahin, wo die Füße gelegen hatten. Dann gab er ihr das Kraut ein, und alsbald röteten sich ihre Wangen, und das Leben regte sich von neuem.

Der Tod, als er sich zum zweitenmal um sein Eigentum betrogen sah, ging mit langen Schritten auf den Arzt zu und sprach »es ist aus mit dir und die Reihe kommt nun an dich«, packte ihn mit seiner eiskalten Hand so hart, daß er nicht widerstehen konnte, und führte ihn in eine unterirdische Höhle. Da sah er, wie tausend und tausend Lichter in unübersehbaren Reihen brannten, einige groß, andere halbgroß, andere klein. Jeden Augenblick verloschen einige, und andere brannten wieder auf, also daß die Flämmchen in beständigem Wechsel hin- und herzuhüpfen schienen. »Siehst du«, sprach der Tod, »das sind die Lebenslichter der Menschen. Die großen gehören Kindern, die halbgroßen Eheleuten in ihren besten Jahren, die kleinen gehören Greisen. Doch auch Kinder und junge Leute haben oft nur ein kleines Lichtchen.« – »Zeige mir mein Lebenslicht«, sagte der Arzt und meinte, es wäre noch recht groß. Der Tod deutete auf ein kleines Endchen, das eben auszugehen drohte, und sagte »siehst du, da ist es.« – »Ach, lieber Pate«, sagte der erschrockene Arzt, »zündet mir ein neues an, tut mir's zuliebe, damit ich meines Lebens genießen kann, König werde und Gemahl der schönen Königstochter.« – »Ich kann nicht«, antwortete der Tod, »erst muß eins verlöschen, eh ein neues anbrennt.« – »So setzt das alte auf ein neues, das gleich fortbrennt, wenn jenes zu Ende ist«, bat der Arzt. Der Tod stellte sich, als ob er seinen Wunsch erfüllen wollte, langte ein frisches großes Licht herbei: aber weil er sich rächen wollte, versah er's beim Umstecken absichtlich, und das Stückchen fiel um und verlosch. Alsbald sank der Arzt zu Boden, und war nun selbst in die Hand des Todes geraten.

Der blaue Vogel

Madame d' Aulnoy

Es war einmal ein König, der war sehr reich an Gütern und Geld. Als seine Frau starb, war er untröstlich. Er schloß sich eine ganze Woche lang in eine kleine Kammer ein, wo er mit dem Kopf gegen die Mauern rannte; so verzweifelt war er. Man fürchtete, er möge sich umbringen und legte Matratzen zwischen das Mauerwerk und die Wandbehänge. Alle seine Untertanen gingen hin, um ihn nach Kräften in seiner Trauer zu trösten. Die einen redeten von ernsten Dingen, die anderen von lustigen, aber all das machte nicht den geringsten Eindruck auf ihn, er hörte kaum, was man zu ihm sagte. Endlich erschien eine Dame, in einen schwarzen Schleier gehüllt; sie weinte und schluchzte dermaßen, daß er davon ganz überrascht war. Sie sagte, sie habe sich nicht wie die andern vorgenommen, seinen Schmerz zu vermindern, sie komme vielmehr, um ihn zu vergrößern; denn es gäbe nichts Natürlicheres als die Trauer um eine gute Gattin. Sie selbst hätte den besten aller Gatten verloren und wolle ihn beweinen, solange sie Augen im Kopfe habe. Darauf verdoppelte sie ihr Wehklagen, und der König begann, ihrem Beispiel folgend, gleichfalls zu heulen. Er empfing die Dame besser als alle andern Besucher, er erzählte von den edlen Eigenschaften seiner verstorbenen Gemahlin, und sie überbot ihn mit denen ihres eigenen Verblichenen.

Als die schlaue Witwe merkte, daß das Thema fast erschöpft war, hob sie ihren Schleier ein wenig, und der leidgeprüfte König labte seine Augen am

Anblick dieser armen Trauernden, die ihre mit langen schwarzen Wimpern umränderten großen blauen Augen verführerisch verdrehte. Der König betrachtete sie aufmerksam. Schließlich sprach er immer weniger von seiner Frau und zuletzt überhaupt nicht mehr. Die Witwe redete davon, sie wolle ewig ihren Gatten beweinen, der König bat sie, ihren Schmerz nicht zu verewigen, und zuletzt war alle Welt sehr erstaunt, als er sie heiratete und als ihr Schwarz sich in Grün und Rosa verwandelte.

Der König hatte aus seiner ersten Ehe nur eine Tochter gehabt. Sie hieß Florinchen, weil sie frisch und jung und schön war wie eine Blume. Sie war erst fünfzehn Jahre alt, als der König sich wieder verheiratete. Die neue Königin hatte auch eine Tochter, die bei ihrer Patin, der Fee Sussio, aufgezogen worden war, aber darum weder schöner noch anmutiger war. Sie hieß Forellchen, denn ihr Gesicht hatte rote Flecken wie ein Forelle. Ihre schwarzen Haare waren so fettig und filzig, daß man sie nicht berühren mochte. Dennoch liebte die Königin sie bis zum Wahnsinn, und sie redete von nichts als von ihrem lieblichen Forellchen, und da Florinchen viel schöner war, erdachte sie alle möglichen Mittel, jene beim König anzuschwärzen, und kein Tag verging, ohne daß die Königin und Forellchen Florinchen irgendeinen Streich spielten. Die Prinzessin aber war sanft und klug und suchte über diese Unannehmlichkeiten hinwegzukommen.

Eines Tages meinte der König, Florinchen und Forellchen seien groß genug, um sich zu verheiraten, und den ersten besten Prinzen, der an den Hof käme, müsse man einer von beiden zum Manne geben. »Ich bin der Ansicht«, sagte die Königin, »daß meine Tochter die erste ist, die in Betracht kommt. Sie ist älter als die deinige und tausendmal liebenswürdiger.« Der König liebte keinen Streit und sagte, er überlasse alles ihr.

Einige Zeit darauf erfuhr man, daß der König Liebwerth auf Besuch kommen würde. Nie hatte es einen galanteren Fürsten gegeben. Als die Königin diese Neuigkeit erfuhr, sandte sie nach den besten Schneidern, um Forellchen auszustaffieren; sie bestach ferner ihre Hofdame, daß sie Florinchens sämtliche Gewänder und Kopfbedeckungen am gleichen Tage entwendete, an welchem König Liebwerth eintraf, so daß diese, als sie sich schmücken wollte, nicht ein einziges Band mehr vorfand. Sie blieb also in einem unscheinbaren Kleid und schämte sich derart, daß sie in einem Winkel des Saales Platz nahm, als König Liebwerth eintraf. Die Königin empfing ihn mit großem Prunk, sie stellte ihm ihre Tochter vor, die wie die Sonne glänzte und doch in all ihrem Schmuck noch häßlicher war als gewöhnlich. Der König wandte seine Augen von ihr ab, denn er hatte von

dem schönen Florinchen gehört und fragte, ob nicht noch eine andere Prinzessin da sei. »Ja«, sagte Forellchen und zeigte mit dem Finger auf sie, »da versteckt sie sich, weil sie nicht artig ist.« Florinchen errötete und wurde dadurch so schön, daß der König Liebwerth ganz geblendet wurde. Er erhob sich rasch und machte eine tiefe Verbeugung: »Mein Fräulein«, sagte er, »Eure unvergleichliche Schönheit schmückt Euch so, daß Ihr keiner fremden Hilfe mehr bedürft!« – »Mein Herr«, erwiderte sie, »ich gestehe, daß ich es wenig gewohnt bin, ein so ungepflegtes Kleid zu tragen wie dieses, und Ihr würdet mich zu Dank verpflichtet haben, wenn Ihr mich nicht beachtet hättet.« – »Ah!« sagte die Königin erbost, »glaubt mir, mein Herr, Florinchen ist schon hinreichend eitel, man darf ihr nicht soviel Schmeicheleien sagen.«

Der König Liebwerth fand bald heraus, aus welchem Grunde die Königin so redete, aber da er nicht gesonnen war, sich Gewalt anzutun, so zeigte er seine Bewunderung für Florinchen ganz offen und unterhielt sich drei Stunden hintereinander mit ihr. Die Königin war verzweifelt und Forellchen untröstlich; beide beklagten sich beim König und nötigten ihn, Florinchen für die Dauer des königlichen Besuchs in einen Turm zu sperren. Und wirklich wurde jene, sobald sie auf ihr Zimmer zurückgekehrt war, von vier maskierten Männern ergriffen und auf den Turm gebracht. Da König Liebwerth nichts von der Gewalttat erfuhr, wartete er mit Ungeduld darauf, die Prinzessin wiederzusehen; er wollte mit allen nur von ihr reden, aber auf Befehl der Königin sagten alle nur, sie sei eitel, wankelmütig und launisch und quäle ihre Freundinnen und ihre Bedienung; man könnte nicht unsauberer sein als sie, und ihr Geiz ginge so weit, daß sie lieber wie ein Hirtenmädchen gekleidet wäre, als daß sie sich neue Kleider kaufe. Liebwerth konnte seinen Zorn kaum bändigen. »Nein«, sagte er zu sich, »es ist undenkbar, daß der Himmel eine so häßliche Seele in dieses Meisterwerk der Natur gelegt hat, ich gebe zu, daß sie nicht sauber angezogen war, als ich sie sah, aber ihre Scham bewies, daß sie es nicht gewohnt war, sich so zu sehen.«

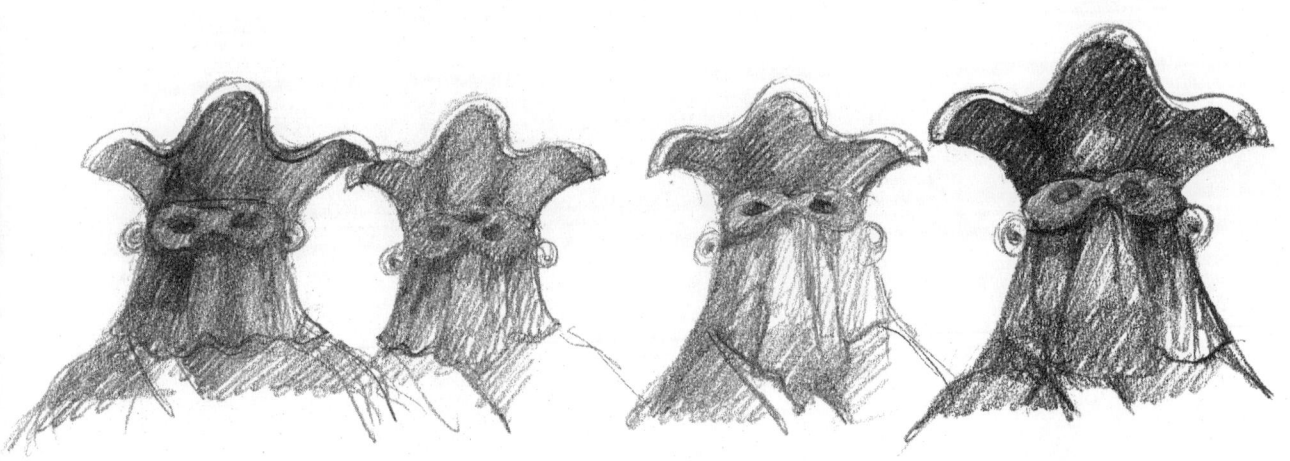

Florinchen indes lag im Verlies des schrecklichen Turmes, in den sie die vermummten Männer gebracht hatten, auf dem Boden. »Weniger wäre ich zu beklagen«, sagte sie, »wenn man mich hierher gebracht hätte, ehe ich diesen liebenswürdigen König sah. Die Erinnerung an ihn vermehrt meine Qual.«

Die Königin überhäufte Liebwerth mit kostbaren Geschenken und machte ihn sogar zum Ritter des Ordens der Liebe, den sie eigens zu diesem Zweck gestiftet hatte. Doch Liebwerth erkundigte sich immer wieder nach Florinchen und erfuhr schließlich, der Vater habe ihr verboten, während seiner Anwesenheit ihr Zimmer zu verlassen. Vermittels einer Hofdame verabredete er eine nächtliche Zusammenkunft mit Florinchen, aber die Treulose hatte nichts Eiligeres zu tun, als alles der Königin zu verraten, und diese kam auf den Gedanken, Forellchen Florinchens Platz am Fenster ihres Zimmers einnehmen zu lassen. Die Nacht war so dunkel, daß Liebwerth unmöglich den Betrug bemerken konnte. Er näherte sich also mit Gebärden unaussprechlicher Freude dem Fenster und sagte Forellchen all das, was er Florinchen hätte sagen wollen, um sie von seiner Liebe zu überzeugen. Forellchen nahm die Gelegenheit wahr und sagte ihm, sie sei das unglücklichste Wesen von der Welt, da sie eine so grausame Stiefmutter habe, und ihre Leiden würden nicht eher aufhören, bis Forellchen verheiratet sei. Der König versicherte, er wäre glücklich, wenn sie ihn zum Gatten wolle, und er wolle Herz und Krone mit ihr teilen. Darauf zog er seinen Ring vom Finger und steckte ihn an den Forellchens, indem er hinzufügte, dies sei das Pfand seiner ewigen Treue, sie solle ihm nur die Stunde nennen, zu der sie heimlich fliehen wollten. Tatsächlich wurde der Tag verabredet, an welchem der König die Prinzessin in seiner von fliegenden Fröschen gezogenen Kutsche abholen wollte, die ihm ein befreundeter Zauberer zum Geschenk gemacht hatte. Die Nacht war sehr dunkel, Forellchen schlüpfte geheimnisvoll durch ein Hinterpförtchen, und der König, der sie erwartete, nahm sie in seine Arme und schwur ihr hundertmal ewige Treue.

Auf Wunsch der Prinzessin begaben sie sich zunächst zur Fee Sussio. Während Liebwerth im Vorsaal des gläsernen Palastes wartete, bemerkte er auf einmal durch die durchsichtige Wand Forellchen, welche mit der Fee redete. »Was«, sagte er, »bin ich betrogen? Haben die Dämonen diese Feindin meiner Ruhe hierhergebracht?« Er dachte an tausend Dinge, die ihn zur Verzweiflung brachten, aber es wurde noch schlimmer, als jene eintraten und Sussio zu ihm sagte: »König Liebwerth, hier ist die Prinzessin Forellchen, der Ihr Euer Wort gegeben habt. Sie ist mein Patenkind, und ich wünsche, daß Ihr sie sofort heiratet.« – »Ich«, rief er,

»ich soll dieses kleine Ungeheuer heiraten? Nichts habe ich ihr versprochen, und wenn sie das Gegenteil behauptet . . .« – »Genug!« unterbrach ihn die Fee, »und seid nicht so kühn, es mir gegenüber an Respekt fehlen zu lassen!« Forellchen zeigte Liebwerth den Ring, und dieser merkte, daß er getäuscht worden war, er wollte fliehen, doch die Fee hielt ihn durch einen Zauber fest. Es war umsonst, daß ihn die Fee mit Sanftmut, Drohungen und Versprechungen bestürmte; daß Forellchen weinte, schrie, schluchzte, tobte und schmeichelte. Endlich verlor die Fee die Geduld und befahl dem König, zwischen der Heirat mit Forellchen und siebenjähriger Verwünschung zu wählen. Es fiel ihm leicht, letzteres vorzuziehen, und von der Fee in einen blauen Vogel verwandelt, flog er durch das Fenster davon.

Forellchen aber kehrte zu ihrer Mutter zurück, und beide gingen zu Florinchen, der sie die angebliche Verheiratung der Prinzessin mit dem Fürsten erzählten, und sie zeigten ihr den Ring. Florinchen fiel in Ohnmacht, und als sie wieder erwachte und sich überlegte, daß nun alle Hoffnung auf eine Heirat mit dem König geschwunden sei, da weinte sie die ganze Nacht. Indessen hatte König Liebwerth, oder besser gesagt der blaue Vogel, unaufhörlich das Schloß umflogen, denn er glaubte, seine teure Prinzessin müsse dort irgendwo eingeschlossen sein, und wenn ihre Klagen schmerzlich waren, so waren es die seinigen nicht minder: er näherte sich den Fenstern so gut er konnte, um in die Zimmer zu blicken, aber die Furcht, Forellchen möchte ihn entdecken und erkennen, hinderte ihn, das zu tun, was er wollte. »Es geht um mein Leben«, sagte er zu sich selber, »wenn diese bösen Frauen erfahren, wo ich bin, so würden sie sich rächen wollen.« Diese Erwägungen zwangen ihn, sich tagsüber vom Schlosse fernzuhalten, und in der Regel kam er nur in der Nacht und sang. Man hatte gegenüber dem Fenster von Florinchens Verlies eine Zypresse von außerordentlicher Höhe gepflanzt, und der blaue Vogel wiegte sich auf ihren Zweigen. Kaum saß er dort, als er eine klagende Stimme hörte: »Soll ich noch lange leiden«, sagte sie, »kommt nicht der Tod, mich zu erlösen? O grausame Königin, was tat ich dir, daß du mich in so furchtbarer Gefangenschaft hältst? Daß du mich, um mich zu strafen, zum Zeugen des Glückes machst, das deine unwürdige Tochter mit dem König Liebwerth genießt?« Der blaue Vogel vernahm diese Worte, und je mehr er hörte, desto klarer wurde ihm, daß es Florinchen war, die so redete. Er sprach zu ihr: »Anbetungswürdiges Florinchen! Warum wollt Ihr Euer Leben so bald schon enden? Es gibt ein Heilmittel für Euer Leiden!« – »Wie? Wer spendet mir so süßen Trost?« – »Ein unglücklicher König«, erwiderte der Vogel, »der Euch liebt und nie

eine andere lieben wird als Euch.« Mit diesen Worten flog er an das Fenster. Florinchen fürchtete sich zunächst vor dem seltsamen Vogel, der so verständig redete, wie wenn er ein Mensch wäre. »Darf ich Euch wiedersehen, Prinzessin, darf ich ein so vollkommenes Glück genießen, ohne vor Seligkeit zu vergehen?« – »Wer bist du, liebwerter Vogel?« sagte die Prinzessin und streichelte ihn. »Ihr habt meinen Namen genannt!« erwiderte der König. »Was! Der König Liebwerth wäre der kleine Vogel, den ich in meiner Hand halte?« sagte die Prinzessin. Nun erfuhr sie vom König die ganze Wahrheit. Florinchen empfand so große Freude, ihren Geliebten reden zu hören, daß sie alle Leiden ihrer Gefangenschaft vergaß. Wie tröstete sie ihn über sein Mißgeschick! Wie überzeugte sie ihn, daß sie nicht weniger für ihn tun wolle, als er für sie getan habe. Der Tag brach an, und die Mehrzahl der Höflinge hatte sich schon erhoben, als die Prinzessin und der blaue Vogel noch immer miteinander redeten. Sie trennten sich unter tausend Qualen, nachdem sie einander versprochen hatten, sich jede Nacht so zu unterhalten.

Zwei Jahre vergingen so, jede Nacht erschien der blaue Vogel vor dem Fenster von Florinchens Kerker, und mitunter brachte er ihr kostbare Geschenke in seinem Schnabel mit. Indessen bemühte sich die böse Königin vergeblich, Forellchen zu verheiraten. Sie schickte Gesandte an alle Fürsten, deren Namen sie wußte, um sie ihnen anzubieten, aber man wies sie ab. »Wenn es sich um Prinzessin Florinchen handeln würde, wäret Ihr mit Freuden aufgenommen worden«, sagte man zu ihnen. Mutter und Tochter gerieten in neuen Zorn auf die unschuldige Prinzessin, und sie beschlossen, auf den Turm zu steigen, um sie zu verhören. Es war schon Mitternacht. Sie stand am Fenster, geschmückt mit den Geschenken des Königs. Ihr Zimmer und ihr Bett waren mit Blumen überstreut. Die Königin horchte an der Tür; sie glaubte ein Duett singen zu hören:

»Ist auch jetzt mein Schicksal hart,
und ich leide manche Qual,
deine teure Gegenwart
tröstet mich ja tausendmal.
Wenn auch unser Auge weint,
unsre Herzen sind vereint.«

Ein Seufzer beendete den zärtlichen Gesang.

»Ah, mein Forellchen, wir sind betrogen!« rief die Königin, öffnete hastig die Tür und drängte sich ins Zimmer. Die beiden Weiber stürzten sich wie die Furien auf Florinchen. Lange disputierten sie über die Herkunft der Schmucksachen und der Blumen. Die Königin beschuldigte sie der Verschwörung und heimlicher Unterhandlungen mit den Feinden ihres Landes, und schließlich schickte man ihr eine Magd ins Zimmer, die alle Handlungen der Prinzessin überwachen sollte. Aber tagsüber fand diese nicht den geringsten Grund zum Verdacht, und abends legte sie sich frühzeitig schlafen, da sie sich langweilte. Dann öffnete Florinchen das Fenster und rief ihren blauen Vogel herbei. Aber die Schläferin hatte ein Geräusch gehört, sie horchte im stillen, dann suchte sie mit den Augen die Finsternis zu durchdringen und bemerkte schließlich im Mondschein den schönsten Vogel von der Welt, der mit der Prinzessin redete, sie liebkoste und schnäbelte; endlich verstand sie auch einige Worte ihrer Unterhaltung und verwunderte sich sehr, denn der blaue Vogel sprach wie ein Liebhaber. Am anderen Morgen erschien die Magd bei der Königin und berichtete ihr alles, was sie gesehen und gehört hatte. Die Königin schickte sogleich nach ihren Vertrauten; sie beratschlagten sich und kamen schließlich auf den Gedanken, daß der blaue Vogel König Liebwerth sein müsse. »Welch ein Schimpf, mein Forellchen!« rief die Königin, »diese unverschämte Prinzessin! Oh! Ich werde mich blutig rächen, man soll noch lange davon reden!« Die Königin schickte die Magd in den Turm zurück und befahl ihr, keinen Argwohn und keine Neugier zur Schau zu tragen, vielmehr sich tiefer als gewöhnlich schlafend zu stellen. Diese legte sich also frühzeitig nieder und schnarchte aus Leibeskräften, indes die arme, getäuschte Prinzessin das kleine Fenster öffnete und ihren Vogel rief.

Aber sie lockte ihn die ganze Nacht vergebens, er erschien nicht, denn die böse Königin hatte Messer und Dolche an die Äste der Zypresse binden lassen, und als er mit raschen Flügelschlägen kam, um sich darauf niederzulassen, zerschnitten ihm die Mordwaffen die Flügel, und endlich rettete er sich unter tausend Qualen zu dem hohlen Baume, wo er die Tage zu verbringen pflegte, eine lange Blutspur zurücklassend. Er war überzeugt, Florinchen habe ihn verraten. Dieser unselige Gedanke drückte ihn dermaßen nieder, daß er zu sterben beschloß. Aber sein Freund, der Zauberer, war auf der Suche nach dem König schon achtmal um die ganze Erde gelaufen, seit die fliegenden Frösche ohne diesen zurückgekehrt waren. Endlich fand er ihn in jenem hohlen Baum. Mit Waldkräutern, über die er einige Worte aus dem siebenten Buche Moses murmelte, heilte er den König so vollkommen, als sei er nie verwundet gewesen.

Florinchen klagte indes um ihren Vogel, während die beiden Weiber triumphierten. Aber bald änderte sich die Lage vollkommen. Der alte König starb, und die Königin maßte sich sogleich die Herrschaft an. Das Volk jedoch wollte ihre

Regierung nicht dulden, es schüttelte ihre Herrschaft ab, und die Großen des Reiches holten Florinchen aus ihrem Turm und setzten ihr die Krone auf.

Unterdessen hatte der Zauberer die Fee Sussio aufgesucht, um bei ihr für den blauen Vogel ein gutes Wort einzulegen. Diese versprach den Fluch rückgängig zu machen, aber nur unter der Bedingung, daß der König Forellchen heirate. Der blaue Vogel, der Florinchen nun ebenso haßte, wie er sie zuvor geliebt hatte, und dem jetzt überdies alles gleich war, erklärte sich einverstanden, doch ersuchte er, die Hochzeit noch um ein Jahr hinausschieben zu dürfen. Dies wurde ihm gewährt, und die Fee gab ihm seine menschliche Gestalt zurück.

Florinchen aber hüllte sich in bäuerliche Kleider, verbarg ihr Gesicht unter ihren dichten Haarflechten, setzte einen breiten Strohhut auf, nahm einen Sack auf die Schulter und machte sich auf die Reise, bald zu Fuß, bald zu Roß, bald zur See, bald zu Lande und alles so schnell wie möglich. Sie wanderte und wanderte und überschritt schließlich mit Hilfe einer gütigen Fee ein Gebirge; jenseits desselben lag das Königreich ihres Geliebten. Sogleich erkundigte sie sich nach ihm, und man erwiderte ihr: »Morgen wird er mit Prinzessin Forellchen zum Altar treten, denn er hat endlich eingewilligt, sie zu heiraten.« Am andern Morgen drängte sich Florinchen mitten durch die Menge und stellte sich neben den Thron, so daß der König sie bemerken mußte, und wirklich redete er sie an und fragte sie, was sie wolle. »Ich heiße Schmutzfink«, sagte sie, »und komme, Euch einige Raritäten zu verkaufen.« Bei diesen Worten kramte sie in ihrem Sack und zog die smaragdenen Armbänder hervor, die der blaue Vogel ihr ehedem gegeben hatte. Der König erbleichte und seufzte und schwieg lange. Endlich fürchtete er, man möge seine trüben Gedanken bemerken und sagte zu Forellchen: »Diese Armbänder sind, glaube ich, ebensoviel wert wie mein Königreich; ich dachte, es gäbe nur ein paar davon auf der Welt, aber diese hier sind ganz dieselben.« Forellchen stieg von ihrem Thron herab, wo sie gesessen hatte wie eine Auster in ihrer Schale, und fragte die Königin, wieviel sie für diese Armbänder wolle. »Ihr hättet zu große Ausgaben, wenn Ihr sie bezahlen wolltet, gnädige Frau«, sagte diese, »besser ist es, ich schlage Euch einen anderen Handel vor. Wenn Ihr mir erlauben wollt, eine Nacht im Echogemach zu schlafen, so will ich Euch die Smaragde geben.« – »Gern, Schmutzfink«, sagte Forellchen und lachte wie besessen, wobei sie ihre Eberhauer zeigte.

Das Echogemach – so hatte einst der blaue Vogel Florinchen erzählt – lag unter dem königlichen Schlafgemach und war so gebaut, daß der König auch das leiseste Wort verstehen konnte, das darin gesprochen wurde.

Man führte die Königin in das Kabinett, und die ganze Nacht seufzte und klagte sie: »Das Unglück, das ich fürchtete, ist eingetroffen, grausamer blauer Vogel!« sagte sie. »Du hast mich vergessen, du liebst meine unwürdige Nebenbuhlerin! Die Armbänder, die ich von deiner freigebigen Hand empfing, haben dich nicht an mich mahnen können, so sehr ist mein Bild in deinem Gedächtnis verblaßt.« Der Kammerdiener hatte die ganze Nacht ein Wimmern und Stöhnen gehört, aber der König hatte durch ein seltsames Mißgeschick nichts vernommen. Das kam daher, daß er seit seiner Trennung von Florinchen nicht mehr schlafen konnte, und wenn er zu Bett ging, gab man ihm Opium, um ihm einige Stunden Ruhe zu verschaffen. Florinchen mußte also das Gemach wieder verlassen, ohne ihr Ziel erreicht zu haben und wiederholte die List mit einem andern Schmuckstück, welches Forellchen um denselben Preis kaufte. Auch diesmal hatte der König einen Schlaftrunk genommen, und Florinchen veräußerte nun ihr drittes und letztes Kleinod gegen eine Nacht im Echogemach, nachdem sie zuvor den Kammerdiener gebeten hatte, dem König kein Opium zu geben. Sie ließ sich also mit Einbruch der Nacht wieder in das Gemach führen und hoffte, daß der Kammerdiener Wort halten würde. Als sie glaubte, daß alles schlief, begann sie ihre gewohnten Klagen. Der König schlief aber nicht und hörte so genau die Stimme seines Florinchens, daß er jedes Wort verstand, doch begriff er nicht, woher die Worte kamen. Sein Herz ward von zarten Gefühlen durchdrungen, und er gedachte so innig seiner unvergleichlichen Prinzessin, daß die Trennung von ihr ihn ebenso schmerzlich dünkte, wie in dem Augenblick, da die Messer auf der Zypresse ihn zerfleischten. Er begann ebenso wie die Königin zu klagen: »O Prinzessin«, sagte er, »Ihr wart zu grausam gegen einen Liebhaber, der Euch anbetete. Wäre es möglich, daß Ihr mich unsern gemeinsamen Feinden hättet opfern wollen?« Florinchen hörte, was er sprach und antwortete ihm unverzüglich, wenn er mit dem kleinen Schmutzfink reden wolle, so würde er über alle Geheimnisse aufgeklärt werden. Bei diesen Worten rief der König ungeduldig einen Kammerdiener und fragte, ob er ihm nicht sogleich den seltsamen Gast herbeiholen könne. Der Diener entgegnete, nichts sei leichter. Der König wußte nicht, was er davon halten solle. Wie konnte eine so große Königin sich als Schmutzfink verkleiden? Wie konnte andererseits der Schmutzfink die Stimme der Königin annehmen und ihre Geheimnisse ausplaudern? In dieser Ungewißheit erhob er sich und bekleidete sich hastig und gelangte über eine Geheimtreppe in das Echogemach. Dort fand er Florinchen in einem leichten weißen Taffetkleid, das sie bisher unter ihren bäuerlichen Gewändern getragen hatte; ihre

273

schönen Haare fielen ihr über die Schultern, sie lag auf einem Ruhebett, und eine etwas entfernte Lampe verbreitete nur ein unbestimmtes Licht. Der König trat plötzlich ein, und seine Liebe siegte über seinen Groll; als er sie erkannte, warf er sich ihr zu Füßen, befeuchtete ihre Hände mit Tränen und glaubte, vor Freude und Schmerz sterben zu müssen. Die Königin war nicht weniger erregt, ihr Herz preßte sich zusammen, sie konnte nur mit Mühe atmen, starr sah sie den König an, ohne ein Wort zu sagen.

Schließlich klärten sie einander auf und rechtfertigten sich; und alles, was sie noch beunruhigte, war die Fee Sussio. Aber in diesem Augenblick erschien der Zauberer, der Freund des Königs, in Begleitung einer berühmten guten Fee, und beide erklärten, sie hätten ihre Macht zugunsten des Königs und der Königin vereinigt, so daß die böse Sussio nichts gegen sie ausrichten könne und also ihrer Hochzeit nichts mehr im Wege stünde. Man kann sich die Freude der Liebenden ausmalen. Bei Tagesanbruch verbreitete sich die Neuigkeit im Schloß, und jeder war von der Schönheit Florinchens entzückt. Auch bis zu Forellchen drangen die Gerüchte. Sie lief zum König, aber wie groß war ihre Überraschung, als sie ihre schöne Nebenbuhlerin bei ihm fand. Gerade wollte sie den Mund öffnen, um sie zu beschimpfen, da erschienen der Zauberer und die gute Fee und verwandelten sie in ein Ferkelchen, womit ihr wenigstens ein Teil ihres Namens und ihr raunzender Charakter verblieben. Grunzend entfloh sie auf den Hof, wo das laute Gelächter, das sie empfing, ihre Verzweiflung auf den Gipfel trieb. König Liebwerth und Königin Florinchen dachten nur noch an ihre Hochzeit, und man kann sich denken, wie groß ihr Glück nach so viel Unglück war.

Der Türke, der Italiener und der Armenier

Griechisches Volksmärchen

Vor vielen, vielen Jahren kamen einmal einige Kaufleute mit einem Schiff nach Naxos. Sie gingen an Land, um ihre Einkäufe zu tätigen, und unter ihnen waren drei Männer, ein Türke, ein Italiener und ein Armenier. Sie hatten sich auf der Fahrt kennengelernt, und so gingen sie zusammen an Land.

Sie gingen von einem Ort zum andern und machten ihre Geschäfte, aber davon wurden sie hungrig und durstig, und als sie zwischen zwei Dörfern waren, sahen sie einen Feigenbaum. Die Früchte waren reif, und da die drei Männer Lust hatten, ihren Hunger zu stillen, fragten sie nicht weiter, wem dieser Baum gehöre, sondern sie fingen an, von den Feigen zu essen.

Ein junger Bursche, der in der Nähe Ziegen hütete, sah sie, und er lief gleich zum Besitzer des Gartens und sagte: »In deinem Garten sind drei Männer und essen von deinen Feigen.«

Der Besitzer schrie: »O diese Diebe! Die werden wir erwischen!«

Und er ging und holte einige Nachbarn, und alle liefen zu dem Garten, wo der Türke, der Italiener und der Armenier sich von den Feigen nahmen, und sie wollten mit Knüppeln und Äxten über sie herfallen, aber der Armenier sagte: »Gute Leute, wir mögen gefehlt haben, aber dafür mag man uns vor Gericht stellen und nicht hier an Ort und Stelle verprügeln.«

Und die Dorfleute sahen das ein, und sie nahmen die drei und führten sie zum Hause des Dorfrichters.

Der Dorfrichter aber sagte: »Es sind Fremde, und wir dürfen sie nicht so richten, wie es bei uns üblich ist, sondern wir müssen sie so richten, wie es bei ihnen zu Hause der Brauch ist.«

Und er fragte als ersten den Türken: »Wie bestraft man bei dir daheim die Diebe? Sag es aufrichtig und lüge nicht!« – »Bei uns«, sagte der Türke stotternd, »gibt man dem Dieb zwanzig Hiebe auf die Fußsohlen.« – »So soll es geschehen!« sagte der Richter, und sie nahmen den Feigendieb und vollstreckten sogleich das Urteil.

»Nun zu dir«, sagte der Richter zum Italiener, »wie bestraft man bei dir daheim die Diebe? Sag es aufrichtig und lüge nicht!« – »In meinem Lande«, sagte der Italiener zitternd, »bekommt man soviel auf den Hintern, wie man gestohlen hat.« – »So soll es geschehen!« sagte der Richter, »gebt ihm zwanzig Hiebe auf den Hintern!«

Und damit wandte er sich dem Armenier zu, der alles gelassen beobachtet hatte. »Wie bestraft man bei dir daheim die Diebe?« sagte der Richter, »sag es aufrichtig und lüge nicht!« – »Bei uns daheim«, sagte der schlaue Armenier, »ist es so der Brauch: zuerst sucht man einen, der noch nie im Leben gestohlen hat; dann gibt man ihm einen armdicken Knüppel, und dann läßt man ihn so lange zuschlagen, bis er müde wird.« – »Dein Land«, sagte der Richter, »kennt eine sehr strenge Gerechtigkeit, und nach deinem Recht sollst du gerichtet werden.« Und er wandte sich den Leuten zu und rief: »Geht und sucht einen, der noch nie im Leben gestohlen hat!«

Die Leute rannten hierhin und dorthin, aber sie fanden keinen, der hätte behaupten können, noch niemals gestohlen zu haben. Und sie wußten nicht, was sie machen sollten, denn auch der Richter selbst wagte nicht, von sich zu behaupten, er hätte noch nie etwas unrechtmäßig an sich genommen. Zuletzt aber nahmen sie ein kleines Kind, einen Buben, der noch nicht sprechen konnte. Und dem gaben sie ein Stöckchen in die Hand und bedeuteten ihm, er solle den Armenier schlagen. Aber der Kleine betrachtete alles nur als einen Spaß und ein Spiel, und er streichelte mit seiner Gerte den Armenier mehr als daß er ihn geschlagen hätte, und der Armenier hatte selbst sein Vergnügen an dieser Sache. Und sobald das Kind müde geworden war, ließ man den Armenier frei, und der ging lachend auf sein Schiff, indessen der Italiener gebeugt davonschlich und der Türke sich tragen lassen mußte.

Schneeweißchen und Rosenrot

Brüder Grimm

Eine arme Witwe, die lebte einsam in einem Hüttchen, und vor dem Hüttchen war ein Garten, darin standen zwei Rosenbäumchen, davon trug das eine weiße, das andere rote Rosen: und sie hatte zwei Kinder, die glichen den beiden Rosenbäumchen, und das eine hieß Schneeweißchen, das andere Rosenrot. Sie waren aber so fromm und gut, so arbeitsam und unverdrossen, als je zwei Kinder auf der Welt gewesen sind: Schneeweißchen war nur stiller und sanfter als Rosenrot. Rosenrot sprang lieber in den Wiesen und Feldern umher, suchte Blumen und fing Sommervögel: Schneeweißchen aber saß daheim bei der Mutter, half ihr im Hauswesen oder las ihr vor, wenn nichts zu tun war. Die beiden Kinder hatten einander so lieb, daß sie sich immer an den Händen faßten, sooft sie zusammen ausgingen; und wenn Schneeweißchen sagte »wir wollen uns nicht verlassen«, so antwortete Rosenrot »so lange wir leben, nicht«, und die Mutter setzte hinzu »was das eine hat, solls mit dem andern teilen.« Oft liefen sie im Walde allein umher und sammelten rote Beeren, aber kein Tier tat ihnen etwas zuleid, sondern sie kamen vertraulich herbei; das Häschen fraß ein Kohlblatt aus ihren Händen, das Reh graste an ihrer Seite, der Hirsch sprang ganz lustig vorbei und die Vögel blieben auf den Ästen sitzen und sangen, was sie nur wußten. Kein Unfall traf sie; wenn sie sich im Walde verspätet hatten und die Nacht sie überfiel, so legten sie sich nebeneinander auf das Moos und schliefen, bis der Morgen kam, und die Mutter wußte das und hatte ihretwegen keine Sorge. Einmal, als sie im Walde übernachtet hatten und das Morgenrot sie aufweckte, da sahen sie ein schönes Kind in einem weißen glänzenden Kleidchen neben ihrem Lager sitzen. Es stand auf und blickte sie ganz freundlich an, sprach aber nichts und ging in den Wald hinein. Und als sie sich umsahen, so hatten sie ganz nahe bei einem Abgrunde geschlafen, und wären gewiß hineingefallen, wenn sie in der Dunkelheit noch ein paar Schritte weitergegangen wären. Die Mutter aber sagte ihnen, das müßte der Engel gewesen sein, der gute Kinder bewache.

Schneeweißchen und Rosenrot hielten das Hüttchen der Mutter so reinlich, daß es eine Freude war, hineinzuschauen. Im Sommer besorgte Rosenrot das Haus und stellte der Mutter jeden Morgen, ehe sie aufwachte, einen Blumenstrauß vor's Bett, darin war von jedem Bäumchen eine Rose. Im Winter zündete Schneeweißchen das Feuer an und hing den Kessel an den Feuerhaken, und der Kessel war von Messing, glänzte aber wie Gold, so rein war er gescheuert. Abends, wenn die Flocken fielen, sagte die Mutter »geh, Schneeweißchen, und schieb den Riegel vor«, und dann setzten sie sich an den Herd, und die Mutter nahm die Brille und las aus einem großen Buche vor, und die beiden Mädchen hörten zu, saßen und spannen; neben ihnen lag ein Lämmchen auf dem Boden, und hinter ihnen auf einer Stange saß ein weißes Täubchen und hatte seinen Kopf unter den Flügel gesteckt.

Eines Abends, als sie so vertraulich beisammen saßen, klopfte jemand an die Türe, als wollte er eingelassen sein. Die Mutter sprach »geschwind, Rosenrot, mach auf, es wird ein Wanderer sein, der Obdach sucht.« Rosenrot ging und schob den Riegel weg und dachte, es wäre ein armer Mann, aber der war es nicht, es war ein Bär, der seinen dicken schwarzen Kopf zur Türe hereinstreckte. Rosenrot schrie laut und sprang zurück: das Lämmchen blökte, das Täubchen flatterte auf, und Schneeweißchen versteckte sich hinter der Mutter Bett. Der Bär aber fing an zu sprechen und sagte »fürchtet euch nicht, ich tue euch nichts zuleid, ich bin halb erfroren und will mich nur ein wenig bei euch wärmen.« – »Du armer Bär«, sprach die Mutter, »leg dich ans Feuer, und gib nur acht, daß dir dein Pelz nicht brennt.« Dann rief sie »Schneeweißchen, Rosenrot, kommt hervor, der Bär tut euch nichts, er meint's ehrlich«. Da kamen sie beide heran, und nach und nach näherten sich auch das Lämmchen und Täubchen und hatten keine Furcht vor ihm. Der Bär sprach »ihr Kinder, klopft mir den Schnee ein wenig aus dem Pelzwerk«, und sie holten den Besen und kehrten dem Bär das Fell rein: er aber streckte sich ans Feuer und brummte ganz vergnügt und behaglich. Nicht lange, so wurden sie ganz vertraut und trieben Mutwillen mit dem unbeholfenen Gast. Sie zausten ihm das Fell mit den Händen, setzten ihre Füßchen auf seinen Rücken und walgerten ihn

279

hin und her, oder sie nahmen eine Haselrute und schlugen auf ihn los, und wenn er brummte, so lachten sie. Der Bär ließ sich's aber gerne gefallen, nur wenn sie's gar zu arg machten, rief er »laßt mich am Leben, ihr Kinder:

Schneeweißchen, Rosenrot,
schlägst dir den Freier tot.«

Als Schlafenszeit war und die andern zu Bett gingen, sagte die Mutter zu dem Bär »du kannst in Gottes Namen da am Herde liegen bleiben, so bist du vor der Kälte und dem bösen Wetter geschützt.« Sobald der Tag graute, ließen ihn die beiden Kinder hinaus, und er trabte über den Schnee in den Wald hinein. Von nun an kam der Bär jeden Abend zu der bestimmten Stunde, legte sich an den Herd und erlaubte den Kindern, Kurzweil mit ihm zu treiben, so viel sie wollten; und sie waren so gewöhnt an ihn, daß die Türe nicht eher zugeriegelt ward, als bis der schwarze Gesell angelangt war.

Als das Frühjahr herangekommen und draußen alles grün war, sagte der Bär eines Morgens zu Schneeweißchen »nun muß ich fort und darf den ganzen Sommer nicht wiederkommen.« »Wo gehst du denn hin, lieber Bär?« fragte Schneeweißchen. »Ich muß in den Wald und meine Schätze vor den bösen Zwergen hüten: im Winter, wenn die Erde hart gefroren ist, müssen sie wohl unten bleiben und können sich nicht durcharbeiten, aber jetzt, wenn die Sonne die Erde aufgetaut und erwärmt hat, da brechen sie durch, steigen herauf, suchen und stehlen; was einmal in ihren Händen ist und in ihren Höhlen liegt, das kommt so leicht nicht wieder an des Tages Licht.« Schneeweißchen war ganz traurig über den Abschied, und als es ihm die Türe aufriegelte, und der Bär sich hinausdrängte, blieb er an dem Türhaken hängen, und ein Stück seiner Haut riß auf, und da war es Schneeweißchen, als hätte es Gold durchschimmern gesehen: aber es war seiner Sache nicht gewiß. Der Bär lief eilig fort und war bald hinter den Bäumen verschwunden.

Nach einiger Zeit schickte die Mutter die Kinder in den Wald, Reisig zu sammeln. Da fanden sie draußen einen großen Baum, der lag gefällt auf dem Boden, und an dem Stamme sprang zwischen dem Gras etwas auf und ab, sie konnten aber nicht unterscheiden, was es war. Als sie näherkamen, sahen sie einen Zwerg mit einem alten, verwelkten Gesicht und einem ellenlangen schneeweißen Bart. Das Ende des Bartes war in eine Spalte des Baums eingeklemmt, und der Kleine sprang hin und her wie ein Hündchen an einem Seil und wußte nicht, wie er sich helfen sollte. Er glotzte die Mädchen mit seinen roten feurigen Augen an

und schrie »was steht ihr da! Könnt ihr nicht herbeigehen und mir Beistand leisten?« – »Was hast du angefangen, kleines Männchen?« fragte Rosenrot. »Dumme neugierige Gans«, antwortete der Zwerg, »den Baum habe ich mir spalten wollen, um kleines Holz in der Küche zu haben; bei den dicken Klötzen verbrennt gleich das bißchen Speise, das unsereiner braucht, der nicht so viel hinunterschlingt als ihr grobes, gieriges Volk. Ich hatte den Keil schon glücklich hineingetrieben, und es wäre alles nach Wunsch gegangen, aber das verwünschte Holz war zu glatt und sprang unversehens heraus, und der Baum fuhr so geschwind zusammen, daß ich meinen schönen weißen Bart nicht mehr herausziehen konnte; nun steckt er drin, und ich kann nicht fort. Da lachen die albernen glatten Milchgesichter! Pfui, was seid ihr garstig!« Die Kinder gaben sich alle Mühe, aber sie konnten den Bart nicht herausziehen, er steckte zu fest. »Ich will laufen und Leute herbeiholen«, sagte Rosenrot. »Wahnsinnige Schafsköpfe«, schnarrte der Zwerg, »wer wird gleich Leute herbeirufen, ihr seid mir schon um zwei zu viel; fällt euch nicht Besseres ein?« – »Sei nur nicht ungeduldig«, sagte Schneewißchen, »ich will schon Rat schaffen«, holte sein Scherchen aus der Tasche und schnitt das Ende des Bartes ab. Sobald der Zwerg sich frei fühlte, griff er nach einem Sack, der zwischen den Wurzeln des Baumes steckte und mit Gold gefüllt war, hob ihn heraus und brummte vor sich hin »ungehobeltes Volk, schneidet mir ein Stück von meinem stolzen Barte ab! Lohn's euch der Kuckuck!«

damit schwang er seinen Sack auf den Rücken und ging fort, ohne die Kinder nur noch einmal anzusehen.

Einige Zeit danach wollten Schneeweißchen und Rosenrot ein Gericht Fische angeln. Als sie nahe bei dem Bach waren, sahen sie, daß etwas wie eine große Heuschrecke nach dem Wasser zu hüpfte, als wollte es hineinspringen. Sie liefen heran und erkannten den Zwerg. »Wo willst du hin?« sagte Rosenrot, »du willst doch nicht ins Wasser?« – »Solch ein Narr bin ich nicht«, schrie der Zwerg, »seht ihr nicht, der verwünschte Fisch will mich hineinziehen!« Der Kleine hatte dagesessen und geangelt, und unglücklicherweise hatte der Wind seinen Bart mit der Angelschnur verflochten: als gleich darauf ein großer Fisch anbiß, fehlten dem schwachen Geschöpf die Kräfte, ihn herauszuziehen; der Fisch behielt die Oberhand und riß den Zwerg zu sich hin. Zwar hielt er sich an allen Halmen und Binsen, aber das half nicht viel, er mußte den Bewegungen des Fisches folgen, und war in beständiger Gefahr, ins Wasser gezogen zu werden. Die Mädchen kamen zu rechter Zeit, hielten ihn fest und versuchten den Bart von der Schnur loszumachen, aber vergebens, Bart und Schnur waren fest ineinander verwirrt. Es blieb nichts übrig, als das Scherchen hervorzuholen und den Bart abzuschneiden, wobei ein kleiner Teil desselben verloren ging. Als der Zwerg das sah, schrie er sie an »ist das Manier, ihr Lorche, einem das Gesicht zu schänden? Nicht genug, daß ihr mir den Bart unten abgestutzt habt, jetzt schneidet ihr mir den besten Teil davon ab: ich darf mich vor den Meinigen gar nicht sehen lassen. Daß ihr laufen müßtet und die Schuhsohlen verloren hättet!« Dann holte er einen Sack Perlen, der im Schilfe lag, und ohne ein Wort weiter zu sagen, schleppte er ihn fort und verschwand hinter einem Stein.

Es trug sich zu, daß bald hernach die Mutter die beiden Mädchen nach der Stadt schickte, Zwirn, Nadeln, Schnüre und Bänder einzukaufen. Der Weg führte sie über eine Heide, auf der hier und da mächtige Felsenstücke zerstreut lagen. Da sahen sie einen großen Vogel in der Luft schweben, der langsam über ihnen kreiste, sich immer tiefer herabsenkte und endlich nicht weit bei einem Felsen niederließ. Gleich darauf hörten sie einen durchdringenden, jämmerlichen Schrei. Sie liefen herzu und sahen mit Schrecken, daß der Adler ihren alten Bekannten, den Zwerg, gepackt hatte und ihn forttragen wollte. Die mitleidigen Kinder hielten gleich das Männchen fest und zerrten sich so lange mit dem Adler herum, bis er seine Beute fahren ließ. Als der Zwerg sich von dem ersten Schrecken erholt hatte, schrie er mit seiner kreischenden Stimme »konntet ihr nicht säuberlicher mit mir umgehen? Gerissen habt ihr an meinem dünnen Röckchen, daß es überall zerfetzt und durchlöchert ist, unbeholfenes und täppisches Gesindel, das ihr seid!« Dann nahm er einen Sack mit Edelsteinen und schlüpfte wieder unter den Felsen in seine Höhle. Die Mädchen waren an seinen Undank schon gewöhnt, setzten ihren Weg fort und verrichteten ihr Geschäft in der Stadt. Als sie beim Heimweg wieder auf die Heide kamen, überraschten sie den Zwerg, der auf einem reinlichen Plätzchen seinen Sack mit Edelsteinen ausgeschüttet und nicht gedacht hatte, daß so spät noch jemand daherkommen würde. Die Abendsonne schien über die glänzenden Steine, sie schimmerten und leuchteten so prächtig in allen Farben, daß die Kinder stehen blieben und sie betrachteten. »Was steht ihr da

und habt Maulaffen feil!« schrie der Zwerg, und sein aschgraues Gesicht ward zinnoberrot vor Zorn. Er wollte mit seinen Scheltworten fortfahren, als sich ein lautes Brummen hören ließ und ein schwarzer Bär aus dem Walde herbeitrabte. Erschrocken sprang der Zwerg auf, aber er konnte nicht mehr zu seinem Schlupf- winkel gelangen, der Bär war schon in seiner Nähe. Da rief er in Herzensangst »lieber Herr Bär, verschont mich, ich will Euch alle meine Schätze geben, sehet, die schönen Edelsteine, die da liegen. Schenkt mir das Leben, was habt Ihr an mir kleinem, schmächtigem Kerl? Ihr spürt mich nicht zwischen den Zähnen: da, die beiden gottlosen Mädchen packt, das sind für Euch zarte Bissen, fett wie junge Wachteln, die freßt in Gottes Namen.« Der Bär kümmerte sich um seine Worte nicht, gab dem boshaften Geschöpf einen einzigen Schlag mit der Tatze, und es regte sich nicht mehr.

Die Mädchen waren fortgesprungen, aber der Bär rief ihnen nach »Schneeweißchen und Rosenrot, fürchtet euch nicht, wartet, ich will mit euch gehen.« Da
erkannten sie seine Stimme und blieben stehen, und als der Bär bei ihnen war, fiel
plötzlich die Bärenhaut ab, und er stand da als ein schöner Mann, und war ganz
in Gold gekleidet. »Ich bin eines Königs Sohn«, sprach er, »und war von dem
gottlosen Zwerg, der mir meine Schätze gestohlen hatte, verwünscht, als ein
wilder Bär in dem Walde zu laufen, bis ich durch seinen Tod erlöst würde. Jetzt
hat er seine wohlverdiente Strafe empfangen.«

Schneeweißchen ward mit ihm vermählt und Rosenrot mit seinem Bruder,
und sie teilten die großen Schätze miteinander, die der Zwerg in seiner Höhle
zusammengetragen hatte. Die alte Mutter lebte noch lange Jahre ruhig und
glücklich bei ihren Kindern. Die zwei Rosenbäumchen aber nahm sie mit, und sie
standen vor ihrem Fenster und trugen jedes Jahr die schönsten Rosen, weiß und
rot.

Die drei Jäger
Italienisches Volksmärchen

Es gingen einmal drei Freunde gemeinsam auf die Jagd, der erste hieß Cecco, der zweite Federico und der dritte Antonio. »Wir wollen unser Heil auf der Jagd versuchen, vielleicht gelingt es uns, einen guten Fang zu tun, und bei der Gelegenheit können wir auch ein wenig nach Fortuna Ausschau halten.«

Nach diesen Worten brachen sie auf. Sie hatten sich bereits ein gutes Stück vom Haus entfernt, als sie bei einbrechender Dämmerung zu einem Kreuzweg kamen. Da meinte Cecco: »Jeder von uns schlägt eine andere Straße ein, und nach vierundzwanzig Stunden treffen wir uns an dieser Stelle wieder.« Und ein jeder zog seines Weges.

Spät am Abend erblickte Cecco von weitem einen Lichtschein und sprach zu sich selbst: »Dort muß ein Haus sein.« Er hielt darauf zu und klopfte an die Tür. Ein hübsches Mädchen schaute zum Fenster heraus und rief: »Wer ist da? Wer pocht an meine Tür?« Da antwortete er: »Ein armer Jäger bittet um Einlaß.«

Dieses Mädchen aber war eine Fee.

Sie klingelte nach ihrem Diener und gebot ihm zu öffnen. Der Diener öffnete ihm die Tür und führte ihn in ihr Zimmer.

»Wie seid Ihr in diesen Wald geraten?« – »Ich bin ein tüchtiger Jäger, aber in der Liebe habe ich kein Glück.« – »Auch ich bin unglücklich in diesem Wald, ich bekomme keine Menschenseele zu sehen.« — »Das heißt also, daß zwei Unglückliche einander gefunden haben.« — »Lassen wir das, und sprechen wir lieber vom Essen.« — »Richtig, essen wir lieber zu Abend, ich habe mächtigen Hunger.«

Sie schlug mit der Gerte in die Luft, und augenblicks stand vor ihnen ein Tisch, bedeckt mit den köstlichsten Speisen.

Nun aßen sie in aller Ruhe, und als sie fertig waren, sprach sie: »Ich möchte mich jetzt schlafen legen.« — »Ich auch, denn ich bin sehr müde.« — »Aber in meinem Hause steht nur ein einziges Bett. Wenn Ihr mit mir kommen wollt?« — »Ich nehme mit Freuden an.« — »Gut, nur müßt Ihr bei Anbruch des Tages Eurer Wege ziehen.« — »Mir genügt es, wenn ich während der Nacht ausruhen kann.«

Also suchten sie gemeinsam des Mädchens Schlafkammer auf. Im Handumdrehen war sie ausgezogen und lag im Bett.

»Ach«, sagte sie, »es tut mir leid, daß ich Euch bemühen muß, aber würdet Ihr wohl so freundlich sein und die Tür zum Abtritt nebenan schließen?«

Er war schon im Hemd und die Jahreszeit recht kühl, aber er sagte artig: »Gern, befehlen Sie nur, was ich tun soll.« — »Wenn Ihr die Tür zum Abtritt versperrt, aus dem ein so übler Gestank dringt, so erweist Ihr mir einen großen Gefallen.« — »Selbstverständlich.«

Im Abtritt befand sich ein Fenster, das stand offen und ließ kalte Luft herein. Kaum hatte er die Tür versperrt, öffnete sich diese wieder, und das wiederholte sich die ganze Nacht hindurch bis in den hellen Tag.

»Da haben Sie mir ja einen schönen Schabernack gespielt! Lassen mich die ganze Nacht unbekleidet und in üblem Gestank den Abtritt versperren!« — »Ihr seid zu nichts nütze, nicht einmal einen Abtritt könnt Ihr verschließen.« — »Aber jetzt ist es Tag, ich möchte endlich zu Bett gehen und ein wenig ruhen.« — »Ja, es ist Tag, und unser Pakt ist abgelaufen. Ihr könnt nicht länger hierbleiben.« Sie erhob sich aus dem Bett, und er mußte wohl oder übel das Haus verlassen.

Zur bestimmten Stunde fand er sich an der Kreuzung ein, wie er es mit seinen Freunden verabredet hatte. Diese fragten ihn: »Hast du etwas gefangen?«

Und er sagte: »Wild gerade nicht, aber ich habe im Wald ein hübsches Mädchen gefunden, es ist dort zu Hause.« Da sagte der zweite: »Ich möchte auch einmal einen vergnügten Abend verbringen«, und machte sich auf den Weg. Als es dunkelte, sah er ebenfalls das Licht und ging ihm nach. Er klopfte. Wieder lehnte das hübsche Mädchen am Fenster und rief: »Wer ist da? Wer pocht an meine Tür?« — »Ein armer Jäger«, antwortete er, »der um Nachtquartier bittet.« Sie gebot dem Diener: »Geschwind, laßt den Armen ein!«

»Wie seid Ihr nur in diesen dichten Wald geraten?« – »Weil ich ein armer Jäger bin, dem in der Jagd so wenig Glück wie in der Liebe beschieden ist.« – »Auch ich bin unglücklich, weil ich nie einen jungen Mann zu Gesicht bekomme, mit dem ich mich unterhalten kann.« – »Das heißt also, daß wir zusammen glücklich sein sollten.« – »Leider nicht, denn ich darf nicht heiraten. Aber wenn Ihr mit mir zu Abend essen wollt . . .« – »Sehr gern, denn mein Magen meldet sich bereits.«

Sie schlug mit der Gerte in die Luft, und der Tisch bedeckte sich mit allen erdenklichen guten Gaben.

Nach dem Abendessen sagte das Mädchen: »Ich werde mich jetzt schlafen legen, denn ich bin todmüde.« – »Ich auch; ich wäre Ihnen sehr dankbar, wenn Sie mir einen Platz zum Schlafen anweisen könnten.« – »Von Herzen gern; doch befindet sich in meinem Haus nur ein einziges Bett. Wenn Ihr es mit mir teilen wollt, so sollt Ihr mir willkommen sein.« – »Ich könnte mir nichts Lieberes wünschen.«

Das Mädchen dachte bei sich: »Das wollen wir erst einmal abwarten.«

Sie erhoben sich also von ihren Sitzen und begaben sich in die Schlafkammer. Im Nu war das Mädchen ausgezogen und lag im Bett.

Da rief sie: »Ach, jetzt ist das Fenster dort aufgeblieben, und es dringt so viel Kälte herein, tut mir doch den Gefallen und macht es zu.«

Er eilte zum Fenster und schloß es – doch ebenso schnell öffnete es sich wieder; er machte es wiederum zu, aber ohne Erfolg, und so die ganze Nacht hindurch. Und da sie mit ihm die gleiche Abrede getroffen hatte wie mit seinem Vorgänger, hatte auch er die ganze Nacht kein Auge zugetan.

Da sagte er: »Mein Fräulein, mir scheint, Sie machen sich ein Vergnügen daraus, die Männer zu foppen.« Doch das schöne Mädchen entgegnete: »Wer hat Euch gelehrt, Frauen zu begehren, die Euch nicht gehören?«

Also verließ der Jüngling mißmutig das Haus und begab sich wieder auf den Weg, der zu seinen Freunden führte.

Da erkundigte sich Antonio: »Hast du dich bei dem Fräulein gut unterhalten?« – »Großartig! Besser, als ich mir vorgestellt hatte.« Untereinander aber meinten Cecco und Federico: »Wir haben unser Teil weg, jetzt soll er dran glauben.«

Antonio machte sich also auf den Weg, der in das dichte Gehölz führte. Als es Abend wurde, erblickte er den Lichtschein, ging ihm nach und erreichte das Haus. Er klopfte an die Tür.

Das hübsche Mädchen schaute heraus und fragte: »Wer ist da? Wer pocht an meine Tür?« – »Ein armer Unglücklicher, der tief ins Elend geraten ist.«

Sie klingelte nach dem Diener und befahl ihm: »Laßt den armen Menschen unverzüglich herein.« Darauf stieg der Diener die Treppen hinab und geleitete den Jüngling zu dem Mädchen ins Zimmer.

Und dieses sagte: »Wie habt Ihr Euch in dieses Dickicht verirrt, das noch nie ein Mensch betreten hat?« – »In meinem Elend habe ich mich auf die Suche nach ein wenig Glück begeben.« – »Wie kommt es, daß Ihr Euch im Elend befindet?« –»Durch Krankheit in meiner Familie habe ich mein ganzes Vermögen verloren.« – »Wart Ihr denn sehr reich?« – »Schwerreich, ich besaß mehr als eine Million.« – »Wenn es Euch so schlecht ergangen ist, wird es wohl das beste sein, wir essen erst einmal zu Abend, damit es Euch wenigstens heute etwas besser geht.« – »So viel Güte kann ich nicht annehmen, ich bin es schon zufrieden, wenn Sie mich mit Ihrem Diener in die Küche schicken.« – »Nein, nein, kommt nur mit mir, Ihr könnt Euch ja einbilden, Ihr säßet mit dem Diener bei Tisch.« – »Gut, ich füge mich Ihren Wünschen, nur möchte ich auf keinen Fall stören.«

So gingen sie zum Abendessen; sie schlug mit der Gerte in die Luft, und ein Tischleindeckdich mit den herrlichsten Speisen stand vor ihnen. Sie setzten sich und aßen; nach beendeter Mahlzeit sagte das hübsche Mädchen: »Ich bin müde und werde mich zu Bett begeben, um ein wenig zu ruhen.« – »Gehen Sie ruhig, Sie brauchen keine Rücksicht auf mich zu nehmen.« – »Es bleibt Euch nichts anderes übrig, als sich zu mir ins Bett zu legen, da ich im ganzen Hause nur ein einziges Bett besitze.« – »Ich bin zu Ihnen um Obdach gekommen, aber nicht, um mit Ihnen das Bett zu teilen. Merken Sie sich: Allzu gute Gelegenheit macht den

Mann zum Dieb; ich bin schon froh, wenn ich in diesem Stuhl ruhen darf.« –
»Macht es Euch nach Eurem Belieben im Stuhl bequem.«

Als nun das Mädchen im Bette lag, dachte es: »Das ist ein aufrichtiger Mann,
keiner wie die andern, die mich täuschen wollten.«

Am nächsten Morgen begab es sich gleich nach dem Aufstehen zu dem
jungen Mann und erkundigte sich: »Habt Ihr gut geschlafen in dem Stuhl?« –
»Ausgezeichnet, und wenn ich jetzt gehe, so gehe ich ruhig, in dem Bewußtsein,
daß ich Sie so verlasse, wie ich Sie angetroffen habe.« Da fragte sie ihn: »Wenn ich
Euch noch reicher machte, als Ihr zuvor wart – würdet Ihr mich dann zur Frau
haben wollen?« – »Mit Freuden, doch mir scheint, das wäre für mich zuviel des
Glückes!« – »O nein«, sagte sie, »einen Mann wie Euch wünsche ich mir von
ganzem Herzen.«

Also heirateten sie. Dann schlug sie mit der Gerte in die Luft und zauberte
eine prächtige Kutsche mit Pferden und livrierten Dienern herbei; in diese setzte
sich das Brautpaar und fuhr zur Stadt. Das Mädchen sprach: »Jetzt bin ich deine
Frau und habe keine Geheimnisse mehr vor dir. Wisse, ich bin eine Fee und besitze
eine Zaubergerte, mit der ich mir alles verschaffen kann, was mein Herz begehrt.«

Als sie sich der Kreuzung näherten, sahen die beiden Freunde die Kutsche auf
sich zukommen und riefen: »Da kommt Antonio.«

Die Kutsche hielt, und die Freunde wunderten sich: »Antonio, wie hast du
es nur fertiggebracht, das hübsche Mädchen zu heiraten?« – »Liebe Freunde, es tut
mir leid, es aussprechen zu müssen, aber ich muß es euch sagen: Wer in der Welt
zuviel verlangt, der geht am Ende leer aus.«

Da meinten die beiden zueinander: »Das heißt, er hat es gar nicht erst
versucht . . .«

Das Brautpaar näherte sich nun der Stadt und schickte einen Herold voraus,
der ihre Ankunft melden sollte. Alle Verwandten erwarteten Antonio und seine
Braut. Das Paar gab ein großes Fest und lebte fortan glücklich und zufrieden.

Das kleine Mädchen mit den Schwefelhölzchen

Hans Christian Andersen

Es war so schrecklich kalt; es schneite, und der Abend dunkelte bereits; es war der letzte Abend im Jahre, Silvesterabend. In dieser Kälte und in dieser Finsternis ging auf der Straße ein kleines armes Mädchen mit bloßem Kopf und nackten Füßen. Es hatte freilich Pantoffel angehabt, als es von zu Hause fortging, aber was konnte das helfen! Es waren sehr große Pantoffel, sie waren früher von ihrer Mutter gebraucht worden, so groß waren sie, und diese hatte die Kleine verloren, als sie über die Straße eilte, während zwei Wagen in rasender Eile vorüberjagten; der eine Pantoffel war nicht wieder aufzufinden, und mit dem anderen machte sich ein Knabe aus dem Staube, welcher versprach, ihn als Wiege zu benützen, wenn er einmal Kinder bekäme. Da ging das kleine Mädchen auf den nackten zierlichen Füßchen, die vor Kälte ganz rot und blau waren. In ihrer alten Schürze trug sie eine Menge Schwefelhölzchen, und ein Schächtelchen hielt sie in der Hand. Während des ganzen Tages hatte ihr niemand etwas abgekauft, niemand ein Almosen gegeben. Hungrig und verfroren schleppte sich die arme Kleine weiter und sah schon ganz verzagt und eingeschüchtert aus. Die Schneeflocken fielen auf ihr langes blondes Haar, das schön gelockt über ihren Nacken hinabfloß, aber bei dieser Pracht weilten ihre Gedanken wahrlich nicht. Aus allen Fenstern strahlte heller Lichterglanz, und über alle Straßen verbreitete sich der Geruch von köstlichem Gänsebraten. Es war ja Silvesterabend, und daran dachte das kleine Mädchen. In einem Winkel zwischen zwei Häusern, von denen das eine etwas weiter in die Straße vorsprang als das andere, kauerte es sich nieder. Seine kleinen Beinchen hatte es unter sich gezogen, aber es fror nur noch mehr, und es wagte nicht, nach Hause zu gehen, da es noch kein einziges Schächtelchen mit Streichhölzern verkauft, noch keinen Pfennig erhalten hatte. Es hätte gewiß vom Vater Schläge bekommen, und kalt war es zu Hause ja auch; sie hatten gerade das bloße Dach über dem Kopf, und der Wind pfiff schneidend hinein, obgleich Stroh und Lumpen in die größten Ritzen gestopft waren. Ach, wie gut mußte ein Schwefelhölzchen tun! Wenn es nur wagen dürfte, eines aus dem Schächtelchen herauszunehmen, es an der Wand anzustreichen und die Finger daran zu wärmen! Es zog eines heraus. »Ritsch!« Wie es sprühte, wie es brannte! Es war eine warme, helle Flamme, wie ein kleines Licht, als es das Händchen darüber hielt. Es war ein merkwürdiges Licht; es kam dem kleinen Mädchen vor, als säße es vor einem großen eisernen Ofen mit Messingbeschlägen und Messingverzierungen; das Feuer brannte so schön und wärmte so wohltuend! Nein, was war das? Die Kleine

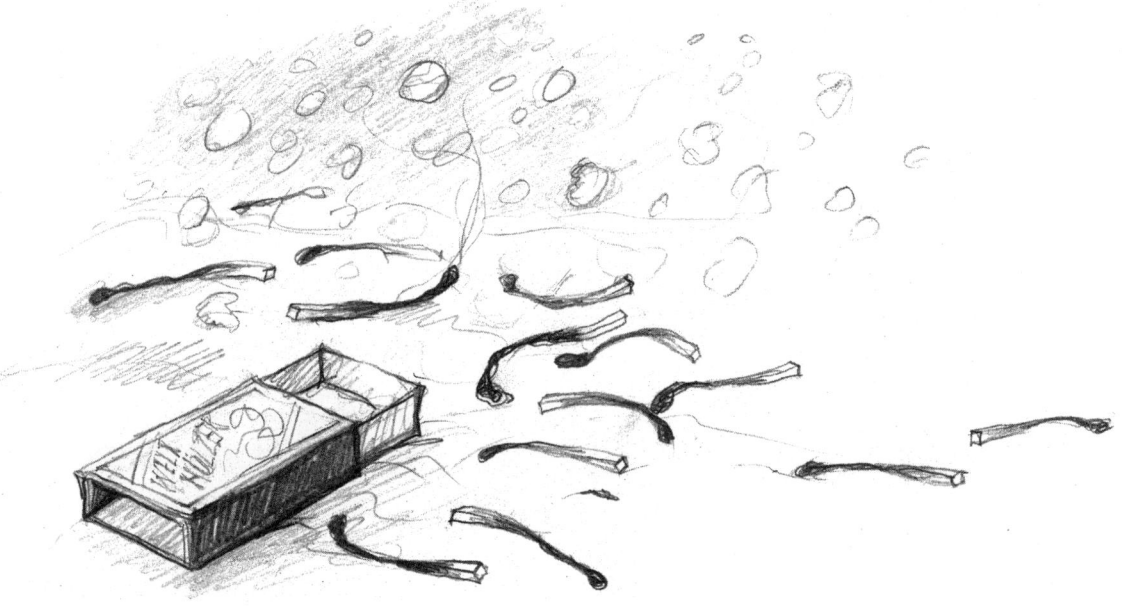

strecke schon die Füße aus, um auch diese zu wärmen – da erlosch die Flamme. Der Ofen verschwand – sie saß mit einem abgebrannten Schwefelholz in der Hand da. Ein zweites wurde angestrichen, es brannte, es leuchtete, und wo der Schein auf die Mauer fiel, wurde diese durchsichtig wie ein Schleier. Die Kleine sah gerade in die Stube hinein, wo der Tisch mit einem blendend weißen Tischtuch und feinem Porzellan gedeckt stand, und köstlich dampfte die mit Pflaumen und Äpfeln gefüllte gebratene Gans darauf. Und was noch herrlicher war, die Gans sprang aus der Schüssel und watschelte mit Gabel und Messer im Rücken über den Fußboden; gerade die Richtung auf das arme Mädchen schlug sie ein. Da erlosch das Schwefelholz, und nur die dicke, kalte Mauer war zu sehen. Sie zündete ein neues an. Da saß die Kleine unter dem schönsten Weihnachtsbaum; er war noch größer und reicher geschmückt als der, den sie am heiligen Abend bei dem reichen Kaufmann durch die Glastür gesehen hatte. Tausend Kerzen brannten auf den grünen Zweigen, und bunte Bilder, wie die, welche in den Schaufenstern ausgestellt werden, schauten auf sie herab, die Kleine streckte beide Hände nach ihnen – da erlosch das Schwefelholz. Die vielen Weihnachtslichter stiegen höher und höher, und sie sah jetzt erst, daß es die hellen Sterne waren. Einer von ihnen fiel herab und zog einen langen Feuerstreifen über den Himmel. »Jetzt stirbt jemand!« sagte die Kleine, denn die alte Großmutter, die einzige, die sie freundlich behandelt hatte, jetzt aber längst tot war, hatte gesagt: »Wenn ein Stern vom Himmel fällt, fliegt eine Seele zu Gott empor!« Sie strich wieder ein Hölzchen an der Mauer an; es warf einen weiten Lichtschein rings umher, und im Glanze desselben stand die alte Großmutter hell beleuchtet mild und freundlich da. »Großmutter!« rief die Kleine. »O nimm mich mit! Ich weiß, daß du verschwindest, sobald das Schwefelholz ausgeht, verschwindest wie der warme Ofen, der köstliche Gänsebraten und der große flimmernde Weihnachtsbaum!« Und schnell strich sie den ganzen Rest der Schwefelhölzer an, welche noch im Schächtelchen waren, sie wollte die Großmutter festhalten; und die

Schwefelhölzer verbreiteten einen solchen Glanz, daß es heller war als am hellen Tag. So schön, so groß war die Großmutter nie gewesen; sie nahm das kleine Mädchen auf ihren Arm, und hoch schwebten sie empor in Glanz und Freude; Kälte, Hunger und Angst wichen von ihm – sie waren bei Gott. Aber im Winkel am Hause saß in der kalten Morgenstunde das kleine Mädchen mit roten Wangen und mit einem Lächeln um den Mund – tot, erfroren am letzten Abend des alten Jahres. Der Morgen des neuen Jahres ging über der kleinen Leiche auf; sie saß da mit den Schwefelhölzern, wovon fast ein Schächtelchen verbrannt war. »Sie hat sich wärmen wollen!« sagte man. Niemand wußte, was sie Schönes gesehen hatte, in welchem Glanze sie mit der alten Großmutter zur Neujahrsfreude eingegangen war.

Herr und Diener

Irisches Volksmärchen

William MacDaniel war ein so artiger junger Bursche, als je einer in einer Tanzgesellschaft seine Sprünge machte, eine Kanne leerte oder den Stock, den er unter dem Rock trug, handhabe. Er fürchtete nichts, als den Mangel eines Trunkes, sorgte sich um nichts, als wer ihn bezahlen solle, und dachte an nichts, als wie er dem Wirt deshalb einen blauen Dunst vor die Augen machen wolle. Trunken oder nüchtern, ein Wort und ein Schlag war immer seine Weise, und das ist eine treffliche Weise, entweder einen Streit anzufangen oder zu beenden. Viel betrüblicher war es, daß MacDaniel durch diese Art zu denken, zu fürchten und für nichts zu sorgen in böse Gesellschaft geriet, denn ohne Zweifel ist das stille Volk die schlimmste Gesellschaft, in die jemand geraten kann.

Es trug sich zu, daß MacDaniel in einer klaren Winternacht nicht lang nach Christtag auf dem Heimweg war. Der Vollmond glänzte, doch obgleich die Nacht so schön war, als das Herz nur wünschen konnte, so fiel ihm doch die Kälte beschwerlich. »Bei meiner Treu«, schnatterte er, »ein gutes Glas Wein wäre auch kein schlimmes Ding, das Herz eines Menschen, der innerlich friert, zu stärken; ich wünschte, ich hätte von dem besten und gut bemessen.«

»Brauchst nicht zweimal zu wünschen, MacDaniel!« sagte ein kleines Männchen in einem dreieckigen, mit Goldtressen besetzten Hut und mit großen Silberschnallen auf den Schuhen, so groß, daß es ein Wunder war, wie es sie tragen konnte. Es reichte ihm ein Glas, nicht kleiner als seine eigene Person, angefüllt mit einem so guten Wein, als je Augen gesehen oder Lippen gekostet haben.

»Prost, kleiner Mann«, sagte MacDaniel unerschrocken, wiewohl er gleich merkte, daß er zu dem stillen Volke gehörte, »auf Euer Wohl und mich bestens zu bedanken; mit der Zahlung hat's gute Wege«, und nahm das Glas und trank es in einem Zuge rein aus.

»Prost!« sagte der Kleine. »Und sei herzlich willkommen, aber denke nicht mich zu prellen, wie du bei andern getan hast. Heraus mit dem Beutel und als ein ehrlicher Mann bezahlt!«

»Bezahlen soll ich Euch?« antwortete MacDaniel. »Könnte ich Euch nicht aufheben und in meine Tasche stecken wie eine Brombeere?«

»William MacDaniel«, sagte der Kleine und ward ganz ärgerlich, »willst du mir dienen sieben Jahre und einen Tag, so soll das meine Bezahlung sein. Mach dich bereit, mir zu folgen.«

Als MacDaniel das hörte, reute es ihn, so keck zu dem Kleinen gesprochen zu haben. Er fühlte sich, und konnte doch nicht sagen wie, genötigt, dem fremden Mann durch das Land zu folgen, auf und ab, über Hecken und Gräben, Sumpf und Moor, ohne Rast und Ruhe.

Als der Morgen zu dämmern begann, wandte sich der Kleine um und sprach: »Du kannst nun heimgehen, MacDaniel, aber auf deine Gefahr säume nicht, dich nachts auf dem Fortfield bei mir einzustellen, sonst wird es dir lange Zeit schlecht ergehn. Finde ich dich aber als einen treuen Diener, so wirst du mich als einen nachsichtigen Herrn finden.«

MacDaniel ging heim, müde und matt wie er war, ließen ihn die Gedanken an den kleinen Mann keinen Augenblick schlafen. Doch wagte er es nicht, seinem Gebot ungehorsam zu sein, und in der Abendzeit machte er sich auf und ging nach Fortfield. Er war noch nicht lange da, so kam der Kleine auf ihn zu und sagte: »MacDaniel, ich habe für diese Nacht eine weite Reise vor, sattle mir eins von meinen Pferden, das andere kannst du für dich satteln, denn du sollst mich begleiten und bist wahrscheinlich von deinem Gang in voriger Nacht noch müde.«

MacDaniel dankte seinem Herrn für diese Aufmerksamkeit. »Doch«, sagte er, »wenn ich mir die Freiheit nehmen darf, Herr, so möchte ich fragen, wo der Weg nach Euerm Stall ist, denn ich sehe nichts als die Burg hier und den alten Dornstamm in der Ecke des Feldes und den Strom, der in dem Tal unten rinnt und ein Stückchen Moor uns gegenüber.«

»Spare nur deine Fragen« sagte der Kleine, »aber geh hinüber zu dem Stückchen Moor und bringe mir zwei von den stärksten Binsen, die du finden kannst.«

MacDaniel gehorchte, verwunderte sich aber, was der kleine Mann damit wollte. Er zog zwei der stärksten Binsen, die er finden konnte, aus, mit einem kleinen Büschel brauner Blüten an jeder Seite, und brachte sie seinem Herrn.

»Sitz auf, MacDaniel« sprach der Kleine, indem er eine von den Binsen nahm und quer darüberschritt.

»Wo soll ich aufsitzen, wenn's Euer Gnaden beliebt?«

»Ei, auf den Rücken des Pferdes, wie ich, natürlich«, sagte der Kleine.

»Wollt Ihr einen Narren aus mir machen, wie Ihr einer seid«, sagte MacDaniel, »indem Ihr verlangt, ich soll mich zu Pferd auf dieses Stückchen Binse setzen? Ihr möchtet mir wohl weismachen, die Binse, die ich eben drüben aus dem Moor ausrupfte, sei ein Pferd?«

»Auf! Auf! Ohne Widerrede«, sagte das Männchen und sah ärgerlich aus, »das beste Pferd, das du je geritten hast, war nur eine Mähre gegen dieses.«

MacDaniel dachte, das alles wäre nur ein Scherz, und besorgt, sein Herr möchte verdrießlich werden, beschritt er die Binse. Der Kleine rief dreimal: »Borram! Borram! Borram!« (Werde groß!), und MacDaniel tat dasselbe. Augenblicklich schwollen die Binsen zu prächtigen Pferden auf und jagten rasch dahin; aber MacDaniel, der die Binse zwischen seine Beine genommen hatte, ohne viel zu achten wie, fand sich auf dem Rücken des Pferdes verkehrt sitzen und ganz tölpisch mit dem Gesicht nach dem Schweif. Und so rasch war das Roß mit ihm

fortgesprengt, daß es ihm unmöglich war, sich herumzusetzen, und ihm nichts übrigblieb, als sich an dem Schweif festzuhalten.

Endlich gelangten sie zu dem Ziel ihrer Reise und hielten vor der Türe eines ansehnlichen Hauses. »Nun, MacDaniel«, sagte der Kleine, »tue, was du siehst, daß ich tue und folge mir auf der Ferse; doch da du nicht deines Pferdes Kopf von seinem Schweif unterscheiden konntest, so hüte dich, daß du nicht in deinen eigenen Kopf den Wirbel bekommst und du am Ende nicht recht weißt, ob du auf dem Kopf stehst oder auf den Beinen; denn kann auch nach dem Sprichwort der alte Rebensaft eine Katze zum Sprechen bringen, so kann er auch einen Menschen stumm machen.«

Darauf sprach der Kleine einige wunderlich lautende Worte, in welchen MacDaniel keinen Sinn sehen konnte, wiewohl er die Fähigkeit erhielt, sie nachzusprechen. Nun schlüpften beide durch das Schlüsselloch des Tores und so durch ein Schlüsselloch nach dem andern, bis sie in den Keller kamen, der mit allen Arten von Wein wohl versehen war.

Der Kleine fing alsbald an, gewaltig zu trinken, und MacDaniel, dem das Beispiel keineswegs mißfiel, tat dasselbe. »Wahrhaftig, Ihr seid der beste Herr«, sagte MacDaniel, »einen bessern gibt's auf der ganzen Welt nicht; ich bleibe mit größtem Vergnügen in Euerm Dienst, wenn Ihr fortfahrt, mir Wein vollauf zu geben.«

»Ich habe keinen Handel mit dir gemacht«, antwortete der Kleine, »und will auch keinen machen, doch auf und folge mir.«

Sie gingen fort von Schlüsselloch zu Schlüsselloch, und beide stiegen auf die Binsen, die sie am Eingangstor gelassen hatten, und kaum waren die Worte »Borram! Borram! Borram!« über ihre Lippen, so rauschten sie fort, indem sie die dunklen Wolken wie Schneebälle vor sich herstießen.

Als sie zu Fortfield wieder angelangt waren, entließ der kleine Mann seinen Diener, jedoch mit dem Befehl, in der folgenden Nacht um dieselbe Stunde sich wieder einzustellen. Und so ging es von nun an eine Nacht nach der andern, sie richteten ihre Fahrt bald hierhin, bald dorthin, nördlich, östlich und südlich, bis es in ganz Irland keinen ordentlichen Weinkeller mehr gab, den sie nicht besucht hatten, und sie kannten Blume und Geschmack eines jeden Weines so gut, ja noch besser als der Kellner selbst.

In einer Nacht, als MacDaniel den kleinen Mann wie gewöhnlich in Fortfield antraf und im Begriff war nach dem Moor zu gehen und die Reisepferde zu holen, sagte der Herr: »Heute abend mußt du noch ein Pferd mehr mitbringen, möglich, daß wir in größerer Gesellschaft zurückkommen, als wir ausziehen.«

MacDaniel, der schon wußte, daß er einen Befehl seines Herrn ohne weiteres Fragen auszurichten hatte, brachte noch eine dritte Binse, voll Verwunderung, wer es wohl sein könnte, der in ihrer Gesellschaft zurückreisen würde, und ob er einen Kameraden im Dienste bekommen sollte. »Ist er nur erst da«, dachte MacDaniel, »so soll er jedesmal gehen und die Pferde im Moor holen, denn ich sehe nicht, warum ich nicht von Haut und Haar ein ebenso feiner Mann sein soll als mein Meister.«

Sie machten sich auf den Weg, und MacDaniel hatte das dritte Pferd am Zügel. Sie hielten nicht eher an, als bis sie zu einem einsam liegenden Pächterhaus in der Grafschaft Limerick gekommen waren, nahe bei der alten Burg von Carrigogunniel, welche nach der Sage von dem großen Brian Boru gebaut war. Drinnen im Haus wurde ein Fest gefeiert, und der Kleine blieb einige Zeit draußen stehen, um zu horchen; aber plötzlich kehrte er sich um und sagte: »MacDaniel, morgen werde ich tausend Jahr alt!«

»Werdet Ihr das, Herr«, antwortete MacDaniel, »Gott segne Euch!«

»Aber sage das niemand wieder, MacDaniel, was ich dir da entdeckt habe, es würde zu meinem Verderben auf immer gereichen. Da ich aber morgen tausend Jahre auf der Welt bin, so denke ich, es ist hohe Zeit, mich zu verheiraten.«

»Das scheint mir auch so, ohne allen Zweifel«, antwortete MacDaniel, »wenn Ihr willens seid zu heiraten.«

»Und bloß aus diesem Grunde bin ich nach Carrigogunniel gekommen, denn in diesem Hause, gerade an diesem Abend, ist der junge Darby Riley im Begriff, die Bridget Runey zu heiraten, und da es ein schlankes und allerliebstes Mädchen ist und von ehrbaren Leuten abstammt, so denke ich sie selber zu heiraten und mit mir fortzunehmen.«

»Und was wird Darby Riley dazu sagen?« bemerkte MacDaniel.

»Schweig«, sagte der Kleine und sah ihn mit strengem Blick an, »ich habe dich nicht hergebracht, daß du mir Fragen stellen sollst.« Und ohne weiter sich über diesen Gegenstand zu äußern, sprach er jene seltsamen Worte aus, welche die Kraft verliehen, durch die Schlüssellöcher so leicht als durch die freie Luft zu gehen, und dem MacDaniel gefiel es selbst gar sehr, daß er imstande war, sie ihm nachzusagen.

Beide drangen also hinein, und um die Gesellschaft besser zu sehen, hüpfte der Kleine behend wie ein Sperling auf einen von den dicken Balken, welche quer durch das Haus über den Häuptern der Leute herliefen, und MacDaniel tat dasselbe von der andern Seite. Doch nicht gewohnt, auf einem solchen Platz wie

auf einer Hühnerstange zu sitzen, hingen seine Beine so ungeschickt als möglich herab, und offenbar hatte er sich die Art, in welcher der Kleine sich hinkauerte, nicht zum Muster genommen. Aber dieser, wenn er sein Lebtag ein Schneider gewesen wäre, hätte nicht zufriedener mit untergeschlagenen Beinen dasitzen können.

So saßen beide, Herr und Diener, und schauten auf das lustige Fest herab, das vor ihren Augen begangen wurde. Da war der Geistliche, der Pfeifer, der Vater von Darby Riley mit Darbys zwei Brüdern und seines Oheims Sohn; da war der Vater und die Mutter von Bridget Runey (das alte Paar war an diesem Abend stolz auf die Tochter und das mit allem Recht) und ihre vier Schwestern mit funkelneuen Bändern auf den Mützen und ihre drei Brüder, die alle so frisch und munter aussahen, als je drei Burschen in Munster; da waren Oheime und Muhmen, Gevatterinnen und Vettern genug, um das Haus vollzumachen. Da war Essen und Trinken im Überfluß und Platz an dem Tisch für jeden, und wenn die Zahl noch einmal so groß gewesen wäre.

Nun ereignete es sich, gerade als Frau Runey dem Geistlichen bei dem ersten Schnitt in das Haupt des Spanferkels, das mit weißem Wirsing köstlich gefüllt war, hilfreiche Hand leistete, daß die Braut niesen mußte. Jedermann an dem Tisch fuhr auf, aber keine Seele sprach: »Gott segne uns!«, denn alle dachten, der Geistliche werde das tun, wie er auch, auf seine Pflicht bedacht, hätte tun müssen, und niemand wollte ihm das Wort vor dem Munde wegnehmen, während er unglücklicherweise mit dem Haupt des Spanferkels und dem Gemüse beschäftigt war. Nach einem augenblicklichen Stillschweigen machten Scherz und Fröhlichkeit bei dem Fest, daß der fromme Segensspruch vergessen wurde.

Bei diesem Umstand waren beide, MacDaniel und sein Meister, von ihren erhabenen Sitzen herab keine gleichgültigen Zuschauer.

»Ha!« rief der Kleine, indem er mit freudiger Bewegung ein Bein unter sich hervorzog und sein Auge mit ungewöhnlichem Feuer funkelte, während seine Augenbrauen sich spitz in die Höhe zogen, »Ha!« sagte er, schielte nach der Braut und dann nach MacDaniel. »Halb hab ich sie; wahrhaftig, laß sie noch zweimal niesen, so ist sie mein, dem Priester, Meßbuch und Darby Riley zum Trotz!«

Die schöne Braut nieste zum zweitenmal, doch so sanft und verschämt, daß wenige, der kleine Mann ausgenommen, es bemerkten oder zu bemerken schienen, und niemand daran dachte zu sagen: »Gott segne uns!«

MacDaniel hatte während dieser Zeit das arme Mädchen mit den traurigsten Blicken angesehen, denn er mußte beständig daran denken, wie betrüblich es wäre für ein artiges junges Geschöpf von neunzehn Jahren mit großen blauen Augen, zarter Haut und Grübchen in den Backen, von Glück und Lust erfüllt, gezwungen zu werden, ein garstiges, kleines Stück von einem Mann zu heiraten, der tausend Jahre weniger einen Tag alt ist.

In diesem entscheidenden Augenblick nieste die Braut zum drittenmal, und MacDaniel rief aus allen Kräften: »Gott segne uns!« Ob dieser Ausruf eine Folge seines Selbstgesprächs war oder Macht der Gewohnheit, konnte er selbst nicht genau sagen. Aber kaum waren die Worte heraus, so sprang der kleine Mann, dessen Gesicht vor Zorn und Verdruß glühte, von dem Balken, auf welchem er gehockt hatte, herab und schrie mit dem grellen Ton einer kreischenden Sackpfeife: »Ich entlasse dich aus meinem Dienste! Nimm das zum Lohn!« wobei er dem MacDaniel einen wütenden Stoß gab, der den armen zappelnden Diener auf Gesicht und Hände mitten zwischen die aufgetragenen Speisen hinunterstürzte.

Wenn MacDaniel erschrocken war, so war es ein jeder in der Gesellschaft, in welche er ohne alle Feierlichkeit eingeführt wurde, noch mehr; doch als sie seine Erzählung hörten, legte Vater Runey Messer und Gabel hin und traute das junge Paar auf der Stelle. MacDaniel tanzte die Rinka bei der Hochzeit und aß und trank nach Herzenslust, worauf er mehr hielt als auf den Tanz.

Die guten Tage

Giovanni Francesco Straparola

Zu Cesena in der Romagna lebte eine gute, arme Witwe, Lucietta genannt. Sie hatte einen einzigen Sohn, der war dumm und faul über die Maßen. Alle Tage lag er bis zwölf Uhr mittags im Bett, und dann gähnte er noch lange und reckte sich, ehe er sich bequemte aufzustehn.

Darüber betrübte sich die Mutter sehr, denn sie hatte gehofft, er würde die Stütze ihres Alters sein. Um ihn nun etwas regsamer und tätiger zu machen, ermahnte sie ihn täglich und stündlich und sprach oft: »Wer gute Tage in der Welt haben will, mein Sohn, der muß sich Mühe darum geben, hübsch fleißig sein und bei Zeiten aufstehn; denn das Glück geht an dem Schläfrigen vorüber und reicht seine Gaben dem Wachsamen.« Der einfältige Lucilio hörte zwar die Worte der Mutter, er verstand aber den Sinn derselben nicht.

Noch halb im Schlaf verließ er eines Morgens auf ihr wiederholtes Zureden und ihre Verheißungen guter Tage sein liebes Bett, schlenderte vor das Stadttor

302

hinaus und legte sich, um dort weiterzuschlafen, quer über den Weg, wo alle an ihn stießen, die von der Stadt kamen oder zur Stadt gingen.

Es waren gerade in der vorigen Nacht drei Bürger von Cesena hinausgegangen, nach einem Schatze zu graben, den sie entdeckt hatten. Er war glücklich gehoben, und sie wollten ihn nun nach Haus tragen. Da trafen sie auf Lucilio, der, soeben aufgewacht, sich nach den guten Tagen umsah, die ihm die Mutter versprochen. »Einen schönen guten Tag, mein Freund!« sagte der erste von den drei Männern zu ihm, als er dicht an ihm vorüberging. »Da hab ich einen!« rief Lucilio ganz vergnügt. Über diese Worte erschrak jener; er bezog sie auf sich selbst und glaubte, er werde als einer von den Schatzgräbern erkannt. Denn wer sich einer geheimen Schuld bewußt ist, denkt bei allem und jedem, nur von ihm könne die Rede sein.

Der zweite Bürger war nicht weniger höflich als sein Gefährte und bot dem Lucilio ebenfalls einen guten Tag. »Das wären gottlob zwei!« sagte Lucilio. Und gleich darauf kam auch der dritte und begrüßte ihn auf dieselbe Weise. Da sprang Lucilio voller Freuden in die Höhe und rief: »Ach ist das herrlich! Die drei habe ich schon beisammen. Das ist mir überaus schnell geglückt.« Den Bürgern fiel es nicht ein, daß er die guten Tage meine. Sie dachten immer nur an sich und ihren Schatz und fürchteten, er werde zum Bürgermeister gehn und sie anzeigen. Sie riefen ihn also, erzählten ihm von ihrem Fund und boten ihm den vierten Teil davon. Der Bursche war sehr zufrieden, nahm seinen Anteil, brachte ihn nach Hause zur Mutter und sagte: »Mutter, das Glück ist mit mir gewesen, ich tat nach Eurem Befehl, und die guten Tage haben sich eingestellt. Nehmt dies Geld und kauft dafür, was Ihr braucht.« Die Mutter empfand große Freude über den unerwarteten Reichtum und ermahnte den Sohn, auch ferner hübsch fleißig zu sein, damit er noch oft zu ähnlichen guten Tagen gelange.

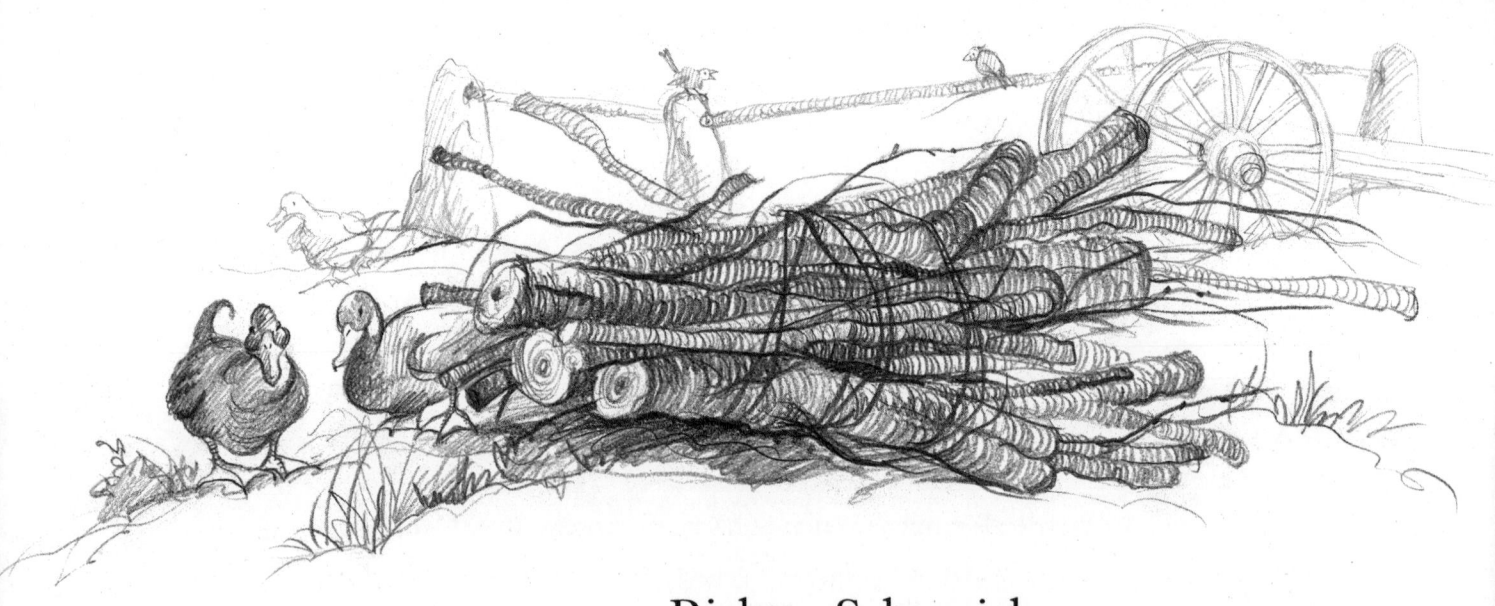

Richter Schemjak

Alexander N. Afanasjew

Irgendwo in einem Land lebten einmal zwei Brüder. Der eine war reich und der andere arm.

Einmal kam der arme Bruder zum reichen und bat ihn um ein Pferd, damit er aus dem Wald Holz holen könnte.

Der Reiche lieh ihm ein Pferd, da bat ihn der Arme auch noch um ein Kummet. Darüber wurde der andere unwillig und schlug es ihm ab.

Da beschloß der Arme, dem Pferd das Holz an den Schwanz zu binden und fuhr in den Wald. Er schlug soviel Holz, daß es das Pferd kaum schleppen konnte. Zu Hause machte er das Tor auf, vergaß aber den Querbalken wegzunehmen. Das Pferd sprang drüber weg, riß sich aber dabei den Schwanz ab. Der arme Bruder brachte dem reichen das Pferd ohne Schwanz zurück.

Als der das Tier sah, wollte er es so nicht zurücknehmen, sondern mit dem Armen erst zu dem Richter Schemjak gehen.

Der Arme ging hinter seinem Bruder drein und merkte, daß es schlecht um ihn stünde, daß für ihn das Urteil auf Verbannung lauten würde, denn der Arme ist gezeichnet, weil er nichts geben kann.

Die Brüder kamen zu einem begüterten Bauer, den baten sie um ein Nachtlager.

Der Bauer gab dem Reichen gut zu essen und zu trinken, dem Armen aber gab er nichts.

Der Arme lag auf dem Ofen und sah zu, wie unten die andern zwei lustig waren, dabei fiel er herab und erschlug das Kind in der Wiege.

Da beschloß der Bauer, mit den Brüdern zu gehen, um auch eine Klage gegen den Armen vorzubringen.

Sie gingen miteinander. Der Bauer und der reiche Bruder voran, der arme hinter ihnen drein.

So kamen sie über eine Brücke. Der Arme überlegte, daß er ohnedies bei Gericht nicht mit dem Leben davonkäme und sprang von der Brücke, um sich zu töten. Unter der Brücke aber badete gerade ein Sohn seinen kranken Vater, und der Arme fiel auf den Alten und erschlug ihn.

Da ging der Sohn auch mit zu Gericht, um den Armen zu verklagen.

Der Reiche klagte vor Gericht, daß der arme Bruder seinem Pferd den Schwanz abgerissen habe.

Der Arme hatte einen Stein aufgehoben und in ein Tuch gewickelt und drohte damit, hinter dem Rücken des Bruders, dem Richter, dabei dachte er:

»Urteilt der Richter gegen mich, schlag ich ihn tot.«

Der Richter glaubte, der Arme biete ihm hundert Rubel für seine Angelegenheit und befahl dem Reichen, daß er dem Armen das Pferd so lange überlassen müsse, bis diesem der Schwanz wieder gewachsen sei.

Dann kam der Bauer und klagte, daß der Arme sein Kind erschlagen habe.

Der Arme hob wieder drohend denselben Stein.

Der Richter vermutete, neue hundert Rubel für diesen Fall zu bekommen, und befahl dem Bauer, dem Armen seine Frau zu übergeben, bis wieder ein Kind da sei.

»Dann nimm deine Frau und das Kind zurück.«

Jetzt klagte der Sohn, daß der Arme seinen Vater erschlagen habe.

Wieder nahm der Arme seinen Stein aus der Tasche und zeigte ihn dem Richter.

Der Richter meinte, er bekomme hundert Rubel für den Spruch und befahl dem Sohn, auf die Brücke zu gehen. »Und du Armer geh hin, stell dich unter die Brücke; der Sohn soll auf dich springen und dich erschlagen.«

Dann sandte Richter Schemjak seinen Diener zu dem Armen, um die dreihundert Rubel abzuholen.

Der Arme zeigte ihm den Stein und sagte: »Hätte der Richter nicht für mich entschieden, so hätte ich ihn mit diesem Stein totgeschlagen.«

Da bekreuzte sich der Richter und sagte: »Gott sei Dank, daß ich für ihn entschieden habe.«

Der arme Bruder ging zum reichen, sich nach dem Urteilsspruch das Pferd ohne Schwanz zu holen, bis der Schwanz nachwachse.

Der Reiche wollte das Pferd nicht hergeben, gab ihm aber fünf Rubel, drei Viertel Korn und eine Milchziege und schloß für alle Zeit Frieden mit ihm.

Da ging der Arme zum Bauer und wollte dem Urteilsspruch gemäß die Frau haben, damit sie bei ihm bliebe, bis wieder ein Kind da sei.

Der Bauer machte Frieden mit dem Armen, gab ihm fünfzig Rubel, eine Kuh und ein Kalb, eine Stute mit einem Füllen und vier Viertel Korn und vertrug sich fortan mit ihm.

Da ging der Arme zu dem jungen Mann, dessen Vater er erschlagen hatte und hielt ihm den Richtspruch vor, nach welchem der Sohn von der Brücke auf ihn hinabspringen sollte, um ihn totzuschlagen.

Der Sohn aber überlegte: »Springe ich, so erschlage ich ihn vielleicht nicht und stürze mich nur selbst zu Tode.«

Er machte Frieden mit dem Armen, gab ihm zweihundert Rubel, ein Pferd, fünf Viertel Korn und vertrug sich mit ihm, genauso wie alle andern.

Brüderchen und Schwesterchen

Brüder Grimm

Brüderchen nahm sein Schwesterchen an der Hand und sprach »seit die Mutter tot ist, haben wir keine gute Stunde mehr; die Stiefmutter schlägt uns alle Tage, und wenn wir zu ihr kommen, stößt sie uns mit den Füßen fort. Die harten Brotkrusten, die übrig bleiben, sind unsere Speise, und dem Hündlein unter dem Tisch geht's besser, dem wirft sie doch manchmal einen guten Bissen zu. Daß Gott erbarm, wenn das unsere Mutter wüßte! Komm, wir wollen miteinander in die weite Welt gehen.« Sie gingen den ganzen Tag über Wiesen, Felder und Steine, und wenn es regnete, sprach das Schwesterchen »Gott und unsere Herzen, die weinen zusammen!« Abends kamen sie in einen großen Wald und waren so müde von Jammer, Hunger und dem langen Weg, daß sie sich in einen hohlen Baum setzten und einschliefen.

Am andern Morgen, als sie aufwachten, stand die Sonne schon hoch am Himmel und schien heiß in den Baum hinein. Da sprach das Brüderchen »Schwesterchen, mich dürstet, wenn ich ein Brünnlein wüßte, ich ging und tränk einmal; ich mein, ich hört eins rauschen.« Brüderchen stand auf, nahm Schwesterchen an der Hand, und sie wollten das Brünnlein suchen. Die böse Stiefmutter aber war eine Hexe und hatte wohl gesehen, wie die beiden Kinder fortgegangen waren, war ihnen nachgeschlichen, heimlich, wie die Hexen schleichen, und hatte alle Brunnen im Walde verwünscht. Als sie nun ein Brünnlein fanden, das so glitzerig über die Steine sprang, wollte das Brüderchen daraus trinken, aber das Schwesterchen hörte, wie es im Rauschen sprach »wer aus mir trinkt, wird ein Tiger, wer aus mir trinkt, wird ein Tiger.« Da rief das Schwesterchen »ich bitte dich, Brüderchen, trink nicht, sonst wirst du ein wildes Tier und zerreißest mich.« Das Brüderchen trank nicht, ob es gleich so großen Durst hatte, und sprach »ich will warten bis zur nächsten Quelle.« Als sie zum zweiten Brünnlein kamen, hörte das Schwesterchen, wie auch dieses sprach »wer aus mir trinkt, wird ein Wolf, wer aus mir trinkt, wird ein Wolf!« Da rief das Schwesterchen »Brüderchen, ich bitte dich, trink nicht, sonst wirst du ein Wolf und frissest mich.« Das Brüderchen trank nicht, und sprach »ich will warten, bis wir zur nächsten Quelle kommen, aber dann muß ich trinken, du magst sagen, was du willst; mein Durst ist gar zu groß.« Und als sie zum dritten Brünnlein kamen, hörte das Schwesterchen, wie es im Rauschen sprach »wer aus mir trinkt, wird ein Reh, wer aus mir trinkt, wird ein Reh.« Das Schwesterchen sprach »ach Brüderchen, ich bitte dich, trink nicht, sonst wirst du ein Reh und läufst mir fort.« Aber das Brüderchen hatte sich gleich beim Brünnlein niedergekniet, hinabgebeugt und von dem Wasser getrunken, und wie die ersten Tropfen auf seine Lippen gekommen waren, lag es da als ein Rehkälbchen.

Nun weinte das Schwesterchen über das arme verwünschte Brüderchen, und das Rehchen weinte auch und saß so traurig neben ihm. Da sprach das Mädchen endlich »sei still, liebes Rehchen, ich will dich ja nimmermehr verlassen.« Dann band es sein goldenes Strumpfband ab und tat es dem Rehchen um den Hals, und rupfte Binsen und flocht ein weiches Seil daraus. Daran band es das Tierchen und führte es weiter, und ging immer tiefer in den Wald hinein. Und als sie lange, lange gegangen waren, kamen sie endlich an ein kleines Haus, und das Mädchen schaute hinein, und weil es leer war, dachte es »hier können wir bleiben und wohnen.« Da suchte es dem Rehchen Laub und Moos zu einem weichen Lager, und jeden Morgen ging es aus und sammelte sich Wurzeln, Beeren und Nüsse, und für das Rehchen brachte es zartes Gras mit, das fraß es ihm aus der Hand, war vergnügt und spielte vor ihm herum. Abends, wenn Schwesterchen müde war und sein Gebet gesagt hatte, legte es seinen Kopf auf den Rücken des Rehkälbchens, das war sein Kissen, darauf es sanft einschlief. Und hätte das Brüderchen nur seine menschliche Gestalt gehabt, es wäre ein herrliches Leben gewesen.

Das dauerte eine Zeitlang, daß sie so allein in der Wildnis waren. Es trug sich aber zu, daß der König des Landes eine große Jagd in dem Wald hielt. Da schallte das Hörnerblasen, Hundegebell und das lustige Geschrei der Jäger durch die Bäume, und das Rehlein hörte es und wäre gar zu gerne dabei gewesen. »Ach«, sprach es zum Schwesterlein, »laß mich hinaus in die Jagd, ich kann's nicht länger mehr aushalten«, und bat so lange, bis es einwilligte. »Aber«, sprach es zu ihm, »komm mir ja abends wieder, vor den wilden Jägern schließ ich mein Türlein; und damit ich dich kenne, so klopf und sprich: mein Schwesterlein, laß mich herein; und wenn du nicht so sprichst, so schließ ich mein Türlein nicht auf.«

Nun sprang das Rehchen hinaus, und war ihm so wohl und war so lustig in freier Luft. Der König und seine Jäger sahen das schöne Tier und setzten ihm nach, aber sie konnten es nicht einholen, und wenn sie meinten, sie hätten es gewiß, da sprang es über das Gebüsch weg und war verschwunden. Als es dunkel ward, lief es zu dem Häuschen, klopfte und sprach »mein Schwesterlein, laß mich herein.« Da ward ihm die kleine Tür aufgetan, es sprang hinein und ruhete sich die ganze Nacht auf seinem weichen Lager aus.

Am andern Morgen ging die Jagd von neuem an, und als das Rehlein wieder das Hifthorn hörte und das ho, ho! der Jäger, da hatte es keine Ruhe und sprach »Schwesterchen, mach mir auf, ich muß hinaus.« Das Schwesterchen öffnete ihm die Türe und sprach »aber zu Abend mußt du wieder da sein und dein Sprüchlein sagen.« Als der König und seine Jäger das Rehlein mit dem goldenen Halsband wieder sahen, jagten sie ihm alle nach, aber es war ihnen zu schnell und behend. Das währte den ganzen Tag, endlich aber hatten es die Jäger abends umzingelt, und einer verwundete es ein wenig am Fuß, so daß es hinken mußte und langsam fortlief. Da schlich ihm ein Jäger nach bis zu dem Häuschen und hörte, wie es rief »mein Schwesterlein, laß mich herein«, und sah, daß die Tür ihm aufgetan und alsbald wieder zugeschlossen ward. Der Jäger behielt das alles wohl im Sinn, ging zum König und erzählte ihm, was er gesehen und gehört hatte. Da sprach der König »morgen soll noch einmal gejagt werden.«

Das Schwesterchen aber erschrak gewaltig, als es sah, daß sein Rehkälbchen verwundet war. Es wusch ihm das Blut ab, legte Kräuter auf und sprach »geh auf dein Lager, lieb Rehchen, daß du wieder heil wirst.« Die Wunde aber war so gering, daß das Rehchen am Morgen nichts mehr davon spürte. Und als es die Jagdlust wieder draußen hörte, sprach es »ich kann's nicht aushalten, ich muß dabei sein; so bald soll mich keiner kriegen.« Das Schwesterchen weinte und sprach »nun werden sie dich töten, und ich bin hier allein im Wald und bin

verlassen von aller Welt; ich laß dich nicht hinaus.« – »So sterb ich dir hier vor Betrübnis«, antwortete das Rehchen, »wenn ich das Hifthorn höre, so mein ich, ich müßt aus den Schuhen springen!« Da konnte das Schwesterchen nicht anders und schloß ihm mit schwerem Herzen die Tür auf, und das Rehchen sprang gesund und fröhlich in den Wald.

Als es der König erblickte, sprach er zu seinen Jägern »nun jagt ihm nach den ganzen Tag bis in die Nacht, aber daß ihm keiner etwas zuleide tut.« Sobald die Sonne untergegangen war, sprach der König zum Jäger »nun komm und zeige mir das Waldhäuschen.« Und als er vor dem Türlein war, klopfte er an und rief »lieb Schwesterlein, laß mich herein.« Da ging die Tür auf, und der König trat hinein, und da stand ein Mädchen, das war so schön, wie er noch keins gesehen hatte. Das Mädchen erschrak, als es sah, daß nicht das Rehlein, sondern ein Mann hereinkam, der eine goldene Krone auf dem Haupt hatte. Aber der König sah es freundlich an, reichte ihm die Hand und sprach »willst du mit mir gehen auf mein Schloß und meine liebe Frau sein?« – »Ach ja«, antwortete das Mädchen, »aber das Rehchen muß auch mit, das verlaß ich nicht.« Sprach der König »es soll bei dir bleiben, solange du lebst, und soll ihm an nichts fehlen.« Indem kam es hereingesprungen, da band es das Schwesterchen wieder an das Binsenseil, nahm es selbst in die Hand und ging mit ihm aus dem Waldhäuschen fort.

Der König nahm das schöne Mädchen auf sein Pferd und führte es in sein Schloß, wo die Hochzeit mit großer Pracht gefeiert wurde, und war es nun die Frau Königin, und lebten sie lange Zeit vergnügt zusammen; das Rehlein ward gehegt und gepflegt und sprang in dem Schloßgarten herum. Die böse Stiefmutter aber, um derentwillen die Kinder in die Welt hinausgegangen waren, die meinte nicht anders, als Schwesterchen wäre von den wilden Tieren im Walde zerrissen worden und Brüderchen als ein Rehkalb von den Jägern totgeschossen.

Als sie nun hörte, daß sie so glücklich waren und es ihnen so wohl ging, da wurden Neid und Mißgunst in ihrem Herzen rege und ließen ihr keine Ruhe, und sie hatte keinen andern Gedanken, als wie sie die beiden doch noch ins Unglück bringen könnte. Ihre rechte Tochter, die häßlich war wie die Nacht und nur ein Auge hatte, die machte ihr Vorwürfe und sprach »eine Königin zu werden, das Glück hätte mir gebührt.«−»Sei nur still«, sagte die Alte und sprach sie zufrieden, »wenn's Zeit ist, will ich schon bei der Hand sein.« Als nun die Zeit herangerückt war, und die Königin ein schönes Knäblein zur Welt gebracht hatte, und der König gerade auf der Jagd war, nahm die alte Hexe die Gestalt der Kammerfrau an, trat in die Stube, wo die Königin lag, und sprach zu der Kranken »kommt, das Bad ist fertig, das wird Euch wohltun und frische Kräfte geben; geschwind, eh es kalt wird.« Ihre Tochter war auch bei der Hand, sie trugen die schwache Königin in die Badstube und legten sie in die Wanne; dann schlossen sie die Tür ab und liefen davon. In der Badstube aber hatten sie ein rechtes Höllenfeuer angemacht, daß die schöne junge Königin bald ersticken mußte.

Als das vollbracht war, nahm die Alte ihre Tochter, setzte ihr eine Haube auf, und legte sie ins Bett an der Königin Stelle. Sie gab ihr auch die Gestalt und das Ansehen der Königin, nur das verlorene Auge konnte sie ihr nicht wiedergeben. Damit es aber der König nicht merkte, mußte sie sich auf die Seite legen, wo sie kein Auge hatte. Am Abend, als er heimkam und hörte, daß ihm ein Söhnlein geboren war, freute er sich herzlich, und wollte ans Bett seiner lieben Frau gehen und sehen, was sie machte. Da rief die Alte geschwind »beileibe, laßt die Vorhänge zu, die Königin darf noch nicht ins Licht sehen und muß Ruhe haben.« Der König ging zurück und wußte nicht, daß eine falsche Königin im Bette lag.

Als es aber Mitternacht war und alles schlief, da sah die Kinderfrau, die in der Kinderstube neben der Wiege saß und allein noch wachte, wie die Türe aufging und die rechte Königin hereintrat. Sie nahm das Kind aus der Wiege, legte es in ihren Arm und gab ihm zu trinken. Dann schüttelte sie ihm sein Kißchen, legte es wieder hinein und deckte es mit dem Deckbettchen zu. Sie vergaß aber auch das Rehchen nicht, ging in die Ecke, wo es lag, und streichelte ihm über den Rücken. Darauf ging sie ganz stillschweigend wieder zur Türe hinaus, und die Kinderfrau fragte am anderen Morgen die Wächter, ob jemand während der Nacht ins Schloß gegangen wäre, aber sie antworteten »nein, wir haben niemand gesehen.« So kam sie viele Nächte und sprach niemals ein Wort dabei; die Kinderfrau sah sie immer, aber sie getraute sich nicht, jemand etwas davon zu sagen.

Als nun so eine Zeit verflossen war, da hub die Königin in der Nacht an zu reden und sprach

»Was macht mein Kind? Was macht mein Reh?
Nun komm ich noch zweimal und dann nimmermehr.«

Die Kinderfrau antwortete ihr nicht, aber als sie wieder verschwunden war, ging sie zum König und erzählte ihm alles. Sprach der König »ach Gott, was ist das! Ich will in der nächsten Nacht bei dem Kinde wachen.« Abends ging er in die Kinderstube, aber um Mitternacht erschien die Königin wieder und sprach

»Was macht mein Kind? Was macht mein Reh?
Nun komm ich noch einmal und dann nimmermehr.«

Und pflegte dann des Kindes, wie sie gewöhnlich tat, ehe sie verschwand. Der König getraute sich nicht, sie anzureden, aber er wachte auch in der folgenden Nacht. Sie sprach abermals

»Was macht mein Kind? Was macht mein Reh?
Nun komm ich noch diesmal und dann nimmermehr.«

Da konnte sich der König nicht zurückhalten, sprang zu ihr und sprach »du kannst niemand anders sein als meine liebe Frau.« Da antwortete sie »ja, ich bin deine liebe Frau«, und hatte in dem Augenblick durch Gottes Gnade das Leben wiedererhalten, war frisch, rot und gesund. Darauf erzählte sie dem König den Frevel, den die böse Hexe und ihre Tochter an ihr verübt hatten. Der König ließ beide vor Gericht führen, und es ward ihnen das Urteil gesprochen. Die Tochter ward in den Wald geführt, wo sie die wilden Tiere zerrissen, die Hexe aber ward ins Feuer gelegt und mußte jammervoll verbrennen. Und wie sie zu Asche verbrannt war, verwandelte sich das Rehkälbchen und erhielt seine menschliche Gestalt wieder; Schwesterchen und Brüderchen aber lebten glücklich zusammen bis an ihr Ende.

Von dem Bauern,
der gewandt zu lügen
verstand

Russisches Volksmärchen

Es war einmal ein Zar, der liebte es, wenn ihm einer etwas vorlog. Er stellte einen Teller voll Gold auf den Tisch und legte ein Schwert daneben. Wenn der Zar sagt, du lügst, Bruder – dann nimm das Gold; vergißt sich der Zar aber nicht bei der Erzählung und sagt nicht, daß du lügst – dann muß dein Kopf herunter!

Ein alter Bauer, der sich ordentlich angetrunken hatte, beschloß zum Zaren zu gehn und nicht soviel zu lügen, als die Wahrheit zu sagen. Als er hinkam, war beim Zaren gerade ein großes Fest im Gange, und alle Würdenträger waren versammelt. Man meldete, ein Alter sei gekommen, bei ihrem Gelage zu lügen; der Zar freute sich sehr und befahl, einen Teller mit Gold zu füllen und das Schwert daneben zu legen. Da fing der Bauer an, seine erste Geschichte zu erzählen.

»Gestern fuhr ich hinaus, um das Feld fürs Sommergetreide zu pflügen; mein Pferd war so schwach, daß ich es ausspannen mußte. Da schwankte das Pferd und brach plötzlich in zwei Hälften auseinander; das Vorderteil wollte nach Hause laufen, das Hinterteil wollte auf dem Feld bleiben.«

Da sagten die Würdenträger: »Der Bauer lügt!« Der Zar jedoch meinte: »Schlau ist der Bauer, bei ihm ist alles möglich.«

»Da trieb ich das Hinterteil ans Vorderteil heran, nähte beide mit Bast zusammen und band sie an eine Weide. Dann legte ich mich hin, um auszuruhen. Als ich aufwachte, war die Weide auf meinem Pferd in die Höhe geschossen, aber nicht bloß ein bißchen, sondern hinauf bis zum Himmel. Da kam es mir in den Sinn, an der Weide in den Himmel zu klettern.«

Die Würdenträger sagten: »Der Bauer lügt! Kann denn ein Baum in den Himmel wachsen?« Aber der Zar sagte: »Schlau ist der Bauer, bei ihm ist alles möglich.«

»Und ich stieg hinauf in den Himmel . . .« – »Hast du dort auch den Herrgott gesehen?« fragten die Großen des Reiches. »Jawohl.« – »Was macht er denn dort?« – »Er spielt mit den Aposteln Karten.«

Die Würdenträger meinten, der Bauer lüge, der Zar aber sagte: »Ihr könnt mit mir Karten spielen, warum sollte Gott es mit seinen Aposteln nicht tun.« Die Großen jedoch erwiderten: »Das ist nicht wahr: Gott tut sowas nicht.« Der Zar aber meinte, der Bauer sei schlau, und bei ihm sei alles möglich.

»Als ich dort so herumspaziert war, wurde es Zeit, das Pferd wieder anzuspannen; ich wollte also auf die Erde hinuntersteigen, aber die Weide, die auf dem Pferde gewachsen war, war verdorrt und zusammengebrochen, und mein Vesperbrot mußte für die Vorübergehenden liegenbleiben. So ging ich im Himmel umher und schaute hinunter auf die Erde, da sah ich, wie ein reicher Bauer seinen Hafer worfelte. Die Spreu aber flog bis zum Himmel hinauf, ich fing sie und setzte mich hin, um ein Seil zu drehen.«

Da sagten die großen Herren: »Was lügt der Bauer: aus Spreu kann man keine Seile drehen.« Der Zar meinte: »Schlau ist der Bauer, bei ihm ist alles möglich.«

»Dann band ich dieses Seil am Himmel fest und ließ mich an ihm hinunter; doch ich kam nur bis auf hundert Werst zur Erde, nicht weiter, denn das Seil war zu kurz. Da schnitt ich oben ein Stück ab und setzte es unten an.«

Die Würdenträger riefen: »Der Bauer lügt! Wie kann man es oben abschneiden und unten ansetzen? Er wäre ja hinuntergefallen.« Der Zar aber meinte: »Schlau ist der Bauer, bei ihm ist alles möglich.«

»Dann kletterte ich weiter, doch der Strick war noch immer zu kurz, aber nicht mehr als hundert Faden. Da glaubte ich abspringen zu können, war auch zu faul, das Seil nochmals abzuschneiden, fiel gerade in ein Roggenfeld hinein und stak nun bis zum Hals in der Erde, so daß ich nicht herauskriechen konnte. Da ging ich ins Dorf, holte einen Spaten und grub mich aus.«

Die Großen sagten: »Der Bauer lügt: wie hat er sich denn freigemacht, wenn er bis zum Hals in der Erde steckt? Und warum ist er denn ins Dorf um den Spaten gelaufen? Er brauchte ihn doch nicht; lügen tut er!« Der Zar aber meinte: »Schlau ist der Bauer, bei ihm ist alles möglich.«

»Dann stieg ich in den Fluß, wusch mich und wanderte in ein weites Tal, wo ein Hirte seine Schafe weidete. Ich sagte zu ihm: ›Guten Tag, lieber Schäfer!‹ Er aber antwortete: ›Bin kein Schäfer, ich bin der Vater des Zaren!‹«

Da rief der Zar aus: »Du lügst, guter Freund: mein Vater hat keine Schafe gehütet!«

Wer aber Lügen konnte sagen, Eure Majestät, der darf das Gold nach Hause tragen.

Der Meisterdieb

Brüder Grimm

Eines Tages saßen vor einem ärmlichen Hause ein alter Mann und seine Frau und wollten von der Arbeit ein wenig ausruhen. Da kam auf einmal ein prächtiger mit vier Rappen bespannter Wagen herbeigefahren, aus dem ein reichgekleideter Herr stieg. Der Bauer stand auf, trat zu dem Herrn und fragte, was sein Verlangen wäre, und worin er ihm dienen könnte. Der Fremde reichte dem Alten die Hand und sagte »ich wünsche nichts als einmal ein ländliches Gericht zu genießen. Bereitet mir Kartoffeln, wie Ihr sie zu essen pflegt, dann will ich mich zu Euerm Tisch setzen und sie mit Freude verzehren.« Der Bauer lächelte und sagte »Ihr seid ein Graf oder Fürst oder gar ein Herzog, vornehme Herren haben manchmal solch ein Gelüsten; Euer Wunsch soll aber erfüllt werden.« Die Frau ging in die Küche, und sie fing an, Kartoffeln zu waschen und zu reiben und wollte Klöße daraus bereiten, wie sie die Bauern essen. Während sie bei der Arbeit stand, sagte der Bauer zu dem Fremden »kommt einstweilen mit mir in meinen Hausgarten, wo ich noch etwas zu schaffen habe.« In dem Garten hatte er Löcher gegraben und wollte jetzt Bäume einsetzen. »Habt Ihr keine Kinder«, fragte der Fremde, »die Euch bei der Arbeit behilflich sein könnten?« — »Nein«, antwortete der Bauer, »ich habe freilich einen Sohn gehabt«, setzte er hinzu, »aber der ist schon seit langer Zeit in die weite Welt gegangen. Es war ein ungeratener Junge, klug und verschlagen, aber er wollte nichts lernen und machte lauter böse Streiche; zuletzt lief er mir fort, und seitdem habe ich nichts von ihm gehört.« Der Alte nahm ein Bäumchen, setzte es in ein Loch und stieß einen Pfahl daneben; und als er Erde hineingeschaufelt und sie festgestampft hatte, band er den Stamm unten, oben und in der Mitte mit einem Strohseil fest an den Pfahl. »Aber sagt mir«, sprach der Herr, »warum bindet Ihr den krummen knorrichten Baum, der dort in der Ecke fast bis auf den Boden gebückt liegt, nicht auch an einen Pfahl wie diesen, damit er strack wächst?« Der Alte lächelte und sagte »Herr, Ihr redet, wie Ihr's versteht: man sieht wohl, daß Ihr Euch mit der Gärtnerei nicht abgegeben habt. Der Baum dort ist alt und verknorzt, den kann niemand mehr gerad machen; Bäume muß man ziehen, solange sie jung sind.« – »Es ist wie bei Euerm Sohn«, sagte der Fremde, »hättet Ihr den gezogen, wie er noch jung war, so wäre er nicht fortgelaufen; jetzt wird er auch hart und knorzig geworden sein.« – »Freilich«, antwortete der Alte, »es ist schon lange, seit er fortgegangen ist; er wird sich verändert haben.« – »Würdet Ihr ihn noch erkennen, wenn er vor Euch träte?« fragte der Fremde. »Am Gesicht schwerlich«, antwortete der Bauer, »aber er hat ein Zeichen an sich, ein Muttermal auf der Schulter, das wie eine Bohne aussieht.« Als er das gesagt hatte, zog der Fremde den Rock aus, entblößte seine Schulter und zeigte dem Bauer die Bohne. »Herr Gott«, rief der Alte, »du bist wahrhaftig mein Sohn«, und die Liebe zu seinem Kind regte sich in seinem Herzen. »Aber«, setzte er hinzu, »wie kannst du mein Sohn sein, du bist ein großer Herr geworden und lebst in Reichtum und Überfluß! Auf welchem Weg bist du dazu gelangt?« – »Ach, Vater«, erwiderte der Sohn, »der junge Baum war an keinen Pfahl gebunden und ist krumm gewachsen: jetzt ist er zu alt; er wird nicht wieder gerad. Wie ich das alles erworben habe? Ich bin ein Dieb geworden. Aber erschreckt Euch nicht, ich bin ein Meisterdieb. Für mich gibt es weder Schloß noch Riegel; wonach mich gelüstet, das ist mein. Glaubt nicht, daß ich stehle wie ein gemeiner Dieb, ich nehme nur vom Überfluß der Reichen. Arme Leute sind sicher; ich gebe ihnen lieber, als daß ich ihnen etwas nehme. So auch, was ich ohne Mühe, List und Gewandtheit haben kann, das rühre ich nicht an.« – »Ach, mein Sohn«, sagte der Vater, »es gefällt mir doch nicht, ein Dieb bleibt ein Dieb; ich sage dir, es nimmt kein gutes Ende.« Er führte ihn zu der Mutter, und als sie hörte, daß es ihr Sohn war, weinte sie vor Freude, als er ihr aber sagte, daß er ein Meisterdieb geworden wäre, so flossen ihr zwei Ströme über das Gesicht. Endlich sagte sie »wenn er auch ein Dieb geworden ist, so ist er doch mein Sohn, und meine Augen haben ihn noch einmal gesehen.«

Sie setzten sich an den Tisch, und er aß mit seinen Eltern wieder einmal die schlechte Kost, die er lange nicht gegessen hatte. Der Vater sprach »wenn unser Herr, der Graf drüben im Schlosse, erfährt, wer du bist und was du treibst, so nimmt er dich nicht auf die Arme und wiegt dich darin, wie er tat, als er dich am Taufstein hielt, sondern er läßt dich am Galgenstrick schaukeln.« – »Seid ohne Sorge, mein Vater, er wird mir nichts tun, denn ich verstehe mein Handwerk. Ich will heute noch selbst zu ihm gehen.« Als die Abendzeit sich näherte, setzte sich der Meisterdieb in seinen Wagen und fuhr nach dem Schloß. Der Graf empfing ihn mit Artigkeit, weil er ihn für einen vornehmen Mann hielt. Als der Fremde sich zu erkennen gab, so erbleichte er und schwieg eine Zeitlang ganz still. Endlich sprach er »du bist mein Pate, deshalb will ich Gnade für Recht ergehen lassen und nachsichtig mit dir verfahren. Weil du dich rühmst, ein Meisterdieb zu sein, so will ich deine Kunst auf die Probe stellen, wenn du aber nicht bestehst, so mußt du mit des Seilers Tochter Hochzeit halten, und das Gekrächze der Raben soll deine Musik dabei sei.« – »Herr Graf«, antwortete der Meister, »denkt Euch drei Stücke aus, so schwer Ihr wollt, und wenn ich Eure Aufgabe nicht löse, so tut mit mir, wie Euch gefällt.« Der Graf sann einige Augenblicke nach, dann sprach er »wohlan, zum ersten sollst du mir mein Leibpferd aus dem Stalle stehlen, zum andern sollst du mir und meiner Gemahlin, wenn wir eingeschlafen sind, das Bettuch unter dem Leib wegnehmen, ohne daß wir's merken und dazu meiner Gemahlin den Trauring vom Finger; zum dritten und letzten sollst du mir den Pfarrer und Küster aus der Kirche wegstehlen. Merke dir alles wohl, denn es geht dir an den Hals.«

Der Meister begab sich in die zunächst liegende Stadt. Dort kaufte er einer alten Bauersfrau die Kleider ab und zog sie an. Dann färbte er sich das Gesicht braun und malte sich noch Runzeln hinein, so daß ihn kein Mensch wiedererkannt hätte. Endlich füllte er ein Fäßchen mit altem Ungarwein, in welchen ein starker Schlaftrunk gemischt war. Das Fäßchen legte er auf eine Kötze, die er auf den Rücken nahm und ging mit bedächtigen, schwankenden Schritten zu dem Schloß des Grafen. Es war schon dunkel, als er anlangte; er setzte sich in den Hof auf einen Stein, fing an zu husten wie eine alte brustkranke Frau und rieb die Hände, als wenn er fröre. Vor der Türe des Pferdestalls lagen Soldaten um ein Feuer; einer von ihnen bemerkte die Frau und rief ihr zu »komm näher, altes Mütterchen, und wärme dich bei uns. Du hast doch kein Nachtlager und nimmst es an, wo du es findest.« Die Alte trippelte herbei, bat, ihr die Kötze vom Rücken zu heben, und setzte sich zu ihnen ans Feuer. »Was hast du da in deinem Fäßchen, du alte Schachtel?« fragte einer. »Einen guten Schluck Wein«, antwortete sie, »ich ernähre mich mit dem Handel, für Geld und gute Worte gebe ich Euch gerne ein Glas.« – »Nur her damit«, sagte der Soldat, und als er ein Glas gekostet hatte, rief er »wenn der Wein gut ist, so trink ich lieber ein Glas mehr«, ließ sich nochmals einschenken, und die andern folgten seinem Beispiel. »Heda, Kameraden«, rief einer denen zu, die in dem Stall saßen, »hier ist ein Mütterchen, das hat Wein, der so alt ist wie sie selber, nehmt auch einen Schluck, der wärmt euch den Magen noch besser als unser Feuer.« Die Alte trug ihr Fäßchen in den Stall. Einer hatte sich auf das gesattelte Leibpferd gesetzt, ein anderer hielt den Zaum in der Hand, ein dritter hatte den Schwanz gepackt. Sie schenkte ein, soviel verlangt ward, bis die Quelle versiegte. Nicht lange, so fiel dem einen der Zaum aus der Hand, er sank nieder und fing an zu schnarchen, der andere ließ den Schwanz los, legte sich nieder und schnarchte noch lauter. Der, welcher im Sattel saß, blieb zwar sitzen, bog sich aber mit dem Kopf fast bis auf den Hals des Pferdes, schlief und blies mit dem Mund wie ein Schmiedebalg. Die Soldaten draußen waren schon längst eingeschlafen, lagen auf der Erde und regten sich nicht, als wären sie von Stein. Als der Meisterdieb sah, daß es ihm geglückt war, gab er dem einen statt des Zaums ein Seil in die Hand und dem andern, der den Schwanz gehalten hatte, einen Strohwisch; aber was sollte er mit dem, der auf dem Rücken des Pferdes saß, anfangen? Herunterwerfen wollte er ihn nicht, er hätte erwachen und ein Geschrei erheben können. Er wußte aber guten Rat, er schnallte die Sattelgurt auf, knüpfte ein paar Seile, die in Ringen an der Wand hingen, an den Sattel fest und zog den schlafenden Reiter mit dem Sattel in die Höhe, dann schlug er die Seile um den Pfosten und machte sie fest. Das Pferd hatte er bald von der Kette

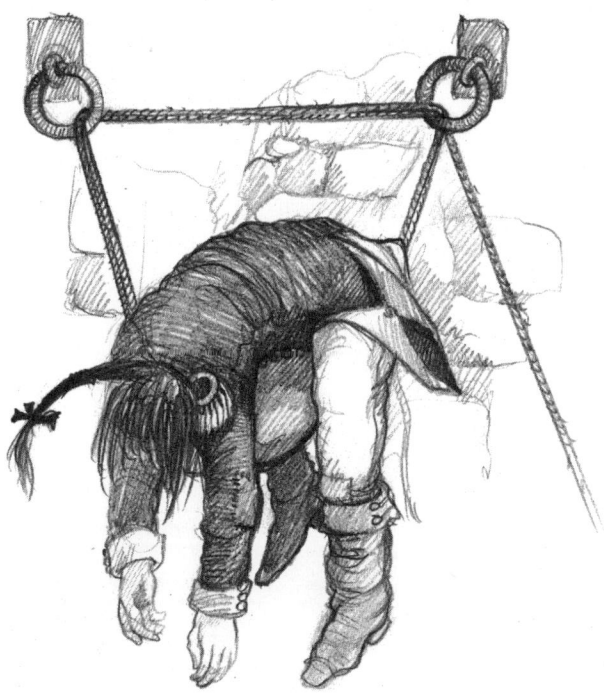

losgebunden, aber wenn er über das steinerne Pflaster des Hofs geritten wäre, so hätte man den Lärm im Schloß gehört. Er umwickelte ihm also zuvor die Hufe mit alten Lappen, führte es dann vorsichtig hinaus, schwang sich auf und jagte davon.

Als der Tag angebrochen war, sprengte der Meister auf dem gestohlenen Pferd zu dem Schloß. Der Graf war eben aufgestanden und blickte aus dem Fenster. »Guten Morgen, Herr Graf«, rief er ihm zu, »hier ist das Pferd, das ich glücklich aus dem Stall geholt habe. Schaut nur, wie schön Eure Soldaten daliegen und schlafen, und wenn Ihr in den Stall gehen wollt, so werdet Ihr sehen, wie bequem sichs Eure Wächter gemacht haben.« Der Graf mußte lachen, dann sprach er »einmal ist dir's gelungen, aber das zweitemal wird's nicht so glücklich ablaufen. Und ich warne dich, wenn du mir als Dieb begegnest, so behandle ich dich auch wie einen Dieb.« Als die Gräfin abends zu Bette gegangen war, schloß sie die Hand mit dem Trauring fest zu, und der Graf sagte »alle Türen sind verschlossen und verriegelt, ich bleibe wach und will den Dieb erwarten; steigt er aber zum Fenster ein, so schieße ich ihn nieder.« Der Meisterdieb aber ging in der Dunkelheit hinaus zu dem Galgen, schnitt einen armen Sünder, der da hing, von dem Strick ab und trug ihn auf dem Rücken nach dem Schloß. Dort stellte er eine Leiter an das Schlafgemach, setzte den Toten auf seine Schultern und fing an hinaufzusteigen. Als er so hoch gekommen war, daß der Kopf des Toten in dem Fenster erschien, drückte der Graf, der in seinem Bett lauerte, eine Pistole auf ihn los; alsbald ließ der Meister den armen Sünder herabfallen, sprang selbst die Leiter herab und versteckte sich in eine Ecke. Die Nacht war von dem Mond so weit erhellt, daß der Meister deutlich sehen konnte, wie der Graf aus dem Fenster auf die Leiter stieg, herabkam und den Toten in den Garten trug. Dort fing er an ein Loch zu graben, in das er ihn legen wollte. »Jetzt«, dachte der Dieb, »ist der günstige Augenblick gekommen« schlich behende aus seinem Winkel und stieg die Leiter hinauf, geradezu ins Schlafgemach der Gräfin. »Liebe Frau«, fing er mit der Stimme des Grafen an, »der Dieb ist tot, aber er ist doch mein Pate und mehr ein Schelm als ein Bösewicht gewesen. Ich will ihn der öffentlichen Schande nicht preisgeben; auch mit den armen Eltern habe ich Mitleid. Ich will ihn, bevor der Tag anbricht, selbst im Garten begraben, damit die Sache nicht ruchbar wird. Gib mir das Bettuch, so will ich die Leiche einhüllen und ihn wie einen Hund verscharren.« Die Gräfin gab ihm das Tuch. »Weißt du was«, sagte der Dieb weiter, »ich habe eine Anwandlung von Großmut, gib mir noch den Ring; der Unglückliche hat sein Leben gewagt, so mag er ihn ins Grab mitnehmen.« Sie

wollte dem Grafen nicht entgegen sein, und obgleich sie es ungern tat, so zog sie doch den Ring vom Finger und reichte ihn hin. Der Dieb machte sich mit beiden Stücken fort und kam glücklich nach Haus, bevor der Graf im Garten mit seiner Totengräberarbeit fertig war.

Was zog der Graf für ein langes Gesicht, als am andern Morgen der Meister kam und ihm das Bettuch und den Ring brachte. »Kannst du hexen?« sagte er zu ihm, »wer hat dich aus dem Grab geholt, in das ich selbst dich gelegt habe und hat dich wieder lebendig gemacht?« – »Mich habt Ihr nicht begraben«, sagte der Dieb, »sondern den armen Sünder am Galgen«, und erzählte ausführlich, wie es zugegangen war; und der Graf mußte ihm zugestehen, daß er ein gescheiter und listiger Dieb wäre. »Aber noch bist du nicht zu Ende«, setzte er hinzu, »du hast noch die dritte Aufgabe zu lösen, und wenn dir das nicht gelingt, so hilft dir alles nichts.« Der Meister lächelte und gab keine Antwort.

Als die Nacht angebrochen war, kam er mit einem langen Sack auf dem Rücken, einem Bündel unter dem Arm und einer Laterne in der Hand zu der Dorfkirche gegangen. In dem Sack hatte er Krebse, in dem Bündel aber kurze Wachslichter. Er setzte sich auf den Gottesacker, holte einen Krebs heraus und klebte ihm ein Wachslichtchen auf den Rücken, dann zündete er das Lichtchen an, setzte den Krebs auf den Boden und ließ ihn kriechen. Er holte einen zweiten aus dem Sack, machte es mit diesem ebenso und fuhr fort, bis auch der letzte aus dem Sacke war. Hierauf zog er ein langes schwarzes Gewand an, das wie eine Mönchskutte aussah, und klebte sich einen grauen Bart an das Kinn. Als er endlich ganz unkenntlich war, nahm er den Sack, in dem die Krebse gewesen waren, ging in die Kirche und stieg auf die Kanzel. Die Turmuhr schlug eben zwölf; als der letzte Schlag verklungen war, rief er mit lauter gellender Stimme »hört an, ihr sündigen Menschen, das Ende aller Dinge ist gekommen, der jüngste Tag ist nahe: hört an, hört an. Wer mit mir in den Himmel will, der krieche in den Sack. Ich bin Petrus, der die Himmelstüre öffnet und schließt. Seht ihr, draußen auf dem Gottesacker wandeln die Gestorbenen und sammeln ihre Gebeine zusammen. Kommt, kommt und kriecht in den Sack, die Welt geht unter.« Das Geschrei erschallte durch das ganze Dorf. Der Pfarrer und der Küster, die zunächst an der Kirche wohnten, hatten es zuerst vernommen, und als sie die Lichter erblickten, die auf dem Gottesacker umherwandelten, merkten sie, daß etwas Ungewöhnliches vorging, und sie traten in die Kirche ein. Sie hörten der Predigt eine Weile zu, da stieß der Küster den Pfarrer an und sprach »es wäre nicht übel, wenn wir die Gelegenheit benutzten und zusammen vor dem Einbruch des jüngsten Tages auf eine leichte Art in den Himmel kämen.« – »Freilich«, erwiderte der Pfarrer, »das sind auch meine Gedanken gewesen; habt Ihr Lust, so wollen wir uns auf den Weg machen.« – »Ja«, antwortete der Küster, »aber Ihr, Herr Pfarrer, habt den Vortritt, ich folge nach.« Der Pfarrer schritt also vor und stieg auf die Kanzel, wo der Meister den Sack öffnete. Der Pfarrer kroch zuerst hinein, dann der Küster. Gleich band der Meister den Sack fest zu, packte ihn am Bausch und schleifte ihn die Kanzeltreppe hinab; sooft die Köpfe der beiden Toren auf die Stufen aufschlugen, rief er »jetzt geht's schon über die Berge.« Dann zog er sie auf die gleiche Weise durch das Dorf, und wenn sie durch Pfützen kamen, rief er »jetzt geht's schon durch die nassen Wolken«, und als er sie endlich die Schloßtreppe hinaufzog, so rief er »jetzt sind wir auf der Himmelstreppe und werden bald im Vorhof sein.« Als er oben angelangt war, schob er den Sack in den Taubenschlag, und als die Tauben flatterten, sagte er »hört ihr, wie die Engel sich freuen und mit den Fittichen schlagen?« Dann schob er den Riegel vor und ging fort.

Am andern Morgen begab er sich zu dem Grafen und sagte ihm, daß er auch die dritte Aufgabe gelöst und den Pfarrer und Küster aus der Kirche weggeführt hätte. »Wo hast du sie gelassen?« fragte der Herr. »Sie liegen in einem Sack oben auf dem Taubenschlag und bilden sich ein, sie wären im Himmel.« Der Graf stieg selbst hinauf und überzeugte sich, daß er die Wahrheit gesagt hatte. Als er den Pfarrer und Küster aus dem Gefängnis befreit hatte, sprach er »du bist ein Meisterdieb und hast deine Sache gewonnen. Für diesmal kommst du mit heiler Haut davon, aber mache, daß du aus meinem Land fortkommst, denn wenn du dich wieder darin sehen läßt, so kannst du auf deine Erhöhung am Galgen rechnen.« Der Meisterdieb nahm Abschied von seinen Eltern, ging wieder in die weite Welt, und niemand hat wieder etwas von ihm gehört.

Rotkäppchen

Brüder Grimm

Es war einmal eine kleine süße Dirne, die hatte jedermann lieb, der sie nur ansah, am allerliebsten aber ihre Großmutter, die wußte gar nicht, was sie alles dem Kinde geben sollte. Einmal schenkte sie ihm ein Käppchen von rotem Sammet, und weil ihm das so wohl stand und es nichts anderes mehr tragen wollte, hieß es nur das Rotkäppchen. Eines Tages sprach seine Mutter zu ihm »komm, Rotkäppchen, da hast du ein Stück Kuchen und eine Flasche Wein, bring das der Großmutter hinaus; sie ist krank und schwach und wird sich daran laben. Mach dich auf, bevor es heiß wird, und wenn du hinauskommst, so geh hübsch sittsam und lauf nicht vom Weg ab, sonst fällst du und zerbrichst das Glas, und die Großmutter hat nichts. Und wenn du in ihre Stube kommst, so vergiß nicht, guten Morgen zu sagen, und guck nicht erst in alle Ecken herum.«

»Ich will schon alles gut machen«, sagte Rotkäppchen zur Mutter und gab ihr die Hand darauf. Die Großmutter aber wohnte draußen im Wald, eine halbe Stunde vom Dorf. Wie nun Rotkäppchen in den Wald kam, begegnete ihm der Wolf.

Rotkäppchen aber wußte nicht, was das für ein böses Tier war und fürchtete sich nicht vor ihm. »Guten Tag, Rotkäppchen«, sprach er. »Schönen Dank, Wolf.« – »Wo hinaus so früh, Rotkäppchen?« – »Zur Großmutter.« – »Was trägst du unter der Schürze?« – »Kuchen und Wein; gestern haben wir gebacken, da soll sich die kranke und schwache Großmutter etwas zugut tun und sich damit stärken.« – »Rotkäppchen, wo wohnt deine Großmutter?« – »Noch eine gute

Viertelstunde weiter im Wald, unter den drei großen Eichbäumen, da steht ihr Haus, unten sind die Nußhecken, das wirst du ja wissen« sagte Rotkäppchen. Der Wolf dachte bei sich »das junge zarte Ding, das ist ein fetter Bissen, der wird noch besser schmecken als die Alte; du mußt es listig anfangen, damit du beide erschnappst.« Da ging er ein Weilchen neben Rotkäppchen her, dann sprach er »Rotkäppchen, sieh einmal die schönen Blumen, die ringsumher stehen, warum guckst du dich nicht um? Ich glaube, du hörst gar nicht, wie die Vöglein so lieblich singen? Du gehst ja für dich hin, als wenn du zur Schule gingst und ist so lustig draußen in dem Wald.«

Rotkäppchen schlug die Augen auf, und als es sah, wie die Sonnenstrahlen durch die Bäume hin und her tanzten und alles voll schöner Blumen stand, dachte es »wenn ich der Großmutter einen frischen Strauß mitbringe, der wird ihr auch Freude machen; es ist so früh am Tag, daß ich doch zu rechter Zeit ankomme« lief vom Wege ab in den Wald hinein und suchte Blumen. Und wenn es eine gebrochen hatte, meinte es, weiter hinaus stände eine schönere und lief darnach und geriet immer tiefer in den Wald hinein. Der Wolf aber ging geradeswegs nach dem Haus der Großmutter und klopfte an die Türe. »Wer ist draußen?« – »Rotkäppchen, das bringt Kuchen und Wein, mach auf.« – »Drück nur auf die Klinke« rief die Großmutter, »ich bin zu schwach und kann nicht aufstehen.« Der Wolf drückte auf die Klinke, die Türe sprang auf und er ging, ohne ein Wort zu sprechen, gerade zum Bett der Großmutter und verschluckte sie. Dann tat er ihre Kleider an, setzte ihre Haube auf, legte sich in ihr Bett und zog die Vorhänge vor.

Rotkäppchen aber war nach den Blumen herumgelaufen, und als es so viel zusammen hatte, daß es keine mehr tragen konnte, fiel ihm die Großmutter wieder ein, und es machte sich auf den Weg zu ihr. Es wunderte sich, daß die Türe aufstand, und wie es in die Stube trat, so kam es ihm so seltsam darin vor, daß es dachte »ei, du mein Gott, wie ängstlich wird mirs heute zumut, und ich bin sonst so gerne bei der Großmutter!« Es rief »guten Morgen«, bekam aber keine Antwort. Darauf ging es zum Bett und zog die Vorhänge zurück; da lag die Großmutter und hatte die Haube tief ins Gesicht gesetzt und sah so wunderlich aus. »Ei, Großmutter, was hast du für große Ohren!« – »Daß ich dich besser hören kann.« – »Ei, Großmutter, was hast du für große Augen!« – »Daß ich dich besser sehen kann.« – »Ei, Großmutter, was hast du für große Hände!« – »Daß ich dich besser packen kann.« – »Aber, Großmutter, was hast du für ein entsetzlich großes Maul!« – »Daß ich dich besser fressen kann.« Kaum hatte der Wolf das gesagt, so tat er einen Satz aus dem Bette und verschlang das arme Rotkäppchen.

Wie der Wolf sein Gelüsten gestillt hatte, legte er sich wieder ins Bett, schlief ein und fing an überlaut zu schnarchen. Der Jäger ging eben an dem Haus vorbei und dachte »wie die alte Frau schnarcht, du mußt doch sehen, ob ihr etwas fehlt.« Da trat er in die Stube, und wie er vor das Bette kam, so sah er, daß der Wolf darin lag. »Finde ich dich hier, du alter Sünder«, sagte er, »ich habe dich lange gesucht.« Nun wollte er seine Büchse anlegen, da fiel ihm ein, der Wolf könnte die Großmutter gefressen haben und sie wäre noch zu retten, schoß nicht, sondern nahm eine Schere und fing an, dem schlafenden Wolf den Bauch aufzuschneiden. Wie er ein paar Schnitte getan hatte, da sah er das rote Käppchen leuchten und noch ein paar Schnitte, da sprang das Mädchen heraus und rief »ach, wie war ich erschrocken, wie war's so dunkel in dem Wolf seinem Leib!« Und dann kam die alte Großmutter auch noch lebendig heraus und konnte kaum atmen. Rotkäppchen aber holte geschwind große Steine, damit füllten sie dem Wolf den Leib, und wie er aufwachte, wollte er fortspringen, aber die Steine waren so schwer, daß er gleich niedersank und sich totfiel.

Da waren alle drei vergnügt; der Jäger zog dem Wolf den Pelz ab und ging damit heim, die Großmutter aß den Kuchen und trank den Wein, den Rotkäppchen gebracht hatte und erholte sich wieder, Rotkäppchen aber dachte »du willst dein Lebtag nicht wieder allein vom Wege ab in den Wald laufen, wenn dir's die Mutter verboten hat.«

Die Nachtschwärmerin

Serbokroatisches Volksmärchen

Es war einmal ein Zar, der hatte eine sehr schöne Tochter; die verdarb jede Nacht ein Kleid und ebenso ein Paar Schuhe. Das verdroß den Zaren, und er fragte alle Dienerinnen, ob sie wüßten, wohin seine Tochter jede Nacht ging. Die Dienerinnen versicherten ihm, die Zarentochter sei jede Nacht zu Hause. Er glaubte ihnen aber nicht und stellte eine Wache auf, die die ganze Nacht vor der Tür stehen und aufpassen sollte. Auch das half nichts. Schuhe und Kleider waren jeden Morgen, den Gott gab, zerrissen und verdorben.

Da wurde der Zar zornig, schickte einen Boten aus und ließ im Volke verkünden: wer ihm sagen könne, wohin seine Tochter jede Nacht gehe und wie sie ihre Kleider zerreißt, dem würde er sie zur Frau geben.

Als diese Botschaft sich im Reich verbreitete, kamen von überall tapfre Burschen herbei, um die Zarentochter zu bewachen. Aber keiner konnte herausbringen, wo sie in der Nacht bleibt. Nur so viel erfuhr man, daß sie sich jeden Abend schön anzieht, dann mit einemmal weg ist, ohne daß jemand sehen konnte, wann und wohin; in der Frühe war sie wieder in ihrem Gemach, mit verdorbenen Kleidern und mit zerrissenen Schuhen.

Endlich machte sich auch ein armer Bursche auf den Weg, um die Zarentochter zu bewachen. Unterwegs kam er auf ein Feld und traf dort drei Brüder, die drauf und dran waren, sich bis aufs Blut zu schlagen. Er fragte, warum sie sich schlagen. Die Brüder antworteten: »Was fragst du uns, da du uns doch nicht helfen kannst?« – »Kann sein, daß ich es kann«, meinte der arme Bursche, »sagt mir nur, um was ihr euch schlagt.«

Da erzählte ihm der älteste Bruder, wie ihnen nach dem Tode ihres Vaters drei Dinge hinterblieben wären: ein kleiner Teppich, eine Kappe und ein Stock, sie aber nicht wußten, wie sie das unter sich aufteilen könnten. Der Bursche lachte und sagte zu ihnen: »Und um solche Kleinigkeiten schlagt ihr euch?« Darauf antworteten die Brüder: »Das sind keine Kleinigkeiten, Bruder, sondern Dinge von großem, großem Wert. Jedes von ihnen hat eine besondere Kraft: Wenn man sich auf den Teppich setzt, kann man hinkommen, wohin man wünscht; wenn man die Kappe auf den Kopf setzt, kann einen niemand sehen, und mit dem Stock kann man Stein und Eisen durchschlagen.«

»Na, wenn es so steht, kann kein Friede zwischen euch sein, und ihr selbst könnt die Sachen nicht verteilen. Aber wenn ihr mir folgen wollt, werde ich im Augenblick Frieden unter euch stiften und so teilen, daß es allen recht ist.« – »So sag nur wie«, riefen alle drei zugleich. – »Nun so, ihr geht auf den Hügel dort und stellt euch in einer Reihe auf. Wenn ich dann mit der Hand winke, rennt ihr los, und wer zuerst bei mir ist, dem gebe ich den Teppich, dem zweiten gebe ich die Kappe, und der letzte kriegt den Stock.«

Die entzweiten Brüder bedachten sich etwas, einigten sich aber zuletzt und gingen darauf ein. Sie übergaben ihr Erbe dem Burschen und zogen auf den Hügel. So wie sie weg waren, setzte der Bursche geschwind die Kappe auf, setzte sich auf den Teppich, nahm den Stock in die Hand und wünschte sich in den Zarenpalast, und im Augenblick war er dort. Vor dem Zarenpalast nahm er die Kappe vom Kopf, stieg von dem Teppich ab und wickelte beides hübsch zusammen. Dann meldete er dem Zaren, er sei gekommen, seine Tochter zu bewachen. Der Zar gab ihm die Erlaubnis.

Als nun der Abend kam und alle im Hof zur Ruhe gingen, legte sich der Bursche vor die Tür der Zarentochter, zog die Kappe hervor und setzte sie auf den Kopf; so war er unsichtbar und begann aufzupassen und zu horchen. Zu einer Nachtstunde ging leise die Tür auf, und aus dem Zimmer guckte die schöne Zarentochter. Das neue Kleid glitzerte nur so an ihr. Als sie über die Schwelle getreten war, zog sie die Schuhe an, machte die Tür hinter sich zu und ging

unhörbar wie ein Schatten durch den Palast ins Freie, ohne daß sie einer sah, außer dem armen Burschen. Der zog gleich auch den kleinen Teppich hervor, setzte sich drauf, faßte den Stock fest mit der Hand und wünschte sich, er möchte bei ihr sein.

Als sie nun aus dem Palast heraus waren, zogen sie lange Zeit eins hinter dem andern her, die Zarentochter schwebte voran und der Bursche unter der Tarnkappe hinterher. So kam die Zarentochter an eine schöne Wiese und sprach: »Gras, mach Platz, daß ich durchkann.« Darauf rückte das Gras auseinander und die Zarentochter ging hindurch, der Bursche hinter ihr. Der griff nach dem Grase und pflückte davon ab, dann steckte er sichs in die Jacke. Darauf fing das Gras an zu sprechen: »Bis jetzt bist du durchgegangen, Zarentochter, und hast uns keinen Schaden getan.« Die Zarentochter wunderte sich, was das bedeuten sollte und sah sich um, aber hinter sich sah sie nichts und ging weiter. Danach kam sie in einen wunderschönen Garten, in dem waren mancherlei Bäume mit Früchten aus Gold und Edelstein. Da rief die Zarentochter: »Macht Platz, ihr Bäume, daß ich durchkann.« Sogleich rückten die Bäume zur Seite und ließen ihr einen Pfad frei; der Bursche blieb immer hinter ihr, griff nach den Zweigen und pflückte Früchte aus Gold und Edelstein; die steckte er sich in die Jacke. Die Bäume aber begannen zu sprechen: »Bis jetzt bist du durchgegangen, Zarentochter, und hast uns keinen Schaden getan.« Die Zarentochter wunderte sich wieder und sah sich um, wurde aber hinter sich keine lebendige Seele gewahr und ging weiter. Bald darauf kam sie ans Meer und sprach: »Mach Platz, Meer, daß ich durchkann.« Das Wasser

wich sogleich auseinander, und die Zarentochter ging hindurch wie auf trocke-
nem Land, der Bursche hinter ihr. Da sah er auf dem Grund schöne Perlmuscheln,
nahm einige Perlen auf und steckte sie in die Jacke. Da sprach das Meer: »Bis jetzt
bist du durchgegangen, Zarentochter, und hast mir keinen Schaden getan.« Da
fuhr die Zarentochter vor Schreck zusammen und dachte, was das bedeuten
sollte, da sie doch nichts getan hatte. Sie sah sich wieder um, aber da sie niemand
bemerkte, beruhigte sie sich und ging weiter.

Als sie ans Ufer kamen, lag ein Gefilde vor ihnen, und mitten drin stand ein
hoher Apfelbaum, und an seiner Wurzel lag eine Steinplatte; die Zarentochter
klopfte dreimal mit dem Schuh auf die Platte, sie hob sich, und unter ihr tat sich
ein unterirdischer Gang auf. Die Zarentochter ließ sich da hinab, und die Platte
schloß sich über ihr. Da holte der Bursche mit seinem Stock aus, tat einen Schlag
auf die Platte, und als die sich aufgetan hatte, stieg er auch hinab und ging in
kurzer Entfernung hinter der Zarentochter her. Da unten gab es was zu sehen!
Schöne Paläste, hoch und weit, Zimmer und Säle fügten sich unübersehbar eins
ans andre, und in ihnen schimmerte alles von Gold und Edelstein; Leuchter wie
die Sonne erhellten die Paläste, alles glänzte und funkelte, daß man kaum
hinsehen konnte. Ein Palast war voll von Leuten, alles nur Vilen und ihre
Genossen. Diener eilten wie beflügelt hin und her und bedienten die Gäste.

In einigen Sälen waren Tische aufgestellt, reich besetzt, für die Gäste; die
schönsten Speisen und Getränke in goldenem Geschirr standen in größter Fülle
auf den Tischen. Die Gäste setzten sich und taten sich gütlich an Speise und Trank.

Der arme Bursche war hungrig, sah sich das alles an und dachte, warum er nur zuschauen sollte; da langte er selber zu, nahm vom Tisch die besten Bissen, gerade wie sein Herz begehrte und trank den funkelnden Rotwein.

Die Gäste sahen, wie die Speisen vor ihnen verschwanden, wie die vollen Becher sich leerten, wunderten sich, denn sie konnten nicht sehen, wer das tat. Noch mehr erstaunte sie, als auch die goldenen Becher, aus denen sie tranken, vor ihren Augen verschwanden.

Während sie so verwundert dastanden, stopfte der Bursche sich die Kostbarkeiten in die Jacke.

Schon an der Tür hatte ein junger Mann, schön wie gemalt, die Zarentochter erwartet; es war der Sohn des Vilenzaren. So wie sie eintrat, nahm er sie bei der Hand und setzte sich mit ihr in eine Ecke; dort unterhielten sie sich, scherzten und lachten, während die andern aßen und tranken; sie brauchten nicht Speise noch Trank, wenn sie einander nur sehen konnten.

Da erscholl von irgendwoher himmlisches Flötenspiel; alle Gäste standen von den Tischen auf und gingen dem Flötenklang nach; auch die Zarentochter mit dem Sohn des Vilenzaren, und hinter ihnen der arme Bursche. Sie traten nun in einen großen, großen Saal, ringsum Säulen aus Elfenbein, auf ihnen erhob sich ein Gewölbe wie der Himmel, mitten drin leuchtete eine Sonne, um sie herum Mond und Sterne. Von oben ertönte die Flöte, als wenn die Engel des Himmels spielten. Die Vilen und ihre Genossen begannen zu tanzen.

Der Vilenreigen hob an, erst langsam, dann immer schneller und schneller; es sah aus, als stünden die Tänzer nicht auf dem Erdboden, als schwebe der Reigen, als wiegten ihn die Töne der Flöte hin und her. Die Flöte tönte immer eindringlicher, und Tänzer und Tänzerinnen tanzten immer heftiger. Zuletzt kam es wie Tollheit über sie, und sie fingen an zu springen, unter ihnen die Zarentochter, als wäre sie verrückt geworden. Sie und der Sohn des Vilenzaren umschlangen sich fest und sprangen, sprangen, bald nach rechts bald nach links. Der Zarentochter platzte das Kleid und die Schuhe gingen in Stücke; von dem schönen Gewand, das sie zu Hause angezogen hatte, hingen nur noch die Fetzen herab.

So wurde fortgetanzt bis zum jungen Tag; als aber die ersten Hähne krähten, verstummte die Flöte, der Reigen löste sich auf, die Vilen und ihre Genossen verließen den Saal und waren in kurzer Zeit alle irgendwohin verschwunden.

Auch die Zarentochter ging fort und ihr Tänzer geleitete sie; als sie den unterirdischen Palast verließen, umarmten und küßten sie sich; sie ging durch den

Gang ins Freie hinaus und der arme Bursche hinter ihr her. Auf demselben Weg, den sie gekommen waren, kehrten sie zurück und kamen, gerade als es Tag wurde, in den Zarenpalast. Die Zarentochter ging unhörbar in ihr Zimmer und legte sich todmüde ins Bett. Der Bursche nahm seine Kappe ab, wickelte sie und den Teppich zusammen und steckte sie in die Jacke, den Stock vor sich und legte sich an seinen alten Platz vor der Tür nieder.

Am Morgen ließ der Zar den Burschen rufen und fragte ihn, ob er was entdeckt habe. Der berichtete ihm alles, was er gesehen hatte und erzählte ihm, wohin seine Tochter in der Nacht geht, was sie anstellt, woher ihre Kleider zerrissen sind, und wie er ihr auf ihrer Nachtreise gefolgt war. Der Zar wunderte sich nicht wenig, als er all das hörte, ließ seine Tochter rufen und fragte sie, wo sie die Nacht gewesen und woher ihre Kleider zerrissen wären. Sie antwortete, sie sei die ganze Nacht in ihrem Zimmer gewesen. Da gab der Zar dem Burschen einen Wink, und der hielt dem Mädchen alles vor, wo sie in der Nacht gewesen war und was sie angestellt hatte.

Als die Zarentochter das hörte, war sie im ersten Augenblick sehr bestürzt,

dachte aber, das alles könne nur eine Falle sein, denn wie sollte der arme Bursche oder irgendein Mensch auf der Welt ihr auf ihrem nächtlichen Spaziergang folgen und in den unterirdischen Palast gelangen können. Darum leugnete sie und blieb dabei, sie sei nicht aus dem Palast gegangen. Da rechnete der Bursche ihr alles einzeln her, wohin sie gegangen war, was sie gesagt hatte, was Gras, Bäume und Meer gesprochen hatten; dann zog er aus der Jacke die Beweise hervor, daß er auf demselben Weg hinter ihr hergegangen war, zeigte ihr auch Becher und Geschirr von dem Gastmahl und sagte ihr, wie sie auf dem Tanzgelage in dem unterirdischen Palast gewesen war und mit wem sie getanzt hatte.

Nun erkannte die Zarentochter, warum Gras, Bäume und Meer sich beklagt hatten, was sie in der Nacht vorher nicht verstanden hatte und sah, daß man ihr auf die Spur gekommen war und daß es keinen Ausweg gab. Da schämte sie sich und ging in ihr Zimmer. Der Zar aber überzeugte sich, daß alles, was der arme Bursche gesagt hatte, wahr sei, hielt sein Versprechen und gab ihm seine Tochter zur Frau.

Der gestiefelte Kater

Charles Perrault

Ein Müller hinterließ seinen drei Kindern als ganze Erbschaft nur seine Mühle, seinen Esel und eine Katze. Die Teilung war bald geschehen; weder ein Advokat noch ein Sachwalter wurden dazu gerufen; sie würden auch bald mit der ärmlichen Erbschaft fertig geworden sein. Der älteste bekam die Mühle, der zweite den Esel, und der jüngste erhielt nur die Katze. Der letztere war untröstlich über seinen geringen Anteil. »Meine Brüder«, sagte er, »können nun anständig ihren Lebensunterhalt erwerben, wenn sie zusammenziehen; aber ich, wenn ich meine Katze gegessen und mir einen Muff aus ihrem Fell gemacht habe, muß Hungers sterben.« Die Katze, welche diese Rede hörte, es sich aber nicht merken ließ, sagte mit ernsthafter und gesetzter Miene zu ihm: »Seid nicht traurig, lieber Herr; Ihr braucht mir nur einen Sack zu geben und mir ein Paar Stiefel machen zu lassen, womit ich ins Dickicht gehen kann, und Ihr werdet sehen, daß Ihr nicht so schlecht weggekommen seid, als Ihr glaubt.«

Obgleich der Herr der Katze nicht großen Wert auf diesen Vorschlag legte, so hatte er sie doch so viel listige Streiche beim Ratten- und Mäusefangen ausüben sehen, zum Beispiel, wenn sie sich an den Füßen aufhing oder sich im Mehl verbarg, wo sie sich tot stellte, daß er nicht daran zweifelte, von ihr in seinem Elend unterstützt zu werden.

Als die Katze das Gewünschte bekommen hatte, zog sie sich die stattlichen Stiefel an, hing sich den Sack um den Hals, nahm seine Stricke in ihre beiden Vorderpfoten und ging in ein Gehege, wo es eine Unmenge Kaninchen gab. Sie tat Kleie und Schlingen in ihren Sack und streckte sich auf die Erde, als ob sie tot sei, wobei sie wartete, bis irgendein junges Kaninchen, das die Listen dieser Welt noch nicht kannte, in ihren Sack liefe, um das zu essen, was darin war. Kaum hatte sie sich hingelegt, als ihre Erwartung auch schon erfüllt wurde; ein junges, unbesonnenes Kaninchen ging in ihren Sack, und die Katze zog die Schlinge sogleich zu, nahm es und tötete es ohne Erbarmen. Die Katze, ganz stolz auf ihre Beute, ging zum König und verlangte, ihn zu sprechen. Man führte sie in das Gemach seiner Majestät, wo sie dem König eine tiefe Verbeugung machte und zu ihm sagte: »Hier, Majestät, ist ein Kaninchen aus dem Gehege des Marquis von Carabas« (dies war der Name, den sie für ihren Herrn ausgedacht), »welches derselbe mir aufgetragen hat, Euer Majestät untertänigst zu überreichen.«

»Sage deinem Herrn«, antwortete der König, »daß ich mich darüber freue und ihm dafür danken lasse.«

Ein anderes Mal verbarg sie sich in einem Getreidefeld und hielt immer ihren Sack offen; und als zwei Rebhühner drin waren, zog sie die Riemen zu und fing sie beide. Dann ging sie zum König und überreichte sie ihm, wie sie es mit dem Kaninchen gemacht hatte. Der König empfing wieder mit Vergnügen die beiden Rebhühner und ließ ihr ein Trinkgeld geben. Die Katze fuhr zwei oder drei Monate fort, dem König von Zeit zu Zeit Wildbret von der Jagd ihres Herrn zu bringen.

Eines Tages, als sie wußte, daß der König mit seiner Tochter, die die schönste Prinzessin der Welt war, am Ufer des Flusses spazieren fahren würde, sagte sie zu ihrem Herrn: »Wenn Ihr meinem Rat folgen wollt, so ist Euer Glück gemacht; Ihr braucht nur in dem Fluß zu baden, an einer Stelle, die ich Euch zeigen werde, und mich dann gewähren lassen.«

Der Marquis von Carabas tat, was seine Katze ihm geraten hatte, ohne zu wissen wozu.

Während er badete, kam der König vorbei, und die Katze fing aus allen

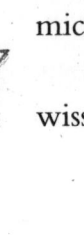

Kräften an zu schreien: »Zu Hilfe! zu Hilfe! der Herr Marquis von Carabas ertrinkt.«

Bei diesem Geschrei steckte der König den Kopf aus dem Kutschenschlag, und da er die Katze erkannte, die ihm so oft Wildbret gebracht hatte, befahl er seinen Leuten, dem Herrn Marquis von Carabas schnell zu Hilfe zu eilen. Während man den armen Marquis aus dem Wasser zog, näherte sich die Katze dem Wagen des Königs und sagte, daß Diebe ihrem Herrn die Kleider gestohlen hätten in der Zeit, als dieser sich badete, obgleich sie aus allen Kräften »Diebe! Diebe!« gerufen habe; das verschmitzte Tier hatte sie unter einen großen Stein versteckt. Der König befahl sogleich seinen Offizieren, eines seiner schönsten Kleider für den Herrn Marquis von Carabas zu holen. Der König überhäufte ihn mit Freundlichkeiten, und da die schönen Kleidungsstücke, welche man ihm soeben gegeben hatte, sein gutes Aussehen hoben (denn er war schön und wohlgestaltet von Person), so fand die Tochter des Königs viel Wohlgefallen an ihm, und der Marquis von Carabas hatte ihr erst zwei oder drei sehr ehrfurchtsvolle und etwas zärtliche Blicke zugeworfen, als sie schon sterblich in ihn verliebt war. Der König sagte, er solle in den Wagen steigen und mit ihm spazieren fahren. Die Katze, ganz entzückt, ihren Plan gelingen zu sehen, ging voraus, und da sie auf einer Wiese mehrere Bauern antraf, sagte sie zu ihnen: »Ihr Leute, sagt dem König, daß die Wiese, die ihr mähet, dem Marquis von Carabas gehört, sonst

werdet ihr kurz und klein gehackt wie Pastetenfleisch.« Der König ermangelte nicht, die Mäher zu fragen, wem die Wiese gehöre, die sie mähten.

»Dem Herrn Marquis von Carabas«, sagten sie alle zusammen, denn sie fürchteten sich vor der Drohung der Katze.

»Ihr habt da ein schönes Besitztum«, sagte der König zum Marquis von Carabas.

»Diese Wiese, Majestät«, antwortete der Marquis, »trägt alle Jahre reichlich Heu ein.«

Die kluge Katze, welche immer voraus eilte, fand mehrere Schnitter und sagte zu ihnen: »Ihr Leute, sagt dem König, daß all dies Getreide dem Herrn Marquis von Carabas gehört, sonst werdet ihr kurz und klein gehackt wie Pastetenfleisch.« Der König, welcher einen Augenblick später vorüberfuhr, wollte wissen, wem all das Getreide gehöre, das er sah.

»Dem Herrn Marquis von Carabas«, antworteten die Schnitter, und der König freute sich mit dem Marquis wieder darüber.

Die Katze, die vor dem Wagen ging, sagte immer allen, denen sie begegnete, dasselbe, und der König war erstaunt über die großen Güter des Marquis von Carabas.

Die Katze kam endlich an ein schönes Schloß, dessen Besitzer ein Menschenfresser war, der reichste auf Erden; denn alle Güter, durch welche der König gekommen war, gehörten zu diesem Schlosse. Die Katze erkundigte sich, wer dieser Menschenfresser sei und welche Eigenschaften er besitze und verlangte ihn zu sprechen, indem sie sagte, sie wolle nicht so nahe am Schlosse vorübergehen, ohne ihm ihre Aufwartung zu machen. Der Menschenfresser empfing sie so höflich, als ein Menschenfresser es kann und hieß sie sich setzen.

»Man hat mir versichert«, sagte die Katze, »daß Ihr die Gabe hättet, Euch in alle Arten von Tieren zu verwandeln, daß Ihr Euch zum Beispiel in einen Löwen oder in einen Elefanten verwandeln könnt.«

»Das ist wahr«, sagte der Menschenfresser ungestüm, »und du sollst mich sogleich als Löwe sehn.«

Die Katze war so erschrocken, einen Löwen vor sich zu sehen, daß sie sogleich auf die Dachrinne sprang, nicht ohne Mühe und Gefahr wegen ihrer Stiefel, die nicht dazu taugten, auf den Ziegeln zu gehen. Einige Zeit später, als sie gesehen, daß der Menschenfresser seine erste Gestalt wieder angenommen hatte, stieg die Katze herab und gestand ihm ihre große Furcht. – »Man hat mir auch versichert«, sagte die Katze, »aber ich kann es nicht glauben, daß Ihr die Macht hättet, die Gestalt der kleinsten Tiere anzunehmen, zum Beispiel Euch in eine Ratte oder eine Maus zu verwandeln; ich gestehe Euch, daß ich dies für ganz unmöglich halte.«

»Unmöglich!« erwiderte der Menschenfresser. »Du sollst es sehen«, und sogleich verwandelte er sich in eine Maus und fing an, auf dem Fußboden herumzulaufen.

Kaum hatte die Katze sie erblickt, als sie sich über sie hinwarf und sie auffraß.

Indessen wollte der König, der im Vorbeifahren das schöne Schloß des Menschenfressers sah, dasselbe im Innern beschauen. Die Katze hörte das Rollen des Wagens, der über die Zugbrücke fuhr, lief dem König entgegen und sagte zu ihm: »Willkommen, Euer Majestät, in diesem Schloß des Herrn Marquis von Carabas!«

»Wie, Herr Marquis«, rief der König, »dieses Schloß gehört Euch auch? Es gibt nichts Schöneres als diesen Hof und alle Gebäude, die ihn umgeben; besehen wir das Innere, wenn's Euch beliebt.«

Der Marquis reichte der jungen Prinzessin die Hand und folgte dem Könige, der zuerst hinaufstieg. Sie traten in einen großen Saal, wo sie eine prächtige Mahlzeit fanden, welche der Menschenfresser für seine Freunde hatte bereiten lassen, die ihn an demselben Tage besuchen sollten, aber nicht gewagt hatten zu kommen, da sie wußten, daß der König erwartet wurde.

Der König, entzückt über die guten Eigenschaften des Herrn Marquis von Carabas, ebenso wie seine Tochter, die davon ganz hingerissen war, sagte zu ihm, als er die großen Güter sah, die derselbe besaß, und nachdem er fünf- bis sechsmal vom Wein getrunken hatte: »Es steht nur bei Euch, Herr Marquis, ob Ihr mein Schwiegersohn werden wollt.«

Der Marquis machte tiefe Verbeugungen, nahm die Ehre an, die der König ihm erzeigte und heiratete die Prinzessin noch am selben Tag.

Die Katze, die eigentlich ein Kater war, wurde ein vornehmer Herr und lief nur noch zu ihrem Vergnügen den Mäusen nach.

Denis der Kartenspieler

Irisches Volksmärchen

In Ath na Goir, einem irischen Dorf, lebte einmal ein Mann, der hatte einen Sohn. Der Sohn aber spielte gar zu gern Karten. Er konnte und konnte nicht davon lassen. Als er wieder einmal spät in der Nacht heimging, begegnete ihm ein Mädchen. Sie saß am Wegrand und hatte einen Tisch und eine Lampe bei sich.

»Komm her zu mir«, sagte das Mädchen, »wir wollen eine Partie Karten spielen.« – »Es ist zu spät«, sagte Denis – so hieß der junge Mann –, »es ist zu spät, um Karten zu spielen hier an der Straße mitten in der Nacht.« – »O nein«, sagte das Mädchen, »setz dich her zu mir.« Er setzte sich zu ihr und fing an, mit ihr zu spielen. Die erste Partie gewann Denis gegen das Mädchen. Dann spielten sie eine zweite Partie. Diesmal gewann das Mädchen. »So, Denis«, sagte das Mädchen, »jetzt mußt du mir ein Briefchen schreiben, daß du gegen mich gewonnen hast; mit deinem eigenen Blut mußt du es schreiben. Ich selbst will dir ein Briefchen geben, daß auch ich gegen dich gewonnen habe.« Er gab ihr das mit seinem eigenen Blute geschriebene Briefchen. Kaum hatte sie das Briefchen in der Hand, verschlang sie es und gab ihm ihr eigenes. Dann ging Denis nach Hause. Als er spät in der Nacht heimkam, schimpfte sein Vater und sagte, er werde ihm das Kartenspielen schon austreiben. Da steckte Denis seine Hand in die Tasche, zog das Briefchen hervor und gab es seinem Vater. Der las es und wußte gleich, was das Briefchen bedeutete. Aber zu seinem Sohne sagte er jetzt noch nichts.

Als der Sohn am andern Morgen aufstand, rief ihn der Vater zu sich. »Denis«, sagte er, »du bist gestern nacht dem Teufel begegnet. Du hast mit ihm Karten gespielt, und er hat dir ein Briefchen gegeben, worin steht, daß er gegen dich gewonnen hat. Lauf schnurstracks zum Pfarrer.« Da lief der arme Denis so schnell er konnte zum Pfarrer und zeigte ihm das Briefchen. Aber der Pfarrer sagte, er könne ihm nicht helfen. Da ging er zu einem anderen Pfarrer, einem jungen, der gerade die Priesterschule verlassen hatte. Als dieser das Briefchen gelesen hatte, dachte er eine Weile nach. Dann sagte er: »Ich selber kann dir nicht helfen, mein armer Denis. Aber siehst du den Berg dort? Auf seinem Gipfel wohnt ein Pfarrer, der gibt sich mit nichts anderem ab als mit Teufelsgeschäften; wenn *der* nicht helfen kann, dann weiß ich wirklich nicht, was aus dir werden soll.« Da machte sich Denis auf den Weg und suchte den Pfarrer auf, der auf dem Gipfel des Berges wohnte. Der Pfarrer begrüßte ihn freundlich. »Es freut mich«, sagte er, »daß ich wieder einmal Besuch bekomme. Was bekümmert dich?« Da erzählte ihm Denis, wie er vom Teufel das Briefchen bekommen habe. »Oh, das macht nichts«, sagte der Pfarrer, »ich will sehen, was ich für dich tun kann.«

Am nächsten Tag, als Denis sein Frühstück gegessen hatte, kam der Pfarrer mit einem anderen Briefchen zu ihm und sagte: »So, jetzt mach dich auf die Socken; wirf diesen Brief vor dir auf den Weg und folg ihm, wohin auch immer er dich führen mag. Der Brief wird dich zu den Pforten der Hölle führen«, sagte der Pfarrer, »und wenn der Teufel das Tor aufmacht, zeig ihm den Brief.«

Wie der Pfarrer gesagt hatte, so kam es. Denis zeigte dem Teufel den Brief, als der die Pforte aufgetan hatte; und der Teufel las den Brief. Darauf rief er nach dem Mädchen, dem Denis sein Briefchen gegeben hatte. Sie kam, und der Teufel befahl ihr, dem Burschen sein Briefchen zurückzugeben. Aber das Mädchen

wollte es nicht tun. Da drohte der Teufel ihr, er wolle sie in den schrecklichsten Höllenpfuhl werfen, wenn sie das Briefchen nicht zurückgebe. Aber wieder sagte das Mädchen, es wolle das Briefchen nicht zurückgeben. »Gut«, sagte der Teufel, »dann werf ich dich in das brennende Schwefelbett, das für den Pfarrer siedet, der auf dem Gipfel des Berges wohnt.« Um Gottes willen – da gäbe sie dem Burschen doch lieber das Briefchen zurück. Denis nahm es und verließ die Hölle.

Der Pfarrer, der auf dem Gipfel des Berges wohnte, ließ Denis wieder zu sich rufen; er wollte erfahren, wie es ihm ergangen war. Da erzählte ihm Denis von dem schrecklichen Bett, das für ihn, den Pfarrer, in der Hölle bereitstehe. »So«, sagte der Pfarrer, »ich verstehe. Da ich dich gerettet habe, mußt du jetzt auch mich retten.« Er gab Denis Säge, Axt und Messer und forderte ihn auf, ihn, den Pfarrer, zu töten. Was die Säge nicht durchschneide, das schneide die Axt durch, und was die Axt nicht durchschneide, das schneide das Messer durch. »Vier gleich große Teile mußt du aus mir machen«, sagte der Pfarrer. »Das ist eine zu schwere Aufgabe für mich, dich zu töten«, sagte Denis. »Du kommst nicht drum herum«, sagte der Pfarrer, »denn da ich dich gerettet habe, mußt du auch mich retten.« Da tötete Denis den Pfarrer und machte vier gleiche Teile aus ihm. Nachdem er ihn zerschnitten hatte, ging er zum Bach, seine Hände vom Blut zu reinigen. Aber als er sich umdrehte, stand der Pfarrer quicklebendig neben ihm. »So jetzt kannst du gehen«, sagte er zu Denis, »denn wir beide sind gerettet. Ich selbst will zum Pfarrer, der da unten wohnt.« Da gingen beide den Berg hinunter und kamen zum Hause des anderen Pfarrers. Die beiden Priester sprachen eine Weile miteinander. Dann ging der Pfarrer, der auf dem Gipfel des Berges wohnte, zu Bett und starb. Doch bevor er starb, bat er Denis, er solle nie mehr Karten spielen. Er solle ein guter Junge werden. Da ging Denis nach Hause und wollte nichts mehr wissen vom Kartenspielen.

Allerleirauh
Brüder Grimm

Es war einmal ein König, der hatte eine Frau mit goldenen Haaren, und sie war so schön, daß sich ihresgleichen nicht mehr auf Erden fand. Es geschah, daß sie krank lag, und als sie fühlte, daß sie bald sterben würde, rief sie den König und sprach »wenn du nach meinem Tode dich wieder vermählen willst, so nimm keine, die nicht ebenso schön ist, als ich bin, und die nicht solche goldene Haare hat, wie ich habe; das mußt du mir versprechen.« Nachdem es ihr der König versprochen hatte, tat sie die Augen zu und starb.

Der König war lange Zeit nicht zu trösten und dachte nicht daran, eine zweite Frau zu nehmen. Endlich sprachen seine Räte »es geht nicht anders, der König muß sich wieder vermählen, damit wir eine Königin haben.« Nun wurden Boten weit und breit umhergeschickt, eine Braut zu suchen, die an Schönheit der verstorbenen Königin ganz gleichkäme. Es war aber keine in der ganzen Welt zu finden, und wenn man sie auch gefunden hätte, so war doch keine da, die solche goldene Haare gehabt hätte. Also kamen die Boten unverrichteter Sache wieder heim.

Nun hatte der König eine Tochter, die war gerade so schön wie ihre verstorbene Mutter und hatte auch solche goldene Haare. Als sie herangewachsen war, sah sie der König einmal an und sah, daß sie in allem seiner verstorbenen Gemahlin ähnlich war und fühlte plötzlich eine heftige Liebe zu ihr. Da sprach er zu seinen Räten »ich will meine Tochter heiraten, denn sie ist das Ebenbild meiner verstorbenen Frau, und sonst kann ich doch keine Braut finden, die ihr gleicht.« Als die Räte das hörten, erschraken sie und sprachen »Gott hat verboten, daß der Vater seine Tochter heirate, aus der Sünde kann nichts Gutes entspringen, und das Reich wird mit ins Verderben gezogen.« Die Tochter erschrak noch mehr, als sie den Entschluß ihres Vaters vernahm, hoffte aber, ihn von seinem Vorhaben noch abzubringen. Da sagte sie zu ihm »eh ich Euren Wunsch erfülle, muß ich erst drei Kleider haben, eins so golden wie die Sonne, eins so silbern wie der Mond und eins so glänzend wie die Sterne; ferner verlange ich einen Mantel von tausenderlei Pelz und Rauhwerk zusammengesetzt, und ein jedes Tier in Eurem Reich muß ein Stück von seiner Haut dazugeben.« Sie dachte aber »das anzuschaffen ist ganz unmöglich, und ich bringe damit meinen Vater von seinen bösen Gedanken ab.« Der König ließ aber nicht ab, und die geschicktesten Jungfrauen in seinem Reiche mußten die drei Kleider weben, eines so golden wie die Sonne, eins so silbern wie der Mond und eins so glänzend wie die Sterne; und seine Jäger mußten alle Tiere im ganzen Reiche auffangen und ihnen ein Stück von ihrer Haut abziehen; daraus ward ein Mantel von tausenderlei Rauhwerk gemacht. Endlich, als alles fertig war, ließ der König den Mantel herbeiholen, breitete ihn vor ihr aus und sprach »morgen soll die Hochzeit sein.«

Als nun die Königstochter sah, daß keine Hoffnung mehr war, ihres Vaters Herz umzuwenden, so faßte sie den Entschluß zu entfliehen. In der Nacht, während alles schlief, stand sie auf und nahm von ihren Kostbarkeiten dreierlei, einen goldenen Ring, ein goldenes Spinnrädchen und ein goldenes Haspelchen; die drei Kleider von Sonne, Mond und Sternen tat sie in eine Nußschale, zog den Mantel von allerlei Rauhwerk an und machte sich Gesicht und Hände mit Ruß schwarz. Dann befahl sie sich Gott und ging fort, und ging die ganze Nacht, bis sie in einen großen Wald kam. Und weil sie müde war, setzte sie sich in einen hohlen Baum und schlief ein.

Die Sonne ging auf, und sie schlief fort und schlief noch immer, als es schon hoher Tag war. Da trug es sich zu, daß der König, dem dieser Wald gehörte, darin jagte. Als seine Hunde zu dem Baum kamen, schnupperten sie, liefen ringsherum und bellten. Sprach der König zu den Jägern »seht doch, was dort für ein Wild sich versteckt hat.« Die Jäger folgten dem Befehl, und als sie wiederkamen, sprachen sie »in dem hohlen Baum liegt ein wunderliches Tier, wie wir noch niemals eins gesehen haben: an seiner Haut ist tausenderlei Pelz; es liegt aber und schläft.« Sprach der König »seht zu, ob ihr's lebendig fangen könnt, dann bindet's auf den Wagen und nehmt's mit.« Als die Jäger das Mädchen anfaßten, erwachte es voll Schrecken und rief ihnen zu »ich bin ein armes Kind, von Vater und Mutter verlassen, erbarmt euch mein und nehmt mich mit.« Da sprachen sie »Allerleirauh, du bist gut für die Küche, komm nur mit, da kannst du die Asche zusammenkehren.« Also setzten sie es auf den Wagen und fuhren heim in das königliche Schloß. Dort wiesen sie ihm ein Ställchen an unter der Treppe, wo kein Tageslicht hinkam und sagten »Rauhtierchen, da kannst du wohnen und schlafen.« Dann ward es in die Küche geschickt, da trug es Holz und Wasser, schürte das Feuer, rupfte das Federvieh, belas das Gemüs, kehrte die Asche und tat alle schlechte Arbeit.

Da lebte Allerleirauh lange Zeit recht armselig. Ach, du schöne Königstochter, wie soll's mit dir noch werden! Es geschah aber einmal, daß ein Fest im Schloß gefeiert ward, da sprach sie zum Koch »darf ich ein wenig hinaufgehen und zusehen? Ich will mich außen vor die Türe stellen.« Antwortete der Koch »ja, geh nur hin, aber in einer halben Stunde mußt du wieder hier sein und die Asche zusammentragen.« Da nahm sie ihr Öllämpchen, ging in ihr Ställchen, zog den Pelzrock aus und wusch sich den Ruß von dem Gesicht und den Händen ab, so daß ihre volle Schönheit wieder an den Tag kam. Dann machte sie die Nuß auf und holte ihr Kleid hervor, das wie die Sonne glänzte. Und wie das geschehen war, ging sie hinauf zum Fest, und alle traten ihr aus dem Weg, denn niemand kannte sie und meinten nicht anders, als daß es eine Königstochter wäre. Der König aber kam ihr entgegen, reichte ihr die Hand und tanzte mit ihr und dachte in seinem Herzen »so schön haben meine Augen noch keine gesehen.« Als der Tanz zu Ende war, verneigte sie sich, und wie sich der König umsah, war sie verschwunden und niemand wußte, wohin. Die Wächter, die vor dem Schlosse standen, wurden gerufen und ausgefragt, aber niemand hatte sie erblickt.

Sie war aber in ihr Ställchen gelaufen, hatte geschwind ihr Kleid ausgezogen, Gesicht und Hände schwarz gemacht und den Pelzmantel umgetan und war wieder Allerleirauh. Als sie nun in die Küche kam und an ihre Arbeit gehen und die Asche zusammenkehren wollte, sprach der Koch »laß das gut sein bis morgen und koche mir da die Suppe für den König, ich will auch einmal ein bißchen oben zugucken, aber laß mir kein Haar hineinfallen, sonst kriegst du in Zukunft nichts mehr zu essen.« Da ging der Koch fort, und Allerleirauh kochte die Suppe für den König und kochte eine Brotsuppe, so gut es konnte, und wie sie fertig war, holte es in dem Ställchen seinen goldenen Ring und legte ihn in die Schüssel, in welche die Suppe angerichtet ward. Als der Tanz zu Ende war, ließ sich der König die Suppe bringen und aß sie, und sie schmeckte ihm so gut, daß er meinte, niemals eine bessere Suppe gegessen zu haben. Wie er aber auf den Grund kam, sah er da einen goldenen Ring liegen und konnte nicht begreifen, wie er dahin geraten war. Da befahl er, der Koch sollte vor ihn kommen. Der Koch erschrak, wie er den Befehl hörte und sprach zu Allerleirauh »gewiß hast du ein Haar in die Suppe fallen lassen; wenn's wahr ist, so kriegst du Schläge.« Als er vor den König kam, fragte dieser, wer die Suppe gekocht hätte. Antwortete der Koch »ich habe sie gekocht.« Der König aber sprach »das ist nicht wahr, denn sie war auf andere Art und viel besser gekocht als sonst.« Antwortete er »ich muß es gestehen, daß ich sie nicht gekocht habe, sondern das Rauhtierchen.« Sprach der König »geh und laß es heraufkommen.«

Als Allerleirauh kam, fragte der König »wer bist du?« – »Ich bin ein armes Kind, das keinen Vater und Mutter mehr hat.« Fragte er weiter »wozu bist du in meinem Schloß?« Antwortete es »ich bin zu nichts gut, als daß mir die Stiefel um

den Kopf geworfen werden.« Fragte er weiter »wo hast du den Ring her, der in der Suppe war?« Antwortete es »von dem Ring weiß ich nichts.« Also konnte der König nichts erfahren und mußte es wieder fortschicken.

Über eine Zeit war wieder ein Fest, da bat Allerleirauh den Koch wie vorigesmal um Erlaubnis, zusehen zu dürfen. Antwortete er »ja, aber komm in einer halben Stunde wieder und koch dem König die Brotsuppe, die er so gerne ißt.« Da lief es in sein Ställchen, wusch sich geschwind und nahm aus der Nuß das Kleid, das so silbern war wie der Mond und tat es an. Dann ging es hinauf und glich einer Königstochter: und der König trat ihr entgegen und freute sich, daß er sie wiedersah, und weil eben der Tanz anhub, so tanzten sie zusammen. Als aber der Tanz zu Ende war, verschwand sie wieder so schnell, daß der König nicht bemerken konnte, wo sie hinging. Sie sprang aber in ihr Ställchen und machte sich wieder zum Rauhtierchen und ging in die Küche, die Brotsuppe zu kochen. Als der Koch oben war, holte es das goldene Spinnrad und tat es in die Schüssel, so daß die Suppe darüber angerichtet wurde. Danach ward sie dem König gebracht, der aß sie, und sie schmeckte ihm so gut wie das vorigemal und ließ den Koch kommen, der mußte auch diesmal gestehen, daß Allerleirauh die Suppe gekocht hätte. Allerleirauh kam da wieder vor den König, aber sie antwortete, daß sie nur dazu da wäre, daß ihr die Stiefel an den Kopf geworfen würden und daß sie von dem goldenen Spinnrädchen gar nichts wüßte.

Als der König zum drittenmal ein Fest anstellte, da ging es nicht anders als die vorigemale. Der Koch sprach zwar »du bist eine Hexe, Rauhtierchen und tust immer etwas in die Suppe, davon sie so gut wird und dem König besser schmeckt, als was ich koche«, doch weil es so bat, so ließ er es auf die bestimmte Zeit hingehen. Nun zog es ein Kleid an, das wie die Sterne glänzte, und trat damit in den Saal. Der König tanzte wieder mit der schönen Jungfrau und meinte, daß sie noch niemals so schön gewesen wäre. Und während er tanzte, steckte er ihr, ohne daß sie es merkte, einen goldenen Ring an den Finger und hatte befohlen, daß der Tanz recht lang währen sollte. Wie er zu Ende war, wollte er sie an den Händen festhalten, aber sie riß sich los und sprang so geschwind unter die Leute, daß sie vor seinen Augen verschwand. Sie lief, was sie konnte, in ihr Ställchen unter der Treppe, weil sie aber zu lange und über eine halbe Stunde geblieben war, so konnte sie das schöne Kleid nicht ausziehen, sondern warf nur den Mantel von Pelz darüber, und in der Eile machte sie sich auch nicht ganz rußig, sondern ein Finger blieb weiß. Allerleirauh lief nun in die Küche, kochte dem König die Brotsuppe und legte, wie der Koch fort war, den goldenen Haspel hinein. Der König, als er den Haspel auf dem Grunde fand, ließ Allerleirauh rufen: da erblickte er den weißen Finger und sah den Ring, den er im Tanze ihr angesteckt hatte. Da ergriff er sie an der Hand und hielt sie fest, und als sie sich losmachen und fortspringen wollte, tat sich der Pelzmantel ein wenig auf, und das Sternenkleid schimmerte hervor. Der König faßte den Mantel und riß ihn ab. Da kamen die goldenen Haare hervor und sie stand da in voller Pracht und konnte sich nicht länger verbergen. Und als sie Ruß und Asche aus ihrem Gesicht gewischt hatte, da war sie schöner, als man noch jemand auf Erden gesehen hatte. Der König aber sprach »du bist meine liebe Braut, und wir scheiden nimmermehr voneinander.« Darauf ward die Hochzeit gefeiert, und sie lebten vergnügt bis an ihren Tod.

Die weiße Ente

Alexander N. Afanasjew

Ein Fürst hatte einmal eine wunderschöne Fürstin geheiratet. Er hatte noch nicht Zeit gehabt, sich an ihr satt zu sehen, da mußte er eine weite Reise antreten. Was war da zu machen; es ist allbekannt, daß man nicht sein ganzes Leben lang dasitzen und einander umarmen kann.

Die Fürstin weinte sehr, und er gebot ihr eindringlich, nie ihren hohen Turm zu verlassen, keine Unterhaltungen aufzusuchen, weder mit bösen Menschen zu verkehren noch schlechte Reden anzuhören. Die Fürstin versprach, alles so zu tun, wie er es gebot.

Der Fürst ritt fort. Sie sperrte sich in ihr Zimmer ein und blieb darin. Über kurz oder lang kam aber eine Frau zu ihr, die schien so ehrlich und treuherzig, und die sprach: »Nicht war, du langweilst dich? Wenn du im Garten spazieren gingest, um Gottes Welt zu betrachten, verginge deine Sehnsucht, würde klarer dein Kopf.«

Lange weigerte sich die Fürstin und wollte nicht, endlich aber dachte sie: »In den Garten zu gehen ist kein Unrecht«, da ging sie. Im Garten floß kristallklares Quellwasser, da sagte die fremde Frau: »Nicht wahr, der Tag ist heiß, die Sonne brennt, das Wasser ist kühl und plätschert. Wollen wir darin baden?«

»Nein, nein, ich will nicht.«

Aber dann dachte die Fürstin: »Baden ist keine Sünde«, legte ihre Kleider ab und sprang ins Wasser. Kaum war sie untergetaucht, da schlug die Frau sie auf den Rücken und sprach: »Schwimm dahin als weiße Ente!«

Da wurde die Fürstin ein weißes Entchen. Die Hexe zog sofort die Kleider der Fürstin an, schmückte und schminkte sich und erwartete so den Fürsten. Als die Glocke klang und das Hündchen bellte, lief sie ihm entgegen, fiel ihm um den Hals, küßte und liebkoste ihn. Er freute sich, streckte ihr seine Arme entgegen und erkannte sie nicht.

Die weiße Ente legte Eier und bekam Kinder, zwei große und ein kleines. Die Kinder wuchsen heran, gingen am Bächlein spazieren, fingen goldene Fischlein, sammelten Stofflappen und nähten sich Röckchen. Sie sprangen am Ufer hin und her, über die Pfützen kreuz und quer.

»Geht nicht fort, Kinder«, sagte die Mutter. Aber die Kinder gehorchten ihr nicht, spielten im Gras, sprangen über Stock und Stein und kamen immer weiter, bis an des Fürsten Hof.

Die Hexe erkannte sogleich der Fürstin Kinder und knirschte mit den Zähnen. Sie rief die Kleinen herbei, gab ihnen zu essen und zu trinken und legte sie schlafen. Dann befahl sie, ein Feuer anzumachen, einen Kessel darüber zu hängen und die Messer zu wetzen.

Die Brüder hatten sich schlafen gelegt, aber der Kleine, den der Älteste vorne in seiner Bluse trug, damit er sich nicht erkälte, schlief nicht, sondern hörte und sah alles ringsum.

Nachts kam die Hexe an die Türe und fragte: »Schlaft ihr, Kinderlein, oder nicht?«

Der Kleinste antwortete:

»Wir schlafen nicht, wir schlafen nicht.
Wir wachen, weil wir dachten,
man wolle uns schlachten.«

»Sie schlafen nicht!« dachte die Hexe, ging fort und kam nach einer Weile wieder. »Schlaft ihr, Kinderlein?« fragte sie.

Der Kleine antwortete wieder:

»Wir schlafen nicht, wir schlafen nicht.
Wir wachen, weil wir dachten,
man wolle uns schlachten.«

»Das ist ja immer dieselbe Stimme«, dachte die Hexe, machte leise die Türe auf und sah, daß beide Brüder fest schliefen, da berührte sie alle mit einer Totenhand, und da waren sie tot.

Am nächsten Morgen rief die Ente ihre Kinder, aber sie kamen nicht. Die Ente ahnte Böses, ihr Herz bebte, und sie flog an des Fürsten Hof. Im Schloßhof, da lagen, weiß wie Tüchelchen, kalt wie Eis, die drei Brüderchen. Die Mutter warf sich auf sie, deckte sie mit ihren Flügelchen und sang mit klagender Stimme:

»Kra, kra, meine Kindchen.
Kra, kra, meine Täubchen!
Niemals habt ihr mich ertappt,
daß ich ein Stück euch weggeschnappt.
Hab gesorgt und hab gewacht,
durch die ganze dunkle Nacht.«

»Hast du schon so etwas gehört? Die Ente spricht«, sagte der Fürst.

Das kommt dir nur so vor. Laß sie fortjagen.«

Man vertrieb die Ente, aber sie kehrte zu ihren Kindern zurück und klagte:

»Kra, kra, meine Kindchen,
Kra, kra, meine Täubchen!
Die alte Hexe, die wollt' euch schon lange!
Die alte Hexe ist eine Schlange.
Sie brachte euch um ohn' Erbarmen,
sie nahm euch den Vater, ihr Armen!
den leiblichen Vater, meinen Mann.
Das hat die böse Hexe getan!«

Der Fürst ahnte Schlimmes und rief: »Fangt mir diese weiße Ente!«

Alle machten sich an die Verfolgung, aber niemand konnte die weiße Ente fangen; als aber der Fürst selber ihr nachlief, ließ sie sich fangen. Er nahm sie am Flügel und sprach: »Steh, weiße Birke, hinter mir und schönes Mädchen, steh vor mir!«

Da stand eine weiße Birke hinter ihm und vor ihm stand ein schönes Mädchen. Da erkannte der Fürst seine junge Frau.

Man fing sofort eine Elster, band ihr zwei Bläschen unter die Flügel und befahl ihr, in dem einen Bläschen Lebenswasser und in dem andern Sprechwasser herbeizuschaffen. Die Elster flog fort und brachte das Wasser. Man besprengte die Kinder mit belebendem Wasser, da sprangen sie auf und mit sprechendem Wasser, da sprachen sie. Jetzt hatte der Fürst eine ganze Familie. Sie lebten beisammen, und es ging ihnen gut, das Böse wurde vergessen. Die Hexe band man an einen Pferdeschweif, so wurde sie über das Feld geschleift, hier brach ein Arm und dort ein Bein, dort war ein Graben und hier ein Stein. Der Kopf ward zerschmettert an Strauch und Baum. Die Vögel kamen und fraßen ihr Fleisch, der Wind erhob sich, verwehte die Knochen, es blieb von ihr keine Spur und kein Gedanke zurück.

Märchen von einem,
der auszog, das Fürchten zu lernen

Brüder Grimm

Ein Vater hatte zwei Söhne, davon war der älteste klug und gescheit, und wußte sich in alles wohl zu schicken, der Jüngste aber war dumm, konnte nichts begreifen und lernen; und wenn ihn die Leute sahen, sprachen sie »mit dem wird der Vater noch seine Last haben!« Wenn nun etwas zu tun war, so mußte es der Älteste allzeit ausrichten; hieß ihn aber der Vater noch spät oder gar in der Nacht etwas holen, und der Weg ging dabei über den Kirchhof oder sonst einen schaurigen Ort, so antwortete er wohl »ach nein, Vater, ich gehe nicht dahin, es gruselt mir!« denn er fürchtete sich. Oder, wenn abends beim Feuer Geschichten erzählt wurden, wobei einem die Haut schaudert, so sprachen die Zuhörer manchmal »ach, es gruselt mir!« Der Jüngste saß in einer Ecke und hörte das mit an und konnte nicht begreifen, was es heißen sollte. »Immer sagen sie: es gruselt mir! Es gruselt mir! Mir gruselt's nicht; das wird wohl eine Kunst sein, von der ich auch nichts verstehe.«

Nun geschah es, daß der Vater einmal zu ihm sprach »hör du, in der Ecke dort, du wirst groß und stark, du mußt auch etwas lernen, womit du dein Brot verdienst. Siehst du, wie dein Bruder sich Mühe gibt, aber an dir ist Hopfen und Malz verloren.« – »Ei, Vater«, antwortete er, »ich will gerne was lernen; ja, wenn's anginge, so möchte ich lernen, daß mir's gruselte; davon verstehe ich noch gar nichts.« Der Älteste lachte, als er das hörte, und dachte bei sich »du lieber Gott, was

356

ist mein Bruder ein Dummbart, aus dem wird sein Lebtag nichts; was ein Häkchen werden will, muß sich beizeiten krümmen.« Der Vater seufzte und antwortete ihm »das Gruseln, das sollst du schon lernen, aber dein Brot wirst du damit nicht verdienen.«

Bald danach kam der Küster zum Besuch ins Haus, da klagte ihm der Vater seine Not und erzählte, wie sein jüngster Sohn in allen Dingen so schlecht beschlagen wäre, er wüßte nichts und lernte nichts. »Denkt Euch, als ich ihn fragte, womit er sein Brot verdienen wollte, hat er gar verlangt, das Gruseln zu lernen.« – »Wenn's weiter nichts ist«, antwortete der Küster, »das kann er bei mir lernen; tut ihn nur zu mir, ich werde ihn schon abhobeln.« Der Vater war es zufrieden, weil er dachte »der Junge wird doch ein wenig zugestutzt.« Der Küster nahm ihn also ins Haus, und er mußte die Glocke läuten. Nach ein paar Tagen weckte er ihn um Mitternacht, hieß ihn aufstehen, in den Kirchturm steigen und läuten. »Du sollst schon lernen, was Gruseln ist«, dachte er, ging heimlich voraus, und als der Junge oben war und sich umdrehte und das Glockenseil fassen wollte, so sah er auf der Treppe, dem Schalloch gegenüber, eine weiße Gestalt stehen. »Wer da?« rief er, aber die Gestalt gab keine Antwort, regte und bewegte sich nicht. »Gib Antwort«, rief der Junge, »oder mache, daß du fortkommst, du hast hier in der Nacht nichts zu schaffen.« Der Küster aber blieb unbeweglich stehen, damit der Junge glauben sollte, es wäre ein Gespenst. Der Junge rief zum zweitenmal »was willst du hier? Sprich, wenn du ein ehrlicher Kerl bist, oder ich werfe dich die Treppe hinab.« Der Küster dachte »das wird so schlimm nicht gemeint sein«, gab keinen Laut von sich und stand, als wenn er von Stein wäre. Da rief ihn der Junge zum drittenmal an, und als das auch vergeblich war, nahm er einen Anlauf und stieß das Gespenst die Treppe hinab, daß es zehn Stufen

hinabfiel und in einer Ecke liegen blieb. Darauf läutete er die Glocke, ging heim, legte sich, ohne ein Wort zu sagen, ins Bett und schlief fort. Die Küsterfrau wartete lange Zeit auf ihren Mann, aber er wollte nicht wiederkommen. Da ward ihr endlich angst, sie weckte den Jungen und fragte »weißt du nicht, wo mein Mann geblieben ist? Er ist vor dir auf den Turm gestiegen.« – »Nein«, antwortete der Junge, »aber da hat einer dem Schalloch gegenüber auf der Treppe gestanden, und weil er keine Antwort geben und auch nicht weggehen wollte, so habe ich ihn für einen Spitzbuben gehalten und hinuntergestoßen. Geht nur hin, so werdet Ihr sehen ob er es gewesen ist, es sollte mir leid tun.« Die Frau sprang fort und fand ihren Mann, der in einer Ecke lag und jammerte und ein Bein gebrochen hatte.

Sie trug ihn herab und eilte dann mit lautem Geschrei zu dem Vater des Jungen. »Euer Junge«, rief sie, »hat ein großes Unglück angerichtet, meinen Mann hat er die Treppe hinabgeworfen, daß er ein Bein gebrochen hat; schafft den Taugenichts aus unserm Haus.« Der Vater erschrak, kam herbeigelaufen und schalt den Jungen aus. »Was sind das für gottlose Streiche, die muß dir der Böse eingegeben haben.« – »Vater«, antwortete er, »hört nur an, ich bin ganz unschuldig: er stand da in der Nacht wie einer, der Böses im Sinne hat. Ich wußte nicht, wer's war und hab ihn dreimal ermahnt, zu reden oder wegzugehen.« – »Ach«, sprach der Vater, »mit dir erleb ich nur Unglück, geh mir aus den Augen, ich will dich nicht mehr ansehen.« – »Ja, Vater, recht gerne, wartet nur, bis Tag ist, da will ich ausgehen und das Gruseln lernen, so versteh ich doch eine Kunst, die mich ernähren kann.« – »Lerne, was du willst«, sprach der Vater, »mir ist alles einerlei. Da hast du fünfzig Taler, damit geh in die weite Welt und sage keinem Menschen, wo du her bist und wer dein Vater ist, denn ich muß mich deiner schämen.« – »Ja, Vater, wie Ihr's haben wollt, wenn Ihr nicht mehr verlangt, das kann ich leicht in acht behalten.«

Als nun der Tag anbrach, steckte der Junge seine fünfzig Taler in die Tasche, ging hinaus auf die große Landstraße und sprach immer vor sich hin »wenn mir's nur gruselte! Wenn mir's nur gruselte!« Da kam ein Mann heran, der hörte das Gespräch, das der Junge mit sich selber führte, und als sie ein Stück weiter waren, daß man den Galgen sehen konnte, sagte der Mann zu ihm »siehst du, dort ist der Baum, wo siebene mit des Seilers Tochter Hochzeit gehalten haben und jetzt das Fliegen lernen; setz dich darunter und warte, bis die Nacht kommt, so wirst du schon das Gruseln lernen.« – »Wenn weiter nichts dazu gehört«, antwortete der Junge, »das ist leicht getan; lerne ich aber so geschwind das Gruseln, so sollst du meine fünfzig Taler haben, komm nur morgen früh wieder zu mir.« Da ging der

Junge zu dem Galgen, setzte sich darunter und wartete, bis der Abend kam. Und weil ihn fror, machte er sich ein Feuer an; aber um Mitternacht ging der Wind so kalt, daß er trotz des Feuers nicht warm werden wollte. Und als der Wind die Gehenkten gegeneinander stieß, daß sie sich hin- und herbewegten, so dachte er »du frierst unten bei dem Feuer, was mögen die da oben erst frieren und zappeln.« Und weil er mitleidig war, legte er die Leiter an, stieg hinauf, knüpfte einen nach dem andern los und holte sie alle siebene herab. Darauf schürte er das Feuer, blies es an und setzte sie ringsherum, daß sie sich wärmen sollten. Aber sie saßen da und regten sich nicht, und das Feuer ergriff ihre Kleider. Da sprach er »nehmt euch in acht, sonst häng ich euch wieder hinauf.« Die Toten aber hörten nicht, schwiegen und ließen ihre Lumpen fortbrennen. Da ward er bös und sprach »wenn ihr nicht achtgeben wollt, so kann ich euch nicht helfen, ich will nicht mit euch verbren- nen«, und hing sie nach der Reihe wieder hinauf. Nun setzte er sich zu seinem Feuer und schlief ein, und am andern Morgen, da kam der Mann zu ihm, wollte die fünfzig Taler haben und sprach »nun, weißt du, was Gruseln ist?« – »Nein«, antwortete er, »woher sollte ich's wissen? Die da droben haben das Maul nicht aufgetan und waren so dumm, daß sie die paar alten Lappen, die sie am Leibe haben, brennen ließen.« Da sah der Mann, daß er die fünfzig Taler heute nicht davontragen würde, ging fort und sprach »so einer ist mir noch nicht vor- gekommen.«

Der Junge ging auch seines Wegs und fing wieder an vor sich hin zu reden »ach, wenn mir's nur gruselte! Ach, wenn mir's nur gruselte!« Das hörte ein Fuhrmann, der hinter ihm herschritt, und fragte »wer bist du?« – »Ich weiß nicht«, antwortete der Junge. Der Fuhrmann fragte weiter »wo bist du her?« – »Ich weiß nicht.« – »Wer ist dein Vater?« – »Das darf ich nicht sagen.« – »Was brummst du beständig in den Bart hinein?« – »Ei«, antwortete der Junge, »ich wollte, daß mir's gruselte, aber niemand kann mich's lehren.« – »Laß dein dummes Geschwätz«, sprach der Fuhrmann, »komm, geh mit mir, ich will sehen, daß ich dich unter- bringe.« Der Junge ging mit dem Fuhrmann, und abends gelangten sie zu einem Wirtshaus, wo sie übernachten wollten. Da sprach er beim Eintritt in die Stube wieder ganz laut »wenn mir's nur gruselte! Wenn mir's nur gruselte!« Der Wirt, der das hörte, lachte und sprach »wenn dich danach lüstet, dazu sollte hier wohl Gelegenheit sein.« – »Ach schweig stille«, sprach die Wirtsfrau, »so mancher Vorwitzige hat schon sein Leben eingebüßt, es wäre Jammer und Schade um die schönen Augen, wenn die das Tageslicht nicht wieder sehen sollten.« Der Junge aber sagte »wenn's noch so schwer wäre, ich will's einmal lernen, deshalb bin ich

359

ja ausgezogen.« Er ließ dem Wirt auch keine Ruhe, bis dieser erzählte, nicht weit davon stände ein verwünschtes Schloß, wo einer wohl lernen könnte, was Gruseln wäre, wenn er nur drei Nächte darin wachen wollte. Der König hätte dem, der es wagen sollte, seine Tochter zur Frau versprochen, und die wäre die schönste Jungfrau, welche die Sonne beschien; in dem Schlosse steckten auch große Schätze, von bösen Geistern bewacht, die würden dann frei und könnten einen Armen reich genug machen. Schon viele wären wohl hinein-, aber noch keiner wieder herausgekommen. Da ging der Junge am andern Morgen vor den König und sprach »wenn's erlaubt wäre, so wollte ich wohl drei Nächte in dem verwünschten Schlosse wachen.« Der König sah ihn an, und weil er ihm gefiel, sprach er »du darfst dir noch dreierlei ausbitten, aber es müssen leblose Dinge sein, und das darfst du mit ins Schloß nehmen.« Da antwortete er »so bitt ich um ein Feuer, eine Drehbank und eine Schnitzbank mit dem Messer.«

Der König ließ ihm das alles bei Tage ins Schloß tragen. Als es Nacht werden wollte, ging der Junge hinauf, machte sich in einer Kammer ein helles Feuer an, stellte die Schnitzbank mit dem Messer daneben und setzte sich auf die Drehbank. »Ach, wenn mir's nur gruselte!« sprach er, »aber hier werde ich's auch nicht lernen.« Gegen Mitternacht wollte er sich sein Feuer einmal aufschüren; wie er so hineinblies, da schrie es plötzlich aus einer Ecke »au, miau! Was uns friert!« – »Ihr Narren«, rief er, »was schreit ihr? Wenn euch friert, kommt, setzt euch ans Feuer und wärmt euch.« Und wie er das gesagt hatte, kamen zwei große schwarze Katzen in einem gewaltigen Sprunge herbei, setzten sich ihm zu beiden Seiten und sahen ihn mit ihren feurigen Augen ganz wild an. Über ein Weilchen, als sie sich gewärmt hatten, sprachen sie »Kamerad, wollen wir eins in der Karte spielen?« – »Warum nicht?« antwortete er, »aber zeigt einmal eure Pfoten her.« Da streckten sie die Krallen aus. »Ei«, sagte er, »was habt ihr lange Nägel! Wartet, die muß ich euch erst abschneiden.« Damit packte er sie beim Kragen, hob sie auf die Schnitzbank und schraubte ihnen die Pfoten fest. »Euch habe ich auf die Finger gesehen«, sprach er, »da vergeht mir die Lust zum Kartenspiel«, schlug sie tot und warf sie hinaus ins Wasser. Als er aber die zwei zur Ruhe gebracht hatte und sich wieder zu seinem Feuer setzen wollte, da kamen aus allen Ecken und Enden schwarze Katzen und schwarze Hunde an glühenden Ketten, immer mehr und mehr, daß er sich nicht mehr bergen konnte; die schrien greulich, traten ihm auf sein Feuer, zerrten es auseinander und wollten es ausmachen. Das sah er ein Weilchen ruhig mit an, als es ihm aber zu arg ward, faßte er sein Schnitzmesser und rief »fort mit dir, du Gesindel«, und haute auf sie los. Ein Teil sprang weg, die andern schlug er

tot und warf sie hinaus in den Teich. Als er wiedergekommen war, blies er aus den Funken sein Feuer frisch an und wärmte sich. Und als er so saß, wollten ihm die Augen nicht länger offen bleiben, und er bekam Lust zu schlafen. Da blickte er um sich und sah in der Ecke ein großes Bett, »das ist mir eben recht« sprach er und legte sich hinein. Als er aber die Augen zutun wollte, so fing das Bett von selbst an zu fahren und fuhr im ganzen Schloß herum. »Recht so« sprach er, »nur besser zu.« Da rollte das Bett fort, als wären sechs Pferde vorgespannt, über Schwellen und Treppen auf und ab; auf einmal hopp hopp! warf es um, das unterste zu oberst, daß es wie ein Berg auf ihm lag. Aber er schleuderte Decken und Kissen in die Höhe, stieg heraus und sagte »nun mag fahren, wer Lust hat«, legte sich an sein Feuer und schlief, bis es Tag war. Am Morgen kam der König, und als er ihn da auf der Erde liegen sah, meinte er, die Gespenster hätten ihn umgebracht, und er wäre tot. Da sprach er »es ist doch schade um den schönen Menschen.« Das hörte der Junge, richtete sich auf und sprach »so weit ist's noch nicht!« Da verwunderte sich der König, freute sich aber und fragte, wie es ihm gegangen wäre. »Recht gut« antwortete er, »eine Nacht wäre herum, die zwei andern werden auch herumgehen.« Als er zum Wirt kam, da macht der große Augen. »Ich dachte nicht« sprach er, »daß ich dich wieder lebendig sehen würde; hast du nun gelernt, was Gruseln ist?« – »Nein« sagte er, »es ist alles vergeblich: wenn mir's nur einer sagen könnte!«

Die zweite Nacht ging er abermals hinauf ins alte Schloß, setzte sich zum Feuer und fing sein altes Lied wieder an »wenn mir's nur gruselte!« Wie Mitternacht herankam, ließ sich ein Lärm und Gepolter hören, erst sachte, dann immer stärker, dann war es ein bißchen still, endlich kam mit lautem Geschrei ein halber Mensch den Schornstein herab und fiel vor ihm hin. »Heda!« rief er, »noch ein Halber gehört dazu, das ist zu wenig.« Da ging der Lärm von frischem an, es tobte und heulte und fiel die andere Hälfte auch herab. »Wart« sprach er, »ich will dir erst das Feuer ein wenig anblasen.« Wie er das getan hatte und sich wieder umsah, da waren die beiden Stücke wieder zusammengefahren, und saß da ein greulicher Mann auf seinem Platz. »So haben wir nicht gewettet« sprach der Junge, »die Bank ist mein.« Der Mann wollte ihn wegdrängen, aber der Junge ließ sichs nicht gefallen, schob ihn mit Gewalt weg und setzte sich wieder auf seinen Platz. Da fielen noch mehr Männer herab, einer nach dem andern, die holten neun Totenbeine und zwei Totenköpfe, setzten auf und spielten Kegel. Der Junge bekam auch Lust und fragte »hört ihr, kann ich mit sein?« – »Ja, wenn du Geld hast.« – »Geld genug« antwortete er, »aber eure Kugeln sind nicht recht rund.« Da nahm er die Totenköpfe, setzte sie auf die Drehbank und drehte sie rund. »So, jetzt werden sie besser schüppeln« sprach er, »heida! Nun geht's lustig!« Er spielte mit und verlor etwas von seinem Geld, als es aber zwölf schlug, war alles vor seinen Augen verschwunden. Er legte sich nieder und schlief ruhig ein. Am andern Morgen kam der König und wollte sich erkundigen. »Wie ist es dir diesmal ergangen?« fragte er. »Ich habe gekegelt«, antwortete er, »und ein paar Heller verloren.« – »Hat dir denn nicht gegruselt?« – »Ei was«, sprach er, »lustig hab ich mich gemacht. Wenn ich nur wüßte, was Gruseln wäre!«

In der dritten Nacht setzte er sich wieder auf seine Bank und sprach ganz verdrießlich »wenn es mir nur gruselte!« Als es spät ward, kamen sechs große Männer und brachten eine Totenlade herein. Da sprach er »ha ha, das ist gewiß mein Vetterchen, das erst vor ein paar Tagen gestorben ist«, winkte mit dem Finger und rief »komm Vetterchen, komm!« Sie stellten den Sarg auf die Erde, er aber ging hinzu und nahm den Deckel ab: da lag ein toter Mann darin. Er fühlte ihm ans Gesicht, aber es war kalt wie Eis. »Wart«, sprach er, »ich will dich ein bißchen wärmen«, ging ans Feuer, wärmte seine Hand und legte sie ihm aufs Gesicht, aber der Tote blieb kalt. Nun nahm er ihn heraus, setzte sich ans Feuer und legte ihn auf seinen Schoß, und rieb ihm die Arme, damit das Blut wieder in Bewegung kommen sollte. Als auch das nichts helfen wollte, fiel ihm ein »wenn zwei zusammen im Bett liegen, so wärmen sie sich«, brachte ihn ins Bett, deckte ihn zu und legte sich neben ihn. Über ein Weilchen ward auch der Tote warm und fing an sich zu regen. Da sprach der Junge »siehst du, Vetterchen, hätt ich dich nicht gewärmt!« Der Tote aber hub an und rief »jetzt will ich dich erwürgen.« – »Was«, sagte er, »ist das mein Dank? Gleich sollst du wieder in deinen Sarg«, hub ihn auf, warf ihn hinein und machte den Deckel zu; da kamen die sechs Männer, und trugen ihn wieder fort. »Es will mir nicht gruseln«, sagte er, »hier lerne ich's mein Lebtag nicht.«

Da trat ein Mann herein, der war größer als alle anderen, und sah fürchterlich aus; er war aber alt und hatte einen langen weißen Bart. »O du Wicht«, rief er, »nun sollst du bald lernen, was Gruseln ist, denn du sollst sterben.« – »Nicht so schnell«, antwortete der Junge, »soll ich sterben, so muß ich auch dabei sein.« – »Dich will ich schon packen«, sprach der Unhold. »Sachte, sachte, mach dich nicht so breit; so stark wie du bin ich auch und wohl noch stärker.« – »Das wollen wir sehen«, sprach der Alte, »bist du stärker als ich, so will ich dich gehn lassen; komm, wir wollen's versuchen.« Da führte er ihn durch dunkle Gänge zu einem Schmiedefeuer, nahm eine Axt und schlug den einen Amboß mit einem Schlag in die

Erde. »Das kann ich noch besser«, sprach der Junge und ging zu dem andern Amboß: der Alte stellte sich neben ihn und wollte zusehen, und sein weißer Bart hing herab. Da faßte der Junge die Axt, spaltete den Amboß mit einem Hieb und klemmte den Bart des Alten mit hinein. »Nun hab ich dich«, sprach der Junge, »jetzt ist das Sterben an dir.« Dann faßte er eine Eisenstange und schlug auf den Alten los, bis er wimmerte und bat, er möchte aufhören, er wollte ihm große Reichtümer geben. Der Junge zog die Axt raus und ließ ihn los. Der Alte führte ihn wieder ins Schloß zurück und zeigte ihm in einem Keller drei Kasten voll Gold. »Davon«, sprach er, »ist ein Teil den Armen, der andere dem König, der dritte dein.« Indem schlug es zwölfe, und der Geist verschwand, also daß der Junge im Finstern stand. »Ich werde mir doch heraushelfen können«, sprach er, tappte herum, fand den Weg in die Kammer und schlief dort bei seinem Feuer ein. Am andern Morgen kam der König und sagte »nun wirst du gelernt haben, was Gruseln ist?« »Nein«, antwortete er, »was ist's nur? Mein toter Vetter war da, und

ein bärtiger Mann ist gekommen, der hat mir da unten viel Geld gezeigt, aber was Gruseln ist, hat mir keiner gesagt.« Da sprach der König »du hast das Schloß erlöst und sollst meine Tochter heiraten.« – »Das ist all recht gut«, antwortete er, »aber ich weiß noch immer nicht, was Gruseln ist.«

Da ward das Gold heraufgebracht und die Hochzeit gefeiert, aber der junge König, so lieb er seine Gemahlin hatte und so vergnügt er war, sagte doch immer »wenn mir nur gruselte, wenn mir nur gruselte.« Das verdroß sie endlich. Ihr Kammermädchen sprach »ich will Hilfe schaffen, das Gruseln soll er schon lernen.« Sie ging hinaus zum Bach, der durch den Garten floß und ließ sich einen ganzen Eimer voll Gründlinge holen. Nachts, als der junge König schlief, mußte seine Gemahlin ihm die Decke wegziehen und den Eimer voll kalt Wasser mit den Gründlingen über ihn herschütten, daß die kleinen Fische um ihn herumzappelten. Da wachte er auf und rief »ach was gruselt mir, was gruselt mir, liebe Frau! Ja, nun weiß ich, was Gruseln ist.«

Der Zauberlehrling

Joseph Jacobs

Es war einmal ein sehr gelehrter Mann, der konnte alle Sprachen der Welt und kannte alle Wunder der Schöpfung. Er hatte ein großes Buch, das war in schwarzes Leder gebunden und mit einem eisernen Schloß verschlossen und an den Ecken mit Eisen beschlagen und dazu noch an einem Tisch angekettet, der am Fußboden festgemacht war; und wenn er in dem Buch lesen wollte, schloß er es mit einem eisernen Schlüssel auf; und außer ihm durfte niemand darin lesen, denn es enthielt alle Geheimnisse der Geisterwelt. Es stand darin, wie viele Engel im Himmel sind und welchen Rang sie bekleideten und in welchen Chören sie singen und was jedem zu tun obliegt und wie die großen Erzengel heißen. Und es stand darin von den bösen Geistern, wie viele es gibt und welche Macht jeder hat und was jeder von ihnen tut und wie er heißt, und wie man sie anrufen kann und ihnen Aufträge geben und wie der Mensch sie knechten und sich dienstbar machen kann.

Nun hatte der Meister einen Schüler, das war aber ein dummer Bursch und mußte den großen Meister bedienen und alles tun, was er verlangte; aber niemals durfte er in das schwarze Buch hineinsehen, ja kaum einmal das geheimnisvolle Zimmer betreten, in dem es lag.

Eines Tages war der Meister über Land gegangen, da lief der Bursche neugierig wie nur einer in das Zimmer, wo sein Meister die wunderbaren Werkzeuge aufbewahrte, um Kupfer in Gold und Blei in Silber zu verwandeln und wo der Spiegel stand, in dem er alles sehen konnte, was in der Welt vorging und wo die Muschel lag, die dem Meister, wenn er sie ans Ohr hielt, alle Worte zuflüsterte, die grade von irgendwem gesprochen wurden, von dem er sie hören wollte. Vergebens versuchte der Bursch, in den Schmelztiegeln Kupfer in Gold und Blei in Silber zu verwandeln – er blickte lange vergeblich in den Spiegel; Rauch und Wolken gingen darüber hin, aber er konnte nichts deutlich erkennen, und die Muschel ließ sein Ohr nur ein undeutliches Murmeln hören wie das ferne Branden der See an unbekannten Küsten. »Ich kann nichts ausrichten«, sagte er, »denn ich weiß nicht die richtigen Zauberworte, und die sind in dem Buch da verschlossen.« Er blickte sich um, und siehe da! Das Buch war unverschlossen. Der Meister hatte vergessen, es vor dem Ausgehen zuzuschließen. Der Junge lief hin und öffnete es. Die Seiten waren mit roter und schwarzer Tinte beschrieben, und viele Worte konnte er nicht verstehen. Aber er las mit dem Finger auf der Zeile und buchstabierte.

Auf einmal wurde das Zimmer dunkel; und das ganze Haus zitterte; ein Donnerschlag rollte durch den Gang und die Stube, und vor ihm stand eine gräßliche Gestalt, aus deren Mund kam Feuer, und die Augen glühten wie brennende Lampen. Es war der böse Geist Beelzebub, den er gerufen hatte, ihm zu dienen.

»Stell mir eine Aufgabe!« sagte er, und seine Stimme klang wie das Heulen einer Esse.

Aber der Junge zitterte bloß, und das Haar stand ihm zu Berge. »Stell mir eine Aufgabe, oder ich erwürge dich!«

Aber der Bursch konnte nicht sprechen. Da schritt der böse Geist auf ihn zu, streckte seine Hände aus und packte ihn an der Kehle. Seine Finger verbrannten ihm das Fleisch. »Stell mir eine Aufgabe!«

»Begieße die Blume da«, schrie der Junge verzweifelt und zeigte auf einen Blumentopf, der am Boden stand.

Sofort verließ der Geist das Zimmer, aber im nächsten Augenblick war er wieder da mit einem Faß auf dem Rücken und goß seinen Inhalt über die Blume aus; und wieder und wieder ging er und kam er und goß immer mehr Wasser, bis man bis zu den Knöcheln im Wasser stand.

»Genug, genug«, stöhnte der Bursche; aber der böse Geist achtete nicht auf ihn; der Bursche wußte nicht das Zauberwort, um ihn wegzuschicken, und immer noch holte er Wasser.

Es stieg dem Jungen bis an die Knie, und noch mehr Wasser kam. Es stieg ihm bis zum Gürtel, und Beelzebub holte immer wieder volle Fässer. Es stieg ihm bis zur Schulter, und er kletterte auf den Tisch. Und nun stand das Wasser im Zimmer schon so hoch, daß es bis ans Fenster reichte und die Scheiben bespülte und um die Füße des Jungen auf dem Tisch floß. Es stieg immer noch; es reichte ihm bis zur Brust. Vergebens schrie er um Hilfe, der böse Geist wollte nicht gehen, und er hätte bis zum heutigen Tage Wasser gebracht und das ganze Land Yorkshire ertränkt. Aber glücklicherweise fiel dem Meister auf seiner Reise ein, daß er das Buch nicht zugeschlossen hatte, und deshalb kehrte er um, und grade in dem Augenblick, wo das Wasser dem Schüler bis ans Kinn reichte, trat er ins Zimmer und sprach die Zauberworte, die Beelzebub in die Hölle zurückverbannten.

Rumpelstilzchen

Brüder Grimm

Es war einmal ein Müller, der war arm, aber er hatte eine schöne Tochter. Nun traf es sich, daß er mit dem König zu sprechen kam, und um sich ein Ansehen zu geben, sagte er zu ihm »ich habe eine Tochter, die kann Stroh zu Gold spinnen.« Der König sprach zum Müller »das ist eine Kunst, die mir wohl gefällt, wenn deine Tochter so geschickt ist, wie du sagst, so bring sie morgen in mein Schloß, da will ich sie auf die Probe stellen.« Als nun das Mädchen zu ihm gebracht ward, führte er es in eine Kammer, die ganz voll Stroh lag, gab ihr Rad und Haspel und sprach »jetzt mache dich an die Arbeit, und wenn du diese Nacht durch bis morgen früh dieses Stroh nicht zu Gold versponnen hast, so mußt du sterben.« Darauf schloß er die Kammer selbst zu, und sie blieb allein darin.

Da saß nun die arme Müllerstochter und wußte um ihr Leben keinen Rat; sie verstand gar nichts davon, wie man Stroh zu Gold spinnen konnte, und ihre Angst ward immer größer, daß sie endlich zu weinen anfing. Da ging auf einmal die Türe auf, und trat ein kleines Männchen herein und sprach »guten Abend, Jungfer Müllerin, warum weint sie so sehr?« – »Ach«, antwortete das Mädchen, »ich soll Stroh zu Gold spinnen und verstehe das nicht.« Sprach das Männchen

»was gibst du mir, wenn ich es dir spinne?« – »Mein Halsband«, sagte das Mädchen. Das Männchen nahm das Halsband, setzte sich vor das Rädchen, und schnurr, schnurr, schnurr, dreimal gezogen, war die Spule voll. Dann steckte es eine andere auf, und schnurr, schnurr, schnurr, dreimal gezogen, war auch die zweite voll; und so gings fort bis zum Morgen, da war alles Stroh versponnen, und alle Spulen waren voll Gold. Bei Sonnenaufgang kam schon der König, und als er das Gold erblickte, erstaunte er und freute sich, aber sein Herz ward nur noch goldgieriger. Er ließ die Müllerstochter in eine andere Kammer voll Stroh bringen, die noch viel größer war und befahl ihr, das auch in einer Nacht zu spinnen, wenn ihr das Leben lieb wäre. Das Mädchen wußte sich nicht zu helfen und weinte, da ging abermals die Türe auf, und das kleine Männchen erschien und sprach »was gibst du mir, wenn ich dir das Stroh zu Gold spinne?« – »Meinen Ring von dem Finger«, antwortete das Mädchen. Das Männchen nahm den Ring, fing wieder an zu schnurren mit dem Rade und hatte bis zum Morgen alles Stroh zu glänzendem Gold gesponnen. Der König freute sich über die Maßen bei dem Anblick, war aber noch immer nicht Goldes satt, sondern ließ die Müllerstochter

in eine noch größere Kammer voll Stroh bringen und sprach »die mußt du noch in dieser Nacht verspinnen; gelingt es dir aber, so sollst du meine Gemahlin werden.« – »Wenn's auch eine Müllerstochter ist«, dachte er, »eine reichere Frau finde ich in der ganzen Welt nicht.« Als das Mädchen allein war, kam das Männlein zum drittenmal wieder und sprach »was gibst du mir, wenn ich dir noch diesmal das Stroh spinne?« – »Ich habe nichts mehr, das ich geben könnte«, antwortete das Mädchen. »So versprich mir, wenn du Königin wirst, dein erstes Kind.« – »Wer weiß, wie das noch geht«, dachte die Müllerstochter und wußte sich auch in der Not nicht anders zu helfen; sie versprach also dem Männchen, was es verlangte, und das Männchen spann dafür noch einmal das Stroh zu Gold. Und als am Morgen der König kam und alles fand, wie er gewünscht hatte, so hielt er Hochzeit mit ihr, und die schöne Müllerstochter ward eine Königin.

Über ein Jahr brachte sie ein schönes Kind zur Welt und dachte gar nicht mehr an das Männchen; da trat es plötzlich in ihre Kammer und sprach »nun gib mir, was du versprochen hast.« Die Königin erschrak und bot dem Männchen alle Reichtümer des Königreichs an, wenn es ihr das Kind lassen wollte. Aber das Männchen sprach »nein, etwas Lebendes ist mir lieber als alle Schätze der Welt.« Da fing die Königin so an zu jammern und zu weinen, daß das Männchen Mitleiden mit ihr hatte; »drei Tage will ich dir Zeit lassen«, sprach es, »wenn du bis dahin meinen Namen weißt, so sollst du dein Kind behalten.«

Nun besann sich die Königin die ganze Nacht über auf alle Namen, die sie jemals gehört hatte und schickte einen Boten über Land, der sollte sich erkundigen weit und breit, was es sonst noch für Namen gäbe. Als am andern Tag das Männchen kam, fing sie mit Kaspar, Melchior, Balzer an und sagte alle Namen, die sie wußte, nach der Reihe her, aber bei jedem sprach das Männlein »so heiß ich nicht.« Den zweiten Tag ließ sie in der Nachbarschaft herumfragen, wie die Leute da genannt würden und sagte dem Männchen die ungewöhnlichsten und seltsamsten Namen vor. »Heißt du vielleicht Rippenbiest oder Hammelswade oder Schnürbein?«, aber es antwortete immer »so heiß ich nicht.« Den dritten Tag kam der Bote wieder zurück und erzählte »neue Namen habe ich keinen einzigen finden können, aber wie ich an einen hohen Berg um die Waldecke kam, wo Fuchs und Has sich gute Nacht sagen, so sah ich da ein kleines Haus, und vor dem

Haus brannte ein Feuer, und um das Feuer sprang ein gar zu lächerliches Männchen, hüpfte auf einem Bein und schrie

>>Heute back ich, morgen brau ich,
übermorgen hol ich der Königin ihr Kind;
ach, wie gut, daß niemand weiß,
daß ich Rumpelstilzchen heiß!<<

Da könnt ihr denken, wie die Königin froh war, als sie den Namen hörte, und als bald hernach das Männlein hereintrat und fragte >>nun, Frau Königin, wie heiß ich?<< fragte sie erst >>heißest du Kunz?<< – >>Nein.<< – >>Heißest du Heinz?<< – >>Nein.<<

>>Heißt du etwa Rumpelstilzchen?<<

>>Das hat dir der Teufel gesagt, das hat dir der Teufel gesagt<<, schrie das Männlein und stieß mit dem rechten Fuß vor Zorn so tief in die Erde, daß es bis an den Leib hineinfuhr, dann packte es in seiner Wut den linken Fuß mit beiden Händen und riß sich selbst mitten entzwei.

Das Märchen vom Schlaraffenland

Ludwig Bechstein

Hört zu, ich will euch von einem guten Lande sagen, dahin würde mancher auswandern, wüßte er, wo selbes läge und eine gute Schiffsgelegenheit. Aber der Weg dahin ist weit für die Jungen und für die Alten, denen es im Winter zu heiß ist und zu kalt im Sommer. Diese schöne Gegend heißt Schlaraffenland, auf Welsch Cucagna, da sind die Häuser gedeckt mit Eierfladen, und Türen und Wände sind von Lebkuchen und die Balken von Schweinebraten. Was man bei uns für einen Dukaten kauft, kostet dort nur einen Pfennig. Um jedes Haus steht ein Zaun, der ist von Bratwürsten geflochten und von bayerischen Würsteln, die sind teils auf dem Rost gebraten, teils frisch gesotten, je nach dem sie einer so oder so gern ißt. Alle Brunnen sind voll Malvasier und andre süße Weine, auch Champagner, die rinnen einem nur so in das Maul hinein, wenn er es an die Röhren hält. Wer also gern solche Weine trinkt, der eile sich, daß er in das Schlaraffenland hineinkomme. Auf den Birken und Weiden da wachsen die Semmeln frischgebacken, und unter den Bäumen fließen Milchbäche; in diese fallen die Semmeln hinein und weichen sich selbst ein für die, die sie gern einbrocken; das ist etwas für Weiber und für Kinder, für Knechte und Mägde! Holla Gretel, holla Steffel! Wollt ihr nicht auswandern? Macht euch herbei zum Semmelbach und vergeßt nicht, einen großen Milchlöffel mitzubringen.

375

Die Fische schwimmen in dem Schlaraffenlande obendrauf auf dem Wasser, sind auch schon gebacken oder gesotten und schwimmen ganz nahe am Gestade; wenn aber einer gar zu faul ist und ein echter Schlaraff, der darf nur rufen bst! bst! – so kommen die Fische auch heraus aufs Land spaziert und hüpfen dem guten Schlaraffen in die Hand, daß er sich nicht zu bücken braucht.

Das könnt ihr glauben, daß die Vögel dort gebraten in der Luft herum fliegen, Gänse und Truthähne, Tauben und Kapaunen, Lerchen und Krammetsvögel, und wem es zu viel Mühe macht, die Hand darnach auszustrecken, dem fliegen sie schnurstracks ins Maul hinein. Die Spanferkel geraten dort alle Jahr überaus trefflich; sie laufen gebraten umher und jedes trägt ein Transchiermesser im Rücken, damit, wer da will, sich ein frisches saftiges Stück abschneiden kann.

Die Käse wachsen in dem Schlaraffenlande wie die Steine, groß und klein; die Steine selbst sind lauter Taubenkröpfe mit Gefülltem oder auch kleine Fleischpastetchen. Im Winter, wenn es regnet, so regnet es lauter Honig in süßen Tropfen, da kann einer lecken und schlecken, daß es eine Lust ist, und wenn es schneit, so schneit es klaren Zucker, und wenn es hagelt, so hagelt es Würfelzucker, untermischt mit Feigen, Rosinen und Mandeln.

Im Schlaraffenland legen die Rosse keine Roßäpfel, sondern Eier, große, ganze Körbe voll und ganze Haufen, so daß man tausend um einen Pfennig kauft. Und das Geld kann man von den Bäumen schütteln, wie gute Kastanien. Jeder mag sich das Beste herunterschütteln und das minder Werte liegenlassen.

In dem Lande hat es auch große Wälder, da wachsen im Buschwerk und auf Bäumen die schönsten Kleider: Röcke, Mäntel, Schürzen, Hosen und Wämser von allen Farben, schwarz, grün, gelb, für die Postillons, blau oder rot, und wer ein neues Gewand braucht, der geht in den Wald und wirft es mit einem Stein herunter oder schießt mit dem Bolzen hinauf. In der Heide wachsen schöne Damenkleider von Sammet, Atlas, Gros de Naples, Barège, Madras, Taft, Nanking und so weiter. Das Gras besteht aus Bändern von allen Farben, auch ombriert. Die Wachholderstöcke tragen Broschen und goldne Chemisett- und Mantelettnadeln, und ihre Beeren sind nicht schwarz, sondern echte Perlen. An den Tannen hängen Damenuhren und kunstvolle Chatelaines. Auf den Stauden wachsen Stiefel und Schuhe, auch Herren- und Damenhüte, Reisstrohhüte und Marabouts und allerlei Kopfputz mit Paradiesvögeln, Kolibris, Brillantkäfern, Perlen, Schmelz und Goldborten verziert.

Dieses edle Land hat auch zwei große Messen und Märkte mit schönen Freiheiten. Wer eine alte Frau hat und mag sie nicht mehr, weil sie ihm nicht mehr

jung und hübsch genug ist, der kann sie dort gegen eine junge und schöne vertauschen und bekommt noch ein Draufgeld. Die alten und garstigen (denn ein Sprichwort sagt: wenn man alt wird, wird man garstig) kommen in ein Jungbad, damit das Land begnadigt ist, das ist von großen Kräften; darin baden die alten Weiber etwa drei Tage oder höchstens vier, da werden schmucke Dirnlein daraus von siebzehn oder achtzehn Jahren.

Auch viel und mancherlei Kurzweil gibt es in dem Schlaraffenlande. Wer hierzulande gar kein Glück hat, der hat es dort im Spiel und Lustschießen, wie im Gesellenstechen. Mancher schießt hier alle sein Lebtag nebenaus und weit vom Ziel, dort aber trifft er, und wenn er der allerweiteste davon wäre, doch das Beste. Auch für die Schlafsäcke und Schlafpelze, die hier von ihrer Faulheit arm werden, daß sie Bankrott machen und betteln gehen müssen, ist jenes Land vortrefflich. Jede Stunde Schlafens bringt dort einen Gulden ein und jedes Gähnen einen Doppeltaler. Wer im Spiel verliert, dem fällt sein Geld wieder in die Tasche. Die Trinker haben den besten Wein umsonst und von jedem Trunk und Schlunk drei Batzen Lohn, sowohl Frauen als Männer. Wer die Leute am besten necken und aufziehen kann, bekommt jeweils einen Gulden. Keiner darf etwas umsonst tun, und wer die größte Lüge tut, der hat allemal eine Krone dafür.

Hierzulande lügt so mancher drauf und drein und hat nichts für diese seine Mühe; dort aber hält man Lügen für die beste Kunst, daher lügen sich wohl in das Land allerlei Prokura-, Dok- und andre toren, Roßtäuscher und die Handwerksleute, die ihren Kunden stets aufreden und nimmer Wort halten.

Wer dort ein gelehrter Mann sein will, muß auf einen Grobian studiert haben. Solcher Studenten gibt's auch bei uns zu Lande, haben aber keinen Dank davon und keine Ehren. Auch muß er dabei faul und gefräßig sein, das sind drei schöne Künste. Ich kenne einen, der kann alle Tage Professor werden.

Wer gern arbeitet, Gutes tut und Böses läßt, dem ist jedermann dort abhold, und er wird des Schlaraffenlandes verwiesen. Aber wer ein Tölpel ist, gar nichts kann und dabei doch voll dummen Dünkels, der ist dort als Edelmann angesehen. Wer nichts kann, als schlafen, essen, trinken, tanzen und spielen, der wird zum Grafen ernannt. Der aber, welchen das allgemeine Stimmrecht als den faulsten und zu allem Guten untauglichsten erkannt, der wird König über das ganze Land und hat ein großes Einkommen.

Nun wißt ihr des Schlaraffenlandes Art und Eigenschaft. Wer sich also aufmachen und dorthin reisen will, aber den Weg nicht weiß, der frage einen Blinden; aber auch ein Stummer ist gut dazu, denn der sagt ihm gewiß keinen falschen Weg.

Um das ganze Land herum ist aber eine berghohe Mauer von Reisbrei. Wer hinein oder heraus will, muß sich da erst hindurchfressen.

Der Katzenkönig

Sidney Hartland

Vor vielen Jahren, lange bevor das Jagen in Schottland so Mode geworden war, wie es das jetzt ist, verbrachten zwei junge Männer den Herbst hoch oben im Norden. Sie wohnten in einer Jagdhütte, die von den anderen Häusern weit entfernt war, und eine alte Frau kochte für sie. Ihr Kater und die Hunde der jungen Männer bildeten den ganzen übrigen Haushalt.

Jeden Tag gingen sie zusammen auf die Jagd, doch eines Tages sagte der Ältere der beiden, er wolle dableiben, und so ging der Jüngere allein. Er hatte die Absicht, vor Sonnenuntergang nach Hause zurückzukehren. Er kam aber nicht zurück, und der Ältere wurde sehr unruhig, als er so lange vergeblich wartete. Als es schon dunkel war, kehrte der junge Mann schließlich zurück, er war naß und erschöpft, und er erklärte auch seine ungewöhnliche Verspätung nicht, bis sie nach dem Essen vor dem Feuer saßen, ihre Pfeifen im Mund und die Hunde zu ihren Füßen. Der schwarze Kater der alten Frau saß mit ernster Miene und halbgeschlossenen Augen zwischen ihnen am Kamin. Da erzählte der junge

Mann: »Du mußt dich gewundert haben, warum ich so spät zurückkam, aber ich hatte heute ein seltsames Abenteuer. Ich weiß nicht, was ich davon halten soll. Wie ich dir gesagt hatte, ging ich wieder unseren gestrigen Weg. Als ich dabei war umzukehren, fiel plötzlich ein Bergnebel ein, und ich verlor meinen Weg. Lange Zeit wanderte ich umher und wußte nicht, wo ich war, bis ich endlich ein Licht sah und darauf zuhielt, weil ich hoffte, Hilfe zu finden. Als ich näher kam, verschwand es, und ich sah, daß ich vor einer mächtigen alten Eiche stand. Ich kletterte in die Äste hinauf, um so besser nach dem Licht ausschauen zu können, und da! – unter mir, drin in dem hohlen Stamm des Baumes war's, als sehe ich in eine Kirche hinunter, in der eben ein Begräbnis stattfindet. Ich hörte Singen und sah einen Sarg, der war von Fackeln umgeben, die alle getragen wurden von – aber ich weiß, du wirst mir nicht glauben, wenn ich es sage!«

Sein Freund bat ihn eifrig weiterzuerzählen und nahm seine Pfeife aus dem Mund, um besser zuzuhören. Die Hunde schliefen friedlich, aber der Kater saß aufrecht da und hörte offensichtlich genauso aufmerksam zu wie der Freund, und unwillkürlich richteten beide jungen Männer ihre Augen auf ihn.

»Ja«, fuhr der Jüngere fort, »es ist wirklich wahr. Der Sarg wie die Fackeln wurden von Katzen getragen, und auf dem Sarg lag eine Krone und ein Zepter!« Weiter kam er nicht; der Kater fuhr hoch und kreischte: »Beim Jupiter! Der alte Peter ist tot! Und ich bin der König der Katzen!« Und er schoß den Kamin hinauf und wurde nie mehr gesehen.

Vom Fischer
und seiner Frau
Brüder Grimm

Es war einmal ein Fischer und seine Frau, die wohnten zusammen in einem
Pißpott nahe an der See. Der Fischer ging jeden Tag hin und angelte; er angelte
und angelte.

So saß er eines Tages wieder einmal bei der Angel und schaute immer in das
klare Wasser hinein; und er saß und saß. Auf einmal wurde die Angel auf den
Grund gezogen, tief hinunter, und als der Fischer sie heraufholte, hing ein großer
Butt daran. Da sagte der zu ihm »lieber Fischer, ich bitt dich, laß mich leben! Ich
bin kein richtiger Butt, ich bin ein verwünschter Prinz. Was hilft dir das, wenn
du mich totmachst? Ich würde dir doch nicht recht schmecken. Wirf mich wieder
ins Wasser und laß mich schwimmen.« – »Nu«, sagte der Fischer, »du brauchst
nicht so viele Worte machen. Einen Butt, der sprechen kann, hätt ich doch wohl
schwimmen lassen.« Damit setzte er den Butt wieder in das klare Wasser, der geht
auf den Grund und ließ einen langen Streifen Blut hinter sich. Der Fischer stand
auf und ging nach Hause zu seiner Frau.

»Mann«, sagt die Frau, »hast du heute nichts gefangen?« – »Nein«, sagt der Fischer, »ich habe einen Butt gefangen. Der sagte aber, er sei ein verwünschter Prinz, da hab ich ihn wieder schwimmen lassen.« – »Hast du dir denn nichts gewünscht?« fragt die Frau. »Nein«, sagt der Mann, »was sollte ich mir wünschen?« – »Ach«, ruft die Frau, »das ist doch schlimm, wenn wir hier immer in dem alten Pott wohnen müssen. Da stinkt es, und es ist so eklig. Du hättest uns doch ein hübsches Häuschen wünschen können. Geh noch einmal an die See, rufe den Butt und sag ihm, wir wollen ein kleines Häuschen haben. Der tut das bestimmt.« – »Ach«, sagt der Mann, »was soll ich da noch hingehen?« – »Ei«, sagt die Frau, »du hast ihn doch gefangen und hast ihn wieder schwimmen lassen, der tut das bestimmt. Geh gleich hin!«

Der Mann wollte immer noch nicht. Weil es aber seine Frau durchaus wollte, ging er schließlich doch. Als er an die See kam, war das Wasser grün und gelb und gar nicht mehr so klar. Er ging hin und sagte

>»Manntje, Manntje, Timpe Te,
>Buttje, Buttje in der See,
>meine Frau die Ilsebill,
>will nicht so, wie ich wohl will.«

Da kam der Butt angeschwommen und sagte »na, was will sie denn?« – »Ach«, sagte der Mann, »ich habe dich doch gefangen und wieder freigelassen, und nun sagt meine Frau, ich hätte mir etwas wünschen sollen. Sie mag nicht mehr in dem Pißpott wohnen, sie möchte gern ein kleines Häuschen.« – »Geh nur hin«, sagte der Butt, »sie hat es schon.«

Der Fischer ging nach Hause. Da stand nicht mehr der alte Pott, sondern ein kleines Häuschen, und auf einer Bank vor der Tür saß seine Frau. Sie nahm ihn bei der Hand und sagt zu ihm »komm nur herein und schau! So ist das doch viel besser!« Da gingen sie hinein, und im Häuschen war ein kleiner Vorplatz und eine hübsche kleine Stube und eine Kammer, wo jedem sein Bett stand, und eine Küche mit Speisekammer und alles auf das beste eingerichtet, mit Zinnzeug und Messing, wie sich das gehört. Hinter dem Haus war ein Hof mit Hühnern und Enten und ein kleiner Garten mit Obstbäumen und Gemüse.

»Na«, sagt die Frau, »ist das nicht nett?« – »Ja«, sagt der Mann, »so soll es bleiben. Nun wollen wir recht vergnügt leben.« – »Das wollen wir uns überlegen«, antwortet die Frau.

Dann aßen sie und gingen zu Bett.

So gingen wohl acht oder vierzehn Tage vorüber, da sagt die Frau »hör, Mann, das Häuschen ist auch gar zu eng und Hof und Garten doch zu klein. Der Butt hätte uns wohl auch ein größeres Haus schenken können. Ich möchte in einem großen steinernen Schloß wohnen. Geh zum Butt, er soll uns ein Schloß schenken.« – »Ach, Frau«, sagt der Mann, »das Häuschen ist doch gut genug. Wozu brauchen wir ein Schloß?« – »Ach was«, sagt die Frau, »geh nur hin, der Butt wird das schon tun.« – »Nein, Frau«, sagt der Mann, »der Butt hat uns eben erst das schöne Häuschen gegeben. Ich mag nicht schon wieder kommen. Das könnte den Butt verdrießen.« – »Geh nur«, sagt die Frau, »der Butt kann das schon und wird es gerne tun. Geh!« Dem Mann wurde das Herz ganz schwer, und er wollte nicht; er sagte zu sich selbst »das ist nicht recht!« ging aber doch.

Als er an die See kam, war das Wasser ganz violett und grau und dick und dunkelblau und nicht mehr grün und gelb. Da ging er hin und sagte

»Manntje, Manntje, Timpe Te,
Buttje, Buttje in der See,
meine Frau die Ilsebill,
will nicht so, wie ich wohl will.«

»Na, was will sie denn?« fragte der Butt. »Ach«, sagte der Mann bedrückt, »sie will in einem großen steinernen Schloß wohnen.« – »Geh nur hin«, sagte der Butt, »sie steht schon vor der Tür.«

Da ging der Mann heim. Als er aber zu Hause ankam, stand da ein großer steinerner Palast. Seine Frau stand auf der Treppe und wollte eben hineingehen, da nahm sie ihn bei der Hand und sagt »komm nur herein.« Und so ging er mit ihr hinein. In dem Schloß war eine große Diele aus Marmor. Und viele Diener waren da und rissen die großen Türen auf. Die Wände waren mit schönen Tapeten bespannt, in den Zimmern standen lauter goldene Stühle und Tische. Von der Decke hingen kristallene Kronleuchter, und in allen Räumen lagen Teppiche. Und so viele Speisen und der allerbeste Wein stand auf dem Tisch, daß der fast zusammenbrach. Hinter dem Schloß war ein großer Hof mit Pferde- und Kuh-ställen und den besten Kutschen. In einem wunderschönen Garten blühten

384

die prächtigsten Blumen und standen die feinsten Obstbäume, und dahinter lag ein großer Park, wohl eine halbe Meile lang. Da gab es Hirsche, Rehe und Hasen und alles, was man sich nur wünschen kann.

»Na«, sagt die Frau, »ist das nicht schön?« – »Ach ja«, sagt der Mann, »so soll es auch bleiben. Jetzt wollen wir in diesem schönen Schloß wohnen und zufrieden sein.« – »Das wollen wir uns überlegen«, sagt die Frau. »Wir wollen es mal überschlafen.« Darauf gingen sie zu Bett.

Am anderen Morgen wachte die Frau zuerst auf und sah von ihrem Bett aus das herrliche Land vor sich liegen.

Da stößt sie ihren Mann mit den Ellbogen in die Seite und sagt »Mann, steh auf und guck einmal aus dem Fenster! Sag, können wir nicht König werden über das ganze Land? Geh hin zum Butt und sag, wir wollen König sein.« – »Ach, Frau«, sagt der Mann, »was wollen wir König sein? Das mag ich ihm nicht sagen.« – »Warum nicht?« fragt die Frau. »Geh schnell hin. Ich muß König sein!« Da ging der Mann und war ganz betrübt, daß seine Frau König werden wollte. »Das ist nicht recht, das ist nicht recht«, dachte der Mann. Er wollte nicht gehen, ging aber doch.

Als er an die See kam, war sie grauschwarz, das Wasser brodelte von unten herauf und stank ganz faul. Er ging hin und sagte

> »Manntje, Manntje, Timpe Te,
> Buttje, Buttje in der See,
> meine Frau die Ilsebill,
> will nicht so, wie ich wohl will.«

»Na, was will sie denn?« fragte der Butt. »Ach«, sagte der Mann, »sie will König werden.« – »Geh nur hin, sie ist es schon«, sagte der Butt.

Da ging der Mann zurück, und als er zu dem Schloß kam, war es noch größer und prächtiger geworden und hatte einen großen Turm. Vor dem Tor stand eine Schildwache, und viele Soldaten waren da mit Pauken und Trompeten. Als der Mann in den Palast eintrat, war alles aus Marmor und purem Gold. Da gingen die Türen zum Saal auf, in dem der ganze Hofstaat versammelt war. Seine Frau saß auf einem hohen Thron aus Gold und Diamanten und hatte eine große goldene Krone auf und ein Zepter aus Gold und Edelsteinen in der Hand. Zu beiden Seiten standen in einer Reihe sechs Jungfrauen, eine immer einen Kopf kleiner als die andere.

Der Mann sagt »ach, Frau, bist du nun König?« – »Ja«, sagt die Frau, »nun bin ich König.« Da stand er auf und sah sie an, und als er sie eine Weile so angesehen hatte, sagt er »ach, Frau, wie ist das schön, daß du König bist! Nun wollen wir uns aber nichts mehr wünschen.« – »Nein, Mann«, sagt die Frau und war ganz ungeduldig, »mir ist es schon langweilig. Ich kann das nicht mehr aushalten. Geh zum Butt. König bin ich, nun muß ich auch Kaiser werden!« – »Ach, Frau«, sagt der Mann, »was willst du Kaiser werden?« – »Mann«, sagt sie, »geh zum Butt, ich will Kaiser sein.« – »Ach, Frau«, sagt der Mann, »Kaiser kann er nicht machen. Ich mag ihm das nicht sagen; Kaiser gibt's nur einen im Reich. Das kann er nicht und kann er nicht.« – »Was?« sagt die Frau. »Ich bin König, und du bist nur mein Mann. Sofort gehst du hin! Kann er Könige machen, kann er auch Kaiser machen. Ich will Kaiser sein! Gleich gehst du hin!«

Da mußte der Mann gehen, aber es wurde ihm angst und bange dabei. Während er so ging, dachte er bei sich »das geht nicht gut! Das geht nicht gut! Kaiser ist zu unverschämt, der Butt wird böse werden!«

Als er an die See kam, war sie ganz schwarz und dick und fing an, von unten herauf ganz gewaltig zu schäumen. Ein Wirbelwind ging darüber hin, so daß sich alles drehte. Den Mann packte das Grauen. Dann ging er hin und sagte

> »Manntje, Manntje, Timpe Te,
> Buttje, Buttje in der See,
> meine Frau die Ilsebill,
> will nicht so, wie ich wohl will.«

»Na, was will sie denn?« fragte der Butt.

»Ach, Butt«, sagte der Fischer, »meine Frau will Kaiser werden.« – »Geh nur hin«, sagte der Butt, »sie ist es schon.«

Da ging der Mann zurück, und als er ankam, war der ganze Palast aus Marmor und mit Figuren aus Alabaster und goldenem Zierat geschmückt. Vor dem Tor marschierten Soldaten und bliesen Trompeten und schlugen Pauken und Trommeln. Im Schlosse aber gingen Barone, Grafen und Herzöge herum, als wären sie Diener. Sie machten ihm die Türen auf, die aus purem Gold waren.

Als er eintrat, saß seine Frau auf einem meilenhohen Thron, der war aus einem Stück Gold. Sie hatte eine große goldene Krone auf, die mit Brillanten und Edelsteinen besetzt war. In der einen Hand hatte sie ein Zepter, in der anderen den Reichsapfel. Zu beiden Seiten standen in einer Reihe die Trabanten, einer immer kleiner als der andere, vom allergrößten Riesen – er war zwei Meilen hoch – bis zum allerkleinsten Zwerg, der war gerade so groß wie mein kleiner Finger.

Der Mann geht schüchtern vor den Thron und sagt: »Frau, bist du jetzt Kaiser?« – »Ja«, sagt sie, »ich bin Kaiser.« Da ging er näher hin und besah sie sich so recht. Als er sie eine Weile angesehen hat, sagt er »ach, Frau, wie ist es schön, daß du Kaiser bist!« – »Mann«, sagt sie, »was stehst du da? Ich bin ja nun Kaiser, jetzt will ich aber auch Papst werden! Geh hin zum Butt!« – »Ach, Frau«, sagt der Mann, »was willst du nicht noch alles werden! Papst kannst du nicht werden, Papst gibt es nur einen in der Christenheit. Das kann der Butt nicht machen!« – »Mann«, sagt sie, »ich will Papst werden! Geh gleich hin, heute noch muß ich Papst werden!« – »Nein, Frau«, sagt der Mann, »das mag ich ihm nicht sagen, das geht nicht gut aus, das ist zuviel verlangt. Zum Papst kann dich der Butt nicht machen.« – »So ein Blödsinn, Mann!« sagt die Frau. »Kann er Kaiser machen, so kann er auch Päpste machen. Geh schnell, ich bin der Kaiser, und du bist nur mein Mann, willst du wohl gehen!«

Da wurde dem Mann bange, und er ging los. Er zitterte und betete, und die Knie und die Waden schlotterten ihm. Da erhob sich ein Wind, die Wolken flogen, und es wurde so düster, als wäre es Abend. Die Blätter wirbelten von den Bäumen, das Wasser ging hoch und brauste, als kochte es und platschte an das Ufer. In der Ferne sah er Schiffe, die gaben Notschüsse ab und tanzten und sprangen auf den Wellen.

Nur der Himmel war in der Mitte noch ein bißchen blau, aber an den Seiten da zog es herauf wie ein schweres Gewitter. Da ging er hin ganz verzagt und sagte

> »Manntje, Manntje, Timpe Te,
> Buttje, Buttje in der See,
> meine Frau die Ilsebill,
> will nicht so, wie ich wohl will.«

»Na, was will sie denn?« fragte der Butt. »Ach«, sagte der Mann, »sie will Papst werden.« – »Geh nur hin, sie ist es schon«, sagte der Butt.

Da ging der Mann, und als er zu Hause ankam, war da eine große Kirche, von lauter Palästen umgeben. Er drängte sich durchs Volk. Drinnen war alles mit tausend und abertausend Lichtern erleuchtet, und seine Frau saß, ganz in Gold gekleidet, auf einem noch viel höheren Thron und hatte drei große goldene Kronen auf, und um sie herum hatte es viel geistlichen Staat. Zu beiden Seiten des Thrones standen zwei Reihen von Lichtern, das größte so dick und groß wie der allergrößte Turm, bis zu dem allerkleinsten Küchenlicht. Kaiser und Könige lagen vor ihr auf den Knien und küßten ihr den Pantoffel.

»Frau«, sagt der Mann und sieht sie so recht an, »bist du jetzt Papst?« – »Ja«, sagt sie, »ich bin Papst.« Es war, als sähe er in die helle Sonne. Als er seine Frau eine Weile angesehen hatte, sagt er: »Frau, wie ist das schön, daß du jetzt Papst bist!« Sie aber sitzt ganz steif wie ein Baum und rührt und regt sich nicht. Da sagt er: »Frau, nun sei zufrieden. Jetzt wo du Papst bist, kannst du doch nichts mehr werden.« – »Das will ich mir noch überlegen«, sagt die Frau. Dann gingen sie beide zu Bett.

Aber die Frau war noch immer nicht zufrieden, die Gier ließ sie nicht schlafen. Sie dachte darüber nach, was sie noch werden könnte. Der Mann schlief gut und fest, er hatte am Tag viel laufen müssen. Die Frau aber konnte nicht einschlafen und warf sich die ganze Nacht von einer Seite auf die andere. Immer dachte sie darüber nach, was sie wohl noch werden könnte. Es fiel ihr aber nichts ein.

Als endlich die Sonne aufging und sie das Morgenrot sah, richtete die Frau sich im Bett auf und sah hinaus. »Ha«, dachte sie, »kann ich nicht die Sonne und den Mond aufgehen lassen?«

»Mann«, sagt sie und stößt ihn mit den Ellbogen in die Rippen, »wach auf! Geh zum Butt und sag ihm, ich will werden wie der liebe Gott!« Der Mann war noch ganz verschlafen, aber er erschrak so, daß er aus dem Bett fiel. Er meinte, er hätte sich verhört, rieb sich die Augen und fragte: »Was sagst du?« – »Mann«, sagt sie, »wenn ich nicht die Sonne und den Mond aufgehn lassen kann, halt ich das nicht mehr aus, und ich hab keine ruhige Stunde mehr.« Dabei sah sie ihn so böse an, daß ihn ein Schauder überkam. »Geh schnell, ich will werden wie der liebe

Gott!« – »Ach, Frau«, sagt der Mann und fällt vor ihr auf die Knie, »das kann der Butt nicht. Kaiser und Papst kann er machen, ich bitte dich, geh in dich und bleib Papst!«

Da gerät die Frau in Wut. Die Haare fliegen ihr wild um den Kopf, sie reißt sich das Mieder auf, tritt ihn mit dem Fuß und schreit »ich halte das nicht aus! Willst du sofort hingehen?!« Da zieht er seine Hosen an und läuft wie von Sinnen fort.

Draußen aber ging ein Sturm und brauste, daß der Mann kaum auf den Füßen stehen konnte. Häuser und Bäume wurden umgelegt, die Berge bebten, und Felsstücke rollten in die See. Der Himmel war pechschwarz, und es donnerte und blitzte. Die See ging in schwarzen Wogen, hoch wie Kirchtürme und Berge, und oben hatten sie eine weiße Schaumkrone. Da schrie er, und er konnte sein eigenes Wort nicht hören

> »Manntje, Manntje, Timpe Te,
> Buttje, Buttje in der See,
> meine Frau die Ilsebill,
> will nicht so, wie ich wohl will.«

»Na, was will sie denn?« fragte der Butt. »Ach«, sagte der Mann, »sie will werden wie der liebe Gott!« – »Geh nur, sie sitzt schon wieder in dem alten Pißpott.«

Und da sitzen sie noch bis auf den heutigen Tag.

Das Gespenstermahl

Französisches Volksmärchen

Es ist schon sehr lange her, als eines Tages an die zwanzig alte Frauen in der Spinnstube des Dorfes versammelt waren. Einen jungen Mann überkam die Lust, den Spinnerinnen einen Streich zu spielen. Er nahm also ein großes Leintuch und eine Kerze und ging auf den Kirchhof, um einen Totenkopf zu holen. Einige Tage vorher hatte man gerade eine große Menge Gebeine zusammengetragen, um sie in einer gemeinsamen Grube zu begraben. Der junge Bauer ergriff den erstbesten Schädel, eilte damit zum Fluß, um ihn zu waschen, dann steckte er eine angezündete Kerze hinein und machte sich wieder auf den Weg ins Dorf. Dort angekommen, umhüllte er sich mit dem weißen Tuch und begab sich zu den Spinnerinnen.

Ihr könnt euch den Schrecken der armen Frauen denken, als mitten unter ihnen ein Geist erschien, der mit seinem Totenkopf wackelte und mit dumpfer Stimme sprach: »Auf die Knie, auf die Knie! Betet für den Frieden meiner Seele!« Von Schrecken gepackt, warfen sich die Spinnerinnen auf die Knie und bekreuzigten sich, um das Gespenst zu bannen. »Geschwind, sagt fünf Vaterunser und fünf Ave Maria für meine ewige Ruhe!« sagte das Gespenst und begann langsam lateinisch vorzusprechen: »*Pater noster, qui es in coelis . . .*« Die Spinnerinnen sprachen die fünf geforderten Vaterunser und die fünf Ave Maria, und der junge Mann verließ sie, krause Worte murmelnd, von denen weder die guten Frauen noch er selber eines verstand, und das aus guten Gründen.

So war Mitternacht gekommen, und der Bauer kehrte ermüdet auf den Kirchhof zurück, um den Totenkopf zurückzubringen. Aber ehe der junge Mann ihn zu den übrigen Gebeinen legte, sagte er, ein wenig angeheitert von den Belustigungen des Abends, ihm ins Ohr: »Du hast mir heute abend viel Freude bereitet. Es ist recht und billig, daß ich mich dafür dankbar erweise. Du mußt dich sehr langweilen, wenn du immer hier unter den dummen Toten steckst, komm doch in zwei Wochen zu mir zum Abendessen; um die nämliche Zeit. Ich bin sehr neugierig darauf, mit einem Toten zu speisen. Ich werde dich gegen neun Uhr abends erwarten; vergiß es nicht! Also heute in zwei Wochen!« – »Ja«, erwiderte der Totenkopf.

Der junge Mann legte den Kopf zu den Gebeinen, löschte die Kerze aus, faltete sein Tuch zusammen und ging nach Hause. An den nächsten Tagen hatte er großes Vergnügen, als er die Spinnerinnen von der schrecklichen Erscheinung berichten hörte. Der Bauer dachte nicht mehr an den Totenkopf und an das Abendessen, zu welchem er jenen eingeladen hatte. Zwei Wochen später zur festgesetzten Stunde setzte er sich gerade zum Abendessen an den Tisch, als er im Hof ein seltsames Rasseln vernahm. Zwei dumpfe Schläge ertönten an der Tür. »Wer ist da?« – »Öffne, ich bin es!« – »Wer, ich?« – »Ich!«

Der Bauer öffnete die Tür, und ein Gespenst, ein Skelett vielmehr, mit einem langen schmutzigen und zerfetzten Leinentuch bekleidet, trat ins Haus. Der junge Bauer erinnerte sich seiner Einladung und merkte, daß der Tote gekommen war, um mit ihm zu Abend zu essen. Ohne weiter zu erschrecken, bot er ihm einen Stuhl an, und das Gespenst nahm Platz. Das Abendessen bestand aus einer ausgezeichneten Sauerampfersuppe, von der der Tote einen guten Teller voll aß, einem Hammelfrikassee mit Salat und frischer Butter, was alles sehr nach dem Geschmack des eigenartigen Gastes zu sein schien, der dem jungen Mann gegenüber saß. Dazu trank man einige Flaschen schäumenden Apfelwein, und der Kopf des jungen Mannes begann sich schon zu drehen. Er sang alle Lieder, die ihm einfielen, und von Zeit zu Zeit sang der Tote, der ebenso angeheitert schien wie der Bauer, den Refrain. »Sollen wir tanzen?« fragte schließlich der junge Mann.

»Tanzen wir!« Und der Tote begann mit dem Bauern einen tollen Tanz aufzuführen, während seine Knochen im Takte klapperten.

Mitternacht kam, und der junge Mann war müde und empfand das Bedürfnis, sich hinzulegen. Er sagte dies dem Gespenst, welches nun aufhörte in der Stube herumzuspringen und seinen Platz am Tisch wieder einnahm wie einer, der sich nicht zurückziehen will. Vom Kirchturm schlug es eins, und der Bauer, der sich nicht mehr aufrechthalten konnte, ging schlafen und ließ seinen Gefährten auf dem Stuhl sitzen. Kaum hatte sich der junge Mann hingelegt, vernahm er ein neues Geklapper: Das Skelett kam, um sich neben dem Lebendigen auszustrecken. Dieses Mal hatte er Angst; er zitterte an allen Gliedern, er hätte gern geschrien und um Hilfe gerufen, aber er konnte kein einziges Wort herausbringen. In seinem Schrecken mußte er sich darauf beschränken, sich in eine Ecke des Bettes zu drücken, um die eisige Berührung mit den Gebeinen des Toten zu vermeiden. Er konnte die ganze Nacht nicht schlafen. Gegen vier oder fünf Uhr morgens begann der Hahn sein fröhliches Kikeriki zu krähen, um die Nähe des Tages anzukündigen. Das Skelett erwachte, erhob sich mit einem Satz und verschwand mit den Worten: »Ich will nicht im Rückstand bleiben. Du hast mich heute abend in deinem Haus sehr gut aufgenommen; in zwei Wochen erwarte ich dich auf dem Kirchhof zum Abendessen. Ich zähle auf dich. Leb wohl!« Der Bauer nahm sich vor, der Einladung des Toten keine Folge zu leisten.

Zwei Wochen später kehrte der junge Mann aus der benachbarten Stadt zurück und ging, ohne weiter an den Toten zu denken, am Kirchhof vorüber. Da stand dieser plötzlich vor ihm, nahm ihn bei der Hand und zerrte ihn mit sich. »So ist's recht«, sagte er dabei, »du bist ein Mann von Wort! Das Abendessen ist fertig, und ich erwartete dich schon. Um dich zu ehren, habe ich alle meine Freunde eingeladen.« Halb tot vor Angst trat der junge Bauer in den Kirchhof, wo er von den Freudenrufen der versammelten Gespenster empfangen wurde.

Sein Gastgeber führte ihn in eine altertümliche Kapelle, hob den Stein von der Gruft und ließ ihn in das Gewölbe hinabsteigen, wo ein großes Souper aufgetragen war. Alle Toten kamen und setzten sich an die Tafel, worauf das Mahl zum Schrecken des jungen Mannes, dessen Zähne klapperten, unter allgemeiner Fröhlichkeit begann. Als er schließlich sah, daß ihm nichts Unangenehmes zustieß, versuchte er wie die anderen Gäste zu essen, und um sich zu betäuben, trank er hintereinander mehrere Gläser des vorzüglichen Weines. Dann begann der Tanz, und der junge Bauer mußte mit dem Skelett eines jungen Mädchens tanzen, das ihn heftig in die Arme schloß und alle Augenblicke umhalste. »Der

Rundtanz! Der Rundtanz!« riefen die Toten. Und alles stieg aus der Gruft, um auf dem Kirchhof die Runde zu tanzen. Man nahm einander bei der Hand und sprang und wirbelte über Kreuze, Gräber und kleine Kapellen. Dies dauerte bis zum Morgen. Dann hörte man in der Ferne das Krähen eines Hahnes; der Tanz brach ab, die Gräber öffneten sich und die Toten verschwanden.

Betäubt blieb der Bauer liegen, bis die Sonne aufging. Darauf kehrte er ins Dorf zurück und wurde Priester.

Baba Jaga und Wassilissa
die Wunderschöne

Alexander N. Afanasjew

Es lebte einmal ein Kaufmann. Der war zwölf Jahre verheiratet und hatte nur eine Tochter, Wassilissa die Wunderschöne. Als die Mutter starb, war das Mädchen acht Jahre alt. Sterbend rief die Kaufmannsfrau ihre Tochter zu sich, zog unter ihrer Decke eine Puppe hervor und sagte: »Wassilissuschka, höre auf meine letzten Worte! Ich sterbe und hinterlasse dir mit meinem mütterlichen Segen diese Puppe, behalte sie stets bei dir und zeige sie niemand; wenn dir ein Unglück zustößt, gib ihr zu essen und frage sie um Rat. Wenn sie gegessen hat, wird sie dir sagen, wie deinem Kummer abzuhelfen ist.« Dann küßte die Frau ihre Tochter und starb.

Nach dem Tod der Frau trauerte der Mann, wie es sich gehörte, dann aber dachte er neuerdings ans Heiraten. Er war ein schöner Mann, und an Bräuten war kein Mangel. Mehr als alle andern gefiel ihm eine Witwe. Sie war nicht mehr jung und hatte selbst zwei Töchterchen ungefähr im gleichen Alter wie Wassilissa – da mußte sie wohl eine erfahrene Hausfrau und Mutter sein.

Der Kaufmann heiratete sie, fand sich aber betrogen, denn sie war keine gute Mutter für seine Tochter.

Wassilissa war die Schönste im ganzen Dorf, die Stiefmutter und die Stief-

schwestern beneideten sie und quälten sie mit aller möglichen Arbeit, damit sie häßlich würde, mager und braun von Sonne und Wind – ein hartes Leben führte das Kind. Wassilissa machte aber alle Arbeit ohne zu murren, sie wurde immer schöner und voller, während die Stiefmutter und ihre Töchter vor Mißgunst immer magerer und häßlicher wurden. Und doch saßen sie immer da mit den Händen im Schoß wie Damen. Wie ging das zu?

Die Puppe half Wassilissa. Ohne sie hätte das Mädchen mit der Arbeit nicht fertig werden können. Dafür aß Wassilissa oft selbst nichts und bewahrte die schmackhaftesten Bissen auf, und wenn abends alle zur Ruhe gegangen waren, sperrte sie sich in ihrem Kämmerchen ein, brachte der Puppe das Essen und sprach dabei: »Puppe, da iß und höre meinen Jammer! Ich lebe im Haus beim Väterchen und habe ein hartes Los. Die böse Stiefmutter quält mich zu Tod. Lehre mich, was muß ich tun, um dieses Leben zu ertragen!«

Die Puppe aß, gab ihr gute Ratschläge, tröstete sie und machte am nächsten Morgen alle Arbeit für sie. Wassilissa konnte spazierengehen und Blumen pflücken, trotzdem waren die Beete beizeiten gejätet, der Kohl abgesucht, das Wasser getragen, der Herd geheizt. Die Puppe lehrte sie überdies die Kräuter kennen. So war das Leben mit der Puppe schön, und die Jahre vergingen. Wassilissa wuchs heran, und alle Burschen des Dorfes warben um sie.

Die Töchter der Stiefmutter aber sah niemand an; da wurde die Stiefmutter noch böser als früher und antwortete allen Bewerbern: »Ich gebe die jüngere Tochter nicht vor den älteren her.« So schickte sie die Brautwerber fort, und ihren Zorn ließ sie an Wassilissa mit Schlägen aus.

Einmal mußte der Kaufmann in Geschäften für lange Zeit verreisen. Die Stiefmutter übersiedelte währenddessen in ein anderes Haus, das nahe an einem dichten Wald stand. In dem Wald war eine Wiese. Auf der Wiese stand eine Hütte. In der Hütte wohnte die Hexe Baba Jaga, die ließ niemand zu sich herein und fraß Menschen, als wären es Hühner. Während des Umzugs sandte die Kaufmannsfrau die verhaßte Wassilissa oft in den Wald, sie kehrte aber immer wohlbehalten zurück, denn die Puppe zeigte ihr die Wege, auf denen sie die Hütte Baba Jagas vermeiden konnte.

So kam der Herbst. Die Stiefmutter stellte allen drei Mädchen ihre Aufgabe für den Abend: eine mußte Spitzen klöppeln, die zweite Strümpfe stricken und Wassilissa spinnen, jede eine bestimmte Menge. Die Mutter löschte das Feuer im ganzen Haus und ließ nur dort, wo die Mädchen arbeiteten, eine Kerze brennen. Sie selbst legte sich schlafen. Die Mädchen arbeiteten. Die Kerze brannte herunter, und eine von Stiefmutters Töchtern nahm die Schere, als wollte sie den Docht richten. Auf Befehl der Stiefmutter löschte sie dabei das Licht, wie aus Versehen.

»Was soll jetzt geschehen?« fragten die Mädchen einander. »Im ganzen Hause brennt kein Feuer, und unsere Arbeit ist noch nicht beendet. Wir müssen bei Baba Jaga Feuer holen!«

»Mir leuchten die Stecknadeln, ich gehe nicht«, sagte die, welche klöppelte.

»Ich gehe auch nicht«, sagte die zweite, »mir geben die Stricknadeln Licht genug.«

»Du mußt um Feuer gehen«, riefen beide, »geh du zu Baba Jaga.« Dabei stießen sie Wassilissa aus der Stube.

Wassilissa ging in ihr Kämmerchen, setzte Essen vor ihre Puppe und sagte: »Puppe, da iß und höre meinen Jammer. Sie schicken mich zu Baba Jaga um Feuer. Baba Jaga wird mich fressen.« Die Puppe aß, ihre Augen glänzten wie zwei Lichter und sie sprach: »Fürchte dich nicht, Wassilissuschka! Tue was sie dir sagen; nur nimm mich mit dir. Solange ich dabei bin, tut dir Baba Jaga nichts.«

Wassilissa steckte die Puppe in ihre Tasche, bekreuzte sich und ging zitternd in den finstern Wald. Plötzlich jagte ein Reiter an ihr vorbei, der war ganz weiß; weiß auch sein Kleid, sein Pferd und die Zügel – da wurde es Tag. Sie ging weiter, da sprengte plötzlich ein anderer Reiter vorbei, der war ganz rot; rot auch sein Pferd und seine Kleider – da ging die Sonne auf. Wassilissa ging die ganze Nacht und den ganzen Tag, erst am nächsten Abend kam sie auf die Wiese, wo Baba Jagas Hütte stand. Der Zaun um die Hütte war aus Menschenknochen, auf den Pfählen staken Totenschädel mit leeren Augen, statt der Angeln am Tor waren Füße, statt der Riegel Hände, an Stelle des Schlosses ein Mund mit scharfen Zähnen angebracht. Vor Schreck blieb Wassilissa wie angewurzelt stehen. Plötzlich sprengte wieder ein Reiter des Weges, der war ganz schwarz, schwarz auch sein Pferd und seine Kleider. Er sprengte zum Tor und verschwand, als hätte ihn die Erde verschluckt – da wurde es Nacht. Die Dunkelheit dauerte aber nicht lange, in allen Totenschädeln des Zaunes erglühten die Augen, davon ward es auf der Wiese hell wie bei Tag. Wassilissa zitterte vor Angst, blieb aber stehen, da sie nicht wußte, wohin sie entfliehen könnte. Auf einmal erhob sich im Wald ein schrecklicher Lärm. Die Bäume krachten, die trockenen Blätter raschelten.

Aus dem Wald fuhr Baba Jaga nach Hause in ihrem Mörser, trieb ihn an mit einer Keule und verwischte ihre Spur mit dem Besen. Bei dem Tor hielt sie an, schnupperte und rief: »Pfui, pfui, hier riecht es nach einem Russen! Wer ist da?«

Angsterfüllt trat Wassilissa zu ihr hin, verneigte sich tief und sagte: »Ich bin es, Mütterchen, Stiefmutters Töchter schickten mich zu dir um Feuer.«

»Schon gut«, sagte Baba Jaga, »ich kenne sie, bleibe bei mir und arbeite für mich, dann gebe ich dir Feuer, sonst aber fresse ich dich.« Dann wandte sie sich an das Tor und rief: »He, zurück meine starken Riegel! Mein starkes Tor, spring auf!« Das Tor sprang auf und sausend fuhr Baba Jaga hinein, Wassilissa hinterdrein. Dann schlug das Tor wieder zu. Im Zimmer reckte sich Baba Jaga und sagte zu Wassilissa: »Gib her, was im Ofen steht, ich will essen!«

Wassilissa entzündete einen Kienspan an den Totenschädeln am Zaun und

holte Baba Jaga das Essen aus dem Ofen herbei, das war ein zerstückelter, gekochter Mensch. Aus dem Keller holte sie Kwaß, Honigbier und Wein. Die Alte aß und trank alles auf. Für Wassilissa blieb nur ein Restchen Kohlsuppe, ein Rändchen Brot und ein Stückchen Schweinefleisch. Baba Jaga legte sich schlafen und sagte zu Wassilissa: »Morgen, wenn ich fortfahre, reinige den Hof und fege die Hütte, richte das Essen und wasche die Wäsche, geh auf den Boden, hol dir ein Viertel Weizen und lies ihn aus, sieh zu, daß du fertig wirst, eh ich nach Hause komme, sonst freß ich dich auf!« Und kaum hatte sie diese Befehle erteilt, begann sie zu schnarchen.

Wassilissa stellte die Reste des Essens vor die Puppe und sagte: »Puppe, da iß und höre meinen Jammer! Schwere Aufgaben stellte mir Baba Jaga und drohte, mich aufzufressen, wenn ich nicht alles ausführe. Hilf mir!«

»Fürchte dich nicht, Wassilissa, du Wunderschöne. Iß, bete und lege dich schlafen. Der Morgen ist klüger als der Abend!«

Früh am nächsten Morgen erwachte Wassilissa. Baba Jaga war schon aufgestanden und schaute zum Fenster hinaus. In den Totenschädeln verglommen die Augen, da jagte der weiße Reiter vorbei und es wurde Tag. Baba Jaga trat in den Hof und pfiff, und gleich erschien der Mörser mit Keule und Besen, da jagte der rote Reiter vorbei, und die Sonne ging auf. Baba Jaga setzte sich in ihren Mörser und fuhr davon, mit der Keule trieb sie den Mörser an und verwischte die Spur mit dem Besen.

Wassilissa blieb allein zurück, besah das Haus Baba Jagas, staunte über all den vorhandenen Reichtum und überlegte, mit welcher Arbeit sie beginnen sollte. Aber siehe da, alle Arbeit war schon gemacht. Die Puppe las eben die letzten Weizenkörner aus.

»Oh, du meine Retterin«, sagte Wassilissa, »du hilfst mir aus großer Not.«

»Du mußt nur noch das Essen bereiten«, entgegnete die Puppe und kletterte wieder in Wassilissas Tasche zurück. »Bereite es mit Gottes Hilfe und warte ruhig.«

Abends deckte Wassilissa den Tisch und erwartete Baba Jaga. Es dämmerte, da jagte der schwarze Reiter vorbei – gleich wurde es ganz dunkel, nur die Augen der Schädel glühten. Die Bäume zitterten, die Blätter raschelten – Baba Jaga fuhr herein, und Wassilissa trat ihr entgegen.

»Hast du alles gemacht?« fragte Baba Jaga.

»Sieh selbst nach, Großmütterchen«, sagte Wassilissa.

Baba Jaga sah alles nach, ärgerte sich ein wenig, daß sie nichts zu tadeln fand

und sagte: »Schon gut.« Dann rief sie: »Treue Diener, Herzensfreunde, mahlt meinen Weizen!«

Da erschienen drei Paar Hände, ergriffen den Weizen und trugen ihn fort.

Baba Jaga aß und erteilte Wassilissa vor dem Einschlafen wieder Befehle: »Tue morgen dasselbe wie heute, aber außerdem nimm noch den Mohn, der auf dem Boden steht und reinige ihn von der Erde, jedes Körnchen! Jemand hat aus Bosheit Erde darunter gemischt!« Kaum hatte die Alte das gesagt, so kehrte sie sich zur Wand und schnarchte.

Wassilissa fütterte sogleich ihre Puppe. Die Puppe aß und sagte wie gestern: »Bete und lege dich schlafen; der Morgen ist klüger als der Abend – alles wird gemacht sein, Wassilissuschka!«

Am Morgen fuhr Baba Jaga wieder fort, und Wassilissa machte mit Hilfe der Puppe die Arbeit fertig. Die Alte kam zurück, besichtigte alles und rief: »Treue Diener, Herzensfreunde, holt den Mohn und preßt das Öl heraus!« Da kamen drei Paar Hände, ergriffen den Mohn und schleppten ihn davon. Baba Jaga setzte sich zum Essen, und Wassilissa stand schweigend neben ihr.

»Warum sprichst du nichts, sondern stehst da wie stumm?« fragte Baba Jaga.

»Ich traute mich nicht, aber wenn du es erlaubst, möchte ich gerne etwas fragen.«

»Frage, doch nicht jede Frage führt zum Guten. Viel wissen macht alt!«

»Ich möchte dich nur über etwas befragen, was ich sah, Großmütterchen. Als ich zu dir ging, überholte mich ein weißer Reiter in weißem Gewand, auf weißem Pferd, wer war das?«

»Der helle Tag!«

»Dann überholte mich ein roter Reiter auf rotem Pferd, in roten Kleidern, wer war das?«

»Die rote Sonne!«

»Was bedeutet der schwarze Reiter, der mich gerade vor deinem Tor überholte, Großmütterchen?«

»Das war die dunkle Nacht. – Das sind meine treuen Diener!«

Wassilissa dachte an die drei Paar Hände und schwieg.

»Weshalb fragst du nicht weiter?« forschte Baba Jaga.

»Ich weiß genug, du sagst ja selbst, vieles wissen – macht alt.«

»Es ist gut, daß du nur nach Dingen fragst, die du im Walde gesehen hast und nicht nach Dingen, die auf meinem Hof sind, ich mag nicht, daß man den Kehricht aus meiner Hütte fortträgt, und die allzu Wißbegierigen fresse ich. Jetzt aber frage ich: Wieso bringst du all die Arbeit fertig, die ich dir auftrage?«

»Mir hilft meiner Mutter Segen.«

»So! Dann pack dich von hinnen, gesegnete Tochter! Ich mag die Gesegneten nicht!« Sie schleppte Wassilissa aus der Stube und stieß sie zum Tor hinaus, nahm einen Totenschädel mit brennenden Augen vom Zaun, steckte ihn auf einen Stab, gab ihn ihr und sagte: »Da hast du Feuer für die Töchter der Stiefmutter, sie sandten dich ja deshalb zu mir.«

Wassilissa lief beim Lichte des Totenschädels, der erst am Morgen erlosch, heimwärts. Am Abend des nächsten Tages erreichte sie das Haus. Jetzt wollte sie den Schädel wegwerfen, da hörte sie eine dumpfe Stimme in dem hohlen Totenkopfe sprechen: »Wirf mich nicht weg, bring mich der Stiefmutter!« Sie sah

auf das Haus ihrer Stiefmutter und erblickte in keinem Fensterchen Licht, da entschloß sie sich, mit dem Totenschädel einzutreten. Sie wurde freundlich empfangen, und die Schwestern erzählten ihr, daß seit der Zeit, da sie fort war, im Haus bei ihnen kein Feuer gewesen sei. Selbst konnten sie sich keines schlagen, und das der Nachbarn verlosch, sowie man es in die Stube brachte.

»Vielleicht wird dein Feuer brennen!« sagte die Stiefmutter.

Sie trugen den Totenkopf in die Stube, und die brennenden Augen blickten die Stiefmutter und ihre Töchter derart an, daß es sie versengte! Sie konnten sich verstecken, wohin sie wollten, die Augen folgten ihnen überall hin; am Morgen waren sie ganz zu Kohle verbrannt, nur Wassilissa war übrig geblieben.

Wassilissa vergrub den Totenkopf in der Erde, sperrte das Haus zu und ging in die Stadt. Sie bat dort eine arme alte Frau, ihr bis zu der Heimkehr ihres Vaters Unterkunft zu gewähren. Einmal sagte sie der Alten: »Mütterchen, müßig da zu sitzen langweilt mich! Gehe hin und kaufe mir vom allerbesten Flachs, ich will spinnen.«

Die Alte kaufte guten Flachs. Wassilissa machte sich an die Arbeit, und flink ging sie ihr von der Hand, dabei ward der Faden glatt und fein wie Härlein. Als sie viel Gespinst beisammen hatte und es an der Zeit war zu weben, fand sich kein Kamm, der für Wassilissas Gespinst genügt hätte. Niemand wollte weben; da wandte sie sich an ihre Puppe, die sprach: »Bringe mir irgendeinen alten Kamm, ein altes Schiffchen und eine Pferdemähne, ich mache es dir.«

Wassilissa ging zu Bett, und die Puppe machte in der Nacht einen herrlichen Webstuhl. Zu Ende des Winters war das Linnen gewebt, es war so fein, daß man es wie einen Faden durch ein Nadelöhr ziehen konnte. Im Frühjahr bleichten sie das Linnen, und Wassilissa sagte zur Alten: »Verkauf das Gewebe und behalte das Geld für dich.«

Die Alte besah die Ware und bewunderte sie: »Ach, Kindchen, außer dem Zar kann niemand solches Linnen tragen. Ich bringe es an den Hof.« Die Alte ging zum Zarenpalast und ging vor dem Fenster auf und ab.

Der Zar sah sie und fragte: »Alte, was willst du?«

»Großmächtiger Zar, ich brachte eine wundervolle Ware, die will ich niemand zeigen außer dir.«

Der Zar befahl, daß man die Alte vorlasse; kaum hatte er das Linnen gesehen, bewunderte er es sehr. »Was willst du dafür?« fragte er.

»Es hat keinen Preis, Väterchen Zar, ich mache es dir zum Geschenk.«

Der Zar bedankte sich und entließ sie reich belohnt. Nun wollte der Zar

Hemden aus der Leinwand nähen lassen, aber er konnte keine Näherin finden, welche die Arbeit übernehmen wollte. Lange suchte der Zar, endlich ließ er die Alte kommen und sagte: »Wenn du dieses Linnen spinnen und weben konntest, so kannst du mir auch ein Hemd daraus nähen.«

»Nicht ich konnte das Linnen weben und spinnen«, sagte die Alte, »sondern ein Mädchen, das ich bei mir aufgenommen habe.«

»Ei, dann soll sie es mir nähen.«

Die Alte ging nach Hause und erzählte Wassilissa alles.

»Ich wußte, daß diese Arbeit mir zufallen mußte«, sagte Wassilissa, sperrte sich in ihr Stübchen ein, machte sich an die Arbeit und legte die Hände nicht eher in den Schoß, als bis sie ein Dutzend Hemden fertig gemacht hatte.

Die Alte brachte dem Zaren die Hemden, und Wassilissa wusch und kämmte sich, kleidete sich an und setzte sich ans Fenster. So saß sie und wartete.

Da kam ein Diener des Zaren, trat in die Stube und sagte: »Der Zar will die Künstlerin sehen, die ihm die Hemden nähte und sie mit eigener Hand belohnen.«

Wassilissa die Wunderschöne ging zum Zaren. Als er sie erblickte, verliebte er sich über alle Maßen in sie. »Nein, du Schönheit! Ich trenne mich nicht mehr von dir; du wirst meine Frau.« Der Zar nahm Wassilissa bei ihren weißen Händen, setzte sie neben sich und ließ zur Hochzeit aufspielen.

Wassilissas Vater kehrte bald darauf zurück, freute sich über ihr Glück und blieb bei der Tochter wohnen. Wassilissa nahm auch die Alte zu sich, und die Puppe blieb stets in ihrer Tasche.

Wie eine Alte
den Tod narrte

Französisches Volksmärchen

In einem Dorf des Artois lebte eine gute alte Frau, der es großes Vergnügen bereitete, Unglücklichen zu helfen. Alle, die an ihre Tür klopften, konnten sicher sein, mit einigen Sous und einem ordentlichen Stück Weißbrot wieder abzuziehen. So kam es, daß die Bettler der Nachbardörfer das Haus der alten Frau nie übergingen.

Ein großer Heiliger, an dessen Namen ich mich nicht mehr erinnere, hatte oft mit der guten Frau gespeist, wenn seine Geschäfte ihn in die Nähe des Dorfes riefen, und eines Tages sagte er zu seiner Gastgeberin: »Der liebe Gott hat mir die Macht verliehen, Euch einen Wunsch zu erfüllen, was immer es auch sei. Überlegt es wohl, und dann sagt mir, was Ihr Euch wünscht.«

Die Frau überlegte lange, dann sprach sie: »Ich habe in meinem Garten einen großen Pflaumenbaum. Ich möchte, daß ich jeden, der hinaufklettert, um Pflaumen zu pflücken, dort festhalten kann, solange es mir beliebt.«

»Euer Wunsch ist merkwürdig, gute Frau. Aber wenn Ihr es so wollt, soll Eure Bitte erfüllt werden.«

Somit verabschiedete sich der Heilige von der Alten und kehrte zurück in den Himmel.

Zehn Jahre später kam der Tod am Haus der Frau vorüber.

»Sie ist bald achtzig«, sagte er zu sich; »sie hat ihren Teil gelebt. Ich werde sie mitnehmen.«

Und der Tod trat ins Haus.

»Ach, du bist's, Tod? Auf dich wart ich schon lange. Ich bin bereit zu gehen, und ohne Bedauern. Doch halt! Ich irre mich; bevor ich diese Erde verlasse, möchte ich noch ein paar Pflaumen essen.«

»Wenn's weiter nichts ist; warte einen Augenblick.«

Schnell ging der Tod in den Garten, kletterte auf den Pflaumenbaum, pflückte Pflaumen und wollte wieder hinunter. Aber die alte Frau beobachtete ihn und sagte: »Ich will, daß der Tod nicht ohne meine Erlaubnis vom Baum herunter kann.«

Und der Tod konnte sich noch so ereifern, er konnte noch so drohen, bitten, schreien, schimpfen, es war ihm nicht möglich, vom Pflaumenbaum herunterzukommen.

Sechs Monate lang starb niemand auf Erden. Die Gebrechlichen, die Verletzten, die Kranken litten furchtbar und riefen den Tod, der nicht kam. Am unglücklichsten von allen waren aber die Ärzte, denen es nicht einmal gelang, das elendeste Geschöpf sterben zu lassen. Einer dieser Ärzte, ein großer Freund des Todes, eilte herbei, um ihm vom Baum herunterzuhelfen; doch alles, was er erreichte, war, daß er dessen Schicksal teilen mußte.

Schließlich kam man von überall, um die Frau zu bitten, den Tod ziehen zu lassen. Die gute Alte war einverstanden, doch stellte sie die Bedingung, der Tod müsse sie dreimal rufen, bevor er sie holen dürfe.

Der Tod stieg vom Baum, und, wie früher, begann er von neuem, die Lebenden zu schlagen, zur großen Erleichterung der einen, zur großen Verzweiflung der andern.

Die alte Frau aber wurde bald so gebrechlich, so verbraucht, so hilflos, daß sie eines Tages den Tod rief, dreimal, und so kam sie ins Paradies, um den Platz einzunehmen, der für sie dank ihrer guten Taten bereitstand.

Das häßliche Entlein

Hans Christian Andersen

Es war herrlich draußen auf dem Lande. Es war Sommer, das Korn stand gelb, der Hafer grün, das Heu war unten auf den grünen Wiesen in Haufen aufgeschichtet, und der Storch ging auf seinen langen roten Beinen und plapperte ägyptisch, denn diese Sprache hatte er von seiner Frau Mutter gelernt. Rings um die Äcker und Wiesen waren große Wälder und mitten in den Wäldern tiefe Seen. Ja, es war wirklich herrlich draußen auf dem Lande! Mitten im Sonnenschein lag dort ein altes Landgut, von tiefen Kanälen umgeben, und von der Mauer bis zum Wasser herunter wuchsen große Klettenblätter, die so hoch waren, daß kleine Kinder unter den höchsten aufrecht stehen konnten; es war darin ebenso wild wie im tiefsten Walde. Hier saß auf ihrem Nest eine Ente, welche ihre Jungen ausbrüten mußte; aber es wurde ihr fast zu langweilig, weil es so lange dauerte, ehe die Jungen kamen; dazu erhielt sie selten Besuch; die andern Enten schwammen lieber in den Kanälen umher, als daß sie hinaufliefen, sich unter ein Klettenblatt zu setzen, um mit ihr zu schnattern.

Endlich platzte ein Ei nach dem andern: »Piep! Piep!« sagte es; alle Eidotter waren lebendig geworden und steckten den Kopf heraus.

»Rapp! Rapp!« sagte sie; und so rappelten sich alle, was sie konnten, und sahen nach allen Seiten unter den grünen Blättern; und die Mutter ließ sie sehen, so viel sie wollten, denn Grün ist gut für die Augen.

»Wie groß ist doch die Welt!« sagten alle Jungen; denn nun hatten sie freilich viel mehr Platz als im Ei.

»Glaubt ihr, daß dies die ganze Welt sei?« sagte die Mutter. »Die erstreckt sich noch weit über die andere Seite des Gartens, gerade hinein in des Pfarrers Feld; aber da bin ich noch nie gewesen! Ihr seid doch alle beisammen?« fuhr sie fort und stand auf. »Nein, ich habe nicht alle; das größte Ei liegt noch da; wie lange soll denn das noch dauern! Jetzt bin ich es bald überdrüssig!« und so setzte sie sich wieder.

»Nun, wie geht es?« fragte eine alte Ente, welche gekommen war, um ihr einen Besuch abzustatten.

»Es währt recht lange mit dem einen Ei!« sagte die Ente, die da saß. »Es will nicht platzen; doch sieh nur die andern an: sind es nicht die niedlichsten Entlein, die man je gesehen? Sie gleichen allesamt ihrem Vater – dem Schuft! Aber besuchen tut er mich nicht.«

»Laß mich das Ei sehen, welches nicht platzen will!« sagte die Alte. »Glaube mir, es ist ein Truthennenei! Ich bin auch einmal so angeführt worden und hatte meine große Sorge und Not mit den Jungen, denn sie haben Angst vor dem Wasser! Ich konnte sie nicht hineinbringen; ich rappte und schnappte, aber es half nichts. – Laß mich das Ei sehen! Ja, das ist ein Truthennenei! Laß es liegen und lehre lieber die andern Kinder schwimmen!«

»Ich will doch noch ein bißchen darauf sitzen«, sagte die Ente, »habe ich nun so lange gesessen, so kann ich auch noch einige Tage sitzen.«

»Bitte«, sagte die alte Ente und ging.

Endlich platzte das große Ei. »Piep! Piep!« sagte das Junge und kroch heraus. Es war sehr groß und häßlich! Die Ente betrachtete es: »Es ist doch ein gewaltig großes Entlein das«, sagte sie; »keins von den andern sieht so aus; sollte es wohl ein Truthennenküken sein? Nun wir wollen bald dahinterkommen; in das Wasser muß es, und wenn ich es selbst hineinstoßen sollte.«

Am nächsten Tage war schönes, herrliches Wetter; die Sonne schien auf alle grünen Kletten. Die Entleinmutter ging mit ihrer ganzen Familie zu dem Kanal hinunter. Platsch! Da sprang sie ins Wasser. »Rapp! Rapp!« sagte sie, und ein Entlein nach dem andern plumpste hinein; das Wasser schlug ihnen über dem Kopfe zusammen, aber sie kamen gleich wieder empor und schwammen ganz prächtig; die Beine gingen von selbst, und alle waren sie im Wasser; selbst das häßliche, graue Junge schwamm mit.

»Nein, ein Truthahn ist es nicht«, sagte sie; »sieh, wie herrlich es die Beine gebraucht, wie gerade es sich hält; es ist mein eigenes Kind! Im Grunde ist es doch hübsch, wenn man es nur recht betrachtet. Rapp! Rapp! – Kommt nur mit mir, ich werde euch in die große Welt führen, euch im Entenhofe präsentieren; aber haltet euch immer nahe zu mir, damit euch niemand trete und nehmt euch vor den Katzen in acht!«

Und so kamen sie in den Entenhof hinein. Drinnen war ein schrecklicher Lärm, denn da waren zwei Familien, die sich um einen Aalkopf zankten, und am Ende bekam ihn doch die Katze.

»Seht, so geht es zu in der Welt!« sagte die Entleinmutter und wetzte ihren Schnabel, denn auch sie wollte den Aalkopf haben. »Braucht nun die Beine!« sagte sie. »Seht, daß ihr euch rappeln könnt, und neigt euern Hals vor der alten Ente dort; die ist die vornehmste von allen hier; sie ist aus spanischem Geblüt, deshalb ist sie so dick, und seht ihr: sie hat einen roten Lappen um das Bein; das ist etwas außerordentlich Schönes und die größte Auszeichnung, welche einer Ente zuteil werden kann; das bedeutet, daß man sie nicht verlieren will und daß sie von Tier und Mensch erkannt werden soll! – Rappelt euch! – Setzt die Füße nicht einwärts: ein wohlerzogenes Entlein setzt die Füße weit auswärts, gerade wie Vater und Mutter; seht so! Nun neigt euern Hals und sagt: Rapp!«

Und das taten sie; aber die andern Enten ringsumher betrachteten sie und sagten ganz laut: »Sieh da! Nun sollen wir noch ihren Anhang haben; als ob wir nicht schon so genug wären! Und pfui! Wie das eine Entlein aussieht, das wollen wir nicht dulden!« – Und sogleich flog eine Ente hin und biß es in den Nacken.

»Laß es in Ruhe!« sagte die Mutter. »Es tut ja niemandem etwas.«

»Ja, aber es ist so groß und so sonderbar«, sagte die Ente, die es gebissen hatte, »und deshalb muß es gepufft werden.«

»Die Mutter hat hübsche Kinder«, sagte die alte Ente mit dem Lappen am Bein, »alle sind schön, bis auf das eine; das ist nicht geglückt; ich wollte, sie könnte es noch einmal machen.«

»Das geht nicht, Ihro Gnaden«, sagte die Entleinmutter, »es ist nicht hübsch, aber es hat ein innerlich gutes Gemüt und schwimmt so herrlich wie jedes andere, ja, ich darf sagen, noch etwas besser; ich denke, es wird hübsch heranwachsen und mit der Zeit etwas kleiner werden; es hat zu lange in dem Ei gelegen und deshalb nicht die rechte Gestalt bekommen!« Und sie zupfte es im Nacken und glättete das Gefieder. »Es ist überdies ein Enterich«, sagte sie; »und darum macht es nicht soviel aus. Ich denke, der wird gute Kräfte bekommen; er schlägt sich schon durch.«

»Die andern Entlein sind niedlich«, sagte die Alte; »tut nun, als ob ihr zu Hause wäret, und findet ihr einen Aalkopf, so könnt ihr ihn mir bringen.«

Und nun waren sie zu Hause.

Aber das arme Entlein, welches zuletzt aus dem Ei gekrochen war und so häßlich aussah, wurde gebissen, gestoßen und gefoppt, und das sowohl von den Enten wie von den Hühnern. »Es ist zu groß!« sagten alle, und der Truthahn, welcher mit Sporen zur Welt gekommen war und deshalb glaubte, daß er ein Kaiser sei, blies sich auf wie ein Kahn mit vollen Segeln und ging auf das Entlein los; dann kollerte er und wurde ganz rot am Kopf. Das arme Entlein wußte nicht, wo es stehen oder gehen sollte; es war betrübt, weil es häßlich aussah und vom ganzen Entenhof verspottet wurde.

So ging es den ersten Tag, und später wurde es schlimmer und schlimmer. Das arme Entlein wurde von allen gejagt: selbst seine Schwestern waren so böse zu ihm und sagten immer: »Wenn dich nur die Katze fangen würde, du häßliches Geschöpf!« Und die Mutter sagte: »Wenn du nur weit fort wärst!« Die Enten bissen es, und die Hühner schlugen es, und das Mädchen, welches die Tiere füttern sollte, stieß mit den Füßen nach ihm.

Da lief es und flog über den Zaun; die kleinen Vögel in den Büschen flogen erschrocken auf. »Das geschieht, weil ich so häßlich bin«, dachte das Entlein und schloß die Augen, lief aber gleichwohl weiter; so kam es hinaus zu dem großen Moor, wo die Wildenten wohnten. Hier lag es die ganze Nacht; es war müde und voller Kummer.

Gegen Morgen flogen die Wildenten auf und betrachteten den neuen Kameraden. »Was bist denn du für einer?« fragten sie; und das Entlein wendete sich nach allen Seiten und grüßte, so gut es konnte.

»Du bist außerordentlich häßlich!« sagten die Wildenten. »Aber das kann uns egal sein, wenn du nur nicht in unsere Familie hineinheiratest.« – Das Arme! Es dachte wahrlich nicht daran, sich zu verheiraten, wenn es nur die Erlaubnis erhalten konnte, im Schilf zu liegen und etwas Moorwasser zu trinken.

So lag es zwei ganze Tage; da kamen zwei wilde Gänse oder richtiger wilde Gänseriche dorthin; es war noch nicht lange her, daß sie aus dem Ei gekrochen waren, und deshalb waren sie auch so keck.

»Höre, Kamerad!« sagten sie. »Du bist so häßlich, daß wir dich gut leiden können; willst du mitziehen und Zugvogel werden? Hier ganz in der Nähe in einem andern Moor gibt es einige süße, liebliche Wildgänse, lauter junge Damen, die alle ›Rapp!‹ sagen können. Am Ende machst du dort dein Glück, so häßlich du auch bist!« –

»Piff! Paff!« ertönte es plötzlich über ihnen, und beide wilden Gänseriche fielen tot in das Schilf, und das Wasser wurde blutrot. – »Piff! Paff!« erscholl es wieder, und ganze Scharen wilder Gänse flogen auf aus dem Schilf. Und dann knallte es wieder. Es war große Jagd; die Jäger lagen rings um das Moor herum; ja, einige saßen oben in den Baumzweigen, welche sich weit über das Schilfrohr hinstreckten. Der blaue Rauch zog gleich Wolken in die dunkeln Bäume hinein und weit über das Wasser hin; zum Moor kamen die Jagdhunde: Platsch! Platsch! Schilf und Rohr neigte sich nach allen Seiten. Das war ein Schreck für das arme Entlein! Es wendete den Kopf, um ihn unter den Flügel zu stecken, aber in demselben Augenblicke stand ein fürchterlich großer Hund dicht bei dem Entlein; die Zunge hing ihm lang aus dem Halse heraus, und die Augen leuchteten greulich, häßlich; er streckte seine Schnauze dem Entlein entgegen, zeigte ihm die scharfen Zähne und – Platsch! Platsch! ging er wieder, ohne es zu packen.

»Oh, Gott sei Dank!« seufzte das Entlein. »Ich bin so häßlich, daß mich selbst der Hund nicht beißen mag!«

Und so lag es still, während die Schrotkörner durch das Schilf sausten und Schuß auf Schuß knallte.

Erst spät am Tage wurde es ruhig. Aber das arme Junge wagte noch nicht, sich zu erheben; es wartete noch mehrere Stunden, bevor es sich umsah, und dann eilte es fort aus dem Moor, so schnell es konnte. Es lief über Feld und Wiese: da tobte ein solcher Sturm, daß es ihm schwer wurde, von der Stelle zu kommen.

Gegen Abend erreichte es eine kleine, armselige Bauernhütte; die war so baufällig, daß sie selbst nicht wußte, nach welcher Seite sie fallen sollte; und darum blieb sie stehen. Der Sturm brauste um das Entlein, so daß es sich niedersetzen mußte, um sich dagegen zu stemmen. Die Sache wurde schlimmer und schlimmer. Da bemerkte es, daß die Türe aus der einen Angel gesprungen war und so schief hing, daß es durch die Spalte in die Stube hineinschlüpfen konnte, und das tat es.

Hier wohnte eine Frau mit ihrem Kater und ihrer Henne. Und der Kater, welchen sie Söhnchen nannte, konnte einen Buckel machen und schnurren; er sprühte sogar Funken, aber dann mußte man ihn gegen das Haar streicheln. Die Henne hatte ganz kleine, niedrige Beine, und deshalb wurde sie Küchelchen Kurzbein genannt; sie legte gute Eier, und die Frau liebte sie wir ihr Kind.

Am Morgen bemerkte man sogleich das fremde Entlein; und der Kater begann zu schnurren und die Henne zu glucken.

»Was ist das?« sagte die Frau und sah sich ringsum; aber sie sah nicht gut, und so glaubte sie, daß das Entlein eine fette Ente sei, die sich verirrt habe. »Das ist ja ein seltener Fang!« sagte sie. »Nun kann ich Enteneier bekommen. Wenn es nur kein Enterich ist! Das müssen wir erproben.«

Und so wurde das Entlein für drei Wochen auf Probe angenommen; aber es kamen keine Eier. Und der Kater war Herr im Hause, und die Henne war die Dame, und immer sagte sie: »Wir und die Welt!« Denn sie glaubte, daß sie die Hälfte seien, und zwar die bei weitem bessere Hälfte. Das Entlein glaubte, daß man auch eine andere Meinung haben könne; aber das litt die Henne nicht.

»Kannst du Eier legen?« fragte sie.

»Nein!«

»Nun, dann wirst du die Güte haben, zu schweigen!«

Und der Kater sagte: »Kannst du einen krummen Buckel machen, schnurren und Funken sprühen?«

»Nein!«

»So darfst du auch keine Meinung haben, wenn vernünftige Leute sprechen!«

Und das Entlein saß im Winkel und war schlechter Laune; da fiel die frische

Luft und der Sonnenschein herein; es bekam solche sonderbare Lust auf dem Wasser zu schwimmen, daß es nicht unterlassen konnte, dies der Henne zu sagen.

»Was fällt dir ein?« sagte diese. »Du hast nichts zu tun, deshalb fängst du Grillen! Leg Eier oder schnurre, so gehen sie vorüber.«

»Aber es ist so schön, auf dem Wasser zu schwimmen!« sagte das Entlein. »So herrlich, es über dem Kopfe zusammenschlagen zu lassen und auf den Grund zu tauchen!«

»Ja, das ist ein großes Vergnügen!« sagte die Henne. »Du bist wohl verrückt geworden! Frag den Kater – er ist das klügste Geschöpf, das ich kenne –, ob er es liebt, auf dem Wasser zu schwimmen oder unterzutauchen? Ich will nicht von mir reden. – Aber frag unsere Herrschaft, die alte Frau; klüger als sie ist niemand auf der Welt! Glaubst du, daß *die* Lust hat, zu schwimmen und das Wasser über dem Kopfe zusammenschlagen zu lassen?«

»Ihr versteht mich nicht!« sagte das Entlein.

»Wir verstehen dich nicht? Wer soll dich denn verstehen können? Du wirst doch wohl nicht klüger sein wollen als der Kater und die Frau – von mir will ich nicht reden! Bilde dir nichts ein, Kind, und danke deinem Schöpfer für all das Gute, das man dir erwiesen! Bist du nicht in eine warme Stube gekommen und hast du nicht eine Gesellschaft, von der du etwas profitieren kannst? Aber du bist ein Schwätzer, und es ist nicht erfreulich, mit dir umzugehen! Mir kannst du glauben! Ich meine es gut mit dir. Ich sage dir Unannehmlichkeiten, und daran kann man seine wahren Freunde erkennen! Sieh nur zu, daß du Eier legst oder schnurren und Funken sprühen lernst!«

»Ich glaube, ich gehe hinaus in die weite Welt!« sagte das Entlein.

»Ja, tu das!« sagte die Henne.

Und das Entlein ging; es schwamm auf dem Wasser, es tauchte unter, aber von allen Tieren wurde es wegen seiner Häßlichkeit übersehen.

Nun kam der Herbst; die Blätter im Walde wurden gelb und braun; der Wind faßte sie, so daß sie umhertanzten; und oben in der Luft war es sehr kalt; die Wolken hingen schwer von Hagel und Schneeflocken; und auf dem Zaune stand der Rabe und schrie vor Kälte: »Au! Au!«; ja, es fror einen schon, wenn man nur daran dachte. Das arme Entlein hatte es wahrlich nicht gut! Eines Abends – die Sonne ging so schön unter – kam ein Schwarm herrlicher, großer Vögel aus dem Gebüsch, das Entlein hatte nie so schöne gesehen; sie waren blendend weiß, mit langen, geschmeidigen Hälsen: es waren Schwäne. Sie stießen einen eigentümlichen Ton aus, breiteten ihre prächtigen, langen Flügel aus und flogen aus der kalten Gegend fort nach wärmeren Ländern, nach offenen Seen! Sie stiegen so hoch, so hoch, und dem häßlichen, jungen Entlein wurde gar sonderbar zu Mute. Es drehte sich im Wasser, wie ein Rad, rundherum, streckte den Hals hoch in die Luft nach ihnen und stieß einen so lauten und sonderbaren Schrei aus, daß es sich selbst davor fürchtete. O, es konnte die schönen, glücklichen Vögel nicht vergessen; und sobald es sie nicht mehr erblickte, tauchte es unter bis auf den Grund; und als es wieder heraufkam, war es wie außer sich. Es wußte nicht, wie die Vögel hießen, auch nicht, wohin sie flogen; aber es liebte sie, wie es noch nie jemanden geliebt hatte. Es beneidete sie durchaus nicht. Wie konnte es ihm einfallen, sich solche Schönheit zu wünschen? Es wäre schon froh gewesen, wenn die Enten es nur unter sich geduldet hätten – das arme, häßliche Tier!

Der Winter wurde kalt, sehr kalt! Das Entlein mußte im Wasser umherschwimmen, um zu verhindern, daß es völlig zufror; aber in jeder Nacht wurde das Loch, in dem es schwamm, kleiner und kleiner. Es fror so, daß es in der Eisdecke knackte; das Entlein mußte fortwährend mit den Beinen strampeln, damit das Loch sich nicht schloß. Zuletzt wurde es matt, lag ganz stille und fror so im Eis fest.

Des Morgens früh kam ein Bauer; da er dies sah, ging er hin, schlug mit seinem Holzschuh das Eis in Stücke und trug das Entlein heim zu seiner Frau. Da kam es wieder zu sich.

Die Kinder wollten mit ihm spielen; aber das Entlein glaubte, sie wollten ihm etwas zuleide tun und fuhr in der Angst gerade in die Milchschüssel hinein, so daß die Milch in die Stube spritzte. Die Frau schlug die Hände zusammen, worauf es in das Butterfaß, dann hinunter in die Mehltonne und wieder heraus flog. Wie sah es da aus! Die Frau schrie und schlug mit der Feuerzange nach ihm; die Kinder rannten einander über den Haufen, um das Entlein zu fangen; sie lachten und schrien! – Gut war es, daß die Tür aufstand und es zwischen die Reiser in den frischgefallenen Schnee schlüpfen konnte: da lag es ganz ermattet.

Aber all die Not und das Elend, welches das Entlein in dem harten Winter erdulden mußte, zu erzählen, würde zu betrübend sein. Es lag im Moor zwischen dem Schilfe, als die Sonne wieder warm zu scheinen begann. Die Lerchen sangen; es war ein herrlicher Frühling.

Da konnte auf einmal das Entlein seine Flügel schwingen; sie brausten stärker als früher und trugen es kräftig davon; und ehe es dasselbe recht wußte, befand es sich in einem großen Garten, wo der Flieder duftete und seine langen, grünen Zweige bis zu den geschlängelten Kanälen hinunter neigte. O, hier war es so schön, so frühlingsfrisch! Und vorn aus dem Dickicht kamen drei prächtige, weiße Schwäne; sie brausten mit den Federn und schwammen so leicht auf dem Wasser. Das Entlein kannte die prächtigen Tiere und wurde von einer wunderlichen Traurigkeit ergriffen.

»Ich will zu ihnen hinfliegen, zu den königlichen Vögeln! Und sie werden mich totschlagen, weil ich, der ich so häßlich bin, mich ihnen zu nähern wage. Aber das ist einerlei! Besser, von *ihnen* getötet, als von Enten gezwickt, von den Hühnern gepickt, von dem Mädchen, welches den Hühnerhof hütet, getreten zu werden!« Und es flog hinaus in das Wasser und schwamm den prächtigen Schwänen entgegen; diese erblickten es und schossen mit brausenden Federn heran. »Tötet mich nur!« sagte das arme Tier, neigte seinen Kopf der Wasserfläche zu und erwartete den Tod – aber was erblickte es in dem klaren Wasser? Es sah unter sich sein eigenes Bild, aber es war nicht länger ein plumper, schwarzgrauer Vogel, häßlich und garstig, es war selbst ein Schwan.

Es schadet nichts, in einem Entenhof geboren zu sein, wenn man nur in einem Schwanenei gelegen hat!

Es fühlte sich ganz froh über all die Not und die Widerwärtigkeiten, welche es erduldet hatte. Nun schätzte es erst recht sein Glück und die Schönheit, die es begrüßte. – Und die großen Schwäne umschwammen es und streichelten es mit den Schnäbeln.

In den Garten kamen einige kleine Kinder, die warfen Brot und Korn in das Wasser und das kleinste rief: »Da ist ein Neuer!« Und die andern Kinder jubelten mit: »Ja es ist ein Neuer angekommen!« Und sie klatschten mit den Händen und tanzten umher, liefen zu dem Vater und der Mutter, und es wurde Brot und Kuchen in das Wasser geworfen, und sie sagten alle: »Der Neue ist der schönste! So jung und prächtig!« Und die alten Schwäne neigten sich vor ihm.

Da fühlte er sich ganz beschämt und steckte den Kopf unter seine Flügel; er wußte selbst nicht, was er beginnen sollte; er war allzu glücklich, aber gar nicht stolz! Er dachte daran, wie er verfolgt und verhöhnt worden war und hörte nun alle sagen, daß er der schönste aller schönen Vögel sei. Selbst der Flieder bog sich mit den Zweigen zu ihm ins Wasser, und die Sonne schien warm und mild! Da brausten seine Federn; der schlanke Hals hob sich, und aus vollem Herzen jubelte er: »So viel Glück habe ich mir nicht träumen lassen, als ich noch das häßliche Entlein war!«

Von drei Brüdern,
welche wegen ihres Lateins fast
gehängt worden wären

Französisches Volksmärchen

Drei Brüder aus gutem Hause hatten sich lange in Paris aufgehalten, aber sie hatten ihre ganze Zeit damit vergeudet, herumzuflanieren, zu spielen und Scherze zu machen. Es kam der Tag, da ihr Vater sie alle drei bat, schleunigst heimzukehren. Darüber waren sie sehr bestürzt, denn sie konnten noch kein einziges Wort Latein. Sie beschlossen also, jeder solle einen Satz für seinen Bedarf erlernen. Der Älteste lernte also: *Nos tres clerici* (Wir drei Pastoren); der zweite nahm seinen Stoff aus der Finanzwissenschaft und lernte: *Pro bursa et pecunia* (Für die Börse und das Geld); der dritte ging an einer Kirche vorüber und behielt diese Worte aus der großen Messe im Gedächtnis: *Dignum et justum est* (Das ist begründet und gerecht). Solchermaßen versorgt verließen sie Paris, um ihren Vater aufzusuchen. Sie machten untereinander aus, daß sie überall und jedem gegenüber nichts anderes reden wollten als ihr Latein; dadurch wollten sie nämlich als die gelehrtesten Leute des ganzen Landes erscheinen.

Als sie aber durch einen Wald gingen, traf es sich, daß die Räuber einem Manne gerade die Gurgel abgeschnitten hatten; die ausgeplünderte Leiche hatten sie liegen lassen. Der Profos war mit seinen Leuten dort und fand die drei Gesellen nicht weit von der Stelle, wo der Mord verübt worden war. »Kommt her!« sagte er zu ihnen, »wer hat diesen Mann erschlagen?« Sogleich antwortete der älteste, dem die Ehre zukam, zuerst zu reden: *»Nos tres clerici.«* – »Oho!« sagte der Profos, »und warum habt ihr das getan?« – *»Pro bursa et pecunia«*, erwiderte der zweite. »Gut«, sagte der Profos, »dafür werdet ihr gehängt werden!« *»Dignum et justum est«*, fügte der dritte hinzu. So wären denn diese jungen Leute fast auf Kredit gehängt worden, wenn sie nicht, nachdem sie sahen, daß es Ernst wurde, das Latein ihrer Mutter zu sprechen angefangen und gesagt hätten, wer sie seien. Der Profos, welcher sah, daß sie jung und wenig gewitzt waren, erkannte wohl, daß sie es nicht gewesen waren. Er ließ sie laufen und begab sich auf die Verfolgung der Räuber, welche den Mord begangen hatten. »Und hat er sie gefunden?« – »Was weiß ich, lieber Freund, ich war nicht dabei!«

Aschenputtel

Brüder Grimm

Einem reichen Manne, dem wurde seine Frau krank, und als sie fühlte, daß ihr
Ende herankam, rief sie ihr einziges Töchterlein zu sich ans Bett und sprach »liebes
Kind, bleibe fromm und gut, so wird dir der liebe Gott immer beistehen, und ich
will vom Himmel auf dich herabblicken, und will um dich sein.« Darauf tat sie die
Augen zu und verschied. Das Mädchen ging jeden Tag hinaus zu dem Grabe der
Mutter und weinte und blieb fromm und gut. Als der Winter kam, deckte der
Schnee ein weißes Tüchlein auf das Grab, und als die Sonne im Frühjahr es wieder
herabgezogen hatte, nahm sich der Mann eine andere Frau.

   Die Frau hatte zwei Töchter mit ins Haus gebracht, die schön und weiß von
Angesicht waren, aber garstig und schwarz von Herzen. Da ging eine schlimme
Zeit für das arme Stiefkind an. »Soll die dumme Gans bei uns in der Stube sitzen!«
sprachen sie, »wer Brot essen will, muß es verdienen; hinaus mit der Küchen-
magd.« Sie nahmen ihm seine schönen Kleider weg, zogen ihm einen grauen alten
Kittel an und gaben ihm hölzerne Schuhe. »Seht einmal die stolze Prinzessin, wie
sie geputzt ist!« riefen sie, lachten und führten es in die Küche. Da mußte es vom
Morgen bis Abend schwere Arbeit tun, früh vor Tag aufstehn, Wasser tragen,

Feuer anmachen, kochen und waschen. Obendrein taten ihm die Schwestern alles ersinnliche Herzeleid an, verspotteten es und schütteten ihm die Erbsen und Linsen in die Asche, so daß es sitzen und sie wieder auslesen mußte. Abends, wenn es sich müde gearbeitet hatte, kam es in kein Bett, sondern mußte sich neben dem Herd in die Asche legen. Und weil es darum immer staubig und schmutzig aussah, nannten sie es Aschenputtel.

Es trug sich zu, daß der Vater einmal zur Messe ziehen wollte, da fragte er die beiden Stieftöchter, was er ihnen mitbringen sollte. »Schöne Kleider«, sagte die eine, »Perlen und Edelsteine«, die zweite. »Aber du, Aschenputtel«, sprach er, »was willst du haben?« – »Vater, das erste Reis, das Euch auf Eurem Heimweg an den Hut stößt, das brecht für mich ab.« Er kaufte nun für die beiden Stiefschwestern schöne Kleider, Perlen und Edelsteine, und auf dem Rückweg, als er durch einen grünen Busch ritt, streifte ihn ein Haselreis und stieß ihm den Hut ab. Da brach er das Reis ab und nahm es mit. Als er nach Haus kam, gab er den Stieftöchtern, was sie sich gewünscht hatten, und dem Aschenputtel gab er das Reis von dem Haselbusch. Aschenputtel dankte ihm, ging zu seiner Mutter Grab und pflanzte das Reis darauf und weinte so sehr, daß die Tränen darauf niederfielen und es begossen. Es wuchs aber, und ward ein schöner Baum. Aschenputtel ging alle Tage dreimal darunter, weinte und betete, und allemal kam ein weißes Vöglein auf den Baum, und wenn es einen Wunsch aussprach, so warf ihm das Vöglein herab, was es sich gewünscht hatte.

Es begab sich aber, daß der König ein Fest anstellte, das drei Tage dauern sollte, und wozu alle schönen Jungfrauen im Lande eingeladen wurden, damit sich sein Sohn eine Braut aussuchen möchte. Die zwei Stiefschwestern, als sie hörten, daß sie auch dabei erscheinen sollten, waren guter Dinge, riefen Aschenputtel und sprachen »kämm uns die Haare, bürste uns die Schuhe und mache uns die Schnallen fest, wir gehen zur Hochzeit auf des Königs Schloß.« Aschenputtel gehorchte, weinte aber, weil es auch gern zum Tanz mitgegangen wäre, und bat die Stiefmutter, sie möchte es ihm erlauben. »Du, Aschenputtel«, sprach sie, »bist voll Staub und Schmutz und willst zur Hochzeit? Du hast keine Kleider und Schuhe und willst tanzen!« Als es aber mit Bitten anhielt, sprach sie endlich »da

habe ich dir eine Schüssel Linsen in die Asche geschüttet, wenn du die Linsen in zwei Stunden wieder ausgelesen hast, so sollst du mitgehen.« Das Mädchen ging durch die Hintertür in den Garten und rief »ihr zahmen Täubchen, ihr Turteltäubchen, all ihr Vöglein unter dem Himmel, kommt und helft mir lesen,

> die guten ins Töpfchen,
> die schlechten ins Kröpfchen.«

Da kamen zum Küchenfenster zwei weiße Täubchen herein, und danach die Turteltäubchen, und endlich schwirrten und schwärmten alle Vöglein unter dem Himmel herein und ließen sich um die Asche nieder. Und die Täubchen nickten mit den Köpfchen und fingen an pick, pick, pick, pick, und da fingen die übrigen auch an pick, pick, pick, pick, und lasen alle guten Körnlein in die Schüssel. Kaum war eine Stunde herum, so waren sie schon fertig und flogen alle wieder hinaus. Da brachte das Mädchen die Schüssel der Stiefmutter, freute sich und glaubte, es dürfte nun mit auf die Hochzeit gehen. Aber sie sprach »nein, Aschenputtel, du hast keine Kleider und kannst nicht tanzen; du wirst nur ausgelacht.« Als es nun weinte, sprach sie »wenn du mir zwei Schüsseln voll Linsen in einer Stunde aus der Asche rein lesen kannst, so sollst du mitgehen«, und dachte »das kann es ja nimmermehr.« Als sie die zwei Schüsseln Linsen in die Asche geschüttet hatte, ging das Mädchen durch die Hintertür nach dem Garten und rief »ihr zahmen Täubchen, ihr Turteltäubchen, all ihr Vöglein unter dem Himmel, kommt und helft mir lesen,

die guten ins Töpfchen,
die schlechten ins Kröpfchen.«

Da kamen zum Küchenfenster zwei weiße Täubchen herein und danach die
Turteltäubchen, und endlich schwirrten und schwärmten alle Vögel unter dem
Himmel herein und ließen sich um die Asche nieder. Und die Täubchen nickten
mit ihren Köpfchen und fingen an pick, pick, pick, pick und da fingen die übrigen
auch an pick, pick, pick, pick und lasen alle guten Körner in die Schüsseln. Und
ehe eine halbe Stunde herum war, waren sie schon fertig, und flogen alle wieder
hinaus. Da trug das Mädchen die Schüsseln zu der Stiefmutter, freute sich und
glaubte, nun dürfte es mit auf die Hochzeit gehen. Aber sie sprach »es hilft dir alles
nichts: du kommst nicht mit, denn du hast keine Kleider und kannst nicht tanzen;
wir müßten uns deiner schämen.« Darauf kehrte sie ihm den Rücken zu und eilte
mit ihren zwei stolzen Töchtern fort.

Als nun niemand mehr daheim war, ging Aschenputtel zu seiner Mutter
Grab unter den Haselbaum und rief

»Bäumchen, rüttel dich und schüttel dich,
wirf Gold und Silber über mich.«

Da warf ihm der Vogel ein golden und silbern Kleid herunter und mit Seide und
Silber ausgestickte Pantoffeln. In aller Eile zog es das Kleid an und ging zur
Hochzeit. Seine Schwestern aber und die Stiefmutter kannten es nicht und
meinten, es müsse eine fremde Königstochter sein, so schön sah es in dem
goldenen Kleide aus. An Aschenputtel dachten sie gar nicht und dachten, es säße
daheim im Schmutz und suchte die Linsen aus der Asche. Der Königssohn kam
ihm entgegen, nahm es bei der Hand und tanzte mit ihm. Er wollte auch sonst mit
niemand tanzen, so daß er ihm die Hand nicht losließ, und wenn ein anderer kam,
es aufzufordern, sprach er »das ist meine Tänzerin.«

Es tanzte, bis es Abend war, da wollte es nach Haus gehen. Der Königssohn
aber sprach »ich gehe mit und begleite dich«, denn er wollte sehen, wem das
schöne Mädchen angehörte. Sie entwischte ihm aber und sprang in das Taubenhaus. Nun wartete der Königssohn, bis der Vater kam, und sagte ihm, das fremde
Mädchen wär in das Taubenhaus gesprungen. Der Alte dachte »sollte es Aschenputtel sein?«, und sie mußten ihm Axt und Hacken bringen, damit er das
Taubenhaus entzweischlagen konnte; aber es war niemand darin. Und als sie ins
Haus kamen, lag Aschenputtel in seinen schmutzigen Kleidern in der Asche, und
ein trübes Öllämpchen brannte im Schornstein; denn Aschenputtel war ge-

428

schwind aus dem Taubenhaus hinten herabgesprungen und war zu dem Haselbäumchen gelaufen. Da hatte es die schönen Kleider abgezogen und aufs Grab gelegt, und der Vogel hatte sie wieder weggenommen, und dann hatte es sich in seinem grauen Kittelchen in die Küche zur Asche gesetzt.

Am andern Tag, als das Fest von neuem anhub, und die Eltern und Stiefschwestern wieder fort waren, ging Aschenputtel zu dem Haselbaum und sprach

»Bäumchen, rüttel dich und schüttel dich,
wirf Gold und Silber über mich.«

Da warf der Vogel ein noch viel stolzeres Kleid herab als am vorigen Tag. Und als es mit diesem Kleide auf der Hochzeit erschien, erstaunte jedermann über seine Schönheit. Der Königssohn aber hatte gewartet, bis es kam, nahm es gleich bei der Hand und tanzte nur allein mit ihm. Wenn die andern kamen und es aufforderten, sprach er »das ist meine Tänzerin.« Als es nun Abend war, wollte es fort, und der Königssohn ging ihm nach und wollte sehen, in welches Haus es ging; aber es sprang ihm fort und in den Garten hinter dem Haus. Darin stand ein schöner großer Baum, an dem die herrlichsten Birnen hingen, es kletterte so behend wie ein Eichhörnchen zwischen die Äste, und der Königssohn wußte nicht, wo es hingekommen war. Er wartete aber, bis der Vater kam, und sprach zu ihm »das fremde Mädchen ist mir entwischt, und ich glaube, es ist auf den Birnbaum gesprungen.« Der Vater dachte »sollte es Aschenputtel sein?«, ließ sich die Axt holen und hieb den Baum um, aber es war niemand darauf. Und als sie in die Küche kamen, lag Aschenputtel da in der Asche, wie sonst auch, denn es war auf der andern Seite vom Baum herabgesprungen, hatte dem Vogel auf dem Haselbäumchen die schönen Kleider wiedergebracht und sein graues Kittelchen angezogen.

Am dritten Tag, als die Eltern und Schwestern fort waren, ging Aschenputtel wieder zu seiner Mutter Grab und sprach zu dem Bäumchen

»Bäumchen, rüttel dich und schüttel dich,
wirf Gold und Silber über mich.«

Nun warf ihm der Vogel ein Kleid herab, das war so prächtig und glänzend, wie es noch keins gehabt hatte, und die Pantoffeln waren ganz golden. Als es in dem Kleid zu der Hochzeit kam, wußten sie alle nicht, was sie vor Verwunderung sagen sollten. Der Königssohn tanzte ganz allein mit ihm, und wenn es einer aufforderte, sprach er »das ist meine Tänzerin.«

Als es nun Abend war, wollte Aschenputtel fort, und der Königssohn wollte es begleiten, aber es entsprang ihm so geschwind, daß er nicht folgen konnte. Der Königssohn hatte aber eine List gebraucht, und hatte die ganze Treppe mit Pech bestreichen lassen: da war, als es hinabsprang, der linke Pantoffel des Mädchens hängen geblieben. Der Königssohn hob ihn auf, und er war klein und zierlich und ganz golden. Am nächsten Morgen ging er damit zu dem Mann und sagte zu ihm »keine andere soll meine Gemahlin werden als die, an deren Fuß dieser goldene Schuh paßt.« Da freuten sich die beiden Schwestern, denn sie hatten schöne Füße. Die älteste ging mit dem Schuh in die Kammer und wollte ihn anprobieren, und die Mutter stand dabei. Aber sie konnte mit der großen Zehe nicht hineinkommen, und der Schuh war ihr zu klein, da reichte ihr die Mutter ein Messer und sprach »hau die Zehe ab; wann du Königin bist, so brauchst du nicht mehr zu Fuß zu gehen.« Das Mädchen hieb die Zehe ab, zwängte den Fuß in den Schuh, verbiß den Schmerz und ging heraus zum Königssohn. Da nahm er sie als seine Braut aufs Pferd und ritt mit ihr fort. Sie mußten aber an dem Grabe vorbei, da saßen die zwei Täubchen auf dem Haselbäumchen und riefen

>>Rucke di gu, rucke di gu,
Blut ist im Schuh:
Der Schuh ist zu klein,
die rechte Braut sitzt noch daheim.<<

Da blickte er auf ihren Fuß und sah, wie das Blut herausquoll. Er wendete sein Pferd um, brachte die falsche Braut wieder nach Hause und sagte, das wäre nicht die rechte, die andere Schwester solle den Schuh anziehen. Da ging diese in die Kammer und kam mit den Zehen glücklich in den Schuh, aber die Ferse war zu groß. Da reichte ihr die Mutter ein Messer und sprach »hau ein Stück von der Ferse ab, wann du Königin bist, brauchst du nicht mehr zu Fuß zu gehen.« Das Mädchen hieb ein Stück von der Ferse ab, zwängte den Fuß in den Schuh, verbiß den Schmerz und ging heraus zum Königssohn. Da nahm er sie als seine Braut aufs Pferd und ritt mit ihr fort. Als sie an dem Haselbäumchen vorbeikamen, saßen die zwei Täubchen darauf und riefen

>
> »Rucke di gu, rucke di gu,
> Blut ist im Schuh:
> Der Schuh ist zu klein,
> die rechte Braut sitzt noch daheim.«

Er blickte nieder auf ihren Fuß und sah, wie das Blut aus dem Schuh quoll und an den weißen Strümpfen ganz rot heraufgestiegen war. Da wendete er sein Pferd und brachte die falsche Braut wieder nach Haus. »Das ist auch nicht die rechte«, sprach er, »habt ihr keine andere Tochter?« – »Nein«, sagte der Mann, »nur von meiner verstorbenen Frau ist noch ein kleines verbuttetes Aschenputtel da; das kann unmöglich die Braut sein.« Der Königssohn sprach, er sollte es heraufschicken, die Mutter aber antwortete »ach nein, das ist viel zu schmutzig, das darf sich nicht sehen lassen.« Er wollte es aber durchaus haben, und Aschenputtel mußte gerufen werden. Da wusch es sich erst Hände und Angesicht rein, ging dann hin und neigte sich vor dem Königssohn, der ihm den goldenen Schuh reichte. Dann setzte es sich auf einen Schemel, zog den Fuß aus dem schweren Holzschuh und steckte ihn in den Pantoffel, der war wie angegossen. Und als es sich in die Höhe richtete und der König ihm ins Gesicht sah, so erkannte er das schöne Mädchen, das mit ihm getanzt hatte, und rief »das ist die rechte Braut.« Die Stiefmutter und die beiden Schwestern erschraken und wurden bleich vor Ärger. Er aber nahm Aschenputtel aufs Pferd und ritt mit ihm fort. Als sie an dem Haselbäumchen vorbeikamen, riefen die zwei weißen Täubchen

>
> »Rucke di gu, rucke di gu,
> kein Blut im Schuh:
> Der Schuh ist nicht zu klein,
> die rechte Braut, die führt er heim.«

Und als sie das gerufen hatten, kamen sie beide herabgeflogen und setzten sich dem Aschenputtel auf die Schultern, eine rechts, die andere links, und blieben da sitzen.

Als die Hochzeit mit dem Königssohn sollte gehalten werden, kamen die falschen Schwestern, wollten sich einschmeicheln und teil an seinem Glück nehmen. Als die Brautleute nun zur Kirche gingen, war die älteste zur rechten, die jüngste zur linken Seite: da pickten die Tauben einer jeden das eine Auge aus. Hernach, als sie herausgingen, war die älteste zur linken und die jüngste zur rechten: da pickten die Tauben einer jeden das andere Auge aus. Und waren sie also für ihre Bosheit und Falschheit mit Blindheit auf ihr Lebtag gestraft.

Das Mädchen in der Truhe

Giovanni Francesco Straparola

Thebaldo, Fürst von Salerno, hatte eine kluge, liebenswürdige Gemahlin von hoher Abkunft, und eine Tochter, die an Schönheit und Sittsamkeit alle Jungfrauen ihres Landes weit übertraf. Als nun die Frau, die jung an Jahren, aber alt an Verstand war, todkrank wurde, bat sie ihren Mann, den sie zärtlich liebte, nur diejenige zur Gemahlin zu nehmen, welcher der Ring, den sie am Finger trug, ebenso vollkommen passe, als ihr selber. Der Fürst, der seine Gemahlin ebensosehr liebte als sie ihn, schwur bei seinem Haupt zu tun, was sie verlange.

Bald nach dem Tod der Fürstin bekam Thebaldo Lust, wieder eine Frau zu nehmen; er gedachte aber des Versprechens, das er der Verstorbenen getan, und wollte ihre Verordnung nicht übertreten. Es ward bald überall bekannt, daß der Fürst von Salerno sich wieder verheiraten wolle; und viele junge Damen glaubten durch ihre Geburt und ihre Eigenschaften sich seiner würdig. Allein, bedacht den letzten Wunsch der verstorbenen Gemahlin zu erfüllen, forderte er von den Jungfrauen, die man ihm zur Ehe antrug, den Ring erst anzustecken, und da er keiner passen wollte und der einen zu eng, der andern zu weit war, schlug er sie alle miteinander aus.

Es trug sich bald darauf zu, daß die Tochter des Thebaldo, Doralise, als sie eines Tages mit ihrem Vater bei der Mahlzeit saß, den Ring der verstorbenen Mutter auf dem Tisch liegen sah; sie steckte ihn an den Finger und sprach zum Vater: »Sieh doch, lieber Vater, wie gut mir der Ring meiner Mutter paßt.« Und der Vater sah, daß er wirklich wie auf ihren Finger gemacht war. Allein, es währte nicht lange, da kam dem Thebaldo der seltsame, teuflische Gedanke, Doralise, seine Tochter, zur Frau zu haben, und er schwebte lange Zeit zwischen dem Ja und dem Nein. Endlich aber, besiegt von seinem ruchlosen Wunsch und von ihrer Schönheit entzündet, rief er sie zu sich und sagte ihr: »Liebe Tochter, als deine Mutter am Rande des Grabes war, bat sie mich flehentlich, keine andre Frau zu nehmen, als die, welcher der Ring passen würde, den sie selbst bei ihrem Leben am Finger trug, und ich schwur ihr, ihrem Willen zu folgen. Da ich es nun viele Jungfrauen habe versuchen lassen und keine gefunden, welcher der mütterliche Ring so gut paßt, als dir, so habe ich mich entschlossen, dich zur Frau zu nehmen; denn so erreiche ich meinen Wunsch und breche das deiner Mutter gegebne Wort nicht.« Doralise, nicht weniger tugendhaft als schön, war sehr bestürzt über die böse Absicht des ruchlosen Vaters; allein, sie verbarg es, denn sie wollte seinen gottlosen Vorschlag jetzt nicht beantworten, um ihn nicht zu erbittern, stellte sich vergnügt und entfernte sich.

Da sie niemand in der Welt hatte, auf den sie mehr Vertrauen setzte als auf ihre Amme, so nahm sie sogleich ihre Zuflucht zu dieser und bat sie, ihr einen Rat zu geben. Die Amme kannte das feste, edle Gemüt des Mädchens, das eher das schwerste Leiden erdulden, als der Raserei des Vaters nachgeben würde; sie tröstete sie und versprach ihr Beistand, damit ihre Jungfräulichkeit der Schmach entginge. Sie dachte nun hin und her auf ein Mittel, das Mädchen zu retten, und es fiel ihr bald dies, bald jenes ein, doch fand sie immer noch nichts, das ihr vollkommene Sicherheit gewährte; Flucht und Entfernung von dem Vater schien ihr zwar das beste, allein sie fürchtete zugleich die List desselben, und daß er die Tochter einholen und umbringen würde. Als die treue Alte dies alles so in ihrem Kopf herumgehen ließ, fiel ihr mit einemmal ein wunderbares Mittel ein.

Es war in dem Zimmer der verstorbenen Mutter eine überaus schöne und sehr kunstvoll gearbeitete Truhe, in welcher Doralise ihre Kleider und kostbaren Kleinode aufbewahrte, und niemand verstand sie zu öffnen als die weise Amme. Diese nahm heimlich die Kleider und das Geschmeide heraus und setzte einen Trank von solcher Kraft hinein, daß, wer auch nur einen kleinen Löffel voll davon nahm, lange Zeit ohne andre Nahrung leben konnte. Dann rief sie ihr junges Fräulein, sprach ihr zu und bat sie, so lange in der Truhe zu verweilen, bis Gott ihr ein besseres Leben gewähren und der Vater von seinem bösen Vorhaben absehen würde. Und Doralise, der lieben Amme gehorsam, folgte ihrem Rat und ließ sich von ihr einschließen.

Der Vater, der seine lüsternen Triebe nicht unterdrückte, seinen zügellosen Willen nicht bezwang, fragte mehrmals nach der Tochter, und da er sie nicht fand und nicht erfahren konnte, wo sie sei, geriet er in eine solche Wut, daß er drohte, sie umbringen zu lassen. Nach Verlauf einiger Tage trat Thebaldo eines Morgens ganz früh in das Zimmer, wo die Truhe stand, und als er sie so vor Augen hatte, konnte er plötzlich ihren Anblick nicht mehr ertragen und befahl, daß man sie von da wegnehmen und verkaufen sollte. Die Diener, schnell bereit den Befehlen ihres Herrn zu gehorchen, luden sie auf die Schultern und trugen sie auf den Marktplatz. Es traf sich, daß gerade in demselben Augenblick ein reicher genuesischer Kaufmann auf den Markt kam und die schöne, prächtig gearbeitete Truhe erblickte. Sie gefiel ihm so sehr, daß er sich vornahm, sie zu kaufen und sie um jeden Preis zu besitzen. Er ging zu dem Diener hin, fragte ihn, was sie koste, erhandelte sie, lud sie einem Lastträger auf den Rücken und nahm sie mit auf sein Schiff. Der Amme, die alles mit angesehen hatte, kam dieser Vorgang nicht ungelegen, obgleich sie sich über den Verlust der Tochter grämte, doch wo *zwei* große Übel drohen, freut man sich, dem größeren zu entgehn.

Der Kaufmann verließ Salerno mit seinem reich befrachteten Schiff und gelangte zur Insel Britannien. Dort lief er in eine Bucht ein, bei welcher sich eine weite Ebene befand, und sah daselbst Genese, vor kurzem zum König des Landes gekrönt, der an der Küste der Insel einer wunderschönen Hirschkuh nachjagte, die sich aus Furcht soeben in die Wellen des Meeres gestürzt hatte. Der König, müde und ermattet, weil er schon lange geritten, wollte ausruhen, und da er das Schiff sah, begehrte er einen Trunk von dem Schiffsherrn. Dieser tat, als ob er den König nicht kenne, benahm sich sehr freundlich und mit gebührender Höflichkeit und wußte ihn zu bereden, mit ihm auf das Schiff zu gehn. Der König erblickte hier die schöne zierlich gearbeitete Truhe und bekam ein solches Verlangen danach, daß er es gar nicht erwarten konnte, sie zu besitzen. Er fragte also den Schiffsherrn, wie hoch er sie schätze und dieser antwortete, daß sie einen sehr hohen Wert habe. Allein der König, ganz bezaubert, ging nicht eher fort, bis er mit dem Kaufmann handelseinig geworden. Er ließ sich das Geld bringen und befahl, die Truhe zum Palast und in sein Zimmer zu tragen.

Genese hatte, weil er sehr jung war, noch keine Frau, und sein Zeitvertreib bestand darin, täglich des Morgens ganz früh auf die Jagd zu gehen. Doralise, die Tochter des Fürsten von Salerno, verborgen in der Truhe, die in Geneses Zimmer stand, hörte alles, was daselbst vorging, und sie begann, nach soviel überstandenen Gefahren, auf ein günstigeres Geschick zu hoffen. Während nun der König nach seiner Gewohnheit auf der Jagd war, verließ die Prinzessin die Truhe, ordnete mit großem Fleiß das Zimmer, reinigte es und machte das Bett, indem sie die Bettücher zurechtlegte und eine mit großen Perlen reich bestickte Decke und zwei kostbar geschmückte Kopfkissen darüber breitete. Dann streute das schöne Mädchen Rosen, Veilchen und andre süß duftende Blumen auf das zierliche Bett, nebst Lavendel, Majoran und dergleichen Kräutern, die einen angenehmen und stärkenden Geruch verbreiten. Und so tat sie es oft und vielmals, ohne daß jemand sie gesehen hätte.

Genese war ganz entzückt davon, denn jedesmal, wenn er von der Jagd zurückkam und in sein Zimmer trat, schien es ihm, als ob alle Spezereien des Orients ihm entgegendufteten. Er wollte also nach einigen Tagen von seiner Mutter und ihren Fräulein wissen, wer ihm so freundlich sein Zimmer schmücke und mit Wohlgerüchen erfülle. Sie antworteten ihm, sie wüßten nichts davon, jedesmal, wenn sie kämen, das Bett zu machen, fänden sie es mit Rosen und Veilchen bedeckt und duftend von süßen Kräutern. Der König nahm sich vor, zu erfahren, wie die Sache zugehe; gab vor, eines Morgens früh, nach einem zehn Meilen entfernten Schloß zu gehen, und verbarg sich in dem Zimmer an einem Ort, wo er durch eine Spalte sehen konnte. Und noch war er nicht lange hier, da stieg Doralise, schöner als die Sonne, aus der Truhe, reinigte das Zimmer, bereitete das Bett und vollbrachte alles, wie sie es zu tun pflegte. Das liebenswürdige Mädchen hatte ihr freundliches Geschäft beendigt und wollte wieder in die Truhe steigen; allein der König, der alles aufmerksam beobachtet hatte, war schnell hinter ihr, ergriff sie bei der Hand und fragte sie, wer sie sei. Sie antwortete ihm zitternd, sie sei die einzige Tochter eines Fürsten, dessen Namen sie nicht mehr wisse, weil sie schon seit so langer Zeit in der Truhe gesessen; warum sie aber darin gewesen, wollte sie ihm nicht sagen. Der König nahm sie darauf mit Bewilligung seiner Mutter zur Gemahlin, und sie gebar ihm zwei Söhne.

Da Thebaldo, der auf seinem gottlosen Willen beharrte, die Tochter nicht fand, die er viele Tage gesucht und wieder gesucht hatte, fiel ihm ein, sie könnte in der verkauften Truhe gesessen haben und nun in der Welt umherirren. In seinem Zorn beschloß er, sie zu suchen. Er verkleidete sich als ein Kaufmann, nahm viele Juwelen und andere kostbar in Gold gearbeitete Dinge und verließ

437

unerkannt Salerno. Nachdem er verschiedene Länder durchwandert, traf er endlich auf den, der die Truhe zuerst gekauft, und fragte ihn, ob er etwas daran verdient und in wessen Hände sie gekommen sei. Der Genueser antwortete, er habe sie an den König von Britannien verkauft und noch einmal soviel dafür bekommen, als sie ihn gekostet habe. Thebaldo war sehr erfreut, dies zu erfahren, nahm seinen Weg nach Britannien, und als er zur Hauptstadt gelangt war, stellte er an den Mauern des Palasts all seine kostbaren Dinge aus, unter welchen auch Rocken und Spindeln waren, und fing an zu schreien: »Rocken und Spindeln, ihr Frauen, Rocken und Spindeln, ihr Frauen!« Ein Schloßfräulein hörte es, lief zum Fenster und sah den Kaufmann mit den Waren; da eilte sie zur jungen Königin und sagte ihr, es sei auf der Straße ein Kaufmann mit goldenen Rocken und Spindeln. Doralise befahl, man solle ihn heraufkommen lassen, er wurde also in den Saal der Königin geführt und von dieser nicht erkannt, weil sie ihres Vaters nicht mehr gedachte, aber wohl erkannte der Kaufmann seine Tochter. Als die Königin die prächtigen Spindeln und Rocken sah, fragte sie den Kaufmann, wieviel das Stück davon gelte. »Sehr viel«, erwiderte er, »allein, wenn mir Eure Hoheit vergönnen wollte, eine Nacht in der Kammer Eurer beiden Söhnchen zu schlafen, würde ich Euch alle diese Waren zum Geschenk machen.« Die leicht-gläubige Frau, die von dem Kaufmann nichts Böses fürchtete, willigte auf Zureden ihrer Fräulein in sein Gesuch. Bevor er aber von den Dienern zu Bett geführt wurde, bat sie eine ihrer Frauen, ihm einen Schlaftrunk zu geben. Als die Nacht gekommen war und der Kaufmann sich müde stellte, führte ihn die Frau in das Gemach der Söhne des Königs, wo ein herrliches Bett bereit stand, und ehe er sich zur Ruhe legte fragte sie ihn: »Habt Ihr Durst, Vater?« – »Ja mein Kind«, sagte er. Da nahm sie einen silbernen Becher und reichte ihm Wein, in welchen sie den Schlaftrunk gemischt hatte. Allein der tückische, verschmitzte Kaufmann nahm zwar den Becher und tat, als ob er tränke, goß aber den Wein in seine Kleider und legte sich dann zur Ruhe. Es war in der Schlafkammer der Kinder eine Tür, welche zum Zimmer der Königin führte. Um Mitternacht, als dem Kaufmann alles ruhig schien, schlich er leise hinein zu ihr, näherte sich dem Bett und nahm ein kleines Messer, das die Königin an der Seite trug, und das er vorher bemerkt, dann ging er zur Wiege, tötete beide Kinder, trug das blutige Messer zurück und steckte es wieder in die Scheide. Als dies vollbracht war, öffnete er ein Fenster und ließ sich an einem Strick hinunter. Und kaum war es Tag, ging er zu einem Bartscherer, ließ sich den langen Bart abscheren, damit man ihn nicht wiedererkenne, zog andre Kleider an und wanderte durch die Stadt.

438

Die schläfrigen Ammen erwachten zur gewohnten Stunde, um die Kinder zu säugen, beugten sich über die Wiege und fanden die beiden Kleinen tot daliegen. Da erhuben sie ein großes Geschrei, rauften sich die Haare, zerrissen ihre Kleider und schlugen sich die Brust. Die traurige Neuigkeit gelangte bald zu König und Königin, die, mit entblößten Füßen, dem jammervollen Schauspiel zueilten und bei dem Anblick ihrer toten Kinder in Tränen des bittersten Schmerzes ausbrachen. Schon hatte sich das Gerücht von dem Morde der beiden Kinder durch die ganze Stadt verbreitet; zugleich erzählte man, es sei ein berühmter Sterndeuter angelangt, der aus dem wechselnden Lauf der Gestirne alles, was sich auf der Welt zutrage, zu erforschen wisse. Der Ruf seiner Kenntnisse drang auch zu Geneses Ohren, er wurde zu ihm in den Palast gerufen. Der König befragte ihn, ob er wohl sagen könne, wer seine Kinder getötet habe. Er antwortete, er wisse es, näherte sich dem Ohr des Königs und sagte ihm heimlich folgendes: »Geheiligte Majestät, befehlt, daß alle Männer und Frauen Eures Hofes, die ein Messer an der Seite tragen, sich vor Euer Antlitz stellen, und bei wem Ihr das Messer in der Scheide mit Blut befleckt findet, der ist der wahre Mörder Eurer

Söhne gewesen.« Hierauf mußten auf Befehl des Königs alle Hofleute vor ihm erscheinen, und mit eignen Händen untersuchte er einen nach dem andern, ob ihre Messer befleckt wären. Er fand aber an keinem die blutigen Zeichen, kehrte zum Sterndeuter zurück und sagte ihm, daß er nichts gefunden, obgleich man bei allen gesucht, seine alte Mutter und die Königin ausgenommen: »Geheiligte

Majestät«, sprach der Sterndeuter, »sucht nochmal und nehmt keine Rücksicht auf die Person, denn Ihr werdet ohne Zweifel den Täter finden.« Der König suchte zuerst bei der Mutter und fand nichts bei ihr, da rief er die Königin, nahm die Scheide, die sie an der Seite trug, und erblickte das ganz mit Blut befleckte Messer. Außer sich vor Zorn und Wut bei diesem überzeugenden Beweis ihres Vergehens, wendete er sich zu seiner Frau und sprach: »Oh, gottvergessenes, unbarmherziges Weib, Feindin deines eignen Fleisches, Verräterin an deinen eignen Kindern, wie war es dir möglich, deine Hände mit dem unschuldigen Blut dieser Unmündigen zu besudeln? Ja, ich schwöre es, du sollst die Strafe dafür erleiden, die eine solche Schändlichkeit verdient.« In Wut entflammt, wollte er sich augenblicklich durch einen schmachvollen Tod an ihr rächen, doch kam ihm gleich darauf der Gedanke, sie eine lange, schmerzlichere Qual erdulden zu lassen. Er befahl, sie zu entkleiden und mit entblößtem Körper bis an den Hals in die Erde zu graben, so ihr mit guten Speisen das Leben zu fristen, indes die Würmer langsam an ihrem Fleische zehrten. Die Königin hatte schon mannigfaches Elend ertragen und war sich ihrer Unschuld bewußt, sie unterwarf sich daher auch dieser schrecklichen Marter mit geduldiger Seele.

Der Sterndeuter war höchst erfreut, die Königin als eine Verbrecherin zu den grausamsten Qualen verdammt zu sehen, nahm Abschied von dem König, verließ Britannien und kam heimlich in seinen Palast zurück, wo er der Amme alles erzählte, was ihm begegnet war, und wie der König, ihr Gemahl, Doralise zu jammervoller Todesstrafe verurteilt habe. Bei dieser Nachricht stellte sich die Amme sehr vergnügt, allein im Herzen war sie äußerst betrübt. Und von Mitleid für die Gemarterte bewegt, von ihrer Liebe für sie fortgerissen, ging sie eines Morgens früh aus Salerno und wanderte Tag und Nacht hindurch, so lange, bis sie zu dem Königreich Britannien gelangte. Hier stieg sie sogleich zum Palast hinauf, wo sie den König, von vielen Hofleuten umgeben, in einem weiten Saale fand, warf sich ihm zu Füßen und flehte ihn um ein geheimes Gehör an, weil sie ihm Dinge zu sagen habe, die die Ehre der Krone beträfen. Der König hob sie auf, entließ die übrigen und blieb mit ihr allein. Da sprach die Amme, die von allem Vorgegangenen wohl unterrichtet war, folgendes zu ihm: »Wisse, geheiligte Majestät, daß Doralise, Eure Gemahlin und meine Tochter – denn trug ich sie auch nicht unter diesem unglücklichen Herzen, so säugte und erzog ich sie doch –, unschuldig an dem Verbrechen ist, um welches Ihr sie zu einem so grausamen Tode verdammt habt. Wenn Ihr alles gehört und Euch überzeugt haben werdet, wer der ruchlose Mörder war und weshalb er Eure Kinder getötet, so bin ich gewiß, daß Ihr, von Mitleid gerührt, sie augenblicklich von ihren bittren Qualen befreien werdet. Und wenn Ihr mich als eine Lügnerin befindet, so erbiete ich mich, dieselbe Strafe zu erdulden, die jetzt der erbarmungswürdigen Königin auferlegt ist.« Und so erzählte sie ihm von Anfang bis zu Ende alles, was sich zugetragen.

Als der König diese Geschichte gehört hatte, schenkte er den Worten der Amme völligen Glauben, ließ die Königin, die mehr tot als lebendig war, unverzüglich aus ihrer Gruft ziehen und sie aufs sorgfältigste heilen und verpflegen, wodurch sie denn in kurzer Zeit völlig genesen war. Darauf ließ der König große Zurüstungen durch das ganze Reich machen, sammelte ein mächtiges Heer und schickte es nach Salerno, welche Stadt nach kurzer Frist erobert und Thebaldo, an Händen und Füßen gebunden, nach Britannien geführt wurde. Da der König sich noch mehr von dem begangenen Verbrechen überzeugen wollte, ließ er ihm den Prozeß machen und ihn auf die Folter spannen. Er gestand bald alles, worauf er am folgenden Tag auf einem von vier Pferden gezogenen Karren durch die Stadt geführt, mit glühenden Zangen gepeinigt, dann gevierteilt und sein Fleisch den gefräßigen Hunden vorgeworfen wurde. Und so endete der schändliche Thebaldo elend sein Leben; der König und die Königin Doralise aber lebten viele Jahre in vergnügter Ehe miteinander und hinterließen mehrere Kinder.

Iwan Kuhsohn der Sturmritter

Alexander N. Afanasjew

In einem fernen Zarenreich lebte ein Zar mit seiner Zarin. Sie waren schon zehn Jahre verheiratet und hatten noch keine Kinder. Da sandte der Zar zu allen Zaren, in alle Städte und aufs Land zu den Bauern, ob niemand wüßte, wie die Zarin zu heilen wäre, damit sie ein Kind bekäme. Fürsten und Bojaren, Kaufleute und Bauern kamen herbei. Der Zar bewirtete alle, gab ihnen zu essen, bis sie satt waren und zu trinken, bis sie trunken waren. Dann begann er sie auszufragen, doch keiner konnte ein Mittel sagen, wie der Zarin zu helfen wäre. Schließlich meldete sich ein Bauernsohn. Der Zar gab ihm einen Haufen Gold und setzte ihm eine Frist von drei Tagen. Der Bursche wußte gar kein Mittel, nicht einmal im Traum fiel ihm etwas ein. Er ging vor die Stadt und dachte kräftig nach. Da begegnete ihm eine Alte und fragte: »Bauernsohn, worüber denkst du nach?«

»Schweig, Alte, laß mich in Ruhe!«

442

Sie lief ihm nach und sagte: »Vertrau mir deine Sorge, ich bin alt und grau, weiß vieles ganz genau!«

Er dachte: »Warum hab ich sie beschimpft. Vielleicht kann sie mir helfen! Höre, Mütterchen, ich habe versprochen, der Zarin ein Kind zu verschaffen und weiß nicht, wie ich das anstellen muß.«

»So, so, das weiß ich schon. Sage dem Zar, daß er drei seidene Netze knüpfen lasse und vor den Schloßfenstern ins Meer versenke. Ein Hecht mit goldenen Flossen schwimmt immer vor dem Schloß spazieren. Wenn der Zar ihn fängt und zubereitet, die Zarin ihn ißt, bekommt sie ein Kind.«

Der Bauernsohn fuhr selbst aufs Meer, ließ die drei seidenen Netze hinab. Der Hecht sprang aber in die Luft und zerriß alle drei Netze. Ein zweitesmal geschah dasselbe. Zum drittenmal nahm der Bursche seinen Gürtel ab und ein seidenes Tüchlein von seinem Hals, band die Netze damit zusammen und warf sie wieder aus. Jetzt fing er den Hecht mit den goldenen Flossen. Er freute sich unsagbar und brachte ihn dem Zaren. Der Zar ließ den Fisch reinigen, waschen und braten und der Zarin vorsetzen. Die Köche putzten und wuschen den Fisch und gossen das Spülwasser zum Fenster hinaus. Gerade ging eine Kuh vorbei und leckte es auf. Als der Hecht gar war, legte ihn die Dienstmagd auf eine Schüssel und trug ihn zur Zarin, unterwegs brach sie ein Stückchen der Flosse ab und kostete. Alle drei bekamen zur selben Stunde ein Kind. Die Kuh, die Dienstmagd und die Zarin. Rasch erzählt man, langsam erlebt man. Nach einiger Zeit kam die Stallmagd und meldete dem Zaren, daß die Kuh einem Knaben das Leben geschenkt habe. Der Zar staunte sehr, und ehe er es recht begriffen hatte, erzählte man ihm, die Dienstmagd habe einen Sohn bekommen, der auf ein Haar dem Kuhsohn gliche, und gleich darauf brachte man ihm die Nachricht, die Zarin habe einem Sohn das Leben geschenkt, der Strich für Strich dem Kuhsohn glich. Wunderbare Knaben! Sie wuchsen in Stunden, wie andere in Jahren. Als sie herangewachsen waren, fühlten sie eine ungeheure Kraft in sich. Sie gingen zum Vater Zaren und baten um die Erlaubnis, in der Stadt spazierengehen zu dürfen. Sie wollten die Leute betrachten und sich selber sehen lassen. Er gestattete es, befahl aber, sie sollten sich ruhig und friedlich verhalten und gab ihnen soviel Geld als sie tragen konnten. Die wackeren Burschen gingen fort. Man nannte sie Iwan Zarewitsch, Iwan Magdsohn und Iwan Kuhsohn Sturmritter. Sie schlenderten herum, ohne etwas zu kaufen. Da erblickte Iwan Zarewitsch Glaskügelchen und sagte zu seinen Brüdern: »Laßt uns jeder ein Kügelchen kaufen und in die Höhe werfen; wer es am höchsten schleudert, der sei der Erste unter uns.«

Den Brüdern war es recht: Sie losten, in welcher Reihenfolge sie werfen sollten. Das Los traf Iwan Zarewitsch, er warf das Kügelchen in die Luft, Iwan Magdsohn warf es noch höher, aber Iwan Kuhsohn Sturmritter warf es so hoch, daß man es nicht mehr sehen konnte. Da sagte er: »Jetzt bin ich der Älteste.«

Iwan Zarewitsch wurde zornig und sagte: »Du, der Kuhsohn, willst der Älteste sein?«

Sturmritter sagte: »Gott will offenbar, daß ihr mir gehorcht.«

Sie gingen weiter und kamen an das Schwarze Meer, da heulte ein Ungeheuer.

»Brüder«, sagte Iwan Zarewitsch, »wer von uns dieses Ungeheuer beruhigt, ist der Größte von uns.«

Die beiden andern waren damit einverstanden, und Sturmritter sagte: »Iwan Zarewitsch, versuche du es zuerst, beruhigst du es, bist du der Größte.«

Der Zarewitsch versuchte es, aber das Ungeheuer wurde nur zorniger. Iwan Magdsohn richtete auch nichts aus. Sturmritter warf seinen Stock ins Wasser und schrie dazu, da verschwand das Ungeheuer. »Ich bin der Größte«, sagte er.

Iwan Zarewitsch wurde zornig und rief: »Wir wollen nicht deine kleinen Brüder sein.«

»Nun, dann lebt wohl«, sagte Iwan Kuhsohn und ging nach Hause, die beiden Brüder gingen aber weiter.

Als der Zar hörte, daß Sturmritter allein zurückgekommen sei, ließ er ihn ins Gefängnis werfen. Drei Tage lang gaben sie ihm nichts zu essen und zu trinken. Da schlug der Held mit der Faust an die Mauer und rief mit mächtiger Stimme: »Fragt den Zaren, meinen Pflegevater, warum er mich hungern läßt. Eure Mauern sind für mich keine Mauern, eure Gitter keine Gitter, wenn ich will – schlage ich mit der Faust alles zusammen.«

Dem Zaren wurde das sogleich gemeldet, und er ging selbst zu dem Gefängnis und sprach: »Warum prahlst du, Sturmritter?«

»Pflegevater, warum schickst du mir nichts zu essen? Seit drei Tagen läßt du mich hungern. Ich bin mir keiner Schuld bewußt.«

»Wo hast du meine Söhne, deine Brüder, gelassen?«

Sturmritter erzählte, was vorgefallen war: »Die Brüder leben, sind gesund und heil, sie gingen ihrer Wege.«

»Warum gingst du nicht mit ihnen?«

»Weil Iwan Zarewitsch der älteste sein wollte, das Los aber mich dazu bestimmte.«

»Ei, so werde ich nach ihnen schicken.«

»Niemand, außer mir, kann sie einholen«, sagte Sturmritter. »Sie gingen weit, bis ins Drachenreich. Dort entsteigen dem Schwarzen Meer drei Drachen, Ungeheuer mit sechs, neun und zwölf Häuptern.«

Der Zar begann zu bitten, und Sturmritter Kuhsohn machte sich auf den Weg. Eine Kriegskeule und ein Schwert aus Stahl nahm er mit. Rasch erzählt man, langsam erlebt man. Er ging lange, bis er seine Brüder nahe dem Schwarzen Meer vor einer Brücke einholte. Bei der Brücke stand eine Säule, auf der stand geschrieben: »Hier kommen die drei Drachen geritten.«

»Guten Tag, Brüder.«

Sie freuten sich und sagten: »Guten Tag, Sturmritter, ältester Bruder!«

»Ei, was da geschrieben steht, ist nicht nach eurem Geschmack?«

Sie sahen in der Nähe der Brücke eine Hütte auf Hühnerfüßen, mit einem Hahnenköpfchen. Die Vorderseite war dem Wald, die Rückseite ihnen zugekehrt. Sturmritter schrie: »Höre, Hütte, kehr deinen Rücken zum Wald und mache halt!«

Die Hütte drehte sich um, und sie traten ein. Der Tisch war gedeckt mit allerhand Speisen und verschiedenen Getränken. In einer Ecke war ein Lager aus Holz und darauf ein Federbett. Sturmritter sagte: »Ohne mich hättet ihr das nicht, Brüder!«

Sie setzten sich, aßen und tranken. Nachher ruhten sie aus und Sturmritter sagte: »Brüder, heute nacht kommt der sechsköpfige Drache: laßt uns losen, wer wachen soll.«

Das Los traf Iwan Magdsohn. Sturmritter sagte: »Gib acht, aus dem Meer wird ein Krüglein auftauchen und vor dir tanzen. Sieh es nicht näher an, spuckè drauf und zerschlage es.«

Der Magdsohn ging Wache halten und schlief ein. Sturmritter wußte, daß seine Brüder unzuverlässige Leute waren, ging selbst hinaus, betrat die Brücke und klopfte mit seinem Stöckchen. Plötzlich erschien ein Krüglein vor ihm und tanzte. Sturmritter spuckte darauf und zerschlug es in kleine Stücke. Da schnatterte eine Ente, das Ufer zitterte, das Meer bebte und schäumte. Das Ungeheuer, der sechsköpfige Drache erschien, pfiff und schrie mit kühnem Ton: »Grauer, brauner, treuer Fuchs, herbei geschwind, wie das Blättlein vor dem Wind.«

Das Pferd lief herbei, daß die Erde bebte. Unter seinen Hufen blieben tiefe Spuren zurück, aus Ohren und Nüstern stoben Dampfwolken. Der Drache bestieg das Roß und ritt über die Brücke, da strauchelte es.

»Rabenvieh, warum stolperst du? Witterst du einen Freund oder einen Feind?«

Das brave Pferd antwortete: »Es ist ein Feind, Sturmritter Kuhsohn.«

»Du lügst, Rabenvieh, dessen Knochen haben die Raben schon längst gesammelt und hergetragen!«

»Ach, Drache!« antwortete Sturmritter Kuhsohn, »meine Knochen haben die Raben noch nicht hergetragen. Ich selbst bin hier!«

»Weshalb kommst du? Willst du meine Schwester oder Tochter freien?« fragte der Drache.

»Nein, Bruder. Verwandt will ich mit dir nicht sein. Ich kam um zu kämpfen, nicht um zu freien.« Sturmritter holte aus und schlug auf einen Schlag mit seiner Keule dem Drachen drei Köpfe ab und bei dem zweiten Schlag die anderen drei. Den Leib zerstückelte er und warf ihn in das Meer, die Köpfe verbarg er unter der Brücke, das Pferd band er zu Füßen von Iwan Magdsohn an, und das harte Schwert legte er ihm zu Häupten. Er selbst ging in die Hütte und legte sich schlafen als wäre nichts geschehen.

Iwan der Magdsohn erwachte, sah das Pferd, freute sich sehr, bestieg es, ritt zur Hütte und schrie: »Sturmritter verbot das Krüglein anzusehen. Ich tat es doch und Gott bescherte mir dies Pferd.«

»Dir schenkte er das Pferd und uns verhieß er eins«, antwortete Sturmritter.

Die nächste Nacht sollte Iwan Zarewitsch wachen. Sturmritter schärfte ihm die gleiche Vorschrift ein, aber der Zarewitsch betrat die Brücke, klopfte mit seinem Stöckchen, und als das Krüglein erschien und vor ihm tanzte, betrachtete er es, da schlief er fest ein.

Sturmritter verließ sich nicht auf seinen Bruder, ging selber auf die Brücke und schlug das Krüglein in Scherben. Da schnatterte die Ente, das Ufer zitterte, das Meer bebte und schäumte und empor stieg ein häßliches Ungeheuer, das pfiff und schrie mit lauter Stimme: »Grauer, brauner, treuer Fuchs, herbei geschwind, wie das Blättlein vor dem Wind.«

Das Pferd lief herbei, daß die Erde zitterte, aus Ohren und Nüstern stiegen Rauchsäulen auf, aus dem Maul lohten Flammen. Es blieb wie angewurzelt vor dem Drachen stehen. Das neunköpfige Ungeheuer ritt über die Brücke, da strauchelte das treue Roß. Der Drache schlug es und fragte: »Rabenvieh, warum stolperst du? Witterst du Freund oder Feind?«

»Einen Feind, Iwan Kuhsohn, Sturmritter.«

»Du lügst, sein Gebein haben schon längst die Raben gesammelt und herbeigetragen.«

»Oho, du abscheuliches Ungeheuer, meine Knochen haben die Raben noch nicht gesammelt und hergetragen, ich warte schon seit einem Jahr hier auf dich!«

»Sturmritter, kommst du, um meine Schwester oder Tochter zu heiraten?«

»Mit dir will ich verwandt nicht sein. Ich kam zum Kampf und nicht um zu frein.« Sturmritter holte aus und hieb dem Drachen drei Köpfe mit dem ersten Schlag ab, mit dem zweiten Schlag drei weitere und endlich auch die letzten. Den Leib warf er zerstückelt ins Schwarze Meer, die Köpfe verbarg er unter der Brücke, das Pferd band er Iwan Zarewitsch zu Füßen an, das harte Schwert zu Häupten, dann legte er sich in der Hütte schlafen als wäre gar nichts geschehen.

Morgens erwachte Iwan Zarewitsch, sah das Pferd, welches prächtiger als das erste war, bestieg es und rief: »Ha, Sturmritter, du befahlst mir, das Krüglein nicht anzusehen, ich tat es doch, und Gott gab mir ein Pferd, besser als das erste.«

»Euch schenkte es Gott, mir verhieß er es nur.«

Für die dritte Nachtwache rüstete sich Sturmritter. Er stellte ein Licht auf den Tisch, trieb ein Messer in die Wand, hängte ein Handtuch daran, gab seinen Brüdern ein Spiel Karten und sagte: »Brüder, spielt Karten und vergeßt meiner nicht, wenn das Licht verlischt, wenn ihr von diesem Tuch Blut auf den Teller rinnen seht, eilt ohne Säumen auf die Brücke, mir Hilfe zu bringen.«

Sturmritter ging, pochte mit seinem Stöckchen – bis das Krüglein erschien und tanzte. Er spuckte darauf und zerschlug es in kleine Stückchen. Da schnatterte die Ente, das Ufer zitterte, das Meer bebte und schäumte, das schreckliche Ungeheuer erschien, der zwölfköpfige Drache. Er pfiff und schrie mit Heldenstimme: »Grauer, brauner, treuer Fuchs, herbei geschwind, wie das Blättlein vor dem Wind!«

Das Pferd lief, daß die Erde dröhnte, aus Ohren und Nüstern wälzten sich Rauchsäulen, aus dem Mund stoben Flammen. Es lief herbei und blieb wie festgeschmiedet vor dem Drachen stehen. Der bestieg es und ritt auf die Brücke, da strauchelte es.

»Rabenvieh, was strauchelst du, witterst du Feind oder Freund?«

»Einen Feind, Sturmritter Kuhsohn.«

»Schweig, seine Knochen haben schon längst die Raben hier vergraben.«

»Du lügst, Ungeheuer, schon drei Jahre erwarte ich dich hier!«

»Sturmritter, wen willst du frein, Schwester oder Töchterlein?«

»Kämpfen will ich mit dir. Ich kam nicht zur Hochzeit, ich komme zum Streit!«

»Weil meine zwei Brüder erschlagen liegen, glaubst du auch über mich zu siegen?«

»Wie Gott will! Nur höre eins, Ungeheuer, du bist zu Pferde, ich bin zu Fuß. Verträge sind sicher! Laß uns beschließen, den schlägt man nicht, der auf dem Boden liegt!«

Sturmritter hieb mit dem ersten Streich dem Drachen gleich drei Häupter ab, der Hieb des Drachen aber warf Sturmritter zu Boden. »Halt ein, Ungeheuer, denk an unsere Abmachung.«

Der Drache ließ ihm Zeit aufzustehen, und Sturmritter hieb ihm wieder drei Häupter ab, die flogen davon wie Kohlköpfe. Sie kämpften stundenlang und waren beide endlich ganz müde. Der Drache hatte noch drei Köpfe verloren, aber Sturmritter war die Keule gebrochen. Iwan Kuhsohn zog seinen linken Stiefel aus, warf ihn auf die Hütte, so daß sie zur Hälfte einstürzte, aber seine Brüder schliefen und hörten nichts. Er nahm seinen rechten Stiefel und warf ihn nach der Hütte, daß sie zu Brennscheitern verkrachte: die Brüder wachten nicht auf. Sturmritter nahm den Stumpf seiner Keule und warf die Türe des Stalles ein, in dem die Pferde hausten. Die Pferde liefen auf die Brücke und warfen den Drachen aus dem Sattel. Da freute sich der Ritter und schlug dem Ungeheuer die letzten drei Köpfe ab, den Drachenleib warf er zerstückelt in das Schwarze Meer, und die

Köpfe verbarg er unter der Brücke. Er führte die drei Pferde in den Stall und versteckte sich unter der Brücke, auf der das Blut noch nicht getrocknet war.

Am Morgen erwachten die Brüder, sahen, daß die Hütte ganz zerstört und der Teller voll Blut war; im Stall standen drei Pferde, da wunderten sie sich, wo ihr ältester Bruder geblieben sei. Sie suchten ihn drei Tage lang und sagten schließlich, als sie ihn nicht fanden: »Offenbar erschlugen sie einander, und ihre Körper fielen ins Meer, reiten wir nach Hause.« Sie sattelten ihre Pferde und wollten heimreiten.

Da erwachte Sturmritter, trat unter der Brücke hervor und erblickte sie: »Ei, Brüder«, rief er, »so verlaßt ihr euren Kameraden, der euch vom Tode rettete, während ihr schlieft, ohne mir Hilfe zu bringen!«

Da fielen sie vor ihm auf die Knie und sagten: »Vergib uns, Sturmritter, großer Bruder.«

»Gott wird euch verzeihen«, dann rief er: »Hütte steh wieder da wie zu aller Anfang!« Da wurde die Hütte wieder wie zuvor, auch mit Speis und Trank war sie versehen. »Da, Brüder, eßt, aber ohne mich wäret ihr längst tot. Dann laßt uns heimreiten.«

Als sie gegessen hatten, ritten sie nach Hause. Sie mochten etwa zwei Werst geritten sein, da sagte Sturmritter Kuhsohn: »Brüder, ich vergaß mein Peitschchen in der Hütte, reitet langsam voraus, bis ich euch wieder einhole.« Er ritt zur Hütte, stieg vom Pferd ab, trieb es auf die Wiese: »Geh, gutes Pferd, bis ich dich wieder brauche.«

Er verwandelte sich in eine Mücke und setzte sich auf den Ofen in der Stube.

Nach einer kleinen Weile kam Baba Jaga und setzte sich in die vordere Ecke, dann kam ihre junge Schwiegertochter: »Ach, Mütterchen, euren Sohn, meinen Mann, erschlug Sturmritter Kuhsohn Iwan. Ich werde ihm den Scherz heimzahlen. Ich eile voraus, schicke ihnen einen heißen Tag entgegen und verwandle mich in eine grüne Wiese. Auf der grünen Wiese wird ein Brunnen stehen, in dessen Becken schwimmt ein silberner Becher, und schließlich verwandle ich mich noch in ein Feldbett. Wenn die Brüder ihre Pferde füttern wollen, selbst trinken oder ausruhen, zerreiße ich sie zu mohnkörnergroßen Stücken.«

»Das gebührt den Übeltätern«, antwortete die Alte.

Jetzt kam die zweite Schwiegertochter. »Ach, Mütterchen, euren Sohn, meinen Mann, erschlug Sturmritter Kuhsohn Iwan. Ich zahle ihm aber den Scherz heim. Ich eile voraus, verwandle mich in einen schönen Garten, über dessen Zaun werden saftige, duftende Früchte hängen; pflücken sie, was ihnen gefällt, zerreiße ich sie gleich zu Mohnkörnern.«

»Das hast du gut erdacht!«

Da kam die dritte Schwiegertochter. »Ach, Mütterchen, euren Sohn, meinen Mann, erschlug Sturmritter Kuhsohn Iwan. Aber ich zahl ihm den Scherz heim. Ich verwandle mich in eine alte Hütte, und wenn sie darin übernachten wollen, zerreiße ich sie bei ihrem Eintritt zu Mohnkörnern.«

»Ihr lieben Schwiegertöchter, wenn ihr sie nicht verderben könnt, mache ich mich morgen selber auf, verwandle mich in ein Schwein und fresse sie alle auf.«

Sturmritter saß auf dem Ofen und hörte alles mit an. Er flog auf die Straße, schlug auf den Boden und wurde wieder zu einem Jüngling. Er pfiff und schrie mit kühner Stimme: »Grauer, brauner, treuer Fuchs, herbei geschwind, wie das Blättlein vor dem Wind.«

Das Pferd lief herbei, daß die Erde zitterte. Sturmritter bestieg es und ritt davon, an ein Stäbchen band er Lindenbast und sagte zu seinen Brüdern, als er sie eingeholt hatte: »Seht, ohne dies Peitschchen kann ich nicht leben.«

»Eh, dafür bist du umgekehrt? In der nächsten Stadt hätten wir ein neues kaufen können.«

Sie ritten durch Steppen und Täler. Der Tag war heiß, die Schwüle nicht zu ertragen, und der Durst quälte! Endlich kamen sie an eine grüne, saftige Wiese, auf der stand ein Bett.

»Bruder Sturmritter, laß uns die Pferde füttern und auf diesem Bett ausruhen, dort steht auch ein Brunnen mit kühlem Wasser.«

Sturmritter sagte: »Der Brunnen steht einsam in der Steppe, niemand trinkt sein Wasser«, er sprang vom Pferd, hieb auf den Brunnen los, da spritzte Blut auf; der Tag ward plötzlich trüb, die Hitze schlief ein, der Durst erlosch. »Seht, Brüder, wie zäh das Wasser fließt, man könnte es für Blut halten.«

Sie ritten weiter. Über kurz oder lang kamen sie zu einem prachtvollen Garten. Iwan Zarewitsch sagte seinem ältesten Bruder: »Erlaube uns jedem, ein Äpfelchen abzureißen.«

»Oh, Bruder, der Garten steht einsam in der Steppe, vielleicht sind die Äpfel alt und faul, wenn du davon ißt, befällt dich am Ende eine Krankheit. Ich will erst einmal nachsehen.«

Er ging in den Garten und schlug und hackte alle Bäume um, bis auf den letzten. Die Brüder ärgerten sich, daß er nie tat, was sie wollten. Sie ritten weiter, da ereilte sie die dunkle Nacht, als sie gerade an einer elenden Hütte vorbeikamen.

»Bruder Sturmritter! Es wird gleich regnen, laß uns hier übernachten.«

»Ach, Brüder, bleiben wir lieber unter freiem Himmel, statt in dieser Hütte zu schlafen. Sie ist so alt, treten wir ein, fällt sie über uns zusammen; ich will erst nachsehen.«

Er ging in die Hütte und hackte darauf los, da spritzte Blut auf.

»Seht selbst, wie verfault diese Hütte ist! Wir reiten besser weiter.«

Die Brüder murrten leise, ließen es aber äußerlich nicht merken. Sie ritten weiter, da teilte sich der Weg. Sturmritter sagte: »Brüder, nach links!«

»Reite wohin du willst, wir reiten nicht mit!«

Sie ritten nach rechts, Sturmritter nach links! Er kam in ein Dorf, da arbeiteten zwölf Schmiede. Er pfiff und rief mit mächtiger Stimme: »Schmiede, Schmiede, kommt herbei.«

Da liefen alle zwölf Schmiede herbei und riefen: »Was willst du?«

»Legt eine eiserne Wand rings um die Schmiede.«

Sie taten es.

»Schmiede, schmiedet zwölf Stäbe und macht eine Zange rot glühend.

Kommt ein Schwein gelaufen und sagt: ›Schmiede, gebt den Schuldigen heraus, sonst schling ich euch alle in meinen Bauch‹, dann gebt zur Antwort: ›Ach, Mütterchen Schwein, stecke nur deine Zunge zur Schmiede herein, wir setzen dir den Narren darauf, der immer nur zur Last uns war.‹«

Kaum hatte Sturmritter diese Befehle erteilt, erschien ein ungeheures Schwein und schrie: »Schmiede, Schmiede, gebt mir den Schuldigen heraus.«

Da antworteten alle zwölf Schmiede zu gleicher Zeit: »Ach, Mütterchen Schwein, stecke nur deine Zunge herein, wir setzen dir den Narren darauf, der immer eine Last uns war.«

Das Schwein war einfältig, ohne Argwohn und steckte ellenlang seine Zunge heraus. Sturmritter ergriff sie mit der eisernen Zange und rief den Schmiedeburschen zu: »Nehmt eure Eisenstangen und schlagt tüchtig zu.«

Sie schlugen zu, bis die Rippen bloßlagen.

»Jetzt haltet das Schwein ein wenig«, sagte Sturmritter wieder, »jetzt will ich es versuchen.«

Er nahm einen Stab, tat einen Schlag, da waren die Rippen entzwei. Da bat das Schwein: »Sturmritter, laß meiner Seele Zeit zu bereuen.«

»Warum hast du meine Brüder verschlungen?«

»Gleich gebe ich sie wieder her!«

Er nahm das Schwein bei beiden Ohren, es räusperte sich – und beide Brüder sprangen heraus mit ihren Pferden. Sturmritter schlug das Tier mit Gewalt auf die feuchte Erde, da flog der böse Geist davon.

»Dummköpfe, wißt ihr jetzt, wo ihr waret?« sagte er.

Sie fielen auf die Knie: »Verzeih, Sturmritter Kuhsohn.«

»Jetzt gehen wir nach Hause, nichts wird uns mehr aufhalten« sagte dieser.

Sie kamen durch das Reich des indischen Königs und schlugen auf seiner Bannwiese ihr Nachtlager auf. Am Morgen erwachte der König, sah das Lager durch sein Fernrohr und rief seinem Minister zu: »Geh, Bruder, nimm ein Pferd aus dem Stall, reite auf die Wiese und sieh, welch freche Burschen ohne meine Erlaubnis dort ihr Lager aufschlugen und Feuer anzündeten.«

Der Minister ritt hin und fragte: »Wer seid ihr? Zare oder Zarewitsche, Königssöhne oder mächtige Ritter?«

Sturmritter erwiderte: »Wir sind mächtige Ritter und kamen, um die Königstochter zu freien; sage deinem König, daß er seine Tochter Iwan Zarewitsch zur Frau geben muß, wenn er das nicht will, muß er sein Heer uns entgegenschicken.«

Der König fragte seine Tochter: »Willst du Iwan Zarewitsch zum Mann?«

»Nein, Väterchen, ich will ihn nicht, schicke dein Heer aus.«

Da wirbelten die Trommeln und Pauken, das Heer zog aus auf die Wiese und war so zahlreich, daß Iwan Zarewitsch und Iwan Magdsohn erschraken. Sturmritter Kuhsohn kochte gerade Haferbrei zum Frühstück und rührte ihn mit einem Schöpflöffel um. Er trat vor, schlug einmal mit dem Löffel zu, da lag das halbe Heer am Boden. Dann rührte Sturmritter wieder den Brei um, bei dem zweiten Schlag war das ganze Heer tot, nur ein Lahmer und ein Blinder blieben übrig.

»Sagt eurem König«, befahl ihnen Sturmritter, »daß er Marja, seine Tochter, Iwan Zarewitsch zur Frau geben muß; will er es nicht tun, muß er selbst kommen.«

Der Lahme und der Blinde gingen geschwind zum König: »Herr Sturmritter befahl uns, dir zu sagen, du müssest Iwan Zarewitsch deine Tochter zur Frau geben. Er ist sehr erzürnt und hat uns alle mit dem Kochlöffel erschlagen.«

Der König ging zu seiner Tochter und sagte: »Mein liebes Kind, nimm Iwan Zarewitsch zum Mann.«

»Ich werde wohl müssen!« erwiderte sie. »Schicke ihm einen Wagen entgegen, Väterchen!«

Der König schickte sogleich einen Wagen ins Feld und stellte sich an das Tor, um ihn zu erwarten. Iwan Zarewitsch kam mit beiden Brüdern gefahren. Der König empfing sie voll Höflichkeit mit Pauken und Trompeten. Er führte sie an den Eichentisch, der war reich gedeckt, mit feinen Speisen besteckt, und süß und rein flossen Honig und Wein. Sturmritter flüsterte Iwan Zarewitsch zu: »Wenn die Königstochter zu dir kommt und um Erlaubnis bittet, auf ein Stündchen fortzugehen, so sage: ›Auch für zwei Stündchen.‹«

Sie saßen eine Weile bei Tisch, da sagte die Königstochter: »Iwan Zarewitsch, ich bitte schön, laß mich ins nächste Zimmer gehn – ich will mich umkleiden.«

Iwan Zarewitsch erlaubte es, sie ging hinaus und Sturmritter leisen Schrittes ihr nach. Die Königstochter schlug auf die Treppe, verwandelte sich in eine Taube und flog zum Meer, Sturmritter schlug auf die Erde, verwandelte sich in einen Falken und flog hinter ihr her. Die Königstochter flog an das Meer, wurde wieder eine schöne Maid und rief: »Großväterchen, Großväterchen mit dem goldnen Kopf und dem silbernen Schopf, ich will mit dir reden.«

Großväterchen stieg aus dem Meer und fragte: »Enkelkind, was willst du?«

»Iwan Zarewitsch soll mein Gatte sein, und ich mag ihn nicht. Unser Heer liegt erschlagen. Großväterchen, gib mir drei Härchen von deinem Kopf, ich will ihn fragen, ob er die Wurzel kennt, nach der man dieses Gras benennt.«

Großväterchen gab ihr drei Härchen, sie verwandelte sich wieder in eine Taube und flog heim. Sturmritter schlug auf die Erde, verwandelte sich in ein Mädchen gleich der Königstochter und rief: »Großväterchen, Großväterchen, komm noch einmal, ich vergaß dir etwas zu sagen.«

Kaum hatte Großväterchen seinen Kopf aus dem Wasser gesteckt, riß Sturmritter ihn ab, verwandelte sich in einen Adler und flog schneller als die Königstochter zum Palast zurück. Er rief Iwan Zarewitsch vor die Türe, gab ihm den Kopf und sagte: »Wenn die Königstochter dich frägt, welchen Namen des Grases Wurzel trägt, so zeige ihr diesen Kopf.«

Die Königstochter ging vorbei, zeigte die Härchen und sagte dabei: »Errate, Zarewitsch, welches die Wurzel des Grases ist. Ich heirate dich, wenn du es weißt, sonst – vergib . . .«

Iwan Zarewitsch zog den Kopf hervor, warf ihn auf den Tisch und sagte: »Hier ist die Wurzel.«

Da dachte die Königstochter für sich: »Ein tüchtiger Bursche«, und sie bat: »Erlaube Iwan Zarewitsch, daß ich mich im Nebenzimmer umkleide.«

Iwan Zarewitsch erlaubte es. Sie ging auf die Treppe, verwandelte sich in eine Taube und flog an das Meer. Sturmritter nahm den Kopf, ging vor das Haus, warf ihn auf die Erde und rief: »Wo du warst, geh wieder hin!«

Der Kopf flog fort, war vor der Königstochter an Ort und Stelle und wuchs an dem Rumpf wieder fest. Die Königstochter verwandelte sich am Meer wieder in ein Mädchen: »Großväterchen, komm sprich mit mir.«

»Was willst du Enkelchen?«

»War dein Kopf niemals fort?«

»Ich weiß nicht, Enkelchen, ich schlief.«

»Großväterchen, er war doch fort.«

»Du mußt es wissen; wie du das letztemal mit mir sprachst, rissest du mir ihn wahrscheinlich ab.«

Das Mädchen verwandelte sich wieder in eine Taube und flog heim. Sie kleidete sich um und setzte sich neben Iwan Zarewitsch. Am nächsten Tag wurde die Trauung vollzogen. Kaum waren sie nach Hause zurückgekehrt, zeigte Sturmritter Iwan Zarewitsch, wo die Schlafgemächer bereit lagen, gab ihm drei Stäbe aus Eisen, Kupfer und Blei und sagte: »Wenn du am Leben bleiben willst, laß mich heute an deiner Stelle mit der Königstochter schlafen gehen.« Der Zarewitsch willigte ein. Der König geleitete das junge Paar zur Ruhe. Sturmritter hatte mit dem Zarewitsch die Gestalt getauscht, legte sich nieder und schnarchte sofort. Die Königstochter stellte ein Knie auf ihn und dann das zweite, darauf ergriff sie ein Polster und wollte ihn damit ersticken. Sturmritter sprang auf, nahm den eisernen Stab und begann sie zu schlagen, bis der Stab krumm war, dann nahm er den Kupferstab und zerschlug ihn an ihr, dann schlug er sie mit dem Bleistab. Die Königstochter flehte um Gnade und schwur schwere Eide, daß sie nie mehr so etwas tun würde. Am Morgen ging Sturmritter zu Iwan Zarewitsch und sagte: »Bruder, sieh wie ich deine Frau erzogen habe, die drei vorbereiteten Stäbe habe ich an ihr zerschlagen. Jetzt werdet ihr glücklich leben und vergeßt meiner nicht.«

Das Sparschwein

Hans Christian Andersen

Es gab so viel Spielzeug im Kinderzimmer; zuoberst auf dem Schrank stand die Sparbüchse; sie war aus Ton und hatte die Gestalt eines Schweines; natürlich hatte sie einen Spalt im Rücken, und der Spalt war mit einem Messer größer gemacht worden, damit auch Silbertaler hineingehen konnten, und zwei waren schon hineingegangen, außer vielen Pfennigen. Das Sparschwein war so vollgestopft, daß es nicht mehr rasseln konnte, und das ist das Höchste, wozu ein Sparschwein es bringen kann. Da stand es nun zuoberst auf dem Schrank und sah herab auf alles in der Stube. Es wußte wohl, daß es mit dem, was es im Bauch hatte, das alles kaufen könnte, und das verleiht ein gutes Bewußtsein.

Daran dachten auch die andern, wenn sie es auch nicht sagten; es gab ja anderes zu reden. Die Kommodenschublade war halb herausgezogen, und darin zeigte sich eine große Puppe. Etwas alt war sie und am Hals geflickt; sie schaute hinaus und sagte: »Wollen wir jetzt ›Mensch‹ spielen? Da läuft doch immer etwas!« Und dann gab es eine Aufregung, selbst die Bilder an den Wänden drehten sich um; sie wußten, daß sie auch eine Kehrseite hatten, und dagegen ließ sich nichts sagen.

Es war mitten in der Nacht, der Mond schien zum Fenster herein und gewährte freie Beleuchtung. Nun sollte das Spiel beginnen, und alles war eingeladen, selbst der Kinderwagen, der doch zum gröberen Spielzeug gehörte. »Jeder hat sein Gutes!« sagte er, »es können nicht alle von Adel sein! Einer muß die Arbeit machen, wie man so sagt!«

Nur das Sparschwein bekam die Einladung schriftlich; es stand zu hoch, als daß sie glauben konnten, es würde eine mündliche Einladung hören, und es gab auch keine Antwort, ob es komme, und es kam nicht; wollte es dabeisein, so mußte es das Spiel von da oben aus genießen, danach konnten sie sich richten, und das taten sie.

Das kleine Puppentheater wurde gleich so aufgestellt, daß man alles gut sehen konnte; sie wollten mit einer Komödie anfangen, und dann sollte es Tee und Denkspiele geben.

Das Schaukelpferd sprach vom Trainieren und von Vollblut, der Kinderwagen von Eisenbahnen und Dampfkraft – das alles schlug ja in ihr Fach und davon konnten sie sprechen. Die Stubenuhr sprach von Politik – tik – tik! Sie wußte, was die Glocke geschlagen hatte; aber man sagte, sie ginge nicht richtig. Der Rohrstock stand da und war stolz auf seine Spitze und seinen Silberknauf, er war ja beschlagen unten und oben. Auf dem Sofa lagen zwei bestickte Kissen, sie waren reizend, aber etwas dumm – und dann konnte die Komödie beginnen.

Alle saßen da und schauten zu, und es wurde darum gebeten, man möge knallen, klatschen, lärmen und strampeln, wenn es einem gefiele. Aber die

Reitpeitsche sagte, sie knalle nie für die Alten, sondern nur für die Unverlobten. »Ich knalle für alle!« sagte die Knallerbse. »Alt oder jung, geknallt wird immer!« meinte der Spucknapf; und das waren nun so die Gedanken, die sich das Publikum während der Vorstellung machte. Das Stück taugte nichts, aber es wurde gut gespielt; die Schauspieler kehrten die bemalte Seite dem Publikum zu; sie waren nur von der rechten Seite anzusehen und nicht von der Kehrseite; und alle spielten ausgezeichnet, ganz vorne an der Rampe, der Faden, an dem sie hingen, war zu lang, aber dadurch wurde ihr Spiel nur lebendiger. Die geflickte Puppe war so gerührt, daß ihre Naht platzte, und das Sparschwein war auf seine Art so ergriffen, daß es beschloß, für einen der Künstler etwas zu tun und ihn in sein Testament aufzunehmen; er würde, wenn die Zeit käme, in seinem Familiengrab einen Platz bekommen.

Es war ein so hoher Genuß, daß man auf den Tee verzichtete und gleich zu den Denkspielen überging, die man »Mensch spielen« nannte, und darin war keine Bosheit, denn man spielte ja nur – und jeder dachte an sich und daran, was das Sparschwein denke, und das Sparschwein dachte am weitesten, es dachte ja an Testament und Begräbnis – und wann trifft solches ein? Immer ehe man es erwartet. – Knax! da fiel das Sparschwein vom Schrank, lag auf dem Boden in tausend Stücken, während die Pfennige lustig herumtanzten; der eine Silbertaler rollte davon, er wollte ordentlich hinaus in die Welt. Und das kam er auch, und das kamen sie alle; und die Scherben des Sparschweins kamen auf den Müll; aber schon am nächsten Tag stand auf dem Schrank ein neues Sparschwein aus Ton, es war noch kein einziger Pfennig darin, deshalb konnte es auch nicht rasseln, darin glich es dem alten, das war immerhin ein Anfang – und damit wollen wir enden.

König Drosselbart

Brüder Grimm

Ein König hatte eine Tochter, die war über alle Maßen schön, aber dabei so stolz und übermütig, daß ihr kein Freier gut genug war. Sie wies einen nach dem andern ab und trieb noch dazu Spott mit ihnen. Einmal ließ der König ein großes Fest anstellen, und lud dazu aus der Nähe und Ferne die heiratslustigen Männer ein. Sie wurden alle in eine Reihe nach Rang und Stand geordnet; erst kamen die Könige, dann die Herzöge, die Fürsten, Grafen und Freiherrn, zuletzt die Edelleute.

Nun ward die Königstochter durch die Reihen geführt, aber an jedem hatte sie etwas auszusetzen. Der eine war ihr zu dick, »das Weinfaß!« sprach sie. Der andere zu lang, »lang und schwank hat keinen Gang.« Der dritte zu kurz, »kurz und dick hat kein Geschick.« Der vierte zu blaß, »der bleiche Tod!«, der fünfte zu rot, »der Zinshahn!«, der sechste war nicht gerad genug, »grünes Holz, hinterm Ofen getrocknet!« Und so hatte sie an einem jeden etwas auszusetzen, besonders aber machte sie sich über einen guten König lustig, der ganz oben stand und dem das Kinn ein wenig krumm gewachsen war. »Ei«, rief sie und lachte, »der hat ein Kinn, wie die Drossel einen Schnabel«, und seit der Zeit bekam er den Namen Drosselbart. Der alte König aber, als er sah, daß seine Tochter nichts tat als über die Leute spotten, und alle Freier, die da versammelt waren, verschmähte, ward

er zornig und schwur, sie sollte den ersten besten Bettler zum Manne nehmen, der vor seine Türe käme.

Ein paar Tage darauf hub ein Spielmann an, unter dem Fenster zu singen, um damit ein geringes Almosen zu verdienen. Als es der König hörte, sprach er »laßt ihn heraufkommen.« Da trat der Spielmann in seinen schmutzigen verlumpten Kleidern herein, sang vor dem König und seiner Tochter und bat, als er fertig war, um eine milde Gabe. Der König sprach »dein Gesang hat mir so wohl gefallen, daß ich dir meine Tochter da zur Frau geben will.« Die Königstochter erschrak, aber der König sagte »ich habe den Eid getan, dich dem ersten besten Bettelmann zu geben, den will ich auch halten.« Es half keine Einrede, der Pfarrer ward geholt, und sie mußte sich gleich mit dem Spielmann trauen lassen. Als das geschehen war, sprach der König »nun schickt sich's nicht, daß du als ein Bettelweib noch länger in meinem Schloß bleibst, du kannst nun mit deinem Manne fortziehen.«

Der Bettelmann führte sie an der Hand hinaus, und sie mußte mit ihm zu Fuß fortgehen. Als sie in einen großen Wald kamen, da fragte sie

>»Ach, wem gehört der schöne Wald?«
>»Der gehört dem König Drosselbart;
>hätt'st du'n genommen, so wär er dein.«
>»Ich arme Jungfer zart,
>ach, hätt ich genommen den König Drosselbart!«

Darauf kamen sie über eine Wiese, da fragte sie wieder

>»Wem gehört die schöne grüne Wiese?«
>»Sie gehört dem König Drosselbart;
>hätt'st du'n genommen, so wär sie dein.«
>»Ich arme Jungfer zart,
>ach, hätt ich genommen den König Drosselbart!«

Dann kamen sie durch eine große Stadt, da fragte sie wieder

>»Wem gehört diese schöne große Stadt?«
>»Sie gehört dem König Drosselbart;
>hätt'st du'n genommen, so wär sie dein.«
>»Ich arme Jungfer zart,
>ach, hätt ich genommen den König Drosselbart!«

»Es gefällt mir gar nicht«, sprach der Spielmann, »daß du dir immer einen andern zum Mann wünschest, bin ich dir nicht gut genug?« Endlich kamen sie an ein ganz kleines Häuschen, da sprach sie

»Ach, Gott, was ist das Haus so klein!
wem mag das elende winzige Häuschen sein?«

Der Spielmann antwortete »das ist mein und dein Haus, wo wir zusammen
wohnen.« Sie mußte sich bücken, damit sie zu der niedrigen Tür hineinkam. »Wo
sind die Diener?« sprach die Königstochter. »Was Diener!« antwortete der Bettelmann, »du mußt selber tun, was du willst getan haben. Mach nur gleich Feuer an
und stell Wasser auf, daß du mir mein Essen kochst; ich bin ganz müde.« Die
Königstochter verstand aber nichts vom Feueranmachen und Kochen, und der
Bettelmann mußte selber mit Hand anlegen, daß es noch so leidlich ging. Als sie
die schmale Kost verzehrt hatten, legten sie sich zu Bett; aber am Morgen trieb er
sie schon ganz früh heraus, weil sie das Haus besorgen sollte. Ein paar Tage lebten
sie auf diese Art schlecht und recht und zehrten ihren Vorrat auf. Da sprach der
Mann »Frau, so geht's nicht länger, daß wir hier zehren und nichts verdienen. Du
sollst Körbe flechten.« Er ging aus, schnitt Weiden und brachte sie heim; da fing
sie an zu flechten, aber die harten Weiden stachen ihr die zarten Hände wund. »Ich
sehe, das geht nicht«, sprach der Mann, »spinn lieber, vielleicht kannst du das
besser.« Sie setzte sich hin und versuchte zu spinnen, aber der harte Faden schnitt
ihr bald in die weichen Finger, daß das Blut daran herunterlief. »Siehst du«, sprach
der Mann, »du taugst zu keiner Arbeit, mit dir bin ich schlimm angekommen.
Nun will ich's versuchen und einen Handel mit Töpfen und irdenem Geschirr
anfangen; du sollst dich auf den Markt setzen und die Ware feil halten.« – »Ach«,
dachte sie, »wenn auf den Markt Leute aus meines Vaters Reich kommen und
sehen mich da sitzen und feil halten, wie werden sie mich verspotten!« Aber es half
nichts, sie mußte sich fügen, wenn sie nicht Hungers sterben wollten. Das
erstemal ging's gut, denn die Leute kauften der Frau, weil sie schön war, gern ihre

Ware ab und bezahlten, was sie forderte; ja, viele gaben ihr das Geld und ließen ihr die Töpfe noch dazu. Nun lebten sie von dem Erworbenen, solange es dauerte, da handelte der Mann wieder eine Menge neues Geschirr ein. Sie setzte sich damit an eine Ecke des Marktes und stellte es um sich her und hielt feil. Da kam plötzlich ein trunkener Husar dahergejagt und ritt geradezu in die Töpfe hinein, daß alles in tausend Scherben zersprang. Sie fing an zu weinen und wußte vor Angst nicht, was sie anfangen sollte. »Ach, wie wird mir's ergehen!« rief sie, »was wird mein Mann dazu sagen!« Sie lief heim und erzählte ihm das Unglück. »Wer setzt sich auch an die Ecke des Marktes mit irdenem Geschirr!« sprach der Mann, »laß nur das Weinen, ich sehe wohl, du bist zu keiner ordentlichen Arbeit zu gebrauchen. Da bin ich in unseres Königs Schloß gewesen und habe gefragt, ob sie nicht eine Küchenmagd brauchen könnten, und sie haben mir versprochen, sie wollten dich dazu nehmen; dafür bekommst du freies Essen.«

Nun ward die Königstochter eine Küchenmagd, mußte dem Koch zur Hand gehen und die sauerste Arbeit tun. Sie machte sich in beiden Taschen ein Töpfchen fest, darin brachte sie nach Haus, was ihr von dem Übriggebliebenen zuteil ward, und davon nährten sie sich. Es trug sich zu, daß die Hochzeit des ältesten Königssohnes sollte gefeiert werden, da ging die arme Frau hinauf, stellte sich vor die Saaltüre und wollte zusehen. Als nun die Lichter angezündet waren und immer einer schöner als der andere hereintrat und alles voll Pracht und Herrlichkeit war, da dachte sie mit betrübtem Herzen an ihr Schicksal und verwünschte ihren Stolz und Übermut, der sie erniedrigt und in so große Armut gestürzt hatte. Von den köstlichen Speisen, die da ein- und ausgetragen wurden, und von welchen der Geruch zu ihr aufstieg, warfen ihr Diener manchmal ein paar Brocken zu, die tat sie in ihr Töpfchen und wollte es heimtragen.

Auf einmal trat der Königssohn herein, war in Samt und Seide gekleidet und hatte goldene Ketten um den Hals. Und als er die schöne Frau in der Türe stehen sah, ergriff er sie bei der Hand und wollte mit ihr tanzen, aber sie weigerte sich und erschrak, denn sie sah, daß es der König Drosselbart war, der um sie gefreit und den sie mit Spott abgewiesen hatte. Ihr Sträuben half nichts, er zog sie in den Saal: da zerriß das Band, an welchem die Taschen hingen, und die Töpfe fielen heraus, daß die Suppe floß und die Brocken umhersprangen. Und wie das die Leute sahen, entstand ein allgemeines Gelächter und Spotten, und sie war so beschämt, daß sie sich lieber tausend Klafter unter die Erde gewünscht hätte. Sie sprang zur Türe hinaus und wollte entfliehen, aber auf der Treppe holte sie ein Mann ein und brachte sie zurück; und wie sie ihn ansah, war es wieder der König

Drosselbart. Er sprach ihr freundlich zu »fürchte dich nicht, ich und der Spielmann, der mit dir in dem elenden Häuschen gewohnt hat, sind eins; dir zuliebe
habe ich mich so verstellt, und der Husar, der dir die Töpfe entzweigeritten hat,
bin ich auch gewesen. Das alles ist geschehen, um deinen stolzen Sinn zu beugen
und dich für deinen Hochmut zu strafen, womit du mich verspottet hast.« Da
weinte sie bitterlich und sagte »ich habe großes Unrecht gehabt und bin nicht
wert, deine Frau zu sein.« Er aber sprach »tröste dich, die bösen Tage sind vorüber,
jetzt wollen wir unsere Hochzeit feiern.« Da kamen die Kammerfrauen und taten
ihr die prächtigsten Kleider an, und ihr Vater kam und der ganze Hof und
wünschten ihr Glück zu ihrer Vermählung mit dem König Drosselbart, und die
rechte Freude fing jetzt erst an. Ich wollte, du und ich, wir wären auch dabei
gewesen.

Blaubart

Charles Perrault

Es war einmal ein Mann, der hatte schöne Häuser in der Stadt und auf dem Lande, goldenes und silbernes Geschirr, bestickte Möbel und ganz vergoldete Kutschen. Aber zum Unglück hatte dieser Mann einen blauen Bart; das machte ihn so häßlich und so abstoßend, daß es keine Frau und kein Mädchen gab, die nicht vor ihm geflohen wäre. Eine seiner Nachbarinnen, eine vornehme Dame, hatte zwei wunderschöne Töchter. Der Blaubart erbat sich eine davon zur Frau und ließ der Mutter die Wahl, welche sie ihm geben wolle. Sie wollten ihn beide nicht, und eine schickte ihn zu der andern, da sie sich nicht entschließen konnten, einen Mann mit einem blauen Bart zu nehmen. Was sie noch mehr abschreckte, war, daß er schon mehrere Frauen geheiratet hatte, und daß man nicht wußte, was aus diesen Frauen geworden war.

Blaubart, um näher mit ihnen bekannt zu werden, lud sie mit ihrer Mutter und drei oder vier ihrer besten Freundinnen und einigen andern jungen Leuten aus der Nachbarschaft zu sich auf eins seiner Landhäuser, wo man acht ganze Tage blieb. Da gab es nichts als Spaziergänge, Jagdpartien und Fischfang, Tanz, Feste und Mahlzeiten; man schlief nicht, man brachte die Nacht damit zu, einander lustige Streiche zu spielen; kurz, alles ging so gut, daß die Jüngste anfing zu finden, der Bart des Hausherrn sei gar nicht so blau und er selber ein sehr höflicher Mann. Sobald man in die Stadt zurückgekehrt war, wurde die Hochzeit gefeiert.

Nachdem ein Monat vergangen war, sagte Blaubart zu seiner Frau, er sei genötigt, wegen einer wichtigen Angelegenheit eine Reise von wenigstens sechs Wochen in die Provinz zu machen; er bat sie, sich während seiner Abwesenheit recht zu belustigen. Sie sollte ihre guten Freundinnen kommen lassen, sie mit aufs Land nehmen, wenn sie wollte, und sie überall gut bewirten.

»Da sind«, sagte er zu ihr, »die Schlüssel zu den beiden großen Gerätekammern; da ist derjenige zu dem goldenen und dem silbernen Geschirr, das nicht alle Tage gebraucht wird; da ist der zu den Koffern, worin mein Gold und mein Silber liegt; der zu meinen Kassetten, worin meine Edelsteine liegen; und dies ist der Hauptschlüssel zu allen Gemächern. Dieser kleine Schlüssel hier gehört zu der Kammer am Ende der großen Galerie des untern Stockwerks; Ihr könnt alles öffnen, überall hingehen, aber ich verbiete Euch, diese kleine Kammer zu betreten. Wenn Ihr es dennoch tut, müßt Ihr von meinem Zorne alles gewärtigen.« Sie versprach, alles, was ihr befohlen war, pünktlich zu tun; er stieg, nachdem er sie umarmt hatte, in seine Kutsche und reiste ab. Die Nachbarinnen und die guten Freundinnen warteten nicht, bis man sie holen ließ, um die junge Frau zu besuchen, so ungeduldig waren sie, all die Reichtümer des Hauses zu sehen. Sie hatten nicht gewagt zu kommen, solange der Mann zu Hause war, da sie sich vor seinem blauen Bart fürchteten. Nun schwärmten sie durch die Gemächer, die Kammern, die Garderoben, wovon eine schöner war als die andere. Sie stiegen alsdann zu den Gerätekammern hinauf, wo sie nicht genug die Fülle und Pracht der Teppiche bewundern konnten; die Betten, die Sofas, die Armleuchter, die Tische und die Spiegel, in denen man sich von Kopf bis Fuß sehen konnte, und deren Rahmen, manche von Glas, andere von Silber und vergoldet, die schönsten und prachtvollsten waren, die man jemals gesehen hatte; sie hörten nicht auf, das Glück ihrer Freundin zu beneiden. Diese aber fand keine rechte Freude beim Anblick dieser Reichtümer, weil sie ungeduldig war, die Kammer des untern Stockwerks zu öffnen. Sie war so von ihrer Neugier gequält, daß sie, ohne zu bedenken, wie unhöflich es war, ihre Gesellschaft zu verlassen, eine verborgene

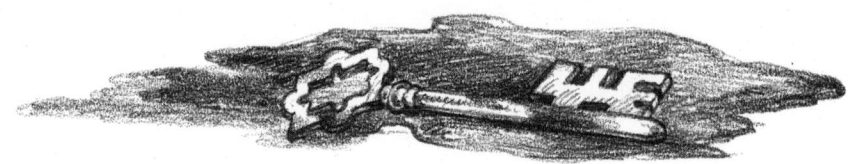

Treppe hinunterstieg, und zwar in solcher Eile, daß sie zwei- oder dreimal beinahe den Hals gebrochen hätte. Als sie an die Tür der Kammer gekommen war, stand sie einige Zeit still und dachte an das Verbot ihres Mannes; sie überlegte, daß ihr Ungehorsam sie unglücklich machen könnte; aber die Versuchung war so stark, daß sie ihr nicht widerstehen konnte; sie nahm also den kleinen Schlüssel und öffnete zitternd die Tür zur Kammer. Zuerst sah sie nichts, weil die Fensterläden geschlossen waren; nach einigen Augenblicken bemerkte sie, daß der Fußboden ganz mit geronnenem Blut bedeckt war, und in diesem Blut spiegelten sich die Leichname mehrerer Frauen, die an der Wand hingen: es waren die Frauen, welche Blaubart geheiratet und eine nach der andern ermordet hatte. Sie glaubte vor Angst zu sterben, und der Kammerschlüssel, den sie aus dem Schloß gezogen hatte, fiel ihr aus der Hand. Nachdem sie sich ein wenig gefaßt hatte, hob sie den Schlüssel auf, schloß die Tür wieder zu und ging in ihr Zimmer hinauf, um zu sich zu kommen; aber es gelang ihr nicht, so groß war ihre Erregung. Da sie bemerkt hatte, daß der Schlüssel mit Blut befleckt war, wischte sie ihn zwei- oder dreimal ab, aber das Blut ging nicht ab; sie konnte ihn noch soviel waschen und mit Sand und Kies reiben, es blieb immer Blut daran, denn der Schlüssel war verzaubert und es war nicht möglich, ihn zu reinigen, wenn an der einen Seite das Blut fort war, kam es an der andern wieder zum Vorschein.

Blaubart kam denselben Abend von seiner Reise zurück und sagte, daß er unterwegs Briefe empfangen hätte mit der Nachricht, das Geschäft, weswegen er gereist, sei soeben zu seinem Vorteil beendet. Seine Frau tat alles mögliche, um ihm zu beweisen, daß sie über seine schnelle Rückkehr entzückt sei. Am andern Tag forderte er die Schlüssel von ihr zurück, und sie gab sie ihm, aber mit so zitternder Hand, daß er ohne Mühe erriet, was vorgegangen war. »Warum ist der Schlüssel zur Kammer nicht bei den andern?« fragte er.

»Ich muß ihn wohl liegengelassen haben«, antwortete sie, »oben auf meinem Tisch.«

»Holt ihn mir sogleich«, sagte Blaubart.

Nach einigem Zögern mußte sie den Schlüssel holen. Nachdem Blaubart ihn betrachtet hatte, sagte er zu seiner Frau: »Woher kommt das Blut an diesem Schlüssel?«

»Ich weiß es nicht«, antwortete die arme Frau, bleicher als der Tod.

»Ihr wißt es nicht«, erwiderte Blaubart; »aber ich weiß es wohl. Ihr habt in die Kammer gehen wollen! Nun, Frau, Ihr sollt hineinkommen und Euren Platz einnehmen neben den Damen, die Ihr dort gesehen habt.«

Sie warf sich ihrem Manne zu Füßen; sie weinte und bat für ihren Ungehorsam um Verzeihung, mit allen Zeichen wahrer Reue. Sie hätte einen Stein erweichen können, so schön und betrübt war sie. Aber Blaubarts Herz war härter als Stein. »Ihr müßt sterben, Frau«, sagte er, »und das auf der Stelle.«

»Wenn ich denn sterben muß«, antwortete sie, indem sie ihn mit tränenden Augen ansah, »so gebt mir doch noch etwas Zeit, um zu beten.«

»Ich gebe Euch eine halbe Viertelstunde«, erwiderte Blaubart, »aber keinen

470

Augenblick mehr.« Als sie allein war, rief sie ihre Schwester und sagte zu ihr:
»Liebe Schwester Anna«, denn so hieß sie, »ich bitte dich, steig auf den Turm und
sieh, ob unsere Brüder nicht kommen; sie haben mir versprochen, mich heute zu
besuchen; und wenn du sie siehst, so gib ihnen ein Zeichen, sich zu beeilen.«

Schwester Anna stieg auf den Turm und die arme Betrübte rief ihr von Zeit
zu Zeit zu: »Anna, liebe Schwester Anna, siehst du noch nichts?«

Und Schwester Anna antwortete ihr: »Ich seh nur die Sonne im Staub der
Straß' und auf den Wiesen das grüne Gras.«

Indessen schrie Blaubart, der einen großen Hirschfänger in der Hand hielt,
aus Leibeskräften nach seiner Frau: »Kommt schnell herunter, oder ich komme
hinauf.«

»Noch einen Augenblick, ich bitte Euch!« antwortete seine Frau. Und
sogleich rief sie ganz leise: »Anna, Schwester Anna, siehst du noch nichts?« Und
Schwester Anna antwortete: »Ich seh nur die Sonne im Staub der Straß' und auf
den Wiesen das grüne Gras.«

»Komm schnell herunter«, schrie Blaubart, »oder ich komme hinauf.«

»Ich komme schon«, antwortete seine Frau, und dann rief sie: »Anna, liebe
Schwester Anna, siehst du noch nichts?«

»Ich sehe«, antwortete diese, »eine große Staubwolke auf uns zukommen.«

»Sind es unsere Brüder?«

»Ach nein, liebe Schwester, es ist eine Schafherde.«

»Wollt Ihr endlich herunterkommen!« schrie Blaubart.

»Noch einen Augenblick«, erwiderte seine Frau; dann rief sie: »Anna, liebe
Schwester Anna, siehst du immer noch nichts?«

»Ich sehe«, sagte diese, »zwei Reiter auf uns zukommen, aber sie sind noch
weit weg!«

»Gott sei gelobt!« rief sie einen Augenblick später, »es sind unsre Brüder. Ich
gebe ihnen ein Zeichen, so gut ich kann, damit sie sich beeilen.«

Da fing Blaubart so furchtbar an zu schreien, daß das ganze Haus erzitterte.
Die arme Frau ging hinunter und warf sich ganz in Tränen und mit aufgelöstem
Haar zu seinen Füßen. »Es hilft Euch nichts«, sagte Blaubart, »Ihr müßt sterben.«
Dann faßte er sie mit einer Hand bei den Haaren und mit der andern schwang er
den Hirschfänger, um ihr den Kopf abzuschlagen. Die arme Frau wendete sich zu
ihm, sah ihn mit verlöschenden Augen an und bat um einen einzigen Augenblick,
um sich zu sammeln. »Nein, nein«, sagte er, »befehlt Eure Seele in Gottes Hand«,
und indem er seinen Arm erhob . . .

In diesem Augenblicke klopfte es so stark an die Tür, daß Blaubart innehielt; man öffnete, und herein kamen zwei Reiter, die, den Degen in der Hand, sich auf Blaubart stürzten. Er erkannte die Brüder seiner Frau, einen Dragoner und einen Musketier, und lief davon, um sich zu retten. Aber die beiden Brüder verfolgten ihn und faßten ihn, ehe er die Freitreppe erreicht hatte. Sie stießen ihm ihre Degen durch den Leib und ließen ihn tot liegen. Die arme Frau war beinahe ebenso tot als ihr Mann und hatte nicht die Kraft aufzustehen, um ihre Brüder zu umarmen.

Blaubart hatte keine Erben, und so wurde seine Frau Besitzerin aller seiner Güter. Einen Teil verwendete sie dazu, ihre junge Schwester Anna auszustatten und sie mit einem jungen Edelmanne zu verheiraten, den sie schon lange liebte; mit einem andern erkaufte sie für ihre beiden Brüder den Hauptmanns-Rang; und mit dem übrigen heiratete sie selbst einen sehr liebenswürdigen Mann, der sie die böse Zeit vergessen ließ, die sie mit Blaubart verbracht hatte.

Der dankbare Tote

Italienisches Volksmärchen

In der Markgrafschaft Treviso (unweit von Venedig) war einmal ein reicher freigebiger Ritter. Er fing an, so große Ausgaben zu machen, daß er sein gesamtes Hab und Gut verlor. Um diese Zeit drang in sein Land die Kunde, der König von Cornwall habe in der ganzen Welt bekanntmachen lassen, er gäbe jedem beliebigen Ritter, der an seinen Hof komme und im Turnier Sieger bleibe, sein Töchterlein zur Frau und die Hälfte seines Königreichs.

Als nun unser Ritter diese Neuigkeit vernahm, bekam er Lust hinzugehen. Er versammelte seine Freunde und Verwandten und bat sie, sie möchten ihm helfen. Etliche rieten ihm dazu, die andern aber nicht. Schließlich kam man überein, er solle gehn. Also halfen sie ihm, und er bekam von ihnen Waffen, Pferde und Geld und gutes Geleit.

473

So machte er sich auf die lange Reise. Eines Tages gelangte er in die Nähe eines Schlosses. Und wie er so auf der geraden Straße dahinritt, sah er vor sich viele Leute zu Fuß und zu Pferd. Er bemerkte plötzlich, wie all diese Leute auf einmal die rechte Straße verließen und einen schmalen Seitenweg einschlugen. »Warum verlassen diese Leute die gute Straße und ziehen auf jener schlechten dahin?« fragte er. »Mein Herr, wißt Ihr das nicht?« – »Gewiß nicht«, sagte unser Ritter. – »Mein Herr, so will ich es Euch sagen. Wenn Ihr geradeaus gehen würdet, so würdet Ihr und jeder andere einen so starken Leichengeruch verspüren von einem verstorbenen Schloßherrn, der dort in der Kirche aufgebahrt liegt, daß jeder Vorübergehende davon sterben müßte. Deshalb gehen wir von der geraden Straße ab und machen einen Umweg.«

Da sprach der Ritter: »Bei Gott, sag mir, warum wird dieser Schloßherr nicht begraben, wenn er doch gestorben ist?« Und jener: »Mein Herr, der Grund ist dieser: Es ist hierzulande Brauch, wenn jemand stirbt, und er hat Schulden, so wird er nicht eher begraben, bis alle jene, die etwas zu fordern haben, bezahlt sind. Da nun der Verstorbene bei all seinem hohen Rang und seiner Freigebigkeit verarmt war und große Schulden hat und ihm nichts verblieben ist, um diese zu bezahlen, auch weder Verwandte noch Freunde es für ihn tun mögen, so wird er nicht beerdigt, bis die Gläubiger befriedigt sind.«

Da sprach der Ritter: »Und wenn nun einer käme, der für ihn bezahlen wollte, wird er dann beerdigt?« Und jener: »Gewiß, mein Herr, sicherlich, sogleich.«

Darauf begab sich unser Ritter hinauf aufs Schloß und ließ unverzüglich verkünden, daß jeder, der von dem verstorbenen Edlen Gigliotto, der in der Kirche liege und seiner Schulden wegen nicht begraben werde, etwas übrig habe, zu Herrn Dianese in die und die Herberge kommen solle; er wolle jede Forderung bezahlen, denn er wünsche, daß der Schloßherr begraben werde. Sobald nun die Leute diesen Aufruf hörten, kamen alle, die etwas von Herrn Gigliotto zu fordern hatten, zu besagter Herberge. Und Herr Dianese, von Mitleid erfüllt, begann zu zahlen und gab all sein Geld aus, ja er verkaufte sogar alle seine Pferde, bis auf ein Roß, das er für sich behielt. Als er den letzten Gläubiger befriedigt hatte, lud er alle Bewohner der Umgebung ein und ließ den Edelmann mit großen Ehren bestatten.

Dann nahm er Abschied von den Leuten im Schloß, stieg zu Pferd und zog weiter. Als er zwei Meilen geritten war, er zu Roß und seine Begleiter zu Fuß, kam einer hinter ihm dreingeritten, sehr kostbar gekleidet, mit zwei Pferden und schöner Ladung und grüßte Herrn Dianese. Dieser erwiderte höflich den Gruß, und der Kaufmann fragte Herrn Dianese, was er vorhabe, wie es ihm ergangen und warum er auf Reisen sei. Und fügte hinzu: »Ich möchte Euch gern begleiten auf dieser ganzen Reise, und das, was Ihr und ich gewinnen, das sei zur Hälfte geteilt. Ihr seid ein tüchtiger Ritter, und ich habe Geld genug. Ich will Euch Geld geben, Pferde, Waffen und alles, was Ihr braucht.«

Herr Dianese dachte: »Das gerade ist's, was ich nötig habe«, und willigte ein.

Sie kamen in eine Stadt. Dort kauften sie sich Pferde und Waffen und was sie sonst noch nötig hatten. Dann ritten sie weiter, bis sie zur Hauptstadt des Königs von Cornwall gelangten, und nahmen dort Herberge in einem angesehenen Gasthaus. Sogleich luden sie die guten Bürger des Ortes zur Tafel ein und gaben ihnen ein sehr köstliches Essen. Und das taten sie so oft, daß alle Leute sagten: »Das sind die vornehmsten Ritter, die je gekommen sind.«

Endlich kam der Tag, an dem das Turnier abgehalten werden sollte. Die Ritter waren auf der großen Wiese versammelt, wo das Wettspiel stattfinden sollte. Auch der König und die Königin kamen und die Prinzessin und der ganze Adel des Landes. Und als alles versammelt war, befahl der König, daß das Turnier beginne, und man wußte, daß der, welcher dabei Sieger bleibe, die Königstochter zur Gemahlin und das halbe Königreich bekommen werde.

Da waren denn die hohen Herren und Ritter eifrig beim Waffenspiel, und es waren tüchtige und unerschrockene Kämpfer dabei. Am Ende blieb Herr Dianese Sieger, und als der König und die Königin das sahen, wurden sie sehr froh, und alle Leute riefen: »Herr Dianese hat den Preis gewonnen!« Und der König schickte zu ihm und gab ihm seine Tochter zur Frau und sein halbes Reich. Und da war große Freude und ein schönes Fest und viel Fröhlichkeit.

Dann weilten sie fast einen Monat im Land. Und eines Tages sagte der Kaufherr zu Herrn Dianese: »Scheint es Euch nicht an der Zeit, in Eure Heimat zurückzukehren? Gott hat Euch so viel Gut und Ehre geschenkt, daß Ihr ihm Dank schuldig seid.« Und Herr Dianese antwortete: »In der Tat, ich will Gott preisen, denn ihm habe ich mein Glück zu verdanken und Euch, die Ihr mir geholfen habt, mehr als sonst ein Mensch in dieser Welt. Ich möchte gerne zurückkehren in meine Heimat, aber wir werden das nicht tun können ohne Einverständnis des Königs.« Und der Kaufmann sagte: »Ihr habt recht. So wollen wir zum König gehen, er ist ein weiser Herr und wird Eure Bitte erfüllen.« Sie einigten sich und gingen vor den König, und Herr Dianese sagte: »Mein gnädiger Herr, Ihr wißt, daß ich Euch gehöre, sowohl mein Gut als auch meine Person, und ich will nichts unternehmen ohne Euren Rat und Willen. Und ich wünsche mir, mit Eurer Erlaubnis in das Land heimzukehren, woher ich gekommen bin, um meine Verwandten und Freunde wiederzusehen und sie zu erfreuen mit der Ehre, welche Ihr mir angetan habt.« Und der König antwortete Herrn Dianese: »Ich bin mit Euch wohl zufrieden und würde Euch lieber hier behalten, aber wenn Ihr Verlangen habt, die Freunde und Verwandten wiederzusehen, so ist es mir recht.« Und der Herr Dianese dankte und sagte: »Heut in acht Tagen wollen wir im Namen Gottes die Rückreise antreten.« Und der König erklärte sich damit einverstanden. Es kam der Tag der Abreise und Herr Dianese empfahl sein Land dem König, und dieser versprach ihm, treu dafür zu sorgen. Dann stiegen sie zu Pferd, Herr Dianese, seine Frau und der Kaufmann und viele andere Ritter und etliche Kammerfrauen und viele Saumtiere mit dem Gepäck, so wie es einem großen Herrn geziemt. Der König und viele hohe Herren und Ritter gaben ihnen das Geleit bis über ihre Grenze hinaus, und alles war festlich gestimmt. Als sie sie eine große Strecke weit begleitet hatten, nahm der König mit seinem Gefolge Abschied von Herrn Dianese und dieser von ihm und seinen Leuten, und der König kehrte in sein Land zurück.

Als sie schon viele Tagereisen mit großer Anstrengung geritten waren und nur noch eine Tagereise von Treviso, der Heimat des Herrn Dianese, entfernt

waren, kamen sie an eine Stelle, wo sich die Straße gabelte. Da sagte der Kaufmann zu Herrn Dianese: »Laßt alle Leute halten.« Und Herr Dianese, der seinen treuen Begleiter liebte und schätzte, ließ sofort melden, es solle niemand weiterreiten. Und der Kaufmann fragte: »Wißt Ihr, warum ich Euch stehenbleiben hieß?« – »Nein, wahrlich nicht«, entgegnete Herr Dianese. »So will ich's Euch sagen«, erwiderte jener. »Ich wünsche jetzt, daß Ihr Euch an die Abmachungen haltet, die wir getroffen haben.« Da sprach Herr Dianese: »Was für Abmachungen? Ich kann mich nicht erinnern.« Der Kaufmann erwiderte: »Ihr wißt, daß wir damals auf dem Weg zum Turnier beschlossen, das, was wir gewinnen würden, zur Hälfte zu teilen.« Nun sprach Herr Dianese: »Freilich erinnere ich mich daran, und so verhält es sich auch, warum sagt Ihr es denn? Wollt Ihr wirklich Euren Teil haben?« Und der Kaufmann: »Ja, ich will die Hälfte.« Und Herr Dianese: »Ach, kommt doch mit mir, ich werde Euch immer gut halten in meinem Hause, Ihr werdet Euch sehr wohl fühlen und ebenso in Ehren gehalten wie ich.« Und der Kaufmann: »Wisset, daß ich nach Hause gehen will, und darum möchte ich jetzt mein Teil.«

Da war Herr Dianese ganz verwirrt, aber er wollte sein Versprechen halten. Also sagte er: »Teilt, wie Ihr wollt, und ich will mich zufrieden geben.« Und der Kaufmann: »Ich will die Teilung vornehmen.« Und Herr Dianese: »Macht ganz nach Eurem Gutdünken.«

Und der Kaufmann teilte auf folgende Weise: »Die Frau mit dem Reitpferd bilde den einen Teil und diese Ritter mit all den Saumtierladungen den andern Teil; wählt den, der Euch gefällt.«

Da wurde Herr Dianese zornig und dachte: »Das sind fürwahr ungleiche Teile! Aber ich denke, ich kann nichts anderes tun als die Frau nehmen.« Also nahm er seine Frau und überließ dem Kaufmann den Rest. Darauf nahmen sie Abschied voneinander und der eine zog diesen Weg, der andere jenen. Herr Dianese war sehr betrübt. Als der Kaufmann mit all seinen Leuten auf seiner Straße ein Stück geritten war, nahm er querfeld einen Pfad, um zurückzukehren und Herrn Dianese, der ganz bekümmert des Weges ritt, einzuholen. Als dieser den Kaufmann erblickte, wunderte er sich und fragte: »Warum kehrt Ihr zurück?«

Darauf sagte dieser: »Reitet langsam, Herr Dianese, bleibt stehen. Es ist wahr, daß wir geteilt haben, und Ihr habt mir das Versprechen treu gehalten wie ein ehrlicher und wackerer Ritter. Ich bin jetzt Herr über diese Leute und kann mit ihnen machen, was ich will. Also gebe ich sie Euch zurück. Gott möge Euch Glück verleihen, Euch und Eurer Frau. Und ich will Euch auch sagen, wer ich bin, damit Ihr, der Ihr gern andern gedient habt, das auch fürderhin gern tun möget, denn es wird Euch alles Gute daraus erwachsen. Ich bin der Ritter, den Ihr so ehrenvoll in der Kirche begraben ließet.«

Da sagte Herr Dianese: »Wenn die Toten einen erwiesenen Dienst vergelten, was sollen die Lebenden tun?« – »Nun wisset, Herr Dianese, Ihr und alle diese Leute, daß ein Liebesdienst nie verlorengeht und nie verlorengehen wird.«

Und sowie er dies gesprochen hatte, war er verschwunden. Herr Dianese kehrte mit seiner Frau in seine Heimat zurück. Dort lebten sie in hohem Ansehen, er belohnte alle seine Freunde reichlich, und es ging ihnen immer gut.

Der Wolf und
die sieben jungen Geißlein

Brüder Grimm

Es war einmal eine alte Geiß, die hatte sieben junge Geißlein und hatte sie lieb, wie eine Mutter ihre Kinder lieb hat. Eines Tages wollte sie in den Wald gehen und Futter holen, da rief sie alle sieben herbei und sprach »liebe Kinder, ich will hinaus in den Wald, seid auf eurer Hut vor dem Wolf, wenn er hereinkommt, so frißt er euch alle mit Haut und Haar. Der Bösewicht verstellt sich oft, aber an seiner rauhen Stimme und an seinen schwarzen Füßen werdet ihr ihn gleich erkennen.« Die Geißlein sagten »liebe Mutter, wir wollen uns schon in acht nehmen, Ihr könnt ohne Sorge fortgehen.« Da meckerte die Alte und machte sich getrost auf den Weg.

Es dauerte nicht lange, so klopfte jemand an die Haustür und rief »macht auf, ihr lieben Kinder, eure Mutter ist da und hat jedem von euch etwas mitgebracht.« Aber die Geißlein hörten an der rauhen Stimme, daß es der Wolf war, »wir machen nicht auf«, riefen sie, »du bist unsere Mutter nicht, die hat eine feine und liebliche Stimme, aber deine Stimme ist rauh; du bist der Wolf.« Da ging der Wolf fort zu einem Krämer und kaufte sich ein großes Stück Kreide; die aß er und machte damit seine Stimme fein. Dann kam er zurück, klopfte an die Haustür und rief »macht auf, ihr lieben Kinder, eure Mutter ist da und hat jedem von euch etwas mitgebracht.« Aber der Wolf hatte seine schwarze Pfote in das Fenster gelegt, das sahen die Kinder und riefen »wir machen nicht auf, unsere Mutter hat keinen schwarzen Fuß wie du; du bist der Wolf.« Da lief der Wolf zu einem Bäcker und sprach »ich habe mir an den Fuß gestoßen, streich mir Teig darüber.«

Und als ihm der Bäcker die Pfote bestrichen hatte, so lief er zum Müller und sprach »streu mir weißes Mehl auf meine Pfote.« Der Müller dachte »der Wolf will einen betrügen«, und weigerte sich, aber der Wolf sprach »wenn du es nicht tust, so fresse ich dich.« Da fürchtete sich der Müller und machte ihm die Pfote weiß. Ja, so sind die Menschen.

Nun ging der Bösewicht zum drittenmal zu der Haustüre, klopfte an und sprach »macht mir auf, Kinder, euer liebes Mütterchen ist heimgekommen und hat jedem von euch etwas aus dem Walde mitgebracht.« Die Geißlein riefen »zeig uns erst deine Pfote, damit wir wissen, daß du unser liebes Mütterchen bist.« Da legte er die Pfote ins Fenster, und als sie sahen, daß sie weiß war, so glaubten sie, es wäre alles wahr, was er sagte, und machten die Türe auf. Wer aber hereinkam,

das war der Wolf. Sie erschraken und wollten sich verstecken. Das eine sprang unter den Tisch, das zweite ins Bett, das dritte in den Ofen, das vierte in die Küche, das fünfte in den Schrank, das sechste unter die Waschschüssel, das siebente in den Kasten der Wanduhr. Aber der Wolf fand sie alle und machte nicht langes Federlesen; eins nach dem andern schluckte er in seinen Rachen; nur das jüngste in dem Uhrkasten, das fand er nicht. Als der Wolf seine Lust gestillt hatte, trollte er sich fort, legte sich draußen auf der grünen Wiese unter einen Baum und fing an zu schlafen.

Nicht lange danach kam die alte Geiß aus dem Walde wieder heim. Ach, was mußte sie da erblicken! Die Haustüre stand sperrweit auf: Tisch, Stühle und Bänke waren umgeworfen, die Waschschüssel lag in Scherben, Decke und Kissen waren aus dem Bett gezogen. Sie suchte ihre Kinder, aber nirgends waren sie zu finden. Sie rief sie nacheinander beim Namen, aber niemand antwortete. Endlich, als sie an das Jüngste kam, da rief eine feine Stimme »liebe Mutter, ich stecke im Uhrkasten.« Sie holte es heraus, und es erzählte ihr, daß der Wolf gekommen wäre und die andern alle gefressen hätte. Da könnt ihr denken, wie sie über ihre armen Kinder geweint hat.

Endlich ging sie in ihrem Jammer hinaus, und das jüngste Geißlein lief mit.
Als sie auf die Wiese kam, so lag da der Wolf an dem Baum und schnarchte, daß
die Äste zitterten. Sie betrachtete ihn von allen Seiten und sah, daß in seinem
angefüllten Bauch sich etwas regte und zappelte. »Ach Gott«, dachte sie, »sollten
meine armen Kinder, die er zum Abendbrot hinuntergewürgt hat, noch am
Leben sein?« Da mußte das Geißlein nach Haus laufen und Schere, Nadel und
Zwirn holen. Dann schnitt sie dem Ungetüm den Wanst auf, und kaum hatte sie
einen Schnitt getan, so streckte schon ein Geißlein den Kopf heraus, und als sie
weiter schnitt, so sprangen nacheinander alle sechse heraus und waren noch alle
am Leben und hatten nicht einmal Schaden gelitten, denn das Ungetüm hatte sie
in seiner Gier ganz hinuntergeschluckt. Das war eine Freude! Da herzten sie ihre
liebe Mutter und hüpften wie ein Schneider, der Hochzeit hält. Die Alte aber
sagte »jetzt geht und sucht Wackersteine, damit wollen wir dem gottlosen Tier
den Bauch füllen, solange es noch im Schlafe liegt.« Da schleppten die sieben

Geißerlein in aller Eile die Steine herbei und steckten sie ihm in den Bauch, so viel sie hineinbringen konnten. Dann nähte ihn die Alte in aller Geschwindigkeit wieder zu, daß er nichts merkte und sich nicht einmal regte.

Als der Wolf endlich ausgeschlafen hatte, machte er sich auf die Beine, und weil ihm die Steine im Magen so großen Durst erregten, so wollte er zu einem Brunnen gehen und trinken. Als er aber anfing zu gehen und sich hin und her zu bewegen, so stießen die Steine in seinem Bauch aneinander und rappelten. Da rief er

> »Was rumpelt und pumpelt
> in meinem Bauch herum?
> Ich meinte, es wären sechs Geißlein,
> so sind's lauter Wackerstein'.«

Und als er an den Brunnen kam und sich über das Wasser bückte und trinken wollte, da zogen ihn die schweren Steine hinein, und er mußte jämmerlich ersaufen. Als die sieben Geißlein das sahen, da kamen sie herbeigelaufen, riefen laut »der Wolf ist tot! Der Wolf ist tot!« und tanzten mit ihrer Mutter vor Freude um den Brunnen herum.

Das halbe Hähnchen

Spanisches Volksmärchen

Es war einmal eine schöne Henne, die lebte vergnügt in einem Hof, umgeben von ihren vielen Küken, unter welchen jedoch ein Hähnchen durch seine Häßlichkeit auffiel. Doch gerade dieses liebte die Mutter am meisten. Es war eigentlich nur die Hälfte eines Hahnes, denn es hatte nur ein Auge, einen Flügel und ein Bein, und doch war es noch stolzer als sein Vater, der auf zwanzig Meilen in der Runde der schönste Hahn war. Ja, es war so eingebildet, daß es sich als die Krone seines Geschlechtes sah und es für Neid hielt, wenn die andern jungen Hähne sich über ihn lustig machten.

Eines Tages sagte dieses Hähnchen zu seiner Mutter: »Hört mal, Frau Mutter, ich langweile mich hier auf dem Lande. Ich habe beschlossen, in die Residenz zu gehen, ich will den König und die Königin sehen.«

Die arme Mutter fing an zu zittern, als sie dies hörte. »Söhnchen«, rief sie, »wer hat dir solchen Unsinn eingeredet? Dein Vater hat diesen Hof in seinem ganzen Leben nicht verlassen und ist doch der Stolz unseres ganzen Volkes geblieben. Wo wirst du einen Hof wie diesen finden? Wo einen besseren Misthaufen? Wo gesündere und reichlichere Nahrung, einen so sicheren Stall, eine Familie, die dich mehr liebt?«

»Nego«, erwiderte das halbe Hähnchen, denn es war stolz auf die paar Worte Latein, die es kannte, »meine Brüder und Vettern sind mir einfach zu dumm und zu ungebildet!«

»Aber Söhnchen«, sagte die Mutter, »hast du dich nie im Spiegel gesehen? Hast du da nicht bemerkt, daß dir ein Auge und ein Fuß fehlt?«

»Und das wollt Ihr mir vorhalten«, rief das Hähnchen, »Ihr, die Ihr vor Scham im Boden versinken solltet, Ihr, die Ihr mich so in die Welt gesetzt habt? Ja, Ihr allein seid schuld daran! Aus was für einem Ei bin ich gekrochen? War es am Ende eins von einem alten Hahn?«

»Nein, nein, mein Söhnchen«, rief die Mutter, »aus solchen Eiern kommen ja nur Basilisken. Du aber bist aus dem letzten Ei gekrochen, das ich selbst gelegt habe, und eben weil es mein letztes und ich schon erschöpft war, bist du so unvollkommen auf die Welt gekommen. Du siehst, es war nicht meine Schuld.«

»Vielleicht«, versetzte das halbe Hähnchen, und dabei schwoll sein Kamm rot an wie ein Granatapfel, »vielleicht kann ich einen Chirurgen finden, dem es gelingt, mir die fehlenden Glieder anzusetzen. Auf alle Fälle, und da hilft keine Widerrede, gehe ich fort.«

Als die Mutter sah, daß sie ihren Sohn von seinem Vorsatz nicht abbringen konnte, sprach sie zu ihm: »So höre wenigstens, mein Söhnchen, auf die Ratschläge deiner alten Mutter. Meide Kirchen, in denen ein Bildnis des heiligen Petrus aufgestellt ist; denn dieser Heilige ist den Hähnen nicht sehr geneigt. Fliehe auch gewisse Menschen, die man Köche nennt, sie sind unsere Todfeinde, sie drehen uns den Hals um, bevor man Amen sagen kann. Und nun, mein Söhnchen, möge dich Gott geleiten und der heilige Raphael, der Schutzpatron der Reisenden. Geh und bitte deinen Vater um seinen Segen.«

Das halbe Hähnchen ging zu seinem Vater, küßte ihm den Fuß und erbat sich seinen Segen. Der ehrwürdige Hahn gab ihm diesen mit mehr Würde als Zärtlichkeit, denn er hatte keine große Zuneigung zu diesem Söhnchen, das ihm zu aufgeblasen und zu störrisch war. Die Mutter aber war so gerührt, daß sie sich die Tränen mit einem welken Blatt abtrocknen mußte. Das halbe Hähnchen machte sich auf seinem einen Bein auf den Weg, schlug mit seinem einzigen Flügel und krähte zum Abschied dreimal.

Als es an das Ufer eines fast ausgetrockneten Baches kam – denn es war Hochsommer –, sah das halbe Hähnchen, daß der schwache Wasserlauf von Zweigen aufgehalten wurde, und als der Bach unseren Wanderer sah, rief er ihm zu: »Du siehst, Freund, wie schwach ich bin, ich kann kaum noch fortkommen und habe nicht mehr Kraft genug, diese lästigen Zweiglein wegzu-drängen, die meinen Lauf hindern. Du aber könntest mir leicht aus dieser Not helfen, wenn du sie mit deinem Schnabel wegpicken würdest. Zum Lohn kannst du nicht nur deinen Durst in meinem Wasser löschen, sondern auch sonst auf meine Dienste zählen, wenn des Himmels Wasser meine Kräfte wie-derhergestellt hat.«

Das Hähnchen erwiderte darauf: »Ich könnte dir schon helfen, aber ich will nicht. Sehe ich etwa aus, wie der Diener eines schmutzigen Bächleins?«

»Du wirst an mich denken, eher, als du glaubst!« murmelte der Bach mit schwacher Stimme.

»Nun, das fehlte noch, daß du mir drohst!« rief das Hähnchen erbost. »Du zählst wohl schon auf die nächste Sintflut?«

Als es etwas weitergegangen war, traf es mit dem Wind zusammen; der lag ausgestreckt und matt am Boden.

»Liebes Hähnchen«, sprach er, »in dieser Welt sind wir alle aufeinander angewiesen. Komm her und schau mich an. Siehst du, wie mich die Sommerhitze zugerichtet hat, mich, den sonst so Starken, so Mächtigen, mich, der ich die Wellen peitsche, die Felder verwüste? Wenn du mich mit deinem Schnabel nur ein paar Zoll über den Boden heben und mit deinem Flügel ein bißchen fächern wolltest, so würde es reichen, mich wieder in Flug zu bringen und die Höhle erreichen zu lassen, wo meine Mutter und meine Schwestern, die Windsbräute, damit beschäftigt sind, ein paar Wolken zu flicken, die ich zerrissen habe. Die würden mir schon ein Süppchen kochen, daß ich wieder zu Kräften komme.«

»Caballero«, entgegnete das böse Hähnchen, »oft genug haben sich Euer Gnaden mit mir einen Spaß gemacht, mir auf den Rücken geblasen und mir den Schweif wie einen Fächer gebläht zum Spott aller, die mich gesehen haben. Nein, Freund, jedes Schwein hat seinen Martinstag. Auf Wiedersehen, Herr Spaß-macher!«

So sprach das Hähnchen, krähte dreimal mit heller Stimme, und, sich gewaltig aufblähend, setzte es seinen Weg fort.

Da kam es zu einem geschnittenen Getreidefeld; die Schnitter hatten die Stoppeln abgebrannt, es stieg noch eine kleine Rauchsäule davon auf. Als das halbe Hähnchen näher hinzuhüpfte, sah es eine kleine Glut, die gerade am Verlöschen war.

»Liebes Hähnchen«, rief die Glut, »zu guter Stunde bist du gekommen, um mir das Leben zu retten. Aus Mangel an Nahrung bin ich am Verlöschen. Ich

weiß auch nicht, wo mein Vetter, der Wind, sich herumtreibt, der mir sonst in solchen Nöten immer beistand. Bring mir ein paar Strohhälmchen, um mich wieder zu beleben.«

»Was geht mich dein Geschrei an!« krähte das Hähnchen.

»Wer weiß, ob du nicht eines Tages meine Hilfe brauchst?« sagte die Glut. »Keiner weiß, was der Morgen bringt.«

»Oho!« rief das böse Hähnchen, »du willst mich noch belehren? Da, nimm das!« Und damit bedeckte es die Glut mit Asche und krähte, als hätte es eine Heldentat verübt.

Endlich kam das halbe Hähnchen in die Residenz; es blieb vor einer Kirche stehen und fragte: »Was ist das für eine Kirche?« Das sei, lautete die Antwort, die Petruskirche. Da pflanzte es sich vor der Pforte auf und krähte, bis es heiser wurde, und das nur, um den Heiligen und in Gedanken natürlich auch seine Mutter zu ärgern.

Als es sich dem Palast näherte, wo es den König und die Königin sehen wollte, riefen ihm die Schildwachen zu: »Zurück!« Da bekam es einen Schreck und wich zurück. Schließlich fand es eine Seitentür, wo viele Leute ein und aus gingen. Auf seine Frage, was das für Leute seien, antwortete man ihm, das seien die Köche des Königs. Aber statt diese zu fliehen, wie ihm seine Mutter empfohlen, ging es mit geschwollenem Kamm auf sie los. Da packte es einer der Küchenjungen, und im Nu hatte er ihm den Hals umgedreht. Dann rief er nach Wasser, um ihm die Federn abzubrühen.

»Ach, Wasser, mein liebes gutes Wasser«, schrie nun das halbe Hähnchen, »hilf mir, verbrühe mich nicht, erbarme dich meiner!«

»Hast du dich meiner erbarmt, als ich dich um Hilfe bat?« entgegnete das Wasser, glühend vor Zorn, und brühte es ab von oben bis unten, so daß die Küchenjungen keine Mühe mehr hatten, ihm seine Federn zu rupfen.

Dann steckte der Koch das halbe Hähnchen an den Bratspieß.

»Feuer, liebes gutes Feuer«, schrie das Unglückskind, »du bist so mächtig, habe Mitleid mit meiner traurigen Lage, zähme deine Flammen, verbrenne mich nicht.«

»Unverschämter Schlingel«, sagte die Glut, »wie, du hast noch den Mut, dich an mich zu wenden, nachdem du mich fast erstickt hast?«

Und in der Tat begnügte sich das Feuer nicht damit, das Hähnchen goldgelb zu braten, sondern verbrannte es, bis es schwarz wie Kohle war.

Als der Koch das sah, packte er es an seinem einen Bein und warf es zum Fenster hinaus. Da bemächtigte sich seiner der Wind.

»Wind«, schrie das Hähnchen, »mein lieber, verehrter Wind, du, der du über alles Macht hast und niemandem gehorchest, Gewaltigster unter den Gewaltigen, habe Mitleid mit mir, laß mich zur Ruhe kommen auf diesem Misthaufen.«

»Dich zur Ruhe kommen lassen!« schnaubte der Wind, indem er es herumwirbelte wie einen Kreisel. »Nie mehr!«

Endlich setzte der Wind das halbe Hähnchen auf der Spitze des Kirchturms ab. St. Peter faßte es und nagelte es dort fest, wo man es heute noch sehen kann: schwarz, mager und nackt, vom Regen gepeitscht und vom Wind. Nur heißt es jetzt nicht mehr das halbe Hähnchen, nein, jetzt heißt es das Wetterfähnchen.

Die Bremer Stadtmusikanten

Brüder Grimm

Es hatte ein Mann einen Esel, der schon lange Jahre die Säcke unverdrossen zur Mühle getragen hatte, dessen Kräfte aber nun zu Ende gingen, so daß er zur Arbeit immer untauglicher ward. Da dachte der Herr daran, ihn aus dem Futter zu schaffen, aber der Esel merkte, daß kein guter Wind wehte, lief fort und machte sich auf den Weg nach Bremen; dort, meinte er, könnte er ja Stadtmusikant werden. Als er ein Weilchen fortgegangen war, fand er einen Jagdhund auf dem Wege liegen, der jappte wie einer, der sich müde gelaufen hat. »Nun, was jappst du so, Packan?« fragte der Esel. »Ach«, sagte der Hund, »weil ich alt bin und jeden Tag schwächer werde, auch auf der Jagd nicht mehr fort kann, hat mich mein Herr totschlagen wollen, da hab ich Reißaus genommen; aber womit soll ich nun mein Brot verdienen?« – »Weißt du was«, sprach der Esel, »ich gehe nach Bremen und werde dort Stadtmusikant, geh mit und laß dich auch bei der Musik annehmen. Ich spiele die Laute, und du schlägst die Pauken.« Der Hund war's zufrieden, und sie gingen weiter. Es dauerte nicht lange, so saß da eine Katze an dem Weg und machte ein Gesicht wie drei Tage Regenwetter. »Nun, was ist dir in die Quere gekommen, alter Bartputzer?« sprach der Esel. »Wer kann da lustig sein, wenn's einem an den Kragen geht«, antwortete die Katze, »weil ich nun zu Jahren komme, meine Zähne stumpf werden, und ich lieber hinter dem Ofen sitze und spinne, als nach Mäusen herumjage, hat mich meine Frau ersäufen wollen; ich habe mich zwar noch fortgemacht, aber nun ist guter Rat teuer: wo soll ich hin?« – »Geh mit uns nach Bremen, du verstehst dich doch auf die Nachtmusik, da kannst du ein Stadtmusikant werden.« Die Katze hielt das für gut und ging mit. Darauf kamen die drei Landesflüchtigen an einem Hof vorbei, da saß auf dem Tor der Haushahn und schrie aus Leibeskräften. »Du schreist einem durch Mark und Bein«, sprach der Esel, »was hast du vor?« – »Da hab ich gut Wetter prophezeit«, sprach der Hahn, »weil unserer lieben Frauen Tag ist, wo sie dem Christkindlein die Hemdchen gewaschen hat und sie trocknen will; aber weil morgen zum Sonntag Gäste kommen, so hat die Hausfrau doch kein Erbarmen und hat der Köchin gesagt, sie wollte mich morgen in der Suppe essen, und da soll ich mir heute abend den Kopf abschneiden lassen. Nun schrei ich aus vollem Hals, solange ich noch kann.« – »Ei was, du Rotkopf«, sagte der Esel, »zieh lieber mit uns fort, wir gehen nach Bremen, etwas Besseres als den Tod findest du überall; du

hast eine gute Stimme, und wenn wir zusammen musizieren, so muß es eine Art haben.« Der Hahn ließ sich den Vorschlag gefallen, und sie gingen alle viere zusammen fort.

Sie konnten aber die Stadt Bremen in einem Tag nicht erreichen und kamen abends in einen Wald, wo sie übernachten wollten. Der Esel und der Hund legten sich unter einen großen Baum, die Katze und der Hahn machten sich in die Äste, der Hahn aber flog bis in die Spitze, wo es am sichersten für ihn war. Ehe er einschlief, sah er sich noch einmal nach allen vier Winden um, da deuchte ihn, er sähe in der Ferne ein Fünkchen brennen, und rief seinen Gesellen zu, es müßte nicht gar weit ein Haus sein, denn es scheine ein Licht. Sprach der Esel »so müssen wir uns aufmachen und noch hingehen, denn hier ist die Herberge schlecht.« Der Hund meinte, ein paar Knochen und etwas Fleisch dran täten ihm auch gut. Also machten sie sich auf den Weg nach der Gegend, wo das Licht war, und sahen es bald heller schimmern, und es ward immer größer, bis sie vor ein hell erleuchtetes Räuberhaus kamen. Der Esel, als der größte, näherte sich dem Fenster und schaute hinein. »Was siehst du, Grauschimmel?« fragte der Hahn. »Was ich sehe?« antwortete der Esel, »einen gedeckten Tisch mit schönem Essen und Trinken, und Räuber sitzen daran und lassen's sich wohl sein.« – »Das wäre was für uns«, sprach der Hahn. »Ja, ja, ach wären wir da!« sagte der Esel. Da ratschlagten die Tiere, wie sie es anfangen müßten, um die Räuber hinauszujagen, und fanden endlich ein Mittel. Der Esel mußte sich mit den Vorderfüßen auf das Fenster stellen, der Hund auf des Esels Rücken springen, die Katze auf den Hund klettern, und endlich flog der Hahn hinauf und setzte sich der Katze auf den Kopf. Wie das geschehen war, fingen sie auf ein Zeichen insgesamt an, ihre Musik zu machen: der Esel schrie, der Hund bellte, die Katze miaute, und der Hahn krähte; dann stürzten sie durch das Fenster in die Stube hinein, daß die Scheiben klirrten. Die Räuber fuhren bei dem entsetzlichen Geschrei in die Höhe, meinten nicht anders, als ein Gespenst käme herein, und flohen in größter Furcht in den Wald hinaus. Nun setzten sich die vier Gesellen an den Tisch, nahmen mit dem vorlieb, was übriggeblieben war, und aßen, als wenn sie vier Wochen hungern sollten.

Wie die vier Spielleute fertig waren, löschten sie das Licht und suchten sich eine Schlafstätte, jeder nach seiner Natur und Bequemlichkeit. Der Esel legte sich auf den Mist, der Hund hinter die Türe, die Katze auf den Herd bei der warmen Asche, und der Hahn setzte sich auf den Hahnenbalken; und weil sie müde waren von ihrem langen Weg, schliefen sie auch bald ein. Als Mitternacht vorbei war und die Räuber von weitem sahen, daß kein Licht mehr im Haus brannte, auch

alles ruhig schien, sprach der Hauptmann »wir hätten uns doch nicht sollen ins Bockshorn jagen lassen«, und hieß einen hingehen und das Haus untersuchen. Der fand alles still, ging in die Küche, ein Licht anzuzünden, und weil er die glühenden, feurigen Augen der Katze für lebendige Kohlen ansah, hielt er ein Schwefelhölzchen daran, daß es Feuer fangen sollte. Aber die Katze verstand keinen Spaß, sprang ihm ins Gesicht, spie und kratzte. Da erschrak er gewaltig, lief und wollte zur Hintertüre hinaus, aber der Hund, der da lag, sprang auf und biß ihn ins Bein; und als er über den Hof an dem Miste vorbeirannte, gab ihm der Esel noch einen tüchtigen Schlag mit dem Hinterfuß; der Hahn aber, der vom Lärmen aus dem Schlaf geweckt und munter geworden war, rief vom Balken herab »kikeriki!« Da lief der Räuber, was er konnte, zu seinem Hauptmann zurück und sprach »ach, in dem Haus sitzt eine greuliche Hexe, die hat mich angehaucht und mit ihren langen Fingern mir das Gesicht zerkratzt; und vor der Türe steht ein Mann mit einem Messer, der hat mich ins Bein gestochen; und auf dem Hof liegt ein schwarzes Ungetüm, das hat mit einer Holzkeule auf mich losgeschlagen; und oben auf dem Dache, da sitzt der Richter, der rief: bringt mir den Schelm her. Da machte ich, daß ich fortkam.« Von nun an getrauten sich die Räuber nicht weiter in das Haus, den vier Bremer Musikanten gefiel es aber so wohl darin, daß sie nicht wieder heraus wollten. Und der das zuletzt erzählt hat, dem ist der Mund noch warm.

Der unsterbliche Koschtschei

Alexander N. Afanasjew

In irgendeinem Land lebte einmal ein Zar und eine Zarin, die bekamen einen Sohn, Iwan Zarewitsch. Einmal weinte er in seiner Wiege, und die Wärterinnen schaukelten ihn, konnten ihn aber nicht beruhigen und riefen seinen Vater herbei: »Zar, großer Zar, komm herein, wiege dein Söhnchen in den Schlaf hinein!«

Da kam der Zar und sang: »Schlafe, Söhnchen, mein Liebling schlafe und wachse heran, eine unvergleichliche Schönheit nimmt dich zum Mann. Sie ist dreier Mütter Töchterlein, dreier Großmütter Enkelein, von neun Brüdern das Schwesterlein.«

Der Zarewitsch schlief ein und schlief drei Tage lang, als er aufwachte, schrie er aber noch ärger als vorher. Die Wärterinnen schaukelten seine Wiege und konnten ihn nicht beruhigen, da riefen sie seinen Vater. »Zar, großer Zar, komm herein, wiege dein Söhnchen in den Schlaf hinein.«

Der Zar wiegte und sang: »Schlaf, Söhnchen, mein Liebling schlaf ein, schlafe und wachse heran, eine unvergleichliche Schönheit nimmt dich zum Mann. Dreier Mütter Töchterlein, dreier Großmütter Enkelein, von neun Brüdern das Schwesterlein.«

Der Zarewitsch schlief ein, schlief drei Tage lang und schrie nachher ärger denn je. Die Wärterinnen schaukelten ihn und konnten ihn nicht beruhigen. »Zar, großer Zar, komm selbst herein, wiege dein Söhnchen in den Schlaf hinein.«

Der Zar kam und sang: »Schlafe, Söhnchen, Liebling schlaf; schlaf und wachse heran, eine unvergleichliche Schönheit nimmt dich zum Mann. Dreier Mütter Töchterlein, dreier Großmütter Enkelein, von neun Brüdern das Schwesterlein.«

Der Zarewitsch schlief wieder ein und schlief drei Tage lang. Als der Zarewitsch erwachte, sagte er: »Väterchen, gib mir deinen Segen, ich will auf die Brautsuche gehen.«

»Aber Kindchen, wohin, du bist ja erst neun Tage alt!«

»Gib mir deinen Segen, sonst reise ich ohne ihn!«

»So reise für und für, Gott sei mit dir.«

Iwan Zarewitsch zog sich schön an und ging ein Pferd suchen. Da begegnete ihm ein alter Mann: »Wohin des Weges, Jüngling? Gehst du aus freien Stücken oder nicht?«

»Ich habe gar keine Lust, dir etwas zu erzählen!« antwortete Iwan Zarewitsch, gleich empfand er aber Reue und überlegte: »Warum sagte ich dem Alten nicht, was ich suche. Alte Leute haben Verstand für vieles.« Er eilte ihm nach und sprach: »Warte, Großväterchen! Was fragtest du mich?«

»Ich fragte, ob du aus freien Stücken des Weges ziehst oder nicht.«

»Ich gehe halb freiwillig und halb unfreiwillig. Als ich noch klein war, schaukelte mich mein Vater in der Wiege und versprach mir eine unvergleichliche Schönheit zur Frau, dreier Mütter Töchterlein, dreier Großmütter Enkelein und von neun Brüdern das Schwesterlein.«

»Guter Jüngling, du sprichst artig, aber zu Fuß wirst du nicht hingelangen. Die unvergleichliche Schönheit wohnt weit von hier.«

»Wie weit?«

»Sie wohnt im goldenen Reich, am Ende der Welt, wo die Sonne aufgeht.«

»Wie soll ich da zu ihr gelangen? Ich finde kein junges Pferd und kein seidenes, loses Peitschlein dazu!«

»Wieso, dein Vater hat dreißig Pferde, eines wie das andere? Gehe nach Hause und befiehl dem Knecht, daß er sie zur Tränke an das blaue Meer treibe. Jenes Pferd, das weiter als die übrigen ins Wasser geht, solange bis es bis zum Halse darin steht, und wo die Welle, wenn es trinkt, von einem Ufer zum andern klingt, das nimm!«

»Danke für deinen guten Rat, Großväterchen.«

Wie es der Alte gesagt, machte es der Zarewitsch und wählte das Heldenroß. Er schlief noch eine Nacht zu Haus und wollte am frühen Morgen fortreiten und öffnete die Tore, da sprach das Pferd mit menschlicher Stimme: »Falle auf die Erde nieder, dann trete ich dreimal auf dich.«

Das Pferd trat ihn aber nur zweimal und sagte: »Das drittemal wäre zuviel, du würdest so schwer, daß die Erde uns beide nicht mehr tragen könnte.«

Der Zarewitsch legte dem Pferd Zaum und Sattel auf und sprang auf. Fort war er; der König sah seinen Sohn zum letztenmal. Er ritt weit und weiter den ganzen Tag, bis überall der Schatten lag, da erst kam er an ein Gehöft. War es eine Hütte, ein Turm, ein Haus? Er konnte es nicht sagen. Er ritt bis an die Treppe vor, band das Pferd an den Kupferring am Tor, trat ein und bat um ein Nachtlager.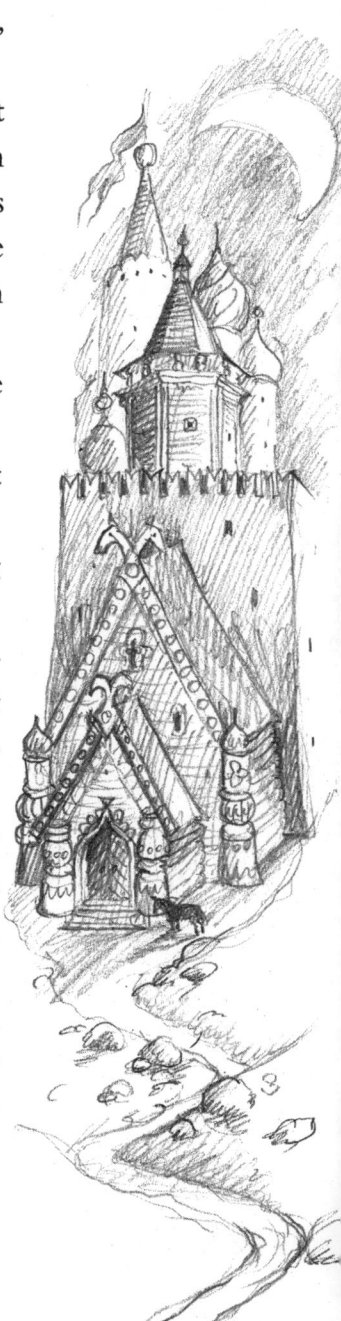

»Bleib zu Nacht, wack'rer Jüngling, wohin des Weges?« erwiderte ihm eine Alte.

»Altes Weib, was fragst du so ungestüm, erst stell mir etwas zu essen hin, erst will ich ein Lager haben, dann kannst du fragen!«

Sie gab ihm Speis und Trank, richtete sodann die Schlafbank und fing wieder zu fragen an.

»Mütterchen, als ein kleines Kind ich war, schaukelte meine Wiege Väterchen Zar, er versprach mir zur Hochzeit eine unvergleichliche Schönheit, dreier Mütter Töchterchen, dreier Großmütter Enkelein, von neun Brüdern das Schwesterlein.«

»Wack'rer Jüngling, du sprichst bescheiden. Siebzig Jahre bin ich alt, aber von dieser Schönen habe ich nichts gehört. Weiter auf deinem Weg wohnt meine ältere Schwester, vielleicht weiß sie etwas, reite morgen zu ihr, aber jetzt schlafe; der Morgen ist klüger als der Abend.«

Iwan Zarewitsch schlief die ganze Nacht, wachte frühmorgens auf, wusch sich fein sauber, sattelte sein Pferd, setzte den Fuß in den Bügel, und fort war er über alle Hügel. Er ritt über Berg und Tal. Er ritt schrecklich weit. Es endete die Tageszeit, die Nacht machte ihre Schatten breit. Da trat etwas aus dem Dunkel heraus. War es Hof, Stadt, Schloß oder Haus? Er ritt bis an die Treppe vor, band sein Pferd an den silbernen Ring am Tor, trat durch den Vorraum ein, betete zu Gott und bat um ein Nachtlager.

Da sagte eine Alte: »Pfui! Pfui! Bis jetzt habe ich noch niemals einen russischen Knochen gerochen, habe bis jetzt keinen gehört und gesehen, plötzlich muß im Hof einer stehen! Woher des Weges, Iwan Zarewitsch?«

»Weshalb, du altes Ungetüm, fragst du so grob und ungestüm? Erst will ich mein Essen und Nachtlager haben, dann kannst du fragen.«

Sie setzte ihn an den Tisch und gab ihm Speis und Trank, richtete auch die Schlafbank. Setzte sich ihm zur Seiten und fragte bescheiden: »Woher hat Gott dich zu mir geführt?«

»Mütterchen, als ich noch klein war, wiegte mich Väterchen Zar, versprach mir zu meiner Hochzeit eine unvergleichliche Schönheit, dreier Mütter Töchterlein, dreier Großmütter Enkelein, von neun Brüdern das Schwesterlein.«

»Wack'rer Jüngling, du sprichst bescheiden. Ich wurde achtzig Jahre alt hier im Wald. Hörte nie bis heut etwas von dieser Schönheit. Weiter des Weges lebt meine ältere Schwester, vielleicht weiß sie etwas. Sie hat drei Gehülfen, das sind: die Tiere des Waldes, die Vögel der Luft, die Fische und Getiere des Wassers. Was da lebt auf dieser Welt, ist ihr alles unterstellt. Reise morgen weiter zu ihr, aber schlafe jetzt hier, der Morgen ist klüger als der Abend.«

Iwan Zarewitsch schlief die ganze Nacht; als er früh des Morgens erwacht, wusch er sich sauber, bestieg sein Pferd und fort war er. Er ritt über Berg und Tal. Er ritt schrecklich weit, bis zum Ende der Tageszeit. Die Schatten der Nacht machten sich breit, da sah er etwas vor sich stehen, war es Hof, Stadt, Turm oder Haus, er nahm's nicht aus. Er ritt bis an die Treppe vor, befestigte sein Pferd an dem Goldring am Tor, trat durch den Vorraum ein, betete und bat um ein Nachtlager.

Da schrie eine Alte: »Wer da? Du bist eines eisernen Ringes nicht wert und bindest an den goldenen dein Pferd.«

»Gutes Mütterchen, zanke nicht, ich binde mein Pferd los und binde es woanders an.«

»Ei, wack'rer Jüngling, habe ich dir Schrecken eingejagt? Ich habe es nicht böse gemeint, setze dich nur her zu mir, und ich stelle dir Fragen, du sollst mir sagen, wem du verwandt und aus welchem Land.«

»Ach, Mütterchen, erst will ich Essen und Trinken haben, dann kannst du fragen. Siehe ich bin ja ein Reitersmann, der am Tage nicht zum Essen kam.«

In Hülle und Fülle gab sie ihm Speis und Trank und führte ihn dann zur Schlafbank.

Ehe ihn die Alte wieder gefragt, hatte er von selbst gesagt: »Als ich noch klein war, wiegte mich Väterchen Zar, versprach mir zur Hochzeit die unvergleichliche Schönheit, dreier Mütter Töchterlein, dreier Großmütter Enkelein, von neun Brüdern das Schwesterlein; Mütterchen, sei gut und sage mir, wie finde ich den Weg zu ihr?«

»Zarewitsch ich weiß es nicht. Ich wurde neunzig Jahre alt, hier im Wald und hörte bis heut nichts von dieser unvergleichlichen Schönheit. Aber schlafe mit Gott, morgen früh werde ich meine Gehülfen fragen, die können dir vielleicht etwas sagen.«

Früh am nächsten Tag stand die Alte auf, wusch sich sauber, ging mit Iwan Zarewitsch auf die Treppe, rief mit gewaltiger Stimme und pfiff kräftig dazu: »Fische und Wassergetier, her zu mir!«

Da bebte sogleich das blaue Meer, die Fische alle schwammen her, groß und klein mit den Wassertieren im Verein, das Wasser war ganz von ihnen bedeckt, unter ihnen versteckt.

Die Alte fragte: »Wißt ihr vielleicht von der unvergleichlichen Schönheit, dreier Mütter Töchterlein, dreier Großmütter Enkelein, von neun Brüdern das Schwesterlein?«

»Nein, wir sahen und hörten nie etwas von ihr«, antworteten sie.

Da rief die Alte mit Gewalt: »Herbei, ihr Tiere aus dem Wald!«

Das Getier lief zu ihr und rief wie aus einem Munde: »Wir sahen und hörten nie etwas von ihr!«

Da rief die Alte: »Herbei, Vögel der Luft!«

Die Vögel flogen herbei in großer Zahl, da wurde das Tageslicht verdunkelt aufs Mal, und sie riefen wie aus einem Munde: »Wir sahen und hörten nie etwas von ihr.«

»Können auch diese dir nichts sagen, weiß ich niemand mehr zu fragen«, sagte die Alte, nahm Iwan bei der Hand und führte ihn in die Hütte zurück. Kaum waren sie heimgekehrt, flog der Vogel Mogol herbei und verdunkelte alles mit seinen Flügeln.

»Vogel Mogol, wo warst du, daß du so spät kommst heut?«

»Bei der unvergleichlichen Schönheit; ich schmückte sie zum Gottesdienst.«

»Das paßt mir gerade, leiste mir ehrlich einen Dienst und trage Iwan Zarewitsch zu ihr.«

»Gern erweise ich dir einen Dienst, wir müssen aber viel zum Essen mitnehmen.«

»Wieviel?«

»Drei Faß Fleisch und ein Faß Wasser.«

Iwan Zarewitsch füllte ein Faß mit Wasser, kaufte Ochsen und schlug sie tot; das Fleisch und das Wasser band er auf des Vogels Rücken, eilte in die Schmiede und schmiedete eine lange eiserne Lanze, mit dieser kehrte er zu der Alten zurück und nahm Abschied. »Leb wohl, Mütterchen, nimm mein Pferd in deine Hut, bei meiner Rückkehr zahl ich's dir gut.«

Er setzte sich auf Vogel Mogol und flog von dannen. Von Zeit zu Zeit wandte der Vogel seinen Kopf um, und dann spießte Iwan Zarewitsch sogleich einen Bissen Rindfleisch auf seine Lanze und reichte sie ihm hin. Sie flogen und flogen, da hatte der Zarewitsch beinahe zwei Faß Fleisch verfüttert und mußte das dritte und letzte öffnen.

»Oh, Vogel Mogol«, bat er, »laß dich auf die Erde nieder, wir haben fast nichts mehr zu essen.«

»Was denkst du, Iwan Zarewitsch! Hier gibt es nur düsteren Wald und stinkende Sümpfe, tief und kalt; von hier findest du nie und niemals wieder heraus!«

Iwan Zarewitsch hatte schließlich alles an den Vogel verfüttert, als dieser neuerdings zurücksah. Was sollte der Zarewitsch tun? Er schnitt die Waden von seinen Beinen und gab sie dem Vogel, der schluckte sie und ließ sich endlich auf einer grünen Wiese nieder. Da blühten blau die Blümelein und schwankten seidige Gräschen. Iwan Zarewitsch stand auf und ging über die Wiese, er war aber lahm auf beiden Beinen.

»Weshalb lahmst du, Zarewitsch?«

»Vogel Mogol, ich habe dir eben meine Waden zum Fressen gegeben, deshalb bin ich lahm.«

Da spuckte der Vogel die Waden wieder aus, legte sie auf Iwan Zarewitschs Beine und blies und spuckte, da wuchsen die Waden wieder fest, und der Zarewitsch ging weiter fröhlich und frisch. Er kam in eine große Stadt und ruhte bei dem Mütterchen am Tor aus.

»Schlafe, Iwan Zarewitsch«, sagte sie, »morgen weck ich dich beizeiten, wenn die Kirchenglocken läuten.«

Er legte sich nieder und schlief sofort ein, schlief den ganzen Tag und die Nacht, und als die Glocken zur Frühmesse klangen, hatte die Alte zu wecken

begonnen. Sie nahm, was ihr in die Hände kam und schlug ihn damit, aber er erwachte nicht. Die Frühmesse ging vorbei, und man läutete zur Mittagslitanei. Die unvergleichliche Schönheit fuhr zur Kirche, da versuchte die Alte noch einmal Iwan Zarewitsch zu wecken, sie schlug ihn fest, und endlich erwachte er. Rasch sprang er auf, wusch sich rein, kleidete sich an, eilte in die Kirche, betete und verneigte sich nach allen vier Seiten und noch einmal vor der unvergleichlichen Schönheit insbesonders. Sie standen nebeneinander und beteten zu Gott.

Nach dem Ende des Gottesdienstes trat der Zarewitsch auf die Schwelle der Kirche und sah auf das blaue Meer – da schwamm ein Schiff mit sechs Rittern daher, die wollten die unvergleichliche Schönheit freien. Sie sahen Iwan Zarewitsch und lachten: »Ach, du Bauerntölpel, für dich ist diese Schönheit nicht, du bist ihres kleinen Fingers nicht wert!«

Sie sagten es einmal, sie sagten es zweimal, sie sagten es ein drittes Mal, da wurde Iwan zornig. Er schlug zu mit der Faust, da fielen drei in den Sand; er hob die Hand wieder, schlug zu und hatte Ruh. Dann ging er zu der Alten am Tor.

»Iwan Zarewitsch«, fragte sie, »hast du die unvergleichliche Schönheit gesehen?«

»Ja, und ich will an sie denken für alle Zeit.«

»Lege dich schlafen, morgen geht sie wieder zur Messe, ich wecke dich beizeiten, wenn die Glocken läuten.«

Er legte sich nieder und schlief, schlief den Tag und die ganze Nacht. Man läutete zum Morgengebet, und die Alte ging zum Zarewitsch hin, sie versuchte ihn zu wecken mit allem, was ihr zur Hand war, aber er merkte nichts davon. Sie läuteten zur Mittagslitanei, da wurde er endlich wach, sprang auf und wusch sich rein, kleidete sich fein an, trat in die Kirche ein, betete und verneigte sich nach allen vier Seiten und noch einmal vor der unvergleichlichen Schönheit. Sie sah ihn an und errötete. Sie standen nebeneinander und beteten.

Nach dem Gottesdienst trat er über die Schwelle und sah auf das blaue Meer, da schwamm ein Schiff mit zwölf Rittern daher, die wollten die unvergleichliche Schönheit freien. Sie lachten Iwan Zarewitsch aus. »Oh, du Bauernpinsel, soll für dich diese Schönheit sein? Du bist ihres kleinen Fingers nicht wert.«

Diese Rede reizte ihn und er winkte mit der Hand, da fiel mancher in den Sand, ein zweitesmal nur schlug er zu, da hatte er Ruh. Dann ging er wieder zu der Alten schlafen.

»Hast du die unvergleichliche Schönheit gesehen?«

»Ja, und nie wird mir der Eindruck vergehen«, antwortete er ihr.

»Nun schlafe, ich wecke dich morgen beizeiten, wenn die Glocken läuten.«

Der Zarewitsch schlief Tag und Nacht, und als am Morgen die Glocken sangen, wollte die Alte ihn wecken, sie schlug ihn ohne Erbarmen, aber er erwachte nicht. Bis zur Mittagslitanei plagte sie sich. Endlich erwachte er. Iwan Zarewitsch sprang rasch auf, wusch und kleidete sich und eilte in die Kirche. Er betete und verneigte sich nach allen vier Seiten und noch einmal insbesonders vor der unvergleichlichen Schönheit. Sie begrüßte ihn und stellte ihn zu ihrer rechten Hand. So standen sie und beteten.

Nach dem Gottesdienst trat er auf die Schwelle und sah aufs blaue Meer, da schwamm ein Schiff mit vierundzwanzig Rittern daher, die wollten die unvergleichliche Schönheit freien. Die Ritter sahen Iwan Zarewitsch und lachten über ihn. »Oh, du Bauernpinsel, soll für dich diese Schönheit sein? Du bist ihres kleinen Fingers nicht wert!«

Sie drangen von allen Seiten auf ihn ein und wollten ihn von dem Mädchen trennen, das ertrug Iwan Zarewitsch nicht, er schlug mit der Hand zu, da fielen viele um, er schlug ein zweites Mal zu, da hatte er Ruh, alle erschlug er. Die unvergleichliche Schönheit nahm ihn bei der Hand, führte ihn in ihr Schloß, setzte ihn an den gedeckten Tisch, bewirtete ihn mit Speis und Trank und nannte ihn ihren Bräutigam. Dann machten sie sich nach des Zarewitschs Heimat auf. Unterwegs machten sie im freien Feld halt, um auszuruhen. Die unvergleichliche Schönheit legte sich schlafen, und Iwan Zarewitsch bewachte ihren Schlaf. Als sie ausgeruht erwachte, sagte er: »Unvergleichliche Schönheit, behüte meinen weißen Leib, ich will schlafen.«

»Wie lange?«

»Neun Tage lang, ohne mich umzudrehen. Wenn du mich zu wecken versuchst, wird es dir nicht gelingen. Aber ich wache von selbst auf, wenn es Zeit ist.«

»Das ist lange, Iwan Zarewitsch, da wird mir Angst werden.«

»Lang oder nicht, es ist da nichts zu machen!«

Er legte sich nieder und schlief neun Tage und Nächte. Inzwischen kam der unsterbliche Koschtschei und trug die unvergleichliche Schönheit in sein Reich. Als Iwan Zarewitsch erwachte, sah er sie nirgends, weinte und irrte umher. Endlich kam er in das Reich des unsterblichen Koschtschei und bat ein altes Weib um Quartier.

»Iwan Zarewitsch, weshalb bist du so traurig?«

»Ach, ich hatte alles und habe nichts mehr, so und so ist es zugegangen.«

»Schlecht steht's um deine Angelegenheit, Iwan Zarewitsch. Koschtschei wird dich töten.«

»Ach, wenn ich meine Braut nur sehen könnte!«

»Lege dich schlafen bis morgen, da zieht Koschtschei in den Krieg.«

Iwan Zarewitsch legte sich nieder, aber der Schlaf fand seine Augen nicht. Am Morgen verreiste Koschtschei, und Iwan ging zum Schloß und klopfte an das Tor. Die unvergleichliche Schönheit öffnete und weinte, als sie ihn erblickte. Sie gingen zusammen in den Saal, setzten sich an den Tisch und sprachen miteinander. Iwan Zarewitsch riet: »Frage den unsterblichen Koschtschei, wo sein Tod ist.«

»Gut, ich will ihn fragen.«

Kaum war Koschtschei zurückgekehrt, sagte er: »Hier riecht es nach Russen, gewiß war Iwan Zarewitsch bei dir?«

»Aber Koschtschei, wie wäre das möglich, er blieb im düsteren Wald zurück, die wilden Tiere fraßen ihn gewiß längst.«

Während des Nachtessens fragte sie: »Sag mir, Koschtschei, wo ist dein Tod?«

»Dummes Weib, wozu willst du das wissen? Er ist im Besen eingebunden!«

Früh am Morgen zog Koschtschei in den Krieg, und Iwan Zarewitsch kam zu der unvergleichlichen Schönheit, nahm den Besen und vergoldete ihn mit lauterem Gold. Da er gerade fertig war und wieder fortgegangen, kam Koschtschei zurück.

»Ah«, sagte er, »es riecht nach Russen hier, gewiß war Iwan Zarewitsch bei dir!«

»Ach, du flogst ja selbst über Rußland hin, daher riecht es nach Russen. Wie sollte ich Iwan Zarewitsch sehen, er blieb im düsteren Wald zurück, gewiß fraßen ihn längst die wilden Tiere auf.«

Es kam die Zeit zum Nachtessen heran. Die unvergleichliche Schönheit setzte sich auf ihren Stuhl und er auf die Bank, da sah er den vergoldeten Besen liegen.

»Was ist das?«

»Ach, unsterblicher Koschtschei, sieh, so sehr verehre ich dich, du bist mir so teuer, daß auch dein Tod mir lieb ist.«

»Dummes Weib, das war nur Spaß, mein Tod ist in jenem Eichenpfosten.«

Am nächsten Tag verreiste Koschtschei, Iwan Zarewitsch kam und vergoldete den Pfosten. Am Abend kehrte Koschtschei heim und sprach: »Ach, es riecht nach Russen hier, gewiß war Iwan Zarewitsch bei dir!«

»Ach, was glaubst du, ich sagte dir schon, daß er im Wald zurückgeblieben ist, den haben die wilden Tiere gefressen, wie sollte ich ihn sehen.«

Wieder war es Zeit zum Nachtessen. Sie setzte sich auf die Bank und stellte ihm den Stuhl hin, da fiel sein Blick auf den Pfosten, der glänzte, als stünde er im Feuer.

»Was ist das?«

»Siehst du, unsterblicher Koschtschei, wie ich dich verehre, selbst dein Tod ist mir teuer, ich liebe dich so sehr!«

»Ach, du dummes Weib, das war nur ein Spaß, mein Tod ist in einem Ei, das Ei in der Ente, die Ente im Baumstrunk. Der Strunk schwimmt im Meer.«

Darauf zog Koschtschei in den Krieg. Die unvergleichliche Schönheit buk Iwan Zarewitsch einen Kuchen und erzählte ihm, wo Koschtscheis Tod zu suchen wäre. Er machte sich auf, kam an das große Meer und wußte nicht, wie er weiter kommen sollte; zu essen hatte er auch nichts, der Kuchen war schon längst verzehrt. Plötzlich flog ein Habicht vorüber. Der Zarewitsch legte an und rief: »Habicht, jetzt schieß ich dich und esse dich sofort auf!«

»Iß mich nicht, Iwan Zarewitsch, zur richtigen Stunde will ich dir helfen!«

Da lief ein Bär vorbei. »Ach, Mischka, Krummpfotiger, ich erschlage dich und eß dich auf der Stelle auf.«

»Iß mich nicht, Iwan Zarewitsch, zur richtigen Stunde helfe ich dir.«

Siehe, da zappelte ein Hecht am Ufer. »Ach, zahniger Hecht, du kommst mir recht, ich esse dich auf der Stelle.«

»Iß mich nicht, Iwan Zarewitsch, wirf mich lieber wieder ins Meer, zur richtigen Stunde helfe ich dir.«

Der Zarewitsch stand da und wunderte sich, wann wohl die richtige Stunde kommen sollte, wenn sie jetzt nicht da war, wo ihn hungerte. Plötzlich schäumte das Meer, wogte und ergoß sich über die Ufer. Iwan Zarewitsch lief davon, den Berg hinan, aber das Wasser folgte ihm auf den Fersen, und da stieg er auf einen Baum. Nach einer Weile floß das Wasser ab, das Meer beruhigte sich, aber am Ufer blieb ein Baumstrunk zurück. Der Bär lief herbei, ergriff den Strunk und schleuderte ihn kräftig nieder, da brach er auseinander und eine Ente flog heraus, hoch, hoch in die Luft hinauf. Da schoß der Habicht auf sie los und zerriß sie in kleine Stücke. Da fiel aus der Ente ein Ei herab, gerade ins Meer. Dort ergriff es der Hecht, schwamm an das Ufer und übergab es Iwan Zarewitsch. Der steckte es in sein Gewand und suchte Koschtschei auf. Er trat in den Palast, und die unvergleichliche Schönheit begrüßte ihn, küßte ihn auf den Mund und umarmte ihn. Koschtschei saß am Fenster und schimpfte: »Wenn du sie mir entführen willst, töte ich dich.«

»Du hast sie mir weggenommen!« sagte Iwan Zarewitsch, nahm das Ei aus seinem Gewand und zeigte es Koschtschei.

»Was ist das?«

Koschtschei wurde es trüb vor den Augen, er wurde gleich friedfertig und gehorsam. Iwan Zarewitsch nahm das Ei von einer Hand in die andere, da stürzte Koschtschei von einer Zimmerecke in die andere. Erstaunlich schien das Iwan Zarewitsch, und er tauschte rascher das Ei von einer Hand in die andere, und rascher stürzte Koschtschei von einer Ecke in die andere. Endlich zerdrückte der Zarewitsch das Ei, da brach Koschtschei tot zusammen.

Iwan Zarewitsch spannte die Pferde vor einen goldenen Wagen, lud ganze Säcke mit Gold und Silber darauf und fuhr mit der unvergleichlichen Schönheit von dannen zu seinem Vater. Über kurz oder lang kamen sie zu der Alten, der alles Getier, Fische, Vögel und wilde Tiere gehorchten, der Zarewitsch erblickte sein Pferd und rief: »Gott sei gelobt, mein Rappe lebt«, und er überschüttete die Alte freigebig mit Gold, so daß sie noch einmal neunzig Jahre davon leben konnte. Dann schickte er einen flinken Boten zum Zar mit einem Briefchen, darin stand geschrieben: »Väterchen, eile deinem Sohn entgegen, ich komme mit meiner Braut, der unvergleichlichen Schönheit.«

Der Vater erhielt den Brief, glaubte aber seinen Augen nicht. »Wie kann das sein, Iwan Zarewitsch ritt von hier aus, da war er nur neun Tage alt!«

Dem Boten folgte Iwan Zarewitsch selbst, und da sah der Zar, daß es die Wahrheit war. Er lief dem Sohne entgegen, ließ die Trommel rühren und die Musik spielen.

»Väterchen, segne mich, ich will heiraten«, sagte der Junge.

Beim Zar muß man nicht lange Bier brauen und Schnaps brennen, da gibt es großen Vorrat von allem. Am selben Tag noch wurde ein fröhlicher Hochzeitsschmaus gehalten. Sie trauten Iwan Zarewitsch mit der unvergleichlichen Schönheit und stellten auf den Straßen Fässer mit verschiedenen Getränken auf, jeder konnte herantreten und trinken, soviel die Seele verlangte! Ich war auch dort, trank Honigbier, das floß mir über den Bart, aber leider nicht in den Mund.

Kannitverstan

Johann Peter Hebel

Der Mensch hat wohl täglich Gelegenheit, in Emmendingen und Gundelfingen, so gut als in Amsterdam Betrachtungen über den Unbestand aller irdischen Dinge anzustellen, wenn er will, und zufrieden zu werden mit seinem Schicksal, wenn auch nicht viel gebratene Tauben für ihn in der Luft herumfliegen. Aber auf dem seltsamsten Umweg kam ein deutscher Handwerksbursche in Amsterdam durch den Irrtum zur Wahrheit und zu ihrer Erkenntnis. Denn als er in diese große und reiche Handelsstadt, voll prächtiger Häuser, wogender Schiffe und geschäftiger Menschen gekommen war, fiel ihm sogleich ein großes und schönes Haus in die Augen, wie er auf seiner ganzen Wanderschaft von Duttlingen bis nach Amster-

508

dam noch keines gesehen hatte. Lange betrachtete er mit Verwunderung dies kostbare Gebäude, die sechs Kamine auf dem Dach, die schönen Gesimse und die hohen Fenster, größer als an des Vaters Haus daheim die Tür. Endlich konnte er nicht anders als einen Vorübergehenden anzureden. »Guter Freund«, sagte er, »könnt Ihr mir nicht sagen, wie der Herr heißt, dem dieses wunderschöne Haus gehört mit den Fenstern voll Tulipanen, Sternenblumen und Levkojen?« Der Mann aber, der vermutlich etwas Wichtigeres zu tun hatte, und zum Unglück gerade so viel von der deutschen Sprache verstand als der Fragende von der holländischen, nämlich nichts, sagte kurz und schnauzig: *»Kannitverstan«;* und schnurrte vorüber. Dies war ein holländisches Wort, oder drei, wenn man's recht betrachtet, und heißt auf deutsch soviel als: Ich kann Euch nicht verstehen. Aber der gute Fremdling glaubte, es sei der Name des Mannes, nach dem er gefragt hatte. »Das muß ein grundreicher Mann sein, der Herr Kannitverstan« dachte er, und ging weiter. Gaß aus, Gaß ein kam er endlich an den Meerbusen, der da heißt: Het Ey, oder auf deutsch: das Ypsilon. Da stand nun Schiff an Schiff und Mastbaum an Mastbaum; und er wußte anfänglich nicht, wie er es mit seinen zwei einzigen Augen durchfechten werde, alle diese Merkwürdigkeiten genug zu sehen und zu betrachten, bis endlich ein großes Schiff seine Aufmerksamkeit an sich zog, das vor kurzem aus Ostindien angelangt war und jetzt eben ausgeladen wurde. Schon standen ganze Reihen von Kisten und Ballen auf- und nebeneinander am Lande. Noch immer wurden mehrere herausgewälzt und Fässer voll Zucker und Kaffee, voll Reis und Pfeffer, und salveni Mausdreck darunter. Als er aber lange zugesehen hatte, fragte er endlich einen, der eben eine Kiste auf der Achsel heraustrug, wie der glückliche Mann heiße, dem das Meer alle diese Waren an das Land bringe. *»Kannitverstan«,* war die Antwort. Da dachte er

»Haha, schaut's da heraus? Kein Wunder, wem das Meer solche Reichtümer an das Land schwemmt, der hat gut solche Häuser in die Welt stellen, und solcherlei Tulipanen vor die Fenster in vergoldeten Scherben.« Jetzt ging er wieder zurück und stellte eine recht traurige Betrachtung bei sich selbst an, was er für ein armer Mensch sei unter so viel reichen Leuten in der Welt. Aber als er eben dachte: »Wenn ich's doch nur auch einmal so gut bekäme, wie dieser Herr Kannitverstan es hat«, kam er um eine Ecke und erblickte einen großen Leichenzug. Vier schwarz vermummte Pferde zogen einen ebenfalls schwarz überzogenen Leichenwagen langsam und traurig, als ob sie wüßten, daß sie einen Toten in seine Ruhe führten. Ein langer Zug von Freunden und Bekannten des Verstorbenen folgte nach, Paar um Paar, verhüllt in schwarze Mäntel und stumm. In der Ferne läutete ein einsames Glöcklein. Jetzt ergriff unseren Fremdling ein wehmütiges Gefühl, das an keinem guten Menschen vorübergeht, wenn er eine Leiche sieht, und blieb mit dem Hut in den Händen andächtig stehen, bis alles vorüber war. Doch machte er sich an den letzten vom Zug, der eben in der Stille ausrechnete, was er an seiner Baumwolle gewinnen könnte, wenn der Zentner um zehn Gulden aufschlüge, ergriff ihn sachte am Mantel und bat ihn treuherzig um Entschuldigung. »Das muß wohl auch ein guter Freund von Euch gewesen sein«, sagte er, »dem das Glöcklein läutet, daß Ihr so betrübt und nachdenklich mitgeht.« – »*Kannitverstan!*« war die Antwort. Da fielen unserem guten Duttlinger ein paar große Tränen aus den Augen, und es ward ihm auf einmal schwer und wieder leicht ums Herz. »Armer Kannitverstan«, rief er aus, »was hast du nun von allem deinem Reichtum? Was ich einst von meiner Armut auch bekomme: ein Totenkleid und ein Leintuch, und von allen deinen schönen Blumen vielleicht einen Rosmarin auf die kalte Brust oder eine Raute.« Mit diesen Gedanken begleitete er die Leiche, als wenn er dazu gehörte, bis ans Grab, sah den vermeinten Herrn

Kannitverstan hinabsinken in seine Ruhestätte und ward von der holländischen Leichenpredigt, von der er kein Wort verstand, mehr gerührt als von mancher deutschen, auf die er nicht achtgab. Endlich ging er leichten Herzens mit den anderen wieder fort, verzehrte in einer Herberge, wo man Deutsch verstand, mit gutem Appetit ein Stück Limburger Käse, und, wenn es ihm wieder einmal schwerfallen wollte, daß so viele Leute in der Welt so reich seien und er so arm, so dachte er nur an den Herrn Kannitverstan in Amsterdam, an sein großes Haus, an sein reiches Schiff und an sein enges Grab.

Das Mädchen und der Vampir
Bulgarisches Volksmärchen

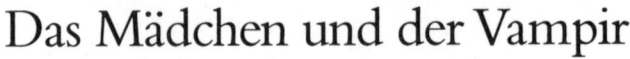

Es war einmal eine Frau, die war sehr arm; nicht weit von ihr gab es einen Vampir. Der zog sich eines Abends in der Dunkelheit schöne Kleider an, nahm die Gestalt eines jungen Burschen an, ging in das Haus der Frau und sagte: »Guten Abend, Mutter, ich komme zu dir als Freier; ich will deine Tochter heiraten, wenn es dir recht ist, sie mir zu geben. Ich weiß, du bist arm, deswegen will ich auch keine Mitgift, ja, ich will dir noch helfen, auch die beiden jüngeren Töchter zu verheiraten.« – »Aber wie sollte es mir nicht recht sein?« antwortete die Frau. »Nimm sie! Ich kann sie ja nicht einmal satt machen.« Da nahm der Vampir das Mädchen und ging mit ihr fort. Ihr Weg ging auf den Friedhof. Dort hob der Vampir eine Platte auf; da war ein Gang nach unten. Das Mädchen erschrak und fragte: »Wohin, mein Lieber, geht es da?« – »Da geht es in mein Haus«, antwortete der Vampir. Nachdem sie ein Stück gegangen waren, kamen sie in die Höhle des Vampirs; dort sah das Mädchen Menschenfleisch an Haken hängen. Da sagte der Vampir: »Du, schneide ein Stück Fleisch ab und setze es zum Kochen an«, und ging fort. Dem Mädchen sträubten sich die Haare, aber was konnte es machen, wen zu Hilfe rufen? Es mußte also Fleisch abschneiden und ansetzen. Am Abend kam der Vampir zurück, und sie setzten sich zum Abendessen. Er verschlang zwei, drei Stücke auf einmal, das arme Mädchen aber nahm nur ein bißchen trockenes Brot und warf das Fleisch unter den Tisch. »Du, warum ißt du kein Fleisch?« fragte er sie. »Ich bin noch nicht gewöhnt, Menschenfleisch zu essen.« Da nahm der Vampir seine Flöte, fing an zu blasen und rief dem Mädchen zu: »Frisches zartes Fleisch an die Haken! Heda! Tanze!« Als es nicht wollte, zog er sein Messer, schlachtete es, schnitt es in Stücke und hängte die Stücke an die Haken.

Am anderen Abend verkleidete sich der Vampir als Kaufmann und ging wieder zu der Frau: »Mutter! Deine Tochter ist krank geworden und möchte gern ihre Schwester, die nächste, sehen; deswegen komme ich, ob du sie mir mitgeben willst, denn sonst ist wirklich niemand da, sie zu pflegen.« Die Frau willigte ein; der Vampir nahm das Mädchen mit, brachte es auf demselben Weg in sein Haus und verfuhr mit ihm wie mit der Schwester. Nach wenigen Tagen kam er wieder zu der Frau: »Mutter, das Unglück verfolgt mich; jetzt sind beide Töchter krank und möchten gern die Jüngste sehen; wenn du Mitleid mit ihnen hast, laß sie mit mir gehen.« – »Ach, mein Sohn, wenn es so steht, so will ich auch gehen und nach ihnen sehen.« – »O nein, Mutter, du bist alt und kannst einen so weiten Weg nicht machen. Ja, wenn man reiten könnte, würde ich dich aufsitzen lassen, aber der wüste Weg ist nichts für ein Reittier.«

So mußte denn die Frau ihre Jüngste mitgehen lassen, aber unter der Bedingung, daß sie möglichst bald zurückkehre. Der Vampir brachte nun das Mädchen durch den Gang in seine Höhle. Als die Arme drinnen war und sah, daß ihre Schwestern ermordet waren und in Stücken an den Haken hingen, fiel sie in Ohnmacht. Als sie wieder zu sich gekommen war, sagte der Vampir auch zu ihr: »Du, schneide ein Stück Fleisch ab und setze es zum Kochen an«, damit ging er hinaus. Als er fort war, fiel das Mädchen auf die Knie und betete zu Gott, sie aus den Händen des Vampirs zu befreien. Gott erhörte sie auch wirklich. Als sie aufgestanden war und hierhin und dahin in alle Ecken guckte, bemerkte sie etwas wie einen Schrank, ging darauf zu, öffnete ihn und fand dort einen vollständigen Gang nach unten. Der Vampir hatte nämlich fünf, sechs solche unterirdischen Gänge, und jeder von ihnen kam an einer anderen Stelle heraus. In den Gang ließ das Mädchen sich hinab und tastete sich in der Dunkelheit weiter. Am Abend, als es dunkel geworden war, kam sie heraus, in einen dichten Wald, und irrte umher, da sie nicht wußte, wohin sie sich wenden sollte. Endlich fiel sie auf die Knie und betete zu Gott: »Lieber Gott, gib mir eine Truhe, die sich mit einem Haar öffnen und schließen läßt, sonst mache mich zu einem Stein oder einem Baum, nur daß ich nicht noch einmal in die Hände des Vampirs falle.« Gott hatte Erbarmen mit ihr und erhörte sie; er gab ihr die Truhe. Das Mädchen stieg hinein und verschloß sie mit einem ihrer Haare. Wenn sie hungrig war, ging sie hinaus, pflückte sich Obst, das damals reichlich vorhanden war, da es Sommer war, und schloß dann die Truhe wieder zu. So vergingen zwei und ein halber Monat. Der Vampir aber, als er am Abend nach Hause kam, sie suchte und nicht fand, stieg schnell in einen seiner Gänge und lief ihr eilig nach, traf aber nicht den Gang, den das Mädchen hinausgegangen war. Soviel er auch herumstreifte, er konnte sie doch nicht finden und kehrte voll Zorn nach Hause zurück.

Eines Tages war der Sohn des Zaren auf die Jagd gegangen und geriet dabei auch in den Wald, wo das Mädchen war. Sie war gerade auf einen Baum geklettert und pflückte sich Obst; als sie nun Leute sah, ließ sie sich eilig hinab, stieg in die Truhe und schloß sich ein. Der Prinz hatte sie aber bemerkt und befahl seinen Soldaten, sie zu suchen. Die liefen hierhin und dahin, aber da war nichts. Da dachte der Prinz, es möchte eine Samovila sein, die ihn verlocken wollte, und befahl seinen Leuten, stehenzubleiben. Beim Suchen waren sie aber plötzlich auf die Truhe des Mädchens gestoßen. Der Prinz wunderte sich, wie diese an einen solchen Ort gelangen konnte; es kam ihm aber nicht in den Sinn, daß das Mädchen darin sein könnte, das sie suchten. Er befahl nun gleich, sie sollten die

Truhe aufmachen – denn er vermutete, es sei Geld darin. Die Soldaten strengten sich an, den Deckel zu heben, aber soviel sie sich auch mühten, der Deckel wich nicht um ein Haar. Endlich, als der Prinz sah, daß die Truhe nicht zu öffnen war, befahl er, sie in sein Schloß zu bringen. Dort ließ er sie zum Schmuck in seinem Schlafzimmer aufstellen. Am Abend brachte man dem Prinzen das Essen ins Zimmer, während er noch draußen war. Als er dann kam und sich zum Essen setzte, bemerkte er, daß von allen Speisen etwas abgegessen war, rief seine Diener und fragte, wer von ihnen die Speisen berührt habe. Die armen Diener schwuren bei Himmel und Erde, daß sie von nichts wüßten und nichts gesehen hätten. Der Prinz wunderte sich, wer sich in seinem Zimmer zu schaffen machen könnte. Sonderbar, am nächsten Morgen war ebenso vom Frühstück weggegessen. Da schalt der Prinz noch mehr; aber einer der Diener, die ihm das Frühstück gebracht hatten, versteckte sich jetzt hinter der Tür und lauerte: da sah er die Truhe sich öffnen und ein Mädchen herauskommen, schön wie die Sonne, mit goldenen Haaren; sie trat an den Tisch, nahm ein wenig von jeder Speise und schloß sich wieder in der Truhe ein. Als nun der Prinz zum Essen kam, fand er wieder, daß von den Speisen etwas fehlte, und schalt noch viel mehr.

Da trat aber der Diener hervor und sagte: »Erhabener Prinz, ich habe gesehen, wer die Speisen anrührt; aus der Truhe, die du im Zimmer hast, kommt ein Mädchen heraus, schön wie die Sonne, mit goldenen Haaren; sie kostet ein wenig von allen Speisen und schließt sich dann wieder ein.«

Am Abend stellte sich nun der Prinz selber hin, um aufzupassen und so aus dem Hinterhalt das Mädchen zu überraschen, ehe sie die Truhe erreichen könnte. Wirklich kam das Mädchen wieder heraus, trat an den Tisch und fing an, von den Speisen zu kosten. Der Prinz trat ganz leise hinter sie, und als sie sich umwandte und in die Truhe steigen wollte, schnitt er ihr den Weg ab und umfing sie; sie wollte mit Gewalt seinen Händen entschlüpfen, er ließ sie aber nicht los und brachte sie in ein andres Zimmer. Am anderen Tag rüstete er die Hochzeit und vermählte sich mit ihr; damit sie sich aber nicht wieder in der Truhe verberge, schloß er sie in einem besonderen Zimmer ein. Doch das Schicksal blieb dem armen Mädchen nicht lange günstig. Einer von den Großen des Zaren, der gern seine eigene Tochter mit dem Prinzen verloben wollte, bestach die Dienerinnen, die Prinzessin umzubringen. Eines Morgens, als der Prinz nicht zu Hause war, rissen sie die Prinzessin aus ihrem Schlafzimmer, banden sie und warfen sie weit draußen vor der Stadt in die Brennesseln. Zum Glück kam bald darauf eine alte Frau, um Nesselgemüse zu holen; sie bemerkte das Mädchen, hatte Erbarmen mit ihr und nahm sie mit sich nach Hause. Der Prinz aber suchte überall seine Frau, und als er sie nicht fand, wurde er krank, von Tag zu Tag immer kränker. Um nun wieder Appetit zu bekommen, ließ er durch einen Herold ausrufen, wer etwas besonders Gutes hätte, solle es dem Prinzen bringen. Davon hörte auch das Mädchen und sagte zu der Alten: »Komm, Mutter, du mußt dem Prinzen eine Krankenspeise bringen.« – »Ach, Töchterchen, was können wir ihm bringen?« – »Geh nur und suche Kräuter, wir wollen sie kochen, und du sollst es hintragen. Wer weiß, vielleicht schmeckt es dem Prinzen.«

Die Alte brachte die Kräuter, kochte sie und legte sie auf einen Teller. Das Mädchen aber riß sich heimlich ein Haar aus und tat es in die Speise. Als die Alte damit an das Palasttor kam, wollten die Torwächter sie nicht hineinlassen, der Prinz hatte sie aber vom Fenster aus gesehen und befahl, sie einzulassen. Die Alte ging hinauf und übergab ihm den Teller mit den Kräutern. Der Prinz stocherte mit der Gabel darin herum und zog das goldene Haar heraus, kostete einige Bissen und sagte: »Ach, Alte, deine Kräuter sind gut; bring mir noch einmal davon.« Die Alte ging wieder nach Hause und erzählte es dem Mädchen. Die antwortete: »Siehst du, die Kräuter haben ihm geschmeckt; geh nur und sammle neue, wir bereiten sie zu, und du bringst sie ihm nochmal.« Alles geschah so, und das Mädchen hatte wieder ein Haar hineingetan. Als der Prinz es fand, sagte er zu der Alten: »Jetzt bin ich wieder gesund, und am Sonntag möchte ich gern zu dir auf Besuch kommen.« – »Ach, erhabener Prinz, was ist mein Haus für einen Mann wie

Euch?« – »Nun, Frau, ich will nicht, daß du dir Kosten machst; ich setze mich auf eine Binsenmatte und esse Brot und Salz.« Da konnte die Frau nicht anders als ihm seinen Willen tun und sagte: »Befiehl, mein Sohn; wenn es dir beliebt, mein Haus steht dir offen.«

Sie ging nun nach Hause und sagte zu dem Mädchen: »Was nun, meine Tochter, wo soll ich dich verbergen? Der Prinz will am Sonntag zu uns auf Besuch kommen.« – »Das ist weiter nichts, Mutter, du versteckst mich in dem Backtrog, legst eine Decke darauf und sagst ihm, daß du Teig angerührt hast und stehen läßt, daß er aufgeht; er wird nichts merken.« Am Sonntag kam der Prinz zu der Alten auf Besuch, saß eine Zeitlang da und sagte dann: »Was hast du da in dem Backtrog, Alte?« Sie antwortete: »Ich habe Teig angerührt, mein Sohn, und habe ihn stehen lassen, daß er aufgeht.« Nach einiger Zeit fragte der Prinz die Alte wieder: »Ist denn dein Teig noch nicht aufgegangen, daß du einen Kuchen backen kannst?« – »Nein, noch nicht, mein Sohn, mein Sauerteig ist nicht sehr gut.«

Der Prinz blieb noch etwas sitzen, dann stand er auf und sagte: »Alte, ich will einmal sehen, was mit deinem Teig ist, daß er so lange braucht, um aufzugehen.« Damit faßte er die Decke am Rande an und wollte sie aufheben. Die Alte rief: »Laß, mein Sohn, tu es nicht.« Er hörte aber nicht darauf und hob die Decke auf; darunter lag das Mädchen. Als er sie sah, rief er: »Aha! da bist du«, faßte sie an der Hand, hob sie auf und umarmte sie; darauf fragte er sie, wie sie denn in das Haus der Alten geraten sei, und sie erzählte ihm von Anfang bis zu Ende, was mit ihr geschehen war. Da nahm der Prinz seine Braut und ging mit ihr und der Alten nach Hause, die Dienerinnen aber ließ er hinrichten.

Ein Viertel Verstand

Joseph Jacobs

In dieser Gegend war einmal, und es ist noch gar nicht so lange her, ein Dummkopf, und der wollte sich ein Viertel Verstand kaufen, denn durch seine Torheit geriet er immer wieder in die Klemme, und alle lachten ihn aus. Die Leute sagten ihm, er könne alles, was er haben wolle, von der weisen Frau bekommen, die oben auf dem Hügel wohnte und mit Kräutermedizin und Zaubersprüchen handelte. Sie konnte alles voraussagen, was dir und deinen Leuten zustoßen würde. Er ging also zu seiner Mutter und fragte sie, ob er die weise Frau aufsuchen und ein Viertel Verstand kaufen solle.

»Das solltest du tun«, sagte sie, »du hast's bitter nötig, mein Sohn. Und sollte ich sterben, wer würde sich dann um so einen armen Dummkopf wie dich kümmern, der so wenig für sich selber sorgen kann wie ein ungeborenes Kind! Aber achte auf dein Benehmen, denn so weise Leute sind von feiner Art und nehmen leicht etwas krumm.«

Er ging also nach dem Tee fort zu der weisen Frau. Sie saß am Feuer und rührte in einem großen Topf.

»Guten Abend, Frau«, sagt er, »schöner Abend heute.«

»Ja«, sagt sie und rührt weiter.

»Sieht aus, als würde es bald regnen«, sagt er und tritt von einem Fuß auf den andern.

»Vielleicht«, sagt sie.

»Vielleicht hab ich mich auch getäuscht«, sagt er und schaut aus dem Fenster.

»Kann sein«, sagt sie.

Und er kratzt sich am Kopf und dreht an seinem Hut.

»Also«, sagt er, »über's Wetter fällt mir nichts mehr ein, aber, Augenblick, das Getreide wächst prächtig.«

»Prächtig«, sagt sie.

»Und – und – das Vieh wird fetter«, sagt er.

»Das stimmt«, sagt sie.

»Und – und –«, sagt er und bleibt stecken, »ich glaube, jetzt könnten wir zum Geschäft kommen, wenn wir mit dem höflichen Zeug fertig sind. Habt Ihr irgendwelchen Verstand zu verkaufen?«

»Das kommt drauf an«, sagt sie, »ob du Königsverstand brauchst oder Soldatenverstand oder Schulmeisterverstand, die alle führe ich nicht.«

»Ach wo«, sagt er, »ganz gewöhnlichen Verstand – wie er für jeden Dummkopf taugt, so wie ihn jeder hat, wie's halt hier üblich ist.«

»Aha«, sagt die weise Frau, »das könnte gehen, wenn du etwas mithelfen willst.«

»Wie soll denn das gehen, Frau?« sagt er.

»Ganz einfach«, sagt sie und schaut in den Topf. »Bring mir das Herz von dem Ding, das du am liebsten hast, dann sage ich dir, woher du dein Viertel Verstand bekommst.«

»Aber«, sagt er und kratzt sich am Kopf, »wie soll ich das machen?«

»Das kann ich dir nicht sagen«, sagt sie, »das mußt du selbst herausfinden, mein Junge, wenn du nicht deiner Lebtag ein Dummkopf bleiben willst. Aber du wirst ein Rätsel erraten müssen, damit ich sehen kann, ob du das richtige Ding gebracht hast und ob du deinen Verstand bei dir hast. Und jetzt hab ich zu tun«, sagt sie, »guten Abend.«

Der Dummkopf ging zu seiner Mutter und erzählte ihr, was die weise Frau gesagt hatte.

»Ich glaube, ich muß das Schwein töten«, sagt er, »denn Speck mag ich lieber als alles andere.«

»Dann tu's, mein Junge«, sagte seine Mutter.

Er tötete also sein Schwein, und am nächsten Tag ging er hin zur Hütte der weisen Frau. Und da saß sie und las in einem großen Buch.

»Guten Abend, Frau«, sagt er, »ich hab Euch das Herz von dem Ding gebracht, das ich am liebsten mag.«

»Aha?« sagt sie und schaut ihn durch die Brille an. »Jetzt sag mir, was läuft ohne Füße?«

Er kratzte sich am Kopf und dachte nach und dachte nach, aber er wußte es nicht.

»Geh«, sagt sie, »du hast mir nicht das richtige Ding gebracht. Heute habe ich keinen Verstand für dich.« Und sie schlug das Buch zu und drehte ihm den Rücken zu.

Da ging der Dummkopf, um es seiner Mutter zu erzählen. Aber als er in der Nähe des Hauses war, kamen Leute herausgelaufen und erzählten ihm, daß seine Mutter im Sterben liege.

Und als er hineinkam, sah ihn seine Mutter nur an und lächelte, als wollte sie sagen, sie könne ihn beruhigt verlassen, weil er nun genug Verstand habe, um für sich selbst zu sorgen. Dann starb sie.

Da setzte er sich nieder, und je mehr er darüber nachdachte, desto übler war ihm zumute. Es fiel ihm ein, wie sie ihn gepflegt hatte, als er ein kleiner Kerl war, und wie sie ihm bei den Aufgaben geholfen und ihm sein Essen gekocht hatte, und wie sie seine Kleider geflickt und seine Dummheit ertragen hatte; er wurde immer trauriger und trauriger und fing an zu heulen.

»Oh, Mutter, Mutter!« sagt er, »wer wird jetzt für mich sorgen! Du hättest mich nicht allein lassen sollen, denn ich hatte dich lieber als alles andere!«

Und als er das sagte, fielen ihm die Worte der weisen Frau ein. »Eiei! Soll ich nicht Mutters Herz zu ihr bringen? – Nein, das kann ich nicht machen«, sagt er. »Was soll ich machen? Was soll ich machen, damit ich mein Viertel Verstand bekomme, wo ich jetzt allein bin auf der Welt?« So dachte er nach und dachte nach und dachte nach, und am nächsten Tag ging er und lieh sich einen Sack, steckte seine Mutter hinein und trug das Bündel auf der Schulter hinauf zur Hütte der weisen Frau.

»Guten Abend, Frau«, sagt er, »ich glaube, diesmal hab ich Euch das richtige Ding gebracht«, und patsch! ließ er den Sack auf die Türschwelle plumpsen.

»Vielleicht«, sagt die weise Frau, »aber rate erst dies: was ist gelb und glänzend, aber kein Gold?«

Und er kratzte sich am Kopf und dachte nach und dachte nach, aber er wußte es nicht.

»Du hast wieder nicht das Richtige erwischt, mein Junge«, sagt sie. »Ich fürchte, du bist noch dümmer als ich dachte!«, und sie machte ihm die Tür vor der Nase zu.

»O Gott, o Gott!« sagt er und setzt sich am Straßenrand nieder und heult. »Ich hab die beiden einzigen Dinge verloren, die mir lieb waren, womit soll ich mir jetzt ein Viertel Verstand kaufen!« Und er heulte drauflos, daß ihm die Tränen in den Mund liefen. Da kam ein Mädchen daher, das wohnte in der Nähe, und die schaute ihn an.

»Was ist denn mit dir los?« fragt sie.

»Uuh, ich hab mein Schwein getötet und meine Mutter ist gestorben, und ich selber bin nichts als ein Dummkopf«, sagt er und schluchzt.

»Das ist schlimm«, sagt sie, »und hast du niemand, der für dich sorgt?«

»Nein«, sagt er, »und ich kann mir auch kein Viertel Verstand kaufen, weil nichts mehr da ist, das ich am liebsten mag!«

»Was redest du da!« sagt sie.

Und sie setzte sich neben ihn hin, und er erzählte ihr alles von der weisen Frau und dem Schwein und von seiner Mutter und den Rätseln, und daß er allein sei auf der Welt.

»Nun«, sagt sie, »mir würde es nichts ausmachen, für dich zu sorgen.«

»Könntest du das?« sagt er.

»O ja«, sagt sie, »die Leute sagen, Dummköpfe geben gute Ehemänner ab, und ich glaube, ich nehme dich – wenn du willst.«

»Kannst du kochen?« sagt er.

»Ja, das kann ich.«

»Und schrubben?«

»Natürlich.«

»Und flicken?«

»Kann ich auch.«

»Ich glaube, dann taugst du so gut wie irgendwer«, sagt er.

»Das ist wahr«, sagt sie, und sie gingen und heirateten. Und sie hielt sein Haus so sauber und ordentlich und kochte ihm sein Essen so gut, daß er nachts einmal zu ihr sagte: »Mädchen, ich glaube, dich hab ich eigentlich am allerliebsten von allem.«

»Das hört sich gut an«, sagt sie, »und was nun?«

»Glaubst du, ich muß dich jetzt töten und dein Herz hinaufbringen zu der weisen Frau für das Viertel Verstand?«

»Bei Gott, nein!« sagt sie entsetzt. »Aber sieh mal, du hast doch das Herz deiner Mutter nicht herausgeschnitten, nicht wahr?«

»Nein, aber wenn ich es gemacht hätte, dann hätte ich vielleicht mein Viertel Verstand bekommen«, sagt er.

»Kein bißchen«, sagt sie, »nimm du mich mit, wie ich bin, und ich wette, ich helf dir die Rätsel erraten.«

»Kannst du das?« sagt er ungläubig, »ich glaube, die sind zu schwer für Weibervolk.«

»Nun«, sagt sie, »wir wollen mal sehen. Sag mir das erste.«

»Was läuft ohne Füße?« sagt er.

»Das Wasser!« sagt sie.

»Stimmt«, sagt er und kratzt sich am Kopf.

»Und was ist gelb und glänzend, aber kein Gold?«

»Die Sonne!« sagt sie.

»Stimmt!« sagt er. »Komm, wir gehen hinauf zu der weisen Frau.« Als sie den Pfad heraufkamen, saß sie vor der Tür und flocht Stroh.

»Guten Abend, Frau«, sagt er.

»Guten Abend, Dummkopf«, sagt sie.

»Ich glaube, ich hab Euch schließlich doch das richtige Ding gebracht«, sagt er.

Die weise Frau sah die beiden an und wischte über ihre Brillengläser.

»Kannst du mir sagen, was das ist: zuerst hat es keine Beine, dann zwei Beine und mit vier Beinen hört es auf?«

Der Dummkopf kratzte sich am Kopf und dachte nach und dachte nach, aber er wußte es nicht.

Und das Mädchen flüsterte ihm ins Ohr: »Eine Kaulquappe.«

»Kann sein«, sagt er dann, »es könnte eine Kaulquappe sein, Frau.«

Die weise Frau nickte mit dem Kopf.

»Das ist richtig«, sagt sie, »und du hast bereits dein Viertel Verstand bekommen.«

»Wo ist er?« sagt er, schaut sich um und langt in seine Tasche.

»Im Kopf deiner Frau«, sagt sie. »Das einzige Heilmittel für einen Dummkopf ist eine tüchtige Frau, die für ihn sorgt, und das hast du bekommen, und jetzt guten Abend!«

So gingen sie zusammen nach Hause, und nie wieder wollte er ein Viertel Verstand kaufen, denn seine Frau hatte genug für beide.

Sneewittchen

Brüder Grimm

Es war einmal mitten im Winter, und die Schneeflocken fielen wie Federn vom Himmel herab, da saß eine Königin an einem Fenster, das einen Rahmen von schwarzem Ebenholz hatte, und nähte. Und wie sie so nähte und nach dem Schnee aufblickte, stach sie sich mit der Nadel in den Finger, und es fielen drei Tropfen Blut in den Schnee. Und weil das Rote im weißen Schnee so schön aussah, dachte sie bei sich »hätt ich ein Kind so weiß wie Schnee, so rot wie Blut und so schwarz wie das Holz an dem Rahmen.« Bald darauf bekam sie ein Töchterlein, das war so weiß wie Schnee, so rot wie Blut und so schwarzhaarig wie Ebenholz, und ward darum das Sneewittchen, das heißt Schneeweißchen, genannt. Und wie das Kind geboren war, starb die Königin.

Über ein Jahr nahm sich der König eine andere Gemahlin. Es war eine schöne Frau, aber sie war stolz und übermütig, und konnte nicht leiden, daß sie an Schönheit von jemand sollte übertroffen werden. Sie hatte einen wunderbaren Spiegel, wenn sie vor den trat und sich darin beschaute, sprach sie

»Spieglein, Spieglein an der Wand,
wer ist die Schönste im ganzen Land?«

so antwortete der Spiegel

»Frau Königin, Ihr seid die Schönste im Land.«

Da war sie zufrieden, denn sie wußte, daß der Spiegel die Wahrheit sagte.

Sneewittchen aber wuchs heran und wurde immer schöner, und als es sieben Jahre alt war, war es so schön wie der klare Tag und schöner als die Königin selbst. Als diese einmal ihren Spiegel fragte

»Spieglein, Spieglein an der Wand,
wer ist die Schönste im ganzen Land?«

so antwortete er

»Frau Königin, Ihr seid die Schönste hier,
aber Sneewittchen ist tausendmal schöner als Ihr.«

Da erschrak die Königin und ward gelb und grün vor Neid. Von Stund an, wenn sie Sneewittchen erblickte, kehrte sich ihr das Herz im Leibe herum, so haßte sie das Mädchen. Und der Neid und Hochmut wuchsen wie ein Unkraut in ihrem Herzen immer höher, daß sie Tag und Nacht keine Ruhe mehr hatte. Da rief sie einen Jäger und sprach »bring das Kind hinaus in den Wald, ich will's nicht mehr vor meinen Augen sehen. Du sollst es töten und mir Lunge und Leber zum Wahrzeichen mitbringen.« Der Jäger gehorchte und führte es hinaus, und als er den Hirschfänger gezogen hatte und Sneewittchens unschuldiges Herz durchbohren wollte, fing es an zu weinen und sprach »ach, lieber Jäger, laß mir mein Leben; ich will in den wilden Wald laufen und nimmermehr wieder heimkommen.« Und weil es so schön war, hatte der Jäger Mitleid und sprach »so lauf hin, du armes Kind.« – »Die wilden Tiere werden dich bald gefressen haben«, dachte er, und doch war's ihm, als wär ein Stein von seinem Herzen gewälzt, weil er es nicht zu

töten brauchte. Und als gerade ein junger Frischling dahergesprungen kam, stach er ihn ab, nahm Lunge und Leber heraus und brachte sie als Wahrzeichen der Königin mit. Der Koch mußte sie in Salz kochen, und das boshafte Weib aß sie auf und meinte, sie hätte Sneewittchens Lunge und Leber gegessen.

Nun war das arme Kind in dem großen Wald mutterseelig allein, und ward ihm so angst, daß es alle Blätter an den Bäumen ansah und nicht wußte, wie es sich helfen sollte. Da fing es an zu laufen und lief über die spitzen Steine und durch die Dornen, und die wilden Tiere sprangen an ihm vorbei, aber sie taten ihm nichts. Es lief, solange nur die Füße noch fort konnten, bis es bald Abend werden wollte, da sah es ein kleines Häuschen und ging hinein, sich auszuruhen. In dem Häuschen war alles klein, aber so zierlich und reinlich, daß es nicht zu sagen ist. Da stand ein weißgedecktes Tischlein mit sieben kleinen Tellern, jedes Tellerlein mit seinem Löffelein, ferner sieben Messerlein und Gäblein und sieben Becherlein. An der Wand waren sieben Bettlein nebeneinander aufgestellt und schneeweiße Laken darüber gedeckt. Sneewittchen, weil es so hungrig und durstig war, aß von jedem Tellerlein ein wenig Gemüse und Brot und trank aus jedem Becherlein einen Tropfen Wein; denn es wollte nicht einem allein alles wegnehmen. Hernach, weil es so müde war, legte es sich in ein Bettchen, aber keines paßte; das eine war zu lang, das andere zu kurz, bis endlich das siebente recht war; und darin blieb es liegen, befahl sich Gott und schlief ein.

Als es ganz dunkel geworden war, kamen die Herren von dem Häuslein, das waren die sieben Zwerge, die in den Bergen nach Erz hackten und gruben. Sie zündeten ihre sieben Lichtlein an, und wie es nun hell im Häuslein ward, sahen sie, daß jemand darin gewesen war, denn es stand nicht alles so in der Ordnung, wie sie es verlassen hatten. Der erste sprach »wer hat auf meinem Stühlchen gesessen?« Der zweite »wer hat von meinem Tellerchen gegessen?« Der dritte »wer hat von meinem Brötchen genommen?« Der vierte »wer hat von meinem Gemüschen gegessen?« Der fünfte »wer hat mit meinem Gäbelchen gestochen?« Der sechste »wer hat mit meinem Messerchen geschnitten?« Der siebente »wer hat aus meinem Becherlein getrunken?« Dann sah sich der erste um und sah, daß auf seinem Bett eine kleine Delle war, da sprach er »wer hat in mein Bettchen getreten?« Die andern kamen gelaufen und riefen »in meinem hat auch jemand gelegen.« Der siebente aber, als er in sein Bett sah, erblickte Sneewittchen, das lag darin und schlief. Nun rief er die anderen, die kamen herbeigelaufen und schrien vor Verwunderung, holten ihre sieben Lichtlein und beleuchteten Sneewittchen. »Ei, du mein Gott! Ei, du mein Gott!« riefen sie, »was ist das Kind so schön!« und hatten

so große Freude, daß sie es nicht aufweckten, sondern im Bettlein fortschlafen ließen. Der siebente Zwerg aber schlief bei seinen Gesellen, bei jedem eine Stunde, da war die Nacht herum.

Als es Morgen war, erwachte Sneewittchen, und wie es die sieben Zwerge sah, erschrak es. Sie waren aber freundlich und fragten »wie heißt du?« – »Ich heiße Sneewittchen«, antwortete es. »Wie bist du in unser Haus gekommen?« sprachen weiter die Zwerge. Da erzählte es ihnen, daß seine Stiefmutter es hätte wollen umbringen lassen, der Jäger hätte ihm aber das Leben geschenkt, und da wär es gelaufen den ganzen Tag, bis es endlich ihr Häuslein gefunden hätte. Die Zwerge sprachen »willst du unsern Haushalt versehen, kochen, betten, waschen, nähen und stricken, und willst du alles ordentlich und reinlich halten, so kannst du bei uns bleiben, und es soll dir an nichts fehlen.« – »Ja«, sagte Sneewittchen, »von Herzen gern«, und blieb bei ihnen. Es hielt ihnen das Haus in Ordnung morgens gingen sie in die Berge und suchten Erz und Gold, abends kamen sie wieder, und da mußte ihr Essen bereit sein. Den Tag über war das Mädchen allein, da warnten es die guten Zwerglein und sprachen »hüte dich vor deiner Stiefmutter, die wird bald wissen, daß du hier bist; laß ja niemand herein.«

Die Königin aber, nachdem sie Sneewittchens Lunge und Leber glaubte gegessen zu haben, dachte nicht anders, als sie wäre wieder die Erste und Aller-schönste, trat vor ihren Spiegel und sprach

>»Spieglein, Spieglein an der Wand,
> wer ist die Schönste im ganzen Land?«

Da antwortete der Spiegel

>»Frau Königin, Ihr seid die Schönste hier,
> aber Sneewittchen über den Bergen
> bei den sieben Zwergen
> ist noch tausendmal schöner als Ihr.«

Da erschrak sie, denn sie wußte, daß der Spiegel keine Unwahrheit sprach, und merkte, daß der Jäger sie betrogen hatte und Sneewittchen noch am Leben war. Und da sann und sann sie aufs neue, wie sie es umbringen wollte; denn solange sie nicht die Schönste war im ganzen Land, ließ ihr der Neid keine Ruhe. Und als sie sich endlich etwas ausgedacht hatte, färbte sie sich das Gesicht und kleidete sich wie eine alte Krämerin und war ganz unkenntlich. In dieser Gestalt ging sie über die sieben Berge zu den sieben Zwergen, klopfte an die Türe und rief »schöne

Ware feil! Feil!« Sneewittchen guckte zum Fenster heraus und rief »guten Tag, liebe Frau, was habt Ihr zu verkaufen?« – »Gute Ware, schöne Ware«, antwortete sie, »Schnürriemen von allen Farben«, und holte einen hervor der aus bunter Seide geflochten war. »Die ehrliche Frau kann ich hereinlassen«, dachte Sneewittchen, riegelte die Türe auf und kaufte sich den hübschen Schnürriemen. »Kind«, sprach die Alte, »wie du aussiehst! Komm, ich will dich einmal ordentlich schnüren.« Sneewittchen hatte kein Arg, stellte sich vor sie, und ließ sich mit dem neuen Schnürriemen schnüren; aber die Alte schnürte geschwind und schnürte so fest, daß dem Sneewittchen der Atem verging, und es für tot hinfiel. »Nun bist du die Schönste gewesen«, sprach sie und eilte hinaus.

Nicht lange darauf, zur Abendzeit, kamen die sieben Zwerge nach Hause, aber wie erschraken sie, als sie ihr liebes Sneewittchen auf der Erde liegen sahen; und es regte und bewegte sich nicht, als wäre es tot. Sie hoben es in die Höhe, und weil sie sahen, daß es zu fest geschnürt war, schnitten sie den Schnürriemen entzwei; da fing es an, ein wenig zu atmen, und ward nach und nach wieder lebendig. Als die Zwerge hörten, was geschehen war, sprachen sie »die alte Krämerfrau war niemand anderes als die gottlose Königin. Hüte dich und laß keinen Menschen herein, wenn wir nicht bei dir sind.«

Das böse Weib aber, als es nach Hause gekommen war, ging vor den Spiegel und fragte

»Spieglein, Spieglein an der Wand,
wer ist die Schönste im ganzen Land?«

Da antwortete er wie sonst

»Frau Königin, Ihr seid die Schönste hier,
aber Sneewittchen über den Bergen
bei den sieben Zwergen
ist noch tausendmal schöner als Ihr.«

Als sie das hörte, lief ihr alles Blut zum Herzen, so erschrak sie, denn sie sah wohl, daß Sneewittchen wieder lebendig geworden war. »Nun aber«, sprach sie, »will ich etwas aussinnen, das dich zugrunde richten soll«, und mit Hexenkünsten, die sie verstand, machte sie einen giftigen Kamm. Dann verkleidete sie sich und nahm die Gestalt eines andern alten Weibes an. So ging sie hin über die sieben Berge zu den sieben Zwergen, klopfte an die Türe und rief »gute Ware feil! Feil!« Sneewittchen schaute heraus und sprach »geht nur weiter, ich darf niemand hereinlassen.«

531

– »Das Ansehen wird dir doch erlaubt sein«, sprach die Alte, zog den giftigen Kamm heraus und hielt ihn in die Höhe. Da gefiel er dem Kinde so gut, daß es sich betören ließ und die Türe öffnete. Als sie des Kaufs einig waren, sprach die Alte »nun will ich dich einmal ordentlich kämmen.«

Das arme Sneewittchen dachte an nichts und ließ die Alte gewähren, aber kaum hatte sie den Kamm in die Haare gesteckt, als das Gift darin wirkte, und das Mädchen ohne Besinnung niederfiel. »Du Ausbund von Schönheit«, sprach das boshafte Weib, »jetzt ist's um dich geschehen«, und ging fort. Zum Glück aber war es bald Abend, wo die sieben Zwerglein nach Haus kamen. Als sie Sneewittchen wie tot auf der Erde liegen sahen, hatten sie gleich die Stiefmutter in Verdacht, suchten nach und fanden den giftigen Kamm, und kaum hatten sie ihn herausgezogen, so kam Sneewittchen wieder zu sich und erzählte, was vorgegangen war. Da warnten sie es noch einmal, auf seiner Hut zu sein und niemand die Türe zu öffnen.

Die Königin stellte sich daheim vor den Spiegel und sprach

»Spieglein, Spieglein an der Wand,
wer ist die Schönste im ganzen Land?«

Da antwortete er wie vorher

>Frau Königin, Ihr seid die Schönste hier,
aber Sneewittchen über den Bergen
bei den sieben Zwergen
ist noch tausendmal schöner als Ihr.«

Als sie den Spiegel so reden hörte, zitterte und bebte sie vor Zorn. »Sneewittchen soll sterben«, rief sie, »und wenn es mein eigenes Leben kostet.« Darauf ging sie in eine ganz verborgene einsame Kammer, wo niemand hinkam, und machte da einen giftigen, giftigen Apfel. Äußerlich sah er schön aus, weiß mit roten Backen, daß jeder, der ihn erblickte, Lust danach bekam, aber wer ein Stückchen davon aß, der mußte sterben. Als der Apfel fertig war, färbte sie sich das Gesicht und verkleidete sich in eine Bauersfrau, und so ging sie über die sieben Berge zu den sieben Zwergen. Sie klopfte an, Sneewittchen streckte den Kopf zum Fenster heraus und sprach »ich darf keinen Menschen einlassen, die sieben Zwerge haben mir's verboten.« – »Mir auch recht«, antwortete die Bäuerin, »meine Äpfel will ich schon los werden. Da, einen will ich dir schenken.« – »Nein«, sprach Sneewittchen, »ich darf nichts annehmen.« – »Fürchtest du dich vor Gift?« sprach die Alte, »siehst du, da schneide ich den Apfel in zwei Teile; den roten Backen iß du, den weißen will ich essen.« Der Apfel war aber so kunstvoll gemacht, daß der rote Backen allein vergiftet war. Sneewittchen sah den schönen Apfel an, und als es sah, daß die Bäuerin davon aß, so konnte es nicht länger widerstehen, streckte die Hand hinaus und nahm die giftige Hälfte. Kaum aber hatte es einen Bissen davon im Mund, so fiel es tot zur Erde nieder. Da betrachtete es die Königin mit grausigen Blicken und lachte überlaut und sprach »weiß wie Schnee, rot wie Blut, schwarz wie Ebenholz! Diesmal können dich die Zwerge nicht wieder erwecken.« Und als sie daheim den Spiegel befragte

>Spieglein, Spieglein an der Wand,
wer ist die Schönste im ganzen Land?«

so antwortete er endlich

>Frau Königin, Ihr seid die Schönste im Land.«

Da hatte ihr neidisches Herz Ruhe, so gut ein neidisches Herz Ruhe haben kann.

Die Zwerglein, wie sie abends nach Haus kamen, fanden Sneewittchen auf der Erde liegen, und es ging kein Atem mehr aus seinem Mund, und es war tot.

Sie hoben es auf, suchten, ob sie was Giftiges fänden, schnürten es auf, kämmten ihm die Haare, wuschen es mit Wasser und Wein, aber es half alles nichts; das liebe Kind war tot und blieb tot. Sie legten es auf eine Bahre und setzten sich alle siebene daran und beweinten es und weinten drei Tage lang. Da wollten sie es begraben, aber es sah noch so frisch aus wie ein lebender Mensch und hatte noch seine schönen roten Backen. Sie sprachen »das können wir nicht in die schwarze Erde versenken«, und ließen einen durchsichtigen Sarg von Glas machen, daß man es von allen Seiten sehen konnte, legten es hinein und schrieben mit goldenen Buchstaben seinen Namen darauf, und daß es eine Königstochter wäre. Dann setzten sie den Sarg hinaus auf den Berg, und einer von ihnen blieb immer dabei und bewachte ihn. Und die Tiere kamen auch und beweinten Sneewittchen, erst eine Eule, dann ein Rabe, zuletzt ein Täubchen.

Nun lag Sneewittchen lange, lange Zeit in dem Sarg und verweste nicht, sondern sah aus, als wenn es schliefe, denn es war noch so weiß als Schnee, so rot als Blut und so schwarzhaarig wie Ebenholz. Es geschah aber, daß ein Königssohn in den Wald geriet und zu dem Zwergenhaus kam, da zu übernachten. Er sah auf dem Berg den Sarg und das schöne Sneewittchen darin und las, was mit goldenen Buchstaben darauf geschrieben war. Da sprach er zu den Zwergen »laßt mir den Sarg, ich will euch geben, was ihr dafür haben wollt.« Aber die Zwerge antworteten »wir geben ihn nicht um alles Gold in der Welt.« Da sprach er »so schenkt ihn mir, denn ich kann nicht leben, ohne Sneewittchen zu sehen, ich will es ehren und hochachten wie mein Liebstes.« Wie er so sprach, empfanden die guten Zwerglein Mitleid mit ihm und gaben ihm den Sarg. Der Königssohn ließ ihn nun von seinen Dienern auf den Schultern forttragen. Da geschah es, daß sie über einen Strauch stolperten, und von dem Schüttern fuhr der giftige Apfelgrütz, den Sneewittchen abgebissen hatte, aus dem Hals. Und nicht lange, so öffnete es die Augen, hob den Deckel vom Sarg in die Höhe, richtete sich auf und war wieder lebendig. »Ach Gott, wo bin ich?« rief es. Der Königssohn sagte voll Freude »du bist bei mir« und erzählte, was sich zugetragen hatte und sprach »ich habe dich lieber als alles auf der Welt; komm mit mir in meines Vaters Schloß, du sollst meine Gemahlin werden.« Da war ihm Sneewittchen gut und ging mit ihm, und ihre Hochzeit ward mit großer Pracht und Herrlichkeit angeordnet.

Zu dem Fest wurde aber auch Sneewittchens gottlose Stiefmutter eingeladen. Wie sie sich nun mit schönen Kleidern angetan hatte, trat sie vor den Spiegel und sprach

»Spieglein, Spieglein an der Wand,
wer ist die Schönste im ganzen Land?«

Der Spiegel antwortete

»Frau Königin, Ihr seid die Schönste hier,
aber die junge Königin ist tausendmal schöner als Ihr.«

Da stieß das böse Weib einen Fluch aus und ward ihr so angst, so angst, daß sie sich nicht zu lassen wußte. Sie wollte zuerst gar nicht auf die Hochzeit kommen; doch ließ es ihr keine Ruhe, sie mußte fort und die junge Königin sehen. Und wie sie hineintrat, erkannte sie Sneewittchen, und vor Angst und Schrecken stand sie da und konnte sich nicht regen. Aber es waren schon eiserne Pantoffeln über Kohlenfeuer gestellt und wurden mit Zangen hereingetragen und vor sie hingestellt. Da mußte sie in die rotglühenden Schuhe treten und so lange tanzen, bis sie tot zur Erde fiel.

Der Hecht auf dem Baum und
der Hase im Wasser

Russisches Volksmärchen

In einem Dorf lebte einmal ein Alter, und mit ihm lebte seine Alte. Sie hätten ein ruhiges Leben gehabt, wenn nur die Frau verständig genug gewesen wäre, zur rechten Zeit ihre Zunge zu zügeln. Was immer sich im Hause zutrug – gleich mußte es das ganze Dorf wissen; und obendrein übertrieb sie alles, und Geschichten erzählte sie, die sich gar nicht zugetragen hatten.

Der Alte fuhr einmal nach Holz. Am Waldrand stieg er ab und ging neben seinem Wägelchen. Als er einige Schritte gemacht hatte, trat er auf eine Stelle, die so locker war, daß der Fuß einsank. »Was mag das sein?« dachte er. »Will doch etwas wühlen, vielleicht grabe ich mein Glück aus.« Gräbt und gräbt und gräbt – da sieht er in der Erde ein Kesselchen, das ist voll Gold und Silber.

»Wie das Glück sich meiner erbarmt! Wenn ich nur wüßte, wie ich den Schatz mitnehmen soll; kann zu Hause den Schatz vor der Frau nicht verstecken; die wird meinen Fund in der ganzen Welt ausläuten, und dann kann's jämmerlich mit mir werden.«

Lange saß der Bauer bei dem Schatz und sann nach, wie er handeln müsse – und endlich hatte er's ersonnen. Er schüttete wieder Erde über das Kesselchen, bedeckte die Stelle mit Reisig und ging in die Stadt. Auf dem Markt kaufte er einen lebendigen Hecht und einen lebendigen Hasen. Dann ging er wieder in den Wald und hing den Hecht an einem Baum auf, hoch oben; den Hasen aber trug er zum Flüßchen an eine seichte Stelle, wo er sein Netzwerk auszuwerfen pflegte, und sperrte ihn in eine Fischerreuse, ohne sich sonderlich darum zu grämen, daß das Tier es halb im Wasser nicht eben behaglich hatte.

Nun erst nimmt er den Weg nach Haus, lustig trabt das Pferdchen. In die Hütte tritt er, »Frau«, ruft er, »was für ein Glück über uns gekommen ist, daß es sich gar nicht sagen läßt!«

»Was denn? Was denn, mein teures Männchen? Warum denn nicht sagen?«

»Wirst's ausläuten, wirst's ausläuten.«

»Werd's niemandem zustecken. Wie werde ich denn so was tun! Pfui doch! Wenn du willst, so schwöre ich gleich, nehme das Heiligenbild von der Wand, um es zu küssen . . .«

»Na, wenn es so steht, dann höre mal, Alte!« Er tuschelte ihr ins Ohr: »Gold und Silber hab ich im Wald gefunden, ein ganzes Kästchen voll. Pst!«

»Warum hast's Kästelchen nicht mitgebracht?«

»Wollen zusammen fahren, Alte, und das Ding hübsch behutsam nach Hause bringen.«

Und der Bauer fuhr mit seiner Bäuerin in den Wald.

Wie sie so fahren, sagt der Bauer zu seiner Bäuerin: »Was ich doch gehört habe, Alte. Sagten mir neulich die Leute, der Fisch lebe jetzt und vermehre sich in den Wäldern, das Waldtier aber halte sich im Wasser auf. Ja ja, die Zeiten ändern sich.«

»Bei dir hapert's wohl, Männchen! Herrje, was die Leute für Dummheiten ausbrüten!«

»Dummheiten – wie denn? Guck doch. Schwimmt da oben im Baum, mein Seel, ein wahrhaftiger Fisch, ich glaube gar, 's ist ein Hecht!«

»Gottes Wunder!« ruft das Weib. »Wie kommt der Hecht da hinauf? 's ist ein Hecht, da widersprich du mir nicht! Haben die Leute doch die Wahrheit geredet . . .«

Und der Bauer gafft und fuchtelt mit den Armen und zieht die Schultern zusammen und schüttelt den Kopf, als ob er seinen Augen nicht traue.

»Was glotzest du da, Schafskopf?« sagt die Frau. »Klettere geschwind auf den Baum, hole den Hecht, wir werden ihn zum Abendbrot gebrauchen können.«

Der Bauer kletterte auf den Baum und nahm den Hecht. Sie fuhren weiter.

Als sie beim Flüßchen vorbei kamen, hielt der Bauer das Pferdchen an. Gleich schreit die Frau auf ihn los: »Was glotzest du schon wieder? Wollen schneller fahren!«

»Sehe ich doch deutlich, daß es in meiner Reuse zappelt – muß doch nachsehen.«

Schnell läuft er hin, und wie er nur in die Öffnung hineinsieht, ruft er gleich die Frau.

»Guck doch. Hat sich in der Reuse, mein Seel, ein wahrhaftiger Vierfüßler gefangen, ich glaube gar, 's ist ein Hase.«

»Gottes Wunder!« ruft das Weib. »Wie kommt der Hase in die Reuse? 's ist ein Hase, da widersprich du mir nicht! Haben die Leute doch die Wahrheit geredet . . .«

Und der Bauer gafft und fuchtelt mit den Armen und zieht die Schultern zusammen und schüttelt den Kopf, als ob er seinen Augen nicht traue.

»Was glotzest du da, Schafskopf?« sagt die Frau. »Nimm den Hasen schnell heraus – fettes Häschen, sage ich dir, ein Brätchen zum Feiertag!«

Da packte der Alte den Hasen und fuhr geradewegs zum vergrabenen Schatz. Sie warfen das Reisig beiseite, erweiterten die Grube, zogen das Kessel-chen aus der Erde und führten es nach Hause.

Viel Geld hatten jetzt die Alten und waren lustig und guter Dinge. Die Frau aber ward närrisch – jeden geschlagenen Tag rief sie Gäste zusammen, solche Feste gab sie, daß der Mann sich gar nicht mehr zu fassen wußte. Er versuchte wohl, ihr ins Gewissen zu reden, aber nicht einmal anhören wollte sie ihn. »Du«, sagte sie,

»hast mir gar nichts vorzuschreiben. Zusammen haben wir den Schatz gefunden, zusammen wollen wir ihn vertun.«

Der Alte duldete still, endlich aber sagte er der Alten geradeheraus: »Mach, was du willst, ich aber gebe dir keine Kopeke mehr!«

Da rief die Alte im hellen Zorn: »Seh mir einer den Taugenichts, das ganze Geld will er allein auffressen! Aber wart, dahin werde ich dich schubsen, wohin nicht einmal der Rabe Knochen trägt!«

Der Alte wollte sie beruhigen; sie aber stieß ihn fort und lief zum Wojwoden, bei ihm ihre Klage gegen den Mann anzubringen: »Habe mich zu deiner Gnaden geschleppt, vor dir von meinem Kummer zu reden, um Recht gegen den Schubiack von Mann zu erbitten! Seit der Zeit, wo er den Schatz gefunden, ist nicht mehr mit ihm auszukommen. Arbeitet nicht, der Faulpelz! Schlendert herum, der Herumtreiber! Bedudelt sich, der Saufbold! Nimm ihm, Väterchen, das Teufelsgold ab! Was, zum Henker, ist Gold, wenn seinetwegen ein Mensch untergeht?«

Der Wojwode erbarmt sich des Weibes und befiehlt seinem ältesten Sekretär, die Sache in Ordnung zu bringen. Darauf ruft der Sekretär die Alten im Dorf zusammen und geht mit ihnen zum Bauer. »Der Wojwode«, hebt er an, »befiehlt dir, mir den ganzen Schatz zu übergeben.«

Der Bauer zuckt die Achseln: »Was für einen Schatz? Weiß von keinem Schatz.«

»Was weißt du nicht? Deine Alte hat dich beim Wojwoden verklagt, versuche nicht weiter, dich herauszulügen, Brüderchen, sonst wird's schlechter: lieferst du dem Wojwoden nicht den ganzen Schatz ab, so mußt du die Verantwortung tragen, daß du es wagen konntest, einen Schatz zu heben, ohne der hohen Obrigkeit Anzeige zu machen!«

»Erbarmt euch, ehrwürdiger Herr, was soll denn das für ein Schatz sein? Den hat die Frau wohl im Traum gesehen; was für ein Unsinn!«

»Unsinn!« mischt sich jetzt die Alte ein. »Ein Kessel voll Gold und Silber – ist das Unsinn?«

»Bist nicht bei Sinnen, liebes Frauchen! Ehrwürdige Herrschaften, ich bitte um eure Gnade. Befragt sie, wie die Sache war. Kann sie euch überzeugen, so will ich meine Schuld mit dem Leben bezahlen.«

»Die Sache war so, Herr Sekretär«, redet jetzt die Alte. »Oh, ich erinnere mich an alles. Durch den Wald fahren wir und sehen, daß hoch oben auf einem Baum ein Hecht hängt . . .«

»Wie? Ein Hecht?« schreit der Sekretär die Alte an. »Bildest dir ein, mit mir spaßen zu können? Wart!«

»Spaße nicht mit dir, Herr Sekretär, sage nur die Wahrheit.«

»Seht ja selbst, ehrwürdige Herrschaften, wie man ihr glauben kann, wenn sie sowas schwatzt.«

»Ich und schwatzen? Daß dich . . .! Hast auch wohl vergessen, wie wir einen Hasen im Fluß fanden?«

Da wackeln die Alten alle vor Lachen, selbst der gestrenge Herr Sekretär lächelt und streicht über seinen langen Bart.

Und der Bauer ruft seiner Frau zu: »Komm zu dir, Weib! Alle lachen dich aus. Ihr seht ja nun selbst, Herrschaften, wie man meiner Frau glauben kann.«

»Ja«, sagen einstimmig die Alten, »solange wir auch schon leben, sowas haben wir unsere Tage nicht gehört, daß Hasen im Wasser gedeihen, daß Fische sich auf den Bäumen vermehren.«

Der Sekretär wußte in dieser Sache keinen Sinn zu finden, er winkte abwehrend mit der Hand und fuhr zurück in die Stadt zum Wojwoden.

Die Alte wurde so ausgelacht, daß sie genötigt war, sich auf ihr Zünglein zu beißen und in allem dem Mann zu gehorchen; und der Mann kaufte für seinen Schatz Waren, zog in die Stadt, fing einen Handel an und verbrachte in Zufriedenheit seine Tage.

Die alte Frau und ihr Schwein

Joseph Jacobs

Eine alte Frau fegte ihr Haus, und da fand sie einen verbogenen Penny.

»Ach«, sagte sie, »was soll ich mit einem Penny anfangen? Ich will auf den Markt gehen und mir ein kleines Schweinchen kaufen.«

Auf dem Heimweg kam sie an einen Zaun; aber das Schweinchen wollte nicht hinüber.

Sie ging ein Stückchen weiter und traf einen Hund. Da sagt sie zu ihm: »Hund! Hund! Beiß mein Schwein! Schweinchen will nicht übern Zaun. So komm ich heute nicht nach Haus.« Aber der Hund wollte nicht.

Sie ging ein Stückchen weiter und traf einen Stock. Da sagt sie: »Stock! Stock! Schlag den Hund! Hund will nicht mein Schwein beißen. Schweinchen will nicht übern Zaun. So komm ich heute nicht nach Haus.« Aber der Stock wollte nicht.

Sie ging ein Stückchen weiter und traf ein Feuer. Da sagt sie: »Feuer! Feuer! Brenn den Stock! Stock will den Hund nicht schlagen. Hund will mein Schwein nicht beißen. Schweinchen will nicht übern Zaun. So komm ich heute nicht nach Haus.« Aber das Feuer wollte nicht.

Sie ging ein Stückchen weiter und kam an ein Wasser. Da sagt sie: »Wasser! Wasser! Lösch das Feuer! Feuer will den Stock nicht brennen. Stock will den Hund nicht schlagen. Hund will mein Schwein nicht beißen. Schweinchen will nicht übern Zaun. So komm ich heute nicht nach Haus.« Aber das Wasser wollte nicht.

Sie ging ein Stückchen weiter und traf einen Ochsen. Da sagt sie: »Ochs! Ochs! Trink das Wasser! Wasser will das Feuer nicht löschen. Feuer will den Stock nicht brennen. Stock will den Hund nicht schlagen. Hund will mein Schwein nicht beißen. Schweinchen will nicht übern Zaun. So komm ich heute nicht nach Haus.« Aber der Ochs wollte nicht.

Sie ging ein Stückchen weiter und traf einen Schlächter. Da sagt sie: »Schlächter! Schlächter! Schlacht den Ochsen! Ochs will das Wasser nicht trinken. Wasser will das Feuer nicht löschen. Feuer will den Stock nicht brennen. Stock will den Hund nicht schlagen. Hund will mein Schwein nicht beißen. Schweinchen will nicht übern Zaun. So komm ich heute nicht nach Haus.« Aber der Schlächter wollte nicht!

Sie ging ein Stückchen weiter und traf einen Strick. Da sagt sie: »Strick! Strick! Häng den Schlächter! Schlächter will den Ochs nicht schlachten. Ochs will das Wasser nicht trinken. Wasser will das Feuer nicht löschen. Feuer will den Stock nicht brennen. Stock will den Hund nicht schlagen. Hund will mein Schwein nicht beißen. Schweinchen will nicht übern Zaun. So komm ich heute nicht nach Haus.« Aber der Strick wollte nicht.

Sie ging ein Stückchen weiter und traf eine Ratte. Da sagt sie: »Ratte! Ratte! Nag den Strick! Strick will den Schlächter nicht hängen. Schlächter will den Ochs nicht schlachten. Ochs will das Wasser nicht trinken. Wasser will das Feuer nicht löschen. Feuer will den Stock nicht brennen. Stock will den Hund nicht schlagen. Hund will mein Schwein nicht beißen. Schweinchen will nicht übern Zaun. So komm ich heute nicht nach Haus.« Aber die Ratte wollte nicht.

Sie ging ein Stückchen weiter und traf eine Katze. Da sagt sie: »Katze! Katze! Töt die Ratte! Ratte will den Strick nicht nagen. Strick will den Schlächter nicht hängen. Schlächter will den Ochs nicht schlachten. Ochs will das Wasser nicht trinken. Wasser will das Feuer nicht löschen. Feuer will den Stock nicht brennen. Stock will den Hund nicht schlagen. Hund will mein Schwein nicht beißen. Schweinchen will nicht übern Zaun. So komm ich heute nicht nach Haus.«

Aber die Katze sagte: »Geh zu der Kuh dort drüben, und hole mir ein Schälchen Milch. Dann will ich die Ratte töten.« Da ging die alte Frau zu der Kuh.

Aber die Kuh sagte: »Geh zu dem Heuschober dort drüben und hole mir einen Arm voll Heu, dann will ich dir die Milch geben.« Da ging die alte Frau zu dem Heuschober und brachte der Kuh ihr Heu.

Kaum hatte die Kuh das Heu gefressen, so gab sie der alten Frau die Milch. Und die ging mit einem Schälchen Milch zu der Katze.

Kaum hatte sie die Milch aufgeleckt, begann die Katze die Ratte zu töten. Die Ratte begann den Strick zu zernagen. Der Strick begann den Schlächter zu hängen. Der Schlächter begann den Ochsen zu schlachten. Der Ochse begann das Wasser zu trinken. Das Wasser begann das Feuer zu löschen. Das Feuer begann den Stock zu verbrennen. Der Stock begann den Hund zu schlagen. Der Hund begann das Schwein zu beißen. Das Schweinchen sprang vor Schreck übern Zaun. Und so kam die alte Frau noch am Abend nach Haus.

Der Wettlauf
zwischen dem Hasen und dem Igel

Ludwig Bechstein

Es war einmal an einem Sonntagmorgen in der Herbstzeit, just als der Buchweizen blühte. Die Sonne war goldig am Himmel aufgegangen, der Morgenwind ging frisch über die Stoppeln, die Lerchen sangen in der Luft, die Bienen summten in dem Buchweizen und die Leute gingen in ihren Sonntagskleidern in die Kirche, kurz, alle Kreatur war vergnügt und der Swinegel auch.

Der Swinegel aber stand vor seiner Türe, hatte die Arme übereinander geschlagen, sah dabei in den Morgenwind hinaus und trällerte ein Liedchen vor sich hin, so gut und so schlecht als es nun eben am lieben Sonntagmorgen ein Swinegel zu singen vermag. Indem er nun noch so halbleise vor sich hin sang, fiel ihm auf einmal ein, er könne wohl, während seine Frau die Kinder wusch und anzog, ein bißchen im Felde spazieren und dabei sich umsehn, wie seine Steckrüben stünden. Die Steckrüben waren das Nächste bei seinem Hause, und er pflegte mit seiner Familie davon zu essen, und deshalb sah er sie denn auch als die seinigen an. Der Swinegel machte die Haustüre hinter sich zu und schlug den Weg nach

544

dem Felde ein. Er war noch nicht sehr weit vom Hause und wollte just um den Schlehenbusch, der da vor dem Felde liegt, hinaufschlendern, als ihm der Hase begegnete, der in ähnlichen Geschäften ausgegangen war, nämlich um seinen Kohl zu besehen. Als der Swinegel des Hasen ansichtig wurde, bot er ihm einen freundlichen guten Morgen. Der Hase aber, der nach seiner Weise ein gar vornehmer Herr war und grausam hochfahrig dazu, antwortete nichts auf des Swinegels Gruß, sondern sagte zu ihm, wobei er eine gewaltig höhnische Miene annahm: »Wie kommt es denn, daß du schon bei so frühem Morgen im Felde herumläufst?« – »Ich gehe spazieren«, sagte der Swinegel.

»Spazieren?« lachte der Hase, »mir deucht, du könntest die Beine auch wohl zu besseren Dingen gebrauchen.« Diese Antwort verdroß den Swinegel über alle Maßen, denn alles kann er vertragen, aber auf seine Beine läßt er nichts kommen, eben weil sie von Natur schief sind. »Du bildest dir wohl ein«, sagte nun der Swinegel, »daß du mit deinen Beinen mehr ausrichten kannst?« – »Das denk ich«, sagte der Hase. »Nun, es käme auf einen Versuch an«, meinte der Swinegel, »ich pariere, wenn wir wettlaufen, ich laufe dir davon.« – »Das ist zum Lachen, du mit deinen schiefen Beinen!« sagte der Hase, »aber meinetwegen mag es sein, wenn du so übergroße Lust hast. Was gilt die Wette?« – »Einen goldnen Lujedor und eine Buddel Schnaps«, sagte der Swinegel. »Angenommen«, sprach der Hase, »schlag ein, und dann kann's gleich losgehen.« – »Nein, so große Eile hat es nicht«, meinte der Swinegel, »ich bin noch ganz nüchtern; erst will ich nach Hause gehen und ein bißchen frühstücken. In einer halben Stunde bin ich auf dem Platze.« Darauf ging der Swinegel, denn der Hase war es zufrieden.

Unterwegs dachte der Swinegel bei sich: »Der Hase verläßt sich auf seine langen Beine, aber ich will ihn schon kriegen. Er dünkt sich zwar ein vornehmer Herr zu sein, ist aber doch ein dummer Kerl, und bezahlen muß er doch.« Als nun der Swinegel zu Hause ankam, sagte er zu seiner Frau: »Frau, zieh dich eilig an, du mußt mit ins Feld hinaus.« – »Was gibt es denn?« sagte die Frau. »Ich habe mit dem Hasen um einen goldenen Lujedor und eine Buddel Schnaps gewettet, ich will mit ihm um die Wette laufen, und da sollst du dabei sein.« – »O mein Gott, Mann!« schrie dem Swinegel seine Frau, »bist du nicht klug, hast du den Verstand verloren? Wie kannst du mit dem Hasen um die Wette laufen wollen?« – »Halt das Maul, Weib«, sagte der Swinegel, »das ist meine Sache. Räsonniere nicht in Männergeschäfte. Marsch, zieh dich an, und dann komm mit.« Was sollte dem Swinegel seine Frau machen? Sie mußte wohl folgen, sie mochte wollen oder nicht.

Als sie nun miteinander unterwegs waren, sprach der Swinegel zu seiner Frau: »Nun paß auf, was ich dir sagen werde. Sieh, auf dem langen Acker, dort wollen wir unseren Wettlauf machen. Der Hase läuft nämlich in der einen Furche und ich in der andern, und von oben fangen wir an zu laufen. Nun hast du weiter nichts zu tun, als dich hier unten in die Furche zu stellen, und wenn der Hase auf der anderen Seite ankommt, so rufst du ihm entgegen: ›Ich bin schon da.‹«

Damit waren sie beim Acker angelangt, der Swinegel wies seiner Frau ihren Platz an und ging nun den Acker hinauf. Als er oben ankam, war der Hase schon da. »Kann es losgehen?« fragte der Hase. »Jawohl«, erwiderte der Swinegel. »Dann man zu!« und damit stellte sich jeder in seine Furche. Der Hase zählte: »Eins, zwei, drei!« und los ging er wie ein Sturmwind den Acker hinunter. Der Swinegel aber lief nur ungefähr drei Schritte, dann duckte er sich in die Furche nieder und blieb ruhig sitzen.

Als nun der Hase im vollen Laufe unten ankam, rief ihm dem Swinegel seine Frau entgegen: »Ich bin schon da!« Der Hase stutzte und verwunderte sich nicht wenig. Er meinte nicht anders, es wäre der Swinegel selbst, der ihm das zurufe, denn bekanntlich sieht dem Swinegel seine Frau geradeso aus wie ihr Mann.

Der Hase aber meinte: »Das geht nicht mit rechten Dingen zu.« Er rief: »Noch einmal gelaufen, wieder herum!« Und fort ging es wieder wie der Sturmwind, so daß ihm die Ohren am Kopfe flogen. Dem Swinegel seine Frau aber blieb ruhig auf ihrem Platze. Als nun der Hase oben ankam, rief ihm der Swinegel entgegen: »Ich bin schon da!« Der Hase aber ganz außer sich vor Eifer schrie: »Nochmal gelaufen, wieder herum!« – »Mir recht«, antwortete der Swinegel, »meinetwegen so oft, als du Lust hast.« So lief der Hase dreiundsiebzigmal, und der Swinegel hielt es immer mit ihm aus. Jedesmal, wenn der Hase unten oder oben ankam, sagte der Swinegel oder seine Frau: »Ich bin schon da.«

Zum vierundsiebzigstenmal aber kam der Hase nicht mehr bis zum Ende. Mitten auf dem Acker stürzte er zur Erde, das Blut floß ihm aus dem Halse, und er blieb tot auf dem Platze. Der Swinegel aber nahm seinen gewonnenen Louisdor und die Flasche Branntwein, rief seine Frau aus der Furche ab, und beide gingen vergnügt nach Hause, und wenn sie nicht gestorben sind, leben sie noch.

So begab es sich, daß auf der Buxtehuder Heide der Swinegel den Hasen zu Tode gelaufen hat, und seit jener Zeit hat es sich kein Hase wieder einfallen lassen, mit dem Buxtehuder Swinegel um die Wette zu laufen.

Die Lehre aber aus dieser Geschichte ist erstens, daß keiner, und wenn er sich auch noch so vornehm dünkt, sich soll beikommen lassen, über den geringen Mann sich lustig zu machen, und wäre es auch nur ein Swinegel. Und zweitens, daß es geraten ist, wenn einer freit, daß er sich eine Frau aus seinem Stande nimmt, die just so aussieht, als er selbst. Wer also ein Swinegel ist, der muß darauf sehen, daß seine Frau auch ein Swinegel sei.

Die Nachtigall

Hans Christian Andersen

In China, weißt du wohl, ist der Kaiser ein Chinese, und alle, die er um sich hat, sind auch Chinesen. Es ist nun viele Jahre her, aber eben deshalb ist es der Mühe wert, die Geschichte zu hören, ehe sie vergessen wird!

Des Kaisers Schloß war das prächtigste in der Welt, ganz und gar von feinem Porzellan, sehr kostbar, aber zerbrechlich, und es war so gefährlich, daran zu rühren, daß man sich sehr in acht nehmen mußte. Im Garten sah man die wunderbarsten Blumen, und an die prächtigsten waren Silberglocken gebunden, damit man nicht vorbeiging, ohne die Blumen zu bemerken. Ja, alles war in des Kaisers Garten fein ausgedacht. Und er erstreckte sich so weit, daß der Gärtner selbst das Ende desselben nicht kannte. Ging man immer weiter, so kam man in den herrlichsten Wald mit hohen Bäumen und tiefen Seen. Der Wald ging gerade hinunter bis zum Meer, welches blau und tief war; große Schiffe konnten bis unter die Zweige der Bäume hinsegeln, und in diesen wohnte eine Nachtigall, die so herrlich sang, daß selbst der arme Fischer, der doch viel anderes zu tun hatte,

stillhielt und horchte, wenn er des Nachts ausgefahren war, um das Fischnetz auszuwerfen, und dann die Nachtigall hörte. »Ach Gott, wie ist das schön!« sagte er; aber er mußte auf seine Sachen achtgeben und vergaß dabei den Vogel. Doch wenn dieser in der nächsten Nacht wieder sang und der Fischer dorthin kam, sagte er dasselbe: »Ach Gott, wie ist das schön!«

Aus allen Ländern der Welt kamen Reisende nach der Stadt des Kaisers und bewunderten das Schloß und den Garten. Doch wenn sie die Nachtigall zu hören bekamen, sagten sie alle: »Sie ist doch das Beste!«

Die Reisenden erzählten davon, wenn sie nach Hause kamen; und die Gelehrten schrieben viele Bücher über die Stadt, das Schloß und den Garten. Aber auch die Nachtigall vergaßen sie nicht: die wurde sogar am höchsten bewertet; und die, welche dichten konnten, schrieben die herrlichsten Gedichte über die Nachtigall im Wald bei dem tiefen See.

Die Bücher gingen um die Welt, und einige davon kamen auch einmal zum Kaiser. Er saß in seinem goldenen Sessel und las und las; jeden Augenblick nickte er mit dem Kopf, denn es freute ihn, die prächtigen Beschreibungen der Stadt, des Schlosses und des Gartens zu vernehmen. »Aber die Nachtigall ist doch das Allerbeste!« stand da geschrieben.

»Was ist das?« fragte der Kaiser. »Die Nachtigall kenne ich ja gar nicht! Gibt es einen solchen Vogel in meinem Kaiserreich und sogar in meinem Garten? Das habe ich nicht gewußt! So etwas muß ich aus Büchern erfahren!«

Und er rief seinen Kavalier. Der war so vornehm, daß, wenn jemand, der geringer war als er, wagte, mit ihm zu sprechen oder ihn nach etwas zu fragen, er weiter nichts erwiderte, als: »Ph!« und das hat nichts zu bedeuten.

»Hier soll es ja einen höchst merkwürdigen Vogel geben, welcher Nachtigall genannt wird!« sagte der Kaiser. »Man sagt, er sei das Allerbeste in meinem großen Reiche. Weshalb hat man mir nie etwas davon gesagt?«

»Ich habe ihn früher nie nennen hören!« sagte der Kavalier. »Er ist nie bei Hofe vorgestellt worden!«

»Ich will, daß er heute abend herkommen und vor mir singen soll!« sagte der Kaiser. »Die ganze Welt weiß, was ich habe, nur ich weiß es nicht!«

»Ich habe ihn früher nie nennen hören!« sagte der Kavalier. »Ich werde ihn suchen, ich werde ihn finden!« –

Aber wo war er zu finden? Der Kavalier lief über alle Treppen, auf und nieder, durch Säle und Gänge, aber keiner hatte von der Nachtigall sprechen hören. Und der Kavalier lief wieder zum Kaiser und sagte, daß es sicher so eine

Fabel von denen sein müßte, die da Bücher schrieben. »Dero Kaiserliche Majestät können gar nicht glauben, was alles geschrieben wird! Das sind Erfindungen und etwas, das man die schwarze Kunst nennt.«

»Aber das Buch, in dem ich dieses gelesen habe«, sagte der Kaiser, »hat mir der großmächtigste Kaiser von Japan gesandt, und es kann also keine Unwahrheit sein. Ich will die Nachtigall hören! Sie muß heute abend hier sein! Sie hat meine höchste Gnade! Und kommt sie nicht, so soll nach dem Abendbrot der ganze Hof verprügelt werden!«

»Tsing pe!« sagte der Kavalier und lief wieder über alle Treppen, auf und nieder, durch alle Säle und Gänge; und der halbe Hof lief mit, denn niemand wollte gern verprügelt werden. Da gab es ein Fragen nach der merkwürdigen Nachtigall, welche die ganze Welt kannte, nur niemand bei Hofe.

Endlich trafen sie in der Küche ein kleines, armes Mädchen. Die sagte: »O Gott, die Nachtigall kenne ich gut; ja, wie die singen kann! Jeden Abend habe ich Erlaubnis, meiner armen, kranken Mutter Überbleibsel vom Tisch mitzubringen; sie wohnt unten am Strand; und wenn ich zurückgehe, müde bin, und im Wald ausruhe, dann höre ich die Nachtigall singen! Es kommen mir dabei die Tränen in die Augen, und es ist, als ob meine Mutter mich küßte!«

»Kleine Köchin!« sagte der Kavalier, »ich werde dir eine Anstellung in der Küche und die Erlaubnis verschaffen, den Kaiser speisen zu sehen, wenn du uns zur Nachtigall führen kannst, denn sie ist auf heute abend angesagt.«

Und so zogen sie alle hinaus in den Wald, wo die Nachtigall zu singen pflegte; der halbe Hof war mit. Als sie auf dem Wege waren, fing eine Kuh zu brüllen an.

»O!« sagte ein Hofjunker, »nun haben wir sie! Was für eine merkwürdige Kraft in einem so kleinen Tier! Die habe ich schon früher einmal gehört!«

»Nein, das sind Kühe, die brüllen!« sagte die kleine Köchin. »Wir sind noch weit von dem Ort entfernt!«

Nun quakten die Frösche im Sumpf.

»Herrlich!« sagte der Hofprediger. »Nun höre ich sie; es klingt gerade wie kleine Kirchenglocken.«

»Nein, das sind Frösche!« sagte die kleine Köchin. »Aber nun denke ich, werden wir sie bald hören!«

Da begann die Nachtigall zu schlagen.

»Das ist sie!« sagte das kleine Mädchen. »Hört! Seht! Da sitzt sie!« Und sie zeigte auf einen kleinen, grauen Vogel oben in den Zweigen.

»Ist es möglich!« sagte der Kavalier. »So hatte ich mir sie nimmer gedacht! Wie einfach sie aussieht! Sie hat sicher ihre Farbe darüber verloren, daß sie so viele vornehme Menschen um sich erblickt!«

»Kleine Nachtigall!« rief die kleine Köchin laut; »unser gnädigster Kaiser wünscht, daß Sie vor ihm singen!«

»Mit dem größten Vergnügen!« sagte die Nachtigall und sang, daß es eine Lust war.

»Es klingt gerade wie Glasglocken!« sagte der Kavalier. »Und seht die kleine Kehle, wie sie arbeitet! Es ist merkwürdig, daß wir sie früher nie gehört haben! Sie wird bei Hofe großen Erfolg haben!«

»Soll ich noch einmal vor dem Kaiser singen?« fragte die Nachtigall, welche glaubte, der Kaiser sei auch da.

»Meine vortreffliche kleine Nachtigall!« sagte der Kavalier, »ich habe die große Freude, Sie für heute abend zu einem Hoffest einzuladen. Sie werden Dero hohe kaiserliche Gnaden mit Ihrem charmanten Gesang bezaubern.«

»Der hört sich am besten im Grünen an!« sagte die Nachtigall; aber sie kam doch gern mit, als sie hörte, daß der Kaiser es wünschte.

Auf dem Schloß war alles schöngemacht. Die Wände und der Fußboden, welche von Porzellan waren, glänzten im Licht von viertausend goldenen Lampen; die prächtigsten Blumen, welche recht klingeln konnten, waren in den Gängen aufgestellt. Das war ein Laufen, und ein Zugwind, und alle Glocken klingelten, so daß man sein eigenes Wort nicht hören konnte.

Mitten im großen Saal, wo der Kaiser saß, war ein goldener Stab aufgestellt, auf dem die Nachtigall sitzen sollte. Der ganze Hof war da, und die kleine Köchin hatte die Erlaubnis erhalten, hinter der Tür zu stehen, da sie nun den Titel einer wirklichen Hofköchin bekommen hatte. Alle waren in ihrem größten Putz, und alle sahen nach dem kleinen grauen Vogel, dem der Kaiser zunickte.

Die Nachtigall sang so herrlich, daß dem Kaiser die Tränen in die Augen

traten und ihm über die Wangen liefen; da sang die Nachtigall noch schöner: es ging recht zu Herzen. Der Kaiser war so froh, daß er sagte, die Nachtigall solle seinen goldenen Pantoffel um den Hals zu tragen bekommen. Aber die Nachtigall dankte: sie habe schon Belohnung genug erhalten.

»Ich habe Tränen in des Kaisers Augen gesehen, das ist mir die schönste Belohnung! Eines Kaisers Tränen haben eine besondere Kraft! Gott weiß, ich bin genug belohnt.« Darauf sang sie wieder mit ihrer süßen, herrlichen Stimme.

»Das ist die liebenswürdigste Koketterie, die ich kenne!« sagten die Damen ringsumher, und dann nahmen sie Wasser in den Mund, um zu glucken, wenn jemand mit ihnen sprach. Sie glaubten dann, auch Nachtigallen zu sein. Ja, die Lakaien und Kammermädchen ließen melden, daß auch sie zufrieden seien; das will viel sagen, denn die sind am schwersten zu befriedigen. Kurz, die Nachtigall hatte wahrlich Erfolg.

Sie sollte nun bei Hofe bleiben, ihren eigenen Käfig und die Freiheit haben, zweimal des Tages und einmal des Nachts herauszuspazieren. Sie bekam dann zwölf Diener mit, welche ihr alle ein Seidenband um das Bein geschlungen hatten, an dem sie sie fest hielten. So ein Ausflug war durchaus kein Vergnügen.

Die ganze Stadt sprach von dem merkwürdigen Vogel. Ja, elf Krämerkinder wurden nach ihr benannt; aber nicht eins von ihnen hatte einen Ton in der Kehle.

Eines Tages erhielt der Kaiser ein Paket, worauf geschrieben stand: »Die Nachtigall.«

»Da haben wir nun ein neues Buch über unsern berühmten Vogel!« sagte der Kaiser. Aber es war kein Buch, sondern ein kleines Kunstwerk, welches in einer Schachtel lag: eine künstliche Nachtigall, die der lebenden gleichen sollte, allein über und über mit Diamanten, Rubinen und Saphiren besetzt war. Sobald man den Kunstvogel aufzog, konnte er eins der Stücke, die der wirkliche Vogel sang, singen; und dann bewegte sich der Schwanz auf und nieder und glänzte von Silber und Gold. Um den Hals hing ein kleines Band, darauf stand geschrieben: »Des Kaisers von Japan Nachtigall ist arm gegen die des Kaisers von China.«

»Das ist herrlich!« sagten alle; und der Mann, welcher den künstlichen Vogel gebracht hatte, erhielt sogleich den Titel: Kaiserlicher Ober-Nachtigall-Bringer.

»Nun müssen sie zusammen singen: was wird das für ein Duett werden!«

Und so mußten sie zusammen singen; aber es wollte nicht recht passen, denn die wirkliche Nachtigall sang auf ihre Weise und der Kunstvogel ging auf Walzen. »Der hat keine Schuld«, sagte der Spielmeister; »der ist besonders taktfest und ganz nach meiner Schule!« Nun sollte der Kunstvogel allein singen. Er machte ebenso viel als der wirkliche, und dann war er ja viel niedlicher anzusehen: er glänzte wie Armbänder und Busennadeln.

Dreiunddreißig Mal sang er ein und dasselbe Stück und war doch nicht müde. Die Leute hätten ihn gern wieder aufs Neue gehört, aber der Kaiser meinte, daß nun auch die lebendige Nachtigall etwas singen solle. – Aber wo war die? Niemand hatte bemerkt, daß sie aus dem offenen Fenster zu ihren grünen Wäldern fort geflogen war.

»Was ist denn das!« sagte der Kaiser. Und alle Hofleute schimpften und meinten, die Nachtigall sei ein höchst undankbares Tier. »Den besten Vogel haben wir doch!« sagten sie; und so mußte denn der Kunstvogel wieder singen, und das war das vierunddreißigste Mal, daß sie dasselbe Stück zu hören bekamen. Sie konnten es aber immer noch nicht auswendig; es war gar zu schwer. Und der Spielmeister lobte den Vogel außerordentlich; ja, er versicherte, daß er besser sei als eine Nachtigall, nicht nur was die Kleider und die vielen herrlichen Diamanten beträfe, sondern auch innerlich.

»Denn sehen Sie, meine Herrschaften, der Kaiser vor allen: bei der wirklichen Nachtigall kann man nie berechnen, was da kommen wird; aber bei dem Kunstvogel ist alles vorausbestimmt! Man kann es erklären, man kann ihn öffnen und den Menschen begreiflich machen, wie die Walzen liegen, wie sie gehen, und wie das eine aus dem andern folgt!«

»Das sind auch unsere Gedanken!« sagten alle, und der Spielmeister erhielt die Erlaubnis, am nächsten Sonntag den Vogel dem Volke vorzuzeigen. Sie sollten ihn auch singen hören, befahl der Kaiser. Und sie hörten ihn; und wurden so vergnügt, als ob sie sich nach chinesischer Art mit Tee berauscht hätten. Da sagten alle: »Oh!« und streckten den Zeigefinger in die Höhe und nickten dazu. Die armen Fischer jedoch, welche die wirkliche Nachtigall gehört hatten, sagten: »Es klingt ganz hübsch; die Melodien gleichen sich auch; aber es fehlt etwas, ich weiß nicht was!«

Die wirkliche Nachtigall wurde aus dem Reich verwiesen.

Der Kunstvogel hatte seinen Platz auf einem seidenen Kissen neben des Kaisers Bett. Alle Geschenke, welche er erhalten, Gold und Edelsteine, lagen rings um ihn her, und im Titel war er zu einem »Kaiserlichen Nachttisch-Sänger« aufgestiegen, im Range jetzt Nummer eins zur linken Seite. Denn der Kaiser betrachtete die Seite als die vornehmste, auf der das Herz saß, und das Herz sitzt auch bei einem Kaiser links. Und der Spielmeister schrieb ein Werk von fünfundzwanzig Bänden über den Kunstvogel; das war so gelehrt, so lang, so voll von den allerschwersten chinesischen Wörtern, daß alle Leute sagten, sie hätten es gelesen und verstanden, denn sonst wären sie ja dumm gewesen und wären verprügelt worden.

So ging es ein ganzes Jahr. Der Kaiser, der Hof und alle die andern Chinesen konnten jeden Ton von des Kunstvogels Gesang auswendig. Und gerade deshalb gefiel er ihnen jetzt am allerbesten: sie konnten selbst mitsingen, und das taten sie auch. Die Straßenbuben sangen: »Zizizi! Gluckgluckgluck!«, und der Kaiser sang mit. Ja, das war gewiß ganz prächtig!

Eines Abends jedoch, als der Kunstvogel am besten sang und der Kaiser im Bette lag und zuhörte, machte es innen im Vogel »Schwupp«. Da sprang etwas! »Schnurrrr!« alle Rädchen liefen, und dann stand die Musik still.

Der Kaiser sprang aus dem Bett und ließ seinen Leibarzt rufen; aber was konnte *der* helfen! Dann ließen sie den Uhrmacher holen, und nach vielem Reden und Nachsehen bekam er den Vogel etwas in Ordnung; aber er sagte, er müsse geschont werden, denn die Schräubchen seien abgenutzt, und es wäre unmöglich, neue so einzusetzen, daß die Musik sicher ginge. Nun waren alle untröstlich. Nur einmal des Jahres durfte man den Kunstvogel singen lassen, und das war schon fast zuviel. Aber dann hielt der Spielmeister eine kleine Rede voll inhaltsschwerer Worte und sagte, daß es ebensogut sei wie früher; dann war es ebensogut wie früher.

Jetzt waren fünf Jahre vergangen, und das Land überkam eine große Trauer. Die Chinesen hatten im Grunde alle ihren Kaiser gern, aber jetzt war er krank und konnte nicht mehr lange leben, sagte man. Schon war ein neuer Kaiser gewählt, und das Volk stand draußen auf der Straße und fragte den Kavalier, wie es dem alten Kaiser gehe.

»Ph!« sagte er und schüttelte den Kopf.

Kalt und bleich lag der Kaiser in seinem großen, prächtigen Bett; der ganze Hof glaubte ihn tot, und ein jeder von ihnen lief hin, den neuen Kaiser zu

begrüßen. Die Kammerdiener liefen hinaus, um darüber zu schwatzen, und die Kammermädchen hatten große Kaffeegesellschaft. Ringsumher, in allen Sälen und Gängen, waren Tücher ausgelegt, damit man keinen einzigen Fußtritt höre, und deshalb war es da so still, ganz still! Aber der Kaiser war nicht tot; steif und bleich lag er da in dem prächtigen Bett mit den langen Samtgardinen und den schweren Goldquasten; hoch oben stand ein Fenster offen, und der Mond schien herein auf den Kaiser und den Kunstvogel.

Der arme Kaiser konnte kaum atmen; es war, als ob etwas auf seiner Brust säße; er schlug die Augen auf, und da sah er, daß es der Tod war, der auf seiner Brust saß, und sich seine goldene Krone aufgesetzt hatte und in der einen Hand des Kaisers goldenen Säbel, in der andern seine prächtige Fahne hielt. Und ringsumher aus den Falten der großen, samtenen Bettgardinen sahen wunderbare Köpfe hervor: einige häßlich, andere lieblich und mild. Das alles waren des Kaisers böse und gute Taten, welche ihn anblickten, jetzt, da der Tod ihm auf dem Herzen saß.

»Erinnerst du dich daran?« flüsterte einer nach dem anderen. »Erinnerst du dich?« Und dann erzählten sie ihm so viel, daß ihm der Schweiß von der Stirne rann.

»Das habe ich nicht gewußt!« sagte der Kaiser. »Musik! Musik! Die große chinesische Trommel!« rief er, »damit ich nicht alles zu hören brauche, was sie sagen!«

Und sie fuhren fort, und der Tod nickte wie ein Chinese zu allem, was gesagt wurde.

»Musik! Musik!« schrie der Kaiser. »Du kleiner herrlicher Goldvogel! Singe doch, singe! Ich hab dir doch Gold und Kostbarkeiten gegeben; ich habe dir selbst meinen goldenen Pantoffel um den Hals gehängt: singe doch, sing!«

Der Vogel aber stand still: es war niemand da, ihn aufzuziehen, und sonst sang er nicht; aber der Tod fuhr fort, den Kaiser mit seinen großen, hohlen Augen anzustarren; und still war es, schrecklich still!

Da klang auf einmal vom Fenster her der herrlichste Gesang: es war die kleine, lebendige Nachtigall, welche draußen auf einem Zweig saß. Sie hatte von der Not ihres Kaisers gehört und war gekommen, ihm Trost und Hoffnung zu singen. Und während sie sang, wurden die Gespenster immer bleicher; das Blut in des Kaisers schwachen Gliedern kam immer schneller und schneller in Bewegung, und selbst der Tod horchte und sagte: »Fahre fort, kleine Nachtigall! Fahre fort!«

»Ja, aber willst du mir dafür den goldenen Säbel geben? Willst du mir die prächtige Fahne geben? Willst du mir des Kaisers Krone geben?«

Und für jedes Lied gab der Tod ein Kleinod; und die Nachtigall fuhr fort zu singen; sie sang von dem stillen Gottesacker, wo die weißen Rosen wachsen, wo der Flieder duftet, und wo das frische Gras von den Tränen der Überlebenden befeuchtet wird. Da bekam der Tod Sehnsucht nach seinem Garten und schwebte wie ein kalter, weißer Nebel aus dem Fenster.

»Dank, Dank!« sagte der Kaiser. »Du himmlischer, kleiner Vogel! Ich kenne dich wohl! Dich habe ich aus meinem Reich gejagt! Und doch hast du die bösen Gesichter von meinem Bett weggesungen, den Tod von meinem Herzen weggeschafft! Wie kann ich dir das lohnen?«

»Du hast mich belohnt!« sagte die Nachtigall. »Ich habe deinen Augen Tränen entlockt, als ich das erste Mal sang: das vergesse ich nie! Das sind Juwelen, die ein Sängerherz erfreuen! – Aber schlafe nun und werde wieder frisch und stark! Ich werde dir etwas vorsingen!«

Und sie sang – und der Kaiser fiel in einen süßen Schlummer. Ach! wie mild und wohltuend war der Schlaf!

Die Sonne schien durch die Fenster zu ihm herein, als er gestärkt und gesund erwachte. Noch keiner von seinen Dienern war zurückgekehrt, denn sie glaubten, er sei tot; nur die Nachtigall saß noch bei ihm und sang.

»Immer mußt du bei mir bleiben!« sagte der Kaiser. »Du sollst nun singen, wann du willst, und den Kunstvogel schlage ich in tausend Stücke.«

»Tu das nicht!« sagte die Nachtigall. »Der hat ja Gutes getan, so lange er

konnte! Behalte ihn, wie bisher! Ich kann mein Nest nicht im Schloß bauen, aber
laß mich kommen, wann ich selbst Lust habe: da will ich des Abends auf dem
Zweig dort beim Fenster sitzen und dir etwas vorsingen, damit du froh werden
kannst und gedankenvoll zugleich! Ich werde von den Glücklichen singen, und
von denen, die leiden! Ich werde vom Bösen und vom Guten singen, was rings
um dich verborgen bleibt! Der kleine Singvogel fliegt weit herum, zu dem armen
Fischer, zum Dach des Bauers, zu jedem, der von dir und deinem Hofe weit
entfernt ist! Ich liebe dein Herz mehr als deine Krone, und doch hat die Krone den
Hauch von etwas Heiligem um sich! – Ich komme, ich singe dir etwas vor! – Aber
eins mußt du mir versprechen.« –

»Alles!« sagte der Kaiser und stand da in seiner kaiserlichen Tracht, die er
selbst angelegt hatte, und drückte den Säbel, welcher von schwerem Gold war,
an sein Herz.

»Um eins bitte ich dich! Erzähle niemand, daß du einen kleinen Vogel hast,
der dir alles sagt; dann wird es noch besser gehen!«

Da flog die Nachtigall fort.

Die Diener kamen herein, um nach ihrem toten Kaiser zu sehen – ja, da
standen sie, und der Kaiser sagte: »Guten Morgen!«

Die Flasche

Irisches Volksmärchen

In den guten Tagen, da das stille Volk sich noch häufiger sehen ließ als jetzt in dieser ungläubigen Zeit, lebte ein Mann, Michael Purcell, der einige Acker schlechtes und unfruchtbares Land gepachtet hatte, in der Nachbarschaft der ehemals so berühmten Pfründe von Mourne, anderthalb Stunden von Mallow und sieben von Cork. Michael hatte Frau und Kinder, sie taten, was in ihren Kräften stand; das war freilich nicht viel, denn es war noch kein Kind so weit herangewachsen, daß es dem armen Manne bei seiner Arbeit helfen konnte, und die gute Frau besorgte die Kinder, melkte die Kuh, kochte Kartoffeln und trug die Eier nach Mallow; doch wie sie auch schafften, es war kaum genug, um die Pacht zu zahlen.

Sie schickten sich eine Zeitlang, so gut es gehen wollte, in die Umstände, doch zuletzt kam ein schlechtes Jahr, das bißchen Hafer verdarb, die Hühnchen verkümmerten, das Schwein magerte ab und wurde beinahe für nichts zu Mallow verkauft; und der arme Michael fand, daß er nicht genug hatte, um die Hälfte des Pachtgeldes zu zahlen, und zwei Termine war er schon schuldig.

»Was sollen wir nun anfangen, Marie?« fragte er.

»Was wir anfangen sollen?« antwortete sie. »Treib unsere Kuh auf den Markt nach Cork und verkaufe sie dort. Montag ist Markttag, da mußt du früh gehen, damit das arme Tier sich verschnauft, ehe es auf den Markt kommt.«

»Und was sollen wir anfangen, wenn sie fort ist?« sagte Mick bekümmert.

»Das weiß ich nicht, Michael, doch gewiß wird uns Gott nicht verlassen, und du weißt doch, wie gütig er gegen uns war, als der kleine William krank lag und wir gar nichts für ihn hatten? Der Doktor von Ballydahin, der sanfte, feine Mann, kam geritten und verlangte einen Trank Milch; er gab uns zwei Schillinge, schickte die Arzneien für das Kind und was es sonst nötig hatte und gab mir jedesmal etwas zu essen, wenn ich kam, ihn um Rat zu fragen, den er mir niemals versagte; er kam auch und sah nach dem Kind und hörte mit seinen Wohltaten nicht auf, bis es ganz gesund war.«

»Du denkst immer so, Marie, und ich glaube, du hast recht, darum will ich mir auch über den Verkauf der Kuh keine Sorgen machen. Ich will morgen gehen, du mußt aber Nadel und Zwirn nehmen und meinen Rock flicken, er ist unter dem Arm aufgerissen.«

Marie versicherte, daß sie alles in Ordnung bringen wollte. Den folgenden Tag schickte er sich an, und sie schärfte ihm beim Abschied ein, die Kuh nicht anders zu verkaufen als um den höchsten Preis. Michael versprach, es nicht zu vergessen, und machte sich auf den Weg. Er trieb die Kuh langsam durch den kleinen Fluß, der den Weg durchschneidet und unter den alten Mauern von Mourne hinrinnt. Als er vorbeikam, fielen seine Augen auf die Türme und einen von den alten Holunderstämmen, die damals wie kleine Gerten aussahen.

»Ja«, rief er aus, »hätte ich nur die Hälfte des Geldes, das unter euch begraben liegt, so brauchte ich die arme Kuh nicht dahin zu treiben! Ist's nicht ein Jammer, daß es unter der Erde ruht, während noch andere als ich es entbehren müssen! Nun, wenn's Gottes Wille ist, so komme ich mit etwas Geld in der Tasche zurück.«

Mit diesen Worten trieb er sein Vieh weiter. Es war ein schöner Tag, und die Sonne schien glänzend auf die Mauer der alten Abtei, als er daran vorbeikam. Der Weg führte über eine Reihe allmählich aufsteigender Berge, und nach drei Stunden gelangte er auf die Spitze der Anhöhe (die jetzt der Flaschenberg heißt, aber damals den Namen noch nicht führte), wo ihn jemand einholte. »Guten Morgen!« sagte der. »Guten Morgen!« antwortete Michael freundlich und sah sich nach dem Fremden um; es war ein kleines Männchen, daß man ihn einen Zwerg hätte nennen können, doch war er nicht ganz so klein. Er hatte ein altes, verschrumpftes, gelbliches Antlitz, das genau wie welker Blumenkohl aussah, dabei eine dünne kleine Nase, rote Augen und weiße Haare. Seine Lippen waren nicht rot, sondern sein ganzes Gesicht von einer Farbe, seine Augen ohne Ruhe, überall sich umschauend, und obgleich sie rot waren, so ward doch Michaels Herz eiskalt, wenn er sie ansah. Er hatte in der Tat wenig Gefallen an der Gesellschaft des Kleinen, und er konnte nicht das mindeste von seinen Beinen oder seinem Körper erblicken; das Männchen hatte sich, obgleich der Tag warm war, ganz in einen dicken, weiten Rock eingewickelt.

Michael trieb die Kuh ein wenig schneller, aber der Kleine hielt sich immer neben ihm. Er wußte nicht, auf welche Art er schritt, denn er fürchtete sich zu sehr, um sich nach ihm umzuschauen und wollte auch nicht das Kreuz über sich schlagen, denn er war bange, der alte Mann könnte zornig werden. Doch deuchte ihn, sein Reisegefährte ginge nicht wie ein anderer Mensch und setzte einen Fuß vor den anderen, sondern glitte nur über den rauhen Weg (und rauh genug war er) wie ein Schatten dahin, ohne Geräusch und ohne Anstrengung. Dem armen Michael zitterte das Herz im Leibe, er sagte ein Gebet für sich und wünschte, er wäre den Tag nicht ausgegangen, oder er wäre schon auf dem Markt, oder er brauchte die Kuh nicht zu hüten, damit er vor dem Gespenst fortlaufen könnte.

Mitten in diesen Ängsten ward er von seinem Gefährten angeredet: »Wohin wollt Ihr mit der Kuh, lieber Mann?«

»Nach dem Markt zu Cork«, antwortete Michael zitternd bei dem schnarrenden und schneidenden Ton der Stimme.

»Wollt Ihr sie verkaufen?« sagte der Fremde.

»Freilich treibe ich sie dahin, um sie zu verkaufen.«

»Wollt Ihr sie mir verkaufen?«

Michael fuhr erschrocken zurück, er fürchtete sich, mit dem Kleinen etwas zu tun zu haben und fürchtete sich noch mehr, nein zu sagen. Endlich sprach er: »Was wollt Ihr mir dafür geben?«

»Ich will Euch etwas sagen«, antwortete der Kleine, »ich gebe Euch diese Flasche dafür«; indem er eine Flasche unter dem Mantel hervorholte.

Michael schaute erst ihn und die Flasche an, dann mußte er, mitten in seiner Angst, in ein lautes Gelächter ausbrechen.

»Lacht nach Herzenslust«, sprach der Kleine, »aber ich sage Euch, diese Flasche ist mehr wert für Euch als alles Geld, das Ihr für die Kuh in Cork bekommt, ja tausendmal mehr.«

Michael lachte wieder: »Ihr denkt wohl«, sagte er, »ich wäre ein solcher Narr, daß ich meine gute Kuh für so eine Flasche hingäbe, die obendrein noch leer ist? Wahrhaftig, daraus wird nichts.«

»Ihr tut besser, wenn Ihr mir die Kuh gebt und die Flasche nehmt; Ihr braucht es Euch nicht leid sein zu lassen.«

»Aber Marie, was würde die sagen? Das würde kein Ende nehmen! Und wie sollte ich meine Pacht zahlen? Und was sollen wir anfangen ohne einen Heller Geld?«

»Ich versichere Euch, die Flasche ist besser als alles Geld, nehmt sie und gebt mir die Kuh. Jetzt sage ich es Euch zum letztenmal, Michael Purcell.«

Michael war bestürzt. »Wie hat er meinen Namen erfahren!« dachte er.

Der Fremde fuhr fort: »Michael Purcell, ich kenne Euch und habe Achtung vor Euch, darum folgt meinem Rat, oder Ihr werdet es bereuen. Wißt, Eure Kuh wird Euch hinfallen, ehe Ihr nach Cork kommt.«

Michael wollte eben sagen: »Das verhüte Gott!« Aber der Kleine setzte hinzu (und Michael war zu aufmerksam, um etwas zu sagen, das ihn schweigen gemacht hätte, und viel zu höflich, als jemand in der Rede zu unterbrechen): »Dann sollt Ihr wissen, es wird so viel Vieh auf dem Markt sein, daß Ihr zu einem geringen Preis losschlagen müßt, und vielleicht fallt Ihr, wenn Ihr nach Haus geht, noch Räubern in die Hände. Doch wozu sage ich Euch das alles, da Ihr doch entschlossen seid, Euer Glück von Euch zu stoßen!«

»O nein, Herr, mein Glück möchte ich nicht von mir stoßen«, sagte Michael, »und wäre ich gewiß, daß die Flasche so gut ist, als Ihr sagt, obgleich ich niemals großen Gefallen an einer leeren Flasche gehabt, wenn ich sie auch selbst ausgetrunken hatte, so wollte ich Euch die Kuh geben im Namen —«

»Bekümmert Euch nicht um Namen«, unterbrach ihn der Kleine, »sondern gebt mir die Kuh; ich habe Euch keine Unwahrheit gesagt, und wenn Ihr damit heimkommt, so tut genau, was ich Euch heißen werde.«

Michael zögerte.

»Wohlan«, sagte der Fremde, »guten Tag, Michael Purcell, ich kann nicht länger warten. Noch einmal, nehmt sie hin und seid reich; schlagt sie aus und bettelt für Euern Lebensunterhalt, seht Eure Kinder in Armut, Euer Weib sterbend vor Mangel, das wird Euer Schicksal sein, Michael Purcell.« Bei diesen Worten lächelte der Kleine boshaft, was seinen Anblick noch grauenhafter machte.

»Mag sein! Ist wohl wahr!« sagte Michael immer noch zaudernd und unschlüssig, was er tun sollte. Er konnte nicht anders, er mußte dem alten Manne glauben, und endlich, in einem Anfall von Verzweiflung, griff er nach der Flasche und sagte: »Nehmt die Kuh, und wenn Ihr mich belogen habt, so wird Euch der Fluch des Armen treffen.«

»Ich achte weder auf Euern Fluch noch auf Euern Segen, Michael Purcell, aber ich habe die Wahrheit gesprochen, das werdet Ihr noch heute abend erfahren, wenn Ihr tut, was ich Euch sage.«

»Was soll ich tun?« fragte Michael.

»Wenn Ihr heimkommt, so kümmert Euch nicht darum, daß Euer Weib ärgerlich ist, sondern bleibt selbst gelassen und heißt sie den Boden sauber kehren, setzt den Tisch zurecht und deckt ein reines Tuch darüber, dann stellt die Flasche auf den Boden und sprecht die Worte: ›Flasche, tue deine Schuldigkeit!‹, und Ihr werdet den Erfolg sehen.«

»Und das ist alles?« fragte Mick.

»Nichts weiter«, sagte der Kleine. »Guten Tag, Michael Purcell, Ihr seid ein reicher Mann.«

»Das gebe Gott!« sagte Michael, als der alte Mann die Kuh forttrieb und er wieder auf dem Heimweg war; doch konnte er nicht umhin, den Kopf umzudrehen und dem Käufer seiner Kuh nachzusehen, bis er ganz verschwunden war.

»Gott behüte und bewahre uns!« rief Michael. »Der gehört nicht dieser Welt an. Aber wo ist meine Kuh?« Sie war fort, und Michael ging heimwärts, Gebete vor sich hersagend und seine Flasche festhaltend.

»Was wollt ich anfangen«, dachte er, »wenn sie mir zerbräche, doch dafür will ich tun«, und er steckte sie vor seine Brust, besorgt über den Erfolg und in Zweifel über den Empfang, den er bei seiner Frau zu erwarten hatte. Während er Sorge und Erwartung, Furcht und Hoffnung gegeneinander abwog, erreichte er abends seine Hütte und überraschte seine Frau, die bei dem Torffeuer am Herde saß.

»Ei, Michael, du bist wieder da! Gewiß bist du nicht nach Cork gekommen? Sprich, was ist dir begegnet? Wo ist die Kuh? Hast du sie verkauft? Wieviel hast du dafür gelöst? Was gibt's Neues? Erzähl mir davon.«

»Willst du mir Zeit lassen, Marie, so will ich dir alles haarklein erzählen. Wo unsere Kuh ist, möchtest du gerne wissen; aber das kann ich dir nicht sagen, denn ich weiß am allerwenigsten, wo sie ist.«

»Was hast du dafür gelöst, Michael? Heraus mit dem Geld!«

»Etwas Geduld, Marie, und du sollst alles hören.«

»Aber was ist das für eine Flasche unter deiner Weste?« fragte Marie, die den hervorragenden Hals bemerkte.

»Nun sei vergnügt«, sagte Michael, »doch ich muß dir erst erzählen!«, und er stellte die Flasche auf den Tisch. »Das ist alles, was ich für die Kuh bekommen habe.«

Die arme Frau war wie vom Donner gerührt. »Alles, was du bekommen hast! Und wozu taugt das, Michael? So hätte ich doch mein Lebtag nicht gedacht, daß du ein solcher Narr bist. Wie willst du nun die Pacht bezahlen?«

»Willst du Vernunft annehmen, Marie?« sagte Michael, »so will ich dir erzählen, wie der alte Mann, oder wer es sonst war, mir begegnete, nein, er begegnete mir nicht, sondern er war da bei mir, oben auf dem Berg, und wie er mich dazu bewog, ihm die Kuh zu verkaufen, und mir sagte, diese Flasche wäre etwas für mich.«

»Wahrhaftig bloß für dich, du Narr!« sagte Marie und griff nach der Flasche, um sie ihrem armen Mann an den Kopf zu werfen. Aber Michael faßte sie geschwind, machte sie ganz gelassen (denn er erinnerte sich an den Befehl des Kleinen) von den Händen seiner Frau los und steckte sie wieder vor seine Brust.

Die arme Marie saß da und weinte, während ihr Michael seine Geschichte erzählte und sich dabei oft bekreuzigte und segnete. Indessen konnte sie nicht umhin, ihm Glauben beizumessen, zumal sie an Geister glaubte. Ohne ein Wort zu sprechen stand sie auf und fing an, den Boden mit einem Büschel Heidekraut zu kehren. Hierauf ordnete sie alles, setzte den langen Tisch zurecht und deckte ein reines Tuch, das einzige, das sie hatten, darüber her, und Michael stellte die Flasche auf die Erde und sprach: »Flasche, tue deine Schuldigkeit!«

»Dort! Dort! Mutter, sieh doch!« rief der älteste Knabe, ein pausbackiges Kind von fünf Jahren, und sprang an seiner Mutter Seite, als zwei winzige kleine Gestalten, wie Lichtstrahlen, aus der Flasche hervorstiegen und in einem Augenblick den Tisch mit silbernen und goldenen Schüsseln und Tellern besetzten, auf welchen die köstlichsten Speisen lagen, und sowie alles in Ordnung war, wieder in die Flasche hinabstiegen. Michael und seine Frau betrachteten alles mit höchstem Erstaunen, denn sie hatten solche Schüsseln und Teller ihr Lebtag nicht gesehen und glaubten, dergleichen könnte man nicht genug bewundern, so daß sie von dem bloßen Anschauen allen Hunger vergaßen. Endlich sagte Marie: »Komm, Michael, und setz dich nieder, versuch's und iß ein wenig, du mußt ja hungrig sein nach einem so guten Tagwerk.«

»Siehst du, der Mann hat keine Unwahrheit von der Flasche gesagt.«

Michael setzte sich und gab auch den Kindern ihren Platz an dem Tisch; sie

hielten eine herrliche Mahlzeit, und doch blieb die Hälfte der Schüsseln unange-
rührt.

»Mich soll doch wundern«, sagte Marie, »ob die guten, kleinen Herrn diese
kostbaren Sachen wieder wegnehmen werden!« Sie warteten, aber niemand kam.
Da hob Marie sorgfältig Schüssel und Teller auf und sprach: »Gewißlich, es war
keine Unwahrheit, du bist jetzt ein reicher Mann, Michael Purcell.«

Sie gingen alle zu Bett, doch nicht um zu schlafen, sondern um zu verabre-
den, wie sie diese köstlichen Dinge, deren sie nicht bedurften, zu Geld machen
wollten, um mehr Land zu übernehmen. Michael ging nach Cork, verkaufte seine
Goldschüsseln, erhandelte sich Wagen und Pferd und überlegte, wie er viel Geld
erwerben könnte. Sie gaben sich alle Mühe, die Flasche geheimzuhalten, doch
vergeblich; der Gutsherr brachte es heraus. Eines Tages kam er zu Michael und
fragte ihn, wie er zu all dem Geld gekommen sei, das er doch in keinem Falle
durch die Pacht gewonnen hätte; er quälte ihn so lange, bis Michael ihm endlich
von der Flasche sagte. Der Gutsherr bot viel Geld, doch dafür wollte sie Michael
nicht geben, bis er ihm zuletzt alles, was er jetzt in Pacht hatte, als Eigentum
anbot. Da dachte Michael, der reich genug war, nun bedürfe er des Geldes weiter
nicht mehr, und gab die Flasche hin.

Michael hatte sich verrechnet, er und die Seinigen verschleuderten das Geld, als wenn es kein Ende nehmen könnte, und um die Geschichte kurz zu machen, sie wurden immer ärmer, bis sie am Ende nichts mehr übrig hatten als eine Kuh, welche Michael abermals wieder vor sich hertrieb, um sie auf dem Markt zu Cork zu verkaufen, nicht ohne Hoffnung, dem kleinen Mann von neuem zu begegnen und eine andere Flasche zu erhalten. Der Tag brach an, als er sich von Haus aufmachte, und er ging einen guten Schritt, bis er zu der Höhe kam. Die Nebel schliefen noch in den Tälern und kräuselten sich in duftigen Kränzen auf der braunen Heide rings um ihn her. Die Sonne erhob sich zu seiner Linken, und vor seinen Füßen sprang eine Lerche aus ihrem Lager im Gras und stieg, ihren fröhlichen Morgengesang anstimmend, in den blauen Himmel hinauf.

Michael bekreuzigte sich, horchte auf den süßen Gesang der Lerche und mußte beständig an das alte, kleine Männchen denken. Da wurde er, gerade als er den Gipfel des Berges erreichte und seine Augen auf die weite Aussicht vor und hinter sich warf, von der wohlbekannten Stimme sowohl erschreckt als erfreut, die ihm zurief: »Nicht wahr, Michael Purcell, ich sagte dir, du würdest ein reicher Mann werden?«

»Gewiß, es war keine Lüge, Herr! Ich wünsche Euch einen guten Morgen, aber daß ich zur Zeit ein reicher Mann bin, kann ich nicht sagen. Habt Ihr eine andere Flasche? Ich bedarf ihrer so gut wie vordem. Habt Ihr sie, Herr, hier ist die Kuh dafür.«

»Und hier ist die Flasche«, sagte der Kleine und lächelte, »du weißt, was du damit zu tun hast.«

»Ach ja«, antwortete er, »ich will es schon recht machen.«

»Guten Tag, Herr«, rief Michael, als er sich auf den Heimweg begab, »gutes Glück Euch und gutes Glück dem hohen Berg, dem Flaschenberg, damit er einen Namen bekommt; guten Tag, Herr, guten Tag!« Damit eilte er, so schnell er konnte, zurück, ohne sich nur einmal nach dem Kleinen mit dem weißen Gesicht und der Kuh umzuschauen, nur besorgt, seine Flasche heimzubringen. Wohlbehalten langte er damit an, und sobald er Marie erblickte, rief er aus: »Ja, ich habe eine andere Flasche!«

»Tausend!« rief die Frau. »Hast du sie? Du bist ein Glückskind, Michael Purcell, ja das bist du!«

Sie brachte alles sogleich in Ordnung, und Michael, seine Flasche betrachtend, schrie in seiner Freude: »Flasche, tue deine Schuldigkeit!« In einem Augenblick sprangen zwei große, gewaltige Männer aus der Flasche mit dicken Knüt-

teln in den Händen, die den armen Michael, seine Frau und seine ganze Familie unbarmherzig bläuten, bis alles auf dem Boden lag, worauf sie in die Flasche zurückeilten. Michael, sobald er wieder zu Besinnung kam, stand auf und sah sich um. Er sann und sann. Endlich hob er Frau und Kinder in die Höhe und sprach: »Macht, daß ihr euch wieder erholt, so gut es geht«, nahm die Flasche unter den Mantel und begab sich zu seinem Gutsherrn.

Dort war große Gesellschaft, und Michael bat einen Bedienten, dem Herrn zu sagen, daß er ein paar Worte mit ihm zu sprechen wünsche. Endlich kam der Herr heraus und fragte: »Was bringt Ihr mir Neues, Michael?«

»Nichts, Herr, als daß ich eine andere Flasche habe.«

»Ei, ei! Ist sie auch so gut wie die erste?«

»Jawohl, Herr, noch besser. Wenn's Euch beliebt, so will ich sie Euch vor allen Herren und Damen zeigen.«

»Tretet nur herein«, sprach der Gutsherr, und Michael ward in den Saal geführt, wo er seine alte Flasche erblickte, die oben auf dem Sims stand. »Sieh da, sagte er zu sich selbst, »vielleicht habe ich dich in kurzem wieder!«

»Wohlan«, sagte der Gutsherr, »zeigt her Eure Flasche!« Michael setzte sie auf den Boden und sprach die Zauberworte. In einem Augenblick lag der Gutsherr darnieder, Damen und Herren, Bediente und wer sonst zugegen war rannten, schrien, wälzten sich, stießen mit den Füßen und heulten. Becher und Teller rollten nach allen Seiten hin, bis der Gutsherr endlich ausrief: »Bring diese zwei Teufel zur Ruhe, Michael Purcell, oder ich lasse dich aufhängen!«

»Nicht eher sollen sie aufhören«, sagte Michael, »als bis Ihr mir meine Flasche wiedergebt, die ich dort oben auf dem Sims sehe.«

»Holt sie ihm herab«, sagte der Herr, »ehe wir alle ermordet sind.«

Michael steckte die alte Flasche vor seine Brust, die Männer sprangen wieder in die neue hinein, und er trug sie beide heim. Was soll ich noch weiter erzählen, daß Michael reicher ward als zuvor, daß sein Sohn die Tochter des Gutsherrn heiratete, daß er und sein Weib in hohem Alter starben und bei ihrer Leichenfeier einige Diener in Streit gerieten und die Flaschen zerbrachen! Doch der Berg hat noch immer den Namen und wird wohl Flaschenberg heißen bis ans Ende der Welt.

Der Sack mit der Pest

Serbokroatisches Volksmärchen

Es lebte einmal in einer kleinen Hütte am Waldrand ein Mann mit seiner Frau. Obwohl er nur wenig verdiente, konnte er sich dennoch mit der Zeit einen ganzen Sack voll Geld sparen, wovon jedoch seine Frau nichts wußte. Als sie zufällig einmal den Sack entdeckte, sagte ihr Mann kurz entschlossen, darin sei die Pest. Um ihre Neugierde zu bannen, warnte er sie jedesmal, wenn er das Haus verließ, nicht an den Sack zu rühren, auf daß sie nicht an der Pest erkranke.

Eines Tages ging er wieder einmal weg, und die Frau blieb allein zu Hause.

Da kam ein Töpfer des Weges mit schönen, schwarzgebrannten Töpfen, die der Frau sehr gut gefielen, und die sie gern gekauft hätte; aber sie hatte kein Geld. Als sie so überlegte, was da zu machen sei, fiel ihr der Sack ein, und sie sagte zu dem Töpfer:

»Gib du mir einen schwarzen Topf, und ich gebe dir den Sack mit der Pest.« Der Töpfer war einverstanden. Da brachte das Weib auch schon den Sack. Er band ihn auf und guckte neugierig hinein, und da er das viele Geld sah, schenkte er ihr alle seine Töpfe, band den Sack auf sein Pferd und ging vergnügt von dannen.

Die Frau nahm die Töpfe und stellte sie sorgfältig einen neben den anderen auf das Regal in der Küche. Für den kleinsten Topf fand sich kein Platz mehr. Zuerst tat es ihr leid, dann aber brach sie in Zorn aus. Sie nahm einen Stock, schlug auf die Töpfe ein und schrie: »Macht dem kleinen Topf Platz!«

Sie schlug so lange, bis schließlich alle in Stücke gingen. Dann las sie die Scherben auf und warf sie in eine Pfütze vor der Haustür.

Als der Mann nach Hause kam, fragte er: »Was hast du denn da gemacht, liebe Frau?« Sie antwortete: »Ich habe endlich die Teufelspest an den Mann gebracht. Darüber habe ich mich schon lange geärgert. Ich habe den kleinen schwarzen Topf, der auf dem Regal steht, gegen die Pest eingetauscht. Die anderen habe ich gleich in die Pfütze vor der Haustür geworfen. Jetzt ist es wenigstens schön trocken vor unserer Tür.«

Der Mann erwiderte ganz aufgeregt:

»Du bist wohl nicht ganz bei Sinnen! Wenn du zwei Hörner hättest, könnte man dich auf die Weide treiben! In dem Sack war doch Geld. Schönes, blankes, bares Geld für böse, schwarze Tage! Ich will sogleich aufbrechen und in die Welt ziehen, und so ich einen noch größeren Tropf finde, als du es bist, will ich umkehren und dir verzeihen; finde ich aber keinen, so werde ich dich grün und blau schlagen.«

Und so ging er fort. Er war noch nicht weit gekommen, da stieß er auf drei Brüder, die ein Haus bauten. Sie bestrichen einen Balken mit Butter.

»Was treibt ihr denn da?« fragte sie der Mann. Die Brüder antworteten: »Dieser Balken hier ist zu kurz. Er reicht nicht von einer Mauer zur andern. Nun haben wir ihn mit Butter eingeschmiert und versuchen ihn zu strecken.«

Da nahm der Mann einen zweiten Balken, nagelte ihn kundig an den ersten, und nun hatten die Brüder, was sie brauchten.

»Fürwahr, diese drei Brüder sind noch größere Toren als meine Frau«, sprach der Mann so vor sich hin. Dabei erinnerte er sich seines Versprechens und kehrte um. Er schlug aber einen anderen Weg nach Hause ein. Schon vor dem nächsten Bauernhof blieb er stehen und schüttelte den Kopf. Er mußte zusehen, wie mehrere Männer sich anschickten, Nüsse mit Heugabeln auf den Dachboden zu bringen. Da belehrte er auch diese armen Geister und ging weiter. Jedoch die Nacht überraschte ihn, und er mußte in einem Haus gleich an der Landstraße um ein Nachtlager bitten.

In der Stube war es schon recht dunkel, als er eintrat. Erstaunt hielt er inne. Die Leute in der Stube schlugen mit allerlei Sachen um sich und wedelten so als wollten sie etwas verscheuchen.

»Was soll das heißen?« fragte der Gast. Der Älteste erwiderte:

»Wir verscheuchen die Finsternis und machen Tag, auf daß es hell wird.«

Da entfachte der Gast das Herdfeuer, steckte einen Kienspan an und sagte: »So macht man es, wenn es dunkel wird. Der Tag kommt dagegen von selbst!«

Nun hatte er genug von der Welt gesehen. Überall fand er nur noch größere Toren als seine Frau. Er gab es auf, diese zu belehren. Als er aber am nächsten Tag nach Hause kam und seine Frau wiedersah, stieg der alte Zorn in ihm hoch. Um sie zu erschrecken, sagte er: »Hör, Frau! Man spricht davon, daß von nun an auch die Weiber als Soldaten eingezogen werden sollen. Willst du, daß ich dich verstecke, damit man dich nicht findet?«

Sie war sogleich einverstanden. Da führte er sie in den Wald, hob ein tiefes Loch aus und versteckte sie darin. Von oben verdeckte er es mit Ästen, so daß sie atmen konnte. Dann überließ er sie ihrer Angst.

Kaum war der Mann weg, da erschienen Räuber, die einen Sack Geld dorthin brachten, wo die Frau versteckt war. Es war derselbe Sack, den sie tags zuvor dem Töpfer geraubt hatten, als jener singend durch den Wald gezogen war. Die Räuber fühlten sich sicher, und so schnallte einer von ihnen seinen breiten Ledergurt ab und legte ihn auf das Astwerk über das Loch, in dem die Frau war. Nun begannen sie darauf das gestohlene Geld zu zählen. Die Frau darunter hielt den Atem an. Schließlich konnte sie es nicht länger aushalten, und da es zudem im Loch recht kühl war, stieg ihr Atem wie Dampfwolken durch das Geäst empor.

Den Räubern erstarrte das Blut in den Adern, denn sie glaubten, das Geld finge an zu brennen, und rannten davon. Da stieg die Frau aus dem Versteck heraus, raffte das Geld zusammen, legte es in den Sack und trug ihn zu ihrem Mann nach Hause.

»Hier hast du deine Pest wieder«, sagte sie.

Wie freute sich da der Mann! Und da die Frau fortan nicht mehr so einfältig war wie bisher, lebten sie ganz glücklich.

Seltsamer Spazierritt

Johann Peter Hebel

Ein Mann reitet auf seinem Esel nach Haus und läßt seinen Buben zu Fuß nebenher laufen. Kommt ein Wanderer und sagt: »Das ist nicht recht, Vater, daß Ihr reitet, und laßt Euren Sohn laufen; Ihr habt stärkere Glieder.« Da stieg der Vater vom Esel herab und ließ den Sohn reiten. Kommt wieder ein Wandersmann und sagt: »Das ist nicht recht, Bursche, daß du reitest, und lässest deinen Vater zu Fuß gehen. Du hast jüngere Beine.« Da saßen beide auf und ritten eine Strecke. Kommt ein dritter Wandersmann und sagt: »Was ist das für ein Unverstand: Zwei Kerle auf *einem* schwachen Tiere; sollte man nicht einen Stock nehmen und euch beide hinabjagen?« Da stiegen beide ab und gingen selbdritt zu Fuß, rechts der Vater und links der Sohn und in der Mitte der Esel. Kommt ein vierter Wandersmann und sagt: »Ihr seid drei kuriose Gesellen. Ist's nicht genug, wenn zwei zu Fuß gehen? Geht's nicht leichter, wenn *einer* von euch reitet?« Da band der Vater dem Esel die vorderen Beine zusammen, und der Sohn band ihm die hinteren Beine zusammen, sie zogen einen starken Baumpfahl durch, der an der Straße stand, und trugen den Esel auf der Achsel heim.

So weit kann's kommen, wenn man es allen Leuten will recht machen.

Fingerhütchen

Irisches Volksmärchen

Es war einmal ein armer Mann, der lebte in dem fruchtbaren Tale von Acherlow an dem Fuße des finstern Galti-Berges. Er hatte einen großen Höcker auf dem Rücken, und es sah gerade aus, als wäre sein Leib heraufgeschoben und auf seine Schultern gelegt worden. Von der Wucht war ihm der Kopf so tief herabgedrückt, daß, wenn er saß, sein Kinn sich auf seine Knie zu stützen pflegte. Die Leute in der Gegend hatten Scheu, ihm an einem einsamen Orte zu begegnen, und doch war das arme Männchen so harmlos und friedliebend wie ein neugeborenes Kind. Aber seine Ungestaltheit war so groß, daß er kaum wie ein menschliches Geschöpf aussah, und boshafte Leute hatten seltsame Geschichten von ihm verbreitet. Man erzählte sich, er besitze große Kenntnis der Kräuter und Zaubermittel, aber gewiß ist, daß er eine geschickte Hand hatte, Hüte und Körbe aus Stroh und Binsen zu flechten, und auf diese Weise erwarb er sich auch sein Brot.

Fingerhütchen war sein Spottname, weil er allzeit auf seinem kleinen Hut einen Zweig von dem roten Fingerhut oder dem Elfenkäppchen trug. Für seine geflochtenen Arbeiten erhielt er einen Groschen mehr als andere, und aus Neid darüber mögen einige wohl die wunderlichen Geschichten von ihm in Umlauf gebracht haben. Damit verhalte es sich nun, wie es wolle, genug, es trug sich zu, daß Fingerhütchen eines Abends von der Stadt Cahir nach Cappagh ging, und da er wegen des lästigen Höckers auf dem Rücken nur langsam fortkonnte, so war es schon dunkel, als er an das alte Hünengrab von Knockgrafton kam, welches rechter Hand an dem Wege liegt. Müde und ermattet, niedergeschlagen durch die Betrachtung, daß noch ein gutes Stück Weg vor ihm liege und er die ganze Nacht hindurch wandern müsse, setzte er sich unter den Grabhügel, um ein wenig auszuruhen, und sah ganz betrübt den Mond an, der eben silberrein aufstieg.

Auf einmal drang eine fremdartige, unterirdische Musik zu den Ohren des armen Fingerhütchens. Er lauschte, und ihm deuchte, als habe er noch nie so etwas Entzückendes gehört. Es war wie der Klang vieler Stimmen, deren jede zu der anderen sich fügte und wunderbar einmischte, so daß es nur eine einzige zu sein schien, während doch jede einen besonderen Ton hielt. Die Worte des Gesangs waren diese: »Da Luan, Da Mort, Da Luan, Da Mort, Da Luan, Da Mort.« Danach kam eine kleine Pause, worauf die Musik wieder von vorne anfing.

Fingerhütchen horchte aufmerksam und getraute sich kaum, Atem zu schöpfen, damit ihm nicht der geringste Ton verlorenginge. Er merkte nun deutlich, daß der Gesang mitten aus dem Grabhügel kam, und obgleich anfangs auf das höchste davon erfreut, ward er es doch endlich müde, denselben Rund-

gesang in einem fort, ohne Abwechslung, anzuhören. Als abermals »Da Luan, Da Mort« dreimal gesungen war, benutzte er die kleine Pause, nahm die Melodie auf und führte sie weiter mit den Worten: »Augus Da Cadine!« dann fiel er mit den Stimmen in dem Hügel ein, sang »Da Luan, Da Mort«, endigte aber bei der Pause mit seinen »Augus Da Cadine«.

Die Kleinen in dem Hügel, als sie den Zusatz zu ihrem Geistergesang vernahmen, ergötzten sich außerordentlich daran und beschlossen, sogleich das Menschenkind hinunter zu holen, dessen musikalische Geschicklichkeit die ihrige so weit übertraf, und Fingerhütchen ward mit der kreisenden Schnelligkeit des Wirbelwindes zu ihnen getragen.

Das war eine Pracht, die ihm in die Augen leuchtete, als er in den Hügel hinabkam, rund umher schwebend, leicht wie ein Strohhälmchen! Und die lieblichste Musik hielt ordentlich Takt bei seiner Fahrt. Die größte Ehre wurde ihm aber erzeigt, als sie ihn über alle die Spielleute setzten. Er hatte Diener, die ihm aufwarten mußten, alles, was sein Herz begehrte, wurde erfüllt, und er sah, wie gern ihn die Kleinen hatten; kurz, er wurde nicht anders behandelt, als wenn er der erste Mann im Lande gewesen wäre.

Darauf bemerkte Fingerhütchen, daß sie die Köpfe zusammensteckten und miteinander beratschlagten, und so sehr ihm auch ihre Artigkeit gefiel, so fing er doch an sich zu fürchten. Da trat einer der Kleinen zu ihm hervor und sagte:

»Fingerhut, Fingerhut!
Faß dir frischen Mut!
Lustig und munter,
dein Höcker fällt runter,
siehst ihn liegen, dir geht's gut,
Fingerhut, Fingerhut!«

Kaum waren die Worte zu Ende, so fühlte sich das Fingerhütchen so leicht, so selig, daß es wohl in einem Satz über den Mond weggesprungen wäre wie die Kuh in dem Märchen von der Katze und der Geige. Er sah mit der größten Freude von der Welt den Höcker von seinen Schultern herab auf den Boden rollen. Er versuchte darauf, ob er seinen Kopf in die Höhe heben könnte, tat es aber mit Vorsicht und Verstand, aus Furcht, er möchte ihn an dem Tafelwerk der großen Halle einstoßen. Dann aber schaute er rings herum mit der größten Bewunderung und ergötzte sich an all den Dingen, die ihm immer schöner vorkamen. Zuletzt war er so überwältigt von der Betrachtung des glänzenden Aufenthalts, daß ihm der Kopf schwindelte, die Augen geblendet wurden und er in einen tiefen Schlaf fiel.

Bei seinem Erwachen war es voller Tag geworden. Die Sonne schien hell, die Vögel sangen, und er lag gerade an dem Fuße des Riesenhügels, während Kühe und Schafe friedlich um ihn her weideten. Nachdem Fingerhütchen sein Gebet gesagt hatte, war sein erstes Geschäft, mit der Hand nach seinem Höcker zu greifen, aber es war auf dem Rücken keine Spur davon zu finden, und er betrachtete sich nicht ohne Stolz, denn aus ihm war ein wohlgebildeter, behender Bursche geworden, und, was keine Kleinigkeit schien, er sah sich von Kopf bis zu Füßen in neuen Kleidern und merkte wohl, daß die Geister ihm diesen Anzug besorgt hatten.

Nun machte er sich auf den Weg nach Cappagh, er ging so tapfer daher und sprang bei jedem Schritte, als wenn er es sein Lebtag nicht anders gewohnt gewesen wäre. Niemand, der ihm begegnete, erkannte Fingerhütchen ohne den Höcker, und er hatte große Mühe, die Leute zu überreden, daß er es wirklich wäre, und in der Tat, seinem Aussehen nach war er es auch nicht mehr.

Wie es aber zu gehen pflegt, die Geschichte von Fingerhütchens Höcker wurde überall bekannt und viel Wesens davon gemacht. Meilenweit in der Gegend redete jedermann, vornehm oder gering, von nichts als von dieser Begebenheit.

Eines Morgens saß Fingerhütchen an seiner Haustüre und war guter Dinge. Da trat eine alte Frau zu ihm und sagte: »Zeigt mir doch den Weg nach Cappagh.«

»Ist nicht nötig, liebe Frau«, antwortete er, »denn das ist hier Cappagh, aber wo kommt Ihr her?«

»Ich komme aus der Gegend von Decie in der Grafschaft Waterford und suche einen Mann, der Fingerhütchen genannt wird und dem die Elfen einen Höcker von der Schulter genommen haben sollen. Da ist der Sohn meiner Gevatterin, der hat einen Höcker auf sich sitzen, der ihn noch totdrücken wird; vielleicht würde er davon erlöst, wenn er wie Fingerhütchen ein Zaubermittel anwenden könnte. Nun stellt Ihr Euch leicht vor, warum ich so weit hergekommen bin, ich möchte, wenn's möglich wäre, etwas von dem Zaubermittel erfahren.«

Fingerhütchen, das immer gutmütig gewesen war, erzählte der alten Frau den Hergang ganz umständlich, wie es den Gesang der Elfen in dem Grabhügel fortgeführt, wie sie den Höcker von seinen Schultern weggenommen und wie sie ihm einen neuen Anzug von Kopf bis zu Füßen noch obendrein gegeben hätten.

Die alte Frau dankte tausendmal und machte sich wieder auf den Heimweg, zufriedengestellt und ganz glücklich in ihren Gedanken. Als sie bei ihrer Gevatterin in der Grafschaft Waterford angelangt war, erzählte sie genau, was sie von Fingerhütchen erfahren hatte. Danach setzte sie den kleinen buckligen Kerl, der sein Leben lang ein heimtückisches, hämisches Herz gehabt hatte, auf einen Wagen und zog ihn fort. Es war ein langer Weg. »Aber was tut das«, dachte sie, »wenn er nur den Höcker los wird.« Eben als die Nacht hereinbrach, langte sie bei dem Riesenhügel an und legte ihn dabei nieder.

John Madden, denn das war der Name des Buckligen, hatte noch gar nicht lange gesessen, so hub schon die Musik in dem Hügel an, noch viel lieblicher als je, denn die Elfen sangen ihr Lied mit dem Zusatz, den sie von Fingerhütchen gelernt hatten: »Da Luan, Da Mort, Da Luan, Da Mort, Da Luan, Da Mort, augus Da Cadine«, ohne Unterbrechung. Hans, der nur geschwind seinen Höcker los sein wollte, wartete nicht, bis die Elfen mit ihrem Gesang fertig waren, noch achtete er auf einen schicklichen Augenblick, um die Melodie weiter als Fingerhütchen fortzuführen, sondern als sie ihr Lied mehr als siebenmal in einem fort gesungen hatten, so schrie er ohne Rücksicht auf Takt und Weise der Melodie, und wie er seine Worte passend anbringen könnte, aus vollem Halse: »Augus Da Dardine, augus Da Hena«, und dachte: »War ein Zusatz gut, so sind zwei noch besser, und hat Fingerhütchen einen neuen Anzug erhalten, so werden sie mir wohl zwei geben.«

Kaum waren aber die Worte über seine Lippen gekommen, so ward er aufgehoben und mit wunderbarer Gewalt in den Hügel hineingetragen. Hier umringten ihn die Elfen, waren sehr böse, und schreiend und kreischend riefen sie: »Wer hat unsern Gesang geschändet? Wer hat unsern Gesang geschändet?« Einer trat hervor und sprach zu ihm:

»John Madden, John Madden!
deine Worte schlecht klangen,
so lieblich wir sangen!
Hier bist du gefangen,
was wirst du erlangen?
Zwei Höcker für einen! John Madden!«

Und zwanzig von den stärksten Elfen schleppten Fingerhütchens Höcker herbei und setzten ihn oben auf den Buckel des unglückseligen John Madden, und da saß er so fest, als wenn er mit Zwölfpfennigsnägeln von dem besten Zimmermann, der je Nägel eingeschlagen hat, aufgenagelt wäre. Danach stießen sie ihn mit den Füßen aus ihrer Wohnung, und am Morgen, als John Maddens Mutter und ihre Gevatterin kamen, nach dem kleinen Kerl zu sehen, so fanden sie ihn an dem Fuß des Hügels liegen, halbtot mit einem zweiten Höcker auf seinem Rücken. Sie betrachteten ihn eine nach der andern, aber es blieb dabei; am Ende ward ihnen angst, es könnte ihnen auch ein Höcker auf den Rücken gesetzt werden. Sie brachten den armseligen John wieder heim, so betrübt im Herzen und so jämmerlich anzusehen als je ein paar alte Weiber. John, durch das Gewicht des zweiten Höckers und die lange Fahrt erschöpft, starb bald hernach, indem er jedem eine schwere Verwünschung hinterließ, der auf den Gesang der Elfen horchen wollte.

Die Hexe
mit den Hufeisen
Serbokroatisches Volksmärchen

Es war einmal ein Schmied, der hatte zwei Gesellen, zwei verläßliche Burschen; wenn die beiden in der Schmiede auf einem Eisen hämmerten, zitterten Stock und Amboß und der Boden unter ihnen und die ganze Schmiede, wie die Wassermühle bebt, wenn Mais gemahlen wird. Die Gesellen schliefen zusammen in einem Bett, der eine am äußeren Rand, der andere an der Wand. Es dauerte nicht lange bis der Gesell, der am Rand schlief, anfing zu kränkeln und einzutrocknen. Vorher war er rot und voll im Gesicht, daß, wenn man ihn auf die eine Backe schlug, die andere hätte platzen mögen, und jetzt! als wenn ihn das Fieber schüttelte. Sein Freund fragte ihn: »Was hast du, daß du so kränkelst und eintrocknest?« – »Ach, mein Freund«, antwortete er, »mit mir steht es schlecht, ich bin ganz übel dran, wie kaum ein Mensch auf Erden. Ich mag dir's nicht sagen, was und wie mir ist, du wirst mir nicht glauben.« – »Aber Freund, sag's mir doch, mag es sein, was es will; ich werde dich an niemand verraten, Bruder, und wenn du die Pest hast, darauf geb ich dir mein Wort. Ich frage dich, weil du mir leid tust; du schwindest hin und verfällst. Du bist schon gar nicht mehr du selbst; wer dich früher gekannt hat, kann dich nicht wiedererkennen, und mit jedem Tag wird es schlimmer.« Der andere schwieg und wollte nicht reden, aber sein Freund fragte wieder: »Reitet dich vielleicht der Mahr?« – »Noch schlimmer, als wenn mich der Mahr ritte. Ich will es dir sagen, Freund, aber laß es unter uns; ich möchte nicht, daß mich die Weiber auf der Straße durchhecheln.« – »Von mir hast du nichts zu befürchten«, sagte der Freund.

»Weißt du was? Unsere Frau Meisterin ist eine Hexe. Fast jede Nacht kommt sie mit ihrem Teufelszaum an unser Bett, und wenn wir eingeschlafen sind, schwippt sie mich mit dem Zaum, ich stehe auf, werde zum Pferd, und sie zäumt, sattelt und besteigt mich, und fort geht es zu dem Berg Arsanj. An mir fällt weißer und blutiger Schaum herab, so komme ich in Schweiß, während sie mich grausam jagt und über Feld und Gebirge reitet. Wenn sie auf dem Berg Arsanj angekommen ist, bindet sie mich an eine Eiche, geht dann unter die Vilen und Hexen zum Schmause, und vor Tagesanbruch besteigt sie mich wieder, reitet auf mir nach Hause zurück, und ich bade wieder in blutigem Schweiß. Wenn sie so auf mir nach Hause geritten ist, streift sie mir den Zaum vom Kopf, ich werde wieder Mensch und lege mich ganz erschöpft und gebrochen ins Bett. Das ist die Ursache, warum ich krank bin.« – »Kommt denn die Hexe jede Nacht?« fragte der andre Gesell. »Um Neumond jede Nacht, eine Woche lang, und sonst dann und wann.« – »Gut«, erwiderte der andere, »von jetzt an will ich am äußeren Bettrand schlafen und du schläfst an der Wand, da will ich mich einmal mit unserer Meisterin, der Hexe, balgen.« So geschah es; es war gerade an einem Freitag nach Neumond; die Gesellen wechselten ihre Bettlage, der Kränkliche legte sich an die Wand, der Gesunde an den Rand.

Als alles im Hause eingeschlafen war, stellte sich auch der gesunde Gesell, als ob er schliefe. Die Tür der Stube, wo die Gesellen und die Lehrjungen schliefen, ging auf, und die Meisterin trat ein, in der rechten Hand eine Peitsche, in der

linken den Zaum. Sie ging gerade auf das Bett zu, wo die Gesellen schliefen und hob den Zaum hoch, um dem, der am Bettrand lag, einen Schlag zu versetzen. Der aber war wach, sprang wie die Katze auf die Maus, packte die Hexe an den Armen und riß ihr Peitsche und Zaum aus den Händen; dann gab er ihr mit Peitsche und Zaum einen Hieb über die Schultern, und sie wurde sogleich zu einer Stute. Der Gesell zäumte sie, führte sie aus der Stube auf die Straße, stieg auf, und nun ging's im Galopp die Landstraße entlang bis zum Wald. Auf einem anderen, noch längeren Weg kehrte er zurück und spornte die Stute, daß sie ganz in Schweiß geriet. So jagte er mit ihr über Feld um das Dorf, bis die Morgenröte anbrach, dann ritt er zur Schmiede, band dort die Stute an einen Mauerring und weckte seinen Freund. Der Meister war gerade nicht zu Hause. Die Gesellen öffneten nun die Schmiede, machten Feuer an, schmiedeten vier Hufeisen und beschlugen die Stute an allen vier Füßen; dann führten sie sie auf den Hof, streiften ihr den Zaum ab, und die Stute wurde wieder zur Frau.

Die Meisterin lief nun in ihre Stube und legte sich zu Bett; ein heftiges Fieber befiel sie, und sie wurde todkrank. Als der Schmied nach Hause kam, hatte er einen Anblick: seine Frau an Händen und Füßen mit Hufeisen beschlagen! Er fragte sie: »Um Gottes willen, Frau, was ist mit dir?« – »Ich weiß nicht«, antwortete sie, »gestern abend legte ich mich frisch und gesund nieder, aber vor Tag wachte ich vor Schmerz auf, und da siehst du, was mich befallen hat; der Teufel muß mich wohl beschlagen haben.« – »Bei Gott Frau«, sagte der Schmied, »wir müssen stillschweigen und unser Unglück geheimhalten, wir dürfen keinem diesen wunderlichen Unfall erzählen; sowas hat ja nie ein Mensch gehört oder gesehen.« Dann zog der Schmied mit großer Mühe seiner Frau die Hufeisen von Händen und Füßen ab.

Die Schmiedsfrau war lange krank, und als sie sich etwas erholt hatte, war ihr erstes, daß sie den Vilenzaum und die Peitsche nahm und sie, ohne daß es jemand merkte, im Ofen verbrannte. Niemals spielte sie wieder Hexe. Der kranke Schmiedegesell wurde wieder gesund, und wie früher bekam er ein rotes und volles Gesicht, daß, wenn ihn einer auf die eine Backe schlug, die andere hätte platzen mögen.

Hänsel und Gretel

Brüder Grimm

Vor einem großen Walde wohnte ein armer Holzhacker mit seiner Frau und seinen zwei Kindern; das Bübchen hieß Hänsel und das Mädchen Gretel. Er hatte wenig zu beißen und zu brechen, und einmal, als große Teuerung ins Land kam, konnte er auch das tägliche Brot nicht mehr schaffen. Wie er sich nun abends im Bette Gedanken machte und sich vor Sorgen herumwälzte, seufzte er und sprach zu seiner Frau »was soll aus uns werden? wie können wir unsere armen Kinder ernähren, da wir für uns selbst nichts mehr haben?« – »Weißt du was, Mann«, antwortete die Frau, »wir wollen morgen in aller Frühe die Kinder hinaus in den Wald führen, wo er am dicksten ist: da machen wir ihnen ein Feuer an und geben jedem noch ein Stückchen Brot, dann gehen wir an unsere Arbeit und lassen sie allein. Sie finden den Weg nicht wieder nach Haus, und wir sind sie los.« – »Nein, Frau«, sagte der Mann, »das tue ich nicht; wie sollt ich's über's Herz bringen, meine Kinder im Walde allein zu lassen, die wilden Tiere würden bald kommen und sie zerreißen.« – »O du Narr«, sagte sie, »dann müssen wir alle viere Hungers sterben, du kannst nur die Bretter für die Särge hobeln«, und ließ ihm keine Ruhe, bis er einwilligte. »Aber die armen Kinder dauern mich doch«, sagte der Mann.

Die zwei Kinder hatten vor Hunger auch nicht einschlafen können und hatten gehört, was die Stiefmutter zum Vater gesagt hatte. Gretel weinte bittere Tränen und sprach zu Hänsel »nun ist's um uns geschehen.« – »Still, Gretel«, sprach Hänsel, »gräme dich nicht, ich will uns schon helfen.« Und als die Alten eingeschlafen waren, stand er auf, zog sein Röcklein an, machte die Untertüre auf und schlich sich hinaus. Da schien der Mond ganz helle, und die weißen Kieselsteine, die vor dem Haus lagen, glänzten wie lauter Batzen. Hänsel bückte sich und steckte so viel in sein Rocktäschlein, als nur hinein wollten. Dann ging er wieder zurück, sprach zu Gretel »sei getrost, liebes Schwesterchen, und schlaf nur ruhig ein, Gott wird uns nicht verlassen«, und legte sich wieder in sein Bett.

Als der Tag anbrach, noch ehe die Sonne aufgegangen war, kam schon die Frau und weckte die beiden Kinder, »steht auf, ihr Faulenzer, wir wollen in den Wald gehen und Holz holen.« Dann gab sie jedem ein Stückchen Brot und sprach »da habt ihr etwas für den Mittag, aber eßt's nicht vorher auf, weiter kriegt ihr nichts.« Gretel nahm das Brot unter die Schürze, weil Hänsel die Steine in der Tasche hatte. Danach machten sie sich alle zusammen auf den Weg nach dem Wald. Als sie ein Weilchen gegangen waren, stand Hänsel still und guckte nach dem Haus zurück und tat das wieder und immer wieder. Der Vater sprach »Hänsel, was guckst du da und bleibst zurück, hab acht und vergiß deine Beine nicht.« – »Ach, Vater«, sagte Hänsel, »ich sehe nach meinem weißen Kätzchen, das sitzt oben auf dem Dach und will mir Ade sagen.« Die Frau sprach »Narr, das ist dein Kätzchen nicht, das ist die Morgensonne, die auf den Schornstein scheint.« Hänsel aber hatte nicht nach dem Kätzchen gesehen, sondern immer einen von den blanken Kieselsteinen aus seiner Tasche auf den Weg geworfen.

Als sie mitten in den Wald gekommen waren, sprach der Vater »nun sammelt Holz, ihr Kinder, ich will ein Feuer anmachen, damit ihr nicht friert.« Hänsel und Gretel trugen Reisig zusammen, einen kleinen Berg hoch. Das Reisig ward angezündet, und als die Flamme recht hoch brannte, sagte die Frau »nun legt euch ans Feuer, ihr Kinder, und ruht euch aus, wir gehen in den Wald und hauen Holz. Wenn wir fertig sind, kommen wir wieder und holen euch ab.«

Hänsel und Gretel saßen am Feuer, und als der Mittag kam, aß jedes sein Stücklein Brot. Und weil sie die Schläge der Holzaxt hörten, so glaubten sie, ihr Vater wäre in der Nähe. Es war aber nicht die Holzaxt, es war ein Ast, den er an

einen dürren Baum gebunden hatte, und den der Wind hin- und herschlug. Und als sie so lange gesessen hatten, fielen ihnen die Augen vor Müdigkeit zu, und sie schliefen fest ein. Als sie endlich erwachten, war es schon finstere Nacht. Gretel fing an zu weinen und sprach »wie sollen wir nun aus dem Wald kommen!« Hänsel aber tröstete sie, »wart nur ein Weilchen, bis der Mond aufgegangen ist, dann wollen wir den Weg schon finden.« Und als der volle Mond aufgestiegen war, so nahm Hänsel sein Schwesterchen an der Hand und ging den Kieselsteinen nach, die schimmerten wie neu geschlagene Batzen und zeigten ihnen den Weg. Sie gingen die ganze Nacht hindurch und kamen bei anbrechendem Tag wieder zu ihres Vaters Haus. Sie klopften an die Tür, und als die Frau aufmachte und sah, daß es Hänsel und Gretel war, sprach sie »ihr bösen Kinder, was habt ihr so lange im Walde geschlafen, wir haben geglaubt, ihr wolltet gar nicht wiederkommen.« Der Vater aber freute sich, denn es war ihm zu Herzen gegangen, daß er sie so allein zurückgelassen hatte.

Nicht lange danach war wieder Not in allen Ecken, und die Kinder hörten, wie die Mutter nachts im Bette zu dem Vater sprach »alles ist wieder aufgezehrt, wir haben noch einen halben Laib Brot, hernach hat das Lied ein Ende. Die Kinder müssen fort, wir wollen sie tiefer in den Wald hineinführen, damit sie den Weg nicht wieder herausfinden; es ist sonst keine Rettung für uns.« Dem Mann fiel's schwer aufs Herz und er dachte »es wäre besser, daß du den letzten Bissen mit deinen Kindern teiltest.« Aber die Frau hörte auf nichts, was er sagte, schalt ihn und machte ihm Vorwürfe. Wer A sagt, muß auch B sagen, und weil er das erste Mal nachgegeben hatte, so mußte er es auch zum zweitenmal.

Die Kinder waren aber noch wach gewesen und hatten das Gespräch mitangehört. Als die Alten schliefen, stand Hänsel wieder auf, wollte hinaus und Kieselsteine auflesen wie das vorige Mal, aber die Frau hatte die Tür verschlossen, und Hänsel konnte nicht heraus. Aber er tröstete sein Schwesterchen und sprach »weine nicht, Gretel, und schlaf nur ruhig, der liebe Gott wird uns schon helfen.«

Am frühen Morgen kam die Frau und holte die Kinder aus dem Bette. Sie erhielten ihr Stückchen Brot, das war aber noch kleiner als das vorige Mal. Auf dem Wege in den Wald bröckelte es Hänsel in der Tasche, stand oft still und warf ein Bröcklein auf die Erde. »Hänsel, was stehst du und guckst dich um«, sagte der Vater, »geh deiner Wege.« – »Ich sehe nach meinem Täubchen, das sitzt auf dem Dache und will mir Ade sagen«, antwortete Hänsel. »Narr«, sagte die Frau, »das ist dein Täubchen nicht, das ist die Morgensonne, die auf den Schornstein oben scheint.« Hänsel aber warf nach und nach alle Bröcklein auf den Weg.

Die Frau führte die Kinder noch tiefer in den Wald, wo sie ihr Lebtag noch nicht gewesen waren. Da ward wieder ein großes Feuer angemacht, und die Mutter sagte »bleibt nur da sitzen, ihr Kinder, und wenn ihr müde seid, könnt ihr ein wenig schlafen: wir gehen in den Wald und hauen Holz, und abends, wenn wir fertig sind, kommen wir und holen euch ab.« Als es Mittag war, teilte Gretel ihr Brot mit Hänsel, der sein Stück auf den Weg gestreut hatte. Dann schliefen sie ein, und der Abend verging, aber niemand kam zu den armen Kindern. Sie erwachten erst in der finsteren Nacht, und Hänsel tröstete sein Schwesterchen und sagte »wart nur, Gretel, bis der Mond aufgeht, dann werden wir die Brotbröcklein sehen, die ich ausgestreut habe, die zeigen uns den Weg nach Haus.« Als der Mond kam, machten sie sich auf, aber sie fanden kein Bröcklein mehr, denn die vieltausend Vögel, die im Walde und im Felde umherfliegen, die hatten sie weggepickt. Hänsel sagte zu Gretel »wir werden den Weg schon finden«, aber sie fanden ihn nicht. Sie gingen die ganze Nacht und noch einen Tag von Morgen bis Abend, aber sie kamen aus dem Wald nicht heraus, und waren so hungrig, denn sie hatten nichts als die paar Beeren, die auf der Erde standen. Und weil sie so müde waren, daß die Beine sie nicht mehr tragen wollten, so legten sie sich unter einen Baum und schliefen ein.

Nun war's schon der dritte Morgen, daß sie ihres Vaters Haus verlassen hatten. Sie fingen wieder an zu gehen, aber sie gerieten immer tiefer in den Wald, und wenn nicht bald Hilfe kam, so mußten sie verschmachten. Als es Mittag war, sahen sie ein schönes schneeweißes Vöglein auf einem Ast sitzen, das sang so schön, daß sie stehen blieben und ihm zuhörten. Und als es fertig war, schwang es seine Flügel und flog vor ihnen her, und sie gingen ihm nach, bis sie zu einem Häuschen gelangten, auf dessen Dach es sich setzte, und als sie ganz nah herankamen, so sahen sie, daß das Häuslein aus Brot gebaut war und mit Kuchen gedeckt; aber die Fenster waren von hellem Zucker. »Da wollen wir uns dran machen«, sprach Hänsel, »und eine gesegnete Mahlzeit halten. Ich will ein Stück vom Dach essen, Gretel, du kannst vom Fenster essen, das schmeckt süß.« Hänsel reichte in die Höhe und brach sich ein wenig vom Dach ab, um zu versuchen, wie es schmeckte, und Gretel stellte sich an die Scheiben und knuperte daran. Da rief eine feine Stimme aus der Stube heraus

»knuper, knuper, kneischen,
wer knupert an meinem Häuschen?«

Die Kinder antworteten

»der Wind, der Wind,
das himmlische Kind«,

und aßen weiter, ohne sich irre machen zu lassen. Hänsel, dem das Dach sehr gut
schmeckte, riß sich ein großes Stück davon herunter, und Gretel stieß eine ganze
runde Fensterscheibe heraus, setzte sich nieder und tat sich wohl damit. Da ging
auf einmal die Türe auf, und eine steinalte Frau, die sich auf eine Krücke stützte,
kam herausgeschlichen. Hänsel und Gretel erschraken so gewaltig, daß sie fallen
ließen, was sie in den Händen hielten. Die Alte aber wackelte mit dem Kopfe und
sprach »ei, ihr lieben Kinder, wer hat euch hierher gebracht? Kommt nur herein
und bleibt bei mir, es geschieht euch kein Leid.« Sie faßte beide an der Hand und
führte sie in ihr Häuschen. Da ward gutes Essen aufgetragen, Milch und Pfanne-
kuchen mit Zucker, Äpfeln und Nüssen. Hernach wurden zwei schöne Bettlein

weiß gedeckt, und Hänsel und Gretel legten sich hinein und meinten, sie wären im Himmel.

Die Alte hatte sich nur so freundlich angestellt, sie war aber eine böse Hexe, die den Kindern auflauerte, und hatte das Brothäuslein bloß gebaut, um sie herbeizulocken. Wenn eins in ihre Gewalt kam, so machte sie es tot, kochte es und aß es, und das war ihr ein Festtag. Die Hexen haben rote Augen und können nicht weit sehen, aber sie haben eine feine Witterung, wie die Tiere, und merken es, wenn Menschen herankommen. Als Hänsel und Gretel in ihre Nähe kamen, da lachte sie boshaft und sprach höhnisch »die habe ich, die sollen mir nicht wieder entwischen.« Frühmorgens, ehe die Kinder erwacht waren, stand sie schon auf, und als sie beide so lieblich ruhen sah, mit den vollen roten Backen, so murmelte sie vor sich hin »das wird ein guter Bissen werden.« Da packte sie Hänsel mit ihrer dürren Hand und trug ihn in einen kleinen Stall und sperrte ihn hinter einer Gittertüre ein; er mochte schreien, wie er wollte, es half ihm nichts. Dann ging sie zur Gretel, rüttelte sie wach und rief »steh auf, Faulenzerin, trag Wasser und koch deinem Bruder etwas Gutes, der sitzt draußen im Stall und soll fett werden. Wenn er fett ist, so will ich ihn essen.« Gretel fing an bitterlich zu weinen, aber es war alles vergeblich, sie mußte tun, was die böse Hexe verlangte.

Nun ward dem armen Hänsel das beste Essen gekocht, aber Gretel bekam nichts als Krebsschalen. Jeden Morgen schlich die Alte zu dem Ställchen und rief »Hänsel, streck deine Finger heraus, damit ich fühle, ob du bald fett bist.« Hänsel streckte ihr aber ein Knöchlein heraus, und die Alte, die trübe Augen hatte, konnte es nicht sehen und meinte, es wären Hänsels Finger, und verwunderte sich, daß er gar nicht fett werden wollte. Als vier Wochen herum waren und Hänsel immer mager blieb, da überkam sie die Ungeduld, und sie wollte nicht länger warten. »Heda, Gretel«, rief sie dem Mädchen zu, »sei flink und trag Wasser: Hänsel mag fett oder mager sein, morgen will ich ihn schlachten und kochen.« Ach, wie jammerte das arme Schwesterchen, als es das Wasser tragen mußte, und wie flossen ihm die Tränen über die Backen herunter! »Lieber Gott, hilf uns doch«, rief sie aus, »hätten uns nur die wilden Tiere im Wald gefressen, so wären wir doch zusammen gestorben.« – »Spar nur dein Geblärre«, sagte die Alte, »es hilft dir alles nichts.«

Frühmorgens mußte Gretel heraus, den Kessel mit Wasser aufhängen und Feuer anzünden. »Erst wollen wir backen«, sagte die Alte, »ich habe den Backofen schon eingeheizt und den Teig geknetet!« Sie stieß das arme Gretel hinaus zu dem Backofen, aus dem die Feuerflammen schon herausschlugen. »Kriech hinein«,

sagte die Hexe, »und sieh zu, ob recht eingeheizt ist, damit wir das Brot hinein-
schieben können.« Und wenn Gretel darin war, wollte sie den Ofen zumachen,
und Gretel sollte darin braten, und dann wollte sie's auch aufessen. Aber Gretel
merkte, was sie im Sinn hatte, und sprach »ich weiß nicht, wie ich's machen soll;
wie komm ich da hinein?« – »Dumme Gans«, sagte die Alte, »die Öffnung ist groß
genug, siehst du wohl, ich könnte selbst hinein«, krabbelte heran und steckte den
Kopf in den Backofen. Da gab ihr Gretel einen Stoß, daß sie weit hineinfuhr,
machte die eiserne Tür zu und schob den Riegel vor. Hu! Da fing sie an zu heulen,
ganz grauselig; aber Gretel lief fort, und die gottlose Hexe mußte elendiglich
verbrennen.

Gretel aber lief schnurstracks zum Hänsel, öffnete sein Ställchen und rief
»Hänsel, wir sind erlöst, die alte Hexe ist tot!« Da sprang Hänsel heraus, wie ein
Vogel aus dem Käfig, wenn ihm die Türe aufgemacht wird. Wie haben sie sich
gefreut, sind sich um den Hals gefallen, sind herumgesprungen und haben sich
geküßt! Und weil sie sich nicht mehr zu fürchten brauchten, so gingen sie in das
Haus der Hexe hinein, da standen in allen Ecken Kasten mit Perlen und Edelsteinen. »Die sind noch besser als Kieselsteine«, sagte Hänsel und steckte in seine
Taschen, was hinein wollte, und Gretel sagte »ich will auch etwas mit nach Haus
bringen«, und füllte sich sein Schürzchen voll. »Aber jetzt wollen wir fort«, sagte
Hänsel, »damit wir aus dem Hexenwald herauskommen.« Als sie aber ein paar
Stunden gegangen waren, gelangten sie an ein großes Wasser. »Wir können nicht
hinüber«, sprach Hänsel, »ich seh keinen Steg und keine Brücke.« – »Hier fährt
auch kein Schiffchen«, antwortete Gretel, »aber da schwimmt eine weiße Ente,
wenn ich die bitte, so hilft sie uns hinüber.« Da rief sie

»Entchen, Entchen,
da steht Gretel und Hänsel.
Kein Steg und keine Brücke,
nimm uns auf deinen weißen Rücken.«

Das Entchen kam auch heran, und Hänsel setzte sich auf und bat sein Schwesterchen, sich zu ihm zu setzen. »Nein«, antwortete Gretel, »es wird dem Entchen zu
schwer, es soll uns nacheinander hinüberbringen.« Das tat das gute Tierchen, und
als sie glücklich drüben waren und ein Weilchen fortgingen, da kam ihnen der
Wald immer bekannter und immer bekannter vor, und endlich erblickten sie von
weitem ihres Vaters Haus. Da fingen sie an zu laufen, stürzten in die Stube hinein
und fielen ihrem Vater um den Hals. Der Mann hatte keine frohe Stunde gehabt,

seitdem er die Kinder im Walde gelassen hatte, die Frau aber war gestorben. Gretel schüttete sein Schürzchen aus, daß die Perlen und Edelsteine in der Stube herumsprangen, und Hänsel warf eine Handvoll nach der anderen aus seiner Tasche dazu. Da hatten alle Sorgen ein Ende, und sie lebten in lauter Freude zusammen. Mein Märchen ist aus, dort läuft eine Maus, wer sie fängt, darf sich eine große, große Pelzkappe daraus machen.

Baptist

Belgisches Volksmärchen

Es war einmal ein alter Mann, der war sehr arm. Ein kleines Huhn und ein großer Sack waren alles, was er besaß. Er ging von einem Dorf zum andern und erbettelte sein Brot.

Eines Abends kam er zu einem Haus und pochte an die Tür.

»Wer ist da?« – »Baptist.« – »Und was will er?« – »Ein Plätzchen zum Übernachten für sich und sein Huhn.« – »Hör zu, Baptist, für dich hätten wir schon ein Plätzchen; aber Hühnerhof haben wir keinen, wir haben nur Gänse.« – »Das macht nichts, tut das Huhn nur zu den Gänsen.«

Am Morgen, als Baptist aufgestanden war, wollte er sein Huhn holen; aber die Gänse hatten das arme Tier zu Tode gebissen. »Sie haben mein Huhn getötet«, jammerte Baptist, »und ich hatte nichts als dieses Huhn.« – »Da können wir nichts dafür, das siehst du doch ein?« – »Natürlich könnt ihr was dafür. Ich geh zum Schulzen und verklage euch.« – »Sei doch still, Baptist; da, nimm eine Gans, und laß dich nie wieder blicken.«

Baptist tat die Gans in seinen Sack und ging weiter. Am Abend kam er in ein anderes Dorf, er ging auf ein Haus zu und klopfte an die Tür.

»Gänse haben wir keine, aber du kannst ja deine Gans zu den Schweinen tun.«

Am Morgen, als Baptist aufgestanden war, wollte er die Gans holen, aber die Schweine hatten sie getötet und gefressen.

»Sie haben meine Gans gefressen«, jammerte Baptist, »und ich hatte nichts als diese Gans.« – »Da können wir nichts dafür, das siehst du doch ein?« – »Natürlich könnt ihr was dafür. Ich geh zum Schulzen und verklage euch.« – »Sei doch still, Baptist; da, nimm eins von unsern Schweinen, und laß dich nie wieder blicken.«

Baptist war es zufrieden und zog mit seinem Schwein ab. Am Abend kam er in ein anderes Dorf.

»Schweine haben wir nicht; aber vielleicht kannst du das Schwein in den Kuhstall tun.«

Am Morgen, als Baptist aufgestanden war, wollte er sein Schwein holen, da hatten es die Kühe so malträtiert mit ihren Hörnern, daß es tot war.

»Sie haben mein Schwein getötet«, jammerte Baptist, »und ich hatte nichts als dieses Schwein.« – »Da können wir nichts dafür, das siehst du doch ein?« – »Natürlich könnt ihr was dafür. Ich gehe zum Schulzen und verklage euch.« – »Sei doch still, Baptist; da, nimm eine von unseren Kühen, und laß dich nie wieder blicken.«

Am Abend kam Baptist zum Haus eines Pferdehändlers.

»Ich habe keine Kuh, aber du könntest ja deine Kuh in den Pferdestall stellen.«

Am Morgen hatten die Pferde die Kuh so zugerichtet, daß sie tot war.

»Sie haben meine Kuh getötet«, jammerte Baptist, »und ich hatte nichts als diese Kuh.« – »Da können wir nichts dafür, das siehst du doch ein?« – »Natürlich könnt ihr was dafür. Ich gehe zum Schulzen und verklage euch.« – »Sei doch still, Baptist; da, nimm ein Pferd, und laß dich nie wieder blicken.«

Baptist war zufrieden. Er legte seinen Sack auf den Rücken des Pferdes, stieg auf und dachte: »Da hab ich nun ein schönes Pferd, wenn ich es verkaufe, so kann ich von dem Gelde bequem leben.«

Am Abend kehrte er in einer Herberge ein und befahl, man solle sein Pferd in den Stall stellen und gut pflegen. Als aber die Magd das Pferd zum Brunnen führte, um es zu tränken, glitt das Pferd auf dem vereisten Boden aus – es war sehr kalt gewesen in der Nacht – und brach sich ein Bein. Baptist fing an zu jammern und zu schimpfen.

»Da können wir nichts dafür, das siehst du doch ein?« – »Natürlich könnt ihr was dafür, eure Magd ist schuld daran. Ich gehe zum Schulzen und verklage euch.« – »Sei still, Baptist; da, nimm die Magd als Ersatz für dein Pferd.«

»Gut, ich nehme sie mit.« Und er schob sie in seinen Sack und trug sie auf seinem Rücken fort.

Am Abend kam er zu einem Haus.

»Wer ist da?« – »Baptist.« – »Was will er?« – »Ein Plätzchen zum Übernachten für sich und seinen Sack.« – »Hör zu, Baptist, für dich hätten wir schon ein Plätzchen; aber deinen Sack stell da hinter die Tür.«

Baptist tat es, stieg die Treppe hinauf und legte sich schlafen.

Die Hausfrau hatte an diesem Abend Eierkuchen gebacken für ihre Kinder, und so fragte sie: »Wer hat seinen Eierkuchen noch nicht bekommen?« – »Ich habe noch keinen, Madam«, sagte eine Stimme hinter der Tür. Da wunderten sich die Leute, wer da gesprochen habe, und sie guckten hinter der Tür nach und merkten, daß die Stimme aus dem Sack kam. Sie banden ihn auf und ließen die Magd heraus. Diese erzählte, wie sie in den Sack gekommen war. Da versteckten die Leute die Magd, legten Steine in den Sack und Grasbüschel und Erdklumpen und – Frösche und Ratten.

Am andern Tag nahm Baptist seinen Sack wieder auf den Rücken und ging weiter. Er murmelte vor sich hin: »Jetzt trag ich dich, aber bald wirst du mich tragen.« Und gegen Mittag, als es ihm zu heiß wurde, warf er den Sack auf den Boden und sagte: »Bis zur Stunde hab ich dich getragen, jetzt sollst du mich tragen, die Reihe ist an dir.« Er band den Sack auf – und all die Frösche und Ratten rannten auf und davon.

Da hatte Baptist gar nichts mehr, und er mußte allein weiterziehen.

Daumesdick

Brüder Grimm

Es war ein armer Bauersmann, der saß abends beim Herd und schürte das Feuer, und die Frau saß und spann. Da sprach er »wie ist's so traurig, daß wir keine Kinder haben! Es ist so still bei uns, und in den andern Häusern ist's so laut und lustig.« – »Ja«, antwortete die Frau und seufzte, »wenn's nur ein einziges wäre, und wenns auch ganz klein wäre, nur Daumens groß, so wollte ich schon zufrieden sein; wir hätten's doch von Herzen lieb.« Nun geschah es, daß die Frau kränklich ward und nach sieben Monaten ein Kind gebar, das zwar an allen Gliedern vollkommen, aber nicht länger als ein Daumen war. Da sprachen sie »es ist, wie wir es gewünscht haben, und es soll unser liebes Kind sein«, und nannten es nach seiner Gestalt Daumesdick. Sie ließen's nicht an Nahrung fehlen, aber das Kind ward nicht größer, sondern blieb, wie es in der ersten Stunde gewesen war; doch schaute es verständig aus den Augen und zeigte sich bald als ein kluges und behendes Ding, dem alles glückte, was es anfing.

Der Bauer machte sich eines Tages fertig, in den Wald zu gehen und Holz zu fällen, da sprach er so vor sich hin »nun wollt ich, daß einer da wäre, der mir den Wagen nachbrächte.« – »O Vater«, rief Daumesdick, »den Wagen will ich schon bringen, verlaßt Euch drauf, er soll zur bestimmten Zeit im Walde sein.« Da lachte der Mann und sprach »wie sollte das zugehen, du bist viel zu klein, um das Pferd mit dem Zügel zu leiten.« – »Das tut nichts, Vater, wenn nur die Mutter anspannen will, ich setze mich dem Pferd ins Ohr und rufe ihm zu, wie es gehen soll.« – »Nun«, antwortete der Vater, »einmal wollen wir's versuchen.« Als die Stunde kam, spannte die Mutter an und setzte Daumesdick ins Ohr des Pferdes, und dann rief der Kleine, wie das Pferd gehen sollte, »jüh und joh! hott und har!« Da ging es ganz ordentlich als wie bei einem Meister, und der Wagen fuhr den rechten Weg nach dem Walde. Es trug sich zu, als er eben um eine Ecke bog und der Kleine »har, har!« rief, daß zwei fremde Männer daherkamen. »Mein«, sprach der eine, »was ist das? Da fährt ein Wagen, und ein Fuhrmann ruft dem Pferde zu, und ist doch nicht zu sehen.« – »Das geht nicht mit rechten Dingen zu«, sagte der andere, »wir wollen dem Karren folgen und sehen, wo er anhält.« Der Wagen aber fuhr vollends in den Wald hinein und richtig zu dem Platze, wo das Holz gehauen ward. Als Daumesdick seinen Vater erblickte, rief er ihm zu »siehst du, Vater, da bin ich mit dem Wagen, nun hol mich herunter.« Der Vater faßte das Pferd mit der Linken und holte mit der Rechten sein Söhnlein aus dem Ohr, das sich ganz lustig auf einen Strohhalm niedersetzte. Als die beiden fremden Männer den Daumesdick erblickten, wußten sie nicht, was sie vor Verwunderung sagen sollten. Da nahm der eine den anderen beiseite und sprach »hör, der kleine Kerl könnte unser Glück machen, wenn wir ihn in einer großen Stadt für Geld sehen ließen; wir wollen ihn kaufen.« Sie gingen zu dem Bauer und sprachen, »verkauft uns den kleinen Mann, er soll's gut bei uns haben.« – »Nein«, antwortete der Vater, »es ist mein Herzblatt, und ist mir für alles Gold in der Welt nicht feil!« Daumesdick aber, als er von dem Handel gehört, war an den Rockfalten seines Vaters hinaufgekrochen, stellte sich ihm auf die Schulter und wisperte ihm ins Ohr

»Vater, gib mich nur hin, ich will schon wieder zurückkommen.« Da gab ihn der Vater für ein schönes Stück Geld den beiden Männern hin. »Wo willst du sitzen?« sprachen sie zu ihm. »Ach, setzt mich nur auf den Rand von eurem Hut, da kann ich auf und ab spazieren und die Gegend betrachten, und falle doch nicht herunter.« Sie taten ihm den Willen, und als Daumesdick Abschied von seinem Vater genommen hatte, machten sie sich mit ihm fort. So gingen sie, bis es dämmrig ward, da sprach der Kleine, »hebt mich einmal herunter, es ist nötig.« – »Bleib nur droben« sprach der Mann, auf dessen Kopf er saß, »ich will mir nichts draus machen, die Vögel lassen mir auch manchmal was drauf fallen.« – »Nein«, sprach Daumesdick, »ich weiß auch, was sich schickt; hebt mich nur geschwind herab.« Der Mann nahm den Hut ab und setzte den Kleinen auf einen Acker am Weg, da sprang und kroch er ein wenig zwischen den Schollen hin und her, dann schlüpfte er plötzlich in ein Mausloch, das er sich ausgesucht hatte. »Guten Abend, ihr Herren, geht nur ohne mich heim«, rief er ihnen zu und lachte sie aus. Sie liefen herbei und stachen mit Stöcken in das Mausloch, aber das war vergebliche Mühe. Daumesdick kroch immer weiter zurück, und da es bald ganz dunkel ward, so mußten sie mit Ärger und mit leerem Beutel wieder heimwandern.

Als Daumesdick merkte, daß sie fort waren, kroch er aus dem unterirdischen Gang hervor. »Es ist auf dem Acker in der Finsternis so gefährlich gehen«, sprach er, »wie leicht bricht einer Hals und Bein.« Zum Glück stieß er an ein leeres Schneckenhaus. »Gottlob«, sagte er, »da kann ich die Nacht sicher zubringen«, und setzte sich hinein. Nicht lang, als er eben einschlafen wollte, so hörte er zwei Männer vorübergehen, davon sprach der eine »wie wir's nur anfangen, um dem reichen Pfarrer sein Geld und sein Silber zu holen?« – »Das könnt ich dir sagen«, rief Daumesdick dazwischen. »Was war das?« sprach der eine Dieb erschrocken, »ich hörte jemand sprechen.« Sie blieben stehen und horchten, da sprach Daumesdick wieder »nehmt mich mit, so will ich euch helfen.« – »Wo bist du denn?« – »Sucht nur auf der Erde und merkt, wo die Stimme herkommt«, antwortete er. Da fanden ihn endlich die Diebe und hoben ihn in die Höhe. »Du kleiner Wicht, was willst du uns helfen!« sprachen sie. »Seht«, antwortete er, »ich krieche zwischen den Eisenstäben in die Kammer des Pfarrers und reiche euch heraus, was ihr haben wollt.« – »Wohlan«, sagten sie, »wir wollen sehen, was du kannst.« Als sie zum Pfarrhaus kamen, kroch Daumesdick in die Kammer, schrie aber gleich aus Leibeskräften »wollt ihr alles haben, was hier ist?« Die Diebe erschraken und sagten »so sprich doch leise, damit niemand aufwacht.« Aber Daumesdick tat, als hätte er sie nicht verstanden, und schrie von neuem »was wollt ihr? Wollt ihr alles

haben, was hier ist?« Das hörte die Köchin, die in der Stube daneben schlief, richtete sich im Bett auf und horchte. Die Diebe aber waren vor Schrecken ein Stück Wegs zurückgelaufen, endlich faßten sie wieder Mut und dachten »der kleine Kerl will uns necken.« Sie kamen zurück und flüsterten ihm zu »nun mach Ernst und reich uns etwas heraus.« Da schrie Daumesdick noch einmal, so laut er konnte »ich will euch ja alles geben, reicht nur die Hände herein.« Das hörte die horchende Magd ganz deutlich, sprang aus dem Bett und stolperte zur Tür herein. Die Diebe liefen fort und rannten, als wäre der wilde Jäger hinter ihnen; die Magd aber, als sie nichts bemerken konnte, ging ein Licht anzünden. Wie sie damit herbeikam, machte sich Daumesdick, ohne daß er gesehen wurde, hinaus in die Scheune. Die Magd aber, nachdem sie alle Winkel durchgesucht und nichts gefunden hatte, legte sich endlich wieder zu Bett und glaubte, sie hätte mit offenen Augen und Ohren doch nur geträumt.

Daumesdick war in den Heuhälmchen herumgeklettert und hatte einen schönen Platz zum Schlafen gefunden; da wollte er sich ausruhen, bis es Tag wäre, und dann zu seinen Eltern wieder heimgehen. Aber er mußte andere Dinge erfahren! Ja, es gibt viel Trübsal und Not auf der Welt! Die Magd stieg, als der Tag graute, schon aus dem Bett, um das Vieh zu füttern. Ihr erster Gang war in die Scheune, wo sie einen Arm voll Heu packte, und gerade dasjenige, worin der arme Daumesdick lag und schlief. Er schlief aber so fest, daß er nichts gewahr ward, und nicht eher aufwachte, als bis er in dem Maul der Kuh war, die ihn mit dem Heu aufgerafft hatte. »Ach Gott«, rief er, »wie bin ich in die Walkmühle geraten!«, merkte aber bald, wo er war. Da hieß es aufpassen, daß er nicht zwischen die Zähne kam und zermalmt ward, und hernach mußte er doch mit in den Magen hinabrutschen. »In dem Stübchen sind die Fenster vergessen«, sprach er, »und scheint keine Sonne hinein; ein Licht wird auch nicht gebracht.« Überhaupt gefiel ihm das Quartier schlecht, und was das Schlimmste war, es kam immer mehr neues Heu zur Türe hinein, und der Platz ward immer enger. Da rief er endlich in der Angst, so laut er konnte, »bringt mir kein frisch Futter mehr, bringt mir kein frisch Futter mehr.« Die Magd melkte gerade die Kuh, und als sie sprechen hörte, ohne jemand zu sehen, und es dieselbe Stimme war, die sie auch in der Nacht gehört hatte, erschrak sie so, daß sie von ihrem Stühlchen herabglitschte und die Milch verschüttete. Sie lief in der größten Hast zu ihrem Herrn und rief »ach Gott, Herr Pfarrer, die Kuh hat geredet.« – »Du bist verrückt«, antwortete der Pfarrer, ging aber doch selbst in den Stall und wollte nachsehen, was es da gäbe. Kaum aber hatte er den Fuß hineingesetzt, so rief Daumesdick

aufs neue »bringt mir kein frisch Futter mehr, bringt mir kein frisch Futter mehr.« Da erschrak der Pfarrer selbst, meinte, es wäre ein böser Geist in die Kuh gefahren, und hieß sie töten. Sie ward geschlachtet, der Magen aber, worin Daumesdick steckte, auf den Mist geworfen. Daumesdick hatte große Mühe, sich hindurchzuarbeiten, und hatte große Mühe damit, doch brachte er's so weit, daß er Platz bekam, aber als er eben sein Haupt herausstrecken wollte, kam ein neues Unglück. Ein hungriger Wolf lief heran und verschlang den ganzen Magen mit einem Schluck. Daumesdick verlor den Mut nicht, »vielleicht«, dachte er, »läßt der Wolf mit sich reden«, und rief ihm aus dem Wanste zu »lieber Wolf, ich weiß dir einen herrlichen Fraß.« – »Wo ist der zu holen?« sprach der Wolf. »In dem und dem Haus, da mußt du durch die Gosse hineinkriechen und wirst Kuchen, Speck und Wurst finden, soviel du essen willst«, und beschrieb ihm genau seines Vaters Haus. Der Wolf ließ sich das nicht zweimal sagen, drängte sich in der Nacht zur Gosse hinein und fraß in der Vorratskammer nach Herzenslust. Als er sich gesättigt hatte, wollte er wieder fort, aber er war so dick geworden, daß er denselben Weg nicht wieder hinaus konnte. Darauf hatte Daumesdick gerechnet und fing nun an, in dem Leib des Wolfes einen gewaltigen Lärmen zu machen, tobte und schrie, was er konnte. »Willst du stille sein«, sprach der Wolf, »du weckst die Leute auf.« – »Ei was«, antwortete der Kleine, »du hast dich satt gefressen, ich will mich auch lustig machen«, und fing von neuem an, aus allen Kräften zu schreien. Davon erwachte endlich sein Vater und seine Mutter, liefen an die

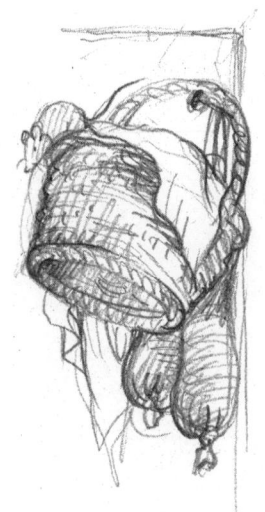

Kammer und schauten durch die Spalte hinein. Wie sie sahen, daß ein Wolf darin hauste, liefen sie davon, und der Mann holte die Axt und die Frau die Sense. »Bleib dahinten«, sprach der Mann, als sie in die Kammer traten, »wenn ich ihm einen Schlag gegeben habe, und er davon noch nicht tot ist, so mußt du auf ihn einhauen, und ihm den Leib zerschneiden.« Da hörte Daumesdick die Stimme seines Vaters und rief »lieber Vater, ich bin hier, ich stecke im Leibe des Wolfs.« Sprach der Vater voll Freuden »gottlob, unser liebes Kind hat sich wiedergefunden«, und hieß die Frau die Sense wegtun, damit Daumesdick nicht beschädigt würde. Danach holte er aus, und schlug dem Wolf einen Schlag auf den Kopf, daß er tot niederstürzte, dann suchten sie Messer und Schere, schnitten ihm den Leib auf und zogen den Kleinen wieder hervor. »Ach«, sprach der Vater, »was haben wir für Sorge um dich ausgestanden!« – »Ja, Vater, ich bin viel in der Welt herumgekommen; gottlob, daß ich wieder frische Luft schöpfe!« – »Wo bist du denn all gewesen?« – »Ach, Vater, ich war in einem Mauseloch, in einer Kuh Bauch und in eines Wolfes Wanst; nun bleib ich bei euch.« – »Und wir verkaufen dich um alle Reichtümer der Welt nicht wieder«, sprachen die Eltern, herzten und küßten ihren lieben Daumesdick. Sie gaben ihm zu essen und trinken, und ließen ihm neue Kleider machen, denn die seinigen waren ihm auf der Reise verdorben.

Die erzürnten Elfen

Irisches Volksmärchen

Wer nicht beständig in Furcht vor den Geistern lebt, der tut wohl, gewiß haben sie dann weniger Gewalt über den Menschen; wer aber gar keine Rücksicht auf sie nimmt oder gar nicht an sie glaubt, der handelt sehr unklug, sei es Mann, Weib oder Kind.

Es heißt mit Recht: »An guten Sitten trägt keiner schwer«, oder: »Artigkeit kostet kein Geld«; und doch gibt es Menschen, die so verstockt sind, daß sie sich einer Artigkeit schämen. Diese sollten sich an Caroll O'Daly ein Beispiel nehmen. Das war ein junger Bursche aus Connaught, groß und stark gewachsen, und in seiner Heimat gewöhnlich Teufel Daly genannt.

Er pflegte von einem Ort zum anderen zu ziehen, ohne daß irgendeine Furcht ihn zurückhielt. Er ging zu jeder Stunde der Nacht über einen verfallenen Kirchhof oder sonst einen Platz, wo die Elfen gerne hausten. Auch trat er aus einer Wohnung in die andere, ohne das Zeichen des Kreuzes zu machen oder »Glück auf!« zu sagen.

Es begab sich, daß er einmal in der Grafschaft Limerick umherzog und sich auf dem Weg nach der ehrwürdigen Stadt Kilmallock befand. Gerade am Fuße von Knockfierna erreichte er einen Mann von würdigem Ansehen, der auf einem weißen Pferdchen dahintrabte. Die Nacht war herangekommen, und nachdem sie sich gegenseitig mit Artigkeit begrüßt hatten, ritten sie eine Zeitlang nebeneinander her, ohne viele Worte zu wechseln. Endlich fragte Caroll O'Daly seinen Gefährten, wie weit er noch reite?

»Nicht lange mehr Euern Weg«, antwortete der Pächter, von dem er das Aussehen hatte, »ich will bloß auf die Spitze dieses Berges.«

»Und was treibt Euch in der Nachtzeit dahin?« fragte O'Daly.

»Wenn Ihr's doch wissen wollt«, antwortete der Pächter, »das stille Volk.«

»Die Elfen meint Ihr?« rief O'Daly.

»Redet leise«, sagte der andere, »oder es könnte Euch übel bekommen!« Mit diesen Worten wendete er sein Pferdchen seitwärts nach einem schmalen Pfad, der den Berg hinaufführte, indem er Caroll gute Nacht und glückliche Reise wünschte.

»Der Gesell«, dachte Caroll, »hat nichts Gutes vor in dieser lieben Nacht, und ich wollte darauf schwören, es treibt ihn zu dieser Stunde etwas ganz anderes auf den Berg als die Elfen oder das stille Volk!«

»Die Elfen«, wiederholte er, »sollte ein vernünftiger Mensch den kleinen Rotkäppchen nachlaufen? Einige behaupten wohl, daß es solche Geschöpfe gibt, andere leugnen es. Soviel weiß ich aber, daß mich kein Dutzend davon erschrecken sollte, ja keine zwei Dutzend, wenn sie nicht größer sind, als ich sagen höre.«

Während diese Gedanken ihm durch den Kopf gingen, richtete er seine Augen auf den Berg, hinter welchem der Vollmond in aller Pracht aufstieg. Er bemerkte auf einer Erhöhung gerade vor der Mondscheibe die schwarze Gestalt eines Mannes, der ein Pferd leitete, und zweifelte nicht, daß dies derselbe Mann sei, mit dem er des Weges gekommen war.

Der Entschluß, ihm zu folgen, fuhr blitzschnell durch seine Seele; Mut und Neugier zusammen hatten jede Bedenklichkeit verscheucht. Ein Lied vor sich hinbrummend, stieg er ab, band sein Pferd an einen alten Dornstamm und stieg unerschrocken den Berg hinan. Er folgte dem Pfade in der Richtung, die der Mann mit dem Pferdchen genommen hatte; dann und wann erblickte er ihn wieder und nahm ihn zu seinem Ziel. Beinahe drei Stunden lang stieg er mühsam auf dem rauhen und manchmal sumpfigen Pfad, bis er endlich zu einem grünen Rasen auf der Spitze des Berges gelangte, wo er das Pferd in aller Freiheit und Ruhe grasen sah. O'Daly schaute sich rings nach dem Reiter um, er war nirgends zu sehen. Bald aber entdeckte er in der Nähe des Pferdchens eine Öffnung in dem Berg, gleich der Mündung eines tiefen Schachts, und erinnerte sich, in seiner Kindheit manche Erzählung von der schwarzen Höhle des Berges Knockfierna gehört zu haben: sie sei der Eingang zu der Wohnung, welche das stille Volk mitten im Berge innehabe, und einmal sei ein Mann namens Ahern, Landmesser in diesem Teil der Grafschaft, welcher mit einer Schnur versucht habe, die Tiefe der Höhlung zu ergründen, an eben dieser Schnur hinabgezogen worden, ohne daß man je wieder etwas von ihm gehört habe, und manches andere dieser Art. »Das sind alte Weibergeschichten«, dachte O'Daly, »und da ich den weiten Weg gemacht habe, so will ich an die Haustür klopfen und sehen, ob die Geister daheim sind.«

Und ohne sich weiter zu bedenken, faßte er einen gewaltigen Stein, so dick, ja so dick, wie seine beiden Hände, und schleuderte ihn mit aller Kraft in die Öffnung. Er hörte, wie er hinabsprang und von einem Felsen zum andern mit gewaltigem Getöse prallte; er bog sein Gesicht vor, um zu vernehmen, ob der Stein auf den Grund niederfiele. Aber derselbe Stein, den er hinabgeworfen hatte, kam mit nicht geringerer Gewalt, als er hinuntergesprungen war, wieder zurück und gab ihm einen solchen Schlag ins Gesicht, daß er Hals über Kopf, von einer Klippe zur andern taumelnd, den Berg hinabrollte, viel schneller, als er hinaufgestiegen war.

Am folgenden Morgen fand man Caroll O'Daly neben seinem Pferd liegend, seine Haut war geschunden und zerrissen, die Augen geschlossen, und die eingedrückte Nase entstellte ihn auf sein Lebtag.

Hans im Glück

Brüder Grimm

Hans hatte sieben Jahre bei seinem Herrn gedient, da sprach er zu ihm, »Herr, meine Zeit ist herum, nun möchte ich gerne wieder heim zu meiner Mutter, gebt mir meinen Lohn.« Der Herr antwortete »du hast mir treu und ehrlich gedient, wie der Dienst war, so soll der Lohn sein«, und gab ihm ein Stück Gold, das so groß als Hansens Kopf war. Hans zog sein Tüchlein aus der Tasche, wickelte den Klumpen hinein, setzte ihn auf die Schulter und machte sich auf den Weg nach Haus. Wie er so dahinging und immer ein Bein vor das andere setzte, kam ihm ein Reiter in die Augen, der frisch und fröhlich auf einem munteren Pferd vorbeitrabte. »Ach«, sprach Hans ganz laut, »was ist das Reiten ein schönes Ding! Da sitzt einer wie auf einem Stuhl, stößt sich an keinem Stein, spart die Schuh und kommt fort, er weiß nicht wie.« Der Reiter, der das gehört hatte, hielt an und rief »ei, Hans, warum läufst du auch zu Fuß?« – »Ich muß ja wohl«, antwortete er, »da habe ich einen Klumpen heimzutragen: es ist zwar Gold, aber ich kann den Kopf dabei nicht gerade halten, auch drückt mir's auf die Schulter.« – »Weißt du was«, sagte der Reiter, »wir wollen tauschen: ich gebe dir mein Pferd, und du gibst mir deinen Klumpen.« – »Von Herzen gern«, sprach Hans, »aber ich sage Euch, Ihr müßt Euch damit schleppen.« Der Reiter stieg ab, nahm das Gold und half dem

Hans hinauf, gab ihm die Zügel fest in die Hände und sprach »wenn's nun recht geschwind soll gehen, so mußt du mit der Zunge schnalzen und hopp hopp rufen.«

Hans war seelenfroh, als er auf dem Pferde saß und so frank und frei dahinritt. Über ein Weilchen fiel's ihm ein, es sollte noch schneller gehen, und fing an mit der Zunge zu schnalzen und hopp hopp zu rufen. Das Pferd setzte sich in starken Trab, und ehe sich's Hans versah, war er abgeworfen und lag in einem Graben, der die Äcker von der Landstraße trennte. Das Pferd wäre auch durchgegangen, wenn es nicht ein Bauer aufgehalten hätte, der des Weges kam und eine Kuh vor sich hertrieb. Hans suchte seine Glieder zusammen und machte sich wieder auf die Beine. Er war aber verdrießlich und sprach zu dem Bauer »es ist ein schlechter Spaß, das Reiten, zumal, wenn man auf so eine Mähre gerät, wie diese, die stößt und einen herabwirft, daß man den Hals brechen kann; ich setze mich nun und nimmermehr wieder auf. Da lob ich mir Eure Kuh, da kann einer mit Gemächlichkeit hinterhergehen, und hat obendrein seine Milch, Butter und Käse jeden Tag gewiß. Was gäb ich darum, wenn ich so eine Kuh hätte!« – »Nun«, sprach der Bauer, »geschieht Euch so ein großer Gefallen, so will ich Euch wohl

die Kuh für das Pferd vertauschen.« Hans willigte mit tausend Freuden ein; der Bauer schwang sich aufs Pferd und ritt eilig davon.

Hans trieb seine Kuh ruhig vor sich her und bedachte den glücklichen Handel. »Hab ich nur ein Stück Brot, und daran wird mir's noch nicht fehlen, so kann ich, sooft mir's beliebt, Butter und Käse dazu essen; hab ich Durst, so melk ich meine Kuh und trinke Milch. Herz, was verlangst du mehr?« Als er zu einem Wirtshaus kam, machte er halt, aß in der großen Freude alles, was er bei sich hatte, sein Mittags- und Abendbrot, rein auf, und ließ sich für seine letzten paar Heller ein halbes Glas Bier einschenken. Dann trieb er seine Kuh weiter, immer nach dem Dorfe seiner Mutter zu. Die Hitze ward drückender, je näher der Mittag kam, und Hans befand sich in einer Heide, die wohl noch eine Stunde dauerte. Da ward es ihm ganz heiß, so daß ihm vor Durst die Zunge am Gaumen klebte. »Dem Ding ist zu helfen«, dachte Hans, »jetzt will ich meine Kuh melken und mich an der Milch laben.« Er band sie an einen dürren Baum, und da er keinen Eimer hatte, so stellte er seine Ledermütze unter, aber wie er sich auch bemühte, es kam kein Tropfen Milch zum Vorschein. Und weil er sich ungeschickt dabei anstellte, so gab ihm das ungeduldige Tier endlich mit einem der Hinterfüße einen solchen Schlag vor den Kopf, daß er zu Boden taumelte und eine Zeitlang sich gar nicht besinnen konnte, wo er war. Glücklicherweise kam gerade ein Metzger des Weges, der auf einem Schubkarren ein junges Schwein liegen hatte. »Was sind das für Streiche!« rief er und half dem guten Hans auf. Hans erzählte, was vorgefallen war. Der Metzger reichte ihm seine Flasche und sprach »da trinkt einmal und erholt Euch. Die Kuh will wohl keine Milch geben, das ist ein altes Tier, das höchstens noch zum Ziehen taugt oder zum Schlachten.« »Ei, ei«, sprach Hans und strich sich die Haare über den Kopf, »wer hätte das gedacht! Es ist freilich gut, wenn man so ein Tier ins Haus abschlachten kann, was gibt's für Fleisch! Aber ich mache mir aus dem Kuhfleisch nicht viel, es ist mir nicht saftig genug. Ja, wer so ein junges Schwein hätte! Das schmeckt anders, dabei noch die Würste.« – »Hört, Hans«, sprach da der Metzger, »Euch zuliebe will ich tauschen und will Euch das Schwein für die Kuh lassen.« – »Gott lohn Euch Eure Freundschaft«, sprach Hans, übergab ihm die Kuh, ließ sich das Schweinchen vom Karren losmachen und den Strick, woran es gebunden war, in die Hand geben.

Hans zog weiter und überdachte, wie ihm doch alles nach Wunsch ginge, begegnete ihm ja eine Verdrießlichkeit, so wurde sie doch gleich wieder gutgemacht. Es gesellte sich danach ein Bursch zu ihm, der trug eine schöne weiße Gans unter dem Arm. Sie boten einander die Zeit, und Hans fing an, von seinem Glück

zu erzählen, und wie er immer so vorteilhaft getauscht hätte. Der Bursch erzählte ihm, daß er die Gans zu einem Kindtaufschmaus brächte. »Hebt einmal«, fuhr er fort und packte sie bei den Flügeln, »wie schwer sie ist, die ist aber auch acht Wochen lang genudelt worden. Wer in den Braten beißt, muß sich das Fett von beiden Seiten abwischen.« – »Ja«, sprach Hans, und wog sie mit der einen Hand, »die hat ihr Gewicht, aber mein Schwein ist auch keine Sau.« Indessen sah sich der Bursch nach allen Seiten ganz bedenklich um, schüttelte auch wohl den Kopf. »Hört«, fing er darauf an, »mit Eurem Schweine mag's nicht ganz richtig sein. In dem Dorfe, durch das ich gekommen bin, ist eben dem Schulzen eins aus dem Stall gestohlen worden. Ich fürchte, ich fürchte, Ihr habt es da in der Hand. Sie haben Leute ausgeschickt, und es wäre ein schlimmer Handel, wenn sie Euch mit dem Schwein erwischten: das Geringste ist, daß Ihr ins finstere Loch gesteckt werdet.« Dem guten Hans ward bang, »ach Gott«, sprach er, »helft mir aus der Not, Ihr wißt hier herum besser Bescheid, nehmt mein Schwein da und laßt mir Eure Gans.« – »Ich muß schon etwas aufs Spiel setzen«, antwortete der Bursche, »aber ich will doch nicht schuld sein, daß Ihr ins Unglück geratet.« Er nahm also das Seil in die Hand und trieb das Schwein schnell auf einen Seitenweg fort; der gute Hans aber ging, seiner Sorgen entledigt, mit der Gans unter dem Arme der Heimat zu. »Wenn ich's recht überlege«, sprach er mit sich selbst, »habe ich noch Vorteil bei dem Tausch: erstlich den guten Braten, hernach die Menge von Fett, die herausträufeln wird, das gibt Gänsefettbrot auf ein Vierteljahr, und endlich die schönen weißen Federn, die laß ich mir in mein Kopfkissen stopfen, und darauf will ich wohl ungewiegt einschlafen. Was wird meine Mutter eine Freude haben!«

Als er durch das letzte Dorf gekommen war, stand da ein Scherenschleifer mit seinem Karren, sein Rad schnurrte, und er sang dazu

> »Ich schleife die Schere und drehe geschwind,
> und hänge mein Mäntelchen nach dem Wind.«

Hans blieb stehen und sah ihm zu; endlich redete er ihn an und sprach »Euch geht's wohl, weil Ihr so lustig bei Eurem Schleifen seid.« – »Ja«, antwortete der Scherenschleifer, »das Handwerk hat einen güldenen Boden. Ein rechter Schleifer ist ein Mann, der, sooft er in die Tasche greift, auch Geld darin findet. Aber wo habt Ihr die schöne Gans gekauft?« – »Die hab ich nicht gekauft, sondern für mein Schwein eingetauscht.« – »Und das Schwein?« – »Das hab ich für eine Kuh gekriegt.« – »Und die Kuh?« – »Die hab ich für ein Pferd bekommen.« – »Und das Pferd?« – »Dafür hab ich einen Klumpen Gold, so groß als mein Kopf, gegeben.« – »Und das Gold?« – »Ei, das war mein Lohn für sieben Jahre Dienst.« – »Ihr habt Euch jederzeit zu helfen gewußt«, sprach der Schleifer, »könnt Ihr's nun dahin bringen, daß Ihr das Geld in der Tasche springen hört, wenn Ihr aufsteht, so habt Ihr Euer Glück gemacht.« – »Wie soll ich das anfangen?« sprach Hans. »Ihr müßt ein Schleifer werden wie ich; dazu gehört eigentlich nichts als ein Wetzstein, das andere findet sich schon von selbst. Da hab ich einen, der ist zwar ein wenig schadhaft, dafür sollt Ihr mir aber auch weiter nichts als Eure Gans geben; wollt Ihr das?« – »Wie könnt Ihr noch fragen«, antwortete Hans, »ich werde ja zum glücklichsten Menschen auf Erden; habe ich Geld, sooft ich in die Tasche greife, was brauche ich da länger zu sorgen?« reichte ihm die Gans hin, und nahm den Wetzstein in Empfang. »Nun«, sprach der Schleifer und hob einen gewöhnlichen schweren Feldstein, der neben ihm lag, auf, »da habt Ihr noch einen tüchtigen Stein dazu, auf dem sichs gut schlagen läßt und Ihr Eure alten Nägel gerade klopfen könnt. Nehmt ihn und hebt ihn ordentlich auf.«

Hans lud den Stein auf und ging mit vergnügtem Herzen weiter; seine Augen leuchteten vor Freude, »ich muß in einer Glückshaut geboren sein«, rief er aus »alles, was ich wünsche, trifft mir ein, wie einem Sonntagskind.« Indessen, weil er seit Tagesanbruch auf den Beinen gewesen war, begann er müde zu werden; auch plagte ihn der Hunger, da er allen Vorrat auf einmal in der Freude über die erhandelte Kuh aufgezehrt hatte. Er konnte endlich nur mit Mühe weitergehen und mußte jeden Augenblick haltmachen; dabei drückten ihn die Steine ganz erbärmlich. Da konnte er sich des Gedankens nicht erwehren, wie gut es wäre, wenn er sie gerade jetzt nicht zu tragen brauchte. Wie eine Schnecke kam er zu einem Feldbrunnen geschlichen, wollte da ruhen und sich mit einem frischen Trunk laben, damit er aber die Steine im Niedersitzen nicht beschädigte, legte er sie bedächtig neben sich auf den Rand des Brunnens. Darauf setzte er sich nieder und wollte sich zum Trinken bücken, da versah er's, stieß ein klein wenig an, und beide Steine plumpsten hinab. Hans, als er sie mit seinen Augen in die Tiefe hatte versinken sehen, sprang vor Freuden auf, kniete dann nieder und dankte Gott mit Tränen in den Augen, daß er ihm auch diese Gnade noch erwiesen und ihn auf eine so gute Art, und ohne daß er sich einen Vorwurf zu machen brauchte, von den schweren Steinen befreit hätte, die ihm allein noch hinderlich gewesen wären. »So glücklich wie ich«, rief er aus, »gibt es keinen Menschen unter der Sonne.« Mit leichtem Herzen und frei von aller Last sprang er nun fort, bis er daheim bei seiner Mutter war.

Von der Schafhirtin,
die Zarin wurde
Bulgarisches Volksmärchen

Es gab einmal ein Zar den Befehl, wer den und den Stein schlachte, daß Blut daraus fließe, den wolle er zum Ersten seines Reiches machen.

Von allen Seiten kamen wackere Burschen herbei, aber keiner konnte den Stein schlachten; sie fanden es nur wunderlich, daß man überhaupt einen Stein schlachten könne. In einem Dorfe gab es ein sehr wackeres Mädchen, sie hütete die Schafe. Als die davon hörte, verkleidete sie sich als Mann, ging zum Zar und sagte: »Zar, ich kann den Stein schlachten.« Überallhin ging das Gerücht, es habe sich ein Mensch gefunden, den Stein zu schlachten, und zahllose Leute sammelten sich, um zu sehen, wie er das machen würde.

Als der Tag kam, an dem das Mädchen den Stein schlachten sollte, zogen der Zar und alle Vornehmen aus der Stadt auf einen freien Platz, und dort vor aller Augen sollte das Mädchen ihn schlachten. Das Mädchen zog das Messer, um den Stein zu schlachten, wandte sich zum Zar und sagte: »Zar, du willst doch, daß ich den Stein schlachten soll. So gib ihm vorher eine Seele, und wenn ich ihn dann nicht schlachte, nimm meinen Kopf.«

Der Zar wunderte sich über diese Rede und sagte: »Du bist der Klügste in meinem Reich, und ich will dich zum vornehmsten Manne machen; wenn du mir aber noch das vollbringst, was ich dir sagen werde, so sollst du mir wie ein Sohn sein.« Das Mädchen sprach: »Sage, Zar, was du sagen willst, und wenn es möglich ist, will ich mich bemühen, es zu vollbringen.« Der Zar sagte: »Heute in drei Tagen sollst du wieder hierher kommen. Wenn du kommst, sollst du reiten und nicht reiten, sollst mir ein Geschenk bringen und nicht bringen; alle, groß und klein, wollen wir herauskommen und dich empfangen, und du sollst die Leute dahin bringen, daß sie dich empfangen und nicht empfangen.«

Die Hirtin ging zurück in ihr Dorf und gab den Bauern den Auftrag, drei, vier Hasen und zwei Tauben lebendig zu fangen. Die Bauern taten das.

Am dritten Tag, als sie zum Zar gehen sollte, steckte sie die Hasen je einen in einen Sack, gab sie den Bauern zu tragen und sagte: »Wenn ich euch sage, ihr sollt sie loslassen, dann laßt sie los.« Sie selbst nahm die beiden Tauben, setzte sich rittlings auf eine Ziege und machte sich auf zum Zar; einige Leute hatte sie vorausgeschickt, ihm anzuzeigen, daß sie komme.

Als der Zar das hörte, zog er aus der Stadt, sie zu empfangen mit allen Vornehmen und einer Menge von Neugierigen. Als nun das Mädchen nicht mehr weit von dem Zar war, sah sie die vielen Leute, die herausgekommen waren, sie zu empfangen, und als sie noch näher herangekommen war, befahl sie den Bauern, vor den Augen der Leute die Hasen loszulassen. Sobald die das sahen, rannten sie fort, die Hasen zu fangen.

Die Hirtin, die rittlings auf der Ziege saß, ging bald zu Fuß, die Ziege zwischen den Beinen, bald hob sie die Füße in die Höhe und ritt auf der Ziege.

Als sie zum Zar hintrat, zog sie die beiden Tauben aus dem Busen und reichte sie ihm. In dem Augenblick, wo er die Hand ausstreckte, die Tauben zu nehmen, ließ sie sie los, und die Tauben flogen weg.

Da sagte die Hirtin: »Du siehst, Zar, die Leute haben mich empfangen und nicht empfangen; ich bin geritten und nicht geritten; ich habe dir ein Geschenk gebracht und nicht gebracht.« Da sagte ihr der Zar: »Von heute an sollst du mir wie ein Sohn sein.« Sie aber flüsterte ihm ins Ohr: »Ich bin kein Bursche, ich bin ein Mädchen.« Der Zar, der nicht verheiratet war, nahm sie zur Frau. Und so wurde die Hirtin durch ihre Klugheit Zarin.

Der Müller und der Professor

Sidney Hartland

Einst kam ein berühmter ausländischer Professor nach England, und bevor er kam, machte er bekannt, er wolle die Studenten aller Hochschulen von England examinieren. Nach einiger Zeit hatte er alle außer Cambridge besucht, und er war nun auf dem Weg dorthin und wollte öffentlich die ganze Universität prüfen. Der Empfang des Professors wurde mit großer Geschäftigkeit vorbereitet, und groß war auch die Angst der Studenten, die sich vor dem Augenblick fürchteten, in dem sie vor einem, der für seine Gelehrsamkeit so berühmt war, zeigen sollten, was sie an Wissen erworben hatten. Als die Stunde seiner Ankunft näherrückte, wuchsen ihre Ängste, und schließlich beschlossen sie, Mittel und Wege zu finden, die drohenden Examen abzuwenden. Zu diesem Zweck verkleideten sich einige der Studenten als gewöhnliche Arbeiter und verteilten sich in Grüppchen von zweien oder dreien in passendem Abstand voneinander entlang der Straße, auf der der Professor erwartet wurde.

Er war in seiner Kutsche bis auf eine Entfernung von ein paar Meilen an Cambridge herangekommen, als er die erste Gruppe dieser Arbeiter traf. Der Kutscher hielt die Pferde an und fragte die Leute, wie weit es noch sei. Der Professor war erstaunt, als er sie auf lateinisch antworten hörte. Er setzte seinen Weg fort, und als er etwa eine halbe Meile gefahren war, traf er auf eine zweite Gruppe von Arbeitern, die sich an der Straße zu schaffen machten. Der Kutscher fragte sie so ähnlich wie die ersten. Noch mehr überrascht war der Professor, als er hörte, wie sie griechisch antworteten. »Ach«, dachte er, »das müssen tüchtige Gelehrte sein in Cambridge, wenn sogar gewöhnliche Arbeiter auf der Straße Latein und Griechisch sprechen. Es wird nicht genügen, sie so wie andere Leute zu prüfen.« Und während des ganzen restlichen Weges sann er darüber nach, wie er seine Examen veranstalten solle. Und gerade als sie den Stadtrand erreichten, kam er zu dem Entschluß, sie durch Zeichen zu prüfen. Sobald er aus seiner Kutsche ausgestiegen war, verlor er also keine Zeit und machte unverzüglich seine neue Methode bekannt.

Die Studenten hatten natürlich nicht mit einem solchen Ergebnis ihrer Kriegslist gerechnet, und wie man sich wohl denken kann, waren sie arg enttäuscht. Besonders war da ein Student, der sehr fleißig studiert hatte, und jedermann erwartete von ihm, daß er bei den Examen den Preis erhalten würde. Daß nun aber auch der faulste Student der Universität mit der gleichen Wahrscheinlichkeit wie er selbst die Zeichen des Professors erraten konnte, machte ihn mutlos. Der Tag der Examen war da, aber er ging nicht hin und spazierte statt dessen bekümmert am Flußufer entlang. In der Nähe der Mühle sah ihn zufällig der Müller, der war ein lustiger Bursche, und gewöhnlich plauderte er mit diesem Studenten, wenn der auf seinen Spaziergängen an der Mühle vorbeikam. Nun fragte er ihn, warum er bekümmert sei. Da erzählte ihm der Student alles und auch, daß der große Professor durch Zeichen prüfen wolle und daß er nun Angst habe, er werde das Examen nicht bestehen.

»Oh, wenn das alles ist«, sagte der Müller, »dann seid nicht so bekümmert. Habt Ihr nie gehört, daß manchmal Narren Gelehrte Weisheit lehren können? Laßt mich nur Eure Kleider anziehen, Euer Barett und den Talar, und ich werde für Euch ins Examen gehen. Wenn ich Erfolg habe, sollt Ihr die Ehre haben, und wenn ich nicht bestehe, will ich sagen, wer ich bin.«

»Aber jeder weiß, daß ich nur ein Auge habe«, sagte der Student. »Macht Euch keine Sorgen«, sagte der Müller, »ich kann mir leicht einen schwarzen Flicken über eines meiner Augen binden.« So tauschten sie also die Kleider, und

der Müller ging zum Examen des Professors in Barett und Talar des Studenten und mit einer schwarzen Binde über dem Auge.

Gerade als der Müller den Hörsaal betrat, hatte der Professor schon alle andern Studenten geprüft, und keiner hatte die Bedeutung seiner Zeichen erraten. Der Müller stand also auf, und der Professor steckte seine Hand in die Manteltasche, zog einen Apfel heraus und hielt ihm den hin. Der Müller steckte ebenfalls seine Hand in die Tasche und zog einen trockenen Brotkanten heraus, den hielt er ebenfalls dem Professor hin. Der Professor steckte den Apfel in die Tasche und zeigte mit dem Finger auf den Müller. Der Müller zeigte mit zwei Fingern auf den Professor. Der Professor zeigte mit drei Fingern auf den Müller, und der hielt ihm die geballte Faust hin. »Richtig!« sagte der Professor, und er sprach den Preis dem Müller zu. Der Müller beeilte sich, die gute Nachricht seinem Freunde, dem Studenten, zu bringen, der in der Mühle wartete. Der Student zog wieder seine eigenen Kleider an und eilte zurück, um den Preis entgegenzunehmen. Als er im Hörsaal ankam, stand der Professor da und erklärte den versammelten Studenten die Bedeutung der Zeichen, die er und der Student, der den Preis gewann, verwendet hatten.

»Zunächst«, sagte er, »hielt ich einen Apfel hin und bezeichnete damit den Fall der Menschheit durch Adams Sünde, und er hob sehr richtig ein Stück Brot hoch, das bedeutete, durch Christus, also durch das Brot des Lebens, wurde die Menschheit erneuert. Dann streckte ich einen Finger aus, das bedeutete, ein Gott ist in der Dreifaltigkeit; er streckte zwei Finger aus und meinte, es sind zwei; ich streckte drei Finger aus, das hieß, es sind drei; und er hielt die geballte Faust hin, das bedeutete, die drei sind eins.«

Nun, der Student, der den Preis gewonnen hatte, war ganz verwirrt, und er dachte darüber nach, wie der Müller dies alles wissen konnte, und als die Feier vorüber war, wo man den Namen des erfolgreichen Kandidaten bekanntgegeben hatte, eilte er zur Mühle und erzählte dem Müller alles, was der Professor gesagt hatte. »Ach«, sagte der Müller, »ich will Euch sagen, wie alles war. Als ich hereinkam, schaute der Professor ordentlich grimmig drein, und er griff mit der Hand in die Tasche und tastete eine Weile darin herum, schließlich zog er einen Apfel heraus und hielt ihn hoch, als wolle er damit nach mir werfen. Da griff ich mit der Hand in meine Tasche, aber ich konnte nichts anderes finden als einen alten trockenen Kanten Brot. Also hielt ich den auf die gleiche Weise hoch und meinte damit, ich würde den Kanten nach ihm werfen, wenn er den Apfel würfe. Dann schaute er noch grimmiger drein und streckte einen Finger nach mir aus, so als wolle er sagen, daß er mein eines Auge ausstechen werde. Und da streckte ich zwei Finger aus und meinte, wenn er mein eines Auge ausstäche, würde ich seine beiden ausstechen. Und dann streckte er drei Finger aus, als wolle er mir das Gesicht zerkratzen, und ich ballte meine Faust und schüttelte sie gegen ihn und meinte damit, wenn er es täte, würde ich ihn niederschlagen. Und dann sagte er, ich hätte den Preis verdient.«

Die kleine Meerjungfrau

Hans Christian Andersen

Weit draußen im Meer ist das Wasser so blau wie die Blüten der schönsten Kornblume und so klar wie das reinste Glas; aber es ist sehr tief, tiefer als irgendein Ankertau reicht; viele Kirchtürme müßten aufeinander gestellt werden, um vom Grunde bis über das Wasser zu reichen.

Nun muß man aber nicht glauben, daß da nur der nackte, weiße Sandboden sei; nein, da wachsen die wunderbarsten Bäume und Pflanzen, mit so geschmeidigen Stielen und Blättern, daß sie sich bei der geringsten Bewegung des Wassers rühren, gerade als ob sie lebten. Alle Fische, kleine und große, schlüpfen zwischen den Zweigen hindurch, genauso wie hier oben die Vögel in der Luft. An der allertiefsten Stelle liegt des Meerkönigs Schloß; die Mauern sind von Korallen und die langen spitzen Fenster vom allerklarsten Bernstein; aber das Dach bilden Muscheln, die sich öffnen und schließen, je nachdem wie das Wasser strömt. Das sieht herrlich aus, denn in jeder liegen strahlende Perlen; eine einzige würde der Krone einer Königin zur Zierde gereichen.

Der Meerkönig war seit vielen Jahren Witwer gewesen, während seine alte Mutter bei ihm wirtschaftete. Sie war eine kluge Frau, aber stolz auf ihren Adel; deshalb trug sie zwölf Austern auf dem Schwanze, die anderen Vornehmen durften nur sechs tragen.

Sonst verdiente sie großes Lob, besonders weil sie sich so sehr um die kleinen Meerprinzessinnen kümmerte. Es waren sechs schöne Kinder, aber die jüngste war die schönste von allen, ihre Haut war so fein wie ein Rosenblatt, ihre Augen so blau wie die tiefste See, aber wie all die anderen hatte sie keine Füße, ihr Körper endete in einem Fischschwanz.

Den lieben langen Tag konnten sie unten im Schlosse in den großen Sälen spielen, wo aus den Wänden lebendige Blumen wuchsen. Die großen Bernsteinfenster wurden aufgemacht, und die Fische schwammen zu ihnen herein, wie bei uns die Schwalben hereinfliegen, wenn wir die Fenster öffnen. Die Fische schwammen gerade zu den Prinzessinnen, fraßen ihnen aus der Hand und ließen sich streicheln.

Draußen vor dem Schloß war ein großer Garten mit feuerroten und dunkelblauen Bäumen; die Früchte strahlten wie Gold und die Blumen wie brennendes Feuer. Die Erde selbst war der feinste Sand. Über dem Ganzen lag ein eigentümlich blauer Schein; man hätte eher glauben mögen, man stehe hoch in der Luft und habe nur den Himmel über und unter sich. Bei Windstille konnte man die Sonne sehen; sie erschien wie eine Purpurblume, aus deren Kelch alles Licht ausströmte.

Eine jede der kleinen Prinzessinnen hatte ihren kleinen Fleck im Garten, wo sie graben und pflanzen konnte, wie es ihr gefiel. Die eine gab ihrem Blumenfleck die Gestalt eines Wales; einer anderen gefiel es besser, daß der ihrige einem kleinen Meerweib glich; aber die jüngste machte den ihrigen ganz rund, der Sonne gleich, und hatte nur Blumen, rot wie diese. Sie war ein besonderes Kind, still und nachdenklich, und während die anderen Schwestern mit den seltsamen Sachen, die sie in gestrandeten Schiffen gefunden hatten, Staat machten, wollte sie außer den roten Blumen, die der Sonne glichen, nur eine hübsche kleine Statue haben; es war ein schöner Knabe, aus weißem Marmor gehauen, durch die Brandung auf den Meeresgrund gespült. Sie pflanzte bei der Statue eine rosenrote Trauerweide, die wuchs herrlich, und ihre frischen Zweige hingen darüber, zum blauen Sandboden hinunter, wo der Schatten violett und gleich den Zweigen in Bewegung war; es sah aus, als ob die Zweige und die Wurzeln miteinander spielten und sich küßten.

Es gab für sie keine größere Freude, als von den Menschen dort oben zu hören; die alte Großmutter mußte alles erzählen, was sie von Schiffen und Städten, Menschen und Tieren wußte. Besonders schön erschien es ihr, daß oben auf der Erde die Blumen dufteten; das taten sie auf dem Grund des Meeres nicht,

und daß die Wälder grün wären und daß die Fische dort auf den Bäumen so laut und herrlich singen könnten; die kleinen Vögel, die die Großmutter Fische nannte, denn sonst konnten die Kinder sie nicht verstehen, da sie noch keinen Vogel gesehen hatten.

»Wenn ihr euer fünfzehntes Jahr erreicht habt«, sagte die Großmutter, »dann sollt ihr die Erlaubnis erhalten, aus dem Wasser emporzutauchen, im Mondenschein auf den Klippen zu sitzen und die großen Schiffe, die vorbeisegeln, zu sehen und Wälder und Städte!« Im kommenden Jahr wurde die eine der Schwestern fünfzehn Jahre alt. Da war eine immer ein Jahr jünger als die andere; die jüngste von ihnen hatte also noch volle fünf Jahre zu warten, bevor sie aus dem Grund des Meeres hinaufkommen und sehen konnte, wie es bei uns aussieht. Aber die eine versprach der anderen zu erzählen, was sie gesehen, was sie am ersten Tag am schönsten gefunden habe; denn ihre Großmutter erzählte ihnen nicht genug, da war noch so vieles, worüber sie Auskunft haben wollten.

Keine aber war so voller Sehnsucht wie die Jüngste, gerade sie, die noch die längste Zeit zu warten hatte, und die so still und gedankenvoll war. Manche Nacht stand sie am offenen Fenster und sah durch das dunkelblaue Wasser empor, wie die Fische ihre Flossen und Schwänze bewegten. Mond und Sterne konnte sie sehen, freilich schienen sie ganz bleich, aber durch das Wasser sahen sie weit größer aus, als vor unseren Augen. Zog dann etwas einer schwarzen Wolke gleich vorbei, so wußte sie, daß es ein Wal war, der über ihr schwamm, oder auch ein Schiff mit vielen Menschen; die dachten sicher nicht daran, daß eine liebliche, kleine Meerjungfrau ihre weißen Hände zum Kiel emporstreckte.

Nun war also die älteste Prinzessin fünfzehn Jahre alt und durfte an die Meeresfläche hinaufsteigen.

Als sie zurückkehrte, hatte sie hunderterlei Dinge zu erzählen, aber das Schönste, sagte sie, sei, im Mondschein auf einer Sandbank in der ruhigen See zu liegen und die Küste mit der großen Stadt zu betrachten, wo die Lichter gleich hundert Sternen blinkten, die Musik und den Lärm und das Geräusch von Wagen und Menschen zu hören; die vielen Kirchtürme und anderen Turmspitzen zu sehen und das Läuten der Glocken zu hören. Gerade weil sie nicht da hinaufgelangen konnte, sehnte die Jüngste sich am allermeisten nach alledem.

Oh, wie horchte die jüngste Schwester auf, und wenn sie abends am offenen Fenster stand und durch das dunkelblaue Wasser emporblickte, gedachte sie der großen Stadt mit all den Geräuschen, und dann glaubte sie die Kirchenglocken bis zu sich herunter läuten zu hören.

Im folgenden Jahr erhielt die zweite Schwester Erlaubnis, durch das Wasser emporzusteigen und zu schwimmen, wohin sie wollte. Sie tauchte auf, eben als die Sonne unterging, und dieser Anblick, fand sie, war das Schönste. Der ganze Himmel habe wie Gold ausgesehen, sagte sie, und die Wolken, ja, deren Schönheit konnte sie nicht genug beschreiben; rot und violett waren sie über ihr dahingesegelt, aber weit schneller als diese flog, einem langen, weißen Schleier gleich, ein Schwarm wilder Schwäne über das Wasser hin, wo die Sonne stand. Sie schwammen ihr entgegen, aber die Sonne sank, und der Rosenschein erlosch auf der Meeresfläche und den Wolken.

Das Jahr darauf kam die dritte Schwester hinauf; sie war die mutigste von allen; deshalb schwamm sie einen breiten Fluß aufwärts, der in das Meer mündete. Lieblich grüne Hügel mit Weinranken erblickte sie, Schlösser und Gehöfte schimmerten durch prächtige Wälder; sie hörte, wie die Vögel sangen, und die Sonne schien so warm, daß sie oft unter das Wasser tauchen mußte, um ihr brennendes Antlitz abzukühlen. In einer kleinen Bucht traf sie eine Schar kleiner Menschenkinder, ganz nackt liefen sie herum und plätscherten im Wasser; sie wollte mit ihnen spielen, aber sie liefen erschrocken davon, und es kam ein kleines, schwarzes Tier, das war ein Hund; aber sie hatte noch nie einen Hund gesehen, der bellte sie so erschrecklich an, daß ihr bange wurde und sie die offene See zu erreichen suchte. Aber nie konnte sie die prächtigen Wälder, die grünen Hügel und die niedlichen Kinder vergessen, die im Wasser schwimmen konnten, obgleich sie keine Flossen hatten.

Die vierte Schwester war nicht so kühn; sie blieb draußen mitten im wilden Meer und erzählte, daß es gerade dort am schönsten sei; man sehe ringsumher viele Meilen weit, und der Himmel stehe wie eine Glasglocke darüber. Schiffe hatte sie gesehen, aber nur in weiter Ferne; sie sahen wie Strandmöwen aus, und die possierlichen Delphine hatten Purzelbäume geschlagen und die großen Wale aus ihren Nasenlöchern Wasser emporgespritzt, so daß es ausgesehen hatte wie Hunderte von Springbrunnen.

Nun kam die Reihe an die fünfte Schwester; ihr Geburtstag fiel gerade in den Winter, und deshalb sah sie, was die anderen das erste Mal nicht gesehen hatten. Die See nahm sich ganz grün aus, und ringsumher schwammen große Eisberge, ein jeder sähe wie eine Perle aus, sagte sie, und wäre doch weit größer als die Kirchtürme, die die Menschen bauen. Sie zeigten sich in den sonderbarsten Gestalten und glänzten wie Diamanten. Sie hatte sich auf einen der allergrößten gesetzt und alle Segler kreuzten erschrocken draußen herum, wo sie saß und den Wind mit ihrem langen Haar spielen ließ; aber gegen Abend hatte sich der Himmel mit Wolken überzogen, es blitzte und donnerte, während die schwarze See die großen Eisblöcke hoch emporhob und sie beim roten Blitz erglänzen ließ. Auf allen Schiffen nahm man die Segel ein, da war eine Angst und ein Grauen; aber sie saß ruhig auf ihrem schwimmenden Eisberg und sah die blauen Blitzstrahlen im Zickzack in die schimmernde See fahren.

Das erste Mal, wenn eine der Schwestern über das Wasser emporkam, war eine jede entzückt über das Neue und Schöne, was sie erblickte; aber da sie nun als erwachsene Mädchen Erlaubnis hatten, hinaufzusteigen wann sie wollten, wurde es ihnen gleichgültig. Sie sehnten sich wieder nach Hause, und nach Verlauf eines Monats sagten sie, daß es da unten bei ihnen am allerschönsten sei, und da sei man so hübsch zu Hause.

In mancher Abendstunde nahmen die fünf Schwestern einander an den Armen und tummelten sich in einer Reihe über dem Wasser; herrliche Stimmen hatten sie, schöner als irgendein Mensch, und wenn dann ein Sturm im Anzug war, so daß sie vermuten konnten, daß ein Schiff untergehen würde, schwammen sie vor den Schiffen her und sangen so lieblich, wie schön es auf dem Grunde des Meeres sei, und baten die Seeleute, sich nicht zu fürchten, da hinunterzukommen; aber die konnten die Worte nicht verstehen und glaubten, es sei der Sturm, und sie bekamen auch die Herrlichkeiten dort unten nicht zu sehen; denn wenn das Schiff sank, ertranken die Menschen und kamen nur als Tote zu des Meerkönigs Schloß.

Wenn die Schwestern so des Abends, Arm in Arm, durch das Wasser hinaufstiegen, dann stand die kleine Schwester ganz allein und sah ihnen nach, und es war ihr, als ob sie weinen müßte; aber eine Meerjungfrau hat keine Tränen, und darum leidet sie weit mehr.

»Ach, wäre ich doch fünfzehn Jahre alt!« sagte sie. »Ich weiß, daß ich die Welt dort oben und die Menschen, die dort wohnen und bauen, recht lieb haben werde.«

Endlich war sie nun fünfzehn Jahre alt.

»Sieh, nun bist du erwachsen!« sagte die Großmutter, die alte Königinwitwe. »Komm, nun laß mich dich schmücken, gleich deinen anderen Schwestern!« und sie setzte ihr einen Kranz weißer Lilien auf das Haar; aber jedes Blatt in der Blüte war eine halbe Perle; und die Alte ließ acht große Austern sich im Schwanze der Prinzessin festklemmen, um ihren hohen Rang zu zeigen.

»Das tut weh!« sagte die kleine Meerjungfrau.

»Ja, man muß leiden, wenn man schön sein will!« sagte die Alte.

Oh, sie hätte gern all diese Pracht abschütteln und den schweren Kranz ablegen mögen, ihre roten Blumen im Garten kleideten sie besser, aber sie wagte es nun nicht zu ändern. »Lebt wohl!« sprach sie und stieg leicht und klar wie eine Blase durch das Wasser empor.

Die Sonne war eben untergegangen, als sie den Kopf über das Wasser erhob; aber alle Wolken glänzten noch wie Rosen und Gold, und inmitten der blaßroten Luft strahlte der Abendstern so hell und schön, die Luft war mild und frisch und das Meer ganz still. Da lag ein großes Schiff mit drei Masten; ein einziges Segel war nur aufgezogen, denn es rührte sich kein Lüftchen, und ringsumher im Tauwerk und auf den Stangen saßen Matrosen. Da war Musik und Gesang, und wie der Abend dunkler ward, wurden Hunderte von bunten Laternen angezün-

det; sie sahen aus, als ob die Flaggen aller Völker in der Luft wehten. Die kleine Meerjungfrau schwamm gerade bis zum Kajütenfenster hin, und jedesmal, wenn das Wasser sie emporhob, konnte sie durch die spiegelklaren Fensterscheiben blicken, wo so viele geputzte Menschen standen; aber der schönste war doch der junge Prinz mit den großen, schwarzen Augen. Er war sicher nicht mehr als sechzehn Jahre alt; heute war sein Geburtstag, und deshalb gab es all die Pracht. Die Matrosen tanzten auf dem Verdeck, und als der junge Prinz hinaustrat, stiegen über hundert Raketen in die Luft, die leuchteten wie der helle Tag, so daß die kleine Meerjungfrau erschrak und unter das Wasser tauchte, aber sie steckte bald den Kopf wieder hervor, und da war es gerade, als ob alle Sterne des Himmels zu ihr herunterfielen. Nie hatte sie ein Feuerwerk gesehen. Große Sonnen surrten, prächtige Feuerfische schwangen sich in der blauen Luft, und alles glänzte in der klaren stillen See wider. Auf dem Schiffe selbst war es so hell, daß man jedes kleine Tau und um wieviel mehr die Menschen sehen konnte. Oh, wie war doch der junge Prinz hübsch, und er drückte den Leuten die Hände und lächelte, während in der herrlichen Nacht die Musik erklang!

Es wurde spät, aber die kleine Seejungfrau konnte ihre Augen nicht von dem Schiff und dem schönen Prinzen wenden. Die bunten Laternen wurden ausgelöscht, aber tief unten im Meer summte und brummte es. Inzwischen saß sie auf dem Wasser und schaukelte auf und nieder, so daß sie in die Kajüte hineinblicken konnte; aber das Schiff bekam mehr Fahrt, ein Segel nach dem andern breitete sich aus, nun gingen die Wogen stärker, große Wolken zogen auf, es blitzte in der Ferne. Oh, es würde ein erschreckliches Unwetter werden; deshalb nahmen die Matrosen die Segel ein. Das große Schiff schaukelte in fliegender Fahrt auf der wilden See, das Wasser erhob sich gleich großen, schwarzen Bergen, die sich über die Masten zu wälzen drohten; aber das Schiff tauchte einem Schwan gleich zwischen den hohen Wogen nieder und ließ sich wieder auf die aufgetürmten Wasser heben. Der kleinen Meerjungfrau schien es gerade eine recht lustige Fahrt zu sein; aber die Seeleute dachten anders. Das Schiff knackte und krachte, die dicken Planken bogen sich bei den starken Stößen, die die See dem Schiff versetzte; der Mast brach mitten durch, als ob er ein Rohr wäre, und das Schiff schwankte von einer Seite zur andern, während das Wasser in den Raum eindrang. Nun sah die kleine Meerjungfrau, daß sie in Gefahr waren; sie mußte sich selbst vor Balken und Schiffstrümmern, die auf dem Wasser trieben, in acht nehmen. Einen Augenblick war es so stockdunkel, daß sie nicht das mindeste wahrnehmen konnte; aber wenn es dann blitzte, wurde es wieder so hell, daß sie alle auf dem Schiff erkennen konnte. Besonders suchte sie den jungen Prinzen, und sie sah ihn, als das Schiff auseinanderbrach, in das tiefe Meer versinken. Zuerst wurde sie ganz vergnügt, denn nun kam er zu ihr hinunter; aber da gedachte sie, daß die Menschen nicht im Wasser leben können, und daß er nicht anders als tot zum Schlosse ihres Vaters hinuntergelangen konnte. Nein, sterben, das durfte er nicht; deshalb schwamm sie hin zwischen Balken und Planken, die auf der See trieben, und vergaß völlig, daß diese sie hätten zerquetschen können; sie tauchte tief unter das Wasser und stieg wieder hoch zwischen den Wogen empor und gelangte am Ende hin zu dem jungen Prinzen, der in der stürmenden See kaum mehr schwimmen konnte; seine Arme und Beine begannen zu ermatten, die schönen Augen schlossen sich, er hätte sterben müssen, wäre nicht die kleine Meerjungfrau hinzugekommen. Sie hielt seinen Kopf über dem Wasser empor und ließ sich dann mit ihm von den Wogen treiben, wohin sie wollten.

Am Morgen war das böse Wetter vorüber, von dem Schiffe war kein Span mehr zu erblicken; die Sonne stieg rot und glänzend aus dem Wasser, es war, als ob dadurch des Prinzen Wangen Leben erhielten, aber seine Augen blieben geschlossen. Die Meerjungfrau küßte seine hohe, schöne Stirn und strich sein nasses Haar zurück; es kam ihr vor, als gleiche er der Marmorstatue unten in ihrem kleinen Garten; sie küßte ihn wieder und wünschte, daß er doch leben möchte.

Nun erblickte sie vor sich das feste Land; hohe, blaue Berge, auf deren Gipfeln der weiße Schnee erglänzte, als wären es Schwäne, die dort lägen; unten an der Küste waren herrliche, grüne Wälder, und vorn lag eine Kirche oder ein Kloster, das wußte sie nicht recht, aber ein Gebäude war es. Zitronen- und Orangenbäume wuchsen im Garten, und vor dem Tor standen hohe Palmen. Die See bildete hier eine kleine Bucht, die war windstill, aber sehr tief, bis zur Klippe, wo der weiße, feine Sand aufgespült war; dorthin schwamm sie mit dem schönen Prinzen, legte ihn in den Sand und sorgte besonders dafür, daß der Kopf hoch lag im warmen Sonnenschein.

Nun läuteten die Glocken in dem großen, weißen Gebäude, und es kamen viele junge Mädchen durch den Garten. Da schwamm die kleine Meerjungfrau weiter hinaus, hinter einige hohe Steine, die aus dem Wasser ragten, legte Meerschaum auf ihr Haupt und ihre Brust, so daß niemand ihr kleines Antlitz sehen konnte, und dann paßte sie auf, wer zu dem armen Prinzen kommen würde.

Es ging nicht lange, bis ein junges Mädchen kam; sie schien sehr zu erschrecken, aber nur einen Augenblick; dann holte sie mehrere Menschen, und die Meerjungfrau sah, daß der Prinz zum Leben zurückkehrte, und daß er ringsum alle anlächelte, aber zu ihr hinaus lächelte er nicht; er wußte ja auch nicht, daß sie ihn gerettet hatte. Sie fühlte sich sehr betrübt; und als er in das große Gebäude hineingeführt wurde, tauchte sie traurig unter das Wasser und kehrte heim zum Schlosse ihres Vaters.

Immer war sie still und nachdenklich gewesen, aber nun wurde sie es noch mehr. Die Schwestern fragten sie, was sie das erste Mal dort oben gesehen habe, aber sie erzählte nichts.

Manchen Abend und manchen Morgen stieg sie da hinauf, wo sie den Prinzen verlassen hatte. Sie sah, wie die Früchte des Gartens reiften und abgepflückt wurden; sie sah, wie der Schnee auf den hohen Bergen schmolz, aber den Prinzen erblickte sie nicht. Da war es ihr einziger Trost, in ihrem kleinen Garten zu sitzen und ihre Arme um die schöne Marmorstatue zu schlingen, die dem Prinzen glich; aber ihre Blumen pflegte sie nicht, die wuchsen, wie in einer Wildnis, über die Gänge hinaus und flochten ihre langen Stiele und Blätter in die Zweige der Bäume hinein, so daß es dort ganz dunkel war.

Zuletzt konnte sie es nicht länger aushalten, sondern sagte es einer ihrer Schwestern, und da bekamen es gleich alle anderen zu wissen; aber auch niemand sonst als diese und ein paar andere Meerjungfrauen, die es nicht weitersagten, außer ihren nächsten Freundinnen. Eine von ihnen wußte Bescheid, wer der Prinz war; sie hatte auch das Fest auf dem Schiffe gesehen und wußte auch, woher er war und wo sein Königsschloß lag.

»Komm, kleine Schwester«, sagten die anderen Prinzessinnen; und einander die Arme um die Schultern legend, stiegen sie in einer langen Reihe aus dem Meer empor, gerade da, wo, wie sie wußten, das Schloß des Prinzen lag.

Das war aus hellgelben, glänzenden Steinen gebaut, mit großen Marmortreppen, deren eine gerade an das Meer hinunterreichte. Prächtige vergoldete Kuppeln erhoben sich über dem Dach; und zwischen den Säulen, die um das Gebäude herumliefen, standen Marmorstatuen, die sahen aus, als lebten sie. Durch das klare Glas in den hohen Fenstern blickte man in die prächtigsten Säle hinein, wo köstliche, seidene Vorhänge und Teppiche aufgehängt und alle Wände mit großen Gemälden geziert waren; es war ein wahres Vergnügen, sie zu betrachten. Mitten in dem größten Saal plätscherte ein großer Springbrunnen; seine Strahlen stiegen hoch hinauf gegen die Glaskuppel in der Decke, durch die

die Sonne auf das Wasser und die schönen Pflanzen schien, die in dem großen Becken wuchsen.

Nun wußte sie, wo er wohnte, und dort war sie manchen Abend und manche Nacht auf dem Wasser; sie schwamm dem Lande weit näher, als eine der anderen es gewagt hatte, ja sie ging den schmalen Kanal ganz hinauf, unter den prächtigen Marmoraltan, welcher einen langen Schatten über das Wasser hinwarf. Hier saß sie und betrachtete den jungen Prinzen, der glaubte, er sei ganz allein in dem hellen Mondschein.

Sie sah ihn manchen Abend mit Musik in seinem prächtigen Boote segeln, worauf die Flaggen wehten; sie lauschte in dem grünen Schilf; ergriff der Wind ihren langen, silberweißen Schleier, und wenn jemand ihn sah, so glaubte er, es sei ein Schwan, der die Flügel ausbreite.

Sie hörte in mancher Nacht, wenn die Fischer mit Fackeln auf der See waren, daß sie viel Gutes von dem jungen Prinzen erzählten, und es freute sie, daß sie sein Leben gerettet hatte, als er halbtot auf den Wogen trieb; und sie dachte daran, wie fest sein Haupt an ihrem Busen geruht und wie herzlich sie ihn da geküßt hatte; er aber wußte nichts davon, konnte nicht einmal von ihr träumen.

Mehr und mehr fing sie an, die Menschen gern zu haben, mehr und mehr wünschte sie, zu ihnen hinaufsteigen zu können, deren Welt ihr weit größer zu sein schien als die ihrige; sie konnten ja auf Schiffen über das Meer fliegen, auf die hohen Berge hoch über den Wolken steigen, und die Länder, die sie besaßen, erstreckten sich mit Wäldern und Feldern weiter, als ihre Blicke reichten. Da war so vieles, was sie zu wissen wünschte, aber die Schwestern wußten ihr nicht alles zu beantworten; deshalb fragte sie die alte Großmutter, und diese kannte die Welt da oben recht gut, die sie sehr richtig die Länder über dem Meer nannte.

»Wenn die Menschen nicht ertrinken«, fragte die kleine Meerjungfrau, »können sie dann ewig leben, sterben sie nicht wie wir unten im Wasser?«

»Ja«, sagte die Alte, »sie müssen auch sterben, und ihre Lebenszeit ist sogar noch kürzer als die unsere. Wir können dreihundert Jahre alt werden, aber wenn wir dann aufhören zu sein, so werden wir nur zu Schaum auf dem Wasser, haben nicht einmal ein Grab hier unten bei unseren Lieben. Wir haben keine unsterbliche Seele, wir erhalten nie wieder Leben, wir sind gleich dem grünen Schilf; ist das einmal geschnitten, so kann es nicht wieder grünen. Die Menschen dagegen haben eine Seele, die ewig lebt, lebt, nachdem der Körper zu Erde geworden ist; sie steigt durch die klare Luft empor, hinauf zu den glänzenden Sternen! So wie wir aus dem Wasser auftauchen und die Länder der Menschen er-

blicken, so fliegen sie zu unbekannten, herrlichen Orten, die wir nie zu sehen bekommen.«

»Warum bekamen wir keine unsterbliche Seele?« fragte die kleine Meerjungfrau betrübt. »Ich möchte meine Hunderte von Jahren, die ich zu leben habe, dafür geben, um nur einen Tag ein Mensch zu sein und später teilzuhaben an der himmlischen Welt.«

»Daran mußt du nicht denken!« sagte die Alte. »Wir fühlen uns weit glücklicher und besser als die Menschen dort oben!«

»Ich werde also sterben und als Schaum auf dem Meer treiben, nicht die Musik der Wogen hören, die schönen Blumen und die rote Sonne sehen? Kann ich denn gar nichts tun, um eine unsterbliche Seele zu gewinnen?«

»Nein«, sagte die Alte, »nur wenn ein Mensch dich so lieben würde, daß du ihm mehr als Vater und Mutter wärest; wenn er mit all seinem Denken und all seiner Liebe an dir hinge und von dem Prediger seine rechte Hand in die deinige legen ließe mit dem Versprechen der Treue hier und in alle Ewigkeit: dann flösse seine Seele in deinen Körper über, und auch du erhieltest Anteil an der Glückseligkeit der Menschen. Er gäbe dir Seele und behielte doch seine eigene. Aber das kann nie geschehen! Was hier im Meere gerade schön ist, dein Fischschwanz, finden sie dort oben auf der Erde häßlich; sie verstehen es nun nicht besser, man muß dort zwei plumpe Stützen haben, die sie Beine nennen, um schön zu sein!«

Da seufzte die kleine Meerjungfrau und sah betrübt auf ihren Fischschwanz.

»Laß uns froh sein!« sagte die Alte. »Hüpfen und springen wollen wir in den dreihundert Jahren, die wir zu leben haben. Das ist wahrlich eine lange Zeit, später kann man um so besser ausruhen. Heute abend werden wir Hofball haben!«

Das war auch eine Pracht, wie man sie nie auf Erden erblickt. Die Wände und die Decke des großen Tanzsaales waren von dickem, aber klarem Glase. Mehrere hundert ungeheure Muscheln, rosenrote und grasgrüne, standen zu jeder Seite in Reihen mit einem blau brennenden Feuer, welches den ganzen Saal beleuchtete und durch die Wände hinausschien, so daß die See draußen ganz beleuchtet war; man konnte alle die unzähligen Fische sehen, große und kleine, die gegen die Glasmauern hinschwammen; auf einigen glänzten die Schuppen purpurrot, auf anderen erschienen sie wie Silber und Gold. Mitten durch den Saal floß ein breiter Strom, und auf diesem tanzten die Meermänner und Meerweibchen zu ihrem eigenen lieblichen Gesang. So schöne Stimmen haben die Menschen auf der Erde nicht. Die kleine Meerjungfrau sang am schönsten von ihnen allen, man klatschte ihr Beifall, und einen Augenblick fühlte sie eine Freude in ihrem Herzen; denn sie wußte, daß sie die schönste Stimme von allen auf der Erde und im Meer hatte. Aber bald gedachte sie wieder der Welt oben über sich; sie konnte den hübschen Prinzen und ihren Kummer, daß sie keine unsterbliche Seele wie er besaß, nicht vergessen. Deshalb schlich sie sich aus ihres Vaters Schloß hinaus, und während alles drinnen Gesang und Frohsinn war, saß sie betrübt in ihrem kleinen Garten. Da hörte sie ein Waldhorn durch das Wasser ertönen, und sie dachte: »Nun segelt er sicher dort oben, er, den ich mehr liebe als Vater und Mutter, er, an dem all mein Denken hängt und in dessen Hand ich meines Lebens Glück legen möchte. Alles will ich wagen, um ihn und eine unsterbliche Seele zu gewinnen! Während meine Schwestern dort in meines Vaters Schloß tanzen, will ich zur Meerhexe gehen, vor der ich mich immer gefürchtet habe, aber sie kann mir vielleicht raten und helfen!«

Nun ging die kleine Meerjungfrau aus ihrem Garten nach dem brausenden Mahlstrom hinaus, hinter dem die Hexe wohnte. Den Weg hatte sie früher nie zurückgelegt; da wuchsen keine Blumen, kein Seegras; nur der nackte, graue Sandboden erstreckte sich zum Mahlstrom hin, wo das Wasser gleich brausenden Mühlrädern herumwirbelte und alles, was es erfaßte, mit sich in die Tiefe riß. Zwischen diesen zermalmenden Wirbeln mußte sie hindurch, um in das Reich der Meerhexe zu gelangen; und hier war ein langes Stück kein anderer Weg als über warmen, sprudelnden Schlamm, den die Hexe ihr Torfmoor nannte. Dahinter lag ihr Haus mitten in einem seltsamen Walde. Alle Bäume und Büsche waren Polypen, halb Tier, halb Pflanze; sie sahen aus wie hundertköpfige Schlangen, die aus der Erde wuchsen; alle Zweige waren lange, schleimige Arme mit Fingern wie Würmer, und Glied um Glied bewegten sie sich, von der Wurzel bis zur äußersten Spitze. Alles, was sie im Meer erfassen konnten, umschlangen sie fest und ließen es nie wieder los. Die kleine Meerjungfrau blieb ganz erschrocken stehen; ihr Herz pochte vor Furcht, fast wäre sie umgekehrt, aber da dachte sie an den Prinzen und an die Seele und bekam neuen Mut. Ihr langes, fliegendes Haar band sie fest um den Kopf, damit die Polypen sie nicht daran ergreifen konnten, beide Hände legte sie über ihre Brust zusammen und schoß so davon, wie der Fisch durch das Wasser schießen kann, zwischen den häßlichen Polypen hindurch, die ihre geschmeidigen Arme und Finger hinter ihr herstreckten. Sie sah, wie jeder von ihnen etwas ergriffen hatte und es festhielt wie mit Hunderten von kleinen Armen, gleich starken Eisenbanden. Menschen, die auf der See umge-kommen und tief hinuntergesunken waren, lugten als weiße Gerippe aus den Armen der Polypen hervor. Schiffsruder und Kisten hielten sie fest, Knochen von

Landtieren und ein kleines Meerweib, welches sie gefangen und erwürgt hatten, das war ihr fast das Schrecklichste.

Nun kam sie zu einem großen, sumpfigen Platz im Walde, wo große, fette Wasserschlangen sich wälzten und ihren häßlichen weißgelben Bauch zeigten. Mitten auf dem Platz war ein Haus von weißen Knochen gestrandeter Menschen errichtet, da saß die Meerhexe und ließ eine Kröte aus ihrem Munde fressen, gerade wie die Menschen einem kleinen Kanarienvogel Zucker zu essen geben. Die häßlichen, fetten Wasserschlangen nannte sie ihre Küchlein und ließ sie sich auf ihrer großen, schwammigen Brust wälzen.

»Ich weiß schon, was du willst!« sagte die Meerhexe. »Es ist zwar dumm von dir, doch sollst du deinen Willen haben, denn er wird dich ins Unglück stürzen, meine schöne Prinzessin. Du willst gern deinen Fischschwanz los sein und statt dessen zwei Stummel, gleich wie die Menschen, zum Gehen haben, damit der junge Prinz verliebt in dich wird, und du ihn und eine unsterbliche Seele erhalten kannst!« Dabei lachte die Hexe so laut und so widerlich, daß die Kröten und die Nattern auf die Erde fielen, wo sie sich wälzten. »Du kommst gerade zur rechten Zeit«, sagte die Hexe, »morgen, wenn die Sonne aufgeht, hätte ich dir erst wieder nach Ablauf eines Jahres helfen können. Ich werde dir einen Trank bereiten, mit dem mußt du, bevor die Sonne aufgeht, nach dem Lande schwimmen, dich dort an das Ufer setzen und ihn trinken, dann schwindet dein Schweif und schrumpft zu dem, was die Menschen niedliche Beine nennen; aber das tut weh, es ist, als ob ein scharfes Schwert dich durchdränge. Alle, die dich sehen, werden sagen, du seiest das schönste Menschenkind, das sie je gesehen haben! Du behältst deinen schwebenden Gang, keine Tänzerin kann schweben wie du, aber bei jedem Schritt, den du machst, ist dir, als ob du auf ein scharfes Messer trätest, als ob dein Blut fließen müßte. Willst du dies alles erleiden, so helfe ich dir!«

»Ja!« sagte die kleine Meerjungfrau mit bebender Stimme und gedachte des Prinzen und der unsterblichen Seele.

»Aber bedenke«, sagte die Hexe, »hast du erst einmal menschliche Gestalt bekommen, so kannst du nie wieder eine Meerjungfrau werden! Du kannst nie wieder durch das Wasser zu deinen Schwestern und zum Schlosse deines Vaters hinuntersteigen, und gewinnst du des Prinzen Liebe nicht, so daß er für dich Vater und Mutter vergißt, an dir mit Leib und Seele hängt und den Prediger eure Hände ineinanderlegen läßt, daß ihr Mann und Frau werdet, so bekommst du keine unsterbliche Seele! Am ersten Morgen, nachdem er mit einer andern verheiratet ist, da wird dein Herz brechen, und du wirst zu Schaum auf dem Wasser.«

»Ich will es!« sagte die kleine Meerjungfrau und ward bleich wie der Tod.

»Aber du mußt mich auch bezahlen!« sagte die Hexe, »und es ist nicht wenig, was ich verlange, du hast die schönste Stimme von allen hier auf dem Grunde des Meeres; damit glaubst du wohl, ihn bezaubern zu können; aber diese Stimme mußt du mir geben. Das Beste, was du besitzest, will ich für meinen köstlichen Trank haben! Mein eigen Blut muß ich dir ja darin geben, damit der Trank scharf werde wie ein zweischneidig Schwert!«

»Aber wenn du meine Stimme nimmst«, sagte die kleine Meerjungfrau, »was bleibt mir dann übrig?«

»Deine schöne Gestalt«, sagte die Hexe, »dein schwebender Gang und deine sprechenden Augen, damit kannst du schon ein Menschenherz betören. Nun, hast du den Mut verloren? – Strecke deine kleine Zunge hervor, dann schneide ich sie ab als Bezahlung, und du erhältst den kräftigen Trank!«

»Es geschehe!« sagte die kleine Meerjungfrau, und die Hexe setzte ihren Kessel auf, um den Zaubertrank zu kochen. »Reinlichkeit ist eine gute Sache!« sagte sie und scheuerte den Kessel mit den Schlangen, die sie zu einem Knoten band; nun ritzte sie sich selbst in die Brust und ließ ihr schwarzes Blut hineintröpfeln; der Dampf bildete die sonderbarsten Gestalten, so daß einem angst werden mußte. Jeden Augenblick warf die alte Hexe neue Sachen in den Kessel, und als es recht kochte, klang es, als ob ein Krokodil weinte. Zuletzt war der Trank fertig, er sah aus wie das klarste Wasser.

»Da hast du ihn!« sagte die Hexe und schnitt der kleinen Meerjungfrau die Zunge ab, die nun stumm war, weder singen noch sprechen konnte.

»Sollten die Polypen nach dir greifen, wenn du durch meinen Wald zurückkehrst«, sagte die Hexe, »so spritze nur einen einzigen Tropfen dieses Getränks auf sie, davon zerspringen ihre Arme und Finger in tausend Stücke!« Aber das brauchte die kleine Meerjungfrau nicht zu tun, die Polypen zogen sich erschrocken von ihr zurück, als sie den glänzenden Trank erblickten, der in ihrer Hand leuchtete, als sei es ein funkelnder Stern. So kam sie schnell durch den Wald, das Moor und den brausenden Mahlstrom.

Sie konnte ihres Vaters Schloß sehen, die lodernden Fackeln in dem großen Tanzsaal waren erloschen; sie schliefen sicher alle; sie wagte nicht, sie aufzusuchen, da sie stumm war und sie auf immer verlassen wollte. Es war, als ob ihr Herz zerspringen wollte. Sie schlich in den Garten, nahm von jedem Blumenbeet ihrer Schwestern eine Blume, warf tausend Kußhände dem Schlosse zu und stieg durch die dunkelblaue See hinauf.

Die Sonne war noch nicht aufgegangen, als sie des Prinzen Schloß erblickte und die prächtige Marmortreppe hinanstieg. Der Mond schien wundervoll. Die kleine Meerjungfrau trank den brennenden, scharfen Trank, und es war, als ginge ein zweischneidig Schwert durch ihren feinen Körper, sie fiel in Ohnmacht und lag da wie tot. Als die Sonne über die See schien, erwachte sie und fühlte einen schneidenden Schmerz, aber vor ihr stand der schöne, junge Prinz und heftete seine kohlschwarzen Augen auf sie, so daß sie die ihrigen niederschlug. Da sah sie, daß ihr Fischschwanz fort war, und daß sie die niedlichsten kleinen weißen Beine hatte, die nur ein Mädchen haben kann; aber sie war ganz nackt, deshalb hüllte sie sich in ihr großes, langes Haar ein. Der Prinz fragte, wer sie sei und wie sie hierhergekommen wäre, und sie sah ihn milde und doch so traurig an mit ihren dunkelblauen Augen; sprechen konnte sie ja nicht. Da nahm er sie bei der Hand und führte sie in das Schloß. Bei jedem Schritt, den sie tat, war ihr, wie die Hexe vorausgesagt hatte, als träte sie auf scharfe Messer, aber das ertrug sie gern; an des Prinzen Hand ging sie so leicht wie eine Luftblase, und er sowie alle wunderten sich über ihren lieblichen, schwebenden Gang.

Köstliche Kleider von Seide und Musselin bekam sie nun anzuziehen, im

Schlosse war sie die Schönste von allen; aber sie war stumm, konnte weder singen noch sprechen. Schöne Sklavinnen, in Seide und Gold gekleidet, kamen und sangen vor dem Prinzen und seinen königlichen Eltern; eine sang schöner als alle die andern, und der Prinz klatschte in die Hände und lächelte. Da wurde die kleine Meerjungfrau betrübt, sie wußte, daß sie selbst weit schöner gesungen hatte. »Oh«, dachte sie, »er sollte nur wissen, daß ich, um bei ihm zu sein, meine Stimme für alle Ewigkeit dahingegeben habe.«

Nun tanzten die Sklavinnen niedliche, schwebende Tänze zur herrlichsten Musik; da erhob die kleine Meerjungfrau ihre schönen, weißen Arme, stellte sich auf die Zehenspitzen und schwebte tanzend über den Fußboden hin, wie noch keine getanzt hatte; bei jeder Bewegung wurde ihre Schönheit noch sichtbarer, und ihre Augen sprachen tiefer zum Herzen als der Gesang der Sklavinnen.

Alle waren entzückt, besonders der Prinz, der sie sein kleines Findelkind nannte; und sie tanzte immerfort, während es ihr jedesmal, wenn ihr Fuß die Erde berührte, war, als ob sie auf scharfe Messer träte. Der Prinz sagte, daß sie immer bei ihm sein solle, und sie erhielt die Erlaubnis, vor seiner Tür auf einem Samtkissen zu schlafen.

Er ließ ihr eine Männertracht machen, damit sie ihn zu Pferde begleiten könne. Sie ritten durch die duftenden Wälder, wo die grünen Zweige ihre Schultern berührten und die kleinen Vögel sangen. Sie kletterte mit dem Prinzen auf die hohen Berge hinauf, und obgleich ihre zarten Füße bluteten, so daß die anderen es sehen konnten, lachte sie darüber und folgte ihm, bis sie die Wolken unter sich segeln sahen.

Zu Hause in des Prinzen Schloß, wenn nachts die andern schliefen, ging sie auf die breite Marmortreppe hinaus, und es kühlte ihre brennenden Füße, wenn sie im kalten Seewasser stand, und sie gedachte derer dort unten in der Tiefe.

Einmal kamen nachts ihre Schwestern Arm in Arm, sie sangen so traurig, indem sie über dem Wasser schwammen, und sie winkte ihnen, und sie erkannten sie und erzählten, wie sie sie allesamt betrübt habe. Darauf besuchten sie sie jede Nacht, und einmal erblickte sie auch in weiter Ferne ihre alte Großmutter, die viele Jahre nicht über der Meeresfläche gewesen war, und den Meerkönig mit seiner Krone auf dem Haupte; sie streckten die Hände nach ihr aus, wagten sich aber nicht so nahe ans Land wie die Schwestern.

Tag für Tag wurde sie dem Prinzen lieber, er hatte sie so lieb, wie man nur ein gutes, liebes Kind lieben kann; aber sie zur Königin zu machen, kam ihm nicht in den Sinn, und seine Frau mußte sie doch werden, sonst erhielt sie keine unsterbliche Seele und mußte an seinem Hochzeitsmorgen zu Schaum auf dem Meere werden.

»Liebst du mich nicht am meisten von ihnen allen?« schienen der kleinen Meerjungfrau Augen zu sagen, wenn er sie in seine Arme nahm und ihre schöne Stirne küßte.

»Ja, du bist mir die liebste«, sagte der Prinz, »denn du hast das beste Herz von allen, du bist mir am meisten zugetan, und du gleichst einem jungen Mädchen, das ich einmal sah, aber sicher nie wieder finde. Ich war auf einem Schiffe, das strandete, die Wellen warfen mich bei einem heiligen Tempel ans Land, wo mehrere junge Mädchen den Dienst verrichteten; die jüngste dort fand mich am Ufer und rettete mein Leben; ich sah sie nur zweimal; sie war die einzige, die ich in dieser Welt lieben könnte, aber du gleichst ihr, du verdrängst fast ihr Bild aus meiner Seele, sie gehört dem heiligen Tempel an, und deshalb hat mein gutes Glück dich mir gesendet, nie wollen wir uns trennen!« – »Ach, er weiß nicht, daß ich sein Leben gerettet habe!« dachte die kleine Meerjungfrau. »Ich trug ihn über das Meer zum Walde hin, wo der Tempel steht; ich saß hinter dem Schaume und sah, ob keine Menschen kommen würden. Ich sah das hübsche Mädchen, das er mehr liebt als mich!« Und die Meerjungfrau seufzte, weinen konnte sie nicht. »Das Mädchen gehört dem heiligen Tempel an, hat er gesagt, sie kommt nie in die Welt hinaus, sie begegnen sich nicht mehr, ich bin bei ihm, sehe ihn jeden Tag, ich will ihn pflegen, ihn lieben, ihm mein Leben opfern!«

Aber nun sollte der Prinz heiraten und des Nachbarkönigs schöne Tochter haben, erzählte man; deswegen rüstete er ein so prächtiges Schiff aus. Der Prinz reist, um des Nachbarkönigs Länder zu besichtigen, so hieß es; aber in Wahrheit geschieht es, um des Nachbarkönigs Tochter zu sehen, ein großes Gefolge soll ihn begleiten. Die kleine Meerjungfrau schüttelte das Haupt und lächelte; sie kannte des Prinzen Gedanken weit besser als die andern. »Ich muß reisen!« hatte er zu ihr gesagt. »Ich muß die schöne Prinzessin sehen, meine Eltern verlangen es, aber sie wollen mich nicht zwingen, sie als meine Braut heimzuführen. Ich kann sie nicht lieben, sie gleicht nicht dem schönen Mädchen im Tempel, der du ähnlich bist; sollte ich einst eine Braut wählen, so würdest du es eher sein, mein stummes Findelkind mit den sprechenden Augen!« Und er küßte sie auf ihren roten Mund, spielte mit ihrem langen Haar und legte sein Haupt an ihr Herz, so daß es von Menschenglück und einer unsterblichen Seele träumte.

»Du fürchtest doch das Meer nicht, mein stummes Kind?« sagte er, als sie auf dem prächtigen Schiffe standen, das ihn nach dem Lande des Nachbarkönigs

führen sollte; und er erzählte ihr vom Sturm und von der Windstille, von seltsamen Fischen in der Tiefe und was der Taucher dort gesehen, und sie lächelte bei seiner Erzählung, sie wußte es ja besser.

In der mondhellen Nacht, wenn sie alle, bis auf den Steuermann, der am Ruder stand, schliefen, saß sie an der Reling des Schiffes und starrte durch das klare Wasser hinunter, und sie glaubte ihres Vaters Schloß zu erblicken; hoch oben stand die alte Großmutter mit der Silberkrone auf dem Haupte und starrte durch die reißenden Ströme zu des Schiffes Kiel empor. Da kamen ihre Schwestern über das Wasser und starrten sie traurig an und rangen ihre weißen Hände; sie winkte ihnen zu, lächelte und wollte erzählen, daß es ihr gut gehe, daß sie glücklich sei, aber der Schiffsjunge näherte sich ihr, und die Schwestern tauchten unter, so daß er glaubte, das Weiße, was er gesehen, sei nur Schaum gewesen.

Am nächsten Morgen segelte das Schiff in den Hafen von des Nachbarkönigs prächtiger Stadt. Alle Kirchenglocken läuteten, und von den hohen Türmen wurden die Posaunen geblasen, während die Soldaten mit fliegenden Fahnen und blitzenden Bajonetten in Reih und Glied standen. Jeder Tag brachte ein neues Fest. Bälle und Gesellschaften folgten einander, aber die Prinzessin war noch nicht da; sie werde weit davon entfernt in einem Tempel erzogen, sagten sie, dort lerne sie alle königlichen Tugenden.

Endlich traf sie ein. Die kleine Meerjungfrau war begierig, ihre Schönheit zu sehen, und sie mußte gestehen, daß sie eine lieblichere Erscheinung noch nie gesehen habe. Die Haut war so fein und klar, und hinter den langen, dunklen Augenwimpern lächelten ein paar schwarzblaue, treue Augen.

»Du bist es«, sagte der Prinz, »du, die mich gerettet hat, als ich einer Leiche gleich an der Küste lag!« Und er drückte seine errötende Braut in seine Arme. »Oh, ich bin überglücklich!« sagte er zur kleinen Meerjungfrau. »Das Beste, was ich nie zu hoffen wagte, ist mir in Erfüllung gegangen. Du wirst dich über mein Glück freuen, denn du liebst mich am meisten von ihnen allen!« Die kleine Meerjungfrau küßte seine Hand, und es kam ihr schon vor, als fühlte sie ihr Herz brechen. Sein Hochzeitsmorgen sollte ihr ja den Tod geben und sie in Schaum auf dem Meere verwandeln.

Alle Kirchenglocken läuteten, die Herolde ritten durch die Straßen und verkündeten die Verlobung. Auf allen Altären brannte duftendes Öl in köstlichen Silberlampen. Die Priester schwangen die Weihrauchfässer, und Braut und Bräutigam reichten einander die Hand und erhielten den Segen des Bischofs. Die kleine Meerjungfrau stand in Seide und Gold und hielt die Schleppe der Braut;

aber ihre Ohren hörten die festliche Musik nicht, ihr Auge sah die heilige Handlung nicht, sie gedachte ihrer Todesnacht und all dessen, was sie in dieser Welt verloren hatte.

Noch am selben Abend gingen Braut und Bräutigam an Bord des Schiffes; die Kanonen donnerten, alle Flaggen wehten, und mitten auf dem Schiffe war ein köstliches Zelt von Gold und Purpur errichtet; da sollte das Brautpaar in der stillen, kühlen Nacht schlafen.

Der Wind schwellte die Segel, und das Schiff glitt leicht und ohne große Bewegung dahin über die klare See.

Als es dunkelte, wurden bunte Lampen angezündet und die Seeleute tanzten lustige Tänze auf dem Verdeck. Die kleine Meerjungfrau mußte ihres ersten Auftauchens aus dem Meere gedenken, wo sie dieselbe Pracht und Freude erblickt

hatte, und sie drehte sich mit im Tanze, schwebte, wie die Schwalbe schwebt, wenn sie verfolgt wird, und alle jubelten ihr Bewunderung zu, nie hatte sie so herrlich getanzt; es schnitt wie scharfe Messer in die zarten Füße, aber sie fühlte es nicht; es schnitt ihr noch schmerzlicher durch das Herz. Sie wußte, es war der letzte Abend, an dem sie ihn erblickte, für den sie ihre Familie und ihre Heimat verlassen, ihre schöne Stimme dahingegeben und täglich unendliche Qualen ertragen hatte, ohne daß ihm eine Ahnung davon aufgegangen war. Es war die letzte Nacht, in der sie dieselbe Luft mit ihm einatmete, das tiefe Meer und den sternenklaren Himmel erblickte; eine ewige Nacht ohne Gedanken und Traum harrte ihrer, die keine Seele hatte und nimmer eine Seele gewinnen konnte. Alles war Freude und Heiterkeit auf dem Schiffe bis weit über Mitternacht hinaus; sie lachte und tanzte mit Todesgedanken im Herzen. Der Prinz küßte seine schöne Braut, und sie spielte mit seinem schwarzen Haar, und Arm in Arm gingen sie in das prächtige Zelt zu ruhen.

Es wurde still auf dem Schiff, nur der Steuermann stand am Ruder; die kleine Meerjungfrau legte ihre weißen Arme auf die Reling und blickte gegen Osten nach der Morgenröte; der erste Sonnenstrahl, wußte sie, würde sie töten. Da sah sie ihre Schwestern aus dem Meere aufsteigen, sie waren bleich wie sie; ihre langen, schönen Haare wehten nicht mehr im Winde, sie waren abgeschnitten.

»Wir haben sie der Hexe gegeben, um dir Hilfe bringen zu können, damit du diese Nacht nicht sterben mußt! Sie hat uns ein Messer gegeben, hier ist es! Sieh, wie scharf es ist! Bevor die Sonne aufgeht, mußt du es in das Herz des Prinzen stoßen, und wenn dann sein warmes Blut auf deine Füße spritzt, so wachsen sie in einen Fischschwanz zusammen und du wirst wieder eine Meerjungfrau, kannst zu uns herabsteigen und lebst deine dreihundert Jahre, bevor du der tote, salzige Meeresschaum wirst. Beeil dich! Er muß sterben – oder du, bevor die Sonne aufgeht! Unsere alte Großmutter trauert so, daß ihr weißes Haar ausgefallen ist, so wie das unsrige unter der Schere der Hexe fiel. Töte den Prinzen und komm zurück! Beeil dich, siehst du den roten Streifen am Himmel? In wenigen Minuten steigt die Sonne auf, und du mußt sterben!« Und sie stießen einen tiefen Seufzer aus und versanken in den Wogen.

Die kleine Meerjungfrau zog den Purpurteppich vom Zelte fort, und sie sah die schöne Braut an des Prinzen Brust schlafen, und sie bog sich nieder, küßte ihn auf seine schöne Stirn, blickte zum Himmel auf, wo die Morgenröte mehr und mehr leuchtete, betrachtete das scharfe Messer und heftete die Augen wieder auf den Prinzen, der im Traum seine Braut beim Namen nannte; nur sie war in seinen Gedanken, und das Messer zitterte in der Meerjungfrau Hand – doch da warf sie es weit hinaus in die Wogen, die glänzten rot; wo es hinfiel, sah es aus, als keimten Blutstropfen aus dem Wasser. Noch einmal sah sie mit halbgebrochenem Blick auf den Prinzen, stürzte sich vom Schiff hinab in das Meer und fühlte, wie ihr Körper sich in Schaum auflöste.

Nun stieg die Sonne aus dem Meere; die Strahlen fielen so mild und warm auf den kalten Meeresschaum, und die kleine Meerjungfrau fühlte nichts vom Tode; sie sah die klare Sonne, und oben über ihr schwebten Hunderte von schönen durchsichtigen Wesen; sie konnte durch sie hindurch des Schiffes weiße Segel und des Himmels rote Wolken sehen. Die Sprache dieser Wesen war melodisch, aber so vergeistigt, daß kein menschliches Ohr sie vernehmen konnte; ohne Flügel schwebten sie durch die Luft, getragen von ihrer eigenen Leichtigkeit. Die kleine Meerjungfrau fühlte, daß sie wie diese einen Körper hatte, der sich mehr und mehr aus dem Schaum erhob.

»Wo bin ich?« fragte sie; und ihre Stimme klang wie die der andern Wesen.

»Bei den Töchtern der Luft!« erwiderten die andern. »Die Meerjungfrau hat keine unsterbliche Seele, kann sie nie erhalten, wenn sie nicht eines Menschen Liebe gewinnt; von einer fremden Macht hängt ihr ewiges Dasein ab. Die Töchter der Luft haben auch keine ewige Seele, aber sie können durch gute Taten sich selbst eine schaffen. Wir fliegen in die warmen Länder, wo die schwüle Pestluft die Menschen tötet; dort bringen wir Kühlung. Wir breiten durch die Luft den Duft der Blumen aus und senden Erquickung und Heilung. Wenn wir dreihundert Jahre lang bestrebt waren, das Gute, was wir vermögen, zu tun, so erhalten wir eine unsterbliche Seele und nehmen teil am Glück der Menschen. Du arme, kleine Meerjungfrau hast mit ganzem Herzen nach demselben wie wir gestrebt, du hast gelitten und geduldet, dich zur Welt der Luftgeister erhoben, nun kannst du dir selbst durch gute Werke eine unsterbliche Seele schaffen.«

Die kleine Meerjungfrau hob ihren Blick zu Gottes Sonne, und zum erstenmal fühlte sie Tränen in ihren Augen.

Auf dem Schiff war wieder Lärm und Leben, sie sah den Prinzen mit seiner schönen Braut nach ihr suchen; wehmütig starrten sie in den perlenden Schaum, als wüßten sie, daß sie sich in die Fluten gestürzt habe. Unsichtbar küßte sie die Stirn der Braut, lächelte ihn an und stieg mit den übrigen Kindern der Luft auf die rosenrote Wolke hinauf, die den Äther durchschiffte.

»Nach dreihundert Jahren schweben wir so hinein in das Reich Gottes!«

»Wir können auch noch früher dahin gelangen!« flüsterte eine Tochter der Luft. »Unsichtbar schweben wir in die Häuser der Menschen, wo Kinder sind, und für jeden Tag, an dem wir ein Kind finden, das seinen Eltern Freude macht und deren Liebe verdient, verkürzt Gott unsere Prüfungszeit. Das Kind weiß nicht, wann wir durch die Stube fliegen, und müssen wir aus Freude über das Kind lächeln, so wird von den dreihundert ein Jahr abgerechnet; aber finden wir ein böses Kind, so müssen wir Tränen der Trauer vergießen, und jede Träne verlängert unsere Prüfungszeit um einen Tag!«

Der Wachholderbaum

Ludwig Bechstein

Es ist nun schon lange her – wohl zweitausend Jahre –, da war einmal ein reicher Mann, der hatte eine schöne, fromme Frau, und die hatten sich beide recht lieb; aber sie hatten keine Kinder, sie wünschten sich aber gar sehr welche, und die Frau betete oft darum Tag und Nacht, aber sie kriegten keine und kriegten keine. Vor ihrem Hause war ein Hof, auf dem stand ein Wachholderbaum; unter diesem stand eines Tages im Winter die Frau und schälte sich einen Apfel, und als sie sich den Apfel so schälte, so schnitt sie sich in den Finger und das Blut floß in den Schnee. »Ach«, sagte die Frau und seufzte so recht dabei auf, sah das Blut vor sich an und war tief wehmütig, »hätte ich doch ein Kind, so rot als Blut und so weiß wie Schnee.« Und als sie das sagte, so wurde ihr wieder fröhlich zu Mute, es war ihr, als sollte das wahr werden. Da ging sie wieder ins Haus und als ein Monat vorbei war, da war der Schnee vergangen, und zwei Monate, da war es grün, und drei Monate, da kamen die Blumen aus der Erde, und vier Monate, da drängten sich alle Bäume in dem Holze und die grünen Zweige waren alle ineinander gewachsen. Dort sangen die Vöglein, daß das ganze Holz erschallte und die

Blüten fielen von den Bäumen. Da war der fünfte Monat vorbei, und die Frau stand wieder unter dem Wachholderbaum, dort sprang ihr das Herz vor Freude und sie fiel auf die Knie und wußte sich gar nicht zu lassen. Und als der sechste Monat vorbei war, da wurden die Früchte dick und stark, und sie wurde ganz still, und im siebenten Monat, da griff sie nach den Beeren und aß sich recht satt; da wurde sie traurig und krank. Der achte Monat ging hin, und sie rief ihren Mann und weinte und sagte: »Wenn ich sterbe, so begrabet mich unter dem Wachholderbaum.« Da war sie ganz getrost und freute sich, bis der neunte Monat vorbei war; da kriegte sie ein Kind, so weiß wie Schnee und so rot wie Blut, und als sie das sah, da freute sie sich so, daß sie starb.

Da begrub ihr Mann sie unter den Wachholderbaum, und er fing an gar sehr zu weinen. Eine Zeitlang, und das ließ nach, und als er noch ein wenig geweint hatte, da wurde er wieder heiterer und noch eine Zeit, da nahm er wieder eine Frau. Mit der zweiten Frau kriegte er eine Tochter, das Kind aber von der ersten Frau war ein kleiner Junge; der war so rot wie Blut und so weiß wie Schnee. Wenn die Frau ihre Tochter ansah, so hatte sie sie gar sehr lieb, aber wenn sie dann den kleinen Jungen ansah, da ging es ihr immer durchs Herz, und es deuchte ihr, als stünde er ihr überall im Wege, und sie dachte dann immer, wie sie ihrer Tochter all das Vermögen zuwenden wollte. Das aber hatte ihr der Böse eingegeben. Sie wurde nun dem kleinen Jungen ganz gram, stieß ihn herum von einer Ecke in die andere, puffte ihn hier und knuffte ihn dort, so daß das arme Kind immer in Angst war. Wenn es aus der Schule kam, hatte es nichts, wo es ruhig sitzen konnte.

Einmal war die Frau in die Kammer gegangen, da kam das kleine Töchterchen auch herauf und sagte: »Mutter, gib mir einen Apfel.« – »Ja, mein Kind«, sagte die Frau und gab ihr einen schönen Apfel aus der Kiste; die Kiste aber hatte einen großen, schweren Deckel mit einem großen, scharfen, eisernen Schlosse.

»Mutter«, sagte das Töchterchen, »soll Brüderchen nicht auch einen haben?« Das
verdroß die Frau, doch ließ sie's nicht merken und sagte: »Ja, wenn er aus der
Schule kommt.« Und als sie ihn durch das Fenster gewahr wurde, so war ihr doch
gerade so, als wenn der Böse über sie käme. Schnell nahm sie ihrer Tochter den
Apfel wieder weg und sagte: »Du sollst nicht eher einen haben als dein Bruder.«
Darauf warf sie den Apfel in die Kiste und machte sie zu. Als nun der kleine Junge
in die Türe trat, da sagte sie ganz freundlich zu ihm: »Mein Sohn, willst du einen
Apfel haben?« und sah ihn dabei ganz böse an. »Mutter«, sagte der kleine Junge,
»was siehst du mich so gräsig an! Ja, gib mir einen Apfel.« – »Komm mit mir«, sagte
sie und machte den Deckel auf. »Hol dir einen Apfel heraus.« Und als sich der
kleine Junge hinein bückt – da rät ihr der Böse. Bratsch! schlug sie den Deckel zu,
daß der Kopf des kleinen Jungen abflog und unter die roten Äpfel fiel. Da überfiel
es sie, und sie dachte in großer Angst: Wie kann ich das wohl von mir abbringen!
Da ging sie hinunter in die Stube und holte aus der untersten Schublade der
Kommode ein weißes Tuch; nun setzte sie den Kopf auf den Leib und band das

Halstuch so um, daß man nichts sehen konnte, dann setzte sie ihn vor die Türe auf einen Stuhl und gab ihm den Apfel in die Hand.

Bald darauf kam Marlenchen zu ihrer Mutter in die Küche; die stand beim Feuer und rührte immer in einem Topfe. »Mutter«, sagte Marlenchen, »Bruder sitzt vor der Tür und sieht ganz weiß aus; er hat einen Apfel in der Hand; ich habe ihn gebeten, er soll mir den Apfel geben, aber er antwortet nicht und da wurde mir ganz graulich.« – »Geh noch einmal hin«, sagte die Mutter, »und wenn er wieder nicht antworten will, so gib ihm eins hinter die Ohren.« Da ging Marlenchen hin und sagte: »Bruder, gib mir den Apfel.« Aber er schwieg still, da gab sie ihm eins an die Ohren, und da fiel der Kopf herunter; darüber nun erschrak sie sich und fing an gar sehr zu weinen; sie lief zur Mutter und sagte: »Ach Mutter, ich hab meinem Bruder den Kopf abgeschlagen«, und weinte und weinte und wollte sich nicht zufrieden geben. »Marlenchen«, sagte die Mutter, »was hast du getan! Aber sei nur still, daß es kein Mensch merkt, das ist nun doch einmal nicht zu ändern; wir wollen ihn in Essig kochen.« Da nahm die Mutter den kleinen Jungen, hackte ihn in Stücke, tat sie in einen Topf und kochte sie im Essig. Marlenchen aber stand dabei und weinte und weinte, und die Tränen fielen alle in den Topf, so daß sie gar kein Salz brauchten.

Da kam der Vater nach Haus, setzte sich zu Tisch und sagte: »Wo ist denn mein Sohn?« Die Mutter trug eine große Schüssel auf mit Schwarzsauer, und Marlenchen weinte und konnte sich gar nicht halten. Da sagte der Vater wieder: »Wo ist denn mein Sohn?« – »Ach«, sagte die Mutter, »er ist über Land gegangen zum Großohm, er will dort eine Zeitlang bleiben.« – »Was tut er denn dort? Er hat nicht einmal Adieu zu mir gesagt.« – »Er wollte gern hin und fragte mich, ob er wohl sechs Wochen bleiben könnte; er ist ja dort gut aufgehoben.« – »Ach!« sagte der Mann, »ich bin recht traurig, und es ist doch nicht recht, er hätte mir doch Adieu sagen sollen.« Damit fing er an zu essen und sagte: »Marlenchen, was weinst du? Bruder wird wohl wieder kommen. Ach, Frau«, sagte er dann, »was schmeckt mir das Essen gut, gib mir mehr!« Und je mehr er aß, je mehr wollte er haben, und er sagte immer: »Gebt mir mehr, ihr sollt nichts davon haben, das ist, als wenn das alles mein wäre.« Und er aß und aß, und die Knochen warf er alle unter den Tisch, bis alles alle war. Marlenchen aber ging hin zu ihrer Kommode und nahm aus der untersten Schublade ihr bestes seidenes Tuch; holte alle die Knochen unter dem Tische hervor, band sie in das seidene Tuch und trug sie vor die Tür und weinte ihre blutigen Tränen. Dort legte sie sie unter den Wachholderbaum in das grüne Gras und als sie sie dort hingelegt hatte, da war ihr mit einem Male so recht leicht, und sie weinte nicht mehr. Da fing der Wachholderbaum an sich zu bewegen, und die Zweige taten sich immer voneinander und dann wieder zusammen, so als wenn sich einer recht freut und mit den Händen so tut. Damit ging durch den Baum ein Nebel und durch den Nebel brannte ein Feuer, und aus dem Feuer flog ein schöner Vogel heraus, der sang so herrlich und flog hoch in die Luft, und als er weg war, da war der Wachholderbaum, wie er vorher gewesen war, aber das Tuch mit den Knochen war weg. Marlenchen aber war recht vergnügt, als ob der Bruder noch lebte. Da ging sie wieder ganz lustig in das Haus, setzte sich zu Tisch und aß.

Der Vogel aber flog weg, setzte sich auf eines Goldschmieds Haus und fing
nun an zu singen:

>>Meine Mutter, die mich g'schlacht',
Mein Vater, der mich aß,
Meine Schwester das Marlenichen,
Sucht alle meine Beenichen,
Bind' sie in ein seiden Tuch,
Legt's unter den Wachholderbaum.
Kiwit, Kiwit,
Was für ein schöner Vogel bin ich.<<

Der Goldschmied saß in seiner Werkstatt und machte gerade eine goldene Kette,
da hörte er den Vogel, der auf seinem Dache saß und sang, und das deuchte ihm
gar zu schön. Da stand er auf und als er über den Flur ging, da verlor er einen
Pantoffel. Er ging aber so recht mitten in die Straße hin und hatte nur einen
Pantoffel und einen Socken an. Er hatte sein Schurzfell vor, und in der einen Hand
die goldene Kette und in der andern Hand die Zange; die Sonne schien so hell auf
die Straße. Da stellte er sich so, daß er den Vogel gut sehen konnte. >>Vogel<<, sagte
er, >>wie schön kannst du singen! Sing mir das Stück nochmal.<< – >>Nein<<, sagte der
Vogel, >>zweimal singe ich nicht umsonst. Gib mir die goldene Kette, so will ich
es nochmals singen.<< – >>Da<<, sagte der Goldschmied, >>hast du die goldene Kette,
nun singe es mir nochmal.<< Da kam der Vogel, nahm die goldene Kette ins rechte
Pfötchen, setzte sich vor den Goldschmied hin und sang:

>>Meine Mutter, die mich g'schlacht',
Mein Vater, der mich aß,
Meine Schwester das Marlenichen,
Sucht alle meine Beenichen,
Bind' sie in ein seiden Tuch,
Legt's unter den Wachholderbaum.
Kiwit, Kiwit,
Was für ein schöner Vogel bin ich.<<

Dann flog der Vogel weg, und setzte sich auf das Dach eines Schusters und sang:

>>Meine Mutter, die mich g'schlacht',
Mein Vater, der mich aß,
Meine Schwester das Marlenichen,
Sucht alle meine Beenichen,
Bind' sie in ein seiden Tuch,

Legt's unter den Wachholderbaum.
Kiwit, Kiwit,
Was für ein schöner Vogel bin ich.«

Als der Schuster das hörte, lief er in Hemdsärmeln vor seine Tür, sah nach seinem Dach, und mußte die Hand vor die Augen halten, damit ihn die Sonne nicht blende. »Vogel«, sagte er, »was kannst du schön singen!« Da rief er in seine Türe hinein: »Frau, komm mal heraus, da ist ein Vogel, der kann mal schön singen.« Dann rief er auch seine Tochter, seine Kinder und Gesellen, die Lehrjungen und die Magd, und sie kamen alle auf die Straße und sahen den Vogel an, und wie schön er war; er hatte so schöne rote und grüne Federn, und um den Hals war es wie lauter Gold, und die Augen blinkten ihm im Kopfe wie Sterne. »Vogel«, sagte der Schuster, »nun sing mir das Stück nochmal.« – »Nein«, sagte der Vogel, »zweimal singe ich nicht umsonst, du mußt mir was schenken.« – »Frau«, sagte der Mann, »geh in den Laden, auf dem obersten Brett, da stehen ein Paar rote Schuh, die bring heraus.« Da ging die Frau hin und holte die Schuh. »Da Vogel«, sagte der Mann, »nun sing mir das Stück nochmal.« Da kam der Vogel, nahm die Schuhe mit dem linken Pfötchen, flog wieder auf das Dach und sang:

»Meine Mutter, die mich g'schlacht',
Mein Vater, der mich aß,
Meine Schwester das Marlenichen,
Sucht alle meine Beenichen,
Bind' sie in ein seiden Tuch,
Legt's unter den Wachholderbaum.
Kiwit, Kiwit,
Was für ein schöner Vogel bin ich.«

Als er ausgesungen hatte, flog er fort. Die Kette hatte er in dem rechten und die Schuhe in dem linken Pfötchen, und er flog weit weg nach einer Mühle, und die Mühle ging klip klap, klip klap, klip klap. In der Mühle saßen zwanzig Knappen, die behauten einen Stein und hackten hick hack, hick hack, hick hack, und die Mühle ging klip klap, klip klap, klip klap. Da setzte sich der Vogel auf einen Lindenbaum, der vor der Mühle stand, und sang:

»Meine Mutter, die mich g'schlacht'«,

da hörte ein Knappe auf,

»Mein Vater, der mich aß«,

da hörten noch zwei auf und hörten zu,

»Meine Schwester das Marlenichen«,

da hörten wieder viere auf,

»Sucht alle meine Beenichen«,

nun hauten nur noch dreizehn,

»Bind' sie in ein seiden Tuch«,

jetzt nur noch sieben,

»Legt's unter«

jetzt nur fünf,

»den Wachholderbaum.«

Nur noch einer,

»Kiwit, Kiwit,
Was für ein schöner Vogel bin ich.«

Da hielt der letzte auch inne und hatte das Letzte noch gehört. »Vogel«, sagte er, »was singst du schön! Laß mich das auch hören, singe das nochmal.« – »Nein«, sagte der Vogel, »zweimal singe ich nicht umsonst; gib mir den Mühlstein, so will ich es nochmal singen.« – »Ja«, sagte er, »wenn er mir allein gehörte, so solltest du ihn haben.« Da sagten die anderen: »Wenn er nochmal singt, so soll er ihn haben.« Da kam der Vogel herunter, und alle zwanzig Knappen faßten an und hoben mit Hebebäumen den Stein auf. Da steckte der Vogel den Hals durch das Loch und nahm ihn um, als ob es ein Kragen wäre, flog wieder auf den Baum und sang:

»Meine Mutter, die mich g'schlacht',
Mein Vater, der mich aß,
Meine Schwester das Marlenichen,
Sucht alle meine Beenichen,
Bind' sie in ein seiden Tuch,
Legt's unter den Wachholderbaum.
Kiwit, Kiwit,
Was für ein schöner Vogel bin ich.«

Als er ausgesungen hatte, da tat er die Flügel auseinander und hatte in dem rechten Pfötchen die Kette, in dem linken die Schuh und um den Hals den Mühlstein und flog fort damit nach seines Vaters Hause. In der Stube saß der Vater, die Mutter und Marlenchen bei Tisch und der Vater sagte: »Ach wie wird mir so leicht und wohl zu Mute.« – »Ach nein«, sagte die Mutter: »mir ist es angst, als wenn ein schweres Gewitter käme.« Marlenchen aber saß und weinte und weinte, da kam der Vogel angeflogen, und als er sich auf das Dach setzte, sagte der Vater: »Mir ist so recht freudig ums Herz, und die Sonne scheint draußen so schön, mir ist gerade, als sollte ich einen alten Bekannten wieder sehen.« – »Ach nein«, sagte die Frau, »mir ist so angst, die Zähne klappern mir, mir ist, als hätte ich Feuer in den Adern.« Aber Marlenchen saß in der Ecke und weinte und hatte ein Tuch vor den Augen und weinte das Tuch ganz naß. Da setzte sich der Vogel auf den Wachholderbaum und sang:

»Meine Mutter, die mich g'schlacht'«,

Da hielt die Mutter die Ohren zu und kniff die Augen zusammen, denn sie wollte nicht sehen noch hören; aber das brauste ihr in den Ohren wie der stärkste Sturm, und die Augen brannten und zuckten ihr wie Blitze.

»Mein Vater, der mich aß«,

»Ach Mutter«, sagte der Mann, »das ist ein schöner Vogel, der singt so herrlich, die Sonne scheint so warm, und das riecht wie lauter Maiblumen.«

»Meine Schwester, das Marlenichen«,

Da legte Marlenchen den Kopf auf die Knie und weinte immerfort, der Mann aber sagte: »Ich gehe hinaus, ich muß den Vogel in der Nähe sehen.« – »Ach geh nicht«, sagte die Frau, »mir ist, als bebte das ganze Haus und stände in Flammen.« Aber der Mann ging hinaus und sah den Vogel an.

»Sucht alle meine Beenichen,
Bind' sie in ein seiden Tuch,
Legt's unter den Wachholderbaum.
Kiwit, Kiwit,
Was für ein schöner Vogel bin ich.«

Dabei ließ der Vogel die goldene Kette fallen, und sie fiel dem Manne just um den Hals, gerade so, daß sie ihm so recht schön paßte. Da ging er hinein und sagte: »Sieh, was ist das für ein guter Vogel; er hat mir diese schöne Kette geschenkt, und er sieht so prächtig aus.« Der Frau aber wurde so angst, daß sie niederstürzte, wobei ihr die Mütze vom Kopfe fiel. Da sang der Vogel wieder:

»Meine Mutter, die mich g'schlacht'«,

»Ach, daß ich tausend Klafter unter der Erde wäre, damit ich das nicht hören müßte.«

»Mein Vater, der mich aß«,

Da fiel die Frau für tot nieder.

»Meine Schwester, das Marlenichen«,

»Ach«, sagte Marlenchen, »ich will auch hinausgehen und sehen, ob mir der Vogel was schenkt.« Und sie ging hinaus.

»Sucht alle meine Beenichen,
Bind' sie in ein seiden Tuch«,

Da warf der Vogel ihr die Schuhe herunter.

»Legt's unter den Wachholderbaum.
Kiwit, Kiwit,
Was für ein schöner Vogel bin ich.«

Nun wurde sie ganz vergnügt und fröhlich; sie zog die neuen roten Schuhe an, tanzte und sprang hinein. »Ach«, sagte sie, »ich war so traurig, als ich hinausging und nun bin ich lustig; das ist mal ein herrlicher Vogel; hat mir ein Paar Schuhe geschenkt.« – »Nein«, sagte die Frau und sprang auf, und die Haare standen ihr zu Berge wie Feuerflammen, »mir ist als sollte die Welt untergehen! Ich will auch hinaus, vielleicht wird es mir auch leichter.« Und als sie aus der Türe kam, bratsch! warf ihr der Vogel den Mühlstein auf den Kopf, daß sie ganz zerquetscht wurde. Als der Vater und Marlenchen das hörten, gingen sie hinaus, da sahen sie Dampf, Flammen und Feuer auf der Stelle, und als das verloschen war, da stand der kleine Bruder da, der nahm den Vater und Marlenchen bei der Hand. Alle drei waren nun recht vergnügt und gingen in das Haus, setzten sich zu Tische und aßen.

Die kluge Else

Brüder Grimm

Es war ein Mann, der hatte eine Tochter, die hieß die kluge Else. Als sie nun erwachsen war, sprach der Vater »wir wollen sie heiraten lassen.« — »Ja«, sagte die Mutter, »wenn nur einer käme, der sie haben wollte.« Endlich kam von weither einer, der hieß Hans, und hielt um sie an, er machte aber die Bedingung, daß die kluge Else auch recht gescheit wäre. »Oh«, sprach der Vater, »die hat Zwirn im Kopf«, und die Mutter sagte »ach, die sieht den Wind auf der Gasse laufen und hört die Fliegen husten.« — »Ja«, sprach der Hans, »wenn sie nicht recht gescheit ist, so nehm ich sie nicht.« Als sie nun zu Tisch saßen und gegessen hatten, sprach die Mutter »Else, geh in den Keller und hol Bier.« Da nahm die kluge Else den Krug von der Wand, ging in den Keller und klapperte unterwegs brav mit dem Deckel, damit ihr die Zeit ja nicht lang würde. Als sie unten war, holte sie ein Stühlchen und stellte es vors Faß, damit sie sich nicht zu bücken brauchte und ihrem Rücken etwa nicht weh täte und unverhofften Schaden nähme. Dann stellte sie die Kanne vor sich und drehte den Hahn auf, und während der Zeit, daß das Bier hineinlief, wollte sie doch ihre Augen nicht müßig lassen, sah oben an die Wand hinauf und erblickte nach vielem Hin- und Herschauen eine Kreuzhacke gerade über sich, welche die Maurer da aus Versehen hatten stecken lassen. Da fing die kluge Else an zu weinen und sprach »wenn ich den Hans kriege, und wir kriegen ein Kind, und das ist groß, und wir schicken das Kind in den Keller, daß es hier soll Bier zapfen, so fällt ihm die Kreuzhacke auf den Kopf und schlägt es tot.« Da saß sie und weinte und schrie aus Leibeskräften über das bevorstehende Unglück. Die oben warteten auf den Trank, aber die kluge Else kam immer nicht. Da sprach die Frau zur Magd »geh doch hinunter in den Keller und sieh, wo die Else bleibt.« Die Magd ging und fand sie vor dem Fasse sitzend und laut schreiend. »Else, was weinst du?« fragte die Magd. »Ach«, antwortete sie, »soll ich nicht weinen? Wenn ich den Hans kriege, und wir kriegen ein Kind, und das ist groß und soll hier Trinken zapfen, so fällt ihm vielleicht die Kreuzhacke auf den Kopf und schlägt es tot.« Da sprach die Magd »was haben wir für eine kluge Else!« setzte sich zu ihr und fing auch an über das Unglück zu weinen. Über eine Weile, als die Magd nicht wiederkam, und die droben durstig nach dem Trank waren, sprach der Mann zum Knecht »geh doch hinunter in den Keller und sieh, wo die Else und die Magd bleiben.« Der Knecht ging hinab, da saßen die kluge Else und die Magd und weinten beide zusammen. Da fragte er »was weint ihr denn?« – »Ach«, sprach die Else, »soll ich nicht weinen? Wenn ich den Hans kriege, und wir kriegen ein Kind, und das ist groß und soll hier Trinken zapfen, so fällt ihm die Kreuzhacke auf den Kopf und schlägt es tot.« Da sprach der Knecht »was haben wir für eine kluge Else!« setzte sich zu ihr und fing auch an laut zu heulen. Oben warteten sie auf den Knecht, als er aber immer nicht kam, sprach der Mann zur Frau »geh doch hinunter in den Keller und sieh, wo die Else bleibt.« Die Frau ging hinab und fand alle drei in Wehklagen und fragte nach der Ursache, da erzählte ihr die Else auch, daß ihr zukünftiges Kind wohl würde von der Kreuzhacke totgeschlagen werden, wenn es erst groß wäre und Bier zapfen sollte und die Kreuzhacke fiele herab. Da sprach die Mutter gleichfalls »ach, was haben wir für eine kluge Else!« setzte sich hin und weinte mit. Der Mann oben wartete noch ein Weilchen, als aber seine

Frau nicht wiederkam und sein Durst immer stärker ward, sprach er »ich muß nur selber in den Keller gehn und sehen, wo die Else bleibt.« Als er aber in den Keller kam und alle da beieinander saßen und weinten und er die Ursache hörte, daß das Kind der Else schuld wäre, das sie vielleicht einmal zur Welt brächte und von der Kreuzhacke könnte totgeschlagen werden, wenn es gerade zur Zeit, wo sie herabfiele, darunter säße, Bier zu zapfen, da rief er »was für eine kluge Else!« setzte sich und weinte auch mit. Der Bräutigam blieb lange oben allein, da niemand wiederkommen wollte, dachte er »sie werden unten auf dich warten, du mußt auch hingehen und sehen, was sie vorhaben.« Als er hinabkam, saßen da fünfe und schrien und jammerten ganz erbärmlich, einer immer besser als der andere. »Was für ein Unglück ist denn geschehen?« fragte er. »Ach, lieber Hans«, sprach die Else, »wann wir einander heiraten und haben ein Kind, und es ist groß, und wir schicken es vielleicht hierher, Trinken zu zapfen, da kann ihm ja die Kreuzhacke, die da oben ist steckengeblieben, wenn sie herabfallen sollte, den Kopf zerschlagen, daß es liegen bleibt; sollen wir da nicht weinen?« – »Nun«, sprach Hans, »mehr Verstand ist für meinen Haushalt nicht nötig; weil du so eine kluge Else bist, so will ich dich haben«, packte sie bei der Hand und nahm sie mit hinauf und hielt Hochzeit mit ihr.

Als sie den Hans eine Weile hatte, sprach er »Frau, ich will ausgehen arbeiten und uns Geld verdienen, geh du ins Feld und schneid das Korn, daß wir Brot haben.« – »Ja, mein lieber Hans, das will ich tun.« Nachdem der Hans fort war, kochte sie sich einen guten Brei und nahm ihn mit ins Feld. Als sie vor den Acker kam, sprach sie zu sich selbst »was tu ich? Schneid ich zuerst? Oder eß ich zuerst? Hei, ich will erst essen.« Nun aß sie ihren Topf mit Brei aus, und als sie dick und satt war, sprach sie wieder »was tu ich? Schneid ich zuerst, oder schlaf ich zuerst? Hei, ich will erst schlafen.« Da legte sie sich ins Korn und schlief ein. Der Hans war längst zu Haus, aber die Else wollte nicht kommen, da sprach er »was hab ich für eine kluge Else, die ist so fleißig, daß sie nicht einmal nach Haus kommt und ißt.« Als sie aber noch immer ausblieb und es Abend ward, ging der Hans hinaus und wollte sehen, was sie geschnitten hätte: aber es war nichts geschnitten, sondern sie lag im Korn und schlief. Da eilte Hans geschwind heim und holte ein Vogelgarn mit kleinen Schellen und hängte es um sie herum; und sie schlief noch immer fort. Dann lief er heim, schloß die Haustüre zu und setzte sich auf seinen Stuhl und arbeitete. Endlich, als es schon ganz dunkel war, erwachte die kluge Else, und als sie aufstand, rappelte es um sie herum, und die Schellen klingelten bei jedem Schritte, den sie tat. Da erschrak sie, ward irre, ob sie auch wirklich die kluge Else wäre und sprach »bin ich's, oder bin ich's nicht?« Sie wußte aber nicht, was sie darauf antworten sollte, stand eine Zeitlang und zweifelte. Endlich dachte sie, »ich will nach Haus gehen und fragen, ob ich's bin oder ob ich's nicht bin, die werden es ja wissen.« Sie lief vor ihre Haustüre, aber die war verschlossen; da klopfte sie an das Fenster und rief »Hans, ist die Else drinnen?« – »Ja«, antwortete Hans, »sie ist drinnen.« Da erschrak sie und sprach »ach Gott, dann bin ich's nicht«, und ging vor eine andere Tür; als aber die Leute das Klingeln der Schellen hörten, wollten sie nicht aufmachen, und sie konnte nirgends unterkommen. Da lief sie fort, zum Dorfe hinaus, und niemand hat sie wieder gesehen.

Der Froschkönig
oder Der eiserne Heinrich

Brüder Grimm

In den alten Zeiten, wo das Wünschen noch geholfen hat, lebte ein König, dessen Töchter waren alle schön, aber die jüngste war so schön, daß die Sonne selber, die doch so vieles gesehen hat, sich verwunderte, sooft sie ihr ins Gesicht schien. Nahe bei dem Schlosse des Königs lag ein großer dunkler Wald, und in dem Walde unter einer alten Linde war ein Brunnen. Wenn nun der Tag sehr heiß war, so ging das Königskind hinaus in den Wald und setzte sich an den Rand des kühlen Brunnens, und wenn sie Langeweile hatte, so nahm sie eine goldene Kugel, warf sie in die Höhe und fing sie wieder; und das war ihr liebstes Spielwerk.

Nun trug es sich einmal zu, daß die goldene Kugel der Königstochter nicht in ihr Händchen fiel, das sie in die Höhe gehalten hatte, sondern vorbei auf die Erde schlug und geradezu ins Wasser hineinrollte. Die Königstochter folgte ihr mit den Augen nach, aber die Kugel verschwand, und der Brunnen war tief, so tief, daß man keinen Grund sah.Da fing sie an zu weinen und weinte immer lauter und konnte sich gar nicht trösten. Und wie sie so klagte, rief ihr jemand zu »was hast du vor, Königstochter, du schreist ja, daß sich ein Stein erbarmen möchte.« Sie sah sich um, woher die Stimme käme, da erblickte sie einen Frosch, der seinen dicken häßlichen Kopf aus dem Wasser streckte. »Ach, du bist's, alter Wasserpatscher«, sagte sie, »ich weine über meine goldene Kugel, die mir in den Brunnen hinabgefallen ist.« – »Sei still und weine nicht« antwortete der Frosch, »ich kann wohl Rat schaffen, aber was gibst du mir, wenn ich dein Spielwerk wieder heraufhole?« – »Was du haben willst, lieber Frosch« sagte sie, »meine Kleider, meine Perlen und Edelsteine, auch noch die goldene Krone, die ich trage.« Der Frosch antwortete »deine Kleider, deine Perlen und Edelsteine und deine goldene Krone, die mag ich nicht; aber wenn du mich lieb haben willst, und ich soll dein Geselle und Spielkamerad sein, an deinem Tischlein neben dir sitzen, von deinem goldenen Tellerlein essen, aus deinem Becherlein trinken, in deinem Bettlein schlafen: wenn du mir das versprichst, so will ich hinuntersteigen und dir die goldene Kugel wieder heraufholen.« – »Ach ja« sagte sie, »ich verspreche dir alles, was du willst, wenn du mir nur die Kugel wiederbringst.« Sie dachte aber »was der einfältige Frosch schwätzt, der sitzt im Wasser bei seinesgleichen und quakt und kann keines Menschen Geselle sein.«

Der Frosch, als er die Zusage erhalten hatte, tauchte seinen Kopf unter, sank hinab, und über ein Weilchen kam er wieder heraufgerudert; hatte die Kugel im Maul und warf sie ins Gras. Die Königstochter war voll Freude, als sie ihr schönes Spielwerk wieder erblickte, hob es auf und sprang damit fort. »Warte, warte« rief der Frosch, »nimm mich mit, ich kann nicht so laufen wie du.« Aber was half ihm, daß er ihr sein quak quak so laut nachschrie, als er konnte! Sie hörte nicht darauf, eilte nach Haus und hatte bald den armen Frosch vergessen, der wieder in seinen Brunnen hinabsteigen mußte.

Am andern Tage, als sie mit dem König und allen Hofleuten sich zur Tafel gesetzt hatte und von ihrem goldenen Tellerlein aß, da kam, plitsch platsch, plitsch platsch, etwas die Marmortreppe heraufgekrochen, und als es oben angelangt war, klopfte es an die Tür und rief »Königstochter, jüngste, mach mir auf.« Sie lief und wollte sehen, wer draußen wäre, als sie aber aufmachte, so saß der Frosch davor. Da warf sie die Tür hastig zu, setzte sich wieder an den Tisch, und es war ihr ganz angst. Der König sah wohl, daß ihr das Herz gewaltig klopfte und sprach »mein Kind, was fürchtest du dich, steht etwa ein Riese vor der Tür und will dich holen?« – »Ach nein« antwortete sie, »es ist kein Riese, sondern ein garstiger Frosch.« –»Was will der Frosch von dir?« – »Ach lieber Vater, als ich gestern im Wald bei dem Brunnen saß und spielte, da fiel meine goldene Kugel ins Wasser. Und weil ich so weinte, hat sie der Frosch wieder heraufgeholt, und weil er es durchaus verlangte, so versprach ich ihm, er sollte mein Geselle werden, ich dachte aber nimmermehr, daß er aus seinem Wasser heraus könnte. Nun ist er draußen und will zu mir herein.« Indes klopfte es zum zweitenmal und rief

»Königstochter, jüngste,
mach mir auf,
weißt du nicht, was gestern
du zu mir gesagt
bei dem kühlen Brunnenwasser?
Königstochter, jüngste,
mach mir auf.«

Da sagte der König »was du versprochen hast, das mußt du auch halten; geh nur und mach ihm auf.« Sie ging und öffnete die Türe, da hüpfte der Frosch herein, ihr immer auf dem Fuße nach, bis zu ihrem Stuhl. Da saß er und rief »heb mich herauf zu dir.« Sie zauderte, bis es endlich der König befahl. Als der Frosch erst auf dem Stuhl war, wollte er auf den Tisch, und als er da saß, sprach er »nun schieb mir dein goldenes Tellerlein näher, damit wir zusammen essen.« Das tat sie zwar, aber man sah wohl, daß sie's nicht gerne tat. Der Frosch ließ sich's gut schmecken, aber ihr blieb fast jedes Bißlein im Halse. Endlich sprach er »ich habe mich satt gegessen und bin müde, nun trag mich in dein Kämmerlein und mach dein seiden Bettlein zurecht, da wollen wir uns schlafen legen.« Die Königstochter fing an zu weinen und fürchtete sich vor dem kalten Frosch, den sie sich nicht anzurühren getraute, und der nun in ihrem schönen reinen Bettlein schlafen sollte. Der König aber ward zornig und sprach »wer dir geholfen hat, als du in der Not warst, den sollst du hernach nicht verachten.« Da packte sie ihn mit zwei Fingern, trug ihn hinauf und setzte ihn in eine Ecke. Als sie aber im Bette lag, kam er gekrochen und sprach »ich bin müde, ich will schlafen so gut wie du; heb mich herauf, oder ich sag's deinem Vater.« Da ward sie erst bitterböse, holte ihn herauf und warf ihn aus allen Kräften wider die Wand, »nun wirst du Ruhe haben, du garstiger Frosch.«

Als er aber herabfiel, war er kein Frosch, sondern ein Königssohn mit schönen freundlichen Augen. Der war nun nach ihres Vaters Willen ihr lieber Geselle und Gemahl. Da erzählte er ihr, er wäre von einer bösen Hexe verwünscht worden, und niemand hätte ihn aus dem Brunnen erlösen können als sie allein, und morgen wollten sie zusammen in sein Reich gehen. Dann schliefen sie ein, und am andern Morgen, als die Sonne sie aufweckte, kam ein Wagen herangefahren mit acht weißen Pferden bespannt, die hatten weiße Straußfedern auf dem Kopf und gingen in goldenen Ketten, und hinten stand der Diener des jungen Königs, das war der treue Heinrich. Der treue Heinrich hatte sich so betrübt, als sein Herr war in einen Frosch verwandelt worden, daß er drei eiserne Bande hatte um sein Herz legen lassen, damit es ihm nicht vor Weh und Traurigkeit zerspränge. Der Wagen aber sollte den jungen König in sein Reich abholen; der treue Heinrich hob beide hinein, stellte sich wieder hinten auf und war voller Freude über die Erlösung. Und als sie ein Stück Wegs gefahren waren, hörte der Königssohn, daß es hinter ihm krachte, als wäre etwas zerbrochen. Da drehte er sich um und rief

»Heinrich, der Wagen bricht.«
»Nein, Herr, der Wagen nicht,
es ist ein Band von meinem Herzen,
das da lag in großen Schmerzen,
als Ihr in dem Brunnen saßt,
als Ihr eine Fretsche (Frosch) wast (wart).«

Noch einmal und noch einmal krachte es auf dem Weg, und der Königssohn meinte immer, der Wagen bräche, und es waren doch nur die Bande, die vom Herzen des treuen Heinrich absprangen, weil sein Herr erlöst und glücklich war.

Nachwort

»Märchen kann man in seinem Leben zweimal und zwiefach lesen. Zuerst einfältig, als Kind, mit dem naiven Glauben, daß die belebt-bunte Welt ihrer Geschehnisse eine wahrhaftige sei, und dann, viel, viel später, mit dem vollen Bewußtsein ihrer Erfindung«, sagt der große Geschichtenerzähler Stefan Zweig. In diesem Sinn habe ich für dieses Hausbuch die Märchen-Bestände Europas durchforscht und aus Tausenden von Geschichten die hundert ausgewählt, die mir am besten gefallen haben, die nach meiner Meinung poetischsten, spannendsten, lustigsten. Ganz bewußt wurden sie gemischt und nicht nach wissenschaftlichen Methoden geordnet. Das Buch soll vor allem Vergnügen bereiten, erheitern und erst dann vielleicht erheben. Ebenso bewußt wurden sogenannte Kunstmärchen mit Volksmärchen vermischt. Dichter haben schon immer das Volk »bestohlen« – und umgekehrt. Beim Auswählen habe ich mich an die alten, bewährten Texte gehalten, diese, wo ich es für nötig hielt, redigiert, teilweise neu übersetzt; nur die von den Brüdern Grimm gesammelten, längst klassischen Märchen habe ich kaum angetastet, ja sogar die ihnen eigene Zeichensetzung beibehalten.

Tatjana Hauptmann, eine der genialsten Illustratorinnen unserer Tage, hat sich fünf Jahre Zeit genommen, diese Sammlung zu illustrieren. Das Resultat ist einfach märchenhaft. Aber lesen und schauen Sie selbst, immer wieder.

Ch. St.

Inhalt